Directeur de collection
Philippe GLOAGUEN

Philippe GLOA...

Pie...

Benoît LUCCH..., Yves COUPRIE,
Florence BOUFFET, Solange VIVIER,
Olivier PAGE, Véronique de CHARDON
Amanda GAUMONT et Isabelle DURAND

LE GUIDE
DU
ROUTARD

1995/96

VIETNAM

Hachette

Hors-d'œuvre

Le G.D.R., ce n'est pas comme le bon vin, il vieillit mal. On ne veut pas pousser à la consommation, mais évitez de partir avec une édition ancienne. D'une année sur l'autre, les modifications atteignent et dépassent souvent les 40 %.

Chaque année, en juin ou juillet, de nombreux lecteurs se plaignent de voir certains de nos titres épuisés. A cette époque, en effet, nous n'effectuons aucune réimpression. Ces ouvrages risqueraient d'être encore en vente au moment de la publication de la nouvelle édition. Donc, si vous voulez nos guides, achetez-les dès leur parution. Voilà.

Nos ouvrages sont les guides touristiques de langue française les plus souvent révisés. Malgré notre souci de présenter des livres très réactualisés, nous ne pouvons être tenus pour responsables des adresses qui disparaissent accidentellement ou qui changent tout à coup de nature (nouveaux propriétaires, rénovations immobilières brutales, faillites, incendies...). Lorsque ce type d'incidents intervient en cours d'année, nous sollicitons bien sûr votre indulgence. En outre un certain nombre de nos adresses se révèlent plus « fragiles » parce que justement plus sympa ! Elles réservent plus de surprises qu'un patron traditionnel dans une affaire sans saveur qui ronronne sans histoire.

Spécial copinage

— *Restaurant Perraudin :* 157, rue Saint-Jacques, 75005 Paris. ☎ 46-33-15-75. Fermé le dimanche. A deux pas du Panthéon et du jardin du Luxembourg, il existe un petit restaurant de cuisine traditionnelle. Lieu de rencontre des éditeurs et des étudiants de la Sorbonne, où les recettes d'autrefois sont remises à l'honneur : gigot au gratin dauphinois, pintade aux lardons, pruneaux à l'armagnac. Sans prétention ni coup de bâton. D'ailleurs, c'est notre cantine, à midi.

Un grand merci à *Hertz,* notre partenaire, qui facilite le travail de nos enquêteurs en France et à l'étranger.

IMPORTANT : les routards ont enfin leur banque de données sur Minitel : 36-15 (code ROUTARD). Vols superdiscount, réductions, nouveautés, fêtes dans le monde entier, dates de parution des G.D.R., rancards insolites et... petites annonces. Et une nouveauté, le QUIZ DU ROUTARD ! 30 questions rigolotes pour — éventuellement — tester vos connaissances et, surtout, gagner des billets d'avion. Alors, faites mousser vos petites cellules grises !

Hôtels, pensions, restos... mode d'emploi

En raison de l'inflation galopante dans une majorité de pays, il n'est plus possible d'indiquer les prix des hôtels et des restos. Souvent, en moins d'un an, la différence entre les prix relevés et ceux en vigueur au moment de la première diffusion du guide peut être très importante. Aussi avons-nous adopté le système des fourchettes de prix en instituant des catégories : bon marché, prix moyens et plus chic. Ces catégories varient selon les pays. Si les hôtels pas chers d'un pays se situent autour de 15 F, ceux qui s'affichent à 50 F appartiendront bien sûr à la rubrique « Prix moyens », et ceux qui coûtent 100 F et au-delà à celle « Plus chic ». Il est évident que pour un pays débutant à 100 F pour ses hôtels les moins chers, les autres rubriques seront décalées d'autant.

Avantage : l'inflation étant la même pour tout le monde, s'il y a élévation globale du coût de la vie, les prix augmentent simultanément. La seule chose imprévisible, c'est qu'un hôtel ou un restaurant change de standing (en bien ou en mal) et passe donc dans une autre catégorie. Dans ce cas de figure, assez rare il faut le dire, nous sollicitons bien sûr l'indulgence légendaire de nos lecteurs.

© **Hachette Livre (Littérature Générale : Guides de voyages), 1995**
24, boulevard Saint-Michel, 75006 Paris.
Tous droits de traduction, de reproduction
et d'adaptation réservés pour tous pays.

© **Cartographie Guides Hachette Voyages.**

TABLE DES MATIÈRES

DE HOÀ BÌNH À ĐIỆN-BIÊN-PHỦ

LE NORD-OUEST

N.B. Les noms vietnamiens dans ce guide sont exactement orthographiés, et accentués dans toute la mesure du possible, sauf les noms connus possédant déjà une graphie française. Ex : baie d'Along, Cholon, Haiphong, Hanoi, Sadec, Saigon, Vietnam.

Pour cette édition, nous remercions tout particulièrement

André Abgrall	Astrid Lorber
Franck Arribart	Loumi
Bénédicte Baxerres	Nicole Martin
Olivier Chiffert	Patrick Michel
Raphaël Costa	Sandrine Mossiat
Séverine Dussaix	Nguyễn Thế Văn
Carole Fournet	Nguyễn Văn Thi
Michel Franco	Patrick Rémy
Philippe Greffier	Pascale Soulié
Bruno Knevez	Daniel Téruel
Raphaël Lance	Régis Tettamanzi
Lê Hoàng Khánh Long	Trương Hữu Lương et la famille Trương
Lê Quốc Hưng	Christian Vella
Françoise Lévy	Daniel Willemln

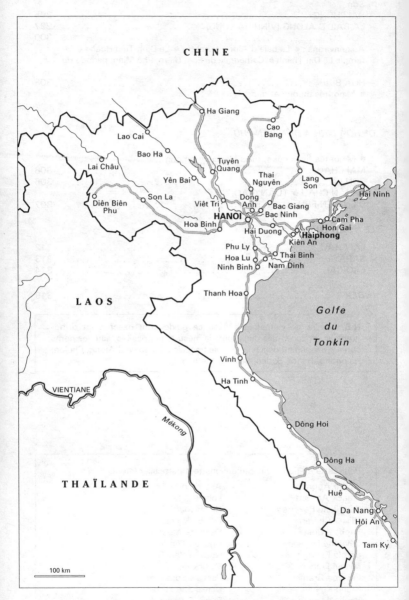

LE NORD DU VIETNAM

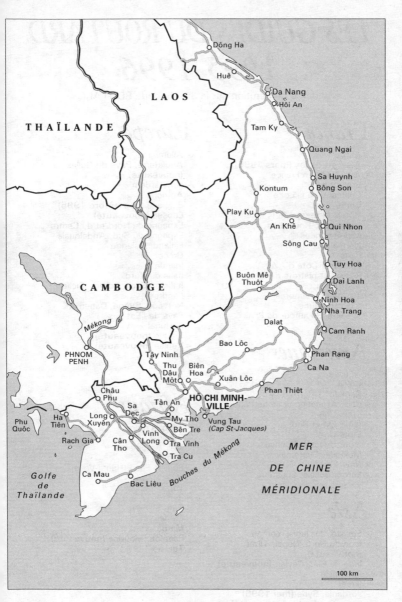

LE SUD DU VIETNAM

LES GUIDES DU ROUTARD
1995-1996

(dates de parution sur le 36-15, code ROUTARD)

France

- Alpes
- Alsace-Vosges **(mars 1995)**
- Aventures en France
- Bretagne
- Châteaux de la Loire
- Corse
- Hôtels et restos de France
- Languedoc-Roussillon
- Midi-Pyrénées
- Normandie
- Paris
- Provence-Côte d'Azur
- Restos et bistrots de Paris
- Sud-Ouest
- Tables et chambres
  à la campagne
- Week-ends autour de Paris

Amériques

- Antilles
- Brésil
- Canada
- Chili, Argentine et île de Pâques
- États-Unis
  (côte Est et Sud)
- États-Unis
  (côte Ouest et Rocheuses)
- Mexique, Guatemala
- New York
- Pérou, Bolivie, Équateur

Asie

- Égypte, Jordanie, Yémen
- Inde du Nord, Népal, Tibet
  (nouveauté)
- Inde du Sud, Ceylan **(nouveauté)**
- Indonésie
- Israël
- Jordanie, Syrie **(mai 1995)**
- Laos, Cambodge **(nouveauté)**
- Malaisie, Singapour
- Thaïlande, Hong Kong et Macao
- Turquie
- Vietnam **(nouveauté)**

Europe

- Allemagne
- Angleterre, Pays de Galles
  (nouveauté)
- Amsterdam
- Autriche
- Belgique **(septembre 1995)**
- Écosse **(nouveauté)**
- Espagne du Nord et du Centre
- Espagne du Sud, Andalousie
- Finlande, Islande
- Grèce
- Irlande
- Italie du Nord
- Italie du Sud - Rome - Sicile
- Londres
- Norvège, Suède, Danemark
- Pays de l'Est
- Portugal
- Prague **(nouveauté)**
- Venise **(nouveauté)**

Afrique

- Afrique noire
  Sénégal
  Mali, Mauritanie
  Gambie
  Burkina Faso (Haute-Volta)
  Niger
  Togo
  Bénin
  Côte-d'Ivoire
  Cameroun
- Maroc
- Réunion, Maurice **(nouveauté)**
- Tunisie

et bien sûr...

- La Bibliothèque du Routard
- Le Manuel du Routard

NOS NOUVEAUTÉS « ÉTRANGER » 1995

LAOS, CAMBODGE

Coincés entre la Thaïlande et le Vietnam, deux pays fascinants qui s'ouvrent enfin aux routards... Ces anciennes colonies n'ont pas fini de faire rêver les Français ! Malmenés par l'impérialisme américain, puis par l'utopie communiste, ces deux petits royaumes ont malgré tout conservé les splendeurs du passé, leurs traditions bouddhiques et un sourire que l'on ne trouve qu'en Asie du Sud-Est. Découvrez enfin le charme provincial de Vientiane, les rives du Mékong et les trésors de la vieille Luang Prabang. Les folies de Phnom Penh, les villages lacustres du lac Tonlé Sap et, bien sûr, l'hallucinante forêt de pierre du plus beau site archéologique d'Asie : Angkor !

PRAGUE

Débridée par la révolution de Velours mais préservée du béton par l'ancien rideau de fer, Prague dévoile ses trésors ! La « Ville aux cent clochers » se visite à pied (ou en tramway) tant ses beautés abondent... Suivez les traces de Kafka, découvrez les décors d'Amadeus, dînez dans la cantine de Vaclav Havel, videz une pinte dans une taverne du XVᵉ siècle et parcourez les ruelles en escaliers de la plus romantique des villes de l'Est, cette « capitale magique d'Europe » (André Breton) à laquelle le Routard consacre désormais un guide entier.

VENISE

On croit tous connaître Venise par cœur, à cause des milliers de photos vues tous les jours, partout. On s'aperçoit en fait qu'aucune photo ne rendra jamais l'incroyable charme des rues et des places, et surtout la plus incroyable des surprises : toute une ville sans une seule voiture ! Il faut ça pour s'apercevoir que le silence, c'est vraiment un luxe au XXᵉ siècle. Venise provoque une fascination étrange. On se rend vite compte qu'elle est trop grande séductrice pour livrer en une seule visite ses prodigieux trésors. Vous nous avez compris, vous y reviendrez un jour.

RÉUNION-MAURICE

La Réunion, c'est l'île verticale, l'île montagne. Amis des randonnées au long cours, des balades en forêt, des baignades dans les bassins d'eau douce et des nuits dans les chaleureux gîtes de montagne, vous êtes arrivés. Quel contraste entre la folle exubérance d'une nature souveraine qui impose sa loi au centre de l'île et cette terre plus aride sur les pentes de la Fournaise un peu plus au sud. La Réunion envoûte.
Maurice, elle, est horizontale. C'est l'île mer. Alors faites comme elle, allongez-vous. Dans vos bagages, maillot, masque, tuba et crème à bronzer. Pour la bière, pas la peine, on en brasse sur place ! Devant le lagon-aquarium, installez-vous sur le sable et ouvrez grand vos mirettes, voici les vacances en technicolor et panavision. Vous vouliez du soleil et du repos ? Terminus, tout le monde descend...

NOUVEAUTÉ « FRANCE » 1995

TABLES ET CHAMBRES A LA CAMPAGNE (2e édition)

Voici notre 1er guide qui a retrouvé le bon vieux terroir de la France rurale. Au total, les 1 200 meilleures adresses de fermes-auberges, gîtes, chambres et tables d'hôte, qui conjuguent à la fois la qualité de la table, le charme du logis, l'attrait des environs et des prix toujours sages. Des établissements comme on les aime, du mas provençal au petit chalet montagnard, chaleureux et sans façon, gardiens du bien-vivre et d'un accueil authentique. Voici une invitation à découvrir tous les secrets du pays, à partager la convivialité d'antan et à déguster les bonnes recettes de nos grand-mères, arrosées d'un gouleyant cru local.

HÔTELS ET RESTOS DE FRANCE (4e édition)

456 adresses nouvelles, 318 disparues... Un guide qui grossit... en s'affinant. C'est que chaque année certains restaurateurs créent du nouveau, tandis que d'autres, hélas, perdent le sourire. Les 30 routards enquêteurs ont donc repris leur loupe et leur bâton de pèlerin pour actualiser la carte de la bonne France. Celle des bistrots pur jus et du terroir en VO, du sourire sans prothèse et des additions à la coule, des petits hôtels où l'édredon en plumes est garanti. D'Abbeville à Zonza, de surprise en surprise... Le Routard a bu du vin d'Auvergne, goûté de la soupe aux orties, trinqué avec un copain de Coluche et dormi douillettement dans un hôtel ouvert depuis 1270. Tout ne va pas si mal en France ! En supplément, un nouveau chapitre vous renseigne sur vos droits, mais aussi sur vos devoirs. Vade-mecum utile pour ne plus gaspiller son argent et sa bonne humeur !

ALSACE

A l'extrémité de la France, l'Alsace se plaît à afficher sa différence. Et l'originalité, c'est le credo du Routard. Alors, partez à la rencontre des villages inconnus, des châteaux forts et des bords du Rhin encore préservés. En Alsace, il n'y a pas que de sympathiques cigognes ou des coiffes alsaciennes. Et comme « tout commence et se termine à une table bien garnie », l'Alsace vous réserve là aussi bien des surprises. Le long des routes sinueuses, on goûte aux merveilles culinaires d'antan, on sirote l'« Or de la Terre », comprenez les sylvaner ou les riesling. L'Alsace est fière de ses richesses ; on le lui rend bien...

Le guide du ROUTARD

la Statuette

Tirage limité
(35 cm de haut).

Al'occasion du 20ème anniversaire du **Guide du Routard**, une statuette en résine représentant le personnage du Routard avec sac à dos qui symbolise la collection a été éditée en tirage limité.

Philippe Gloaguen, créateur de la collection, a souhaité en offrir 500 exemplaires à l'Association **Maison de Parents Ferdinand Foch** afin de soutenir l'action exceptionnelle et remarquable qu'elle mène en faveur des enfants malades. La Maison de Parents permet d'héberger les parents à proximité des hôpitaux où sont soignés leurs enfants.

La statuette **"Le Guide du Routard"** est en vente au prix de **490 F** (frais de port compris). Chèque à l'ordre de **Maison de Parents Foch.**

ASSOCIATION MAISON DE PARENTS
22, avenue Foch
92210 Saint-Cloud
Tél. : (1) 46 02 50 72

La TOTALITÉ des sommes récoltées est destinée à l'action de l'association.

Et pour cette chouette collection, plein d'amis nous ont aidés :

Laurence Agostini et Odile Antoine
Albert Aidan
Véronique Allaire
Catherine Allier et J.-P. Delgado
Didier Angelo
René Baudoin
Lotfi Belhassine
Nicole Bénard
Cécile Bigeon
Philippe Bordet et
  Edwige Bellemain
Hervé Bouffet
Francine Boura
Jean-Moïse Braitberg
Véronique Brière
Jacques Brunel
Justo Eduardo Caballero
Danièle Canard
Jean-Paul Chantraine
Bénédicte Charmetant
François Chauvin
Roland et Carine Coupat
Sandrine Couprie
Marjatta Crouzet
Marie-Clothilde Debieuvre
Mathilde Divisia
Isabelle Durand
Séverine Dussaix
Sophie Duval
Alain Fish
Jean-Louis Galesne
Bruno Gallois
Carl Gardner
Alain Garrigue
Cécile Gauneau
Michèle Georget
Laurence Giboulot
Hubert Gloaguen
Vladimir de Gmeline
Marie Grimanelli
Vincente Gruosso
Jérôme de Gubernatis
Cécile Guérin
Jean-Marc Guermont

Marc Jacheet
François Jouffa
Jacques Lanzmann
Alexandre Lazareff
Denis et Sophie Lebègue
Anne Le Berre
Ingrid Lecander
Raymond et Carine Lehideux
Martine Levens
Laetitia Lim et Armelle Le Breton
Kim et Lili Loureiro
Jenny Major
Wilfried Marchand et Catherine Joly
Raphaël Martin
Francis Mathieu
Jean-Paul Nail
Jean-Pascal Naudet
Martine Partrat
Pierre Pasquier
Odile Paugam et Didier Jehanno
Sylvain Périer et Fabien Dulphy
Bernard Personnaz
Jean-Sébastien Petitdemange
Jean-Pierre Picon
Karina Pollack et Sylvain Allègre
Perrine Poubeau
Jean-Alexis Pougatch
Anne-Christie Putégnat
Michel Puyssegur
Patrick Rémy
Jean-Pierre Reymond
Jacques Rivalin
Frédérique Scheibling-Sève
Roberto Schiavo
Jean-Luc et Antigone Schilling
Charles Silberman
Romain Spitzer et Dorothée Boissier
Régis Tettamanzi
Christophe Trognon
Yvonne Vassart
Irène Vasseur
Cécile Verriez et Christian Jonas
Marc et Shirine Verwhilgen
François Weill

Le contenu des annonces publicitaires insérées dans ce guide n'engage en rien la responsabilité de l'éditeur.

Nous tenons à remercier tout particulièrement **Patrick de Panthou** pour sa collaboration régulière.

Direction : Adélaïde Barbey
Secrétariat général : Michel Marmor et Martine Leroy
Édition : Isabelle Jendron et François Monmarché
Éditeur assistant : Yankel Mandel
Secrétariat d'édition : Christian Duponchelle
Préparation-lecture : Hélène Nguyen
Cartographie : Alain Mirande
Documentation : Florence Guibert
Fabrication : Gérard Piassale et Françoise Jolivot
Direction des ventes : Marianne Richard, Anne Bellenger et Jean-Loup Bretet
Direction commerciale : Jérôme Denoix et Anne-Sophie Buron
Informatique éditoriale : Catherine Julhe et Marie-Françoise Poullet
Relation presse : Catherine Broders, Danielle Magne, Cécile Dick, Chantal Terroir, Martine Levens, Maureen Browne et Anne Chamaillard
Régie publicitaire : Delphine Bouffard et Monique Marceau
Service publicitaire : Frédérique Larvor et Marguerite Musso

COMMENT ALLER AU VIETNAM ?

LES LIGNES RÉGULIÈRES

▲ **AIR FRANCE** propose sur Hanoi ou Hô Chi Minh-Ville 2 tarifs intéressants, « Excursion » et « Visite ». Pour le tarif « Excursion », il suffit de réserver sa place aller-retour au moment de l'achat du billet et de rester entre 7 jours et 3 mois. Pour bénéficier du tarif « Visite », il suffit de réserver ses places au moment de l'achat du billet et de séjourner entre 7 et 45 jours.
En plus de ceux cités ci-dessus, Air France propose d'autres tarifs particulièrement attractifs, avec Jumbo Charter (voir Jet Tours), sur Hanoi et Hô Chi Minh-Ville, et des tarifs promotionnels à certaines périodes de l'année (sur Minitel). Air France dessert Hanoi 2 fois par semaine, les lundi (via Bombay et Bangkok) et samedi (via Bangkok), et Hô Chi Minh-Ville 3 fois par semaine, les jeudi (via Delhi et Bangkok), vendredi (via Bangkok) et dimanche (via Bombay et Bangkok). Air France dessert quotidiennement Bangkok et Hong Kong ; de ces 2 villes, vols quotidiens vers Hanoi et Hô Chi Minh-Ville.
Au retour, départs de Hanoi les mardi et dimanche et de Hô Chi Minh-Ville les lundi, vendredi et samedi, arrivée le lendemain à Charles-de-Gaulle 2, Terminal C.
Air France : Renseignements : ☎ 44-08-24-24. Réservation : ☎ 44-08-22-22.
Sur Minitel : 3615 ou 3616, code AF (pour consulter les tarifs, promotions et autres services).

▲ **VIETNAM AIRLINES** propose 2 vols par semaine de Paris à destination de Hô Chi Minh-Ville et de Hanoi. Vietnam Airlines relie Paris à Hô Chi Minh-Ville en 12 h (via Dubaï), et le vol entre Hô Chi Minh-Ville et Hanoi dure 2 h (les mercredi et samedi), les retours s'effectuent les mardi et vendredi (arrivée à Paris le lendemain). La compagnie dessert également 11 villes vietnamiennes en vols intérieurs. La compagnie est entre autres représentée à Paris par :
TAS (Terres d'Aventures Services) : 2, rue Saint-Victor, 75005. ☎ 46-34-61-89. Fax : 40-46-95-22. M. : Cardinal-Lemoine.

▲ **MALAYSIA AIRLINES** dessert Hô Chi Minh-Ville au départ de Paris 2 fois par semaine et Hanoi 1 fois par semaine ; au retour, 2 vols par semaine au départ de Hô Chi Minh-Ville vers Paris et 2 vols au départ de Hanoi. Tous ces vols font escale à Kuala Lumpur. En revanche, entre Kuala Lumpur et Hô Chi Minh-Ville, vols quotidiens ; entre Kuala Lumpur et Hanoi, 1 vol par semaine.
Malaysia Airlines : 12 bd des Capucines, 75009 Paris. ☎ 44-51-64-20. Fax : 44-51-64-30.

▲ **GARUDA** propose 2 fois par semaine les vendredi et dimanche des vols sur Hô Chi Minh-Ville (via Singapour et Djakarta).
Garuda : 75, av. des Champs-Élysées, 75008 Paris. Renseignements : ☎ 44-95-15-55. Réservation : ☎ 44-95-15-50. Fax : 40-75-00-52. M. : George-V.

▲ **SINGAPOUR AIRLINES** dessert Hô Chi Minh-Ville au départ de Paris 5 fois par semaine (lundi, mercredi, jeudi, vendredi et dimanche) dont 2 en vol direct (jeudi et dimanche). Vols vers Hanoi au départ de Paris 2 fois par semaine (mercredi et samedi) avec escale à l'aller et retour direct.
Singapour Airlines : 43, rue Boissières, 75016 Paris. Renseignements : ☎ 45-53-85-00. Réservation : ☎ 45-53-90-90. Numéros verts pour la province : réservation : ☎ 05-35-41-36. Renseignements : ☎ 05-45-03-30. M. : Boissières.

▲ **KLM** propose 2 vols par semaine Paris - Hô Chi Minh-Ville (via Amsterdam), les mardi et dimanche. Les retours s'effectuent les lundi et mercredi.
KLM : 36, avenue de l'Opéra, 75002 Paris. Réservation : ☎ 44-56-18-18. Fax : 44-56-19-09. M. : Opéra. Ouvert de 9 h à 12 h et de 14 h à 17 h du lundi au vendredi.

▲ **AOM** dessert Hô Chi Minh-Ville (via Bangkok) une fois par semaine.
AOM : Renseignements : ☎ 49-79-10-00. Réservation : ☎ 49-79-12-34. Fax : 49-79-10-12.

En plus de celles citées ci-dessus, toutes les compagnies qui desservent le Sud-Est asiatique au départ de Paris, avec transits par une ville européenne, pour certaines, ont des vols soit vers Hô Chi Minh-Ville soit vers Hanoi. C'est le cas de Cathay Pacific, China Airlines, Lufthansa, Gulf air, Philippine Airlines, Sabena ou Swissair.

LES ORGANISMES DE VOYAGES

— Encore une fois, un billet « charter » ne signifie pas toujours que vous allez voler sur une compagnie charter. Bien souvent, même sur des destinations extra-européennes, vous prendrez le vol régulier d'une grande compagnie. Vous aurez simplement payé moins cher pour le même service, en vous adressant à des organismes spécialisés.
— Nous ne faisons plus de distinction, comme les années précédentes, entre les organisateurs de « charters », les vols réguliers à prix réduits ou les associations pour étudiants. En effet, les agences qui suivent proposent un peu de tout, pour tous les voyageurs. Ce n'est pas un mal : ça va dans le sens de la démocratisation du voyage.
— Ne pas croire que les vols à tarif réduit sont tous au même prix pour une même destination à une même époque : loin de là. On a déjà vu, dans un même avion pour Lima partagé par deux organismes, des passagers qui avaient payé 40 % plus cher que les autres… Authentique ! Donc, contactez tous les organismes et jugez vous-même.
— Les organisateurs cités sont désormais classés par ordre alphabétique, pour éviter les jalousies et les grincements de dents.

▲ **ACCESS VOYAGES**
— *Paris :* 6, rue Pierre-Lescot, 75001. ☎ 40-13-02-02 et 42-21-46-94. Fax : 45-08-83-35. M. : Châtelet-Les Halles.
— *Lyon :* Tour Crédit Lyonnais, 129, rue Servient, 69003. ☎ 78-63-67-77. Fax : 78-60-27-80.
— *Lyon :* 55, place de la République, 69002. ☎ 72-56-15-95. Fax : 72-41-85-75.
— Vendu aussi dans les agences de voyages.
Le spécialiste depuis 10 ans maintenant du vol régulier à prix réduit. Pourquoi subir les inconvénients des charters, face aux tout petits prix proposés par ce professionnel du vol régulier : 500 destinations sur 50 compagnies ? De très nombreuses promotions. Des prestations à la carte, bons d'hôtels, locations de voitures, motorhomes, circuits… Toutes ces prestations sont disponibles sur les 500 destinations. La brochure donne toutes les villes desservies.
Les petits plus d'Access : la vente par correspondance, très intéressante pour les provinciaux qui utilisent le service de « paiement à la carte ».
Un serveur Minitel, 36-15, code ACCESS VOYAGES, pour y faire des réservations et dénicher toutes les promotions.
Enfin, un service « groupes » peut organiser toutes demandes de produits sur mesure.

▲ **ANY WAY** : 46, rue des Lombards, 75001 Paris. ☎ 40-28-00-74. Fax : 42-36-11-41. M. : Châtelet. Ouvert du lundi au vendredi de 10 h à 19 h et le samedi de 11 h à 18 h. Une équipe sympathique dirigée par 3 jeunes Québécois. Rompus à la déréglementation et à l'explosion des monopoles sur l'Amérique du Nord, leur champ d'action s'étend aujourd'hui à toutes les grandes destinations du globe. Leurs ordinateurs dénichent les meilleurs tarifs (24 000 tarifs spéciaux sur 700 destinations, sur plus de 60 000 vols par semaine au départ de Paris et de 40 villes de province : un record international !). Des prix charters sur vols réguliers. Les tours-opérateurs leur proposent leurs invendus à des prix défiant toute concurrence.

Any Way permet également de réserver à l'avance vols, séjours, hôtels (toutes possibilités de pass et coupons d'hébergement, voitures, etc.). Les routards « chic » ou « bon marché » sauront sûrement trouver chaussures à leurs pieds parmi de nombreuses possibilités et promotions. Recherche et commande par téléphone, éventuellement avec paiement par carte de crédit sans frais supplémentaires. A noter : quel que soit votre achat, Any Way vous fait cadeau des frais de dossier.

Intéressant : « J-7 » est une formule qui propose des vols secs à des prix super discount, 7 jours avant le départ. Également une formule hyper économique, les vols en stand by durant l'été. Réservations par fax également.

Sympa : les clients qui viennent tôt le matin se voient offrir le café.

▲ **ARIANE TOURS** : 5, square Dunois (centre commercial Dunois), 75013 Paris. ☎ 45-86-88-66. Fax : 45-82-21-54. M. : Nationale ou Chevaleret.
Spécialiste de l'Indochine, Ariane Tours propose sur le Vietnam toutes les possibilités pour organiser son voyage. Réalisation de circuits à la carte pour les individuels. Vols réguliers à tarifs préférentiels. Un forfait visa comprenant : le visa, le transfert aéroport-hôtel et 3 nuits d'hôtel à Hô Chi-Minh-Ville.
Plusieurs circuits sur la brochure :
– 3 circuits de 12, 17 ou 22 jours ;
– 4 formules express d'une semaine au Vietnam ;
– 1 circuit combiné Vietnam-Laos-Cambodge de 18 jours ;
– 1 circuit Cambodge-Vietnam de 15 jours ;
– 1 circuit Laos-Vietnam de 14 ou 21 jours.
Bref, de quoi satisfaire tout le monde.

▲ **ASIA**
– *Paris :* Asia et Air Asia, 1, rue Dante, 75005. ☎ 44-41-50-10. Fax : 44-41-50-20. M. : Maubert-Mutualité.
– *Lyon :* 11, rue du Président-Carnot, 69002. ☎ 78-38-30-40. Fax : 78-92-85-18.
– *Marseille :* 424, rue Paradis, 13008. ☎ 91-16-72-32. Fax : 91-77-84-41.
– *Nice :* 23, rue de la Buffa, 06000. ☎ 93-82-41-41. Fax : 93-88-83-15.
Asia, la passion de l'Asie et de l'Australie. Installé sur place depuis plus de 20 ans, ce voyagiste a pour spécificité le voyage individuel sur mesure. Asia conçoit votre voyage avec vous, selon vos envies, vos contraintes et votre budget. Asia, c'est aussi des produits hors des sentiers battus : Mékhala, barge de rivière et petit hôtel flottant pour relier Bangkok à Ayuthaya ; le Lisu Lodge pour séjourner au nord de la Thaïlande dans une tribu lisu ; l'Indochine à la carte en voiture particulière avec chauffeur ; Dreamtime Safari, un lodge sur les terres aborigènes d'Arnhemland pour les amateurs de grands espaces...
Pour le farniente, Asia a sélectionné des hôtels de charme sur les plus belles plages d'Asie.
N'oubliez pas Air Asia : des vols réguliers à prix charters pour parcourir l'Asie, du Pakistan au Japon et de la Chine à la Nouvelle-Zélande.

▲ **ASIAN PARTNERS** : 3, rue Daniel-Stern, 75015 Paris. ☎ 45-75-40-40. M. : Dupleix.

Propose sous la marque *Yoketai* des produits exclusivement sur mesure pour les voyageurs individuels. Vols secs, réservation d'hôtels, billets de train, circuits en voiture particulière avec chauffeur parlant le français.

Une formule intéressante, pour mini-budget, comprenant : hôtels standard, plus le trajet en train (Hanoi - Huê - Danang - Nhatrang et enfin Hô Chi Minh-Ville) sur demande.

Yoketai est également vendu dans les agences de voyages.

▲ **ASIETOURS :** 23, rue Linois, 75015 Paris. ☎ 44-37-21-10. Fax : 44-37-21-09. M. : Charles-Michels. Ouvert du lundi au samedi de 9 h à 18 h.

Asietours propose au départ de Paris 3 circuits :
— Indochine en 21 jours avec Vietnam, Laos et Cambodge.
— Découverte du Vietnam en 15 jours (très complet).
— Ou encore images vietnamiennes en 12 jours, plus rapide.

Un programme « à la carte » avec un accès sur Hanoi et un sur Saigon. Au départ de ces 2 villes, plusieurs petits circuits de 1 à 5 jours réalisables à partir de 2 personnes. De Hanoi : Điện-Biên Phủ, Lạng Sơn Cao Bằng, la baie d'Along et possibilité d'extension au Laos. Au départ de Saigon : Mỹ Tho, Củ Chi et Tây Ninh, Da Lat et Cap Saint-Jacques ou possibilité d'extension au Cambodge.

▲ **ASIKA :** 26, rue Milton, 75009. ☎ 42-80-41-11. Fax : 42-80-41-12. M. : Notre-Dame-de-Lorette (ou Cadet). Ouvert du lundi au vendredi de 10 h à 19 h et le samedi jusqu'à 17 h.

Le jeune voyagiste créé en 1992 par l'un des meilleurs spécialistes de la Chine et de l'Indochine, Michel Magloff, offre sur l'Asie une gamme très complète de tous types de voyages, individuels ou groupes, des voyages pionniers, événements, imaginatifs, des voyages qui ont une âme.

Une ambition, communiquer « l'esprit de l'Asie » à des voyageurs motivés. Quatre brochures, *Chine, Indochine, Indonésie* et *Sri Lanka-Inde*, dont l'une est entièrement consacrée à la péninsule indochinoise, Vietnam, Laos, Cambodge, permettent un vaste choix, du voyage le plus original au plus classique, et souvent même l'inattendu est au rendez-vous. Des catalogues pleins d'idées. Des voyages authentiques, de qualité, à des prix raisonnables, souvent le meilleur rapport qualité-prix du marché. Et à la carte vous vous offrez les services gracieux des meilleurs conseillers voyages de l'Asie.

▲ **ASSINTER VOYAGES :** 38, rue Madame, 75006 Paris. ☎ 45-44-45-87 ou 44-39-55-75. Fax : 45-44-18-09. M. : Saint-Sulpice.

La passion des voyages et 32 ans d'expérience au service du voyageur ont permis à Assinter Voyages d'atteindre un niveau incontesté. Assinter Voyages a misé depuis longtemps sur une vertu essentielle, « la qualité », passeport exigé pour un événement d'exception ; la réussite d'un voyage culturel.

Assinter Voyages programmait déjà ce pays avant leur fermeture. Il en offre donc une connaissance approfondie.
— Au programme : des transports aériens à prix spéciaux sur lignes régulières avec les compagnies *Thai International, Cathay Pacific, Singapour Airlines, Malaysian, Gulf Air, Philippines Airlines*... Des fiches sont remises à jour régulièrement et peuvent vous êtes fournies sur simple demande.
— Des voyages sur mesure pour individuels et groupes.
— Des circuits combinés, Vietnam-Cambodge 16 jours et Laos-Vietnam-Cambodge 20 jours, de Paris à Paris.

▲ **C.G.T.T. LEPERTOURS :** 82, rue d'Hauteville, 75010 Paris. ☎ 40-22-88-28. Fax : 40-22-88-54. M. : Poissonnière. Fort de son expérience des pays difficiles et en paticulier ex-communistes (C.E.I., Europe de l'Est), l'agence a ouvert un département Vietnam proposant : voyages individuels à la carte, séjour en hôtels, tarifs négociés sur l'aérien, circuits en groupe et voyages d'affaires.

VIETNAM AIRLINES

COMPAGNIE NATIONALE DU VIETNAM

BIENVENUE
AU VIETNAM

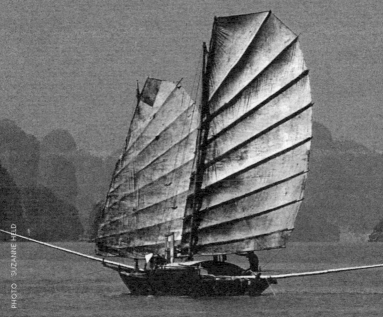

PHOTO : SUZANNE HELD

ALABAMA

VOLS DIRECTS PAR SEMAINE / INFO MINITEL : 36 15 AIR VIETNAM*
24, RUE DU RENARD - 75004 PARIS - TÉL (1) 44 54 39 00

* 2,19 F TTC / MINUTE

VIETNAM AIRLINES

▲ **CHINA TRAVEL SERVICE (C.T.S.) :** 32, rue Vignon, 75009 Paris. ☎ 44-51-55-66. Fax : 44-51-55-60. M. : Havre-Caumartin ou Madeleine.
Plusieurs formules alléchantes sur le Vietnam :
– Circuit accompagné de 10 jours : le Vietnam classique.
– Circuit accompagné de 14 jours : le charme du Vietnam avec possibilités d'extensions au départ de Hô Chi Minh-Ville : en pays caodaïste, à Vũng Tàu, à Angkor.
– Circuit accompagné de 17 jours : le Kaléidoscope Indochinois ; du Cambodge à la pointe sud du Vietnam avec possibilité d'extension de 5 jours au Laos.
Et enfin, original : le Vietnam à vélo, circuit inédit de 24 jours (2 000 km) pour découvrir différemment la culture vietnamienne sur les routes, de Hô Chi Minh-Ville à Hanoi.

▲ **CHINESCO TOURS :** 162, bd Masséna, 75013 Paris. ☎ 45-85-33-44. Fax : 45-85-87-57. M. : Porte-de-Choisy.
Voyagiste spécialisé sur l'Asie. Propose des circuits pour groupes et individuels, des voyages à thème et motivation. Vietnam seul ou combiné avec divers pays du Sud-Est asiatique : Laos, Cambodge, Thaïlande, Chine du Sud. Forfaits « à la carte ». Vols secs. Séjours, location de voitures avec chauffeur.

▲ **CLUB AVENTURE :** 122, rue d'Assas, 75006 Paris. ☎ 46-34-22-60. Fax : 40-46-87-56. M. : Rennes.
Club Aventure propose deux circuits hors du commun de 18 et 23 jours à la rencontre des minorités tay et nung du Nord et mnong du Centre. L'aspect exploration est renforcé par des randonnées, à pied, à travers les rizières Dao rouges, en sampan sur la rivière des Parfums, en 4×4 dans les montagnes Quang Hoa, à dos d'éléphant vers les villages mnong et bien sûr en bateau au milieu des 3 000 îles de la baie d'Along. Très complet, de Hanoi à Saigon, ces circuits sont accompagnés par des spécialistes des religions bouddhiste, taoïste et du confucianisme qui aident à comprendre toutes les subtilités des magnifiques sites religieux visités.

▲ **LES COMPTOIRS DU MONDE :** 195, rue du Faubourg-Saint-Denis, 75010 Paris. ☎ 42-09-33-32. Fax : 42-05-05-30. M. : Gare-du-Nord ou La Chapelle.
Pour un premier dépaysement, venez préparer votre voyage en plein cœur du quartier indien. Les Comptoirs du Monde proposent des vols à prix réduits sur toute l'Asie, mais aussi des circuits et prestations à la carte pour tous les budgets. Tous les désirs d'évasion seront traités d'une façon personnalisée et chaleureuse et satisfaits dans les meilleurs délais.

▲ **EXPLORATOR :** 16, place de la Madeleine, 75008 Paris. ☎ 42-66-66-24. Fax : 42-66-53-89. M. : Madeleine.
Le spécialiste le plus ancien et le plus célèbre des voyages à caractère d'expédition : à pied, en voiture tout-terrain, bateau, radeau, etc. Plus qu'une agence, une solide équipe de spécialistes qui vous emmèneront par petits groupes, dans la plus pure tradition du voyage, découvrir l'authenticité des hommes et des sites demeurés à l'écart du tourisme, où culture et histoire riment avec nature et bien-être. Pas de vols charters ou de vols secs.

▲ **FORUM-VOYAGES**
– *Paris :* 11, av. de l'Opéra, 75001. ☎ 42-61-20-20. Fax : 42-61-39-12. M. : Palais-Royal.
– *Paris :* 39, rue de la Harpe, 75005. ☎ 46-33-97-97. Fax : 46-33-10-27. M. : Saint-Michel.
– *Paris :* 81, bd Saint-Michel, 75005. ☎ 43-25-80-58. Fax : 44-07-22-03. M. : Luxembourg.
– *Paris :* 28, rue Monge, 75005. ☎ 43-25-54-54. Fax : 44-07-36-20. M. : Cardinal-Lemoine.

– *Paris :* 1, rue Cassette (angle avec le 71, rue de Rennes), 75006. ☎ 45-44-38-61. Fax : 45-44-57-32. M. : Saint-Sulpice.
– *Paris :* 140, rue du Faubourg-Saint-Honoré, 75008. ☎ 42-89-07-07. Fax : 42-89-26-04. M. : Saint-Philippe-du-Roule.
– *Paris :* 55, av. Franklin-Roosevelt, 75008. ☎ 42-56-84-84. Fax : 42-56-85-69. M. : Franklin-Roosevelt.
– *Paris :* 69-69 *bis,* rue du Montparnasse, 75014. ☎ 42-79-87-87. Fax : 45-38-67-71. M. : Edgar-Quinet.
– *Paris :* 75, av. des Ternes, 75017. ☎ 45-74-39-38. Fax : 40-68-03-31. M. : Ternes.
– *Neuilly :* 120, av. Charles-de-Gaulle, 92200. ☎ 46-43-71-71.
– *Amiens :* 40, rue des Jacobins, 80000. ☎ 22-92-00-70. Fax : 22-91-05-72.
– *Caen :* 90-92, rue Saint-Jean, 14000. ☎ 31-85-10-08. Fax : 31-86-24-67.
– *Lyon :* 10, rue du Président-Carnot, 69002. ☎ 78-92-86-00. Fax : 78-38-29-58.
– *Melun :* 17, rue Saint-Étienne, 77000. ☎ 64-39-31-07. Fax : 64-39-86-12.
– *Metz :* 10, rue du Grand-Cerf, 57000. ☎ 87-36-30-31. Fax : 87-37-35-69.
– *Montpellier :* 41, bd du Jeu-de-Paume, 34000. ☎ 67-52-73-30. Fax : 67-60-77-34.
– *Nancy :* 99, rue Saint-Dizier, 54000. ☎ 83-36-50-12. Fax : 83-35-79-46.
– *Nantes :* 20, rue de la Contrescarpe, 44000. ☎ 40-35-25-25. Fax : 40-35-23-36.
– *Reims :* 14, cours J.-B.-Langlet, 51072. ☎ 26-47-54-22. Fax : 26-97-78-38.
– *Rouen :* 72, rue Jeanne-d'Arc, 76000. ☎ 35-98-32-59. Fax : 35-70-24-43.
– *Strasbourg :* 49, rue du 22-Novembre, 67000. ☎ 88-32-42-00. Fax : 88-75-99-39.
– *Toulouse :* 23, place Saint-Georges, 31000. ☎ 61-21-58-18. Fax : 61-13-76-49.

Les brochures de vols discount et toutes les brochures de circuits et séjours de Forum-Voyages sont en vente dans les 60 agences Club Med Voyages (agences du Club Méditerranée).

Conformément à son slogan « la Terre moins chère », Forum-Voyages est le spécialiste du vol discount sur ligne régulière (pas de charter) ; il offre près de 500 destinations sur 50 compagnies avec ses brochures *Les Amériques, l'Asie, l'Australie* et *L'Europe, l'Afrique, le Moyen-Orient* et les *D.O.M.-T.O.M.* Une fois sur place, c'est « le luxe moins cher » : une vaste gamme de séjours et de circuits qui vont du camping aux plus grands palaces et du rafting aux circuits en voiture privée avec chauffeur et guide. Forum-Voyages est le spécialiste du voyage individuel organisé.

Entre autres destinations : l'Asie et le Pacifique avec la brochure *Royal Orchid Holidays* de 112 pages réalisée avec la Thai International sur la Thaïlande et toute l'Asie du Sud-Est jusqu'à la Nouvelle-Zélande (300 hôtels, 150 circuits). Plusieurs avantages du Club Forum Voyages : possibilité de payer son voyage en 4 fois, sans intérêts, liste de mariage (avec un cadeau offert par Forum Voyages), vente par téléphone, règlement par carte bleue, sans se déplacer. Un serveur vocal interactif ☎ 36-68-12-02 donne 24 h sur 24 et 7 jours sur 7 toutes les informations sur les promotions, les brochures de Forum-Voyages. Centrale de réservation téléphonique : ☎ 49-26-03-03 du lundi au vendredi de 9 h à 19 h et le samedi de 10 h à 18 h.

▲ **JET TOURS-JUMBO CHARTERS**
– *Paris :* 38, av. de l'Opéra, 75002. ☎ 47-42-06-92. Fax : 49-24-94-47. M. : Opéra.
– *Paris :* 31, quai des Grands-Augustins, 75006. ☎ 43-29-35-50. Fax : 43-25-18-92. M. : Saint-Michel.
– *Paris :* 62, rue Monsieur-le-Prince, 75006. ☎ 46-34-19-79. Fax : 46-34-12-55. M. : Odéon.
– *Paris :* 113, rue de Rennes, 75006. ☎ 45-44-53-10. Fax : 42-84-08-41. M. : Rennes.

Le Vietnam sur mesure avec

ASIA

PHOTO PEROUSSE

Acheter sa baguette rue Catinat à Saigon. Dormir dans la chambre d'Ho Chi Minh face à la Baie d'Halong. Marcher sur les sentiers de l'histoire à Dien Bien Phu. Faire l'ascension du Col des Nuages. S'accorder un peu de farniente au Cap St Jacques. Naviguer en sampan sur la Rivière des Parfums.

...

– *Paris :* 19, av. de Tourville, 75007. ☎ 47-05-01-95. Fax : 47-05-98-55. M. : École-Militaire.
– *Paris :* 119, av. des Champs-Élysées, 75008. ☎ 42-99-27-97. Fax : 42-99-27-94. M. : George-V.
– *Paris :* 2, rue Parrot, 75012. ☎ 44-68-80-35. Fax : 44-68-80-07. M. : Gare-de-Lyon.
– *Paris :* 112, av. du Général-Leclerc, 75014. ☎ 45-42-03-87. M. : Alésia.
– *Paris :* 165, rue de la Convention, 75015. ☎ 42-50-81-81. M. : Boucicaut ou Convention.
– *Paris :* 56, rue Jouffroy-d'Abbans, 75017. ☎ 44-15-91-91. M. : Wagram.
– *Paris :* 97, av. de Villiers, 75017. ☎ 44-15-91-05. Fax : 44-40-20-86. M. : Wagram.
– *Ivry-sur-Seine :* 23, rue Raspail, 94858 Cedex. ☎ 45-15-72-93. Fax : 45-15-76-99.
– *La Défense :* 2, place de la Défense, BP 337, 92053 Cedex. ☎ 46-92-28-87. Fax : 40-81-03 07.
– *Nogent :* 140, rue Charles-de-Gaulle, 94000. ☎ 48-73-25-18.
– *Versailles :* 26, rue de Montreuil, 78000. ☎ 39-49-98-98.
– *Aix-en-Provence :* 7, rue de la Masse, 13100. ☎ 42-26-04-11.
– *Angoulême :* 5 *bis*, rue de Périgueux, 16000. ☎ 45-92-07-94.
– *Annecy :* 3, av. de Chevènes, 74000. ☎ 50-45-44-80.
– *Avignon :* 7, rue Joseph-Vernet, 84000. ☎ 90-27-16-00. Fax : 90-27-94-15.
– *Besançon :* 15, rue Proudhon, 25000. ☎ 81-82-85-44. Fax : 81-81-87-63.
– *Brest :* 14, rue de Lyon, 29200. ☎ 98-46-58-00.
– *Caen :* 143, rue Saint-Jean, 14000. ☎ 31-50-38-45. Fax : 31-85-12-52.
– *Cagnes-sur-Mer :* 64, bd du Maréchal-Juin, 06800. ☎ 93-20-76-44.
– *Chambéry :* 7, rue Favre, 73000. ☎ 79-33-17-64.
– *Clermont-Ferrand :* c/o Jaude, 8, bd d'Allagnat, 63000. ☎ 79-93-29-15.
– *Dinan :* 76, Grande-Rue, 22105 Cedex. ☎ 96-39-12-30.
– *Lille :* 40, rue de Paris, 59800. ☎ 20-57-58-62.
– *Limoges :* 3, rue Jean-Jaurès, 87000. ☎ 55-32-79-29.
– *Lorient :* 4, av. du Faoudic, 56000. ☎ 97-21-17-17.
– *Lyon :* 5, rue Grolée, 69002. ☎ 78-37-47-87.
– *Lyon :* 9, rue Childebert, 69002. ☎ 78-42-80-77. Fax : 72-40-27-45.
– *Lyon :* 16, rue de la République, 69002. ☎ 78-37-15-89.
– *Marseille :* 276, av. du Prado, 13008. ☎ 91-22-19-19.
– *Mulhouse :* 12, rue du Sauvage, 68100. ☎ 89-56-00-89. Fax : 89-66-42-62.
– *Nice :* 8, place Masséna, 06000. ☎ 93-80-88-66. Fax : 93-80-74-20.
– *Nîmes :* 18, rue Auguste, 30000. ☎ 66-21-18-83. Fax : 66-67-47-34.
– *Orléans :* 90, rue Bannier, 45000. ☎ 38-62-75-25.
– *Quimper :* 2, rue Amiral-Ronarc'h, 29000. ☎ 98-95-40-41.
– *Rennes :* 30, rue du Pré-Botté, 35000. ☎ 99-79-58-68.
– *La Roche-sur-Yon :* 48, rue de Verdun, 85000. ☎ 51-36-15-07.
– *Rouen :* 15, quai du Havre, 76000. ☎ 35-89-88-52. Fax : 35-71-86-56.
– *Saint-Brieuc :* 4, rue Saint-Gilles, B.P. 4321, 22043. ☎ 96-61-88-22.
– *Saint-Étienne :* 26, rue de la Résistance, 42000. ☎ 77-32-39-81.
– *Saint-Jean-de-Luz :* 9, av. de Verdun, 64500. ☎ 59-51-03-10.
– *Strasbourg :* 15, rue des Francs-Bourgeois, 67000. ☎ 88-32-01-93. Fax : 88-75-13-51.
– *Toulouse :* 19, rue de Remusat, 31000. ☎ 61-23-35-12. Fax : 62-27-19-04.
– *Tours :* 8, place de la Victoire, 37000. ☎ 47-37-54-30. Fax : 47-37-64-73.
L'exigence Jet Tours, filiale tourisme d'Air France : vous offrir le plus grand choix de séjours, circuits, ou vacances à composer. Une production de qualité, à des prix compétitifs, adaptée au style de chacun, et qui couvre le monde entier.
Jet Tours, c'est aussi la liberté du voyage individuel sans les soucis d'organisation. Grand choix d'hôtels toutes catégories, location de voitures, séjours-plage ou dans des hôtels de charme, location d'appartements et de villas, itinéraires

ENFIN LE VIETNAM EN VOYAGE INDIVIDUEL SUR MESURE

avec le spécialiste du voyage à la carte :

Marsans International
4, rue Chateaubriand - 75008 PARIS
Tél. : (1) 43.59.72.36
et dans les Agences de Voyage

individuels en voiture avec étapes dans des hôtels... Autre point fort : les représentants Jet Tours accueillent les voyageurs sur place et leur procurent des réservations complémentaires.

A vous de choisir selon vos envies : vols et transferts, nuits d'hôtels, location de voiture, itinéraires individuels... Dans sa brochure *Jumbo Charter,* Jet Tours propose également des prix charters très compétitifs, sans aucune prestation sur place. Autre produit, Jumbo Charter « Spécial Dernière » : 21 jours avant le départ, des tarifs exceptionnels sont désormais disponibles sur diverses destinations charters. Consultez les brochures Jet Tours dans votre agence de voyages.

▲ **LOOK VOYAGES**
– *Paris :* 8-10, rue Villedo, 75001. ☎ 44-58-59-60. M. : Pyramides.
– *Angers :* 68, rue Plantagenêt, 49100. ☎ 41-87-46-47.
– *Annecy :* 15, rue du Président Faure, 74000. ☎ 50-52-87-13.
– *Grenoble :* 24, rue Alsace-Lorraine, 38000. ☎ 78-43-28-06.
– *La Rochelle :* 62, rue des Merciers, 17000. ☎ 46-41-32-22.
– *Le Havre :* 149, rue de Paris, 76600. ☎ 35-42-11-42.
– *Lyon :* 9, rue de la République, 69001. ☎ 78-29-58-45.
– *Nantes :* 5, rue Saint-Pierre, 44000. ☎ 40-20-03-02.
– *Niort :* 18, rue Victor Hugo, 79600. ☎ 49-28-08-12.
– *Rambouillet :* 32, rue Chasles, 78120. ☎ 34-83-23-71.
– *Rennes :* 7, rue du Puits-Mauger, 35100. ☎ 99-31-32-32.
– *Strasbourg :* 7, rue du Vieux-Marché-aux-Vins, 67000. ☎ 88-22-09-10.

Look Charters, le grand spécialiste du vol sec aux meilleurs prix, propose 400 destinations dans le monde dont l'Asie, sur vols charters ou réguliers.
Look Voyages propose 40 destinations dans le monde ; séjours, circuits-découverte, croisières... L'un des meilleurs rapports qualité-prix du marché. Vols réguliers au départ de Paris et Lyon sur Hô Chi Minh-Ville. Répondeur téléphonique avec les promotions qui fonctionnent 24 h sur 24 : ☎ 36-68-01-20.

▲ **MAGICLUB VOYAGES :** 33 *bis,* rue Saint-Amand, 75015 Paris. ☎ 48-56-20-00. M. : Plaisance. Ouvert du lundi au vendredi de 9 h à 19 h et le samedi de 9 h 30 à 13 h et de 14 h 30 à 18 h.
Voyagiste spécialisé dans l'organisation de voyages à la carte (avion + voiture + 1 nuit d'hôtel, ou plus, dans les villes de votre choix). Département vols : 350 destinations de charters ou vols réguliers à prix discount. Renseignements rapides par téléphone ; possibilité de réserver sur tous les vols par téléphone avec carte bleue. Magiclub Voyages est animé par une équipe dynamique toujours soucieuse de vous proposer le meilleur prix. A vous de les mettre à l'épreuve !

▲ **MAISON DE L'INDOCHINE :** 36, rue des Bourdonnais, 75001 Paris. ☎ 40-28-43-60. M. : Châtelet. Ouvert du lundi au samedi de 10 h à 19 h.
Forte de sa parfaite connaissance du terrain, la Maison de l'Indochine conçoit aussi bien des circuits organisés, avec accompagnateur spécialiste de la région, que des voyages individuels, entièrement sur mesure.
– Cochinchine-Annam-Tonkin : traversée du Vietnam par la route et le train, 21 jours.
– Vietnam en solo : vol régulier aller et retour, et 3 nuits à Hô Chi Minh-Ville, retour possible par Hanoi.

▲ **MONDE DE L'INDE ET DE L'ASIE :** 15, rue des Écoles, 75005 Paris. ☎ 46-34-03-20. Fax : 43-26-87-77. M. : Cardinal-Lemoine.
Une agence très spécialisée, qui propose des vols secs, des circuits et des programmes sur mesure aussi bien sur l'Inde, sa spécialité, que sur l'Asie du Sud-

Est dont le Vietnam, le Cambodge et le Laos. Francine Boura adore ces pays depuis toujours et saura vous conseiller les meilleures adresses.

▲ **MOOVING :** 55, rue Hermel, 75018 Paris. ☎ 44-92-11-80. Fax : 42-23-26-42. M. : Simplon ou Jules-Joffrin.
Propose un circuit assez luxueux de 12 jours-9 nuits « Lumières d'Along », comprenant le vol aller-retour (Paris-Bangkok-Hanoi-baie d'Along-Hanoi-Paris), l'accueil et l'assistance à l'arrivée (taxes d'aéroport incluses), les transferts en voiture privée avec chauffeur, l'hébergement dans les hôtels sélectionnés, les petits déjeuners, les dîners du jour 5 au jour 9, une voiture avec chauffeur à disposition à Bangkok durant 2 demi-journées, les visites durant le circuit en voiture privée avec chauffeur et guide parlant le français, le vol intérieur Chiang Rai - Bangkok, les assurances assistance et rapatriement selon contrat minimal. Le « style » Mooving, c'est une sélection des meilleures compagnies aériennes, départ le jour choisi, voiture avec chauffeur et guide à disposition pendant 2 demi-journées, combinaison de visites en voiture, en calèche, en bateau et à dos d'éléphant.

▲ **NOUVEAU MONDE**
– *Paris :* 8, rue Mabillon, 75006. ☎ 43-29-40-40. M. : Mabillon.
– *Bordeaux :* 57, cours Pasteur, 33000. ☎ 56-92-98-98. Fermé le samedi.
– *Marseille :* 8, rue Bailli-de-Suffren, 13001. ☎ 91-54-31-30. Fermé le samedi.
– *Nantes :* 6, place Édouard-Normand, 44000. ☎ 40-89-63-64. Fermé le samedi.
Fidèle à une philosophie du voyage en individuel et à la carte, Nouveau Monde propose à chacun de découvrir le Vietnam à sa guise et à son rythme. Ainsi, vous disposez d'un choix de vols à tarifs réduits, d'une sélection d'hôtels dans les principales villes comme vous pouvez opter pour un circuit en voiture avec guide ou encore réserver votre train et vos hôtels pour parcourir le pays du sud au nord.

▲ **NOUVELLES FRONTIÈRES**
– *Paris :* 87, bd de Grenelle, 75015. ☎ 41-41-58-58. M. : La Motte-Picquet.
– *Aix-en-Provence :* 52, cours Sextius, 13100. ☎ 42-26-47-22.
– *Ajaccio :* 12, place Foch, 20000. ☎ 95-21-55-55.
– *Bordeaux :* 31, allée de Tourny, 33000. ☎ 56-44-60-38.
– *Brest :* 8, rue Jean-Baptiste-Boussingault, 29200. ☎ 98-44-30-51.
– *Cannes :* 19, bd de la République, 06400. ☎ 92-98-80-83.
– *Clermont-Ferrand :* 8, rue Saint-Genès, 63000. ☎ 73-90-29-29.
– *Dijon :* 7, place des Cordeliers, 21000. ☎ 80-31-89-30.
– *Grenoble :* 3, rue Billery, 38000. ☎ 76-87-16-53.
– *Le Havre :* 137, rue de Paris, 76600. ☎ 35-43-36-66.
– *Lille :* 1, rue des Sept-Agaches, 59000. ☎ 20-74-00-12.
– *Limoges :* 6, rue Vigne-de-Fer, 87000. ☎ 55-32-28-48.
– *Lyon :* 34, rue Franklin, 69002. ☎ 78-37-16-47.
– *Lyon :* 38, av. de Saxe, 69006. ☎ 78-52-88-88.
– *Marseille :* 11, rue d'Haxo, 13001. ☎ 91-54-18-48.
– *Metz :* 33, En-Fournirue, 57000. ☎ 87-36-16-90.
– *Montpellier :* 4, rue Jeanne-d'Arc, 34000. ☎ 67-64-64-15.
– *Mulhouse :* 5, rue des Halles, 68100. ☎ 89-46-25-00.
– *Nancy :* 38 *bis,* rue du Grand-Rabbin-Haguenauer, 54000. ☎ 83-36-76-27.
– *Nantes :* 2, rue Auguste-Brizeux, 44000. ☎ 40-20-24-61.
– *Nice :* 24, av. Georges-Clemenceau, 06000. ☎ 93-88-32-84.
– *Reims :* 51, rue Cérès, 51100. ☎ 26-88-69-81.
– *Rennes :* 10, quai Émile-Zola, 35000. ☎ 99-79-61-13.
– *Rodez :* 26, rue Béteille, 12000. ☎ 65-68-01-99.
– *Rouen :* 15, rue du Grand-Pont, 76000. ☎ 35-71-14-44.
– *Saint-Étienne :* 9, rue de la Résistance, 42100. ☎ 77-33-88-35.

Laissez-vous transporter par vos passions.

– *Strasbourg* : 4, rue du Faisan, 67000. ☎ 88-25-68-50.
– *Toulon* : 503, av. de la République, 83000. ☎ 94-46-37-02.
– *Toulouse* : 2, place Saint-Sernin, 31000. ☎ 61-21-03-53.

▲ **NOUVELLE LIBERTÉ**
– *Paris* : 24, av. de l'Opéra, 75001. ☎ 42-96-01-47. M. : Pyramides.
– *Paris* : 7, bd Poissonnière et 38, rue du Sentier, 75002. ☎ 40-41-91-91. M. : Bonne Nouvelle.
– *Paris* : 26, rue Soufflot, 75005. ☎ 43-25-43-99. M. : Luxembourg.
– *Paris* : 14, rue La Fayette, 75009. ☎ 47-70-58-58. M. : Chaussée-d'Antin.
– *Paris* : 68, bd Voltaire, 75011. ☎ 48-06-79-65. M. : Saint-Ambroise.
– *Paris* : 49, av. d'Italie, 75013. ☎ 44-24-38-38. M. : Tolbiac.
– *Paris* : 29, av. du Général-Leclerc, 75014. ☎ 43-35-37-38. M. : Mouton-Duvernet.
– *Paris* : 109, rue Lecourbe, 75015. ☎ 48-28-32-28. M. : Sèvres-Lecourbe.
– *Saint-Germain-en-Laye* : 60, rue au Pain, 78100. ☎ 34-51-08-08.
– *Aix-en-Provence* : 28, cours Mirabeau, 13100. ☎ 42-38-97-79.
– *Bordeaux* : 53, cours Clemenceau, 33000. ☎ 56-81-28-30.
– *Cannes* : 15, rue des Belges, 06400. ☎ 93-99-49-00.
– *Chartres* : 10, rue de la Volaille, 28000. ☎ 37-21-16-00.
– *Compiègne* : 19, place du Marché-aux-Herbes, 60200. ☎ 44-40-28-00.
– *Dijon* : 20, rue des Forges, 21000. ☎ 80-30-77-32.
– *Grenoble* : 12, place Victor-Hugo, 38000. ☎ 76-46-01-37.
– *Lille* : 7-9, place du Théâtre, 59000. ☎ 20-55-35-45.
– *Lyon* : place des Jacobins, rue Jean-de-Tourne, 69002. ☎ 72-41-07-07.
– *Marseille* : 393, av. du Prado, 13008. ☎ 91-76-10-80.
– *Montpellier* : 24, Grand-Rue-Jean-Moulin, 34000. ☎ 67-52-89-99.
– *Melun* : 17, rue du Général-de-Gaulle, 77000. ☎ 64-87-07-00.
– *Mulhouse* : 42, rue des Boulangers, 68100. ☎ 89-66-14-15.
– *Nantes* : 1, place Delorme, 44000. ☎ 40-35-56-56.
– *Nice* : 85, bd Gambetta, 06000. ☎ 93-86-33-13.
– *Nogent-sur-Marne* : 5, rue Eugène-Galbrun, 94130. ☎ 43-24-01-02.
– *Orléans* : 1, rue d'Illiers, 45000. ☎ 38-81-11-55.
– *Rennes* : 3, rue Nationale, 35000. ☎ 99-79-09-55.
– *Rouen* : 47, rue Grand-Pont, 76000. ☎ 35-70-50-50.
– *Saint-Quentin* : 8, rue Labbey-de-Pompières, 02100. ☎ 23-64-16-06.
– *Toulouse* : 1 *bis*, rue des Lois, 31000. ☎ 61-21-10-00.
– *Tours* : 1, rue Colbert, 37000. ☎ 47-20-49-50.
Les prix du monde ont changé ! Grâce à sa compagnie *Air Liberté,* Nouvelle Liberté vous permet de bénéficier de tarifs avantageux. Au total, près de 400 destinations sont proposées aux meilleurs rapports qualité-prix, vendues dans toutes les agences de voyages Club Med Voyages, American Express, Via Voyages et agences de voyages agréées.

▲ **ORIENTS** : 29, rue des Boulangers, 75005 Paris. ☎ 46-34-29-00 ou 54-20. M. : Cardinal-Lemoine. Ouvert du lundi au vendredi de 10 h à 13 h et de 14 h à 19 h, le samedi fermeture à 17 h.
Agence spécialisée dans les voyages sur les « Routes de la Soie » au sens le plus large, de Venise à... Pékin ; et une équipe très expérimentée a juré de vous faire renouer avec la tradition des grands voyageurs dont le célèbrissime Marco Polo, entre autres.
Des programmes qui commencent avec des week-ends en « Orients » et qui continuent avec de grands voyages axés sur les routes d'histoire et d'échange : entre autres, vers le Vietnam, le Laos et le Cambodge. Tous ces voyages guidés par un spécialiste. Enfin, Orients propose des vols secs vers les principales escales des Routes de la Soie à des prix très étudiés. Également des voyages à la carte pour toutes destinations.

▲ **PACIFIC HOLIDAYS**
— *Paris :* 34, av. du Général-Leclerc, 75014. ☎ 45-41-52-58. M. : Mouton-Duvernet.
— *Paris :* 26, rue de la Pépinière, 75008. ☎ 44-70-03-61. M. : Saint-Lazare.
— *Saint-Denis :* 6, rue Jean-Jaurès, 93202. ☎ 42-43-29-67.
— *Saint-Ouen :* 71, av. Gabriel-Péri, 93400. ☎ 40-11-18-74.
— *Épernay :* 19, place des Arcades, 51200. ☎ 26-59-51-90.
— *Évreux :* 2, rue de la Harpe, 27000. ☎ 32-31-05-55.
— *Lyon :* 27/29, rue Ferrandière, 69002. ☎ 78-42-18-42.
— *Nantes :* 18, rue de la Paix, 44000. ☎ 51-25-08-70.
— *Toulon :* 522, av. de la République, 83000. ☎ 94-41-40-14.
Et dans toutes les agences Via Voyages.
Voyagiste spécialisé sur les Amériques ainsi que sur l'Asie (Chine et Japon compris), Pacific Holidays propose sur les deux continents des séjours dans toutes les villes ayant un intérêt touristique avec des excursions Urbi et Orbi, des voyages à la carte sur des circuits pré-établis, des circuits accompagnés Paris-Paris, des circuits accompagnés au départ des villes étapes.
Les propositions de voyages ou de séjours sont faites dans 3 brochures annuelles : les Amériques, les vols secs et l'Asie.
Les clients de Pacific Holidays bénéficient de l'assistance permanente à travers le monde des 1 600 correspondants de Thomas Cook, dont Via Voyages est le représentant exclusif en France.

▲ **PASSIONS EXOTIQUES :** 4, rue de la Paix, 75002 Paris. ☎ 42-61-05-25. Fax : 42-61-68-43. M. : Opéra.
Voyagiste depuis plus de 20 ans, Passions Exotiques est spécialiste du Vietnam et des îles.
Au Vietnam, un choix de 4 circuits de 11 à 20 jours, qui permettent une découverte de la baie d'Along à Hô Chi Minh-Ville, sans oublier les villes impériales de Đà Nẵng et Huế.
Possibilité, en complément, d'extensions au Cambodge, au Laos et en Thaïlande. Afin de répondre à tous les souhaits, Passions Exotiques propose également un service « à la carte ».
Départs sur vols réguliers, choix des itinéraires (exemple : croisière sur la baie d'Along l'après-midi pour éviter les brumes matinales), sélection d'hôtels, sélection de guides, professionnels et francophones, groupes limités à 16 personnes, autant de critères qui assurent la qualité et le confort d'un circuit. Sur toute la production, les prix sont étudiés et compétitifs. Promotions toute l'année.

▲ **SIROCCO :** 55, rue Hermel, 75018 Paris. ☎ 44-92-12-12. Fax : 42-23-41-34. M. : Simplon ou Jules-Joffrin.
En étroite collaboration avec son correspondant européen implanté de longue date au Vietnam, Sirocco dispose de véhicules climatisés, de guides francophones et d'authentiques sampans en baie d'Along, permettant d'effectuer des croisières à la voile avec déjeuner à bord. Programme à la carte, et sur mesure, circuits entièrement organisés. Consulter également la brochure. Ouverture prochaine d'un bureau Sirocco à Saigon.

▲ **TERRES D'AVENTURE**
— *Paris :* 16, rue Saint-Victor, 75005. ☎ 43-29-94-50. Fax : 43-29-96-31. M. : Maubert-Mutualité.
— *Lyon :* 9, rue des Remparts-d'Ainay, 69002. ☎ 78-42-99-94. Fax : 78-37-15-01.
Pionnière et leader du voyage à pied en France et à l'étranger, cette agence propose près de 200 randonnées de 7 à 60 jours pour tous niveaux, même débutant, et à tous les prix.

Vietnam, le 13 octobre

"*J'ai franchi la baie d'Halong sur une jonque centenaire,
négocié l'or avec les Mnongs,
nagé dans les eaux chaudes des tropiques,
rencontré dans une fumerie des mandarins hors du temps,
remonté en pirogue jusqu'aux cascades de Dau Dang,
croisé des femmes éternelles coiffées de feuilles de latanier,
vécu au rythme des tribus du Tonkin
et me suis régalé d'une infinie richesse de saveurs colorées.*"

Votre Vietnam, vous allez le découvrir et l'inventer au fil du **Guide du Voyage en ASIE** de PACIFIC holidays.
Le Guide du Voyage en ASIE de PACIFIC holidays, vous donne toutes les libertés pour bien préparer votre voyage en toute indépendance, ou vous laisser conduire à la découverte d'un circuit.
Ne partez pas à la rencontre de l'Asie, sans avoir découvert **le Guide du Voyage en ASIE** de PACIFIC holidays. Ce serait dommage de passer à côté de vos plus beaux souvenirs.

Les déserts, les montagnes, le Grand Nord, l'Antarctique et même le pôle Nord, les forêts tropicales, la haute montagne, sont leurs spécialités.

Leurs récents coups de cœur : proposer les premiers trekkings à Cuba, au Laos, sur les îles du Cap Vert, en Iran et sur les monts Simiens en Éthiopie. Ils représentent en exclusivité les compagnies *Royal Nepal Airlines* et *Vietnam Airlines* pour la France.

▲ UNICLAM 2000

– *Paris* : 11, rue du 4-Septembre, 75002. ☎ 40-15-07-07. Fax : 42-60-44-56. M. : Opéra.

– *Paris* : 46, rue Monge, 75005. ☎ 43-25-21-18. Fax : 43-25-99-02. M. : Cardinal-Lemoine.

– *Paris* : 63, rue Monsieur-le-Prince, 75006. ☎ 43-29-12-36. Fax : 43-29-47-69. M. : Odéon.

– *Paris* : 51, rue de Clignancourt, 75018. ☎ 42-59-02-08. Fax : 42-52-82-52. M. : Château-Rouge.

– *Grenoble* : 16, rue du Docteur-Mazet, 38000. ☎ 76-46-00-08. Fax : 76-85-26-21.

– *Lille* : 157, route Nationale, 59800. ☎ 20-30-98-20. Fax : 20-78-20-60.

– *Lyon* : 19, quai Romain-Rolland, 69005. ☎ 78-42-75-85. Fax : 78-37-29-56.

– *Mulhouse* : 13, rue des Fleurs, 68100. ☎ 89-56-10-21. Fax : 89-66-29-51.

– *Strasbourg* : 6, rue des Pucelles, 67000. ☎ 88-35-30-67. Fax : 88-52-91-30.

Uniclam s'est d'abord fait connaître pour ses charters sur l'Amérique latine et tout particulièrement le Pérou. Aujourd'hui, Uniclam propose des formules « découverte en liberté » (Pérou, Mexique, Équateur, Brésil, Argentine et Chili). Système très appréciable dans ces pays, la possibilité de réserver, avant de partir, des nuits d'hôtels. Également des circuits à départs garantis sur le Chili, l'Argentine, l'Équateur, les Galapagos, le Pérou, le Brésil, le Costa Rica, le Mexique, le Guatemala et les États-Unis.

Uniclam dispose aussi d'un important secteur « Groupes » (CE, clubs, associations et même groupe d'amis, minimum 9 personnes) dans lequel peuvent être élaborés des voyages sur mesure, correspondant parfaitement à vos désirs et à vos rêves. Par exemple, des voyages au Pérou pour voir l'éclipse solaire...

Pour les hommes pressés et exigeants, renseignez-vous auprès du bureau, 46, rue Monge, 75005. ☎ 43-25-21-18 et demandez Monique.

▲ VIETNAM EXTRAORDINAIRE : 4, rue Chateaubriand, 75008 Paris. ☎ 43-59-72-36. Fax : 42-25-83-38. M. : George-V.

Spécialiste du voyage sur mesure ; tout est modulable ; choix de la compagnie aérienne, ville d'accès au Vietnam (Hanoi ou Saigon), vols intérieurs : location de voitures avec chauffeur, mise à disposition d'un guide, réservation d'une ou plusieurs nuits d'hôtel, excursions et extensions.

Sur la brochure, 3 circuits individuels, un de 13 jours et 10 nuits, un autre de 18 jours et 15 nuits et enfin un de 15 jours et 12 nuits. Extension possible au Cambodge. Vietnam Extraordinaire est associé à un réceptif sur place, franco-vietnamien, qui accueille les clients en français.

▲ VOYAG'AIR - BALAD'AIR : 55, rue Hermel, 75018 Paris. ☎ 42-62-45-45. Fax : 42-62-49-00. M. : Simplon ou Jules-Joffrin. Minitel : 36-15, code VOYAG'AIR.

Promos disponibles au 42-62-20-20.

Avec Voyag'air, envolez-vous vers plus de 350 destinations à prix discountés. Les 3 brochures de ce jeune et original tour-opérateur auront forcément quelque chose pour vous séduire :

– La brochure pocket « vols secs » recense les meilleures offres vers 60 destinations, avec d'excellents rapports qualité-prix sur compagnies régulières (notamment avec la Compagnie française AOM, French Airlines...).

– La brochure Balad'air vous offre des prestations terrestres à la carte, sur les États-Unis, Bahamas, Guadeloupe, Martinique, Saint-Martin, Guyane, Madagascar, Réunion, et des nouveautés moyen-courriers : Sénégal, Maroc, Canaries...

Le Vietnam
à la Cité des Voyages

La baie d'Halong, la Cité Impériale de Hué, Saïgon, Hanoï, le souvenir de la présence française ... Voyager au Vietnam, c'est d'abord s'informer pour comprendre, se préparer à voir, comparer pour partir. A la Cité des Voyages, les spécialistes de Voyageurs en Asie du Sud-Est vous proposent circuits organisés, voyages à la carte, tarifs économiques "Bleu-Ciel" sur les vols réguliers. Et pour vous conseiller : une dizaine de conférences par mois, une librairie de plus de 3000 ouvrages, des programmes vidéo, des services de change et visas ... Rendez-nous visite ou contactez Voyageurs en Asie du Sud-Est à la Cité des Voyages, tél. 42 86 16 88.

– La brochure Polynésie, fidèle au concept de la marque, est une invitation aux grands voyages à petits budgets.

▲ **VOYAGEURS AU VIETNAM :** 55, rue Sainte-Anne, 75002 Paris. ☎ 42-86-16-88. Fax : 40-15-05-71. M. : Pyramides ou Bourse.

Tout voyage sérieux nécessite l'intervention d'un spécialiste. D'où l'idée de ces équipes spécialisées chacune sur une destination, qui vous accueillent à la Cité des Voyages : un centre de 1 500 m^2 entièrement dédié à la vente des voyages, au service et à l'information des voyageurs. Service visa et change, librairie, boutique ; et plus de 300 forums d'informations par mois sur l'ensemble des destinations proposées.

Voyageurs au Vietnam propose tous les éléments nécessaires à la constitution d'un voyage à la carte sur le Vietnam aux prix les plus bas, puisque tout est vendu directement, sans intermédiaire. De nombreux circuits sont également proposés, dont la Transvietnamienne, combinant le train et l'avion, du sud au nord du pays.

EN BELGIQUE

▲ **ACOTRA WORLD :** rue de la Madeleine, 51, Bruxelles 1000. ☎ (02) 512-86-07. Fax : (02) 512-39-74. Ouvert en semaine de 10 h à 17 h 30.

Acotra World, filiale de la *Sabena*, offre aux jeunes, étudiants, enseignants et stagiaires des prix spéciaux dans le domaine du transport aérien. Prix de train (B.I.J. - Inter-Rail) et de bus intéressants. Le central logement-transit d'Acotra permet d'être hébergé aux meilleurs prix, en Belgique et à l'étranger.

Un bureau d'accueil et d'information, Acotra Welcome Desk, est à la disposition de tous à l'aéroport de Bruxelles-National (hall d'arrivée). Ouvert tous les jours, y compris le dimanche, de 7 h à 14 h 30 [☎ (02) 720-35-47].

▲ **C.J.B. L'AUTRE VOYAGE :** chaussée d'Ixelles, 216, Bruxelles 1050. ☎ (02) 640-97-85. Fax : (02) 646-35-95. Ouvert de 9 h 30 à 12 h et de 13 h 30 à 17 h 30, tous les jours de la semaine. C.J.B. organise toutes sortes de voyages, individuels ou en groupes, de la randonnée au grand circuit. Vacances sportives ou séjours culturels. Dans la jungle des tarifs de transport (avion, train, bus ou bateau), on vous conseillera les meilleures adresses par destination, offrant les prix les plus intéressants.

▲ **CONTINENTS INSOLITES (ASBL)**

– *Bruxelles :* rue de la Révolution, 1, 1000. ☎ (02) 218-24-84. Fax : (02) 218-24-88.

– *Paris :* représenté par *Accents du Monde* AC 100. ☎ 40-43-04-11. Du lundi au vendredi de 10 h à 18 h.

Association créée en 1978, dont l'objectif est de promouvoir un nouveau tourisme à visage humain. Continents Insolites regroupe plus de 10 000 membres, dont le point commun est l'amour du voyage hors des sentiers battus. Encadrement personnalisé par des guides spécialistes des régions visitées :

– des circuits inédits à dates fixes dans plus de 60 pays (groupes de 7 à 14) ;

– des voyages à la carte, toute l'année.

Continents Insolites (ASBL) propose quatre activités de « services » :

– des voyages proches et lointains pour personnes handicapées physiques et sensorielles : « Continents Adaptés » ;

– des vacances utiles à travers des chantiers d'aide au Tiers Monde, pour les jeunes et les moins jeunes : « Chantiers Jeunes/Chantiers pour le Développement » ;

– des chantiers de protection de la nature et des voyages de sensibilisation : « Continents et Nature » ;

– des circuits aventures pour jeunes (18-31 ans) sur 30 destinations proches et lointaines à des prix « supercompressés » : « Aventures Jeunes 2000 » ;

– des voyages « aventure-confort » pour les seniors : « Continents Vermeils » ;

– des circuits spirituels : « Continents et Spiritualité » ;
– des voyages à la voile sous toutes les latitudes mais aussi des cours d'initiation en mer du Nord : « Continents et Voile » ;
– des week-ends balades en Ardennes, à Prague, en Autriche, en Bavière, avec ou sans thème ;
– un circuit de 145 conférences-diaporama (Bruxelles - Namur - Liège - Luxembourg).
Les conférences de Bruxelles se donnent à la « Maison du Voyage », rue de la Révolution 1, Bruxelles 1000, du mardi au vendredi à 20 h 30 (P.A.F. : 50 FB). Nous y avons spécialement aménagé pour vous recevoir une salle de conférences, un salon vidéo et un bar d'accueil.
Ces activités trouvent leur financement dans les bénéfices des voyages.
La totalité des voyages proposés par l'association regroupe une centaine de destinations différentes dans plus de 60 pays. Leurs points forts sont : Pérou, Bolivie, Madagascar, Vietnam, Laos-Cambodge, Indonésie et Yémen.

▲ **ÉOLE**
– *Bruxelles :* rue de l'Association, 4, 1000. ☎ (02) 217-33-41. Fax : (02) 219-90-73.
– *Bruxelles :* rue Marie-Christine, 78, 1020. ☎ (02) 428-40-53. Fax : (02) 428-28-61.
– *Bruxelles :* chaussée de Haecht, 33, 1030. ☎ (02) 218-55-62. Fax : (02) 217-71-09.
– *Louvain-la-Neuve :* Grand-Place, 2, 1348. ☎ (010) 45-12-43. Fax : (010) 45-52-19.
– *Liège :* boulevard de la Sauvenière, 30, 4000. ☎ (041) 22-19-04. Fax : (041) 22-92-68.
– *Charleroi :* boulevard Tirou, 60, 6000. ☎ (071) 32-01-32. Fax : (071) 31-58-60.
(Voir texte UNICLAM 2000, plus haut.)

▲ **JOKER :** bd Lemonnier, 37, Bruxelles 1000. ☎ (02) 502-19-37.
« Le » spécialiste des voyages aventureux et des billets à tarifs réduits. Travaille en principe avec le nord du pays mais il peut être intéressant d'y faire un tour. Voyages pas chers et intéressants. Vols secs aller-retour. Circuits et forfaits avec groupes internationaux (organismes américains, australiens, hollandais et anglais).

▲ **NOUVELLES FRONTIÈRES**
– *Anvers :* Nationale Straat 14, 2000. ☎ (03) 232-98-75. Fax : (03) 226-29-50.
– *Bruges :* Noordzand Straat 42, 8000. ☎ (050) 34-05-81.
– *Bruxelles :* bd Lemonnier, 2, 1000. ☎ (02) 547-44-44. Fax : (02) 513-16-45.
– *Bruxelles :* chaussée d'Ixelles, 147, 1050. ☎ (02) 513-68-15.
– *Bruxelles :* chaussée de Waterloo, 690, 1180. ☎ (02) 646-22-70.
– *Gand :* Nederkouter 77, 9000. ☎ (09) 224-01-06.
– *Liège :* bd de la Sauvenière, 32, 4000. ☎ (041) 23-67-67.
– Également au *Luxembourg :* 25, bd Royal, 2449. ☎ 46-41-40.

▲ **NOUVEAU MONDE :** chaussée de Fleurgat, 226, Bruxelles 1050. ☎ (02) 649-55-33.

▲ **PAMPA EXPLOR :** chaussée de Waterloo, 735, Bruxelles 1180. ☎ (02) 343-75-90 ou répondeur 24 h sur 24 : ☎ (010) 22-59-67. Fax : (02) 346-27-66.
L'insolite et les découvertes « en profondeur » au bout des Pataugas ou sous les roues du 4 × 4. Grâce à des circuits ou des voyages à la carte entièrement personnalisés, conçus essentiellement pour les petits groupes, voire les voyageurs isolés. Des voyages originaux, pleins d'air pur et de contacts, dans le respect des populations et de la nature. Pratiquement dans tous les coins de la « planète

Partir avec Jet tours

bleue », mais surtout dans les pays couverts par le Sahara. Sans oublier les inconditionnels de la forêt amazonienne, les accros de paysages andins ou les mordus des horizons asiatiques.

▲ **SERVICES VOYAGES ULB :** campus ULB, av. Paul-Héger, 22, Bruxelles, et hôpital universitaire Erasme. Ouvert de 9 h à 17 h sans interruption du lundi au vendredi. Le voyage à l'université, accueil évidemment très sympa. Billets d'avion sur vols charters et sur compagnies régulières à des prix hyper compétitifs.

▲ **TAXISTOP**
– *Taxistop :* promenade de l'Alma, 57, Bruxelles 1200. ☎ (02) 779-08-46. Fax : (02) 779-08-32. M. : Alma. Ouvert du lundi au vendredi de 9 h à 17 h.
– *Airstop Bruxelles :* Wolvengracht, 28, Bruxelles 1000. ☎ (02) 223-22-60. Fax : (02) 223-22-32.
– *Taxistop Bruxelles :* Wolvengracht, 28, Bruxelles 1000. ☎ (02) 223-23-10. Fax : (02) 223-22-32.
– *Airstop Courtrai :* Wijngaardstraat 16, Courtrai 8500. ☎ (056) 20-50-63. Fax : (056) 20-40-93.
– *Taxistop Gand :* Onderbergen, 51, Gand 9000. ☎ (09) 223-23-10. Fax : (09) 224-31-44.
– *Airstop Gand :* Onderbergen, 51, Gand 9000. ☎ (09) 224-00-23. Fax : (09) 224-31-44.
– *Taxistop :* place de l'Université, 41, Louvain-la-Neuve 1348. ☎ (010) 45-14-14. Fax : (010) 45-51-20.
– *Airstop Anvers :* Sant Jacobsmarkt, 86, Anvers 2000. ☎ (03) 226-39-22. Fax : (03) 226-39-48.

EN SUISSE

C'est toujours cher de voyager au départ de la Suisse, mais ça s'améliore. Les charters au départ de Genève, Bâle ou Zurich sont de plus en plus fréquents ! Pour obtenir les tarifs les plus intéressants, il vous faudra être persévérant et vous servir d'un téléphone. Les billets au départ de Paris ou Lyon ont toujours la cote au hit-parade des meilleurs prix. Les annonces dans les journaux peuvent vous réserver d'agréables suprises, spécialement dans le *24 Heures* et dans *Voyages Magazine*.
Tous les tours-opérateurs sont représentés dans les bonnes agences : *Kuoni, Hotelplan, Jet Tours,* le *TCS* et les autres peuvent parfois proposer le meilleur prix, ne pas les oublier !

▲ **ARTOU**
– *Fribourg :* 31, rue de Lausanne. ☎ (037) 22-06-55.
– *Genève :* 8, rue de Rive. ☎ (022) 311-02-80. Librairie : ☎ (022) 311-45-44.
– *Lausanne :* 18, rue Madeleine. ☎ (021) 323-65-54. Librairie : ☎ (021) 323-65-56.
– *Sion :* 44, rue du Grand-Pont. ☎ (027) 22-08-15.
– *Neuchâtel :* 2, Grand-Rue. ☎ (038) 24-64-06.
Demandez leur documentation (très bien faite) et leurs tarifs spéciaux sur les billets d'avion. Une librairie du voyageur complète les prestations de chaque agence.

▲ **CONTINENTS INSOLITES :** A.P.N. Voyages, 33, av. Miremont, Genève. ☎ (022) 347-72-03.
(Voir texte en Belgique.)

▲ **S.S.R.**
– *Fribourg :* 35, rue de Lausanne. ☎ (037) 22-61-62.
– *Genève :* 3, rue Vignier, 1205. ☎ (022) 329-97-34.

36.15 LETUDIANT

■ **Des centaines d'offres de jobs et de stages en France et à l'étranger.**

Des offres de logements partout en France.

■ **Le guide des études en France et à l'étranger, le palmarès des B⁻⁻S, des prépas...**

– *Lausanne :* 20, bd de Grancy, 1006. ☎ (021) 617-58-11.
Le S.S.R. est une société coopérative sans but lucratif dont font partie les employés S.S.R. et les associations d'étudiants. De ce fait, il vous offre des voyages, des vacances et des transferts très avantageux, et tout particulièrement des vols secs. Délivre les cartes internationales d'étudiants et les cartes Jeunes.
Ses meilleures destinations sont : l'Extrême-Orient, les États-Unis, l'Amérique du Sud, l'Angleterre, la Grèce, le Maroc, la Tunisie, l'Égypte, les pays de l'Est, le Canada et l'Australie. Et aussi le transsibérien de Moscou à la mer du Japon, la descente de la rivière Kwai... Billets Euro-Train (jusqu'à 26 ans non compris).

▲ NOUVELLES FRONTIÈRES
– *Genève :* 10, rue des Chantepoulet, 1201. ☎ (022) 732-04-03.
– *Lausanne :* 19, bd de Grancy, 1006. ☎ (021) 26-88-91.

AU QUÉBEC

▲ VACANCES TOURBEC
– *Montréal :* 3419, rue saint-Denis, H2X-3L2. ☎ (514) 288-4455. Fax : (514) 288-1611.
– *Montréal :* 3506, av. Lacombe, H3T-1M1. ☎ (514) 342-2961. Fax : (514) 342-8267.
– *Montréal :* 595, Ouest de Maisonneuve. H3A-1L8. ☎ (514) 842-1400. Fax : (514) 287-7698.
– *Montréal :* 1887 Est, rue Beaubien, H2G-1L8. ☎ (514) 593-1010. Fax : (514) 593-1586.
– *Montréal :* 309 Est, bd Henri Bourassa H3L-1C2. ☎ (514) 858-6465. Fax : (514) 858-6449.
– *Montréal :* 6363 Est, rue Sherbrooke H1N-1C4. ☎ (514) 253-4900. Fax : (514) 253-4274.
– *Montréal :* 364 Est, rue Sherbrooke H2X-1E6. ☎ (514) 987-1403. Fax : (514) 987-1107.
– *Laval :* 155-E, bd des Laurentides, H7G-2T7. ☎ (514) 662-7555. Fax : (514) 662-7552.
– *Laval :* 1658 Ouest, bd Saint-Martin, H7S-1M9. ☎ (514) 682-5453. Fax : (514) 682-3095.
– *Québec :* 905, rue Dufferin-Bureau 10 R.C., G1R-5M6. ☎ (418) 692-2003. Fax : (418) 692-4449.
– *Québec :* 1178, av. Cartier, G1R-2S7. ☎ (418) 522-2791. Fax : (418) 522-4536.
– *Saint-Lambert :* 2001, rue Victoria, J4S-1H1. ☎ (514) 466-4777. Fax : (514) 466-9128.
– *Sherbrooke :* 1578 Ouest, rue King, J1H-2C5. ☎ (819) 563-4474. Fax : (819) 822-1625.
– *Sherbrooke :* 610 Ouest, rue Galt J1H-1Y9. ☎ (819) 823-0023. Fax : (819) 823-960.
– *Chicoutimi :* 1120, bd Talbot, G7H-1Y3. ☎ (418) 690-3073. Fax : 690-3077.
– *Longueuil :* 117, rue Saint-Charles, J4H-1C7. ☎ (514) 679-3721. Fax : (514) 679-3320.
– *Sainte-Foy :* Place des Quatre-Bourgeois, 999, rue de Bourgogne, G1W-4S6. ☎ (418) 656-6555. Fax : (418) 656-6996.
Cette association, bien connue au Québec, organise des charters en Europe mais aussi des vols et hôtels sur les Caraïbes, des cours de langues en Angleterre, Italie, Espagne ou Allemagne. Vols long-courriers sur l'Asie, l'Afrique ou l'Amérique. Sa spécialité : la formule avion + auto.

COMMENT Y ALLER AU DÉPART DE L'ASIE DU SUD-EST ?

De Bangkok (Thaïlande) : un vol quotidien pour Saigon, et 3 vols par semaine pour Hanoi, sur la compagnie Thai Airways. La compagnie Air Vietnam (Vietnam Airlines) dessert également Saigon et Hanoi au départ de Bangkok à raison d'un vol par jour.

● De Singapour : 2 vols quotidiens sur la compagnie Singapore Airlines pour Saigon sauf le mardi et le samedi où il n'y a qu'un seul vol. Air Vietnam (Vietnam Airlines) propose 1 vol quotidien pour Hanoi et Saigon.

● De Hong Kong : la compagnie Cathay Pacific dessert Hanoi et Saigon tous les jours. Même fréquence pour Air Vietnam (Vietnam Airlines).

● De Kuala Lumpur (Malaisie) : 1 vol quotidien pour Saigon, 1 vol par semaine pour Hanoi.

● De Phnom Penh (Cambodge) : le trajet en avion entre la capitale cambodgienne et Saigon ne dure que 45 mn. Air Vietnam et Air Cambodge se partagent la ligne à raison d'un vol par jour les lundi, mercredi, jeudi, samedi. 2 vols quotidiens les mardi, vendredi et dimanche. Le vol entre Phnom Penh et Hanoi est quotidien mais pas direct, il faut changer à Saigon. Aucun train ne va du Cambodge au Vietnam. Des bus assurent la liaison entre Phnom Penh et Saigon. Le trajet de 246 km dure de 8 à 10 h. Attention : aux arrêts-pipi, ne pas vous aventurer trop loin hors de la route en raison des mines toujours enfouies dans le sous-sol.

● De Vientiane (Laos) : 1 vol tous les dimanches d'Air Vietnam pour Saigon. Pour Hanoi, 3 vols par semaine (lundi, jeudi, dimanche).

VIETNAM

Ruiné par 30 années d'une guerre atroce pour gagner son indépendance, prisonnier d'un système bureaucratique inapte à le sortir du marasme, on croyait le Vietnam définitivement abandonné aux ténèbres de l'histoire et de l'actualité. Allait-il sortir un jour de son long silence ? Vaincre son pire adversaire : la paralysie ? Il avait bien chassé de son sol deux puissantes armées (les Français et les Américains). Et il n'arrivait pas à vaincre un ennemi bien plus sournois : la pauvreté ! « Faire la guerre c'est simple, diriger un pays, c'est très difficile » avouait Phạm Văn Đồng, un des dirigeants de l'État, il y a quelques années encore... L'huître fermée de l'Asie du Sud-Est finit enfin par s'ouvrir au monde extérieur. Et le malade se remet à marcher. Un miracle ? Non, une convalescence seulement. Même si la démocratie reste encore un rêve...

Voilà un pays splendide qui a la forme d'un dragon, un très bon signe en Extrême-Orient. Là, tout n'est que rizières ennoyées sous le soleil, haies de bambous et chapeaux coniques. Images d'une Asie éternelle, miraculeusement préservée, intacte, simple, rustique même. Un voyage ici, c'est encore une aventure, tant les infrastructures sont réduites au minimum. De la baie D'Along au delta du Mékong, en passant par Hanoi, ville à l'architecture coloniale unique, et Hô Chi Minh-Ville, la grande cité du Sud, ne vous attendez pas à un voyage facile. C'est un pays qui revient de loin. Pourtant, tout y change actuellement très vite, dans une espèce d'impatience, d'imprudence même, à vouloir rattraper le temps perdu. Le Vietnam est-il à l'aube d'un nouveau destin ? Tout incite à dire oui.

GÉNÉRALITÉS

Adresses utiles, formalités, vaccinations

Adresses utiles en France

• **Bureau de Vietnam Tourism :** 54, rue Sainte-Anne, 75002 Paris. ☎ 42-86-86-37. M. : 4-Septembre ou Pyramides. L'entrée se fait par le 4, rue Cherubini. L'agence gouvernementale du tourisme au Vietnam possède cette antenne dans la capitale. Mais ce bureau (petit) est surtout destiné à fournir des informations aux professionnels du tourisme, agences, tours-opérateurs, groupes organisés. Il n'est pas encore organisé pour renseigner les voyageurs individuels, ni pour fournir une documentation sur le pays.

• **Ambassade du Vietnam :** 62, rue Boileau, 75016 Paris. ☎ 44-14-64-20 et 44-14-64-00. M. : Exelmans ou Michel-Ange-Molitor. Le service consulaire pour les visas est ouvert les lundi, mardi, jeudi et vendredi, de 10 h à 12 h et de 14 h 30 à 17 h 30. Déposer son dossier de demande de visa le plus tôt possible et compter 3 semaines de délai pour l'obtention (ou non) de celui-ci. Il coûte maintenant 400 F et sa validité est de 3 semaines. Généralement, les dépôts de dossier se font le matin, et on doit repasser à une date fixée par le service consulaire pour retirer son passeport (toujours l'après-midi). Se munir de 4 photos d'identité, de son billet d'avion (aller-retour) et, surtout, d'une bonne dose de patience et d'endurance ! Car le service des visas marche de façon artisanale, et ceci malgré l'affluence sans cesse croissante des touristes. Il y a deux formulaires à remplir : l'un en français, l'autre en anglais mais les deux doivent être écrits en langue française (ou en vietnamien pour les Vietnamiens d'outremer).

Adresses utiles en Belgique

• **Ambassade du Vietnam :** avenue de la Floride 130, Bruxelles 1180. ☎ 374-79-61. Service des visas ouvert lundi, mercredi, vendredi, de 14 h à 17 h. Compter environ 2 000 FB et 1 semaine de délai pour un visa valable 1 mois.

Adresses utiles en Suisse

• **Consulat du Vietnam :** 34, chemin François-Lehmann, 1218 Grand Saconnex, Genève. ☎ (41-22) 798-24-85. Bureaux ouverts en semaine de 9 h 30 à 12 h et de 14 h à 18 h. Compter 65 FS et un délai d'une semaine pour un visa valable 3 mois. Les routards français de la région Rhônes-Alpes auront plus facilement leurs visas à cette adresse qu'à Paris.

Adresses utiles au Canada

• **Ambassade du Vietnam :** 25 B Davidson Drive, Gloucester, Ottawa, Ontario. K1J 6L7. ☎ (613) 745-9735. Bureaux ouverts du lundi au vendredi, de 10 h à 12 h et de 13 h 30 à 16 h 30.

– **Visas :** le visa est obligatoire et payant (de plus en plus cher). Il existe 3 catégories de visas : pour touriste, pour homme d'affaires et pour journaliste. Les hommes d'affaires doivent présenter une télécopie (ou une lettre d'invitation) de leur correspondant au Vietnam afin de justifier de leur mission sur place. L'obtention des visas de journaliste est très longue, aussi vaut-il mieux demander un visa de touriste (surtout si vous êtes pris par le temps).
Si vous passez par une agence de voyages (voyage individuel organisé), sachez que celles qui sont agréées par l'État vietnamien ont la priorité sur les autres. Ce qui explique les retards très fréquents et les innombrables problèmes pour obtenir les visas dans les délais. De nombreux voyageurs allant à l'ambassade,

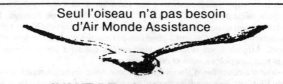

seuls, munis de leurs billets d'avion, se sont vu refuser à la dernière minute leur visa pour le Vietnam. Là encore, on ne le répétera jamais assez, n'attendez surtout pas le dernier moment pour demander votre visa.

– On peut aussi obtenir un visa individuel en s'adressant à un organisme privé comme Servinco, 6 rue du Moulinet, 75013 Paris. ☎ 45-88-56-70. Fax : 45-88-59-84. 440 F. Ouvert du lundi au vendredi de 13 h à 18 h. 10 jours d'attente. Le billet d'avion n'est pas obligatoire et il n'est pas nécessaire de se déplacer (pratique pour les provinciaux).

– *Conseils pour aller au Cambodge :* beaucoup de routards profitent de leur séjour à Hô Chi Minh-Ville (Saigon) pour passer au Cambodge voisin et se rendre à Angkor, « 7e merveille du monde ». Il faut alors demander à l'ambassade du Vietnam un visa à entrées multiples. Bien le préciser sur le formulaire dans la zone « Nombre d'entrées et sorties ». Exemple : si vous devez sortir du Vietnam pour entrer au Cambodge, puis retourner plus tard au Vietnam après la visite de Phnom Penh et d'Angkor, marquez 2 sorties et 2 entrées sur ce formulaire. C'est essentiel, sinon il vous faudra demander un nouveau visa d'entrée au Cambodge (dépense inutile, perte de temps).

Bien vérifier le tampon de votre visa : si vous devez vous rendre au Cambodge, le mot « Hai » (deux) doit figurer en haut après « Có giá trị ». Ceci signifie deux entrées au Vietnam (et sous-entendu 2 sorties).

– *Conseils pour les Vietnamiens vivant en France :* ils sont soumis à un contrôle plus strict que les simples touristes. Ainsi doivent-ils donner plus de détails sur leur séjour au Vietnam, leur itinéraire, les noms et adresses de leurs parents, le lien de parenté exact.

– *Assurances :* les assurances individuelles n'existent pas au Vietnam (pour l'instant). Prévoir impérativement une assurance avant de partir, comme Routard-Assistance par exemple.

– *Douane :* remplir soigneusement les formulaires et conserver toujours un double de la déclaration, car elle vous sera réclamée à la sortie du pays. Tous les objets déclarés en entrant au Vietnam seront vérifiés à la sortie. On peut porter sur soi une somme illimitée d'argent à condition de l'inscrire sur le formulaire d'entrée à l'aéroport. Attention aux douaniers vietnamiens qui sont particulièrement irascibles, et toujours prêts à vous chercher des poux.

On a le droit à 2 bouteilles d'alcool par voyageur. Mais on ne peut pas sortir d'antiquités du Vietnam. Beaucoup de routards se sont vu confisquer à la douane de l'aéroport de simples objets artisanaux vaguement patinés par le temps sous prétexte que les douaniers estimaient qu'il s'agissait d'antiquités appartenant au patrimoine national. Le comble, c'est que les antiquaires, eux, continuent à vendre librement toutes ces belles choses sans en avertir les voyageurs. Un conseil : si vous sortez du pays avec des objets anciens, cachez-les dans le fond de votre sac, et ne les déclarez pas. Si les douaniers vous font des ennuis : discutez, discutez. Dans le meilleur des cas, ils vous laisseront repartir avec l'objet de votre cœur, en échange d'une taxe dont le montant est assez arbitraire (ils se servent au passage...).

– *Vaccinations :* aucune vaccination n'est obligatoire. Cela dit, l'Institut Pasteur (de Paris) conseille de se prémunir contre la méningite, le tétanos et la fièvre typhoïde. Il recommande également le vaccin contre l'hépatite B. Prévoir un antidiarrhéique, une crème contre les insectes, et un traitement préventif contre le paludisme (Nivaquine et Paludrine par exemple). Le paludisme n'existe pas dans les villes, ni sur le littoral, mais il sévit encore dans les zones montagneuses couvertes de jungle, comme la région des hauts plateaux au nord de Kontum. Il n'y a pas de vaccin contre le bruit de la rue qui vous empêche de dormir, pensez aux boules Quiès, si vous aimez ce genre de procédé...

Architecture

L'architecture vietnamienne fut portée sur les fonts baptismaux par plusieurs parrains qui l'influencèrent : Chinois au nord, Indiens et Khmers au sud. C'est d'abord dans le tracé des villes, les palais, temples, tombeaux impériaux et maisons communales qu'on découvre l'architecture vietnamienne traditionnelle. Villes, tombeaux, palais étaient dessinés suivant des critères astrologiques et géographiques très précis. Pour déterminer le site, on appliquait ici la « géomancie », science prenant en compte la configuration des astres au moment de la recherche du site et aussi parfois, des histoires de yin et de yang (comment le Dragon bleu et le Tigre blanc s'équilibraient aussi à ce moment-là). Résultat : une fusion, une harmonie avec la nature tout à fait exceptionnelle, s'alliant au charme du site et au mystère de tous ces calculs et paramètres...

Des villes comme Hanoi et Huê, les grands tombeaux impériaux, les temples de Hoa Lư, etc., répondirent à cette architecture. La rencontre avec le bouddhisme permit à l'architecture vietnamienne de s'enrichir et de se détacher de l'influence chinoise.

Du point de vue technique, ce qui primait, c'était le toit. Aussi, les architectes portaient-ils tous leurs efforts sur les piliers et la charpente, fixée avec des chevilles (sans clou) et sculptée abondamment, contrairement à la charpente chinoise qui était avant tout laquée. Les murs n'étaient souvent que des remplissages de bois et de brique. Ce sont surtout les temples qui exprimèrent cette autonomie. Construits en forme de H, ceints de murs sur trois côtés et d'un grand portique sur le devant, ils essaimèrent dans tout le Vietnam. Plus tard, c'est dans l'édification des maisons communales *(đình)*, dédiées aux génies protégeant les villages, que s'exprima pleinement l'art vietnamien, surtout du XVIIe au XIXe siècle.

Quant aux pagodes *(chùa)*, elles présentent souvent le même plan : 3 salles en parallèle reliées au milieu par un couloir ou de petits ponts. La 1re, genre vestibule ou narthex, avec 2 immenses génies (le bon et le méchant ou le bonheur et le malheur, ainsi que d'autres petits génies protecteurs). Au milieu, les brûle-parfums, plateaux d'offrande, les énormes grelots de prière en forme de carpe.

Dans la dernière salle, les représentations des plus célèbres mandarins et bonzes et les Bouddhas du présent (sakyamuni), du passé et de l'avenir (maitreya). L'architecture rurale utilise bien sûr les matériaux offerts par la nature : bois, bambou, palme, chaume de riz. Elle exprime deux influences : sur pilotis, c'est proche du style thaï, de plain-pied, on est plus proche du style chinois. Là aussi, c'est la charpente, l'élément le plus important de la construction. A signaler que le chaume de riz et les feuilles de palmier sont de plus en plus remplacés par les tuiles dites « bordelaises ». Amusant d'ailleurs de découvrir que cette technique de tuile mécanique, introduite par les colons français pour leurs villas au XIXe siècle, s'est répandue au fin fond des campagnes vietnamiennes.

Quant à l'architecture moderne, elle se distingue par le style colonial français aux réminiscences néo-classiques haussmanniennes, art déco ou style villas de Cabourg. Relayée à l'indépendance par l'architecture soviétique néo-stalinienne, le monumental bétonné et grandiloquent, dont l'un des plus beaux fleurons est la mairie de Hanoi.

Argent, banque, change, cartes de crédit

– *La monnaie nationale :* c'est le « dồng » (qui s'appelait la piastre avant 1975). Il n'existe pas de pièces de monnaie au Vietnam, seulement des billets, la plupart à l'effigie de l'oncle Hô. Les billets de banque les plus répandus sont ceux de 200, de 500, 1 000, 2 000, 5 000 et 10 000 *dồng*. On trouve depuis peu des billets de 20 000 et de 50 000 *dồng*, très pratiques, car ils vous évitent de transporter sur vous des liasses énormes. Attention : les billets de 20 000 *dồng* (bleus) ressemblent à s'y méprendre aux billets de 5 000 *dồng* (bleus aussi).

En 1995, 1 franc français vaut environ 2 000 *dồng*. Pour un dollar américain, on obtient environ 11 000 *dồng*. L'inflation ayant tendance à mieux se stabiliser désormais, les taux de change suivent le mouvement, et ne varient plus aussi brutalement que dans le passé.

– *Devises étrangères :* la monnaie étrangère la plus courante au Vietnam est le dollar américain, au sud comme au nord du pays, ce qui peut paraître paradoxal mais c'est une monnaie forte, donc rassurante dans un des pays les plus pauvres de la planète. Le franc français est moins utilisé que le dollar dans les transactions mais reste quand même une monnaie appréciée des Vietnamiens. En règle générale, on peut tout payer en dollars, si on le souhaite : hôtels, restaurants, voitures, transports publics... On ne vous le conseille pas pour au moins deux raisons. D'abord parce que le Vietnam a sa propre monnaie qu'il faut encourager, même si elle ne vaut rien au plan international. Ensuite, parce que c'est indécent de se comporter en gros-touriste-plein-de-dollars-dans-les-poches, le contraire de l'esprit « routard ».

Dans la pratique, nous vous conseillons de changer vos devises (dollars ou francs) progressivement et pas en une seule fois, et de garder toujours sur soi des coupures de 10 ou 20 $ (en dépannage).

– *Banques :* actuellement, le taux de change officiel proposé par les banques vietnamiennes, et notamment la Vietcombank (Banque du Commerce Extérieur du Vietnam) est à l'avantage des touristes étrangers. En règle générale, dans toutes les grandes villes où elle a des bureaux (Hanoi, Saigon, Huê...) la Vietcombank accepte les devises étrangères en espèces, les chèques de voyage et les cartes de crédit (la carte VISA). Dans tous les cas, se présenter toujours muni de son passeport.

L'infrastructure bancaire et financière étant plus avancée à Hô Chi Minh-Ville qu'à Hanoi, quelques grandes banques françaises y ont ouvert des agences, comme le Crédit Lyonnais, la Banque Française du Commerce Extérieur, la BNP (se reporter à la rubrique « Adresses utiles » dans chacune de ces villes).

Les banques ouvrent de 7 h 30 à 11 h 30 et de 13 h 30 à 16 h 30, tous les jours de la semaine, y compris le samedi matin. Elles ferment le dimanche.

– **Change** : changer de préférence dans les banques plutôt que dans les hôtels (seulement en dépannage et sur de petites sommes). Au guichet, on vous remettra une ou plusieurs liasses de billets souvent très encombrantes. Donc, ne pas trop changer d'un coup. Exemple : si vous changez un billet de 100 dollars, on vous donnera en échange 1 100 000 *dông* ! Une fortune comparée au salaire moyen d'un habitant (150 F par mois). Et vous en aurez, c'est le cas de le dire, plein les poches ! Aux guichets des banques, il est théoriquement inutile de vérifier le montant total de votre argent car les chances d'arnaque officielle sont très très rares (les employés ont trop peur du scandale public, de la désapprobation de leurs supérieurs, et de la perte de leur emploi...).

On peut aussi changer dans les bijouteries, notamment dans les villes du sud du Vietnam. Bijouterie se dit « Kim ». Les transactions chez les bijoutiers ne sont pas légales mais le gouvernement les tolère. Pour un routard, ce peut être une formule en dépannage, en cas d'urgence, au cas où la banque serait fermée. Chez les bijoutiers, soyez toujours discret dans la manipulation de l'argent. Inutile d'étaler sa fortune aux yeux du public. Après chaque opération de change, il ne faut pas jeter les reçus, mais les conserver précieusement dans une enveloppe car, à la sortie du pays, les douaniers les plus zélés peuvent vous les demander, histoire de vous casser les pieds...

– **Chèques de voyage** : la plupart des banques les acceptent, notamment à Hô Chi Minh-Ville et à Hanoi, plus rarement dans les autres villes. Les chèques de voyage ne sont pas encore entrés dans les mœurs du pays et ne peuvent donc pas, pour l'instant du moins, être d'une très grande utilité. Dans tous les cas, ceux qui traversent le Vietnam par la route ont intérêt à emporter sur eux des *dông* et des devises étrangères (dollars de préférence). Les petits hôtels et les pensions n'acceptent d'être payés qu'en monnaie sonnante et trébuchante.

– **Cartes de crédit** : ce symbole du « capitalisme triomphant » est en train de chambouler les pratiques lourdes et bureaucratiques héritées du communisme. Depuis le début de l'ouverture du pays (1992) les cartes de crédit (VISA, Mastercard) peuvent être utilisées par les visiteurs étrangers pour payer leurs dépenses dans certains types de commerce mais aussi, c'est une grande nouveauté, pour retirer des espèces en devises étrangères ou bien directement en *dông*. Inutile d'apporter votre chéquier personnel, le passeport suffit. Seuls les hôtels de moyenne et de catégorie supérieure acceptent les cartes de crédit. Les petits hôtels et les pensions chez l'habitant n'en veulent pas (sauf cas exceptionnel). A Hô Chi Minh-Ville et à Hanoi, les restaurants haut de gamme, certaines boutiques de souvenirs acceptent d'être payés au moyen des cartes de crédit.

Les banques et les bureaux de change acceptant la carte VISA sont signalés dans la rubrique « Adresses utiles » des villes que nous décrivons dans ce guide.

– **Conseils** : mettre toujours son argent à l'abri des regards indiscrets en le dissimulant de préférence dans une pochette intérieure glissée sous votre chemise ou dans votre slip. A éviter : la pochette banane, trop voyante pour les voleurs à la tire.

Artisanat

• *L'art de la laque*

Les Vietnamiens connaissent l'art de la laque depuis la nuit des temps mais c'est sous le règne du roi Lê Nhân Tôn (1443-1460) qu'il prit son véritable essor.

Un mandarin de la Cour fut envoyé en Chine avec la mission d'y apprendre un métier susceptible de procurer aux paysans vietnamiens de nouvelles ressources. Après plusieurs mois passés dans la province chinoise de Ho Nam au cours desquels il s'initia aux secrets de l'art chinois de la laque, notre mandarin-espion s'en revint dans son pays. Là, déception, les premiers essais ne furent pas une réussite. Retour en Chine pour peaufiner la technique. Et retour au Vietnam. Nouveaux essais. C'est un succès : pour que la laque adhère bien à son support, il faut que celui-ci soit recouvert au préalable d'une couche de gomme et de kaolin (le secret chinois de l'art de la laque).

En reconnaissance de ses bons et loyaux services, les habitants de Binh Vong élevèrent sur ordre du roi un temple à la mémoire du mandarin Trần Tương Công, considéré depuis lors comme le patron des laqueurs et honoré comme un génie par les Vietnamiens. La laque est une substance d'origine végétale, sorte de résine extraite par incision d'un arbuste, le « Cây Son » ou laquier, qui pousse en abondance dans le nord du Vietnam. Dans un récipient rempli de liquide crémeux et blanchâtre, on recueille la couche supérieure, pure et légère. Puis on la malaxe pendant une quarantaine d'heures en la mélangeant avec de la colophane. La laque noircit et prend son éclat. A ce stade de préparation, on peut la colorer avec des colorants chimiques (autrefois on n'utilisait que des produits naturels comme le cinabre, la graine de Perse, l'or et l'argent en feuilles de nacre).

La technique du laquage comporte plusieurs étapes. Il faut d'abord choisir le bois, du teck généralement pour les plus beaux objets, sinon du contreplaqué ordinaire. Ensuite, le bois est entoilé c'est-à-dire couvert d'une toile imbibée de laque brute. On laisse sécher le tout pendant une semaine puis commence l'opération de masticage. Ensuite, il faut compter 11 couches de laque sur l'objet ou le meuble. Entre chaque couche, il faut poncer la surface laquée avec des os de seiche et de la pierre ponce pour chasser les aspérités. Un travail extrêmement minutieux. La décoration et l'incrustation des motifs décoratifs ne se font qu'après le ponçage de la huitième couche.

A l'origine, il n'existait que des laques noires ou rouges mais aujourd'hui le bleu et le vert sont de plus en plus répandus, ainsi que le marron.

Boissons

— *L'eau :* ne boire que de l'eau minérale (décapsulée devant vous bien sûr). L'eau au robinet dans les villes n'est pas buvable et il est formellement déconseillé de boire celle des campagnes (ou alors y rajouter du Micropur). Il existe plusieurs marques d'eau minérale en bouteille plastique. Notamment celles qui ont reçu l'aide technique d'Évian ou de Vittel, plus des marques thaïlandaises, malaises ou de Singapour. Toutes irréprochables. Les eaux vietnamiennes, en bouteilles de verre, sont saines également mais ont parfois un goût bizarre. Dans les hôtels, l'eau des Thermos est en principe bouillie.

— *Le thé :* la boisson nationale. Souvent gratuit dans les restaurants ou à un prix dérisoire. Le plus connu est un thé vert servi dans de petites coupelles de porcelaine. Le thé en sachets se répand de plus en plus.

— *La bière :* boisson très populaire. La 333 (Ba-ba-ba) est la plus connue. Mais on trouve d'excellentes marques locales, comme la *Sông Hàn* à Đà Nẵng. Bière en boîte dans les restaurants plus chère que celle en bouteilles, parfois du simple au double. Dans le sud, la bière BGI (Brasseries et Glacières Internationales) fait un vrai malheur ! Fabriquée dans plusieurs endroits, notamment à Mỹ Tho (delta du Mékong), reconnaissable à son tigre jaune sur fond rouge, elle est bonne (même très bonne !) et pas chère.

Budget

Voilà un des pays les plus pauvres du monde. Un Vietnamien gagne en moyenne entre 50 et 100 $ par mois, soit moins de 200 000 *dông* ! Autant vous dire que le coût de la vie est nettement moins élevé qu'en Occident. Mais attention aux effets pervers du tourisme. Beaucoup de routards de retour du Vietnam ont le sentiment d'avoir payé trop cher leurs chambres d'hôtels pour un niveau de confort rudimentaire. Depuis l'ouverture du pays, les prix ont tendance à s'envoler, sans raisons apparentes. Sauf une : la volonté chez les Vietnamiens, considérablement appauvris par 30 ans de guerre et des années de régression économique, de gagner plus décemment leur vie (on les comprend) en profitant de la « manne » du tourisme. Le problème, c'est que l'argent va directement dans la poche de l'État, propriétaire de la plupart des hôtels au Vietnam. Gare aux excès !

On peut, si on voyage à l'économie, prévoir un budget moyen de 150 F par jour pour 2 personnes, se décomposant ainsi : 60 F pour une chambre double, 4 repas à 15 F, le reste étant consacré aux boissons, aux transports et à la visite des monuments. Mais cela implique les hébergements économiques, une nourriture locale et des transports en commun.

En prévoyant le double, on pourra descendre dans des hôtels plus confortables, s'asseoir à de bonnes tables et faire un voyage un peu moins fatigant en empruntant les minibus et les voitures de location (avec chauffeur).

● Nous avons classé les restaurants en 5 catégories :
 • Très bon marché : on mange pour moins de 20 000 *dông* (cuisines de trottoir, petits étals de marché...). Plus routard que ça, tu meurs !
 • Bon marché : de 20 000 à 30 000 *dông* (de 10 à 16 F)
 • Prix moyens : de 30 000 à 60 000 *dôngs* (de 16 à 32 F)
 • Plus chic : de 60 000 à 130 000 *dông* (de 32 à 70 F)
 • Très chic : plus de 130 000 *dông* (70 F et plus)

● *Pour les hôtels :*
 • Très bon marché : de 33 200 à 66 500 *dông* (de 18 à 36 F)
 • Bon marché : de 66 500 à 166 000 *dông* (de 36 à 90 F)
 • Prix moyens : de 166 000 à 277 000 *dôngs* (de 90 à 150 F)
 • Plus chic : de 277 000 à 443 000 *dông* (de 150 à 240 F)
 • Vraiment plus chic : de 443 000 à 885 000 *dông* (là il vous faudra une brouette pour transporter vos billets vietnamiens jusqu'à la réception de l'hôtel...). Soit entre 240 et 480 F.

● *Petit rappel*
 • Dans la plupart des hôtels, les prix sont affichés en *dông* vietnamiens et en dollars américains. Plus l'hôtel est cher, plus il préfère les dollars aux *dông*. Un conseil : essayez d'utiliser au maximum vos *dông*, et ensuite vos devises étrangères. De toute façon, aucun établissement au Vietnam ne peut refuser des *dông* : c'est la monnaie nationale. Sachez-le.
 • Même remarque pour les restaurants. Le Vietnam n'est ni une colonie française, ni un protectorat américain : payez en *dông*, c'est une question d'éthique.

Climats et températures

Climats très contrastés du nord au sud du pays. La « frontière » climatique semble se situer aux environs de Đà Nẵng. Ainsi « l'hiver » n'existe qu'au nord, au-delà du célèbre col des Nuages (đèo Hải Vân). Tandis qu'au sud, il fait quasiment toujours beau.

– **Au nord** donc, on peut distinguer 3 saisons :
 • L'hiver, de novembre à février. Quand on dit « hiver », ça veut dire qu'il peut faire frais, temps gris et brumeux ou qu'il pleut parfois. Mais vous connaissez le plus souvent une sorte de crachin qui peut tomber plusieurs jours durant, ren-

dant par exemple la baie d'Along ou celle de Hoa Lư assez maussade. La température peut être de 15 à 20° C la journée et tomber à moins de 10° C la nuit. Les lecteurs photographes doivent alors s'attendre à ne pas trouver la lumière et le bleu azur des brochures d'agence ou des films. Faire contre mauvaise fortune bon cœur. L'intérêt de vivre au moins une fois dans sa vie l'extraordinaire fête du Têt vaut bien quelques diapos ratées ! De février à mars, en fin de soirée, on peut cependant connaître de belles éclaircies.

• Une sorte d'« été » : de mars à mai. Enfin, « l'été » parce que, bien qu'il pleuve, c'est quand même la période la plus sèche de l'année.

• De mai à octobre : « l'été », c'est la saison des pluies et des températures les plus élevées, ce qui n'exclut pas des journées de beau temps (comprenne qui pourra !). En moyenne 30 à 33° C. En fin de saison, septembre à novembre, le Nord peut connaître quelques typhons assez costauds (parfois avant aussi, les Gillot-Pétré locaux doivent s'y arracher leurs derniers cheveux).

— *Au centre et sud :* les choses y sont plus simples. Les températures y sont assez constantes. De 22° C en janvier et 35° C en juillet. Quand il pleut et fait un temps gris à Huê, il fait généralement beau à Đà Nẵng, 100 km au sud. Au-delà du célèbre col des Nuages, le ciel bleu peut tout à coup réapparaître sans transition. Les mois les plus chauds se situent de février à mai. La mousson d'été se déroule de mai à novembre. Aux changements de mousson, il peut là aussi se produire des typhons. Sur les hauts plateaux, comme à Da Lat, la température sera, bien sûr, plus fraîche que sur la côte. Nha Trang est réputée être la ville la plus agréable sur le plan climatique.

Cuisine vietnamienne

La cuisine vietnamienne a beaucoup de qualités et très peu de défauts : elle est fine et légère (difficile d'être obèse au Vietnam !), vraiment pas chère, et très variée (près de 500 plats). Bien qu'elle s'en inspire parfois, elle se distingue nettement de la cuisine chinoise par le fait qu'elle est moins grasse et moins enrobée de sauces, qu'elle comporte beaucoup plus d'herbes et de légumes naturels. Mais surtout : la carte d'un restaurant vietnamien restera toujours plus simple à lire que celle d'un resto chinois. Un ingrédient fondamental sépare définitivement les cuisines vietnamienne et chinoise : c'est le *nước mắm,* sauce de couleur brune faite à partir de la fermentation de poissons salés. Voilà un condiment national qui fait l'unanimité, du nord au sud ! Comme dans tous les pays du monde, les variantes régionales existent : la cuisine du Sud a une saveur plus sucrée que celle du Nord, parce qu'on y met souvent du lait de coco à la cuisson. La cuisine du centre (Huê, Đà Nẵng...) se singularise par l'abondance des produits de la mer.

Au Vietnam, que l'on soit recroquevillé sur ses talons sur un trottoir, ou confortablement installé devant une table chic, on mange toujours avec des baguettes. Elles sont si bouddhiquement pacifiques, ces baguettes, qui ne savent ni piquer, ni transpercer, ni découper ! Le bouddhisme vietnamien commence dans l'assiette !

Mais il faut quand même de la dextérité pour réussir à tenir une boulette toute ronde entre deux baguettes ! C'est tout un art ! Pour manger un bol de riz, les Vietnamiens rapprochent celui-ci de leurs lèvres et enfournent de coups de baguettes le contenu du bol dans leur bouche. N'en soyez pas choqué, c'est la méthode la plus efficace. Les Européens préfèrent laisser leur bol sur la table et transporter le riz à bout de baguettes jusqu'à leurs lèvres.

● *Riz*

En vietnamien, prendre son repas se dit « ăn cơm ». Si l'on traduit littéralement cela signifie « manger du riz ». L'habitude est bien révélatrice de l'importance du riz dans la vie quotidienne. Selon un vieux proverbe, « Pour faire la guerre, il faut du riz ; pour faire la paix, il faut du riz aussi ! »

Il existe trois sortes de riz : le *riz normal* avec des grains ronds et blancs, le *riz gluant* qui présente des grains opaques (il sert à confectionner des gâteaux et des offrandes), et enfin le *riz parfumé* reconnaissable à ses longs grains.

On trouve bien du riz complet, non décortiqué, sur les marchés, mais les Vietnamiens ne le mangent pas et il n'est jamais utilisé dans la cuisine.

Généralement, les restaurants vous servent un bol de riz blanc en accompagnement d'autres plats (viande, poisson...). A vous de faire votre mélange dans l'assiette. Sinon, on peut demander des plats à base de riz comme le *Cơm tay cầm* : c'est du riz aux champignons mélangé avec de fines lamelles de poulet et du porc au gingembre.

● *Soupes*

— *Phở* : c'est un des plats les plus courants. Le mot *Phở* est inscrit partout. Dès que l'on aperçoit ces trois lettres au bord de la route, cela veut dire qu'on peut y manger de la soupe. Car le *Phở* est une soupe de nouilles, originaire du Nord, qui s'est répandue dans tout le pays. On le sert dans un grand bol. Il s'agit d'un bouillon obtenu en faisant bouillir des os, du gingembre et du *nước mắm* (évidemment !). Dans ce bouillon, on met des morceaux de viande de bœuf ou de poulet, des herbes, de la coriandre, de l'anis, des épices et parfois des clous de girofle. C'est un mélange de liquide et de solide, à la fois léger et copieux, que les Vietnamiens consomment à n'importe quelle heure de la journée. La soupe a ses variantes régionales, ce qui la rend encore plus savoureuse en voyage ! Au nord, le *Phở* est toujours servi avec des nouilles blanches (vermicelles à base de riz). La soupe du centre du pays, s'appelle le *Bún Bò Huế,* soupe à base de bœuf et de nouilles. Au sud, le *Phở* traditionnel est le *Hủ Tiếu,* autre type de soupe faite avec des vermicelles de riz, mais avec du porc.

— *Miến Lươn* : soupe aux anguilles avec des vermicelles transparents faits avec de la farine de riz mélangée à du manioc en poudre. Il y a d'autres Miến : le *Miến Gà* (au poulet), le *Miến Cua* (au crabe), etc.

— *Bún Thang* : soupe de nouilles de riz avec un bouillon et des morceaux de poulet, d'omelette, et de crevettes. C'est une soupe originaire du nord du pays.

— *Lẩu* : c'est ce que l'on appelle communément la « fondue chinoise ». Il s'agit d'une soupe de légume et de poisson servi dans un bol spécial.

— *Mì* : le Mì est une soupe contenant des nouilles jaunes faites avec de la farine de blé (elles se rapprochent de nos nouilles italiennes).

● *Plats traditionnels*

— *Nem* : qui ne connaît ce petit rouleau, appelé aussi pâté impérial (ou Chả Giò dans le sud du pays) ? Une des spécialités du Vietnam. C'est une crêpe de riz enroulée en cylindre, contenant des petits vermicelles, du crabe, des morceaux de porc, des bouts d'oignons et d'œufs, ainsi que des champignons de mer (Mộc Nhĩ). Les nem sont frites dans de l'huile puis servies chaudes et craquantes. Excellente nourriture, saine et légère.

— *Bánh cuốn* : appelé aussi « ravioli vietnamien ». Il est fait à partir d'une pâte de riz cuite à la vapeur, farcie de porc haché et de morceaux de champignon noir. On le sert avec du *nước mắm* coupé d'eau, de vinaigre, de sucre, d'ail, de poivre.

— *Bò Bảy* món : c'est le bœuf aux 7 manières, soit 7 plats de viande de bœuf que l'on sert dans certains restaurants spécialisés (c'est souvent marqué Bò 7 Món sur leur carte de visite ou en façade).

Une des façons de cuire le bœuf consiste à tremper la viande dans un récipient contenant de l'huile bouillante (sorte de fondue) ou d'en faire griller des morceaux découpés sur une plaque posée près de vous sur la table.

— *Chả Cá* : une des plus fameuses spécialités du Nord. Il s'agit d'un filet de poisson frit et non grillé, servi avec des vermicelles de riz, des herbes aromatiques, des cacahuètes grillées, le tout parfumé de quelques gouttes de *cà cuống* (essence très volatile provenant du corps d'un insecte).

Ce plat, un peu exceptionnel, coûte plus cher que les plats quotidiens.

– *Ốc nhồi* : c'est une délicieuse farce à base d'escargot, enveloppée dans une feuille de gingembre, et cuite à la vapeur dans une coquille (d'escargot bien sûr). Plat très fin et parfumé.

– *Chạo tôm* : bâtons de canne à sucre enrobés d'une pâte de crevette, que l'on sert toujours grillés.

– *Canh chua* : c'est une soupe de poisson et de légumes à la saveur aigre-douce en raison des tamarins (fruits du tamarinier) que l'on y met pour la cuisson. Voilà un plat typique du bord de mer. Il s'accommode de diverses façons. Le *canh chua cá lóc* étant le plus demandé.

● **Pâtisseries vietnamiennes et confiseries**

Vos papilles doivent se mettre en éveil à la lecture du mot « Bánh » (gâteau) et « Mứt » (fruits confits), que les restaurants inscrivent sur leurs cartes.

– *Bánh chưng* : les Vietnamiens ne mangent ce gâteau salé qu'à l'occasion de la fête du Tết (Nouvel An vietnamien). Il est sans doute aussi exceptionnel ici que le foie gras en France. On trouve le *Bánh chưng* dans toutes les vitrines et sur toutes les tables durant cette semaine de fête intense. Il s'agit d'un gâteau de riz gluant enveloppé dans des feuilles de latanier ou de bananier (ce qui lui donne sa couleur verte). De forme carrée, il contient des pois cassés et des morceaux de porc salés et poivrés. Dans le sud, il est cylindrique (bánh tét).

– *Bánh bao* : pâtisserie d'origine chinoise que les Vietnamiens dégustent au petit déjeuner ou au goûter. C'est une brioche cuite à la vapeur, farcie de viande de porc, d'oignons, de champignons parfumés. On y trouve un morceau d'œuf dur et une fine tranche de *Lạp Xưởng*, sorte de saucisson sec.

– *Bánh dẻo* : on le confectionne et on le consomme uniquement à l'occasion de la fête de la Mi-Automne (se reporter à cette rubrique). Gâteau à base de farine de riz gluant, fourré de fruits confits, de graines de sésame, de graisse. Gâteau très sucré qui s'accompagne à merveille d'une tasse de thé au jasmin.

– *Mứt* : fruits confits confectionnés à l'occasion de la fête du Tết, mais on les trouve quand même en vente le reste de l'année. Les *mứt* les plus courants sont ceux à la noix de coco (mứt dừa), à la patate douce (mứt khoai). Les plus fins sont les mứt sen (aux graines de lotus), les mứt quất (au cumquat), et les mứt măng cầu (au corossol).

● **Desserts**

Le dessert vietnamien est plutôt composé de fruits frais que de pâtisseries. Les plus courants sont l'ananas, la banane, l'orange, la papaye (très rafraîchissante) et le pamplemousse. Les fruits exotiques sont plus rares et donc plus chers : la mangue (xòai), le mangoustan (măng cụt), le ramboutan (chôm chôm), et le longane (nhãn). Le jacquier (mít) et surtout le durian (sầu riêng) dégagent un arôme très fort (repoussant dans le cas du durian).

Il existe aussi des desserts cuisinés comme le *chè*.

– *Chè* : c'est un dessert sucré, sorte de « pudding » que l'on sert chaud ou froid avec de la glace pilée. Le *chè* est confectionné à partir d'ingrédients très variés : haricots blancs ou maïs ou même patates douces. Le tout est arrosé de lait de noix de coco.

● **Souvenirs de la France**

La France a laissé au Vietnam quelques souvenirs gastronomiques (peu, en fait, pour 95 ans de présence) : le pain (Bánh mì) est bon, même si son goût est différent du pain français. On trouve aussi des croissants, du jambon, du pâté. De tous les fromages qui ont circulé naguère au Vietnam, un seul, la *Vache Qui Rit*, a laissé sa marque dans les esprits et son logo sur les façades de nombreux restos. Enfin, autre saveur française ayant fait souche : les yaourts. On en trouve partout, dans les gargotes, dans les petits cafés-kem. Les Vietnamiens ont conservé le nom français (d'origine turque à vrai dire...) et le servent glacé dans un petit pot en verre. Miamm !

Décalage horaire

Il y a 7 h de décalage entre le Vietnam et le méridien de Greenwich. Plus concrètement, s'il est midi à Paris en hiver, à Saigon et Hanoi, il est 18 h, et 17 h en été. Pensez-y au moment de téléphoner là-bas !
A l'inverse, s'il est midi au Vietnam, il sera 6 h à Paris en hiver, ou 7 h en été.

Distances

Un grand tableau des distances kilométriques pour le Vietnam n'a pas vraiment d'utilité pratique, car le pays s'étire en hauteur du nord au sud. Quel intérêt de savoir qu'il y a 1 248 m entre Cần Thơ dans le delta du Mékong et Huê dans le centre ? Aucun routard ne réalisera ce long trajet d'une seule traite. Et puis, de toute manière, on doit forcément passer par Hô Chi Minh-Ville (Saigon), puis faire des escales le long de la route. C'est pourquoi le bon sens pratique a voulu que l'on indique les distances kilométriques entre les villes à partir de villes clefs. Logique ! Enfin, sachez qu'ici on compte plutôt les trajets en heures plutôt qu'en kilomètres. La moyenne d'un bus local est de 30 km/h !

● **De Hô Chi Minh-Ville (Saigon) à :** Ban Mê Thuột 352 km, Cà Mau 348 km, Cần Thơ 167 km, Dalat 308 km, Đà Nẵng 974 km, Hanoi 1 750 km (quelle route !), Mỹ Tho 72 km, Nha Trang 444 km, Rạch Giá 280 km. Pour Phnom Penh : 246 km.

● **De Cần Thơ** (delta du Mékong) à : Hà Tiên 206 km, Mỹ Tho 104 km, Châu Đốc 117 km, Vĩnh Long 34 km, Sadec 51 km, Sóc Trăng 63 km. Hô Chi Minh-Ville 167 km.

● **De Nha Trang à :** Ban Mê Thuột 194 km, Dalat 205 km, Đà Nẵng 522 km, Hô Chi Minh-Ville 444 km, Huê 628 km, Phan Thiết 250 km, Qui Nhón 237 km.

● **De Đà Nẵng à :** Huê 108 km, Qui Nhơn 303 km, Vinh 468 km, Nha Trang 522 km, Hanoi 759 km, Hô Chi Minh-Ville (Saigon) 974 km.

● **De Huê à :** Đà Nẵng 108 km, Vinh 365 km, Nha Trang 628 km, Hanoi 652 km, Hô Chi Minh-Ville 1 079 km.

● **De Hanoi à :** Haiphong 106 km, Lang Són 154 km, Điện Biên Phủ 480 km, Huê 652 km, Hô Chi Minh-Ville 1 750 km.

Fêtes traditionnelles et jours fériés

Le calendrier vietnamien est rythmé par une série de fêtes, la plupart d'origine religieuse. L'influence chinoise est prépondérante dans la majorité des fêtes bouddhistes, confucéennes ou taoïstes. L'influence occidentale (par le biais de la France), moins importante, se traduit dans les fêtes chrétiennes (Noël, Pâques, la fête de la Vierge Marie) qui sont plutôt suivies par les catholiques vietnamiens. Enfin, 3e type de fête, les fêtes civiles qui marquent des événements importants de l'histoire du Vietnam (exemple : l'Indépendance, ou l'anniversaire de la réunification du pays, le 30 avril).
A toutes ces occasions de réjouissances et de prières, il faut ajouter les innombrables petites fêtes locales dédiées aux génies tutélaires du village. On vous en signale quelques-unes, parmi les plus authentiques, particulièrement dans les provinces du nord du Vietnam.
Chez les Vietnamiens, le culte des Ancêtres, l'anniversaire de la mort d'un parent, ou d'un grand-parent est souvent prétexte à une réunion autour de l'autel familial et d'une visite à la pagode.

● *Fêtes traditionnelles*

Janvier-février

– *La fête du Têt* (Têt Nguyên Đán), le Nouvel An vietnamien est la fête la plus importante du Vietnam, comme dans le reste de l'Asie où on l'appelle le Nouvel An chinois. Elle marque la fin d'une année lunaire et le début d'une nouvelle année (chaque année portant le nom d'un animal de l'astrologie chinoise : le chien, le rat, le singe...). On célèbre le Têt entre le 1er et le 7e jour de l'année lunaire soit, grosso-modo, entre la dernière semaine de janvier et la troisième semaine de février (ni avant, ni après cette période).

Le Têt marque également l'arrivée du printemps, d'où son nom vietnamien qui signifie « Fête de la Première Aurore ». Les Vietnamiens en profitent pour prendre leurs vacances à ce moment-là : 3 jours fériés, mais beaucoup prennent une bonne semaine de vacances à cheval sur le jour du Têt. Attention : les bureaux ferment leurs portes, les hôtels affichent complet, les avions sont pleins à craquer, les transports publics marchent au ralenti (en temps normal, ils ne sont pas vraiment rapides...). Bref, toute l'activité du pays semble suspendue pour célébrer la fête des fêtes ! Une trêve nationale. Pourquoi le Têt est-il si important ? Eh bien, parce que c'est le seul jour de l'année, selon la tradition, où les âmes des morts reviennent sur terre. Il ne faut donc pas rater le rendez-vous avec elles ! Les vivants doivent impérativement être présents pour les recevoir debout devant l'autel des Ancêtres, l'air grave si possible. Des salves de pétards éclataient de partout pour les accueillir et chasser les mauvais esprits. Jusqu'en 1994. A minuit pile, les âmes des morts arrivent sur terre. Le Vietnam explosait de joie, c'était une euphorie inimaginable ! Le vacarme des pétards était parfois si intense que l'on croyait entendre des rafales de mitraillettes ! Les pétards faisant chaque année des victimes : 28 morts et 167 blessés en 1991, ils sont totalement interdit depuis le 1er janvier 1995. Le Têt en est beaucoup moins impressionnant pour les touristes.

Les rues de Saigon et de Hanoi sont envahies par des nuées de vélos, de cyclo-moteurs, de motos. Les sirènes des cargos se mettent en route à minuit pile, pour marquer à leur manière le changement d'année.

Pendant les journées qui précèdent cette liesse populaire, les marchés débordent de fleurs, les branches de pruniers aux fleurs jaunes *(cây mai)* étant les plus recherchées pour décorer les maisons. Les familles se réunissent. Dans les pagodes, on brûle du santal dans des encensoirs. On présente au génie gardien du foyer des plateaux de friandises et des articles en papier. Cette cérémonie de « l'adieu aux dieux lares » est censée marquer le voyage vers le Ciel de l'Esprit de la Terre *(Táo Quân)* qui s'en va faire un rapport annuel (favorable ou défavorable) sur les vivants auprès du Tout-Puissant Empereur de Jade. Une bureaucratie céleste en somme !

Avant le jour même du Têt, on confectionne le *bánh chưng,* un délicieux gâteau de riz gluant garni d'une farce composée de viande de porc, de haricots écrasés, le tout arrosé d'une sauce de soja ou de *nước mắm,* la sauce nationale faite à partir de saumure de poisson. Dans le nord du pays, ce gâteau salé est carré, symbole de l'univers et des bienfaits des ancêtres. Dans le sud, il est cylindrique et s'appelle *bánh tét.*

Le 1er jour de la nouvelle année est d'une importance cruciale pour les Vietnamiens. Tout ce qui se dit et se fait ce jour-là influence le reste de l'année. La première personne qui franchit le seuil de la maison ne doit pas être n'importe qui, mais une personne vertueuse et fortunée, pour apporter prospérité et bonheur sur la famille pendant les 365 jours suivants. Il est interdit de se quereller, de jurer (pas facile à appliquer...), de casser de la vaisselle (!). Mieux encore : les anciens ne faisaient aucun travail manuel ce jour-là car ces actes annoncent peine et sueur pour toute l'année !

C'est ça le Têt ! Une fête vraiment unique en son genre, à la fois religieuse et civile, qu'aucun Vietnamien ne peut manquer de célébrer.

Conseil à nos lecteurs : voir le Vietnam à l'époque du Têt est un souvenir extraordinaire. Mais si vous êtes fauché et dans la panade, évitez de frapper dès l'aube du premier jour à la porte de vos amis vietnamiens. Laisser d'autres personnes faire toc-toc avant vous...

Mars-avril

– *La fête de Pâques* (chrétiens).
– *Le 12 avril* : anniversaire de Hūng Vương, l'empereur légendaire qui est censé être le fondateur de la première dynastie du Vietnam.
– *Fête des Aliments Froids* : célébrée le 3ᵉ jour du 3ᵉ mois lunaire, elle commémore le souvenir d'un philosophe brûlé vif par le roi à la suite d'une erreur de jugement. Depuis cette date, lors de l'anniversaire de sa mort, on doit s'abstenir de faire du feu pour cuire les aliments. On mange froid !

Mai-juin

– *15 mai* : fête de la naissance, de l'Illumination et de la mort du Bouddha. A cette occasion (8ᵉ jour du 4ᵉ mois lunaire), des lanternes sont accrochées dans les maisons et dans les pagodes où des processions se déroulent dans la soirée.

Juillet-août

– *Fête des Ames errantes* : « Thât Tich » se déroule entre le 7ᵉ et le 15ᵉ jour du 7ᵉ mois lunaire. Être une âme errante, sans domicile fixe, entre la terre et le ciel, voilà une des pires destinées qu'un Vietnamien puisse envisager dans l'au-delà. D'où cette fête pour réconforter, nourrir, s'occuper, à travers cadeaux et offrandes, de ces pauvres âmes dont personne n'assure le culte.

Septembre-octobre

– *Fête de la Mi-Automne* : « Tết Trung Thu » ou fête de la Lune est célébrée le 15ᵉ jour du 8ᵉ mois lunaire. On confectionne des gâteaux en forme de lune avec du riz gluant, une farce de graines de lotus et de pastèque, du jaune d'œuf de cane, des cacahuètes et des raisins de Corinthe. Les enfants défilent, à la nuit tombée, portant des lanternes en papier représentant des crapauds, des lapins (habitants légendaires de la lune), des dragons... A la mi-automne, beaucoup de Vietnamiens décident de se fiancer ou de se marier.

Décembre

– *25 décembre* : Noël.
– *31 décembre* : le Nouvel An du calendrier grégorien (international) est fêté aussi au Vietnam, surtout dans les grandes villes, très peu dans les villages de campagne. A Saigon, l'euphorie n'a rien de comparable avec la fête du Têt, mais les restaurants des grands hôtels s'animent plus qu'à l'ordinaire, et les cargos du port actionnent leurs sirènes.

● **Autres fêtes locales**

– *La fête des Pétards* : elle a lieu début janvier (vers le 3-4) à Dông Ky, dans la banlieue de Hanoi. Un délire pétaradant, assourdissant, exubérant, qui mériterait de figurer dans le Livre des Records. 16 familles locales passent une année à fabriquer leur armada de fusées et d'explosifs, dépensant parfois l'équivalent de 500 $, rien que pour assouvir cette passion du bruit ! Un prix est décerné à l'homme viril qui reste le plus longtemps possible et le plus près de ce vacarme hallucinant.
– *Fête et festival de Hôi Lim* : se tient au village de Lim, dans la province de Hà Bắc (nord du Vietnam), deux semaines environ après la fête du Têt (fin février). Radio-crochet romantique et populaire dans une ambiance animée.
– *Fête de Hương Tích* : une des fêtes bouddhistes les plus réputées au nord du pays. Elle se déroule au printemps dans la province de Ha Son Bình, à l'ouest de Hanoi. Les pèlerins remontent la rivière Yên en faisant des arrêts dans des

temples et des grottes. A la pleine lune du 2e mois lunaire, la fête bat son plein, le long de cette rivière.

– *Fête de Da Sy* : célébrée deux semaines après le Têt à Da Sy, petit village à 10 km de Hanoi. Une des fêtes les moins connues du Nord, mais une des plus spectaculaires. Les réjouissances durent 5 jours, autour du temple du XVIIe siècle. La fête commence par une procession époustouflante des dieux (du temple) portés à travers le village sous des palanquins dorés, escortés par des jeunes filles (vierges) vêtues de blanc. Les gens du pays s'habillent à l'ancienne et un grand dragon de 50 m de long est promené pendant toute la fête.

– *Il y a bien d'autres petites fêtes locales* au nord du pays, région où les traditions populaires ont été mieux préservées grâce, d'une certaine manière, à la fermeture du pays pendant plus de 50 ans !

● *Jours fériés*

– *1er janvier* : Jour de l'An.
– *Fête du Têt* : les 3 premiers jours du Nouvel An vietnamien sont fériés.
– *3 février* : anniversaire de la fondation du parti communiste vietnamien.
– *30 avril* : anniversaire de la prise de Saigon, le 30 avril 1975.
– *1er mai* : fête internationale du Travail.
– *19 mai* : anniversaire de la naissance de Hồ Chí Minh.
– *2 septembre* : fête nationale commémorant la proclamation de l'indépendance du Vietnam, par l'oncle Hô, en 1945.

Films sur le Vietnam

« Un film peut transformer une défaite en victoire. On réussit dans le domaine de l'imaginaire ce qu'on n'a pu obtenir dans la réalité », a écrit Stanley Karnow, auteur de l'un des meilleurs récits sur les guerres du Vietnam. La guerre a inspiré de nombreux cinéastes américains depuis les années 60 tandis que les cinéastes français se sont intéressés plutôt, et c'est logique, à la guerre d'Indochine (1945-1954) ainsi qu'à l'époque coloniale. Quant aux films tournés par des Vietnamiens, ils sont plus rares et parlent peu de la guerre (qu'ils veulent oublier). Mais de jeunes Vietnamiens d'Outre-mer (Việt Kiều) ont signé quelques petits chefs-d'œuvre d'originalité comme *L'Odeur de la papaye verte*.

Voici quelques films à voir et à revoir :

● *Un Américain bien tranquille* (1957) : « The Quiet American », de Joseph Mankiewicz, avec Claude Dauphin et Michael Redgrave, est l'adaptation du fameux roman de Graham Greene (qui vécut au Vietnam dans les années 50). Le film raconte l'histoire d'un jeune Américain naïf, désireux de concilier l'amour et l'intrigue dans une ville encore très marquée par l'influence française. En face de lui, un journaliste anglais cynique. Les deux hommes aiment la même femme...

● *Voyage au bout de l'enfer* (EU, 1978) : « The Deer Hunter », de Michael Cimino, avec Robert de Niro et Meryl Streep. La première moitié du film montre la vie insouciante et insipide d'un trou perdu de la Pennsylvanie. Trois jeunes Américains s'y ennuient et partent se battre au Vietnam où ils découvrent l'horreur de la guerre et son cortège d'atrocités.

● *Apocalypse Now* (EU, 1979) : le film culte de la guerre du Vietnam. Le scénario de Francis Ford Coppola s'inspire en grande partie du chef-d'œuvre de Joseph Conrad, *Au cœur des ténèbres*. C'est l'histoire d'une quête et d'une enquête pour retrouver dans le fin fond de la jungle un colonel américain (Marlon Brando) qui a déserté l'armée pour se faire introniser chef d'une tribu de sauvages. Déclassé, délirant, rendu fou par les horreurs de la guerre et par l'abus de drogues, habité par un rêve mégalomaniaque de royauté primitive, Brando ira jusqu'au bout de sa démesure... Quelques scènes sublimes comme celle de la charge des hélicoptères au-dessus d'une plage turquoise bordée de quelques cahutes en bambou sous des palmiers, le tout servi avec de la musique wagnérienne. Esthète, Coppola cherche la beauté dans la guerre ! C'est pas très moral mais c'est prenant. Le film a été tourné aux Philippines.

● *Platoon* (EU, 1986) : le premier film de la trilogie d'Oliver Stone sur le Vietnam. L'histoire terrible d'un jeune Américain volontaire pour la guerre, qui va très vite être confronté à la démoralisation et à l'usure du conflit. Ce film donne à réfléchir sur ces milliers de vies fauchées dans la fleur de l'âge en défendant la liberté au prix d'un carnage...

● *Full Metal Jacket* (EU, 1987) : la plupart des vétérans américains voient dans ce film de Stanley Kubrick (qui réalisa *Orange mécanique*) l'œuvre la plus vraie sur leur guerre. Et la plus réaliste. La meilleure partie du film est sans conteste la bataille de Huê (offensive du Têt, 1968) où les G.I. parvinrent à en déloger les Vietcong après des combats acharnés.

● *Good Morning Vietnam* (EU, 1987) : une des seules comédies sur la guerre du Vietnam, réalisée par Barry Levinson avec, dans le rôle principal, l'excellent Robin Williams. L'histoire d'Adrian Cronauer, animateur vedette de la radio des Forces Armées de Saigon en 1965 qui, par son humour caustique, son rire insolent, sa façon de ne rien respecter, redonna du moral aux troupes mais irrita profondément la hiérarchie militaire américaine. Le film sur le Vietnam où l'on rit le plus.

● *Dear America, Letters home from Vietnam* (Eu, 1987) : il ne s'agit pas d'un film de fiction mais d'une sorte de montage, très bien fait, réalisé à partir de lettres envoyées par des soldats américains à leur famille. Étonnant ! C'est la guerre du Vietnam vue par le troufion de base, jeune et naïf, avec ses peurs folles, ses angoisses, ses espoirs et ses rêves. Chaque lettre est racontée sur des images d'archives, accompagnée par les grands morceaux de musique pop, rock et folk, en vogue dans ces années-là.

● *Hamburger Hill* (EU, 1987) : un film violent et réaliste, dans le style docu de guerre, sur l'une des plus terribles batailles du conflit : la vallée A Shau où les Américains perdirent en quelques heures 241 soldats en reprenant une colline stratégique.

● *Né un 4 Juillet* (EU, 1990) : Le 2e film de la trilogie d'Oliver Stone sur le Vietnam. Basé sur une histoire vécue, il raconte comment une jeune étoile du foot de Long Island se retrouve du jour au lendemain dans le bourbier vietnamien sans savoir ce qu'il y fait. Un des réquisitoires les plus amers sur la guerre.

● *L'Amant* (France, 1992) : produit par Claude Berri et tourné par Jean-Jacques Annaud, ce film, l'adaptation d'un roman à succès de Marguerite Duras, raconte l'histoire d'une passion amoureuse entre une jeune lycéenne née en Cochinchine et un riche Chinois dans le Saigon colonial des années 20. Malgré des scènes érotiques trop longues (un tiers du film se passe dans la garçonnière de l'amant et sur son lit), *L'Amant* comporte de très belles scènes d'ambiance dans la ville la nuit sous la pluie et dans le delta du Mékong. Une grande partie du film a été tournée au Vietnam où la maison de production avait déployé des moyens énormes : elle fit venir une vraie automobile Léon Bollée et même un authentique paquebot de Chypre. Il en va de ce film comme des livres de Duras : on adore ou on déteste. Mais on en sort rarement indifférent.

● *Indochine* (France, 1992) : un film de Régis Wargnier avec Catherine Deneuve, Jean Yanne, Vincent Perez et Linh Dan Pham. Moins sexuel que *L'Amant*, plus romantique que *Diên Biên Phu*, cette fresque romanesque et grand public raconte la grandeur et la misère du système colonial français en Indochine, à travers l'histoire d'une femme (Catherine Deneuve), propriétaire d'une plantation d'hévéas, et une petite Vietnamienne qu'elle a adoptée comme

sa fille. Prises dans la tourmente révolutionnaire, les deux femmes seront séparées par les événements...
Le film qui a donné envie à tous les Français de voir le Vietnam de plus près, à
cause de la splendeur de ses scènes tournées sur place. En outre, *Indochine* fait
preuve d'une grande honnêteté intellectuelle en montrant le meilleur de la présence française tout en dénonçant l'exploitation coloniale.

• *Diên Biên Phu* (France, 1992) : le premier grand récit cinématographique de
la bataille sanglante de Diên Biên Phu (1954) qui marqua la fin de l'ère coloniale
et donna l'indépendance au Nord-Vietnam. Pierre Schoendoerffer, le réalisateur
du film, participa lui-même à cette célèbre bataille qu'il suivit en tant que reporter. D'où le ton autobiographique de l'histoire. Superbe !

• *L'Odeur de la papaye verte* (France, 1993) : de Trần Anh Hùng. Un pur
chef-d'œuvre. Voilà enfin un film sur le Vietnam réalisé par un Vietnamien avec
des images lentes mais sublimes. L'histoire d'un fils de bonne famille dans les
années 30 qui tombe amoureux fou de sa servante. Un film poème. Comme un
rêve... Trần Anh Hùng tourne un nouveau film intitulé *Le cyclo*.

• *Entre ciel et terre* (EU, 1994) : le dernier volet de la trilogie d'Oliver Stone
sur le Vietnam raconte l'histoire vraie de Lay Lee Hayslip, une jeune Vietnamienne, originaire de Kỳ Lã, près de Đà Nẵng, dont l'existence a été boulever-
sée par la guerre. Sa famille déchirée entre les Américains et les Vietcong, Lay
Lee résiste mais elle est torturée par les uns, violée par les autres, rejetée à Saigon où elle rencontre un G.I. désespéré. Après la débâcle du Sud, elle se réfugie
aux États-Unis, mais son destin la ramènera sur sa terre natale quelques années
plus tard... Un film qui montre bien la tragédie des civils vietnamiens pendant la
guerre ainsi que le malaise des réfugiés, écartelés entre leur pays qu'ils ont fui
et leur nouvelle terre d'adoption, l'Occident.

Hébergement

– *Hôtels d'État :* situation contrastée (euphémisme), plusieurs catégories.
Dans les grandes villes, hôtels installés dans d'anciens immeubles (parfois coloniaux) ou dans des édifices construits par les Russes pendant la période brej-
névienne et du plus pur style néo-stalinien (et même là, en médiocre « néostal »,
sans la démesure et la monumentalité !). Gestion jusqu'à présent routinière et
bureaucratique. Peu d'efforts dans la qualité de l'accueil et des prestations.
Entretien minimum. Cadre et décor tristes (voire sinistres !). Rez-de-chaussée,
surtout dans les grandes villes, parfois humides avec une odeur de renfermé
(voire moisie). Mais c'est là qu'on trouve les chambres les moins chères (de 18
à 36 F pour deux, suivant les villes). Cependant, c'est en général bien tenu,
même si la peinture s'écaille un peu. Dans les étages, c'est mieux. Compter
alors de 36 à 90 F pour deux (rubrique bon marché). De 90 à 150 F, c'est correct (rubrique prix moyens) et à partir de 150 F, c'est encore mieux (rubrique
plus chic). Une salle de restaurant est souvent attenante. Cuisine vietnamienne
(rares intrusions dans la nourriture européenne). En général, bon marché. Attention, le soir, aux horaires fixes, de 19 h à 20 h maximum. Dépendant de la qualité et de l'importance de l'établissement, on y trouve également un certain
nombre de services : téléphone international, fax, change, location de voitures,
etc. Il faut quand même préciser qu'il existe, de-ci de-là, des hôtels d'État satis-
faisants.

– *Les maisons d'hôte :* ce sont des villas gérées par l'État ou les municipali-
tés. En général, bien tenues et salle de bains à l'extérieur. Avantages : bon marché et souvent situées dans d'agréables jardins.

– **Les mini-hôtels** : depuis 1990, ils poussent comme champignons de rosée. Petites structures tout en hauteur (respectant les fameux 3 m de façade), ils proposent de 6 à 10 chambres à des prix très raisonnables (en moyenne 100 F la double). Généralement très propres, agréables et confortables (parce que neufs aussi). Ce sont les *Việt Kiều* (Vietnamiens de l'étranger) qui investissent massivement dans les mini-hôtels. Les façades reflètent d'ailleurs bien souvent leurs goûts de nouveaux riches.
– Pas de camping pour le moment et pas encore de logement chez l'habitant.
– En conclusion, bonne qualité des hôtels en général, mais infrastructure et capacités d'accueil encore nettement insuffisantes. Les hôtels de luxe sont inabordables pour les routards (prix internationaux).

Histoire du Vietnam

Ici, les greniers se glissent souvent sous les maisons. L'indochine fut-elle le grenier de l'Asie ? Elle a remisé sous le continent le trop-plein des peuples. Ceux dont l'Histoire s'est défaussée, parce que d'autres, plus populeux, plus brillants, explosaient lentement au nord et à l'ouest. Sait-on qu'au néolithique les ancêtres des Papous et des aborigènes australiens peuplaient l'Indochine ? Qui les chassa ? Des peuples plus « mongolisés » venus de Chine du Sud (ou de l'Inde, on ne sait), avec des haches et des longues pirogues. Les chercheurs les ont baptisés « Indonésiens ». Des centaines de millions d'Indonésiens et de Malais sont leurs fils. Même l'Indochine porte leur marque.
Au VIe ou Ve siècle avant notre ère – l'époque de Confucius et de Lao-Tseu –, une civilisation de pêcheurs, marins et agriculteurs, pose ses marques. De la Birmanie jusqu'à l'île de Florès (au-delà de Bali), ces « Indonésiens » logés sur pilotis cultivent le riz et le millet, et pratique avec brio l'art du bronze appris des Chinois. Il n'y a qu'à voir ce qu'on a trouvé à Đông Sơn, un village de la province de Thanh Hoá, entre Hanoi et Huê : des bijoux ciselés de grands soleils, et surtout de somptueux tambours « faiseurs-de-pluie » (d'usage sûrement chamanique), aux motifs imitant la vannerie ou reproduisant des animaux familiers...
Voir le Musée de Hanoi, le musée Guimet à Paris...
Pendant ce temps, les Viet batifolent en Chine. Les légendes offrent un luxe de détails. Comment les Vietnamiens ont-ils imaginé leurs origines ? Aussi anciennes qu'Abraham. Un vaste empire-matrice, avec deux grands peuples. Les Han (Chinois) au nord, les Viet au sud. Des cousins... Viet serait la vietnamisation du chinois « yué » : « lointain », « marginal »... c'est ainsi que les Han nommaient les divers « barbares » qui se partageaient leurs frontières. Il y avait les Yué du Nord, ceux de l'Ouest. Les Viet étaient les Yué du Sud. Ils habitaient les Cinq Montagnes, région légendaire où régnèrent trois empereurs (Toai-Nhan découvrit le feu, Phuc Hi la divination, Shen Nong la riziculture), sorte de Prométhées couronnés – équivalents des Hia, la mythique dynastie chinoise. Mais voilà qu'un jour, les Han arrachent aux Viet les Cinq Montagnes. C'est l'exil vers le Sud. Leur nouveau roi, Lộc Tục, se taille un royaume au « Pays des démons rouges » – Guangxi, Guizhou, Guangdong : l'extrême Sud de la Chine. Son fils épouse la fille de l'empereur de Chine. Belle promotion. De fait, c'est l'âge d'or. Ils vivent heureux et ont beaucoup d'enfants : cent géants. Un jour, la nostalgie du pays natal les décida à se séparer pour retourner dans leur empire respectif en se partageant les enfants : la reine part dans les montagnes avec 50 fils, le père emmenant les autres « au séjour des eaux ». La dynastie des Hùng (« Valeureux ») est née. Issus des tribus Lac, ses dix-huit souverains régnèrent pendant « deux mille ans » sur un état féodal, organisé en duchés, marquisats, etc., sur le mode chinois. Il couvrait la région du Tonkin au Yang-Tsé, et s'appellait Văn Lang. En 257 avant notre ère, An Dương, un chef Au, conquit le trône et réunit les deux branches (Lạc et Âu) en un État.
La réalité serait plus plate. A l'ère des Royaumes Combattants (Ve siècle avant J.-C.), les tribus Viet formaient au-delà du Yang Tsé un grand Etat Yué, de

Shanghaï à Canton. Ils s'entendaient bien avec les « Indonésiens » de Đông Sơn qui, au Tonkin, tenaient le delta du fleuve Rouge. Mais l'Etat Viet succombe aux Chou, le royaume chinois du Se-Tchouan. Et, à son tour, en 221 avant J.-C., le Chou se voit avalé par le grand unificateur de la Chine, Ts'in Che Houang Ti. Les Viet n'ont plus qu'à rejoindre leurs copains du Tonkin... Hélas, c'est un exode pour rien ! Boulimique, l'ogre T'sin avale Chine du Sud et Tonkin.

A la mort du T'sin, le préfet chinois en poste va fonder pour son compte un premier Etat viet, le Nam Việt : le Sud des Viet. Le pays allait connaître d'autres noms... Mais il est amusant de se rappeler qu'en 1802 l'empereur d'Annam sollicitera de Pékin qu'il soit rebaptisé Nam Việt. Les Chinois se méfièrent, car le premier Nam Việt incluait les provinces du Guanxi et du Guangdong... On chinoisa : il suffisait d'inverser les mots : le *Việt Nam* était né. Au fond, tant mieux, car le premier Nam Việt n'avait guère duré ! En 111 avant J.-C. l'empereur Wou Ti l'annexa. Du coup, il restera province chinoise jusqu'au Xe siècle.

10 siècles pour digérer les Viet ! La Chine offrit l'araire en métal, l'élevage du porc, le tissage de la soie, l'endiguement du fleuve Rouge... Quant à la culture : caractères idéographiques, traditions littéraires, administration, tout ou presque fut importé de Chine. Cousins des Han, les Viet révéraient déjà l'Empereur du Ciel, les ancêtres et les animaux fabuleux (dragon, phénix...) ; la géomancie leur indiquait la juste place de chaque chose. Cette fois, ils s'imbibèrent des préceptes de Confucius (une morale de bienveillance et d'ordre qui dictait à chacun sa place dans la société) et des aphorismes de Lao-Tseu. Il faut avouer que cette civilisation était bien supérieure. Les tribus du Delta l'apprécièrent d'autant mieux qu'elles l'avaient déjà côtoyée de près. Il est dit qu'ils se lancèrent avec passion dans l'étude du chinois... La peinture (lavis sur toile de soie) suivra l'évolution des styles en Chine : personnages, puis animaux, plantes et paysages, de préférence embrumés... Dès les Han, les lettrés vietnamiens bénéficièrent du statut de leurs homologues célestes : certains brillèrent à la Cour impériale. A l'inverse, il y eut des fonctionnaires chinois pour pratiquer une administration bienveillante.

Mais les Yué tenaient à leur indépendance. La Chine était bien loin. On se révolta. En 39, une insurrection générale conduite par deux femmes à poigne, les sœurs Trưng, nécessita l'intervention d'un grand général chinois. 590, 600, 602... Le nationalisme viet s'insurge, se débat. Pour le reprendre en main, la dynastie chinoise des T'ang devra implanter des colons... De surcroît, elle conquiert le sud du Tonkin. Le voici rebaptisé An Nam : le Sud Pacifié. Euphémisme bien colonial pour suggérer que la région, avant leur arrivée, était une pétaudière.

● *Le Sud hindou : le grignotage des vers à soie*

Or, il se trouve qu'en matière de civilisation, le Sud avait ses propres marques. Dès le IIe siècle, des « Indonésiens » basanés y avaient bâti un puissant royaume à cheval sur le Cambodge. En chinois, le Fou-Nan. Le port fluvial de Oc Eo, dans le district de Kiến Hoà, commerçait avec la Perse — et même la Méditerrannée, puisqu'on y a retrouvé des monnaies romaines. Au VIe siècle, Shri Mara dilate le Fou-Nan jusqu'au Siam, au Laos et à la Malaisie. Gloire éphémère... Quelques années plus tard, d'autres royaumes hindous le dépècent. L'un d'eux, le Champa, occupe la région de Đà Nẵng. Ces Cham sont des Indonésiens. Autant dire de grands marins — et quand le commerce décline, de fieffés pirates, bien en place sur la route des moussons. Leurs deux royaumes — celui du cocotier et celui de l'aréquier — vont se réunir vite : ce ne sont pas les ennemis communs qui manquent ! A l'ouest, les Khmers. Au nord, les Chinois et les Viet. Au sud, les pirates « noirs, maigres et méchants » de l'Indonésie. Mais les Cham sont des costauds. Assez forts pour brûler Angkor en pleine apogée de l'Empire khmer ! Assez évolués pour entretenir d'immenses monastères, sculptés d'apsaras gracieuses aux membres déliés...

Mais pour l'heure, on l'a vu, les Chinois leur ont pris l'Annam — avec sa capitale, Simhapura. Pris en sandwich, les Cham ont l'énergie du désespoir. En 875, nouvelle capitale à Quảng Nam. Les Vietnamiens la rasent. Les Cham se replient à Vijaya, dans le Bình Định. Les Vietnamiens rasent Vijaya. Grignotant des terres basses propres à la riziculture, les Viet ont pour slogan le Nam Tiến, la « Marche vers le Sud ». En 1471, la nation cham n'existe plus. Le Nam Tiến, vaste mouvement de colonisation agraire assimilable au « grignotage des vers à soie », a-t-il trouvé son point final ? Non. D'ici 4 siècles, les Vietnamiens annexeront les provinces cambodgiennes du Mékong.

Mais les Viet, pour l'instant, se tassent autour du fleuve Rouge et de la rivière Noire. Non contents de ployer sous la botte chinoise, ils subissent les attaques des tribus des collines. Pas gai. Et au IXᵉ siècle, ce sont les Thaï du Nan Chao (Yunnan) qui débarquent. Ajoutez les Cham et les Chinois : les Viet se battent sur tous les fronts ! Mais que fait la Providence ? La voici : en Chine, la dynastie T'ang s'effondre. Un Viet, Ngô Quyền, a enfin libérer le pays. Vers 938, à l'issue d'une longue guerre, il écrase les jonques impériales sur le fleuve Bạch Đằng. Et se proclame à son tour empereur... Un empereur du cru plutôt qu'un Chinois, c'est bien. Mais les Viet découvrent la liberté. Ngô Quyền mort, le pays s'atomise en « 12 principautés féodales qui se déchirent ». 967 : Đinh Bộ Lĩnh parvient à s'imposer. Il reconnaît la suzeraineté chinoise, et paie tribut pour avoir la paix. Lê Hoàn lui succède. Un champion, celui-là. Le temps de battre les Chinois, il culbute les Khmers. Puis se tourne contre les Cham. Tue leur roi. Pille sa capitale. Et annexe tout le Champa au nord du col des Nuages. Née sous de tels auspices, sa dynastie, les Lê antérieurs, cimentera durablement l'unité nationale. Avec une nouvelle religion : le bouddhisme, qui se superpose au confucianisme et au taoïsme.

● Le modèle chinois : la poésie au pouvoir

1009 : autre Bonaparte, autre dynastie. Lý Công Uẩn devient calife à la place du calife. Les Ly brilleront pendant 2 siècles, jusqu'en 1225. Beau bilan : transfert de la capitale de Hanoi ; le bouddhisme religion d'État ; construction de monastères et de fastueux palais ; relais postaux ; renforcement des digues, etc. Un État est né. C'est peu dire qu'il copie la Chine. Ainsi, on ne naît pas mandarin, en Annam. On le devient, tout comme là-bas... en passant des examens. Il s'agit d'aiguiller les plus capables vers les fonctions les plus hautes, selon le précepte édicté par le Chinois Chang Yu : « Le souverain, qui met la main sur une personne qualifiée, connaît la prospérité. » À la base, des écoles publiques, tenues par de vieux lettrés. Tous les 3 ans, un concours (financé par les villages de la province) sélectionne les étudiants. Les lauréats sont admis à concourir au chef-lieu. La grosse tête qui a surmonté ces épreuves est faite mandarin du 9ᵉ degré... Épreuves : composer un poème, une rédaction en prose rythmée, commenter un texte classique, disserter de philosophie politique... Imagine-t-on nos énarques recrutés sur leur aptitude aux rimes ? C'était ainsi en Chine et au Vietnam. Et ça marchait...

La montée du Vietnam se poursuit avec la dynastie suivante : les Trần. En 1279, les Mongols ont conquis la Chine (ils n'iront pas plus loin : leur expédition contre le Japon a été un échec, et ils vont se casser le nez au Java). Ils veulent le Champa. Peu rassurés, les Vietnamiens leur refusent passage. Mieux : les Mongols reçoivent une raclée mémorable des mains de Trần Hưng Đạo. Rien de tel qu'un succès pour mieux négocier. Prudent, l'Annam reconnaît à nouveau la suzeraineté chinoise. Ces péripéties l'ont-elles réconcilié avec le Champa ? Pendant 2 siècles, les frères ennemis échangent victoires et défaites. Et la dynastie Trần disparaît dans la tourmente. Après l'éphémère dynastie Hồ, les empereurs chinois Ming imposent au Vietnam un retour en arrière. Ils l'administrent en province chinoise. Chignon hors la loi, instruction en chinois, culture locale détruite ou pillée, pays en coupe réglée... Que font les lettrés viet ? La plupart ont pris le maquis. Sous les ordres du charismatique Lê Lợi, les guérilleros harcèlent l'occupant chinois. « Surgissez aux endroits où l'ennemi doit atteindre ; transportez-vous rapidement là où il ne vous attend pas. » « Impalpable et immatériel, l'expert ne laisse pas de traces. » « Tout l'art de la guerre est basé sur la duperie. » « Attaquer l'ennemi lorsque ses soldats ont le mal du pays. » Ça pourrait être signé Giáp, mais ce fut du vieux maître Sun Tzu, un général chinois du IIIe siècle avant notre ère. Avant que Mao ne s'en inspire, ces préceptes furent médités par Lê Lợi. Il défie brillamment les Chinois, vérifiant une fois encore Sun Tzu : « Les troupes unies autour d'un objectif commun seront victorieuses. »

● *La première partition*

Une fois encore, les Chinois sont K.O. Une fois encore, des présents sont envoyés pour apaiser les Ming. Une fois encore, le vainqueur impose sa dynastie. Une fois encore, voici les Lê, postérieurs ceux-là. Leur royaume s'appellera le *Đại Việt* : le Grand Viet. Tout un programme. Ce Napoléon promulgue un code civil, réorganise le pays, transforme ses troupes en paysans-soldats. Mieux : il fonde un collège pour ouvrir aux enfants pauvres les portes de l'administration. La dynastie connue des hauts et des bas. Mais Lê Thánh Tôn fut un grand roi. Il est vrai que ce fut aux dépens du Champa. Ses paysans-soldats guerroyaient avec l'espoir de cultiver le terrain conquis. La formule réussit si bien qu'en 1471, tout le Champa se voyait annexé. La dynastie ne goûtera guère ces victoires. En 1527, le dernier Lý est renversé. Parmi les dignitaires, la curée commence.

Un mandarin, Mạc Đăng Dung, y alla lui aussi de sa petite dynastie : les Mạc. Mais les partisans de l'ancien régime n'ayant pas désarmé, il avait besoin d'une aide. Il l'obtint de la Chine en lui cédant des provinces. Sacrilège ! Le parti Lê, conduit par Nguyễn Kim et Trịnh Kiểm, prit les armes. Les Mạc furent éliminés et Trịnh Kiểm remit en selle l'héritier Lê. Mais pendant ce temps, Nguyễn Kim s'était taillé un fief dans le Sud. Ces deux seigneurs de la guerre – et leurs descendants – s'affronteront pendant plus 2 siècles, consacrant la 1re partition du Vietnam. Les Trịnh au Tonkin, les Nguyễn en Annam, chacun administra son royaume avec énergie sous l'autorité factice des empereurs Lê. Pourtant, les Nguyễn seuls pouvaient encore étendre leurs territoires. Ils le firent aux dépens du Cambodge, colonisant toute la rive gauche du Mékong, jusqu'à transformer le royaume khmer en protectorat. Sur ce éclate, en 1776, une terrible jacquerie sur le modèle de celles qui ensanglantèrent longtemps la Chine : les Tây Sơn. Au bout de 26 ans de guerre, et après mille retournements, Nguyễn Ánh se fait proclamer empereur de tout le Vietnam à Huê. Il fonde la dynastie Nguyễn.

● *Les Longs-Nez montrent les dents*

Des inconnus l'y avaient puissamment aidé : les Longs-Nez (Européens). En 1516, les Portugais avaient déjà touché la côte de Đà Nẵng. Ils laissèrent un nom qui fit fortune : Cauchichina, autrement dit Cochinchine. Transcription erronée de Giao Chi, le terme chinois pour Vietnam (le « Chine » final visait à éviter la confusion avec Cochin...), il désignait tout le pays. Bien plus tard, les Français s'en serviront pour baptiser le Sud... Les Portugais n'étaient pas de mauvais bougres. Au XVIIe siècle, de plus avides vont les remplacer. Les Hollandais en Indonésie. Les Anglais et les Français aux Indes. Mais on ne se bouscule pas au Vietnam. Dans la mirobolante vitrine de l'Asie, bien des pays semblaient plus faibles, plus paisibles, moins violemment xénophobes – bref, meilleurs à prendre que ce littoral vietnamien qu'on surnommait (c'est dire !) « la Côte de Fer ». L'interminable guerre entre Trịnh et Nguyễn décourageait tout commerce – sauf celui des armes.

Et des âmes. Au Tonkin, en effet, les missionnaires chrétiens chassés du Japon firent un tabac. Ce qui était moyennement du goût des empereurs. Si ces derniers se servaient pour eux-mêmes des techniques venues du lointain Occident, le menu peuple n'avait pas à en profiter. Quant à la nouvelle doctrine, elle avait bien pour elle de contrebalancer l'influence chinoise. Mais en revanche, elle concurrençait dangereusement le confucianisme d'État. Un jésuite, Alexandre de Rhodes, ne s'était-il pas mêlé de propager une écriture, le *quốc ngữ*, qui transcrivait le vietnamien en caractères latins ?

Drôle de personnage, celui-là... Descendant de juifs convertis d'Avignon, Alexandre de Rhodes avait choisi la Compagnie de Jésus pour faire une sainte carrière tout en arpentant le monde. Il partit prêcher à Goa, Malacca, Macao... On l'appelle en renfort au Vietnam. Alexandre a l'âge du Christ lorsqu'il arrive à Faifo, le comptoir portugais voisin de Đà Nẵng. Quelques mois plus tard, il prêche en vietnamien. Puis, c'est le débarquement à Hanoi. Il devient le chou-chou du roi et convertit quelques hauts personnages. Fin 1627, le nombre des baptisés aurait été de 3 500. Chassé par la cabale, il s'enfuit. Revient dix ans plus tard. Convertit à tour de bras. Les Vietnamiens ne l'ont pas oublié : débaptisée par les communistes, la rue Alexandre-de-Rhodes, à Saigon, va probablement retrouver le nom de l'apôtre du *quốc ngữ*...

Ce n'est pas à lui que le premier empereur Nguyễn devra son trône. C'est à Pigneau de Béhaine, un évêque de choc. Pressé de conquérir le pouvoir, Nguyễn Ánh avait sollicité l'aide de la France. Il envoie son fils avec Pigneau pour plaider sa cause à Versailles. Louis XVI ne fera rien : nous sommes en 1787, le trésor est à sec ! Qu'à cela ne tienne : Mgr Pigneau monte l'expédition lui-même. Il trouve des financements, engage des déserteurs, fait instruire et équiper les troupes vietnamiennes à l'occidentale. Nguyễn Ánh, devenu l'empereur Gia Long, ne fut pas ingrat : il toléra le christianisme. Reste que les missionnaires pouvaient être les éclaireurs d'armées européennes. Le plus sûr était de murer le pays dans un splendide isolement. Minh Mạng, son fils, agit de même. Pharaon suprême d'une administration crispée sur son confucianisme (ce réflexe, habituel aux tenants des religions d'importation, explique l'immobilisme constant du Vietnam), il persécuta les autres religions. Le christianisme eut ses glorieux martyrs... En France, on s'indigna. La tempête était mûre pour chahuter le règne suivant, celui de Thiệu Trị.

● *Les conquistadores de la République*

Des prêtres français avaient trempé dans un complot chrétien, visant à établir un monarque acquis à leur cause. Thiệu Trị jeta l'un d'eux en prison. Puis, par crainte des complications, l'élargit. Cette libération n'était pas connue de l'amiral français qui, vengeur, vint pointer ses canons sur Đà Nẵng. Bilan : 3 navires vietnamiens coulés et des morts par centaines. Le monarque suivant, Tự Đức, comprit que les Français n'attendaient qu'un prétexte pour voler au secours des bons pères... en volant le pays. Ses persécutions antichrétiennes le leur fournirent. Napoléon III hésitait. Mais les Anglais avaient pris pied en Birmanie et lorgnaient sur la Chine. Il fallait à la France un marchepied sur le Continent jaune. Et puis, on peut rien refuser à l'Église... Il dépêcha une expédition. La flotte prit Đa Nẵng. Saigon tomba. Débâcle vietnamienne. En 1861, Tự Đức paya : 3 provinces de Cochinchine, la liberté de culte...

Les amiraux laissés sur place mèneront leur propre guerre. En 1863, ils annexent le Cambodge. « Mais nous n'en avions pas fini avec la fourberie asiatique. L'Annam fomenta des révoltes dans nos possessions ; il fallut s'emparer de la Cochinchine orientale... » Ainsi parlent, en 1900, les manuels d'histoire coloniale. Héroïsme français contre duplicité et barbarie annamites : les vignettes de la propagande fonctionnaient déjà. Le Vietnam, pourtant, n'intéresse les Français qu'en tant que porte de la Chine. On envoie Francis Garnier remonter le Mékong. Déception : seul le fleuve Rouge peut porter des vapeurs jusqu'en Chine du Sud. Il faut donc prendre le Tonkin. Rien de plus facile pour Garnier, « Dieu avait choisi la France, pensait-il, pour apporter la lumière et la liberté aux races et aux peuples encore asservis par le despotisme. » C'était un pur « idéaliste », dans la lignée de ces révolutionnaires de 1789 tournés conquérants, et dont la IIIe République laïque se fit l'héritière. Il se rend à Huê. Sa visite est contée dans le Manuel : « Dès les premières entrevues, les mandarins cherchent à tromper Garnier. Impatienté par leur mauvaise foi, il donne l'ordre de l'assaut. En 35 mn, la citadelle est prise et nos 212 soldats font 2 000 prisonniers ! » Hélas, ce glorieux hold-up sera brisé net par les Pavillons Noirs – des rebelles chinois Tai-Ping qui rançonnaient la région. Garnier, « le Bayard du

XIXᵉ siècle » (!), mourra le cœur arraché. Conscient de sa propre précarité, Tự Đức traita avec la France. Il lâcha le Sud pour faire avaliser son pouvoir sur le Nord.

En 1879, le gouverneur de Cochinchine réclamait l'annexion du Tonkin : « le fruit est mûr ». Le Manuel ne dit rien d'autre : « En 1882, la vie des Français établis au Tonkin étant de nouveau menacée, on envoya à Hanoi une petite armée sous les ordres d'Henri Rivière. » Ce dernier ayant connu le même sort que Garnier, « le grand colonisateur » Jules Ferry (surnommé le Tonkinois) ordonne une expédition punitive à Huê. Pierre Loti, commandant de marine, y prend part sous une double casquette : commandant de vaisseau et reporter du Figaro. Ce qu'il voit et décrit – une petite armée d'un autre siècle massacrée par surprise – lui donne la nausée. « On tuait presque gaiement, déjà grisé par les cris, par la course, par la fureur du sang. » Scandale !... N'importe. Tout le monde sait que les Annamites n'ont pas une civilisation aussi « noble » que les Chinois ou les Japonais ! La meilleure chose que fasse l'empereur Hiêp Hoa est de placer son pays sous protectorat français. Laisser la France installer ses troupes, imposer ses administrateurs, contrôler le commerce et la politique étrangère... Un signe : le Vietnam disparaît des cartes au profit de 3 provinces – Annam, Tonkin, Cochinchine. Restait à convaincre la Chine, protectrice traditionnelle de la cour de Huê. Une escadre partit canonner Fou-Tchéou et Taiwan. Il y eut des remous. Le cabinet Jules Ferry tomba... On tonnait contre « le guêpier du Tonkin ». Mais sur place, les colonisateurs volaient déjà de leurs propres ailes. La résistance s'éternisant, ils prirent les villages un à un : Joffre mit 2 mois à emporter Ba Dinh ! Il fallait frapper à la tête. Saisissant un prétexte, la troupe encercla le Palais Royal et, les défenseurs massacrés, brûla la bibliothèque impériale et pilla tous les objets précieux...

● *Le règne des colons*

En 1887, les Français réunirent la Cochinchine, le Tonkin, l'Annam et le Cambodge dans le même sac d'une Union indochinoise. Le Laos viendra 6 ans plus tard... Une hydre, donc, à ceci près qu'elle n'avait qu'une tête : le gouverneur général. De Hanoi, il dirigeait tout. Méfiant envers les « indigènes », les gouverneurs réservèrent l'administration à leurs compatriotes, ainsi qu'aux catholiques vietnamiens. En revanche, les villages étaient laissés aux pouvoirs traditionnels. La frustration fut grande aussi bien pour les élites traditionnelles, désormais sur la touche, que pour les campagnards, abandonnés à la discrétion des tyranneaux locaux. Dans le même temps, les colons français – planteurs, petits commerçants... – se constituaient en groupes de pression. Tout de même, les « grands idéaux français » suscitèrent un vrai système d'éducation (en *quốc ngữ*) qui, malgré ses tares (genre « nos ancêtres les Gaulois »), et à défaut d'alphabétiser le Vietnam (en 1920, seul un Vietnamien sur dix pouvait lire un journal !), formèrent des élites aptes à libérer le pays. Ainsi Giáp, le vainqueur de Điên Biên Phủ, fut étudiant à Hanoi. Hồ Chí Minh habita Paris. Le système impérial avait fait faillite. Si les Français pouvaient tyranniser tout un pays, on devait voler le secret de leur force. « La force réprime pour un temps, l'instruction enchaîne pour toujours » : la maxime accrochée dans les écoles se révélera bien naïve...

Jusque-là, le Vietnam avait été un gouffre pour le budget français. Paul Doumer l'organise pour mieux l'exploiter. En 60 ans, lui et ses successeurs septuplent la production de riz (l'Indochine devient 3ᵉ exportateur mondial), bâtissent 2 500 km de voies ferrées, 17 500 km de routes en pierre, lancent une monnaie nouvelle, la piastre indochinoise, alignée sur le franc, et un dieu nouveau : l'opium, raffiné sur place par les colonisateurs eux-mêmes... Michelin avait ses plantations d'hévéas, une société exploitait les mines de charbon... Même si leurs bénéfices augmentaient, les Français firent « moins bien » en Annam – d'un pur point de vue d'exploiteur – que les Anglais aux Indes, lesquels, au prix d'un infime investissement humain, rançonnèrent à merci l'un des plus fabuleux réservoirs de richesses du globe... Nous étions plus idéalistes ou plus hypocrites : même au plus terrible de l'exploitation, on ne démordra jamais de la « mission civilisatrice »... Des faits : la population double en un quart de siècle. D'un bourg de paillotes surgit Haiphong, une ville française proprette, où les magasins et les cafés se prélassent devant des canaux bordés d'arbres. En 1900, Hanoi connaît déjà l'électricité. Elle a beau professer l'austérité militaro-administrative, des scieries, des filatures, des fabriques de meubles ont poussé entre ses maisons blanches et ses boutiques « élégantes »... A Saigon aussi, les Français sèchent les marais, percent des canaux et de larges avenues plantées de tamariniers. Hôtel de ville néo-baroque, théâtres, Jardin des Plantes et des avenues qui sentent bon la Canebière... Siège de la Banque d'Indochine, 8e port français, Saigon la blanche se veut le Paris de l'Extrême-Orient. La locomotive de l'Union indochinoise. Et donc La Mecque de tous les rêveurs, attirés par les mirages de l'argent facile et l'assurance d'un reclassement social (le plus paumé des Français vaut plus que n'importe quel indigène), sur fond de carte postale exotique. Assaillis par la moiteur pestilentielle et le fameux « ennui colonial », ils prendront vite les yeux mouillés de l'opium, le teint jaune de la malaria ou les cernes du spéculateur. Ces vertiges en appellent d'autres. Henri Daguerches raconte : « Ces modestes employés, ces petits fonctionnaires, paient de leur pâleur (cette pâleur saigonnaise qu'aucune malaria ne peut concurrencer) leur avidité de luxe et leur goût de paraître ; ils paient la sensation d'être des maîtres, des sahibs. » Et se remboursent en plaisirs. Courses, boîtes à la mode, et ces femmes indigènes, auréolées de tous les « maléfices de l'Asie », dont le colon le plus laid pouvait s'offrir la tendresse. Auguste François, consul en Chine et grand admirateur de la société confucéenne, voyait Saigon en « capitale de la rastaquouérerie française » « où un lot de frères de la côte et de rebuts de famille vient cacher des tares morales en se donnant les illusions de la grande vie. »

Les Vietnamiens n'avaient pas désarmé. A peine écrasé que déjà renaissant, il y avait toujours un maquis pour empoisonner les Français. En 1904, la victoire du Japon sur la Russie écorna l'invincibilité occidentale. Après la Première Guerre mondiale, la vague indépendantiste en Inde et la révolution russe encourageaient les nationalistes. Pris en tenaille entre l'intransigeance française et l'immobilisme de la Cour, les réformistes furent éliminés. La voie était libre pour les révolutionnaires. La saga de Nguyễn Tất Thành — c'est-à-dire Hồ Chí Minh — peut commencer.

● *La longue marche de l'oncle Hô*

Né dans le Nghệ An (Annam du Nord), originaire de l'élite déclassée (son père, mandarin brillant, avait été révoqué), le futur Hồ Chí Minh étudie au collège. Et assiste aux sursauts de l'intelligentsia nationaliste, partagée entre « terroristes » (Phan Bội Châu envoie une centaine de jeunes recevoir une formation militaire au Japon) et réformistes (tenants de l'indépendance et de la démocratie, avec Phan Châu Trinh). Nguyễn Tất Thành s'engage comme boy sur le vapeur Latouche-Tréville et, après 40 jours de mer, pose le pied à Marseille. Pour envoyer quelque argent à son père, mais surtout pour s'instruire, il travaille en parcourant le monde. Il apprend la mécanique à Londres, découvre les syndicats à New York, constate en Afrique l'universalité du fait colonial... En 1919, il rejoint à Paris le petit Groupe des Patriotes annamites et signe, sous le nom de Nguyễn Ái Quốc (Nguyễn le Patriote), un manifeste pour l'instauration de la démocratie en Annam. En 1920, tournant : il défend l'indépendance et le léninisme au congrès de Tours. « J'aimais et je respectais Lénine, écrira-t-il de manière inattendue, parce qu'il était un grand patriote qui avait libéré ses compatriotes. » En attendant son heure, Nguyễn Ái Quốc vit de peu en retouchant des photographies. La Sûreté l'a à l'œil : n'est-il pas rédac' chef du Paria, la Tribune du Prolétariat colonial ?

Puis c'est le voyage en Russie. Le Komintern le forme à la clandestinité, et à la direction de la révolution. De 1925 à 1927, il s'immerge dans la révolution chinoise tout en y construisant le noyau d'un groupe communiste vietnamien. Il sort un journal, Thanh Niên, qui prêche communisme et nationalisme : un millier de militants. Mais là-bas, le Vietnam s'agite. La garnison de Yên Bái s'insurge contre les Français et le paie de son sang. La vie du paysan est si dure que les jacqueries se multiplient. Les coloniaux y voient la main du parti communiste que Nguyễn Ái Quốc vient de fonder. L'Histoire vérifiera la chose en appuyant sur l'accélérateur. Dans ces années, partout, les grèves éclatent – durement réprimées. En 1930, ce sont des soviets ruraux. L'année suivante, la famine provoque au Nghệ An une formidable révolte. Bilan : 3 000 morts. Le parti communiste indochinois se retrouve décimé. Et Nguyễn Ai Quốc mis en réserve. A Moscou.

En 1940, 3 mois après la débâcle en France, les Japonais attaquent Lạng Sơn. Plutôt que de déboulonner totalement la France, ils se contentent d'occuper les ports et de s'associer à l'exploitation coloniale. Après ce coup, évidemment, les Vietnamiens ne croient plus à l'invincibilité française. Les communistes peuvent lancer une révolte générale en Cochinchine. Quelle importance, si elle est écrasée ? Le tout est que l'heure approche. Le nationalisme – encouragé en sous-main par les Japonais – se renforce sans cesse. D'ailleurs, Nguyễn Ái Quốc est revenu. Il porte sa valise en rotin dans une grotte du Pays Nung, déballe sa machine à écrire, et repense son projet. En 1942, l'agitateur clandestin prend pour nom Hồ Chí Minh (l'Oncle à la Volonté éclairée). Le Vietminh était déjà né (en Chine, en 1941). En 1943, il aura ses 2 zones « libérées ». L'organisation renaissante possède une stratégie, un excellent état-major (autour de Hô le stratège, on trouve déjà les futurs ténors. Võ Nguyên Giáp, Phạm Văn Đồng, Vũ Anh, Hoàng Văn Thu...) et un programme : la lutte anticolonialiste (contre les Japonais autant que contre les Français). A ce titre, il obtiendra même la caution des Américains... Ceux-ci, au nom de l'humanisme rooseveltien, combattent maintenant le vieil ordre colonialiste, histoire de s'instaurer les patrons de nations nouvelles. En 1944, ils arment le Vietminh...

C'est que l'organisation a camouflé son communisme pour mieux fédérer sous sa bannière les nationalistes les plus divers. Le nouveau proconsul français, l'amiral Decoux, a retenu la leçon. Plus question, pour lui, d'administrer la colonie comme un quelconque département français. Il préfère retourner à la case départ, celle du protectorat. Et pousser « ses » nationalistes (en l'occurrence des mandarins acquis à la coopération franco-vietnamienne) pour faire obstacle aux hommes de Tokyo et aux communistes. Pour les Japonais, cet homme était dangereux.

● **9 mars 1945, le coup de force des Japonais**

Le théâtre des opérations semblant se déplacer vers l'Indochine, l'état-major japonais plaça les troupes françaises sous son commandement le 9 mars et la majorité des fonctionnaires furent internés. Dès la fin mars, la présence administrative et militaire de la France a disparu. En réaction, le Vietminh se développe dans tout le Nord.

Hồ Chí Minh, Giáp et Phạm Văn Đồng mettent en place des comités révolutionnaires dans les campagnes, liquident les notables et grands propriétaires et redistribuent les terres. Le 23 août, Bảo Đại abdique à Huê et redevient le simple citoyen Vĩnh Thụy. Le 2 septembre, après la capitulation japonaise, Hồ Chí Minh proclame, à Hanoi, l'indépendance du Vietnam. Avec ces paroles prémonitoires à l'intention des Français : « S'il faut nous battre, nous nous battrons... Vous me tueriez 10 hommes, quand je vous en tuerais un. Mais même à ce compte-là, vous ne pourriez pas tenir et c'est moi qui l'emporterais. »

Virtuellement, tout le territoire est sous contrôle Vietminh. La France n'a plus aucune influence. Tout aurait donc pu se terminer là...

● **Cocorico, les revoilà !**

Concernant l'Indochine, les Trois Grands (État-Unis, URSS et Grande-Bretagne) décident de faire occuper le nord du pays par les troupes chinoises de Jiang Jieshi (Tchang Kai Check) et le sud par les troupes anglaises. Roosevelt et Staline sont contre le rétablissement de la souveraineté française en Indochine. En revanche, la Grande-Bretagne n'y est pas hostile (pensant bien sûr à ses propres intérêts, la Malaisie par exemple). Bientôt 200 000 soldats chinois s'installent, tandis que la Grande-Bretagne veut faciliter le retour du corps expéditionnaire français. En août, l'amiral Thierry d'Argenlieu est nommé haut commissaire de France en Indochine. Le 20 septembre à Saigon, les Anglais interdisent les journaux vietnamiens, instituent un couvre-feu et libèrent les Français emprisonnés par les Japonais. Ces mesures rencontrèrent une forte résistance populaire. En octobre 45, Leclerc débarque avec les premières troupes. Peu préparé à l'affrontement armé, le Vietminh est contraint de quitter les grandes villes. Fin 1945, 28 000 soldats français sont en Indochine. En février, un accord est signé avec la Chine pour le départ de son armée. En mars 1946, des troupes françaises partent remplacer progressivement l'armée chinoise au nord. Pour Hồ Chí Minh, très lucide, il est impossible de lutter contre les Chinois et les Français tout à la fois et il est nécessaire de gagner du temps. Il faut donc tout faire pour favoriser le départ des Chinois. Ça fera, au bout du compte, un ennemi de moins et il sera toujours temps de combattre les Français frontalement, quand il sera évident que les troupes de Jiang Jieshi (Tchang Kai Check), en lutte elles-mêmes contre Mao Zedong, ne reviendront plus.

Avec la reconquête du Tonkin, la 2e phase de la réimplantation française est en bonne voie. Le 6 mars, Hồ Chí Minh et Sainteny, représentant du gouvernement français, signent un important accord. La France reconnaît la république du Vietnam, son parlement, son armée, etc., dans le cadre de l'Union française. La réunification du *Bắc Bộ* (Nord), *Trung Bộ* (Centre) et *Nam Bộ* (Sud) sera soumise à référendum. L'accord ouvrira la porte à des négociations sur le futur statut de l'Indochine et la préservation des intérêts de la France. En attendant bien sûr, les affrontements armés devraient cesser. 15 000 soldats français entrent à Hanoi et les 200 000 Chinois quittent le pays. Malheureusement, ce sera une occasion de perdue ! La France ne tient pas parole, la répression contre les militants du Vietminh s'accentue et Thierry d'Argenlieu manœuvre pour séparer le Sud du reste du pays. Toutes ces longues négociations ne servent en fait qu'à renforcer l'implantation de l'armée française et de l'administration coloniale.

Le 6 juillet, d'ultimes négociations s'ouvrent à Fontainebleau. Les positions sont bloquées. Hồ Chí Minh refuse le démembrement du Vietnam. Le 18 août, le « socialiste » Marius Moutet déclare : « La Cochinchine est une colonie française. » Sur place, tensions et affrontements armés sont de plus en plus nombreux. La France renforce considérablement son contingent. Il est clair que le lobby militaro-colonial, le moine-soldat d'Argenlieu en tête, ne souhaite qu'en découdre. Georges Bidault, président du Conseil et « l'élite politique française » n'ont que mépris pour Hồ Chí Minh. Une grande occasion de mettre en place une décolonisation en douceur semble définitivement perdue !

● **La guerre d'Indochine : la fin d'une époque**

Le 19 novembre 1946, un incident, comme tant d'autres, a lieu dans le port de Haiphong. Nul ne saura jamais si l'incident avait pour origine l'arrestation de contrebandiers ou si les Vietnamiens s'opposèrent au contrôle douanier français, de plus en plus pesant. Mais ce fut l'étincelle qui mit le feu à la plaine. Deux patrouilles se tirèrent dessus. Le prétexte sembla suffisant pour mater définitivement ces autochtones si peu dociles. L'amiral Thierry d'Argenlieu donna l'ordre de bombarder les quartiers populaires de Haiphong. Tous les témoignages concordent pour avancer le chiffre d'au moins 6 000 morts. Après les bombardements de Sétif (30 000 morts) en 1945 et les massacres à Madagascar (40 000 morts) en 1947, le colonialisme français ne donnait pas, à l'époque, dans la dentelle ! Malgré cela, Hồ Chí Minh et le Vietminh continuèrent jusqu'au bout à chercher une solution pacifique. Un ultime télégramme à Léon Blum, nouveau président du Conseil, resta sans réponse. On apprendra plus tard que de nombreux télégrammes restèrent bloqués plusieurs semaines et que d'autres ne partirent jamais, le lobby colonial ayant des complicités dans la poste indochinoise ! Le 19 décembre, plusieurs attentats et attaques se produisirent à Hanoi contre les positions françaises. Le Vietminh déclenchait officiellement la guerre d'indépendance et Hồ Chí Minh déclarait : « Compatriotes ! Nous voulons la paix, nous avons fait des concessions. Mais plus nous faisons de concessions, plus les colonialistes français en profitent pour empiéter sur nos droits. Ils sont décidés à reconquérir notre pays. Non ! Plutôt tout sacrifier que perdre l'indépendance et vivre en esclaves ! N'importe quel citoyen, homme ou femme, jeune ou vieux, de quelle religion, nationalité, opinion politique qu'il soit, doit se dresser pour lutter contre le colonialisme français et sauver la patrie. Que celui qui possède un fusil se serve de son fusil, que celui qui a un sabre se serve de son sabre, que ceux qui n'ont ni fusil ni sabre se servent de pelles, de pioches, de bâtons ! Que tous se lèvent pour s'opposer au colonialisme, défendre la patrie. »

● **Les premières années de guerre**

Impossible de relater ici en détail toutes les péripéties de la guerre d'Indochine durant les premières années. Disons que de 1946 à 1950, il s'agit pour le Vietminh essentiellement d'une période de consolidation de son pouvoir politique et de construction de sa force militaire. Le rapport de force international ne lui est guère favorable au début. La victoire de la révolution chinoise en 1949, en revanche, fut incontestablement déterminante, en permettant au Vietminh de trouver de solides bases arrière politiquement et militairement. En France, le parti communiste fut en porte-à-faux par rapport aux questions indochinoise et malgache, du fait de sa participation au gouvernement. Ce n'est que lorsqu'il démissionna en mai 1947, qu'il commença à donner de la voix contre la « sale guerre ». En juin 1948, la France accorde à Bảo Đại l'indépendance du Vietnam. Il est trop tard.
En 1950, l'engagement américain dans le conflit coréen rapprocha les États-Unis du problème indochinois. Ces derniers commençant à financer l'effort de guerre français.

● **Les victoires décisives du Vietminh**

Après la période de consolidation de son pouvoir politique, le Vietminh va se lancer dans de grandes batailles. Le rapport de force a évolué. C'est la guerre froide et il peut compter sur le soutien du camp socialiste : l'URSS pour les armes, la Chine comme base arrière et comme conseiller militaire. En février 1950, les États-Unis et la Grande-Bretagne reconnaissent le régime de Bảo Đại. En septembre et octobre 1950, le Vietminh attaque. C'est la campagne des Frontières et « Cao Bang », la première grande défaite française. La route coloniale n° 4 y gagne le surnom de « route sanglante ». L'évacuation de Cao Bang et des postes sur la frontière chinoise tourne au désastre. L'armée française, d'embuscades en embuscades, perd 3 000 hommes avec des milliers de blessés et prisonniers. Cela provoque dans tout le Tonkin une panique incroyable : Lạng Sơn, Lào Cai, Hoà Bình sont abandonnés. Pour redresser la situation militaire, le gouvernement français nomme le général de Lattre de Tassigny chef du groupe expéditionnaire. Celui-ci renforce la défense du delta et, dans les mois qui suivent, la situation s'améliore un peu. En octobre 1951, reprise de Hoà Bình, pourtant perdu à nouveau en décembre avec des milliers de morts. Décès de de Lattre en janvier 52 et nomination du général Salan. Toute l'année, de nombreuses régions thaïes, du Tonkin et du Laos, passent sous contrôle du Vietminh et du Pathet Lao.
En 1953, les Américains couvrent déjà 60 % des dépenses de guerre.
En mai 1953, le général Navarre est nommé commandant en chef en Indochine (le 7e depuis 1945 !). Cela contribue néanmoins à redynamiser la stratégie française. Le corps expéditionnaire atteint 250 000 hommes auxquels il faut ajouter les 300 000 de l'armée nationale vietnamienne (fantoche disait-on alors !). Le

plan de Navarre paraît simple : mettre en mouvement des forces considérables au nord pour affaiblir et user le Vietminh. Offensive au centre Vietnam, puis porter les efforts au sud où l'ennemi est moins concentré. Pour finir par attaquer de nouveau au nord et obtenir des victoires significatives. Le Vietminh répondit à ce plan par le lancement de la réforme agraire qui devait contribuer à resserrer ses liens avec la paysannerie vietnamienne (à qui on allait, bien sûr, demander encore plus pour l'effort de guerre).

Ça va de soi, le plan Navarre fut plus facile à publier qu'à réaliser.

En novembre 53, le Vietminh reprit Lai Châu. Pour stopper toute offensive en direction du haut Laos, Navarre fit occuper, en novembre 53, la cuvette de Điện Biên Phủ, puis décida d'y installer un camp fortifié pour amener Giáp à une confrontation globable. La suite, on la connaît (voir plus loin au chapitre Điện Biên Phủ, le contexte politique et le déroulement de la bataille). L'état-major et les politiques français sous-estiment complètement les capacités militaires et logistiques du Vietminh. Surtout, ils sont incapables de comprendre que tout un peuple est derrière lui. « Faire descendre les Viet dans la cuvette ! » déclare le colonel de Castries et dans *Caravelle*, le journal du corps expéditionnaire, on peut même lire : « Le commandant viêt-minh doit déplacer ses unités et les ravitailler sur des distances énormes à travers des régions difficiles, pauvres et mal pourvues de voies de communication... une campagne engagée dans ces conditions ne peut que tourner en notre faveur. »

Le 26 avril 54, ouverture de la conférence de Genève sur la Corée et l'Indochine. Giáp a bien sûr compris tout l'intérêt d'une défaite française à Điện Biên Phủ. Après 57 jours de siège, survient la chute du camp retranché. Stupeur en France, démoralisation totale du corps expéditionnaire. Le gouvernement va-t-en-guerre Laniel-Bidault est de plus en plus isolé. Incroyable, malgré cela, jusqu'au bout, il dénia toute représentativité au Vietminh et manœuvra pour qu'il ne soit pas invité à la conférence de Genève !

● *La conférence de Genève et la décolonisation du Vietnam.*

Pourtant, le 8 mai, la conférence s'ouvre et Phạm Văn Đồng, au nom du gouvernement de la république du Vietnam, peut y développer les positions de la résistance vietnamienne. Obtus dans son aveuglement, pendant 3 semaines, Bidault refuse encore de le rencontrer ! Et puis, tout se précipite, le gouvernement Laniel est renversé et Pierre Mendès France, depuis longtemps en faveur de la paix et de négociations directes, devient président du Conseil. Il se donne un mois pour réussir. A Genève, il rencontre le Vietminh, à Berne Zhou Enlai (élément indispensable dans le jeu diplomatique). L'objectif de Mendès France se résume en trois points : acceptation d'une formule de partage provisoire, accord avec les États-Unis et la Grande-Bretagne pour l'établissement d'un régime communiste au-dessus d'une ligne à fixer. Enfin, déterminer un délai pour des élections et la réunification du pays à terme.

Le 21 juillet, les accords sont signés. Le Vietnam est divisé en deux par le 17e parallèle. Ce qui, aux yeux de l'histoire, peut paraître paradoxal : pourquoi si haut ? Alors que de vastes zones avaient été libérées dans le centre Vietnam et que les négociateurs vietminh étaient en position de force (et réclamaient la partition au moins au 13e parallèle), pourquoi le 17e ? C'est que la Chine ne voyait pas d'un très bon œil une victoire vietnamienne trop éclatante. Eh oui, l'antagonisme séculaire sino-vietnamien existait toujours... malgré la solidarité entre pays frères. Autres raisons poussant la Chine aux concessions : éviter l'affrontement direct avec les États-Unis, encore particulièrement agressif. « Last but not the least », empêcher le Vietnam d'être totalement indépendant, car un Vietnam faible continuerait au contraire à dépendre de la Chine (la guerre de 1979 semble justifier *a posteriori* cette position). C'est donc Pékin qui poussa à faire d'énormes concessions que les Vietnamiens considéraient fort peu justifiées. D'ailleurs, l'une des preuves de l'intelligence et de l'intuition politique de Mendès France fut d'avoir vite compris qu'il fallait combiner les discussions de Phạm Văn Đồng avec celles de Zhou Enlai et Molotov.

● *Un pays coupé en deux pays...*

Les accords de Genève signés, une sorte de trêve s'établit entre les Français et les Vietminh. La paix définitive ? Non, on en est loin, même si les canons se sont tus. Le règlement du conflit semble repoussé à plus tard. Car ni du côté nationaliste-communiste ni de l'autre côté, on n'entend se contenter de cette partition du pays en 2 États distincts, séparés par une ligne abstraite, le 17e parallèle (à une centaine de kilomètres au nord de Huê). Voilà donc la carte du Vietnam chamboulée. Tout le territoire situé au nord de cette ligne devient la République Démocratique du Vietnam (communiste). A sa tête, le président Hồ Chí Minh, Phạm Văn Đồng, Premier ministre, et Giáp, le vainqueur de Điện Biên Phủ, ministre de la Défense et vice-président.

Le nouveau pouvoir communiste lance alors une grande réforme agraire et met en place son nouveau système, générant très vite son cortège habituel d'horreurs staliniennes : dénonciations, purges, arrestations, emprisonnements arbitraires (entre 50 000 et 100 000 personnes). Les Français évacuent Hanoi en octobre 1954, et quittent définitivement le nord du Vietnam en mai 1955, après presque un siècle de présence coloniale.

Au sud du 17e parallèle, s'installe la République du Sud-Vietnam, gouvernée par Jean-Baptiste Ngô Đình Diệm, un catholique austère imprégné de confucianisme et furieusement anticommuniste. Au lieu de tenir des élections conformément aux accords de Genève, il organise un référendum en 1955, avec le soutien des Américains. Ceux-ci apprennent aux Sud-Vietnamiens comment truquer un scrutin. Les bulletins favorables à Diệm sont rouges, couleur de la chance, tandis que ceux de Bảo Đại sont verts, couleur qui porte la poisse. Grâce à cette supercherie ainsi qu'à diverses fraudes et manœuvres violentes, Diệm l'emporte, avec soi-disant 98,2 % des voix ! Il fait déposer Bảo Đại, le 26 octobre 1955. Le dernier empereur d'Annam s'en va. La dynastie des Nguyễn cesse de régner laissant la place à un autocrate puritain, méfiant à l'égard de tous. Pendant ses 8 années de règne, Diệm fait de son gouvernement une affaire de famille, n'écoutant que les conseils de son frère, Nhu, et de sa belle-sœur, la célèbre Mme Nhu. Celle-ci finit par avoir une telle influence sur Diệm qu'elle tire les ficelles du régime, en coulisse. Très vite, les États-Unis prennent la place vacante laissée après le départ de la France.

Les derniers Français partis, les premiers conseillers civils et militaires américains débarquent en mai 1959. Catholique fanatique, sectaire et intolérant, Diệm néglige les bouddhistes, opprime les bonzes, pourchasse tous ses opposants. Pour protester contre les excès de Diệm, plusieurs bonzes se suicident sur la place publique. L'image la plus folle du début des années 60 au Sud-Vietnam, c'est ce vieux bonze de Huê en flammes sur une place de Saigon. Un geste désespéré qui ne calme pas Diệm ; Mme Nhu, si belle mais si peu psychologue, parlera... d'un gigantesque barbecue. Pour renforcer son pouvoir, Diệm met en pièces d'autres opposants comme les Bình Xuyên (mafia armée), et les sectes militaro-religieuses des Hoà Hảo (se reporter à Phu Tân aux environs de Châu Đốc et Cao Đài (voir Tây Ninh, aux environs de Saigon).

Mais il ne peut venir à bout de ses pires ennemis, les Vietcong, héritiers du Vietminh, et combattants communistes du Sud-Vietnam. Infiltrés dans le delta du Mékong, et dans Saigon, ils continuent le combat, multipliant les attentats terroristes et les embuscades. En décembre 1960, Hanoi annonce la formation du front national de libération du Vietnam du Sud (le FNL). Objectif : chasser les Américains et réunifier le pays. Les premiers hélicoptères américains arrivent, un an plus tard, le 11 novembre 1961, avec 400 hommes. Ça y est, les États-Unis mettent le doigt dans l'engrenage de la guerre.

Dès octobre 1962, les hélicos US affrontent les Vietcong. Ça ne promet rien de bon. Pendant ce temps, les Américains n'arrivent pas à contrôler Diệm. Avec le feu vert de Washington, Henry Cabot Lodge, ambassadeur à Saigon, organise un coup d'État contre Diệm et son assassinat perpétré par des officiers putschistes le 2 novembre 1963. Ironie du sort, 3 semaines plus tard, Kennedy est lui aussi assassiné à Dallas... Deux dirigeants importants disparaissent. Tout va changer, après leur mort. Déjà, 16 300 hommes de troupes américains mènent la lutte dans les rizières. Tout est prêt pour lancer la guerre totale.

● **La guerre du Vietnam : un très mauvais film**

Kennedy est remplacé le 10 août 1964 par Lyndon B. Johnson, un Texan carré et rusé, doté d'une vision assez grossière du monde. Pour lui, rien de pire qu'un retrait américain du Vietnam. Au contraire, il veut la guerre, seule façon de garder son crédit auprès de l'opinion et de son électorat. De plus, il est hanté par le spectre de la guerre de Corée. Le Vietnam, au fond, Johnson s'en moque éperdument. Ce n'est pour lui qu'un « sacré petit pays de merde » comme il l'a dit. Sa crainte : l'avancée du communisme en Asie. Drôle de cow-boy de série B, ce Johnson. Comme la plupart des Américains du moment, il pense que, pour sauver la liberté à San Francisco et à Houston, il faut se battre au Vietnam. Le schéma est simple : si le Vietnam tombe aux mains des communistes, la Thaïlande tombera à son tour, puis Singapour, puis les Philippines, etc., selon la théorie des dominos. Puis les « rouges » gagneront l'Amérique en traversant le Pacifique ! Les premiers soldats américains débarquent en mars 1965 sur les plages de Đà Nẵng (se reporter à ce chapitre). Puis très vite, la machine de guerre américaine se met en place. La stratégie se résume aux 3 M : « Men, Money and Material ». Des hommes, l'Amérique en enverra près de 3 millions au total sur toute la durée de la guerre. Début 1966, on compte déjà 184 300 militaires américains sur le sol vietnamien. L'année suivante, ils sont plus du double. Et d'une année sur l'autre, ce chiffre augmente. En 1969, année record, plus d'un demi-million d'hommes (543 000) servent dans les différentes armes comme dans les services techniques et administratifs. Derrière eux, le poids colossal de l'industrie des États-Unis.

Mais les Américains ne sont pas les seuls. Les voilà rejoints par 100 000 soldats venus de Nouvelle-Zélande, d'Australie, des Philippines, de Thaïlande, de Corée et même d'Indonésie.

Un nouveau type de guerre voit le jour au Vietnam : la guerre « moderne », médiatique, scientifique, informatique. Du jamais vu. Jean Lacouture en a bien parlé : « Exception faite de l'arme nucléaire, tout a été utilisé au Vietnam. Depuis la guerre française, l'art de tuer – l'art « classique » – s'est mué en science de tuer. Toute l'ingéniosité de milliers de chercheurs et de savants a trouvé là un champ d'expérience à sa mesure. Nous connaissions la guerre conventionnelle, la guerre aérienne, la guerre psychologique. Au Vietnam a prospéré la guerre scientifique, électronique, industrialisée. Le vocabulaire lui-même s'en mêlait. On raisonnait en « mégamorts », on ne disait plus puissance de tuer *(kill)* mais *overkill* (sur-tuer). On formait des néologismes, comme cratérisation, tant les cratères de bombes ont transformé non seulement le paysage, l'agriculture, mais aussi l'écologie, l'hygiène, la santé. L'électronique dirigeait la guerre. A Đà Nẵng, à Saigon, des ordinateurs calculaient la dose de bombes ou de produits chimiques à déverser sur le 17e parallèle et la zone de la piste Hồ Chí Minh. C'était le rolling thunder (le tonnerre de bombes). »

A cela, il faut ajouter le concept nouveau de zone de libre-tuerie *(free killing zone)* inventé par le Pentagone pour éradiquer les implantations Vietcong dans les campagnes. Mais les Américains ont beau déployer la plus forte armée du monde, ils se heurtent à un ennemi impalpable, invisible, introuvable. Washington s'attendait à une « bonne guerre frontale », genre Verdun en plus meurtrier. Non, rien de tout ça : ce n'est qu'une bizarre guérilla qui se déroule dans les rizières, derrière les haies de bambous, dans des jungles tropicales étouffantes. « Quiconque fait 5 m à travers les herbes géantes mérite une décoration », écrit un soldat déprimé à sa mère. L'ennemi est fermier le jour, Vietcong la nuit. Si on demande à un G.I. ce qui est le plus dur pour lui, il répond : « Ne pas savoir où ils sont ! » Ils ? C'est cet ennemi communiste, surnommé « Charlie », sous-équipé mais animé d'une volonté farouche, et encadré par les hommes du Nord-Vietnam. Étrange guerre du Vietnam où s'affrontent aussi deux cultures étran-

gères l'une à l'autre : d'un côté les enfants du Coca Cola et du Rock'n Roll sortis
fraîchement des campus des années 60. En face : des hommes sans âge,
maigres, ascétiques, disciplinés, tenaces, endurcis par des années de clandestinité, se nourrissant de riz et de manioc, chaussés de sandales découpées dans
du caoutchouc de pneumatique. Des pauvres en armes. S'inspirant des enseignements de Mao, les stratèges du Nord vont étendre la guérilla populaire à
l'ensemble du pays : « Derrière chaque paysan il y a un combattant, derrière
chaque combattant il y a un paysan », (pour le nourrir). Ce qui contribue à user
les soldats et à leur saper le moral. Tristes tropiques !

Après avoir arrosé de bombes le Nord-Vietnam lors d'une première série de
bombardements aériens, Johnson obtient du Congrès l'autorisation de prendre
« toutes les mesures militaires pour la protection des États-Unis ». Le pilonnage
continue. La guerre du Vietnam est aussi celle des B 52, véritables forteresses
volantes capables d'anéantir n'importe quelle cible sous un déluge de bombes.
Début 1968, Johnson croit que la guerre est bientôt gagnée : « Le Vietcong est
à bout » répète-t-il souvent.

L'offensive du Têt va tout remettre en question...

● L'offensive du Têt : l'Amérique dans un bourbier

Alors qu'une trêve générale est décrétée pour la fête du Têt (le Nouvel An vietnamien), le 30 janvier 1968, des troupes viêtcong, soutenues par des unités
régulières nord-vietnamiennes attaquent le même jour 37 villes importantes du
sud et des dizaines de villes secondaires. Huê, Dalat, Kontum, Cần Thơ, Quảng
Trị sont prises. A Saigon, l'ambassade des États-Unis, réputée imprenable, est
envahie par un commando de 19 combattants qui parviennent à la tenir pendant
6 heures ! Au bout de 10 jours de combats acharnés (1 000 soldats américains
tués, 2 000 Sud-Vietnamiens et 32 000 Nord-Vietnamiens), l'offensive est
écrasée. Mais il faudra un mois aux Américains pour reprendre Huê.

Sur le plan militaire, l'offensive du Têt est un échec pour les communistes. Mais
c'est une victoire politique et psychologique. Stupeur côté américain. Johnson
interrompt les bombardements au nord le 30 mars et, dès le mois de mai, les
premiers pourparlers de paix se déroulent à Paris. Finie la guerre ? Non, l'arrivée
de Nixon à la Maison-Blanche va relancer de plus belle le conflit. Dès 1969, avec
l'accord de Kissinger, les B 52 commencent à bombarder le Cambodge, petit
pays pacifique et neutre qui s'était tenu jusque-là à l'écart de la guerre. Pourquoi ? Parce qu'il faut anéantir les sanctuaires viêt-cong implantés dans les provinces du sud-est du pays, où passe la piste Hồ Chí Minh, cordon ombilical
entre le nord et le sud du Vietnam.

En février 1972, Nixon se rend en Chine. Fureur à Hanoï ! Les Nord-Vietnamiens
lancent en avril une grande offensive dans le sud. Riposte immédiate des États-
Unis qui reprennent leurs bombardements sur le Nord-Vietnam après une pause
de 3 ans et demi. Les villes de Phủ Lý, Thanh Hoá et Vinh sont rasées.
4 000 communes sont bombardées, 3 000 écoles, 15 universités, 491 églises
et 350 pagodes détruites. En décembre 1972, Hanoï, la capitale, connaît la plus
violente attaque aérienne de toute la guerre. Pendant 12 jours, 90 bombardiers
B 52 pilonnent la ville, ce qui permet à Kissinger de négocier en position de
force avec Lê Đức Thọ, à Paris en janvier 1973. Cessez-le-feu, fin des bombardements américains au nord. A Saigon, Nguyễn Văn Thiệu, le président de la
République, reste en place mais se voit contraint d'accepter le GRP (Gouvernement Révolutionnaire Provisoire, pro-communiste) comme « homologue » de
son propre gouvernement.

Éclaboussé par le scandale du Watergate, Nixon démissionne. Le 15 août
1973, le Congrès américain interdit toute participation militaire américaine en
Indochine. C'est le début de la fin, comme on dit souvent. Le gros des troupes
américaines quitte progressivement le Vietnam. Mais Washington continue
néanmoins d'appuyer en argent et en matériel l'armée du Sud-Vietnam. 1974
sera l'année de l'avant-dernier acte d'une tragédie qui n'a que trop duré. La
situation va vers le pourrissement au sud où l'armée est trop faible désormais
pour résister longuement à la poussée de l'armée du Nord.

● *La chute de Saigon et la victoire des communistes*

Début 1975, Hanoi engage l'offensive finale avec comme principal objectif la prise de Ban Mê Thuột, ville-clef permettant le contrôle des Hauts-Plateaux. La stratégie imaginée par le général Văn Tiến Dũng s'appelle « Fleur de Lotus » (en tout guerrier vietnamien sommeille un lettré...), un nom poétique pour une ruse militaire de génie, destinée à encercler l'ennemi et à frapper violemment, par surprise, son centre névralgique. Ban Mê Thuột tombe le 10 mars, obligeant les troupes sud-vietnamiennes à évacuer les Hauts Plateaux. Puis les Nordistes s'emparent de Pleiku, Kontum, Huế et Đà Nẵng. Le déferlement des soldats du Nord provoque une panique et un chaos général : les gens s'enfuient par tous les moyens. La déroute des Sudistes tourne à la débâcle. Et le 30 avril 1975, les chars de l'armée régulière du Nord-Vietnam entrent dans Saigon, la capitale du Sud, sans rencontrer de grosses difficultés. La bataille de Saigon, peu meurtrière, ne dégénère pas en bain de sang, contrairement à la prise de Phnom Penh par les Khmers rouges le 17 avril. Un char frappé de l'étoile révolutionnaire défonce la grille d'entrée du palais présidentiel de Saigon (pour plus de détails se reporter à ce monument dans la rubrique « A voir » à Saigon). Le gouvernement du Sud se rend. L'oncle Hô a triomphé. Les derniers soldats américains quittent la ville du toit de l'ambassade des États-Unis où une navette d'hélicoptères les évacue vers des porte-avions ancrés au large des côtes.

La guerre du Vietnam est officiellement finie. Saigon devient Hô Chi Minh-Ville, en hommage au père de la révolution vietnamienne. En 1976, il n'y a plus qu'un seul Vietnam, réunifié, communiste du nord au sud. La mainmise du vainqueur nordiste sur le vaincu sudiste est immédiate, brutale, systématique. Par dizaines de milliers, les fonctionnaires du régime Thiệu se retrouvent condamnés et déportés en « camps de rééducation », « le goulag vietnamien », où les pertes humaines seront énormes.

● *Le bilan désastreux de la guerre*

Aucun pays au monde au cours du XXᵉ siècle n'a connu une telle guerre destructrice, un tel déluge de feu et de bombes, un aussi impitoyable carnage humain. Le Vietnam que vous allez visiter en routard est, dites-vous bien, une nation à part dans l'Histoire, un morceau de la planète sacrifié sur l'autel de l'Histoire moderne. Voilà un peuple qui revient de loin, de très très loin. Comment peut-on survivre après l'Apocalypse ? C'est souvent la question que nous nous posons au fil de nos différents voyages. Comment peut-on être anéanti sans jamais être complètement mort ? Mais surtout, est-il possible qu'un pays puisse renaître de ses cendres, à la manière du phénix, cet oiseau mythique et légendaire, pour reprendre vie ? Le réveil actuel de ce pays ravagé par 30 ans de guerre (la guerre d'Indochine contre les Français, la guerre du Vietnam contre les Américains), sclérosé par une idéologie dépassée, aurait tendance à nous prouver que c'est possible. Alors on peut, malgré la sinistre comptabilité qui suit, espérer une seule chose : qu'il y ait un « miracle vietnamien » dans l'avenir. Il semble déjà commencé...

Les bombes

Près de 13 millions de tonnes de bombes ont été larguées sur le Vietnam (Nord et Sud) pendant la guerre dite du Vietnam (1962-1975), soit 3 à 4 fois le tonnage lâché pendant la Seconde Guerre mondiale. Autrement dit, ce petit pays a reçu sur la tête l'équivalent de 450 bombes atomiques d'Hiroshima ! ! ! Selon les experts américains, près de 150 000 tonnes d'engins n'auraient pas encore explosé... La croûte terrestre vietnamienne est encore trouée, mouchetée, par 20 millions de cratères de bombes !

Les produits chimiques, défoliants, napalm et compagnie...

Selon les experts vietnamiens, les Américains auraient arrosé, non seulement le Vietnam, mais aussi le Cambodge et le Laos, en déversant 72 millions de litres de produits chimiques sur leurs territoires. Près de la moitié de ce lugubre tonnage serait le tristement célèbre agent orange, un liquide à base de dioxine (Seveso, ça vous dit quelque chose ?), la substance la plus toxique du monde. Sur l'ensemble du Sud-Vietnam, 16 % des terres auraient été touchées par ce produit qui ravage tout sur son passage, tuant les hommes, les animaux (les Américains attaquèrent au napalm des troupeaux d'éléphants convoités par les Vietcong...), détruisant les plantes et les arbres (20 000 km² de forêts ont disparu), provoquant encore aujourd'hui de nombreux cancers et des malformations génétiques chez les nouveau-nés. Les provinces les plus ravagées par ces produits-qui-tuent sont celles qui entourent Saigon : Tây Ninh et Sông Be (entre la ville et la frontière du Cambodge), et Đồng Nai, à l'est. Dans chacune de ces 3 provinces, 50 % des terres ont été victimes des produits chimiques. Il suffit de voir l'état des plantations d'hévéas (l'arbre à caoutchouc) pour mesurer l'étendue des ravages causés par la guerre.

Les pertes humaines

– *Les Vietnamiens :* environ 4 millions de civils, soit 10 % de la population du Vietnam, ont été tués ou blessés pendant la guerre, dont 1 435 000 personnes au Sud. Le Sud-Vietnam a perdu un peu plus de 223 000 soldats. Du côté des Nord-Vietnamiens et des forces Vietcong, les chiffres restent approximatifs mais on peut estimer le nombre de combattants morts à 440 000, et celui des blessés à près du double. Au total donc : les pertes militaires vietnamiennes s'élèveraient à 663 000 morts. Autrement dit, le Vietnam aurait sacrifié 10 fois plus de vies au cours de cette guerre, que l'Amérique.

– *Les Américains :* selon les sources américaines officielles, 58 183 Américains seraient morts ou portés disparus au Vietnam. Ajoutez à cela les 313 613 blessés, et vous comprendrez pourquoi la guerre du Vietnam reste gravée dans les esprits des Américains (autant que la guerre de Sécession).

On compte environ 2 200 soldats portés disparus (« Missing in action »).

– *Les Français :* la guerre d'Indochine fut plus meurtrière pour eux que pour les Américains pendant la guerre du Vietnam. 92 000 Français sont morts ou ont été portés disparus, 114 000 furent blessés.

Le coût financier

– *Guerre d'Indochine (1945-1954) :* 93 milliards de francs (1975) dont 73 milliards à la charge du budget de la France, le reste à la charge du gouvernement américain. Tout ce gâchis pour rien !

– *Guerre du Vietnam (1954-1975) :* plus de 150 milliards de dollars courants en dépenses directes, le double si l'on inclut toutes les dépenses indirectes liées à la machine de guerre américaine. Là, aussi, encore un autre gâchis...

● Un pays « libéré » privé de liberté

Après la victoire inattendue et précipitée des troupes nord-vietnamiennes en avril 1975 et le départ, tout aussi précipité, des derniers Américains, les nouveaux maîtres du pays ont une curieuse réaction : ils ferment les portes de leur pays pour « digérer » en toute tranquillité ce gros morceau avalé par Hanoi. Très vite, le Nord triomphant impose sa règle de fer au Sud. Une douche froide pour ces joyeux sudistes, actifs, bruyants, entrepreneurs, certes corrompus et indisciplinés, mais habitués à vivre libres. Il faudra attendre juillet 1976 pour que la réunification officielle soit proclamée. Mais déjà Saigon-la-rebelle vit sous la tutelle des maîtres nordistes, découvrent la dureté du socialisme bureaucratique le plus rigide, le plus rétrograde du monde. Le Nord se charge de remettre le Sud dans le droit chemin... L'administration est dissoute. Les anciens fonctionnaires du gouvernement Thiệu s'enfuient à l'étranger, ou se rendent à la police. On les arrête, on les condamne sans jugement, on les enferme dans des « camps de rééducation », terme flatteur pour désigner de sinistres camps concentrationnaires où les détenus vivent dans des conditions inhumaines.

L'horreur stalinienne dans toute sa splendeur ! Purger, purger, purger, tel est le mot d'ordre. Toutes les couches de la société passent à la trappe : intellectuels, écrivains, artistes, bonzes, prêtres, médecins, professions libérales, commerçants, dirigeants d'entreprise, syndicalistes, l'élite du Sud prendra le chemin du « goulag vietnamien ». Des milliers et des milliers y mourront de maladie, de faim, des mauvais traitements qui leur seront infligés. La répression politique touche aussi les familles de ces détenus. Les enfants, victimes de la discrimination, seront interdits d'école, privés d'université, voire privés de travail, parce qu'un de leurs parents ou grands-parents avait eu des relations étroites avec les Français ou les Américains.

Pour beaucoup le Vietnam devient un pays impossible à vivre, refermé sur lui-même, appauvri et privé de liberté. Plutôt fuir que de rester, c'est le choix des *boat people.* A partir de 1978, le gouvernement commence à saisir les biens et les maisons des particuliers. C'est la goutte d'eau qui fait déborder le vase. Les Vietnamiens s'enfuient en masse, par la mer, à bord de rafiots pourris à destination de Hong Kong, de la côte thaïlandaise et malaise, des Philippines. Plus d'un million de personnes vont ainsi prendre la route de l'exil. Une tragédie ! Beaucoup périssent en mer, victimes du mauvais temps ou, plus souvent, des pirates de la mer de Chine. Pour les sauver, Bernard Kouchner lance en 1979 l'opération « Un bateau pour le Vietnam », une première dans l'histoire de l'action humanitaire, et vole au secours des réfugiés en mer de Chine à bord du bateau-ambulance *Ile de Lumière.* Entre 1979 et 1982, et même jusqu'en 1988, le Vietnam va perdre une partie de sa matière grise, des gens de bonne volonté qui étaient prêts à « reconstruire » le pays. Réfugiés en France (250 000), au Canada (120 000), en Australie (110 000) mais surtout aux États-Unis (1 300 000), ils forment aujourd'hui une sorte de diaspora vietnamienne, forte et solidaire. Pour la première fois dans son histoire, le peuple vietnamien est dispersé dans le monde, hors de son sol natal. Un exil quasiment forcé, pour des raisons politiques au départ, économiques par la suite.

A partir de 1978 et après la signature entre Hanoi et Moscou d'un traité d'assistance mutuelle de 25 ans, le petit Vietnam s'abrite sous l'aile de l'URSS, son nouvel allié, au grand dam des Chinois, qui hurlent à la « trahison ». Pendant ce temps-là, au Cambodge, les Khmers rouges au pouvoir, soutenus par la Chine, perpétuent le 3ᵉ génocide du XXᵉ siècle : plus de 1 500 000 Cambodgiens massacrés, un auto-ethnocide perpétré derrière des frontières hermétiquement closes...

● L'invasion du Cambodge en 1979

Obsédé par l'idée de récupérer un jour le territoire du delta du Mékong qui appartenait à l'Empire khmer avant le XVIIIᵉ siècle, Pol Pot organise des massacres de civils vietnamiens à la frontière des deux pays. Pour Hanoi, c'est un *casus belli.* L'armée vietnamienne entre au Cambodge en décembre 1978, prend Phnom Penh, et renverse en janvier 1979 le gouvernement sanguinaire des Khmers rouges. La boucherie cambodgienne cesse. Quand les soldats vietnamiens entrent dans la prison de Tuol Sleng, ils découvrent un second Auschwitz sous les palmiers : des suppliciés en sang agonisent encore sur les tables de torture de leurs bourreaux... Un spectacle atroce. Pékin, furieux, réagit aussitôt à l'invasion du Cambodge et décide de donner « une bonne leçon ». C'est la guerre. Le 17 février 1979, l'armée chinoise attaque en envahissant plusieurs provinces frontalières au nord du Vietnam. Une guerre-éclair, rapide, foudroyante, meurtrière : 20 000 morts côté chinois en 17 jours de combat ! Une guerre secrète, loin des caméras du monde occidental. La ville de Lạng Sơn est rasée. Ironie de l'Histoire, les Vietnamiens se battent avec une telle détermination que les Chinois doivent cesser les combats et se retirer.

Humiliation suprême pour les Chinois : au lieu de donner une leçon, ils en reçoivent une belle de la part du même ennemi séculaire. C'est l'histoire de l'arroseur arrosé ! Pendant 13 ans, les deux pays se regarderont en chiens de faïence. La frontière sino-vietnamienne n'a été rouverte qu'en novembre 1991 avec la visite du Premier ministre vietnamien Đỗ Mười à Pékin, et celle de Li Peng, son homologue chinois, à Hanoi en 1992.

Aujourd'hui, la tension entre les deux pays est retombée, mais la question de savoir à qui appartiennent les îles Spratleys (à 475 km à l'est de Nha Trang) et l'archipel des Paracelse (300 km au sud-est de Đà Nẵng) reste une source potentielle de conflit guerrier entre Hanoi et Pékin.

● *Quand le Vietnam s'éveillera...*

En septembre 1989, le Vietnam évacue ses troupes du Cambodge, après 10 ans d'occupation. Une si longue mainmise du Vietnam sur son petit voisin a plusieurs raisons. L'intervention militaire de janvier 1979 avait comme prétexte de mettre un terme au bain de sang perpétré par les Khmers rouges. Mais Hanoi voulait avant tout se débarrasser de la Chine, soutien numéro 1 de Pol Pot à Phnom Penh. L'idée de se retrouver ainsi encerclé au sud comme au nord de son territoire par cette Chine hostile et tentaculaire ne pouvait qu'effrayer encore plus les Vietnamiens. Enfin, troisième raison à l'invasion du Cambodge : le vieux rêve de Hồ Chí Minh de créer une sorte de fédération des 3 pays communistes de l'ex-Indochine sous la tutelle du Vietnam. Dans les faits, beaucoup de Cambodgiens ont pris la présence des Vietnamiens sur leur sol comme une conquête coloniale tout en reconnaissant qu'ils furent des « libérateurs » en 1979. Des libérateurs devenus des occupants en somme...

Le Cambodge évacué, le Vietnam se retrouve en paix, pour la première fois de son histoire depuis la Seconde Guerre mondiale. En 1991, les choses ont commencé à bouger, après 16 ans de paralysie politique, de marasme économique, de neurasthénie morale et intellectuelle. Les ondes de choc de la *glasnostat* de la *perestroïka* de Gorbatchev atteignent les côtes vietnamiennes, gagnent les esprits des anciens combattants au pouvoir comme Nguyễn Văn Linh, un réformateur, et Đỗ Mười, un conservateur pragmatique. Les résultats de la nouvelle politique de *Đổi mới* (littéralement « changer pour faire du neuf ») adoptée par le parti communiste vietnamien sont immédiats sur la santé du malade. Un signe plus révélateur que n'importe quelle statistique : les Viêtnamiens ont un désir moins fort de s'enfuir à l'étranger que pendant les années 80. Les *boat people* n'errent plus sur la mer de Chine. Les demandeurs d'asile auprès des pays occidentaux existent encore mais on les compte en dizaines seulement, et non plus en dizaines de milliers comme auparavant !

L'ouverture des frontières aux touristes et aux hommes d'affaires étrangers, l'accélération des réformes économiques, la création d'un code des investissements, et la réhabilitation du profit commercial et personnel, ont redonné une certaine confiance aux Vietnamiens. Signe des temps : jusqu'en 1988, il était officiellement interdit de s'adresser à un étranger dans la rue, sauf aux personnes originaires des pays de l'Est et du bloc communiste (comme si c'était écrit sur leur visage...). Désormais, il y a une liberté de parole et de comportement, notamment dans le sud. Les gens se parlent, sans craindre des descentes de police. Voilà la vraie nouveauté. Les esprits se libèrent, tout comme les langues. Hanoi qui voulait remodeler Saigon à son image, prend aujourd'hui des leçons d'ouverture auprès de l'ancienne capitale du Sud vaincue en 1975. Hô Chi Minh-Ville s'échappe en douceur du carcan nordiste. Et Hanoi commence à envier le dynamisme de sa rivale. 1992, 1993, 1994, 1995 : le Vietnam a enfin commencé sa reconstruction.

L'embargo américain en vigueur depuis 1975 empêchait toutes relations commerciales entre les États-Unis et le Vietnam. Il a été levé en février 1994 par Bill Clinton, pour permettre aux sociétés américaines de s'implanter sur un marché déjà bien pris par les Chinois de Hong Kong, les Taiwanais (Chinois encore) et les Français (3e investisseur en 1994).

Ce pays change plus vite dans la paix que sous les bombes ! Le Vietnam est entré dans une nouvelle ère.

Langue

La langue vietnamienne fait partie des rares langues asiatiques, avec le malaisien, l'indonésien, et le turc, à s'écrire en caractères romains. Un Occidental peut donc, sans difficultés, lire les mots, truffés d'accents, sans pour cela les comprendre.

C'est une langue **monosyllabique** et **tonale**. Toute la difficulté du vietnamien réside dans la prononciation et l'accentuation. Un vrai casse-tête (mais pas chinois !). Imaginez qu'un même mot peut prendre des sens totalement différents selon que vous le prononcez d'un ton aigu, d'un ton descendant, d'un ton lourd ou d'un ton interrogatif (léger). La moindre erreur dans l'intonation peut donner lieu à des quiproquos, voire à des malentendus grotesques. Ainsi le mot « Be » peut signifier, selon son accent : flacon à alcool (be), train-radeau (bè), petit (bé), rompre (bẽ), avoir honte (bẽ), veau (bê), point de vue (bề), porter dans ses bras (bế), trône (bệ), océan (bể), gaine de la feuille de bananier (be) ! C'est la raison pour laquelle les Vietnamiens écrivent le français avec autant de soin, sans jamais se tromper sur les accents de la langue de Voltaire.

L'origine de la langue vietnamienne se perd dans la nuit des temps. Elle a gardé de ses origines môn-khmères son vocabulaire et sa grammaire de base. Elle a reçu aussi une influence thaïe, en particulier les premières formes de tonalité et d'autres aspects grammaticaux. Au chinois, elle doit son vocabulaire philosophique, religieux, administratif et technique.

Les 54 minorités ethniques du pays ont chacune leur dialecte, incompréhensible pour un Vietnamien. Certains habitants des régions reculées des Hauts Plateaux ne parlent même pas le vietnamien, langue des basses plaines et des rizières !
— Le français est encore parlé (et bien) par la génération qui a connu l'époque coloniale, les plus de 55 ans. Il y a un renouveau de la francophonie auprès des jeunes désireux d'apprendre le français pour trouver du travail dans le tourisme ou dans les sociétés françaises qui s'implantent au Vietnam.

Dans les campagnes, il est beaucoup plus difficile de trouver des francophones. Mais on a parfois des surprises étonnantes, même dans des trous perdus, où l'on tombe sur des vieux papis titulaires du BEPC, capables de réciter Lamartine ou Hugo par cœur !

Quelques mots français ont fait souche dans la langue vietnamienne. Ils se sont vietnamisés en se scindant en monosyllabes, comme le veut la règle linguistique : xúp (soupe), cà phê (café), mu tát (moutarde), sô cô la (chocolat), xà bông (savon), bi (bille), ký lô (kilo), ký lô mét (kilomètre), ô tô (automobile), xích lô (cyclo-pousse), ga (gare). Et savez-vous qui est « Boa Lô Na Xe Gắc », c'est notre illustre Boileau-Narcejac ! Et le Ghi dơ ru ta ?
— L'anglais est couramment utilisé dans les hôtels, les bureaux officiels, et dans les échanges commerciaux. On le parle plus facilement au sud qu'au nord en raison de la présence américaine pendant la guerre du Vietnam.

● Alexandre de Rhodes et le Quốc ngữ

Non, malgré son nom, il n'était pas originaire de l'île de Rhodes, mais d'Avignon. Le père Alexandre de Rhodes (1591-1660) fut l'un des premiers missionnaires de la Cochinchine. D'une famille juive espagnole convertie au christianisme, ce brillant jésuite, voyageur infatigable est l'inventeur du Quốc Ngữ, l'alphabet phonétique en caractères romains qu'utilisent les Vietnamiens aujourd'hui. Il débarqua à 34 ans au Vietnam, alors sous tutelle portugaise. Dérouté par la langue locale, qui pour lui ressemblait à un « gazouillis d'oiseaux », il l'apprit cependant très vite et 6 mois plus tard il prêchait l'évangile en vietnamien ! Par la suite, il apprit aussi le japonais, le chinois, l'hindoustani et le persan. Doté d'une érudition exceptionnelle, il composa le premier dictionnaire annamite-portugais-latin (1651). Le père de Rhodes a transcrit des milliers et des milliers de mots vietnamiens en caractères romains, provoquant une révolution dans la culture traditionnelle. Jusque-là, le vietnamien s'écrivait en *chữ nho* (caractères chinois) et en *chữ nôm* (écriture mêlant les idéogrammes chinois à leur transcription phonétique). Avec la généralisation du *Quốc ngữ,* le pouvoir mandarinal fut menacé. Cette « nouvelle langue vietnamienne » se rapprochait des normes européennes tout en se détachant de ses racines chinoises millénaires. Dès le XVIIe siècle, le vietnamien devint lisible par n'importe quel Occidental. L'Église et l'administration coloniale française s'en servirent au XIXe siècle, mais ce n'est qu'à partir de 1906 que l'enseignement du *Quốc ngữ* devint obligatoire dans les écoles. Elle devint l'écriture nationale du Vietnam en 1919, après l'abolition des concours littéraires triennaux. Certains nationalistes vietnamiens admettent aujourd'hui que la romanisation de leur langue fut un bon moyen pour soustraire la nation à l'emprise culturelle chinoise mais que ce fut aussi le premier maillon de l'engrenage colonial...

● **Prononciations**

– D : s'il est barré, se prononce comme un D.
    s'il n'est pas barré, se prononce comme un Z au nord, et comme un Y dans le sud.
– NH : se prononce comme « gne ».
– R : se prononce comme un Z au nord, un R roulé au sud.
– X : se prononce comme un S.
– Le S se prononce comme « ch ».
– Le « TR » comme un « Tche » au nord, et un « tr » roulé au sud.

Mots usuels et expressions courantes

Bonjour Monsieur	Chào ông
Bonjour Madame	Chào bà
Bonjour Mademoiselle	Chào cô
Bonsoir, au revoir	Chào (comme bonjour)
S'il vous plaît	Làm ơn
S'il vous plaît, donnez-moi un verre d'eau	Làm ơn cho tôi một ly nước
Merci	Cảm ơn
Merci beaucoup	Cảm ơn nhiều lắm
Pardon	Xin lỗi
Quel est votre nom ?	Tên... là gì ?
Je m'appelle...	Tôi tên là...
Je suis français	Tôi là người Pháp
Je suis belge	Tôi là người Bỉ
Je suis suisse	Tôi là người Thụy sĩ
Je suis canadien	Tôi là người Canada
Oui	Vâng (Nord) ; Có, phải (Sud)
Non	Không

Au café, au restaurant, à l'hôtel

Café	Cà phê
Restaurant	Nhà hàng
Hôtel	Khách sạn
Pension	Nhà nghỉ
S'il vous plaît, donnez-moi un jus d'orange sans glaçons	Làm ơn cho tôi một ly nước cam không đá
Eau minérale	Nước suối lạnh
Bière fraîche	Bia lạnh
Bière sans glaçons	Bia không đá
Bière avec glaçons	Bia với đá
Jus de noix de coco	Nước dừa
Café noir	Cà phê đen
Café au lait	Cà phê sữa

Thé	Nước chè (Nord) ; nước trà (Sud)
Le menu, s'il vous plaît	Đưa dùm thực đơn
L'addition, s'il vous plaît	Làm ơn tính tiền
Baguettes	Đôi đũa
Bol	Bát (Nord) ; Chén (Sud)
Fourchette	Nĩa
Couteau	Dao
Cuiller	Thìa (Nord) ; muỗng (Sud)
Où sont les toilettes ?	Nhà vệ sinh ở đâu ?
C'est bon	Ngon lắm
Sel	Muối
Poivre	Tiêu
Piment	Ớt
Sucre	Đường
Je veux louer une chambre	Tôi muốn thuê phòng
Une chambre pour 1 personne	Phòng một người
Une chambre pour 2 personnes	Phòng hai người
Une chambre pour 3 personnes	Phòng ba người
Donnant sur l'arrière	Ở phía sau
Donnant sur la rue	Nhìn ra đường
Je veux une chambre moins chère	Tôi muốn phòng rẻ hơn
Je reste 1 nuit	Tôi ở lại một đêm
Je reste 2 nuits	Tôi ở lại hai đêm
S'il vous plaît, réveillez-moi demain à 4 h	Làm ơn đánh thức tôi dậy bốn giờ sáng

En ville

Bureau du tourisme	Công ty du lịch
Maison	Căn nhà
Rue	Đường
Boulevard	Đại lộ
Place	Công trường
Poste	Bưu điện
Police	Công an
Musée	Viện bảo tàng
Pagode	Chùa
Temple	Đền
Église	Nhà thờ
Coiffeur	Hớt tóc
Tailleur	Tiệm may
Marché	Chợ

Sur la route

Pourriez-vous m'indiquer la route de Dalat ?	Làm ơn chỉ cho tôi đường đi Đà Lạt
Sommes-nous sur la route de Vung Tau ?	Có phải đường đi Vũng Tàu không ?
Où est la station d'essence la plus proche ?	Trạm bán xăng gần nhất ở đâu ?
Combien de temps dure le voyage ?	Chuyến đi sẽ mất bao lâu ?
Cyclo-pousse	Xe xích lô
Bus	Xe buýt
Gare routière	Bến xe
Train	Xe lửa
Gare ferroviaire	Ga xe lửa
Couette	Giường ngủ

Nombres

1	một	15	mười lăm
2	hai	16	mười sáu
3	ba	17	mười bảy
4	bốn	18	mười tám
5	năm	19	mười chín
6	sáu	20	hai mươi
7	bảy	30	ba mươi
8	tám	40	bốn mươi
9	chín	100	một trăm
10	mười	200	hai trăm
11	mười một	1 000	một nghìn
12	mười hai	5 000	năm nghìn
13	mười ba	10 000	mười nghìn
14	mười bốn		

Temps, jours de la semaine

Quelle heure est-il ?	Mấy giờ rồi ?
Il est 7 h	Bảy giờ
Lundi	Thứ hai
Mardi	Thứ ba
Mercredi	Thứ tư
Jeudi	Thứ năm
Vendredi	Thứ sáu
Samedi	Thứ bảy
Dimanche	Chủ nhật

Santé, urgences, divers

Je veux voir un docteur	Tôi cần gấp bác sĩ
Dentiste	Nha sĩ
Pharmacie	Nhà thuốc
Hôpital	Bệnh viện
Stop danger !	Đứng lại, nguy hiểm !

● Glossaire des noms propres géographiques avec la graphie accentuée vietnamienne

Français	Vietnamien
Ba Den	Bà Đen
Ba Dong	Ba Đông
Bac Thai	Bắc Thái
Ban Don	Bản Đôn
Ban Me Thuot	Ban Mê Thuột
Ben Tre	Bến Tre
Binh Tri Thien	Bình Trị Thiên
But Thap	Bút Tháp
Ca Na	Cà Ná
Can Tho	Cần Thơ
Cao Lang	Cao Lạng
Cap Saint-Jacques	Vũng Tàu
Cha Ban	Chà Bàn
Chau Doc	Châu Đốc
Cholon	Chợ Lớn
Chua Huong	Chùa Hương
Chua Thay	Chùa Thầy
Co Loa	Cổ Loa
Con Son	Côn Sơn

Cu Chi	Củ Chi
Cuu Long	Cửu Long
Dai Lanh	Đại Lãnh
Daklak	Đắc Lắc
Dalat	Đà Lạt
Danang	Đà Nẵng
Dien Bien Phu	Điện Biên Phủ
Dong Duong	Đồng Dương
Dong Nai	Đồng Nai
Dong Thap	Đồng Tháp
Gia Lai	Gia Lai
Ha Bac	Hà Bắc
Ha Nam Ninh	Hà Nam Ninh
Ha Tien	Hà Tiên
Ha Tuyen	Hà Tuyên
Hai Hung	Hải Hưng
Haiphong	Hải Phòng
Halong	Hạ Long
Hanoi	Hà Nội
Hau Giang	Hậu Giang
Hô Chi Minh-Ville	Thành phố Hồ Chí Minh
Hoa Binh	Hòa Bình
Hoa Lu	Hoa Lư
Hoang Lien Son	Hoàng Liên Sơn
Hoi An	Hội An
Hon Chong	Hòn Chồng
Huê	Huế
Khuong My	Khương Mỹ
Kien	Kiên Giang
Kontum	Công Tum
Lai Chau	Lai Châu
Lam Dong	Lâm Đồng
Lang Co	Lăng Cô
Lao Cai	Lào Cai
Long An	Long An
Mai Chau	Mai Châu
Minh Hai	Minh Hải
My Lai	Mỹ Lai
My Son	Mỹ Sơn
My Tho	Mỹ Tho
Nghe Tinh	Nghệ Tĩnh
Nghia Binh	Nghĩa Bình
Nha Trang	Nha Trang
Ninh Chu	Ninh Chữ
Phan Rang	Phan Rang
Phan Thiet	Phan Thiết
Phat Diem	Phát Diệm
Phat Tich	Phật Tích
Pho Minh	Phổ Minh
Phu Chau	Phú Châu

Phu Khanh	Phú Khánh
Quang Ngai	Quảng Ngãi
Quang Ninh	Quảng Ninh
Qui Nhon	Qui Nhơn
Rach Gia	Rạch Giá
Sa Huynh	Sa Huỳnh
Saigon	Sài Gòn
Soc Trang	Sóc Trăng
Son La	Sơn La
Song Be	Sông Bé
Tan Canh	Tân Cảnh
Tay Ninh	Tây Ninh
Tay Phuong	Tây Phương
Thai Binh	Thái Bình
Thanh Hoa	Thanh Hoá
Thien Vuong	Thiên Vương
Thuan Chau	Thuận Châu
Thuan Hai	Thuận Hải
Tien Giang	Tiền Giang
Tra Vinh	Trà Vinh
Vietnam	Việt Nam
Vinh Long	Vĩnh Long
Vinh Phu	Vĩnh Phú
Vung Tau	Vũng Tầu
Yen	Yến

N.B. Les noms vietnamiens dans cet ouvrage sont exactement orthographiés et accentués dans toute la mesure du possible sauf les noms propres possédant déjà une graphie française.
Ex. : Vietnam, Hanoi, Saigon, baie d'Along, Haiphong, Cholon, etc.

Livres de route

Voilà un pays sur lequel on a beaucoup écrit. Il faudrait citer une bibliothèque entière pour être exhaustif. La plupart des bouquins sur la guerre du Vietnam ont été écrits par des Américains. On vous donne en vrac notre sélection de livres préférés.

– *La Colline des anges,* de Jean-Claude Guillebaud avec des photos de Raymond Depardon (Éd. du Seuil, 1993). De Saigon à Hanoi, de Khe Sanh à Haiphong, deux étoiles du journalisme ont parcouru plus de 3 000 km dans le Vietnam dévasté par la guerre et ruiné par le communisme. Ils retrouvent, 20 ans après, les champs de bataille, le passé, mais surtout découvrent un pays « jeune, impatient, offert » où l'on vend déjà la guerre aux touristes. Un récit de voyage fiévreux et lucide, bourré d'images et de réflexions pertinentes sur l'avenir de ce pays. Exceptionnel !
– *Vietnam, communistes et dragons,* de Jean-Claude Pomonti et Hugues Tertrais (Le Monde éditions, 1994). Un essai, brillant et tonifiant, sur l'évolution récente du Vietnam depuis son ouverture. L'idée est celle-ci : comment un pays sclérosé et coupé du monde peut-il se transformer en nouveau tigre de l'économie ? L'essentiel de ce qu'il faut savoir en 210 pages seulement...
– *La guerre d'Indochine 1945-1954,* de Jacques Dalloz (Éd. du Seuil, coll. Points Histoire, 1987). Toute l'histoire de cette guerre « française » qui, en

9 ans, mit fin à la période coloniale et permit l'indépendance de deux pays distincts (le Nord et le Sud-Vietnam).

– *La vie quotidienne des Français en Indochine, 1860-1910,* de Charles Meyer (Éd. Hachette, 1985). Un bouquin pédagogiquement écrit, donc bien fait, clair, contenant toutes les informations essentielles sur cette époque révolue. L'auteur donne aussi des détails très croustillants sur les mœurs coloniales et ne manque pas d'arguments pour dénoncer les tares du système. Par l'auteur de l'excellent « Derrière le sourire khmer ».

– *Saigon 1925-1945 :* un des meilleurs titres de la série Mémoires des éditions Autrement (1992). Le sous-titre de cet ouvrage collectif donne le ton : « De la belle colonie à l'éclosion révolutionnaire ou la fin des dieux blancs ». Écrit par 6 auteurs, tous spécialistes (mais jamais ennuyeux !), dirigé par Philippe Franchini, ancien patron de l'hôtel Continental à Saigon avant 1975 (devenu depuis un éminent professeur à Paris VII), voilà le livre à lire sur le « Petit Paris de l'Extrême-Orient » comme on l'avait surnommé naguère, avant de partir ou sur place.

– *Hô Chi Minh, de l'Indochine au Vietnam,* de Daniel Hémery (Éd. Gallimard, 1990). L'oncle Hô, sa vie, son œuvre, racontés avec brio et merveilleusement illustrés dans un petit bouquin au format de poche. Lecture indispensable pour comprendre l'incroyable destinée du père de la révolution vietnamienne, qui donna au pays son indépendance, et le réunifia.

– *Cruel Avril,* d'Olivier Todd (Éd. Robert Laffont, 1987). Le récit de la chute de Saigon en 1975 narrée par un ancien grand reporter du Nouvel Obs. présent au Vietnam pendant les années 70.
Les trois derniers mois de l'agonie du Sud-Vietnam en 480 pages ! Ou comment se mettre dans la peau, à la fois, d'un espion de la CIA, d'un G.I. en déroute, d'un Vietcong triomphant ou d'un officier du Pentagone au bord de la crise de nerfs. Un récit historique magistral qui vous donne l'impression d'avoir des yeux partout, d'être dans plusieurs endroits à la fois, de suivre minute par minute les événements. Comme si vous y étiez. Une tragédie en direct en somme.

– *Viet Nam,* de Stanley Karnow (Éd. Presses de la Cité, 1983). « Le premier récit complet des guerres du Vietnam » indique le sous-titre. C'est vrai. Correspondant de Times en Asie du Sud-Est dès 1959, l'auteur, spécialiste de l'Indochine et de la Chine, a toutes les qualités du journaliste de terrain et de l'universitaire de haut niveau. Un grand récit, mais aussi une analyse fine et lucide des erreurs des gouvernements français et américains dans le conflit vietnamien. Le livre contient des pages captivantes comme le récit du coup d'État et de l'assassinat de Diêm en 1963.

– *L'Innocence perdue,* de Niel Sheean (Éd. du Seuil, collection Points Histoire, 1991). Écrit par un ancien correspondant de guerre américain au Vietnam, ce livre a reçu le prix Pulitzer en 1988. Une des meilleures ventes aux États-Unis cette année-là. *L'Innocence perdue* est un énorme pavé (16 ans de travail) qui raconte la guerre du Vietnam à travers l'itinéraire de John Paul Vann, conseiller « spécial » de l'armée américaine de 1962 à 1972. Des passages étonnants comme ce récit d'une bataille méconnue (Ap Bac dans le delta du Mékong), où les Américains essuyèrent leur premier revers en 1962. Une précision dans les détails hallucinante !

– *Putain de mort,* de Michael Herr (Éd. Albin Michel, 1980). Publié pour la première fois en Amérique en 1968 sous le titre « Dispatches », il s'agit là du livre culte du journalisme de guerre au Vietnam. Des images de souffrance et de cauchemar, des visions terrifiantes de champs de bataille (Khe Sanh) sous les bombes, la vie ordinaire des soldats, la peur et la volonté féroce de survivre à tout prix face à l'ennemi, le napalm, la défonce et le rock'n roll. « Je crois que le Vietnam est ce que nous avons eu à la place d'une enfance heureuse », écrit-il. Un chef-d'œuvre à lire absolument.

– *Un Américain bien tranquille,* de Graham Greene (Éd. Laffont, 10/18, 1955). Un bon roman de Graham Greene dont l'action se passe à Saigon dans les années 50, avant l'engagement américain au Vietnam. L'histoire d'un jeune homme ambitieux et d'un journaliste anglais cynique amoureux de la jeune femme.

A Paris : pour préparer votre voyage, quelques bonnes librairies spécialisées dans l'Indochine et l'Asie, comme You Feng, 45, rue Monsieur-le-Prince, dans le 6e arrondissement M. : Odéon. ☎ 43-25-89-98. Livres, jeux, cassettes. Vend aussi un petit guide de conversation franco-vietnamienne, très bien fait. 5 % sur tous les achats aux porteurs du GDR.

Photo

Les Vietnamiens, dont la gentillesse est proverbiale, ne pouvaient pas faire mieux que d'avoir d'excellents rapports à la photo. Aucune paranoïa photographique donc, aucun tabou culturel ou religieux, pratiquement pas d'hostilité liée à des frustrations d'existence ou de la volonté de marquer un rapport de pouvoir. En fait, les seules réticences que vous pourrez rencontrer seront dues essentiellement à la timidité, surtout chez les minorités ethniques. Là, comme partout dans le monde, prendre alors plus de temps pour créer un rapport de sympathie et « d'acceptation » de votre intrusion dans la vie des gens. Et, de toute façon, toujours demander poliment si cela ne gêne pas !

Avec l'ouverture économique, ce n'est plus la disette en matière de diapos. On en trouve dans les grandes villes principales. Chères par rapport au niveau de vie local, mais aux prix français. Cependant, ne pas espérer en trouver à Sơn La ou Lai Châu. Noir et blanc, en revanche, encore difficile à dénicher. On trouve parfois de la Orwo (ex-Allemagne de l'Est) et de la pelloche chinoise. Les mordus de la HP5 ou FP4 devront arriver approvisionnés...

Politesse, usages et savoir-vivre

Nulle est notre intention de faire de la morale du haut de nos 20 ans de route, mais seulement de rappeler ici quelques coutumes et usages pour éviter les situations désagréables de malentendu.

— Au Vietnam, on ne s'énerve pas, on ne hausse pas la voix, on n'engueule pas, même en cas de grave désaccord (surtout en public). Ça ne se fait pas ! Tout simplement. Pour plus d'efficacité, surtout avec des fonctionnaires bornés ou des bureaucrates, être diplomate sans exclure une certaine fermeté.

— Même si vous avez raison, n'écrasez pas lourdement l'adversaire. Il faut toujours laisser une petite porte de sortie. Il est psychologiquement désastreux que l'autre perde la face.

— A l'étranger, l'étranger c'est vous. Donc en cas de choc des cultures, c'est plutôt à nous de nous faire discrets. Quand on laisse préjugés et clichés à la frontière et qu'on possède un peu d'humour distancié, on s'aperçoit que la plupart des choses deviennent faciles. Avoir les capacités de relativiser, dit-on dans les milieux routard bien...

— En principe, on ne touche pas la tête des petites filles (et des enfants en général). Pas de « Ah, ce qu'il est mignon ce p'tit là » en lui tripotant le crâne. De même, en position assise, éviter de pointer son pied vers quelqu'un. Ça peut être considéré comme inconvenant (ces remarques sont d'ailleurs valables dans d'autres pays de la région, comme la Thaïlande).

— Question vêtements, mêmes conseils que pour la majorité des autres pays (à part Saint-Trop et Coney Island). Pas de nudisme sur les plages. En ville, éviter les shorts trop moulants (les shorts tout court d'ailleurs) et les torses nus. Tenue correcte dans les temples et pagodes (où il faut en général se déchausser avant d'entrer).

— Ne pas entrer dans une maison ou un appartement sans y avoir été invité. Là aussi, on se déchausse la plupart du temps.

TRÈS IMPORTANT : même si c'est un risque extrêmement limité, on n'entre pas le premier dans une maison la veille du Têt après minuit. Vous risqueriez de gâcher l'existence de la malheureuse famille jusqu'au Nouvel An suivant !
— Ne pas se vexer si le (la) Vietnamien(ne) n'ouvre pas de suite le cadeau que vous lui avez fait. C'est que de son point de vue, ce serait impoli de le faire.
— La mendicité est un réel problème au Sud, mais un peu au Nord aussi. Toujours garder de petites coupures si vous voulez donner. Certains cas dramatiques peuvent légitimement inciter à donner. Pas de pharisianisme, faites-le discrètement au risque d'avoir tous les autres sur le dos (dont de nombreux professionnels !).

Politique

Avec Cuba, la Chine et la Corée du Nord, le Vietnam est l'un des derniers pays dits « socialistes ». Dans la Constitution, il est précisé : « Le peuple est le maître collectif, le parti dirige, l'État gère ». L'État possède à sa tête un président élu par l'Assemblée nationale, elle-même élue au suffrage universel pour 5 ans et se réunissant 2 fois par an. Le président désigne un Premier ministre qui forme alors son gouvernement. Contrairement à l'URSS et aux pays frères du bloc de l'Est, le pays n'est pas entré en crise mortelle et retourné au capitalisme. C'est toujours un régime à parti unique, même si la référence à la dictature du prolétariat a été gommée des textes fondateurs.
Depuis 1986 cependant, tirant la leçon de l'échec du socialisme bureaucratique, le PC vietnamien a entrepris une (modeste) politique de rénovation. Ainsi, l'Assemblée nationale s'est-elle ouverte un peu plus aux débats et, éventuellement, à la critique. Le chef de l'État est le général Lê Đức Anh (qui remplaça Võ Chí Công en septembre 92). Le Premier ministre est Võ Văn Kiệt (depuis août 91). Le secrétaire du parti communiste est Đỗ Mười depuis juin 91.
Le parti, longtemps omniprésent dans toutes les décisions et considérant plutôt l'Assemblée nationale comme une chambre d'enregistrement, a commencé à évoluer. En principe, il se contente aujourd'hui de donner des orientations. Il a mis en place une nouvelle loi électorale permettant le choix entre plusieurs candidats pour les élections. Cela n'a cependant pas empêché son lent déclin. Le parti, qui comptait 1 400 000 membres à la fondation de la République socialiste en 1976, 1 750 000 en 1982, deux millions en 1992, a vu ses effectifs diminuer de façon significative depuis. La jeunesse communiste a perdu plus de la moitié de ses membres en moins de 10 ans.
A signaler que le congrès qui se réunit tous les 5 ans pour fixer la ligne aurait dû, après le 7e du nom, le 24 juin 1991, se réunir à nouveau en 1996. Or, pour la première fois, une conférence nationale extraordinaire, véritable nouveau congrès, s'est tenu fin 1993, à mi-parcours, pour discuter des nouveaux choix économiques du pays. Vont-ils être en adéquation avec le fameux mot d'ordre du congrès de 1986 : « Que le peuple soit bien informé, qu'il donne son avis, qu'il passe à l'action, qu'il exerce son contrôle » ? L'histoire devrait nous donner une réponse très rapidement... A cet égard, il est intéressant, en guise de conclusion, de laisser la parole à Nguyễn Khắc Viện, historien reconnu. Voici sa réflexion à la fin de son remarquable ouvrage *Vietnam, une longue histoire*, publié à Hanoi, en 1993 :
« Du fait que le parti communiste a joué le rôle dirigeant dans le combat pour l'indépendance nationale, du fait de son dynamisme propre, le marxisme a été incontestablement le catalyseur le plus puissant de la vie politique et culturelle depuis les années 30. Dans quelle mesure sera-t-il à même d'assumer la direction idéologique, culturelle de toute la nation, de façon exclusive ? Cette question est directement liée à une autre, savoir quelles seront les structures sociopolitiques compatibles avec l'instauration d'une économie de marché. Nous avons déjà vu comment la direction actuelle du Parti a rejeté toute idée de pluralisme idéologique et politique. Les questions n'en restent pas moins posées,

même si la croissance économique fera accéder le pays, comme on peut l'espérer, à un état de prospérité décente.

Quelles seront les caractéristiques propres au " socialisme vietnamien " ? Le peuple vietnamien actuellement n'a plus à faire face à une agression militaire, mais à un danger plus insidieux : la libéralisation économique, l'ouverture du pays au capital étranger qui ont conduit à la naissance d'un " capitalisme sauvage " dont le développement risque de mener à des désastres écologiques, à l'exacerbation des inégalités sociales, des tares sociales, de la criminalité, des toxicomanies. Ce phénomène mobilise à son service des fractions importantes de l'appareil d'État, les transformant en une véritable mafia, ennemie de toutes formes de démocratie, de justice sociale, de protection écologique. Le peuple vietnamien pourra-t-il sinon empêcher l'éclosion de ce capitalisme sauvage, du moins en limiter les ravages ? Le combat est serré et certainement de longue haleine... ». On ne peut mieux poser le problème !

Population

Près de 72 millions d'habitants soit le 13e pays le plus peuplé du monde après l'ex-Allemagne de l'Ouest et devant l'Italie (et la France). Au rythme galopant du taux de natalité actuel, il y aura 81 millions d'habitants en l'an 2000, et 100 millions en l'an 2010 ! Ça fait beaucoup de bouches à nourrir ! Le tiers du pays a moins de 20 ans. Ça promet pour l'avenir... Environ 86 % de la population totale sont d'origine vietnamienne (les Viet ou Kinh), 2 % sont d'origine chinoise, le reste étant composé de 53 ethnies différentes. On peut les classer en 6 grands groupes :

● *Les autochtones :* ce sont les « montagnards » des hauts plateaux du centre du pays. Les groupes ethniques les plus importants sont les Bahnars, les Sedangs (autour de Pleiku et de Kontum), les Mnong (autour de Ban Mê Thuột). Leurs langues varient d'une ethnie à l'autre mais ont la même origine austro-asiatique ou môn-khmère. Au sud, dans le delta du Mékong (ancien Kampuchea Krom), vivent environ 700 à 800 000 Khmers, qui maintiennent leur langue et leurs coutumes.

● *Les ethnies de langue austronésienne :* d'origine culturelle et linguistique malayo-polynésienne (donc l'extrême sud de l'Asie). Ce sont les Rhadé (190 000), les Giarai, ou Jorai (240 000), les Raglai (70 000), qui se concentrent essentiellement sur les hauts plateaux du centre, entre Ban Mê Thuột et Kontum, et sur la frontière du Cambodge.

● *La grande famille de langue thaïe :* installés dans les fonds de vallées depuis le début de notre ère, ces groupes sont descendus de Chine au Vietnam où ils forment une communauté importante : Nung et Tây (ou Thô) au nord-est de l'ancien Tonkin, Thaïs blancs et Thaïs noirs au nord-ouest (plus de 800 000).

● *Les Hmong ou Miao*

Installés dans les montagnes à la frontière de la Chine et du Laos, loin des Viet, ce sont des minorités émigrées récemment (ne sont là que depuis la fin du XIXe siècle).

On les voit très nombreux dans les marchés des villages ou le long des routes où ils se déplacent sur de petits chevaux. Les Hmong portent des vêtements colorés particulièrement beaux. La réalisation d'un costume hmong peut demander 3 ans. Le fond du vêtement est en coton sombre, ce qui fait éclater les couleurs rouges des écharpes, des bandeaux ou des parures portés par les femmes. Les Yao, d'implantation plus ancienne, peuplent également les montagnes du nord du pays où ils seraient près d'un demi-million. Pour plus de détails, se reporter aux chapitres consacrés à Hoà Bình, Điện Biên Phủ, Sapa, Lai Châu et Lào Cai, dans le nord du pays.

● *Les Tibéto-Birmans*

Quelques petits groupes ethniques venus du « toit du monde » via la Birmanie, installés dans les montagnes perdues du nord et du nord-ouest du pays. On trouve les Ha Nhi, les Phu La, les La Hu, les Lolo, les Công et les Si La (à peine 500 personnes !).

● *Les Cham*

Derniers survivants du grand royaume Cham (du IIe au XVe siècle de notre ère), les Cham sont aujourd'hui près de 600 000, concentrés sur la côte entre Nha Trang et Phan Thiết ainsi que dans la province An Giang du delta du Mékong (voir Châu Đốc). Ils parlent une langue d'origine malayo-polynésienne (famille austronésienne) et pratiquent une religion musulmane (sunnite) encore teintée d'hindouisme. Se reporter aussi à la rubrique « Religion ».

Postes et télécommunications

Poste se dit « Bưu điện » en vietnamien. C'est toujours inscrit sur les plans de ville et sur les façades des immeubles. On trouve des bureaux de poste dans toutes les villes importantes. Ils sont généralement ouverts de 7 h 30 à 20 h, tous les jours sauf le dimanche.

● *Courrier :* il est préférable d'envoyer les lettres et les cartes postales au départ des grandes villes (Saigon, Hanoi, Huế, Đà Nẵng, Nha Trang...) où les délais d'acheminement du courrier vers les capitales européennes et d'Amérique du Nord sont beaucoup plus courts. Bien que ces délais aient tendance à diminuer, il faut quand même compter entre 10 et 15 jours pour qu'une lettre postée au Vietnam arrive en France.

● *Timbres :* compter 5 000 *đồng* pour une carte postale, 8 000 pour une lettre. Demander des timbres gommés sinon il faudra mettre soi-même la colle à l'arrière pour que ça tienne bien.

● *Téléphoner à l'intérieur du Vietnam :* le réseau téléphonique est en constante amélioration, merci au passage à France Télécom qui rénove l'ensemble du réseau vietnamien, suite à un contrat de 500 millions de dollars signé en 1994. Pour les appels locaux, il faut d'abord composer le code 01 (national), puis celui de la région, et ensuite le numéro de votre correspondant. Exemple : pour téléphoner de Hanoi à Saigon, faire le 01 + 8 (code de Saigon) et le numéro à 6 chiffres. Il existe une trentaine de codes régionaux. Bien penser à les noter avant d'appeler.

Des cabines téléphoniques ont été installées dans les rues de Saigon. Elles fonctionnent à l'aide d'une carte. Pas vraiment intéressant pour un routard de passage, mais bien pour ceux qui y restent longtemps. Inconvénient : elles ne ferment pas et sont envahies par le vacarme de la rue !

Les appels locaux de la réception des hôtels sont souvent gratuits (en ville seulement).

● *Téléphones internationaux :* les communications du Vietnam vers l'Europe ou l'Amérique du Nord coûtent très cher ! En 1994, il fallait débourser 50 000 *đồng* (près de 5 $) ou 27 FF pour une minute de conversation entre Saigon et Paris. C'est kif-kif-bourricot de Hanoi, et plus cher même de Huế et Đà Nẵng (province).

Préférer toujours la poste centrale des villes aux hôtels qui prennent une commission égale à 10 % environ du montant total de la communication.

A la poste (se reporter dans chaque ville citée à la rubrique « Adresses utiles ») on doit passer pas une opératrice. Grâce au satellite Intelsat, les communications sont rapides et de bonne qualité. Le Vietnam s'ouvrant au monde extérieur, le téléphone fait figure de fer de lance dans la conquête des nouvelles technologies. Ici, en moins de 5 ans, le téléphone est entré dans les mœurs, même s'il ne concerne qu'une élite.

– Vietnam → France : composer le 00, puis le 33 (code du pays) puis l'indicatif de la ville (le 1 pour Paris, le 91 pour Marseille, etc.) et enfin composer le numéro à 8 chiffres de votre correspondant.

– Vietnam → Belgique : 00 + 32 + indicatif de la ville (2 pour Bruxelles) puis votre numéro.

Vietnam → Suisse : 00 + 41 + indicatif de la ville (Genève 22, Bâle 61, Lausanne 21...) puis le numéro de votre correspondant.

– Vietnam → Canada : 00 + 1 + indicatif de la ville + numéro.

● **Téléphoner de France vers le Vietnam :** composer le 19 + 84 + le code de la ville (4 pour Hanoi, 8 pour Saignon, 54 pour Hué, 51 pour Đà Nẵng, 58 pour Nha Trang) et enfin le numéro de votre correspondant. Compter 17,50 FF la minute de conversation. Les tarifs ont tendance à baisser d'une année sur l'autre. Chic ! Pour connaître l'heure locale, ajoutez 5 h (en été) à l'heure française, et 6 h en hiver. Exemple : s'il est midi en France, il est 17 h ou 18 h (selon la saison) au Vietnam.

● **Télécopies (fax)**

Une solution peu onéreuse (juste pour dire 2 mots, pas pour envoyer un roman !), pratique (la plupart des hôtels disposent d'un fax) et facile.

Beaucoup d'hôtels à Saigon acceptent de servir de « boîtes à fax », même si vous n'êtes pas un de leurs clients. Exemple : l'hôtel Saigon (voir la rubrique « Où dormir ? »).

Pourboires et marchandages

Il est d'usage de donner un pourboire aux guides. Certes, ceux-ci sont très mal payés mais ce qu'ils obtiennent des touristes multiplie de nombreuses fois leur paie initiale (ils sont d'ailleurs parmi les privilégiés du système, ainsi que d'autres métiers du tourisme). Pour le guide, environ 5 $ pour une journée (un peu plus si vous êtes très content). Sur plusieurs jours, c'est évidemment dégressif. Compter moitié moins pour le chauffeur. Ce qui est étrange, c'est que parfois le pourboire semble, pour guides et chauffeurs, aller de soi, être un dû, indépendamment de la qualité de la prestation rendue ! A vous d'être ferme. Pourboire également pour les bagagistes des hôtels. Concernant les cyclopousse, s'en tenir en principe au prix convenu. Un petit pourboire supplémentaire ne peut être lié qu'à sa serviabilité et à sa gentillesse. En principe, pas de pourboire dans les cafés et dans les restaurants. En laisser un est affaire d'appréciation personnelle si vous êtes très satisfait du service, bien sûr ! Dans les temples et les pagodes, là il ne s'agit pas de pourboire, mais de contribution au culte, à l'entretien des lieux, etc. Il est de très bon ton de laisser quelques *dông* dans l'urne.

Marchandage semblant obligatoire dans les boutiques d'antiquité, mais pas si évident que ça. Le plus souvent, on ne réussit pas à descendre de beaucoup. Vendeurs très rapidement butés sur leur prix. Dans les magasins d'État, genre citadelle de Hué, là aussi, les baisses consenties se révèlent minimes.

Pour les objets courants, c'est évident qu'il existe un prix pour Vietnamiens et un prix pour touristes. Ça peut parfois aller de 1 à 5. Il est conseillé d'aller s'enquérir des prix pratiqués dans les grands magasins d'État pour les objets désirés, de façon à pouvoir se faire une idée et être en mesure de négocier les prix à la baisse dans des limites raisonnables. Le mieux, bien entendu, se révélera de faire ses achats avec un autochtone à qui on proposera le vrai prix.

Religion, univers moral et spirituel

Les Vietnamiens vivent depuis des siècles dans un univers moral et religieux façonné par des croyances et des valeurs issues du culte des ancêtres, du bouddhisme, du confucianisme, du taoïsme, sans oublier le christianisme (catholicisme et protestantisme) ainsi que l'islam (très minoritaire). Le culte des ancêtres leur a inculqué l'obligation de bien se comporter et de rester fidèles aux valeurs transmises par leurs ascendants. Le bouddhisme leur a donné les vertus essentielles : patience, détachement, tolérance, non-violence, concentration, jugement et pensée « juste », compassion. Du confucianisme, ils ont hérité de l'idéal de l'homme bon qui se perfectionne sans cesse dans le respect de l'ordre social dans lequel il vit. Leur vision du cosmos et du bien et du mal relève plutôt du taoïsme et de sa doctrine du Yin et du Yang. Quant au christianisme, il suscita un choc culturel et théologique sans précédent en prônant l'égalité entre les hommes et l'amour du prochain pour le salut de l'homme...

Cette rencontre inattendue de religions distinctes et souvent complémentaires ne pouvaient pas en rester là : des mélanges insolites (les sectes Hoà Hào, le caodaïsme) naquirent de cette confrontation entre spiritualités occidentale et extrême-orientale. Même le nationalisme vietnamien, dans sa ferveur ascétique (voir Hô Chi Minh que Jean Lacouture comparait à un saint François d'Assise lisant Marx...), dans sa façon de nier la mort, dans son élan d'émancipation avait aussi quelque chose de religieux.

L'idée que tout grand stratège doit aussi être un grand lettré est bel et bien une des plus vieilles recommandations de Confucius. Voilà un pays qui n'a jamais été le creuset des religions mais qui a su recevoir, adapter, digérer, intégrer, ce qu'il y a de meilleur dans les grandes philosophies religieuses.

● Le culte des ancêtres

Le culte des ancêtres constitue la plus vieille pratique religieuse du Vietnam, antérieure au bouddhisme et au confucianisme. Nombreux sont les Vietnamiens qui s'en contentent car, pour honorer leurs ancêtres, pas besoin d'aller à la pagode, ni de sortir de chez soi. Il suffit de rester à la maison et de prier ses ascendants devant un autel qui leur est destiné. Tous les Vietnamiens pratiquent ce culte domestique depuis l'aube des temps. Même les militants (athées) les plus durs du parti communiste vietnamien se prosternent, un jour ou l'autre, devant ce petit meuble tout simple sur lequel ont été disposés des photos, des fruits, des fleurs, et quelques bâtonnets d'encens. En mémoire des ancêtres ! Car les Vietnamiens considèrent que les âmes de leurs parents survivent après leur mort et qu'elles protègent leurs descendants. Pour l'homme de la rizière comme pour le jeune branché de Saigon, les âmes des ancêtres sont les protectrices de la lignée : c'est à elles que l'on s'adresse en premier pour demander, par exemple, la guérison d'un enfant malade, le succès dans les affaires, la réussite aux examens. Les Vietnamiens ont l'habitude de prier et d'honorer leurs ancêtres, notamment à l'occasion de l'anniversaire de leur mort. Selon la tradition, les garçons sont chargés de perpétuer le culte, mais la règle s'est adoucie, et en cas de descendance uniquement féminine, les filles sont quand même autorisées à continuer la coutume.

Si un homme meurt sans descendance, si l'encens ne brûle plus sur l'autel, les âmes des disparus sont condamnées à une errance éternelle, faute d'être honorées aux dates anniversaires : pour une famille c'est la plus terrible des malédictions !

Dans chaque maison vietnamienne, l'autel occupe une place importante. Dans les familles pauvres, comme dans les familles les plus riches, il est le cœur du foyer, pouvant dans certains cas atteindre la dimension d'une pièce. On a l'impression alors d'entrer dans une sorte de chapelle... endroit dédié aux esprits, à la mémoire, à la dévotion et à la cohésion familiale. C'est un centre de ralliement, le symbole de la solidarité des générations. C'est devant l'autel des ancêtres que les grandes décisions se prennent, et que les enfants se marient (sans la présence d'aucun médiateur religieux ou prêtre).

Certains autels des ancêtres sont de merveilleux meubles anciens, finement décorés, d'autres ne sont qu'une simple table de bois blanc, sans prétention : c'est l'esprit qui compte. Seuls les ancêtres jusqu'à la 4e génération ont leurs noms inscrits sur les tablettes de bois précieux ou leurs photos encadrées posées près d'un chandelier. Au-delà de la 4ᵉ génération, les âmes des disparus sont censées être réincarnées.

Lorsqu'un Vietnamien décède, les membres de sa famille se ceignent la tête d'un bandeau blanc, couleur du deuil dans ce pays. Puis le cadavre du défunt est brûlé (la crémation) et ses cendres réunies dans une urne funéraire que l'on dépose à la pagode. Trois mois et dix jours après sa mort se déroule une cérémonie destinée à faire revenir habiter l'âme du défunt dans cette urne qui porte une photo de lui jeune homme. Les gens de la campagne, les paysans, les riziculteurs, ont d'autres traditions funéraires. Après leur mort, ils sont enterrés sur leurs terres, au milieu de leurs rizières, ou même dans leur jardin. Plus on est riche, plus le tombeau est somptueux.

● *Le bouddhisme vietnamien*

Le bouddhisme est de loin la première religion du Vietnam. Cela fait presque 1 800 ans que la philosophie bouddhiste gouverne de l'intérieur les cœurs et les cerveaux, guide les faits et gestes de tout un peuple. Ses origines remontent au IIᵉ siècle de notre ère, époque où il fut introduit au Vietnam, dit-on, par un bonze chinois du nom de Meou-Po (Mau Bac). Mais il a fallu attendre près de 1 000 ans pour qu'il atteigne son apogée, sous le règne des Ly, du Xᵉ au XIIIᵉ siècle. Au XIᵉ siècle le pays se couvrit de pagodes, sous l'impulsion du roi Lý Thái Tông qui fit construire 95 pagodes et restaurer toutes les statues du Bouddha.

En 1414, le Vietnam tomba sous la coupe des Chinois (les Ming) qui favorisèrent le confucianisme au détriment du bouddhisme. Les gouverneurs chinois firent détruire de nombreuses pagodes et confisquer tous les livres bouddhiques. Du XVIIᵉ au XIXᵉ siècle, le bouddhisme vietnamien entra dans une phase de décadence. Sa renaissance date de 1920, en pleine époque coloniale, où il se présenta comme une réponse à la déliquescence morale et spirituelle de l'Indochine.

Persécutés, pourchassés, menacés sous le gouvernement du catholique Ngô Đình Diệm, au début des années 60, les bouddhistes du sud du Vietnam ont joué un rôle essentiel dans la contestation de la guerre américaine, allant jusqu'à s'immoler par le feu sur la place publique en signe de protestation.

Malgré leur pacifisme et leur hostilité au gouvernement de l'époque, beaucoup de bonzes ont été arrêtés et déportés dans des camps de « rééducation » après la victoire communiste de 1975. Plusieurs bonzes sont toujours enfermés de nos jours soi-disant pour « atteinte grave à l'ordre public »... La répression continue, même si elle s'est adoucie depuis l'ouverture du pays en 1992...

– *Les grands principes du bouddhisme :* après avoir reçu l'Illumination, le Bouddha Shakyamuni (il vécut en Inde 5 siècles avant notre ère) prononça le fameux sermon de Bénarès où il énonça les Quatre Nobles Vérités qui conduisent à la délivrance. A savoir : la souffrance est universelle, nul être vivant n'y échappe. L'origine de cette souffrance réside dans les désirs (désir d'exister, de plaire, de posséder...) et dans la recherche jamais satisfaite des plaisirs terrestres. Pour apaiser cette douleur, il faut renoncer au désir et à la passion, se détacher du monde. Le moyen de se libérer de la douleur est de suivre la Voie aux 8 Branches (ou Noble Sentier octuple) qui conduit au Nirvana, le chemin du « juste » : vue juste, volonté juste, langage juste, action juste, existence juste, pratique juste, pensée juste, et méditation juste.

A ces préceptes, le bouddhisme vietnamien ajoute son catéchisme particulier qui tient dans 6 principes : avoir la foi, garder un jugement droit et éviter tout mensonge, être franc envers les autres et envers soi-même, que toute action ait une fin honnête, exercer une profession « religieuse », observer les prescriptions de la loi. Le commun des mortels doit théoriquement observer 5 préceptes fondamentaux : ne tuer aucun être vivant, ne pas voler, ne pas commettre l'adultère, ne pas mentir, ne pas boire de boissons enivrantes. Celui qui veut arriver à l'Illumination doit appliquer une sorte de Décalogue, qui est si difficile à mettre en pratique qu'il ne concerne que les moines. Parmi ces règles : il faut passer une nuit chaque mois dans un cimetière et dormir le dos appuyé contre un arbre sans jamais s'étendre ! Bon courage.

— *Le bouddhisme venu du Nord :* on l'appelle le bouddhisme Mahayana ou le Grand Véhicule. « Véhiculé » au Vietnam par des moines et des pèlerins chinois, venus de Chine (donc du Nord) à partir du IIe siècle de notre ère, ce bouddhisme-là est arrivé au Vietnam en passant par le Népal, le Tibet, la Chine. C'est la même « école » qui s'est répandue aussi en Mongolie, en Corée et au Japon. Le bouddhisme du Nord au cours de sa lente migration s'est altéré et a vu se multiplier les bouddhas et les bodhisattva. Les pratiquants ne s'isolent que rarement dans des monastères car la perfection bouddhiste doit leur servir pour améliorer les conditions de vie des gens autour d'eux. Les pagodes bouddhistes du Grand Véhicule se reconnaissent notamment à la statue blanche de *Quan Thế Âm Bồ Tát,* la déesse de la Miséricorde qui siège souvent à l'entrée du sanctuaire.

— *Le bouddhisme venu du Sud :* plus connu comme le bouddhisme Hinayana ou Theravada, dit aussi bouddhisme du « Petit Véhicule ». Il a été importé au Vietnam par des pèlerins de retour des Indes, le pays natal de Bouddha, via Ceylan, le Siam, le Cambodge. Il est pratiqué essentiellement (et c'est logique) dans le delta du Mékong, dans la communauté d'origine khmère. Considéré comme plus pur, plus proche des origines, plus conforme aux principes de base de la religion bouddhiste, cette « école du Sud » aurait gardé la rigueur de l'enseignement de Bouddha ; pitié, moralité, patience, contemplation, connaissance, détachement. Mais il ne touche qu'une minorité de pratiquants (400 000 environ).

— *Les bouddhistes vietnamiens* pratiquent leur religion dans des pagodes (chùa), sanctuaires souvent occupés et entretenus par des bonzes en robe safran. On ne voit jamais de bonzes dans les temples (đền), oratoires dédiés à des génies tutélaires ou à des héros sanctifiés (sans aucune présence bouddhique). Quelques moines pratiquent encore le Kung Fu (comme ceux de la pagode Giác Viên à Saigon), art martial défensif venu de Chine qu'ils pratiquent pour mieux maîtriser leur corps.

● *Le confucianisme*

Difficile de parler de religion transcendante avec le confucianisme qui ne se réfère à aucun dieu, mais instaure une philosophie morale basée sur le respect de la hiérarchie familiale et sociale, la bonté naturelle de l'homme et sa capacité à se perfectionner. Inventé par Confucius (551-479 avant J.-C.), ministre chinois de la Justice en exil, le confucianisme ne se préoccupe pas des origines du monde, ni des fins dernières de l'homme, mais il édicte un code moral basé sur 5 vertus : l'humanisme, l'équité, l'urbanité, l'intelligence et l'honnêteté. Selon Confucius, l'homme naît bon, sa nature le porte à faire le bien. Or la plupart des hommes se révèlent mauvais par la suite. A quoi tient cette dépravation ? A la négligence de leurs facultés intellectuelles, qui subissent l'influence du milieu extérieur et s'atrophient dans la routine. On peut s'en sortir en se perfectionnant soi-même. Pour cela, il y a 4 prescriptions à suivre : s'intéresser à toute chose qui existe, pénétrer le secret des choses, avoir des idées nettes, maintenir la pureté du cœur. En définitive, ceux qui pratiquent le bien en sont toujours récompensés. « Ne faites pas à autrui ce que vous ne voulez pas qu'on vous fasse à vous-même. » Pour Confucius, il est absurde de prier les dieux du ciel : aucune prière n'est en mesure d'infléchir la volonté divine.

C'est dans le domaine social que le confucianisme a laissé son empreinte la plus forte dans l'histoire du Vietnam. Pendant près d'un millénaire, du début de l'ère chrétienne jusqu'à 939 après J.-C., il a labouré les consciences d'un pays sous domination chinoise, instaurant un système de règles efficaces mais rigides entre père et fils, mari et femme, sujet et souverain. De ce côté-là, le confucianisme est plutôt très « réac » : pour que l'ordre règne dans le monde, il faut

d'abord que les familles soient ordonnées, puis les États. En revanche, il instaura le système très démocratique des concours littéraires qui permettait à
n'importe qui de devenir mandarin par sa seule culture, son intelligence et ses
mérites. Personne n'était prisonnier de sa naissance. On ne naissait pas mandarin, il fallait le devenir. Dans le domaine politique, le confucianisme a laissé des
traces profondes, y compris chez les communistes vietnamiens. Pour Confucius, le peuple pris dans son ensemble incarne le Ciel, donc ce que le peuple
veut, le Ciel le veut. Les dirigeants ont donc pour devoir d'aimer ce que le
peuple aime et de haïr ce qu'il hait. Mencius (372-269 avant J.-C.), disciple de
Confucius, a bien résumé cette idée dans un adage célèbre : « Dân vi quí, Xã
Tắc thứ chi, Quân vi khinh », « Le peuple d'abord, l'État vient après, le roi est
négligeable. »

● *Le taoïsme*

Le taoïsme est la philosophie mise au point par un Chinois nommé Lao Tseu qui
vécut au VIᵉ siècle avant J.-C. L'idée centrale de cette sagesse orientale repose
sur l'harmonie entre l'homme et l'ordre universel. Le monde est régi par deux
principes contradictoires complémentaires : le Yin et le Yang. Le Yin représente
le côté féminin, passif, réceptif, l'obscurité, et le mou (pas très gentil pour les
routardes tout ça !). Les symboles du *Yin* sont la lune, l'eau, les nuages, le tigre,
la tortue, la couleur noire, le nord, le plomb et les chiffres pairs. Le *Yang*, lui,
incarne au contraire le principe masculin, actif, créatif, la clarté et la dureté (les
machos quoi !). Ses symboles sont le soleil, le feu, le dragon, la couleur rouge,
le sud, le mercure et les chiffres impairs. L'harmonie du Yin et du Yang donne le
Tao, qui est une mutation perpétuelle. Pas facile à comprendre... Il n'existe pas
vraiment de temples taoïstes au Vietnam mais des cultes populaires en sont
issus comme le culte des *Chu Vi* (ou esprits des Trois Mondes). Le culte de
l'Empereur de Jade (Ngọc Hoàng), intégré aux pratiques bouddhistes, vient du
taoïsme. Le culte, typiquement vietnamien, du général Trần Hưng Đạo, le vainqueur des Mongols, découle également de cette tradition religieuse. A la différence du confucianisme qui rejette la superstition et la sorcellerie, le taoïsme a
introduit au Vietnam des pratiques magiques que certains sorciers perpétuent
encore aujourd'hui, considérant qu'elles leur permettent de déceler les secrets
de l'Univers...

● *Le christianisme*

Les catholiques forment la deuxième communauté religieuse, le Vietnam étant
le deuxième pays catholique d'Asie (avec 7 à 8 % de la population) après les
Philippines. Le christianisme a été introduit récemment. Ce n'est qu'au XVIᵉ
siècle que les premiers missionnaires portugais commencèrent à évangéliser le
pays. Contrairement au Japon et à la Chine, ici leurs efforts furent très vite couronnés de succès. Le premier Vietnamien fut converti en 1580 à Bong Trung
(province de Thanh-Hoá, dans le nord), il s'agissait du fils d'un grand mandarin
de la cour du roi Lê Anh Tông. Au XVIIᵉ siècle, débarquèrent les jésuites qui
organisèrent d'une façon méthodique l'évangélisation du Vietnam. En 1650, la
mission de Cochinchine comptait 50 000 convertis dans le centre (Quảng Ngãi,
Qui Nhơn, Quảng Nam). Une figure exceptionnelle se détache par son éclat et
son action : le père Alexandre de Rhodes qui inventa l'alphabet vietnamien, le
Quốc ngữ, avec les lettres de l'alphabet romain (se reporter à la rubrique
« Langue »). Mais le christianisme, religion des étrangers, inquiéta et dérouta
l'élite mandarinale dont tout le prestige résidait dans la connaissance du chinois
et de la doctrine confucianiste. Les concubines des empereurs, menacées par le
principe catholique de monogamie, s'insurgèrent, allant jusqu'à influencer leurs
souverains pour que les chrétiens soient chassés du Vietnam. Au XVIIIᵉ et au
XIXᵉ siècle, les missionnaires et les prêtres furent tantôt tolérés, tantôt persécutés. Comme à l'époque des premiers chrétiens dans l'Empire romain, les martyrs se comptent ici par centaines. L'Histoire se répète. Ces persécutions donnèrent aux Français un bon prétexte pour intervenir et coloniser le pays. Après

quoi, à partir de la moitié du XIXe siècle, l'Église se développa, ouvrant de nombreuses écoles, des couvents, des hôpitaux, des œuvres charitables.

Après 1954, la plupart des 800 000 Nord-Vietnamiens qui se réfugièrent dans le Sud étaient catholiques.

Depuis 1975, les catholiques vivent en liberté surveillée. Le culte est autorisé. Mais les messes et les ordinations sont soumises à l'autorisation du gouvernement. Plusieurs prêtres vietnamiens ont choisi la clandestinité, plutôt que de se soumettre au diktat du parti. Depuis l'ouverture du pays et sa relative libéralisation politique, l'avenir semble moins sombre pour les catholiques vietnamiens.

● *L'islam*

Une toute petite communauté musulmane, concentrée à Saigon et dans le delta du Mékong, autour de Châu Đốc. Appelés « cham », comme au Cambodge voisin, ils pratiquent une religion allégée de ses contraintes habituelles : ils ne prient que le vendredi, ne suivent le ramadan que 3 jours au lieu d'un mois, et surtout, ô les bienheureux, ils peuvent boire de l'alcool ! On a découvert quelques jolies mosquées : la mosquée indienne de Saigon (voir ce chapitre), et la mosquée Jamiul Azhar près de Châu Đốc. Implanté dès le VIIe siècle par les commerçants arabes et les marins malaisiens, l'islam ne s'est jamais développé au Vietnam. C'est presque le seul exemple au monde d'un pays où le message du Prophète se soit enraciné sans convertir les foules, sans se propager.

Routes

De tous les pays d'Asie du Sud-Est, le Vietnam est celui qui possède le réseau routier le plus dégradé, particulièrement dans le nord du pays et dans le centre, entre Huê et Hanoi. Une route unique relie le Nord au Sud, de Hanoi à Hô Chi Minh-Ville (1 750 km) en passant par Huê, Đà Nẵng et Nha Trang. Il s'agit de la route n° 1, autrefois connue comme la route Mandarine. La chaussée à deux voies, couverte d'un vieux bitume, est souvent envahie sur les bas-côtés par les gens de la campagne qui y étalent leur riz pour le faire sécher. Prudence ! Il y a foule sur les routes vietnamiennes. On ne peut pas rouler vite, sans prendre des risques. Même dans le delta du Mékong, où le réseau routier n'a pas été endommagé par la guerre, les voitures utilisent sans cesse le klaxon. Impossible de rouler à plus de 70 km/h. Quant aux bus locaux, ils se traînent à 30 km/h de moyenne ! Maximum.

Hormis un tronçon de route à 4 voies sortant de Saigon en direction de Vũng Tàu (Cap Saint-Jacques) et Nha Trang, toutes les routes sont à 2 voies. Il est prévu de rénover et d'élargir la route n° 1 (l'axe principal) dès 1995, avec l'aide de plusieurs grandes sociétés étrangères de travaux publics. L'état d'abandon et de délabrement de certaines routes secondaires mérite réflexion. Avant de vous embarquer sur ces voies rocailleuses, crevées par des nids-de-poule, hérissées de rocs et de cailloux, renseignez-vous bien sur l'intérêt de la balade, et sur ce que vous trouverez au bout du chemin.

Au Vietnam, on roule à droite. On ne voit pas encore beaucoup de voitures sur les routes du Nord. Dans le Sud, plus développé, la circulation est plus intense : autos, camions, motos, vélomoteurs et bicyclettes. Sans compter les nombreux piétons et les animaux qui errent le long de la voie. On voit beaucoup d'accidents. Les assurances individuelles n'existent pas, du moins pas encore. Ça va venir. Mais pour l'instant, il est impossible à un touriste de passage de louer une voiture et de partir à l'aventure, tout seul, à travers le pays. En revanche, à bicyclette, à moto et en cyclo-pousse, on peut circuler comme on veut, sans trop de risques.

– *Routes en bon état :* toutes les routes principales du delta du Mékong sauf le dernier tronçon entre Rạch Giá et Hà Tiên (petit port sur le golfe du Siam), la route des hauts-plateaux du centre (Dalat, Ban Mê Thuột, Pleiku, Kontum), la route n° 1 de Saigon à Huê.

– *Routes détériorées :* en général celles du Nord. Entre Vinh et Hanoi, entre Hanoi et Haiphong, et au nord de la capitale, toutes celles qui conduisent aux villages de la haute région.

– *Routes « infernales » :* la nationale 14 entre Kontum et Đà Nẵng (piste en piteux état, décrite à la fin du chapitre consacré à Kontum). La piste entre Hanoi et Diên Biên Phu (se reporter à cette localité). Pour ne citer que ces 2 exemples révélateurs. Ces routes sont impraticables en voiture. Il faut une Jeep, ou un véhicule tout-terrain genre 4 x 4.

– *Cartes routières :* il n'existe actuellement aucune carte routière digne de ce nom au Vietnam. On trouve des cartes administratives fabriquées sur place mais quasiment inutilisables pour un routard. Les vieilles cartes coloniales françaises restent, en l'état, les cartes routières les plus précises, mais elles datent de 50 ans et plus !

Les cartes aériennes de l'armée américaine, au 1/500 000 ou au 1/1 000 000, faites à Saint-Louis (Missouri) pendant la guerre du Vietnam, donnent une bonne vue d'ensemble du pays (relief, forêts, montagnes...) mais ne sont pas très pratiques sur le terrain.

La meilleure carte routière, disponible en France dans les librairies de voyage, est le « Vietnam, Laos, Cambodia » publiée par Nelles Verlag au 1/500 000. L'essentiel y figure. Elle est remise à jour régulièrement.

– *Distances kilométriques entre les villes :* se reporter à la rubrique « Distances », dans les généralités.

Santé

Comme nombre de pays du Sud, vous ne trouverez pas vos médicaments préférés. Pensez à les apporter : antidiarrhéiques (Imodium, Intétrix, Ercéfuryl, etc.), aspirine, anti-paludéen, antibiotiques à large spectre (Tétracycline), Micropur (pour stériliser l'eau), petits ciseaux, thermomètre, médicament de réhydratation (en cas de dysenterie), poudre ou produit cicatrisant, crème anti-dermatose, mercurochrome, alcool à 90°, albuplast, coton, compresses.

Le système de santé vietnamien, malgré une évidente bonne volonté gouvernementale, accuse d'importants retards et carences. On n'est pas là pour juger d'ailleurs. Sur le plan maladies, on en trouve beaucoup qui ont disparu, ou presque, sur nos rives : polio, lèpre, méningite, tétanos, hépatite, palu, dysenterie, amibes, etc. Pas de panique : d'abord, ça frappe les organismes faibles (bébés et jeunes enfants en déficience alimentaire et vivant déjà dans des conditions de santé précaires). Ensuite, tous nos lecteurs(trices) sont évidemment vaccinés (ou ont effectué leur rappel). Pour finir, ils maintiendront une rigoureuse politique d'hygiène pendant tout leur voyage. Voici cependant quelques conseils avisés (même s'ils apparaissent évidents pour nombre de nos lecteurs) :

– *Ne pas boire d'eau aux robinets des villes et encore moins celle des puits dans les campagnes.* On trouve quasiment partout de l'eau minérale. Même si vous ne trouvez pas votre marque habituelle, on dégote toujours une eau vietnamienne capsulée (avec un petit goût étrange venant d'ailleurs). Sinon, emporter du Micropur (rappel : il met 2 h pour agir !). Concernant les glaçons, à éviter dès que vous avez un doute sur la qualité de l'eau qu'on a utilisée ! Les risques de maladies sont nombreux mais il y a presque toujours un vaccin qui leur correspond : hépatite A (vaccin), tétanos, diphtérie, typhoïde (vaccin DTTAB), polio (vaccin).

– *Concernant salades et crudités,* c'est le débat séculaire entre routards. Faut-il y renoncer systématiquement dès lors qu'on mange en dehors des restos des grands hôtels ou s'agit-il de s'adapter aux conditions locales et de se fier à son intuition personnelle sur la propreté des lieux (en partant bien sûr de la connaissance de son corps et de ses capacités de résistance) ? Nous, on refuse de sombrer dans la parano, parce que, à ce compte-là, même dans un grand hôtel, quelle garantie avons-nous que l'assiette ou le verre que nous utilisons ont bien été lavés, eux-mêmes, dans une eau saine ? Pour les *fruits de mer,* on les exclut totalement, si l'on veut être sûr de ne rien attraper ou on module suivant ses appréciations des conditions d'hygiène.

– *Gargotes, restos de marché et vendeurs de phở sur les trottoirs* sont évidemment loin de présenter vos conditions d'hygiène habituelles. Mais là aussi, nous ne nous sentons pas le droit de dire : « à éviter ! ». D'abord, beaucoup sont propres, ça va de soi. Ensuite, vous connaissez bien, là aussi, la force des anticorps que vous produisez. Et puis, beaucoup de lecteurs à petit budget ne peuvent pas faire autrement. Alors, comme on dit toujours : intuition et discernement.

– *Paludisme :* le Vietnam est dans le groupe 3 (prévalence élevée de chloro-quino-résistance). En principe, si vous effectuez le circuit traditionnel Saigon, Nha Trang, Đà Nẵng, Huế, Hanoi (et environs) et baie d'Along, il n'y a pas de risque de malaria. Dès lors que vous partez sur les hauts-plateaux et en montagne, antipaludéen obligatoire. Produit à déterminer avec votre médecin, en sachant qu'un certain nombre de souches paludéennes sont résistantes à la Nivaquine traditionnelle, qu'il faut lui adjoindre autre chose (la Paludrine par exemple) ou choisir le Lariam (en connaissant bien sûr, ses contre-indications). Si vous n'êtes pas trop encombré, emporter une moustiquaire peut être une bonne idée. Mais il y en a sur place dans beaucoup d'hôtels. Cependant, vérifier qu'il n'y a pas de trous (là, on ne regrette pas d'avoir emporté son scotch armé). Crème antimoustique et tortillons (gardés dans une boîte en fer ou plastique solide pour ne pas qu'ils cassent !) bien sûr obligatoires.

– *Maladies sexuellement transmissibles (MST) :* en premier lieu, le SIDA, dont le gouvernement semble avoir pris conscience de l'importance. Énergique politique d'information par grands panneaux en tout cas. Dans ce chapitre, nous ne pouvons pas faire l'économie de quelques questions de prévention. La prostitution se développant énormément à Saigon et Hanoi, il faut absolument sortir « couvert ». Le SIDA se transmettant également par le sang, éviter toute transfusion et toute piqûre avec seringue douteuse. Le mieux étant de partir en voyage avec des seringues neuves et du matériel stérile et de les fournir au médecin ou à l'infirmière si besoin est. Le préservatif, est-il besoin de le rappeler, protège également d'autres gentilles MST dont la liste n'est pas un poème à la Prévert (même avec un raton laveur) : la blennorragie (la bonne vieille chaude-pisse), la syphilis, l'herpès génital, le chancre mou, les chlamidioses, les crêtes de coq, l'hépatite B (tiens, là il y a un vaccin !). Reconnaissez que pour le prix d'un bout de latex, ça vaut le coup !

Sécurité

Il y a fort peu de problèmes de sécurité au Vietnam. A part les pickpockets qu'on retrouve universellement partout. A ce propos, se méfier particulièrement dans les grandes fêtes populaires, les pèlerinages et les transports en commun (train et bus). Il n'y a qu'à Saigon que se développe une petite délinquance. Bien que Cholon ait été le théâtre de quelques vols à la tire, on est très loin du compte, comparé à beaucoup d'autres pays de la région. Éviter cependant les quartiers les plus mal famés et Cholon au moment du Têt (l'alcool y rend les gens agressifs). Ne pas laisser, bien entendu, d'objets de valeur dans les chambres d'hôtel. Dans les trains, ne pas perdre de vue son sac. Enfin, les agressions physiques sont extrêmement rares. Le pire restant le « vol à la tire ».

Souvenirs

– *Les objets laqués :* partout, partout, partout, les laques sont omniprésentes dans les magasins de souvenirs, du nord au sud du pays. Les objets laqués ont tous les formats, toutes les formes, tous les volumes que l'on puisse imaginer : du petit galet de plage à l'armoire familiale, du tableau traditionnel incrusté de motifs en nacre jusqu'au cendrier. C'est bien simple : au Vietnam la laque est une passion nationale. Et une très vieille activité artisanale remontant aux XIVe-XVe siècles.

Les grands tableaux laqués et incrustrés de nacre, très répandus, ne sont pas toujours faciles à transporter mais une fois accrochés à un mur blanc ils sont du meilleur effet. Ne pas oublier les bibelots et objets décoratifs (boîtes à bijoux, à crayons, vases...) moins encombrants à transporter, peu chers à l'achat (marchander !) et qui font toujours de jolis petits cadeaux.

Pour connaître l'énigme de la fabrication des laques, se reporter à la rubrique « Artisanat ».

– **Boîtes et objets en cannelle :** imaginez des objets utilitaires, des boîtes fourre-tout par exemple, dont la simple présence sur un coin de table ou de bureau suffit à vous dépayser : c'est le cas de ces merveilleuses pièces d'artisanat, toutes simples, faites avec l'écorce du cannelier, autrement dit en cannolle. Oui, en cannelle, un des plus vieux aromates du monde. Quel parfum doux et lointain d'Extrême-Orient ! Ces objets-qui-sentent-bon sont rarement mis en valeur dans les magasins de souvenirs. Pensez-y ! Et de plus, le bric-à-brac de petits riens que vous laisserez traîner dans ces boîtes s'imprégnera de la senteur exotique de la cannelle. Hmmm...

– **Chapeaux coniques :** le Vietnam sans son chapeau conique (nón lá), c'est la City londonienne sans son chapeau melon, le Mexique sans son sombrero, le Pays basque sans son béret. Bref, voilà presque un symbole patriotique : le couvre-chef national d'un pays de riz et d'eau. Un chef-d'œuvre de simplicité, d'efficacité, de légèreté et d'élégance !

Simple parce qu'il est fabriqué avec quelques feuilles de latanier séchées ficelées entre elles sur une trame de cerceaux. Efficace parce qu'il protège à la fois du soleil et de la pluie (il est imperméable). D'où son succès dans les rizières ! Léger parce que naturel. Élégant, et ajoutons poétique, parce que certains chapeaux portent des poèmes dessinés en filigrane (mais ils sont plus chers à l'achat).

– **Aó dài :** c'est la tunique traditionnelle des Vietnamiennes. Faite dans un tissu très fin, elle est fendue sur les côtés jusqu'aux hanches. Existe dans plusieurs couleurs vives. Certains *aó dài* sont brodés de motifs dont les plus fréquents sont les dragons.

– **Cuivres et bronzes :** on trouve à Hanoi et à Huê des théières et des crachoirs anciens en cuivre ou en bronze.

– **Faïences :** les vieux bols en faïence dont la bordure est protégée d'une fine lamelle de métal ont plus de valeur que les autres.

– **Porcelaines :** les plus belles sont les porcelaines de Huê. Elles atteignent maintenant des prix astronomiques. Considérées comme appartenant au patrimoine national, il est de plus en plus difficile de les sortir du pays. Un conseil : on trouve au musée des Beaux-Arts de Hanoi des reproductions très bien faites, à des prix vraiment attractifs.

– **Peintures sur soie :** une bonne idée de cadeau. De nombreux vendeurs ambulants en proposent dans les rues de Saigon. Ils vendent aussi des dessins au crayon sur une pièce de soie et des cartes de vœux peintes sur soie.

– **Pièces de monnaie et billets de banque :** au Vietnam, rien n'est jeté, tout est récupéré, réutilisé, revendu. C'est le cas des anciennes pièces de monnaie, les piastres, qui circulaient au Sud-Vietnam avant 1975. On peut aussi rapporter un album de vieux billets de banque provenant des 3 pays de l'ancienne Indochine (Vietnam, Cambodge et Laos). Ne pas oublier de marchander les prix.

– **Timbres :** les collectionneurs seront aux anges car des ribambelles de vendeurs ambulants vendent des albums de timbres anciens (ou récents) émis pendant la période coloniale française ou après l'indépendance du Vietnam.

– **Vêtements militaires :** les Vietnamiens ont récupéré les stocks de fournitures laissés par l'armée américaine en 1975. Dans les surplus militaires de Saigon et de Hanoi, et dans certaines boutiques spécialisées, on peut acheter de vieux treillis, des casques, des rangers, des ceinturons, des sacs à dos, des cantines... L'armée vietnamienne aujourd'hui en paix, voyant quel profit elle pouvait en tirer elle aussi, s'est lancée dans ce fructueux commerce. On trouve désormais les éléments de base de la panoplie du *bộ đội* en vente libre. Le symbole le plus frappant de l'armée vietnamienne, c'est le casque des soldats du Nord. De forme ovale, de couleur vert kaki, il est l'héritier du vieux casque colonial français. Fabriqué en bois de latanier (et non en métal), il est extrêmement léger, et plutôt beau.

– *Autres souvenirs :* à Hanoi et à Huê, on peut aussi acheter des cartes postales peintes, des bannières de cérémonie, rouges et brodées sur soie (1,50 m sur 80 cm), que les mandarins offraient autrefois au roi, des tabatières en argent ciselé, et de très jolis et curieux petits autels votifs en bois peint que les Vietnamiens mettent dans leurs maisons ou dans leurs boutiques pour attirer les bons esprits. À Huê, plus particulièrement, les marchands de souvenirs vendent de petites figurines en bronze patiné (12 cm de haut environ) représentant les différents corps de métier (paysans, artisans, mandarins, guerriers, etc.).

– *Vrais ou faux briquets Zippo :* on vous en proposera au moins une fois au cours de votre voyage. Vestiges de l'engagement militaire américain au Vietnam, compagnons inséparables des marines et des G.I., ils portent, souvent, le nom et l'identité de la compagnie ainsi que des dessins assez grivois et des sentences amusantes gravées sur le métal. Il y a les vrais et les faux Zippo. Comment les distinguer ? Pas facile. Les vrais sont mieux gravés, s'ouvrent plus difficilement, leur patine semble plus naturelle que les faux (patinés artificiellement pour la vente).

– *Artisanat des minorités ethniques :* il est aussi varié, coloré, surprenant que la minorité ethnique elle-même.

Dans les villages Lat autour de Dalat, on trouve de beaux tissus colorés et des paniers tressés que les « montagnards » portent sur le dos. Au nord du pays, dans les villages ethniques, des artisans fabriquent de belles pipes en bambou gravées (les racines servent de pied à la pipe).

– *Conseils pour les antiquités :* les magasins d'antiquités regorgent d'objets anciens de valeur. Ils sont en vente libre mais, par un curieux paradoxe administratif, il est impossible de les sortir du pays sans une autorisation spéciale. Celle-ci s'obtient à Hô Chi Minh-Ville au bureau pour le contrôle de l'importation et de l'exportation des objets culturels, 178, rue Nam Kỳ Khởi Nghĩa. Si vous n'avez pas cette autorisation, en vous présentant à la douane : le douanier découvre vos antiquités et les confisque purement et simplement. Il faut réagir, argumenter, le convaincre qu'il ne s'agit que de simples objets artisanaux fabriqués en série, que le magasin en vendait des centaines tous semblables. Vous pouvez présenter la facture du commerçant comme preuve (en ayant pris soin au préalable de la demander au moment de l'achat).

En dernier lieu, seulement si la situation vous semble bloquée, et le douanier toujours aussi buté, accepter de payer la taxe d'exportation (si vraiment vous tenez à vos objets). D'ailleurs, celle-ci est assez arbitraire et s'apparente à du racket (illégal mais toléré...).

Transports

● *En cyclo-pousse* (invention charentaise)

Le moyen de transports le plus écologique du Vietnam : pas de moteur, pas de fumée, pas de bruit, sauf le gling-gling des pédales. Convient parfaitement aux villes plates comme Hanoi, Saigon ou Huê.

Le cyclo-pousse a toute une histoire. Son ancêtre était le « pousse-pousse », très répandu à l'époque coloniale. Une vraie galère pour le coolie en chapeau conique attelé comme une bête de somme à ses brancards, qui devait tirer à bout de bras le colon assis dans une nacelle. Le cyclo-pousse a « libéré », si l'on peut dire, le coolie.

On l'ignore, mais le cyclo-pousse actuel est l'œuvre d'un astucieux inventeur charentais : Maurice Coupeaud, un illustre inconnu, qui n'a même pas songé à donner son nom à son invention (ça pourrait s'appeler d'après nous le « coupeaucycle »...). Ce bricoleur de génie eut l'idée d'accoupler une nacelle à une bicyclette. Résultat : le cyclo-pousse ressemble à une sorte de triporteur à pédales où le pilote pédale, assis à l'arrière du passager. Après avoir été testé dans les allées du bois de Boulogne par deux vedettes du Tour de France de 1937, le premier cyclo-pousse débarqua à Phnom Penh en 1938, puis, avec l'accord de Georges Mandel, ministre des Colonies, fut enfin autorisé en Cochinchine. Pour fêter l'événement, Coupeaud fit son entrée dans Saigon au volant de son invention, à l'issue d'une course-marathon mémorable de 27 h ! La plupart des coolies se convertirent à ce nouveau véhicule d'avant-garde qui se répandit dans tout le Vietnam à partir de la Seconde Guerre mondiale.

– *Conseils :* marchander le prix de la course avant d'embarquer et toujours en *dông* vietnamiens (jamais en dollars !). Pour plus de détails, se reporter à Saigon à la rubrique « Comment se déplacer ? ».

● *En bus :* comme dans tous les pays du Sud, réseau dense de communications par bus. A part la N1 et quelques tronçons qui s'y rattachent, les routes ne sont pas goudronnées et varient de l'acceptable au pire, en passant par le rude. Pour les routes ou pistes en terre battue, grosses difficultés pendant la saison des pluies. Sur la majorité des itinéraires, ne pas espérer dépasser le 20 km/h. D'ailleurs, comme en montagne, on ne parle qu'en heures de route et pas en kilomètres.

Les bus sont de vieux véhicules russes, chinois et... français tout rafistolés. Et ça marche ! A Huê et Dà Nang, émouvant de voir ces antiques camionnettes Renault jaune et rouge réussir à gravir héroïquement le col des Nuages. Attention, pour nos lecteurs photographes, ce n'est pas le mode de voyage idéal : peu d'arrêts (les pannes se produisent rarement au bord du plus beau canyon) et beaucoup de monde (parfois tellement bourré que vous n'auriez même pas la place d'appuyer sur le déclencheur !). Bien entendu, le moins cher des moyens de transport. Les bus express, comme leur nom ne l'indique pas, restent lents mais plus rapides que les bus locaux qui s'arrêtent partout à la demande.

● *En train :* réseau assez limité. D'abord la transvietnamienne de Hanoi à Saigon. Puis de Hanoi à Haiphong et les lignes du Nord. Certes, le diesel a remplacé les vieilles locos à vapeur romantiques, mais les antiques et inconfortables wagons sauront vous recréer les conditions d'aventure traditionnelles. Souvent plus lents que le bus. Mais, même bondé, le train offre quand même plus d'espace pour les jambes et plus de sécurité. Voies étroites qui ne favorisent pas la vitesse, ça va de soi. Comme il n'y a qu'une seule voie, les croisements ne peuvent s'effectuer que dans les grandes gares, avec des temps d'attente plus ou moins longs.

Plusieurs classes : de 4 à 5 suivant les trains (moins sur les locaux). La moins chère est la « hard seat » (no comment !), la bonne vieille banquette en bois. Ensuite la « soft seat ». Ce délicat euphémisme indique qu'on y trouve parfois de la moleskine plus ou moins rembourrée. Puis les couchettes avec, dans l'ordre hiérarchique, le « hard berth », un compartiment à 6 couchettes sans porte, le « soft berth » qui propose 4 couchettes avec le plus souvent une porte, enfin, la plus chère, le « super berth », qui possède 2 couchettes et une porte. Nous ne conseillons pas la couchette du haut, car si la ventilation ne fonctionne pas, il peut y faire douloureusement chaud. La plus intéressante se révèle être celle du milieu.

Très conseillé de réserver au moins la veille. Concernant les couchettes, plusieurs jours à l'avance. Avoir son passeport sur soi, certains employés se croyant obligés de montrer leur pouvoir.

Les étrangers payent bien sûr plus cher (et en dollars), mais où ça devient ridicule, c'est lorsque le Hanoi-Saigon en train coûte à peine moins cher qu'en avion !

Si votre itinéraire comporte plusieurs « stop-over » (genre Nha Trang, Dà Nang et Huê), vous ne pourrez pas, en principe, acheter un billet global. Nécessité de racheter le billet suivant. Aussi, pensez à le faire dès votre arrrivée pour réserver d'abord, ensuite parce que les gares sont parfois assez éloignées des centres-villes.

● *En voiture de location :* les routes sont bien meilleures au sud qu'au nord (à part la N1). Trafic particulièrement intense avec, en plus, la multitude de vélos, charrettes et véhicules lents de tout poil. Ça n'impressionne guère les chauffeurs de bus et de camion qui, même s'ils ne peuvent rouler à des vitesses fantastiques, circulent quand même vite par rapport au rythme naturel des paysans. Il est formellement déconseillé de louer une voiture sans chauffeur (d'ailleurs jusqu'à très récemment, c'était impossible) pour toutes les bonnes raisons qui précèdent. En revanche, il est relativement facile et populaire chez les touristes d'en louer une avec chauffeur. Nombreuses possibilités de location. Aux grandes agences d'État, type Vietnam, Hanoï et Saigon Tourism, mais aussi à certains ministères, organismes officiels en attendant que les compagnies privées se développent. Comparez les prix, il y a souvent des différences importantes. Groupez-vous, dans beaucoup de cas, les prix par personne deviennent vraiment intéressants. Conseillé de rouler un peu avant avec la voiture pour vérifier la qualité (ou tout simplement l'existence) des amortisseurs (sinon, bonjour le tape-cul sur la plupart des routes secondaires).
Louer par l'intermédiaire d'une petite agence liée aux cafés qu'on indique (Darling Café, Green Bamboo, Queen Café à Hanoi, 33 Café à Saigon) demeure l'une des solutions les plus faciles à organiser et l'une des meilleur marché.

● *A bicyclette :* pour les grandes villes type Hanoi, Huê, etc., un moyen de locomotion formidable. Vous êtes au rythme de la ville. De plus en plus d'hôtels et d'agences louent des vélos. Et pas d'angoisse pour les crevaisons et réparations diverses, vous trouverez un nombre incroyable de réparateurs sur votre route. Pour les environs, le vélo se révélera aussi un superbe moyen de découverte. Pour les temples et pagodes dans un rayon de 50 km autour de Hanoi ou les tombeaux autour de Huê. L'occasion d'être réellement « fomec » dans la campagne, de survoler les rizières sur les routes-digues, de pouvoir vous arrêter dans les villages et de ne pas se contenter de les traverser seulement en traînant de vieux regrets... Possibilité aussi d'acheter son vélo. Ceux de fabrication vietnamienne sont les meilleur marché, mais au dire de nombreux utilisateurs, pas d'une grande solidité (compter 200 à 250 F). Les vélos chinois (une vitesse) démarrent à 500 F. Les modèles (importés de Chine, Japon, Taiwan) un peu plus sophistiqués coûtent autour de 600-700 F. Ne pas manquer de regarder d'abord dans les grands magasins d'État.

● *L'avion :* Vietnam Airlines, la compagnie nationale, a possédé longtemps une mauvaise réputation, mais depuis l'ouverture économique et avec l'aide d'Air France, les choses se sont considérablement améliorées. Sur Hanoi-Hô Chi Minh-Ville, ce sont des Airbus prêtés par la France, tandis que sur les autres lignes intérieures, ils ont mis leurs meilleurs Tupolev. S'il n'y a quasiment plus de problèmes de sécurité liés aux difficultés d'entretien ou de maintenance, en revanche Vietnam Airlines a conservé (jusqu'à parution de ce guide, en tout cas !) quelques pratiques étranges. Par exemple (choses vécues) : la bonne idée de partir 15 mn avant l'heure de décollage officielle, dès lors que tous les passagers ont été enregistrés. C'est vrai, quoi, pourquoi dans ce cas attendre plus ? L'embarquement ayant été effectué, de ce fait, encore plus tôt (et annoncé de façon inaudible), les hôtesses affolées nous cherchaient partout dans la salle d'attente... Au retour, mieux encore : une quinzaine de personnes étaient encore en train de marcher dans le couloir de l'avion ou de ranger leurs valises quand l'avion, 5 mn avant l'heure prévue, s'est déjà mis à rouler pour prendre son envol. Non, inutile de poser la question, les hôtesses n'ont pas cherché ce matin-là à savoir si les ceintures étaient bien accrochées !

● *Principales lignes intérieures :*

— Hanoi pour : Hô Chi Minh-Ville, Pleiku, Huế, Đà Nẵng, Điện Biên Phủ, Nha Trang.

– Pleiku pour Đà Nẵng, Hô Chi Minh-Ville et Hanoi.
– Đà Nẵng pour Nha Trang, Qui Nhơn, Pleiku et Hanoi.
– Qui Nhơn pour Hô Chi Minh-Ville et Đà Nẵng.
– Huế pour Hô Chi Minh-Ville et Hanoi.
– Haiphong pour Hô Chi Minh-Ville.
– Hô Chi Minh-Ville pour : Hanoi, Pleiku, Ban Mê Thuôt, Huế, Đà Nẵng, Qui Nhơn, Nha Trang, Haiphong, Dalat et Phú Quốc.

● *Lignes internationales :*

– Pour aller au Vietnam en avion, reportez-vous en début de guide à la rubrique « Comment y aller ? » et « Comment y aller au départ de l'Asie du Sud-Est ? ».
– De Hanoi : vols réguliers de Vietnam Airlines pour Bangkok, Berlin, Hong Kong, Kuala Lumpur, Manille, Melbourne, Paris, Singapour, Taipei.
– De Hô Chi Minh-Ville : vols réguliers de Vietnam Airlines pour toutes les destinations déjà desservies par cette compagnie au départ de Hanoi, plus Amsterdam et Paris.

LE SUD DU VIETNAM

Quadrillage miroitant sous la lumière de la mousson, les rizières s'étendent à l'infini dans une campagne basse et humide, à perte de vue. La mer de Chine où se jette la « mère des Eaux » (le Mékong) baigne ce Sud profond, tropical, éternellement placé sous le signe de l'eau, des eaux. Pays de riz et d'eau, pourrait-on dire. Au cœur de cette platitude verte, tel un œil dragonesque : la ville de Saigon, officiellement baptisée Hô Chi Minh-Ville, la capitale économique du Vietnam.. Une cité active, trépidante, faussement nonchalante, rebelle et désinvolte. Elle est à l'image du Sud. Les premiers conquistadores et aventuriers européens commencèrent ici leur quête effrénée de colonies. Puis, tout se déplaça vers le nord, froid, austère, martial, presque spartiate. Le Sud, coupé du Nord après les accords de Genève (1954), forma une république indépendante. L'Amérique y installa sa machine de guerre. Le conflit fut long et horrible, un désastre qui se lit encore dans ces rizières trouées de cratères de bombe. Mais, ici, la nature luxuriante a vite repris ses droits. Les esprits sudistes ont suivi le mouvement. Résultat : le décollage économique du Vietnam a commencé là, bien avant le reste du pays.

Des plages du Vũng Tàu au temple caodaïste de Tây Ninh, en passant par les ports du delta du Mékong, voici bel et bien ce « Sud lointain », symbole de fertilité et de richesse (relative bien sûr…).

HÔ CHI MINH-VILLE (SAIGON)

Ici la première bouffée d'air chaud n'est sans doute pas la meilleure. Emportée par le vacarme pétaradant de la rue, la ville ne se livre pas tout de suite. Il faut l'apprivoiser, flâner à pied dans ses longues et interminables avenues ombragées, en faire le tour plusieurs fois en cyclo-pousse, la découvrir en prenant son temps, sans se presser. Et alors Saigon, capitale économique du Vietnam, peuplée de 4 500 000 habitants, révélera sa véritable personnalité, celle d'une cité boulimique, frénétique, entreprenante et frondeuse, commerçante et marchande, méridionale et tropicale.

Une ville posée dans la boucle d'une rivière nonchalante au cœur d'une plaine basse et humide d'un vert éclatant, qui se dilue au loin, vers le delta du Mékong. Vue d'en haut, on dirait qu'elle est née de l'eau et du riz, et qu'elle pourrait y replonger à chaque excès de la mousson. Plus folle et indisciplinée que Hanoï, Hô Chi Minh-Ville, que tout le monde ici continue à appeler Saigon (son nom d'avant 1975), a reçu 95 ans d'influence française, supporté les Américains, résisté à la bureaucratie communiste du Nord. A présent, sortie d'un long sommeil économique, elle mord la vie à pleines dents, comme si elle voulait rattraper le temps perdu. Sa joie de vivre, son énergie, son génial esprit d'entreprise, étouffés par des années de sclérose, s'épanouissent aujourd'hui au grand jour, et gagnent tout le pays.

Un peu d'histoire

Avant de devenir une cité, c'était un petit port cambodgien nommé Prey Nokor (« Forêt de la capitale ») où parvenaient jonques et sampans du royaume khmer, lequel englobait à l'époque le delta du Mékong et l'actuel site de Saigon. A la fin du XVIIe siècle, devant la menace chinoise au nord, au Tonkin, des Annamites s'installèrent progressivement dans cette basse Cochinchine très fertile. A l'instigation des princes de la dynastie des Nguyễn, ils occupèrent officiellement la région de Biên Hoà (aux environs de Saigon) en 1658 puis ils s'emparèrent en 1674 du fort de Saigon. Prey Nokor devint alors Saigon, nom qui signifie « le bois de kapokier » en raison des kapokiers (ou faux cotonniers) qui poussaient en abondance aux alentours.

Pour se protéger des rebelles Tây Sơn, la cité fut murée en 1773. L'empereur Gia Long y accueillit en juillet 1789 (en pleine Révolution française) une première mission militaire française destinée à défendre les forces annamites contre leurs ennemis (la conquête viendra plus tard). En 1791, sur les plans d'officiers français, Saigon est corsetée dans une citadelle de forme octogonale (dont il ne reste plus rien aujourd'hui).

Au début du XIXe siècle, Saigon est la capitale du pays de Gia Định (Cochinchine), un statut qu'elle a gardé jusqu'à la conquête par les Français en 1859.

La capitale de la Cochinchine

Pour faire pièce à l'empire des Indes anglophone et contrecarrer l'Angleterre, son éternelle rivale, sur la route de Cathay (l'autre nom mythique de la Chine), la France cherchait à se tailler un vaste empire à l'est du Siam. Objectif : atteindre la Chine tant convoitée en la prenant par le sud. La porte d'accès de cette ambition s'appelait Saigon. Mais la raison officielle de la conquête française fut la question religieuse. Pour protester contre les persécutions de missionnaires catholiques commises sous le règne de l'empereur Tự Đức, Napoléon III avait envoyé à la cour de Huê des lettres véhémentes. Les persécutions continuèrent. Le ton monta. Et ce fut l'assaut. Les marins du corps expéditionnaire remontèrent la rivière de Saigon au début de l'année 1859. Ils découvrirent « un vaste marais traversé par des cours d'eau nauséabonds ». Leur pire ennemi ? La vase et les moustiques. Au milieu de Saigon, « misérable village de cabanes de bambous », se dressait la citadelle de Gia Định où étaient retranchés les résistants annamites. Les combats faisaient rage. Mais le 17 février 1859, Saigon tomba aux mains des Français, équipés d'armes plus perfectionnées. Le 5 juin 1862, la Cochinchine devint une colonie au terme d'un traité signé entre l'Annam, la France et l'Espagne (les Espagnols furent vite remerciés de leur participation militaire à la conquête) et dont Saigon devint la capitale. L'épopée coloniale en Indochine a commencé dans cette ville qui ne comptait à cette époque que 10 000 habitants dont 577 Européens. Un colonel rédigea alors un rapport prémonitoire intitulé « Saigon, ville de 500 000 âmes ». Cette vision se concrétisera en quelques décennies.

Les grands travaux commencèrent : on combla les marais, on nivela les hauteurs, on creusa des canaux, des arroyos furent détournés, des rues percées, des milliers d'arbres plantés. Tamariniers, manguiers, sao, tecks, badamiers, eucalyptus quadrillèrent Saigon. Anecdote amusante : quelques années plus tard, il y eut même une « querelle des arbres ». Au nom de l'hygiène, de la commodité, on les déclara trop nombreux. On leur reprocha d'assombrir les demeures, d'abîmer les trottoirs, de boucher les égouts. C'était l'époque où les colons pouvaient récolter des mangues et des tamarins dans le centre-ville, en levant simplement le bras...

La ville fut construite selon un plan d'urbanisme très strict, rectiligne : les rues et les avenues devaient se croiser à angle droit, les masures s'effacer devant les villas en dur avec balcons à claire-voie. La IIIe République s'exporte sous les tropiques ! Et Saigon, très vite, se parisianise au point d'être surnommée « le Petit-Paris de l'Extrême-Orient ». Des monuments imposants sortirent de terre : le palais du gouverneur de la Cochinchine aux blanches colonnes et aux plafonds moulurés, la poste centrale charpentée de fer par Gustave Eiffel, la cathédrale (1883), le théâtre municipal (1900), la mairie (1908). Et une ribambelle de villas coloniales, toujours debout aujourd'hui. Dès 1914, le décor était campé, comme s'il devait durer des siècles...

Le Petit-Paris de l'Extrême-Orient

Avant l'ouverture des lignes aériennes entre Paris et Saigon, il ne fallait pas moins de 28 jours aux paquebots des Messageries maritimes pour relier Marseille à Saigon. Une aventure lointaine ! La ville fascine les voyageurs, captive les romanciers, et envoûte ceux qui y élisent domicile. « Saigon d'exil et de langueur », disait Pierre Loti, que l'on surnommait le « magicien des antipodes ». Les plus enthousiastes voient en elle « une gracieuse Française étendue sur un lit de verdure », « une magnifique courtisane », « la perle de l'Extrême-Orient ». L'écrivain-voyageur britannique Somerset Maugham y passe en 1923 : « Saigon ressemble tout à fait à une petite ville du sud de la France… c'est une petite cité gaie et plaisante. » Observateur fin et caustique du monde colonial, il dépeint les mœurs françaises sous les tropiques, si différentes des coutumes anglaises : « Devant les hôtels, des terrasses accueillent à l'heure de l'apéritif un grand nombre de Français. Ils portent la barbe, parlent avec les mains, consomment des vermouths, des cassis, des Byrrh, des quinquinas Dubonnet, ces boissons sucrées et fades que l'on sert en France, et jacassent avec l'accent chantant du Midi… Des victorias passent à toute allure tirées par deux poneys et des automobilistes klaxonnent. »

Dans les années folles, la colonie française de Saigon organisait des bals, des expositions, des régates, des courses cyclistes et même des concours de pétanque au club de la Boule Gauloise ! Les riches planteurs de caoutchouc se retrouvaient au Cercle sportif, l'endroit chic de Saigon. On s'amusait jusque tard dans la nuit dans des bars aux noms évocateurs comme la Taverne Alsacienne ou la Rotonde. Un événement passa presque inaperçu : la fondation de la première cellule clandestine du parti communiste vietnamien, dans une courette obscure. C'est le début de la révolte contre le colonialisme français, qui s'achèvera par la guerre d'Indochine dans le fracas de Điện Biên Phủ (1954).

Le cœur de la machine de guerre américaine

Après la défaite de Điện Biên Phủ et le partage du Vietnam en deux pays distincts, le Nord communiste et le Sud capitaliste, les Français ferment les rideaux et s'en vont. Fin de l'ère coloniale après 95 années de présence au Vietnam. Saigon entra alors progressivement dans une nouvelle époque : la guerre du Vietnam. Les Français partis, les Américains prirent la relève. En 1962, ils débarquèrent, « pour défendre le Sud-Vietnam du péril communiste ». Saigon devint le centre, le cœur et le moteur de la puissance militaire américaine en Indochine. Une seule stratégie s'imposa, celle des 3 M : « men, money, material » (Les hommes, l'argent et le matériel). Au plus fort de la guerre, 100 000 civils et militaires américains vivaient dans cette ville déjà surpeuplée. Les bars nommés A-Go-Go, Chicago, Las Vegas, les Bunnys, proliférèrent. Rien qu'à Saigon, 56 000 prostituées étaient officiellement recensées. Mais le plus grave de tous les maux, celui qui était à l'origine de la démoralisation et de l'absence de discipline, était la corruption.

L'hôtel Rex servait de résidence aux officiers américains célibataires. Sur le toit du Rex, raconte le journaliste Michael Herr, auteur de *Putain de Mort*, « c'est là qu'on vous demandait si vous étiez colombe ou faucon. » Une fois, il y rencontra un colonel qui voulait abréger la guerre en lançant des piranhas dans les rizières du Nord… La terrasse de l'hôtel Continental et le café Givral (toujours là) étaient les deux endroits les plus fréquentés par les correspondants de guerre. La chute de Saigon, le 30 avril 1975, marqua la fin de la guerre du Vietnam, le départ des Américains et la victoire du Nord communiste. Le monde entier assista à l'évacuation des derniers Marines à bord d'hélicoptères juchés sur le toit de l'ambassade américaine de Saigon. Tout un monde refluait, un autre s'installait. Curieusement, la ville tomba rapidement et facilement, presque sans bombardements, et les forces du Nord n'eurent qu'à la récupérer, quasiment intacte. Le 2 juillet 1976, Saigon changea officiellement de nom et devint Hô Chi Minh-Ville, hommage posthume rendu au père de la nation vietnamienne réunifiée.

A　　　　　　　　　　　　**B**

1　Gare ferroviaire
2　Gare Routière de Miên Dông
3　Marché Binh Tây
4　Hippodrome de Saigon
5　Pagode Xa Loi
6　Pagode Vinh Nghiêm
7　Pagode Thiên Hau
8　Pagode Tam Son Hôi Quan
9　Pagode Nghia An Hôi Quan
10　Pagode de l'Empereur de Jade
11　Entrée du Jardin botanique
12　Musée d'Histoire du Vietnam
13　Zoo
14　Musée des Crimes de guerre
15　Pagode Giac Lâm
16　Pagode Giac Viên
17　Église Cha Tâm
18　Hôtel Arc-en-ciel
19　Hôtel Song Kim
20　Hôtel Trung Mai
21　Hôtel New Phung Mai
22　Pension 4 Roses
23　Villa-Hôtel 39
24　Architecture University Guest House
25　Villa Hông Giao
26　Restaurant 95
27　Restaurant Tri Ky
28　Restaurant Cha Ca Hanoi
29　Temple de Lê Van Duyêt

Aéroport de
TÂN SON NHÂT

D. Truong Son

Duong Công Hoa　Dai Lô

Hoang　Van　Th

Duong　Nguyên

Dai Lô Hoàng Van Thu

Le Van Sy

Le Van Sy

Duong Cach Mang Thang Tam

27

Duong Au Co

Dai Lô Ly Thuong

Gà Saigon

Thanh

15

Miên

To

D. Nguyên
Tri Phuong

QUARTIER 10

2

Dai Lô 3 Thang

Dai Lô

Duong Die

Ly Tha

25

4

Duong Le Dai

Ly Thuong

Dai Lô Nguyên Tri

Ngo Gia Tu

16

QUARTIER 11

Dai Lô 3 Thang

Hanh

Lô

Nguyên Chi

Thanh

Hung Vuong

Tran

Dai Lô An Duon

Gare routière de MIÊN TÂY, MYTHO

Delta du Mékong

Dai Lô　Hung　Vuong

Dài

CHOLON

Dai Lô Phuong

QUARTIER 6

17

7 9

19

8

Dai Lô

20 Tran Hung Dao

B.

Dai Lô Trân

18

Dai Lô Thap Muoi

D.L Hai Thuong Lan Ong

4

Dai Lô Hâu Giang

3

QUARTIER 8

A　　　　　　　　　　　　**B**

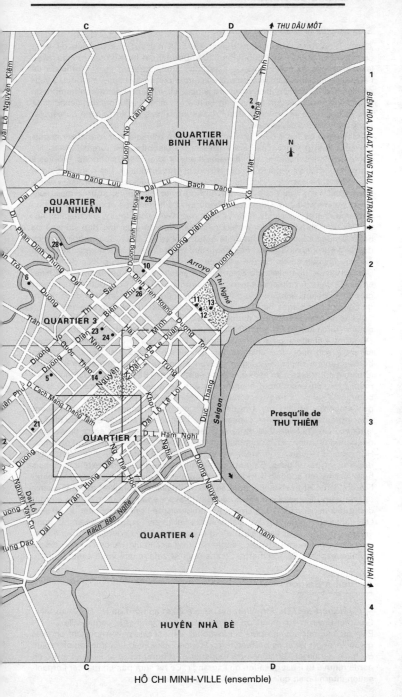

HÔ CHI MINH-VILLE (ensemble)

Saigon, ville fermée enfin ouverte

Après la victoire communiste d'avril 1975, il n'y eut pas de bain de sang comme celui perpétré à Phnom Penh (Cambodge) par les Khmers rouges. Mais la plupart des fonctionnaires de l'ancienne administration et des officiers de l'armée furent envoyés illico presto en camps de rééducation, le « Goulag vietnamien », d'où beaucoup ne revinrent jamais. La ville entra dans la pénombre du collectivisme le plus dur. Comme après toute bonne révolution, l'ancienne capitale vaincue dut se soumettre aux règles inflexibles du socialisme bureaucratique venu du Nord-Vietnam.

La ville entra de force dans un carcan politique, administratif et policier auquel rien ne l'avait préparé. Les bars à filles et les discothèques furent fermés, les commerces, les maisons, les immeubles privés furent réquisitionnés, enlevés à leurs propriétaires, confisqués par le nouvel État totalitaire. Les rues de Saigon se vidèrent. Ne restèrent que les cyclo-pousse et les vélos. Les Nordistes victorieux habillèrent l'ancienne capitale du Sud avec les habits, sobres mais austères, de la révolution. On passa subitement de la minijupe et des escarpins au pantalon noir et aux sandales en caoutchouc. Gym pour tous à 6 h devant l'hôtel Rex au rythme des haut-parleurs crachant à n'en plus finir des slogans de propagande ! « Saigon la pute a été battue par Hanoi la prude » soupiraient les derniers Européens à partir. Les nouveaux maîtres de la ville mirent un espion derrière chaque porte. Saigon « libérée » se réveilla soudain privée de liberté ! Des centaines de milliers de Saigonnais s'enfuirent alors par la mer de Chine, entassés dans des rafiots de fortune. Environ 1 500 000 boat-people, la plupart du Sud-Vietnam, quittèrent le pays, clandestinement, des arroyos de la rivière de Saigon, des plages de Vũng Tàu ou des canaux du delta du Mékong.

Coupée du monde extérieur pendant une dizaine d'années (1975-1985), la ville a commencé son réveil en 1987 lorsque le gouvernement lança la politique de *Đổi Mới*, « changer pour faire du neuf ». Des mesures de libéralisation donnèrent à son économie chancelante quelques bouffées d'air frais. Le carcan bureaucratique desserré, Saigon pouvait enfin sortir d'un marasme et d'une léthargie contraires à sa nature. Depuis septembre 1991, date où Saigon a vraiment pris son essor, tout change à la vitesse grand V. A présent, 60 % du commerce du pays transitent par Saigon, premier port du Vietnam mais aussi du Cambodge et du Laos. Les deux tiers des investissements étrangers sont concentrés dans l'ancienne capitale du Sud qui réalise plus de 35 % du PNB de la nation. Hô Chi Minh-Ville rattrape le temps perdu, dans une sorte de frénésie de consommation et d'engouement pour tout ce qui vient de l'étranger. Hommes d'affaires, touristes, et Vietnamiens d'outre-mer (les Việt Kiều) débarquent par vagues. Saigon qui n'avait pas vu le monde extérieur depuis belle lurette voit soudain le monde extérieur venir à elle. Cette cité cosmopolite, bouillonnante et boulimique, était au moins l'égale de Bangkok avant la guerre du Vietnam, elle avait quelques coudées d'avance sur Séoul et Taipei au tout début des années 60. La guerre et le communisme l'ont fait reculer de 40 ans. On comprend pourquoi les Saigonnais, fiers, joyeux, entreprenants, bons vivants, frondeurs et flambeurs, n'ont qu'un seul rêve aujourd'hui, pour eux et pour leurs enfants : rattraper l'énorme retard accumulé. A ce rythme, disent certains experts, Saigon mettra 20 ans pour se refaire une vraie santé.

Arrivée à Saigon

– *L'aéroport de Tân Sơn Nhất* est situé à 7 km au nord de Hô Chi Minh-Ville. Compter environ 15 mn (selon la circulation) pour gagner le centre-ville.
Bien qu'il se déclare aéroport international, il n'est pas plus important en taille qu'un aéroport de sous-préfecture en France. Mais avec l'augmentation rapide du trafic aérien et l'affluence de touristes et d'hommes d'affaires, il a été en partie rénové et il est question de l'agrandir. Ce ne sera pas un mal car l'organisation interne bien qu'en progrès reste encore artisanale.

– *Papiers* : par sécurité on vous conseille d'avoir sur vous des photos d'identité toutes prêtes au cas où (c'est rare mais cela arrive) un douanier hypocondriaque et irascible vous cherche des noises. Comme les fonctionnaires de l'aéroport sont tous sous-payés, tous les prétextes sont bons pour ennuyer le voyageur et lui extorquer de l'argent. Les formalités sont longues. Patience !

– *Attention à vos pellicules photographiques !* Les mettre dans un sac en plastique à part pour ne pas qu'elles passent dans les appareils de contrôle électronique des bagages. Les appareils ne portant pas l'inscription « Film Safe » abîment sérieusement les pellicules.

– *Argent* : avoir en mémoire la somme d'argent dont vous disposez en entrant dans le pays afin de l'inscrire sur le formulaire de douane (obligatoire). Même chose à la sortie.

Il y a un bureau de change dans l'aéroport mais il est souvent fermé. Donc, ceux qui arrivent le soir auront intérêt à avoir déjà sur eux quelques dollars en petite coupure pour payer le taxi, le cyclo-pousse ou le vélomoteur.

– *De l'aéroport jusqu'à Saigon* : en sortant de l'aéroport, une fois franchie la masse compacte de la foule agglutinée derrière les barrières, on trouve des taxis privés de deux sortes. Il y a des vieilles bagnoles françaises, des 203 Peugeot généralement, sans air conditionné, qui prennent environ 5 $ pour aller jusqu'au centre-ville. Les taxis Asco, de couleur blanche, sont équipés de compteurs et d'un air conditionné, ils demandent entre 8 et 10 $. Un peu plus loin, hors de l'enceinte de l'aéroport, on peut héler les taxis jaunes de Airport Taxi, qui n'ont pas le droit de cueillir leurs clients à la sortie même de l'aéroport (mais ils peuvent les y déposer dans l'autre sens) et qui passent sur la route pour entrer dans le centre de Saigon.

En vélomoteur, sorte de taxi-mob en fait, compter 2 $ pour la course : bien si l'on est peu chargé. Négocier le prix avant, et monter à l'arrière du pilote.

Les cyclo-pousse, comme les taxis jaunes, attendent à l'entrée de l'enceinte de l'aéroport, donc à 300 m environ du bâtiment même. Marchander avant d'embarquer. Compter entre 10 000 et 20 000 *dông* pour une course. Le trajet dure 25 mn, parfois plus selon la circulation. A éviter de nuit, sauf en dépannage.

Pour revenir de Saigon vers l'aéroport, mieux vaut prendre un taxi ou un vélomoteur.

Topographie de la ville

La ville compte plus de 4 millions d'habitants et elle est divisée en 12 arrondissements, que l'on appelle *Quân* (ça vient du français quartier), numérotés de 1 à 12. Le 1er arrondissement forme le noyau du centre-ville, coincé entre la rivière de Saigon (attention celle-ci n'est ni le Mékong, ni un bras du Mékong), l'arroyo Thị Nghè (au nord-est) et l'arroyo Bến Nghé (au sud). L'essentiel de Saigon est concentré dans ce périmètre aux avenues rectilignes se coupant à angle droit (c'est une ancienne ville coloniale, ne l'oubliez pas !) : grands et petits hôtels, pensions, logements chez l'habitant, principaux monuments et musées. Il y a trois axes historiques qui structurent la cité : la rue Đồng Khởi (ex-rue Catinat), qui va de la rivière à la cathédrale. Parallèle mais plus large que celle-ci, l'avenue Nguyễn Huệ, commence aussi sur les quais et se termine à l'hôtel de ville (siège du comité populaire), coupant au passage le boulevard Lê Lợi (prononcez Léloyye), lequel commence par le théâtre municipal et se termine au marché Bến Thành.

– Les rues portent des noms vietnamiens depuis l'indépendance du Sud-Vietnam en 1956 mais beaucoup ont été rebaptisées après la prise de la ville par les communistes en avril 1975. Seules 3 rues de Saigon portent encore des noms français : la rue Pasteur, la rue Calmette et la rue Yersin. Louis Pasteur (1822-1895) est considéré au Vietnam comme un « bienfaiteur de l'humanité ». Albert Calmette (1893-1934) inventa le vaccin contre la tuberculose. Alexandre

Yersin (1863-1943) a fondé Dalat, introduit l'hévéa en Indochine et découvert le bacille de la peste. Faites de la science et vous entrerez dans la postérité !

— **Numérotation bizarre :** certaines rues autrefois distinctes se prolongeant l'une l'autre ont été regroupées en une seule mais les anciens numéros sont restés. Alors ne soyez pas surpris en milieu de rue de passer du numéro 249 au numéro 1. En outre, certains numéros ont été oubliés, et on saute alors du 34 au 42 sans raison apparente.

— **Certaines adresses sont libellées de la façon suivante :** 130/6 rue Đồng Khời, ou bien 63/5 boulevard Trần Hưng Đạo ou encore 228/7 rue Điện Biên Phủ. Cela veut dire que l'adresse en question est la 6ᵉ maison (n° 6) d'une ruelle adjacente à la rue Đồng Khời, qui commence au niveau du 130 rue Đồng Khời. Et ainsi de suite... Pour la suivante, c'est la 5ᵉ maison d'une ruelle qu'il faut prendre à la hauteur du 63 bd Trần Hưng Đạo. Et encore : la 7ᵉ maison (n° 7) d'une venelle (impasse parfois) qui débouche à la hauteur du 228 rue Điện Biên Phủ. Est-ce suffisamment clair ?

— **Dans les rues partant des quais,** les premiers commencent normalement à la rivière, et vont ensuite en croissant (comme à Paris).

— Đường signifie rue et Đại Lộ, boulevard ou avenue.

— Rạch signifie arroyo et Kinh, canal.

Se déplacer dans Saigon

— **A pied :** la ville est plate et son plan rectiligne, on s'y oriente assez facilement, à condition toutefois de ne jamais oublier son plan de ville avec l'index des rues. Surprise agréable : la largeur des trottoirs. Surprise moins agréable : le mauvais état du pavage. De jour, ça ne pose pas de problèmes. De nuit, les rues sont très mal éclairées. Faire attention aux trous béants que rien ne signale. Curieusement les Saigonnais ne sont pas de grands marcheurs. Les piétons sont minoritaires. Deux raisons à cela : la chaleur et un certain snobisme qui consiste à croire que marcher ça fait pauvre, alors que rouler en vélomoteur Honda ça fait plus chic...

En marchant, on est sans cesse harcelé par les vendeurs ambulants, les conducteurs de cyclo-pousse, les mendiants (hélas très nombreux dans le centre-ville), toute une société grouillante qui semble squatter jour et nuit les trottoirs de Saigon. Il faut s'y habituer. Au départ, c'est irritant. On ne sait plus où donner de la tête, s'il faut ou pas répondre à leurs appels insistants et répétés. Puis on s'y habitue, et, lentement, on s'adapte à la ville, on fraternise avec ce mélange d'or et de poussière, de tiers-monde délabré et d'effervescence commerciale sur fond de post-communisme. C'est ça Saigon ! Cela dit, gardez bien les pieds sur terre et les yeux sur votre sac car les voleurs rôdent. Se méfier des inconnus qui se collent à vous en essayant de vous vendre des objets de pacotille. En un tour de main, ils parviennent à vous faire les poches... Compter environ 15 mn à pied pour aller des quais (au bord de la rivière) jusqu'à la cathédrale et la poste, le même temps pour aller du théâtre municipal jusqu'au quartier « routard » de la rue Phạm Ngũ Lão. Mais 1 h pour aller jusqu'à Cholon, au départ de la rue Đồng Khời.

— **En cyclo-pousse :** « Cyclo, cyclo ! » à peine sorti de l'hôtel, les appels retentissent dans la rue. Les conducteurs de cyclo-pousse font des signes, proposent leurs services, vont au devant des touristes étrangers. Saigon était jusqu'à maintenant le royaume de cet étrange véhicule à trois roues, sorte de poussette adulte à pédales. Aujourd'hui, ils sont légèrement moins nombreux que dans les années 80 mais ils ont plus de clients. Un mode de transport pratique, efficace, écologique et dépaysant. On ne sait pas quel est leur secret, mais les cyclo parviennent à se faufiler dans la circulation avec une habileté troublante. Ils zigzaguent et se glissent dans la marée pétaradante des vélomoteurs et des voitures (peu nombreuses), défiant tous les codes de la route de la planète.

Quelques conseils : toujours fixer le prix de la course avant d'embarquer. Toujours marchander le prix mais ne jamais marchander en dollars. Ne parler qu'en *dông*, la monnaie locale. Avec les *dông*, les risques d'arnaque diminuent. Le soir ou la nuit, pour rentrer à votre hôtel, il est préférable d'écrire l'adresse de votre destination sur un morceau de papier pour éviter les erreurs. S'il pleut, choisir un cyclo-pousse avec une capote caoutchoutée en bon état (beaucoup sont troués). Vagabonder en cyclo dans les rues de Saigon aux heures pluvieuses reste pour nous un grand moment d'exotisme, non dénué de poésie.

Tarifs à titre indicatif : les conducteurs de cyclo vous annoncent toujours un prix 2 ou 3 fois supérieur au prix réel de la course. Il faut savoir qu'en 1995, une course entre le théâtre (centre-ville) et le quartier « routard » (rue Phạm Ngũ Lão) vaut environ 10 000 *dông* (un demi-dollar). Une demi-journée en cyclo coûte normalement 50 000 *dông*, et une journée entière, 60 000 *dông*.

– A bicyclette : Saigon n'est plus tout à fait le paradis écologique des années 80 (on y a mis les pieds pour la première fois en décembre 1983 !), époque du communisme pur et dur où rouler à bicyclette était presque un privilège ! A l'époque, des ribambelles de jeunes Vietnamiennes, fines comme des lianes, roulaient dans les avenues ombragées au volant de vieilles bécanes souvent françaises. Toute la ville semblait vivre au rythme lent et troublant des bicyclettes et des cyclo-pousse. Les vélomoteurs Honda 50 cc se comptaient sur les doigts de la main. Il n'y avait presque aucun bruit dans les rues, hormis le glingling des pédaliers. On se retournait dans la rue au passage d'une voiture ! Les choses ont bien changé aujourd'hui. Les cyclomoteurs et les motos ont envahi la ville. Cela dit, beaucoup de Vietnamiens roulent encore à bicyclette. Postez-vous à la sortie des lycées à l'heure de la fin des cours et vous verrez des nuées de Vietnamiennes, toutes revêtues du traditionnel *áo dài* blanc, leurs longs cheveux noirs au vent, impeccablement droites sur leurs bicyclettes, pédalant avec une grâce infinie dans la chaleur tropicale. Mais trêve de romantisme, revenons à des considérations plus pratiques.

Si vous louez une bicyclette (voir nos adresses utiles), assurez-vous d'abord de son bon état, vérifiez bien les freins. Comptez en moyenne entre 10 000 et 20 000 *dông* par jour, selon le point de location et l'état de la bécane. Attention aux vols. Et bonne chance !

– En vélomoteur ou à moto : une très bonne formule, peu onéreuse et surtout très pratique pour découvrir la ville au-delà du centre, et notamment pour explorer Cholon sans trop de fatigue. Circuler en vélomoteur ou à moto ne pose aucun problème particulier. Il faut quand même rester très prudent car il y a de plus en plus de circulation dans les rues. On roule sans casque et quand il fait très chaud, on se sent un peu moins accablé par la lourdeur de l'air pollué, c'est là le principal intérêt de ce mode de transport. On trouve des petits parkings pour les deux-roues partout, devant les restaurants, les hôtels, les administrations importantes, les discothèques, les sites touristiques majeurs. On y laisse son véhicule le temps que l'on veut. Un gars vous remet un coupon avec un numéro et inscrit celui-ci à la craie sur le siège de votre mob ou moto. Ainsi le véhicule est gardé jusqu'à votre retour. Vous payez seulement le gardien à ce moment-là. Simple et efficace.

– En voiture : à moins d'avoir un rendez-vous d'affaire vraiment important ou de ne plus supporter la chaleur, on ne voit rien d'intéressant à circuler en bagnole dans cette ville faite pour les deux-roues. S'il vous arrive de louer une voiture, ce sera assez cher et nécessairement avec un chauffeur. En revanche, pour sortir de Saigon, aller à Tây Ninh, à Cu Chi, passer une journée ou deux dans le delta du Mékong, la location d'une voiture est un choix judicieux, surtout si vous voyagez à plusieurs. Voir nos adresses utiles, rubrique « Transports ».

– En bateau : prévoir une petite balade en barque à moteur sur la rivière de Saigon, au port et dans les arroyos du Thủ Thiêm, cette rive droite sauvage et campagnarde située de l'autre côté de la ville. Autre chouette balade fluviale : les faubourgs de Thủ Đức (au nord) et de Nhà Bè (au sud du quartier n° 4). La balade la plus longue et la plus captivante (2 h aller-retour, plus en prenant son temps), c'est l'excursion jusqu'à Cholon par l'arroyo Rạch Bến Nghé, et retour par l'arroyo Kinh Đôi (qui longe le Quận 8, le quartier le plus populaire de la ville) puis l'arroyo Kinh Tẻ qui rejoint le port de Saigon après avoir longé le quartier de Nhà Bè (très populaire, les nouveaux riches y sortent la nuit pour s'y encanailler...). Un conseil : si vous voulez suivre cet itinéraire-là, tracez-le d'abord sur votre plan, montrez-le au pilote du bateau, mettez-vous bien d'accord avec lui sur le nombre d'heures de la promenade ; négociez ensuite le prix sans oublier de marchander.

On trouve des barques à moteur à louer avec pilote le long du quai Tôn Đức Thắng, au débouché des avenues Nguyễn Huệ et Hàm Nghi. A côté du bateau-vedette Shipchanco et du resto-flottant Saigon. Les tarifs horaires varient selon la taille et la puissance de l'embarcation. Par exemple, River Tours propose 10 $ de l'heure. Mais on trouve 2 à 3 fois moins cher, en cherchant bien le long du quai. Négocier impérativement en *dông* et n'hésitez pas à faire de petites escales sur les rives, histoire de siroter une boisson fraîche dans une de ses innombrables guinguettes improvisées sur pilotis.

Informations touristiques

– Attention : il n'existe pas à Hô Chi Minh-Ville, du moins pour l'instant, d'office du tourisme capable de fournir une information générale ou détaillée sur la ville et ses environs, ainsi que sur le reste du pays. Aucun bureau donc centralisant toute la doc possible et imaginable (d'ailleurs il y a peu de doc !).

– *Saigontourist :* 49, rue Lê Thánh Tôn, 1er arr., ☎ 29-81-29. Fax : (84-8) 22-49-87 ou 22-55-16. Le bureau principal de Saigontourist, agence gouvernementale, enracinée dans l'ancienne capitale du Sud depuis 1975. Entreprise prospère, elle gère une soixantaine d'hôtels de toutes catégories, organise des visites guidées pour groupes (assez cher, et commentaire officiel), vend des billets d'avion (Air Vietnam), s'occupe de prolonger les visas, et offre de nombreuses prestations. Ne pas se tromper : il s'agit d'une véritable entreprise fonctionnant comme une agence de voyages et non comme un office du tourisme dont la vocation est de renseigner. Il y a une ribambelle d'employés derrière les comptoirs mais aucun prospectus, aucune documentation disponible (même pas le plan de Saigon). Pour un voyageur individuel, le seul intérêt de ce bureau, outre son emplacement vraiment central, à l'angle de la rue Đồng Khởi, c'est son service de télécopies (payant évidemment).

Poste et télécommunications

– *Poste centrale de Saigon* (Bưu điện Sài Gòn) : 2, Công Xá Paris (place de la Commune-de-Paris). Très facile à trouver car elle est située juste à droite de la cathédrale Notre-Dame quand on remonte la rue Đồng Khởi en venant de la rivière de Saigon. ☎ 29-66-44. Fax : 29-85-40. Bureaux ouverts tous les jours de 7 h 30 à 21 h. On adore la poste centrale ! Même si vous n'avez rien à y faire, c'est agréable d'y passer pour admirer un des plus beaux souvenirs de l'époque coloniale française (voir commentaire et descriptif de ce sympathique monument dans la rubrique « A voir »). Architecture intérieure superbe, ventilateurs à hélice dispensant un peu de fraîcheur : on y est bien.

• *Timbres :* s'adresser au guichet n° 1 ou au n° 2, à droite en entrant dans la poste. Surtout ne faites pas l'erreur de vous adresser en anglais aux hôtesses qui bien souvent parlent quelques mots de français. 5 000 *dông* le timbre pour une carte postale destinée à la France.

• *Téléphones internationaux :* on peut désormais téléphoner partout dans le monde et facilement. Le téléphone vietnamien progresse à la vitesse grand V. Pour l'anecdote, France Telecom a signé au printemps 94 un contrat de 500 millions de dollars pour rénover l'ensemble du réseau téléphonique intérieur du pays ! Démarche à suivre pour téléphoner d'ici en France : aller au gui-cher n° 35 et y remplir un papier indiquant votre nom et le numéro demandé. La plupart du temps, l'opératrice vous demandera combien de minutes vous parle-rez et, selon votre réponse, elle vous réclamera une caution en espèces avant même que vous ayez téléphoné. Compter entre 10 et 20 $ pour une communi-cation de 3 à 5 mn. Ne pas s'en offusquer car les hôtesses veulent ainsi éviter les petits escrocs qui téléphonent et déguerpissent ensuite sans payer... De toute manière, si le prix de la communication est inférieur à la caution versée au départ, elles vous remboursent toujours la différence. Bon, une fois le mini-formulaire rempli et la caution versée, aller au guichet n° 38 juste à côté, et attendre votre cabine (il y a un compteur-minuteur à l'intérieur).

• *Tarifs et indicatifs :* 50 000 *dông* ou 4,6 $ la minute de téléphone entre Sai-gon et la France. Soit environ 27 F la minute. Ne soyez pas trop bavard sinon ça vous coûtera très cher ! Les communications sont toujours plus chères à l'hôtel qu'à la poste.

• Saigon → France : composer le 00 puis le 33 (code du pays), et l'indicatif de sa ville (le 1 pour Paris, le 91 pour Marseille, etc.), et enfin composer son numéro à 8 chiffres.

• Saigon → Belgique : 00 + 32 + indicatif de la ville (2 pour Bruxelles), puis enfin son numéro.

• Saigon → Suisse : 00 + 41 + indicatif de la ville (Genève 22, Bâle 61, Lau-sanne 21), puis faire son numéro.

• Saigon → Canada : 00 + 1 + indicatif de la ville et son numéro.

• *Envoyer ou recevoir un fax :* de loin la solution la plus efficace et la moins onéreuse. Plusieurs solutions : le service de télécopies de la poste centrale (voir plus haut), n° de Fax (19-848) 29-85-40 ou 29-85-46. On peut envoyer ou recevoir des télécopies d'un bureau public qui s'apelle Saigon Fax, situé à l'intersection de la rue Hai Bà Trưng et de la rue Võ Thị Sáu, sur la droite, après un grand parc en venant du centre-ville.

En outre, même si l'on n'est pas client, les réceptions de la plupart des grands hôtels du centre acceptent d'envoyer ou de recevoir des fax : Rex, Majestic, Caravelle, Palace. On a testé personnellement le télécopieur du Saigon Hotel (voir l'adresse dans la rubrique « Où dormir dans le centre ? ») et ça marchait impeccable.

• Il est possible, dans certains cas, de se faire porter sa télécopie à domicile. Il faut le demander à l'avance et payer une somme oscillant entre 5 000 et 6 000 *dông*. Compter environ 24 h de délai. Bien si l'on n'est pas trop pressé et si l'on loge dans un hôtel ou une guest-house excentrée.

Argent, change, banques

– *Un conseil :* à Hô Chi Minh-Ville, ne jamais changer votre argent au marché noir. D'une part, les changeurs au noir ont quasiment disparu depuis que les banques offrent des taux de change vraiment intéressants pour les voyageurs. D'autre part, on se fait souvent escroquer ou voler tout simplement par des gars très habiles... qui vous refilent à la va-vite une liasse énorme de billets que vous n'aurez jamais le temps de recompter. Le type aura détalé avant même que vous ayez vérifié le montant (truqué) de votre paquet de *dông* !

– *A l'aéroport :* il y a un bureau de change gouvernemental qui offre un taux intéressant mais il est souvent fermé. Donc avant de débarquer, prévoir des dollars en petites coupures, pour avoir de quoi vous payer un taxi jusqu'à l'hôtel où vous passerez la nuit (si vous arrivez tard le soir par exemple). Le lendemain, direction la banque.

– *Changer dans les hôtels :* possible pratiquement partout, le taux de change est le même que dans les banques.

– *Changer dans les bijouteries :* oui, c'est possible, à Saigon particulièrement. Bijouterie s'écrit « Kim ». C'est une pratique courante, illégale, mais tolérée. Taux de change intéressant, mais il faut agir discrètement au comptoir, et seulement en cas d'urgence (si vous êtes en panne de fric un dimanche par exemple !).

– *Crédit Lyonnais :* 17, rue Tôn Đức Thắng, 1er arr. ☎ 29-92-26 ou 29-92-36. Fax : 29-64-65. Au 1er étage d'un immeuble jouxtant le tout nouvel hôtel Riverside, sur le quai face à la rivière, à 200 m du Saigon Floating Hotel. Bureau ouvert du lundi au vendredi, de 8 h à 12 h et de 13 h 30 à 16 h 30. Le samedi, de 8 h à 12 h. On peut changer des francs, des dollars, des chèques de voyage (travellers). Retrait d'argent avec la carte VISA sur présentation du passeport.

– *BFCE* (Banque Française du Commerce Extérieur) : 11, Mê Linh Square, 1er arr. ☎ 22-28-30. Fax : 29-91-26. Sur la place, en face du Saigon Floating Hotel, à l'angle de la rue H.H. Nghiệp. Une des premières banques françaises installée au Vietnam. Change les espèces mais pas les chèques de voyage. Retrait d'argent avec la carte VISA (se munir du passeport). 300 $ maximum par semaine.

– *Banque Indosuez :* 39 Nguyễn Công Trứ, 1er arr. ☎ 29-60-61, 81-01-35 ou 29-50-48. Espèces, chèques de voyage mais pas la carte VISA.

– *BNP :* 4, rue Đồng Khởi, 1er arr. ☎ 29-95-04. Fax : 29-94-86. Espèces, chèques de voyage mais pas la carte VISA.

– *Vietcombank :* 29, Bến Chương Dương, 1er arr. ☎ 29-60-54, 23-03-11. Fax : 29-72-28. Près de la rivière Bến Nghé, au tout début de la rue Pasteur. Ouvert tous les jours sauf dimanche, de 7 h 30 à 12 h et de 13 h à 16 h 30. Taux de change officiel. Accepte les espèces, les chèques de voyage et la carte VISA (avec passeport). Quelques changeurs au noir qui rôdent aux alentours mais sans intérêt.

– *Guichet Tram 2 :* 15, bd Lê Lợi, face au café Givral. ☎ 22-41-62. Très bien situé et ouvert tous les jours même le dimanche ! Possibilité d'y retirer des *dông* avec la carte VISA (présenter le passeport).

– *Sacombank :* 211, Nguyễn Thái Học, à l'angle de la rue Phạm Ngũ Lão. ☎ 35-56-07. Situé dans le quartier « routard » de la ville, donc pratique pour ceux qui y logent. Possibilité de retirer des *dông* ou des dollars (150 $ minimum) avec la carte VISA. 3 % de commission. Ouvert de 7 h 30 à 11 h 30 et de 13 h 30 à 16 h 30. Remarquer la ribambelle d'hôtesses en tunique jaune.

Consulats, représentations diplomatiques

– *Rappel :* Hanoi étant la capitale, c'est là que sont toutes les ambassades. A Saigon, on ne trouve que des consulats.

– *Consulat de France :* 27, rue Xô Viết Nghệ Tĩnh, 1er arr., à la hauteur du 102 Hai Bà Trưng. ☎ 29-72-31 ou 29-72-35. L'ancienne ambassade de France au Sud-Vietnam forme un des « carrés » diplomatiques les plus importants de Hô Chi Minh-Ville. Plusieurs bâtiments d'époque coloniale cachés derrière de hauts murs.

– *Consulat du Cambodge :* 41, rue Phùng Khắc Khoan, 1er arr. ☎ 29-27-51 ou 29-27-44. Rue reliant Nguyễn Thi Minh Khai et Diên Biên Phu. Ouvert de 7 h 30 à 11 h 30 et de 14 h à 17 h. Les visas sont délivrés entre 11 h et 16 h. Compter normalement un délai de 2 à 5 jours entre la demande et l'obtention du visa, mais parfois plus s'il y a beaucoup de monde. Tarif : 26 $. Ajoutez 10 $ de plus, et vous avez des chances de l'obtenir sur-le-champ... Se présenter avec 4 photos d'identité. 3 formulaires à remplir.

– *Consulat du Laos :* 181, rue Hai Bà Trưng, 3e arr. ☎ 29-76-67 ou 29-92-72. Obtention du visa très longue. Mieux vaut aller à Bangkok et le demander sur place, ce sera plus rapide.

– *Consulat de Malaisie :* 53, rue Nguyễn Đình Chiểu, 3e arr. ☎ 29-90-23 ou 29-31-32.

– *Consulat de Singapour :* 5, rue Phùng Khắc Khoan, 1er arr. ☎ 22-51-73.

– *Consulat de Thaïlande :* 77, rue Trần Quốc Thảo, 3ᵉ arr. ☎ 29-21-85.

Prolongation de visas

Pour prolonger un visa « touriste », il faut vous rendre directement à l'adresse suivante et payer la somme de 20 $ pour une première prolongation et 30 $ pour la deuxième. Pour le visa d'affaires (business), les extensions sont d'un, de trois ou de six mois. C'est plus cher, mais habituellement plus rapide si vous passez par une agence gouvernementale (Saigontourist, Fiditourist...) ou une agence de voyages.
– *Immigration Police Office* (Phòng quản lý người nước ngoài) : 161, rue Nguyễn Du, 1ᵉʳ arr. ☎ 39-22-21. A 5 mn de la rue Phạm Ngũ Lão et du quartier « routard », à l'angle de l'avenue Cách Mạng Tháng Tám. Bureaux ouverts de 8 h à 11 h et de 13 h à 16 h.

Urgences

– *Police :* « Công An », retenez bien ce mot vietnamien car il vous permettra de repérer le groupe professionnel le mieux implanté et le plus efficace du Vietnam. Pas vraiment utile pour s'occuper de la circulation (on voit très peu de flics dans les rues de Saigon) mais redoutablement bien organisé pour casser les pieds des voyageurs sac au dos, proies faciles des petits hommes en vert toujours prêts à extorquer des sous aux routards de passage.
– *Hôpitaux :* mieux vaut ne pas tomber malade au Vietnam ! En visitant l'hôpital Chợ Rẫy ou Nhi Đồng II (ex-hôpital Grall), on avait des frissons dans le dos à voir l'état de délabrement des équipements et le manque de moyens. La solution en cas de pépin mineur, téléphoner ou passer à l'Institut du Cœur (voir adresse plus bas). Si c'est plus grave, et si cela nécessite une intervention chirurgicale, se faire évacuer sur Bangkok, Singapour voire Paris. Ne jamais oublier de prendre une assurance avant votre voyage.
– *Pharmacie :* Hiệu Thuốc Đồng Khởi, 201, rue Đồng Khởi. ☎ 29-05-77. On y parle l'anglais. Ouvert de 7 h à 12 h et de 13 h à 17 h. Autre grande pharmacie au 105, boulevard Nguyễn Huệ. Ouvert de 8 h à 11 h 30 et de 14 h à 16 h.
– *Institut du Cœur :* 520 Nguyễn Tri Phương, 10ᵉ arr., ☎ 65-15-45 ou 65-15-86. Fax : 65-15-43. Pour les étrangers, une bonne adresse car on y parle le français et on traite tous les problèmes même non-cardiaques. Les médecins sont français ou francophones. Vous pouvez demander François Durocher, un de nos copains vietnamiens.

Compagnies aériennes

– *Air France :* 130, rue Đồng Khởi, au rez-de-chaussée de l'immeuble de l'hôtel Caravelle, sur la place où se dresse le théâtre municipal. ☎ 29-09-81 ou 29-09-82.
– *Vietnam Airlines :* 116, rue Nguyễn Huệ. ☎ 29-21-18, 23-06-97 ou 29-92-23 (informations et réservations pour les vols internationaux et intérieurs). Un autre bureau se trouve au 27 B, rue Nguyễn Đình Chiểu. ☎ 29-99-10. Ainsi qu'au 15 B, Đinh Tiên Hoàng, à l'entrée du quartier de Bình Thạnh, donc assez loin du centre-ville.
– *Air Cambodge* (Cambodia Airlines) : 16, rue Ho Huan Nghien. ☎ 29-94-62 ou 35-57-69.
– *Lao Aviation :* room 6/7 International Terminal Building, aéroport de Tân Sơn Nhất. ☎ 44-27-26, 44-31-79. Fax : 44-27-23.
– *Thai Airways :* room 7/8, aéroport de Tân Sơn Nhất, ☎ 44-62-35 ou 22-33-65.
– *Singapore Airlines :* 6, rue Lê Lợi, juste à côté de l'hôtel Rex. ☎ 23-15-95.
– *Cathay Pacific :* 58, Dong Khoi, 1ᵉʳ arr. ☎ 22-32-03. Bureau également à l'aéroport.

– **Garuda :** 104, bd Nguyễn Huệ. ☎ 29-36-44 ou 29-36-45. Fax : 29-36-88.
– **Malaysia :** 55, rue Lê Thánh Tôn, 1er arr. ☎ 23-06-95 ou 29-25-29.
– **Philippines Airlines :** 4 A, rue Lê Lợi, 1er arr. ☎ 29-21-13 ou 22-53-38.
– **Lufthansa :** ☎ 44-01-01. Bureau à l'aéroport. ☎ 29-85-29 ou 29-85-37.
Bureau à l'hôtel Continental.
– **Fret :** en fin de séjour, si vous avez acheté une centaine de kilos de souvenirs, une seule solution : l'avion. Ça vous coûtera environ 100 $ pour une malle de 100 kilos. Se rendre à Vietnam Cargo à l'aéroport, de préférence le matin. C'est la compagnie AOM qui se charge du transport. L'avantage, c'est que l'on paie le tout à l'arrivée en France. L'étape la plus longue est celle des discussions avec les douaniers qu'il faudra bien convaincre en leur expliquant que vous ne ramenez en France aucune antiquité vietnamienne.

Agences de voyages, guides

Dans le centre-ville

– **Asie Lointaine :** 38, rue Ly Tu Trong. Au 1er étage. ☎ 25-86-23 ou 90-49-44. Fax : 23-05-57 ou 29-03-01. Une agence de voyages dirigée par Daniel Téruel, un « mec génial » qui connaît tout et adore tout faire connaître à ses clients. Voyages à la carte, en individuel ou en groupe, dans le Vietnam ainsi qu'au Cambodge et au Laos. De plus, les meilleurs guides francophones du Vietnam. Pour les excursions hors des sentiers battus, sur les hauts plateaux et les villages des minorités ethniques, demander à être guidé par Raphaël Costa, baroudeur érudit né à Saigon, qui connaît bien cette région encore sauvage.
– **Cam On Tour :** 32, rue Đông Du, 1er arr. ☎ 29-84-43. Fax : 29-85-40. Bon accueil. On peut y louer toutes catégories de voitures, à la journée, ou plus (avec chauffeur), à des prix raisonnables.
– **Vidotour :** 275, rue Le Thanh Ton, 1er arr. ☎ 29-14-38. Fax : 29-14-35. Sérieux et dynamique. Guides francophones de bon niveau. Réceptif d'Asia.
– **Atlas Travel et Tours :** 41, rue Nam Kỳ Khởi Nghĩa, 1er arr. ☎ 29-86-01 ou 22-41-22. Fax : (84-8) 29-86-04. Jeune agence francophone, très dynamique, dirigée par le neveu de « L'Amant » de Marguerite Duras. Organise pour les individuels des voyages à la carte, en voiture, avec chauffeur vietnamien, dans le delta du Mékong, et dans tout le Vietnam.
– **Travel agency 7 :** 110 A, avenue Nguyễn Huệ. 1er arr. ☎ 22-51-11. Fax : 24-24-05. Juste en face de l'hôtel Rex. Petite agence à prix modérés. Visas, billets d'avion, informations sur le Vietnam, le Cambodge et le Laos. Location de vélos et de motos.
– **Tour East :** 143, rue Nguyễn Văn Trỗi, Q. Phú Nhuận. ☎ 44-15-84 ou 44-46-68. Fax : 44-37-26. Bonne petite agence anglophone dirigée par des Vietnamiens et Gillian Eagle.
– **Voiles Vietnam :** 17 Phạm Ngọc Thạch, 3e arr. Bureau installé dans une des ailes de l'université. ☎ 23-15-89 ou 29-67-50. Fax : 23-15-91. Organise des croisières au départ de Mỹ Tho ou de Nha Trang à bord d'une jonque (reconstitution parfaite d'une jonque de guerre chinoise du XVIIe siècle). 6 personnes d'équipage pour 10 passagers. 5 cabines doubles climatisées. Pour une approche aquatique et romantique de cette terre où l'eau a façonné l'homme. Tarifs inabordables pour un routard de base, mais Max Rinaldo, le commandant de « Sông Saigon » (le nom de la jonque), prévoit la construction d'un nouveau bateau pour des aventures maritimes à prix démocratiques. Bravo Max !
– **Trân Kim Câu :** 5/86 Nơ Trang Long, F9, Quartier Bình Thạnh. Un guide vietnamien indépendant et francophone qui peut vous conduire dans Saigon à l'arrière de sa moto.

Dans le quartier des « Routards »

– **Kim Café :** 270, rue Đề Thám, 1er arr. ☎ 39-81-77. Un café-resto très connu dans le quartier « routard » qui a la particularité de louer des cyclomoteurs et des motos, des voitures avec chauffeur et même des minibus (pour petits

groupes de copains) à prix très raisonnables. Bureaucratie minimum pour un service efficace. Excursions à Tây Ninh, Củ Chi, Mỹ Tho, Vĩnh Long, et plus loin à Dalat, Nha Trang, Đà Nẵng... Entre 1 et 10 jours, c'est à la carte. Exemple : 100 $ par personne pour un voyage de 10 jours. Mieux vaut former un petit groupe (2, 3 ou 4 personnes). L'hébergement et la bouffe ne sont pas compris. Les véhicules sont en bon état. Les chauffeurs baragouinent quelques mots d'anglais.
Au *Kim* il faut demander Minh.
– **Sinh Café :** 6, rue Phạm Ngũ Lao, 1er arr. ☎ 35-56-01. Fax : 22-23-47. En plein centre du quartier « routard ». Le rival tout proche du *Kim Café*. Toujours plein d'Européens dans la salle de resto. Ce café-agence de voyages loue des voitures (avec chauffeur) et des minibus. Excursions à Tây Ninh et à Củ Chi (5 $ par pers.), Mỹ Tho (delta du Mékong (7 $), 3 jours dans le delta (20 $), 12 jours de Saigon à Huế (80 $). Bus express pour Dalat (7 $ par pers.) et Nha Trang (12 $ par pers.). Une très bonne adresse aussi pour manger (voir la rubrique « Où manger ? »). Enfin comme au *Kim,* le *Sinh Café* peut vous conduire en taxi à l'aéroport (6 $).
– **Fiditourist :** 195, rue Phạm Ngũ Lão, 1er arr. ☎ 32-23-24. A l'angle de la rue Đề Thám et près du Saigon Café. Très pratique. Ouvert tous les jours de 7 h 30 à 11 h 30 et de 13 h 30 à 18 h. Fermé à 16 h le dimanche. Petite agence (gouvernementale) offrant de nombreux services : change les chèques de voyage, retrait d'espèces avec la carte VISA, extension de visas, réservation de billets d'avion et de train, location de voitures (avec chauffeur) et de motos. Prix modérés.
– **Trade Service Center :** 6, rue Phạm Ngũ Lão, 1er arr. ☎ 78-36-44. Bureau de l'agence des chemins de fer vietnamiens dans le quartier « routard ». Réservation et vente des billets de train et d'avion, location de vélos et de motos, extension de visas... et quelques chambres à louer (voir « Où dormir ? »).
– **Guide francophone :** Alexandre (Bùi Quốc Cương), au Saigon Café, 195, rue Phạm Ngũ Lão, 1er arr. Pour le rencontrer, y passer plutôt entre 17 h et 19 h. Sinon courrier : 13/7, rue Kỳ Đồng, P. 9, 3e arr. Il a une trentaine d'années, parle bien le français, porte un coq tricolore sur sa chemise et circule au volant d'un cyclo-pousse où il a mis sa marque : « Le temps c'est de l'argent », « Réponse à tout »... Très débrouillard, il a plusieurs cordes à son arc et peut vous conduire (à moto) dans Saigon dont il connaît tous les recoins, du centre jusqu'aux faubourgs. Alex peut également vous guider dans le delta du Mékong « en dehors des sentiers battus » et dans le reste du pays qu'il connnaît comme sa poche. Prix raisonnables à déterminer avec lui avant, et selon votre budget. Il ne manque pas d'humour, surtout quand il glisse des mots et des expressions argotiques dans son français appris naguère au très chic lycée Jean-Jacques-Rousseau.

Transports

– **Aéroport de Tân Sơn Nhất :** rue Hoàng Văn Thụ, quartier Tân Bình. ☎ 44-31-79. A 7 km au nord de la ville. Pour les horaires des vols, mieux vaut téléphoner aux compagnies aériennes qui vous renseigneront avec plus d'efficacité. Pour savoir comment se rendre de l'aéroport au centre-ville et vice-versa, consulter la rubrique « Arrivée à l'aéroport » plus haut, et « Quitter Hô Chi Minh-Ville », plus loin.
– **Gare centrale de Saigon :** 1, rue Nguyễn Thông, 3e arr. ☎ 23-01-06 ou 44-39-52. Voir rubrique « Quitter Hô Chi Minh-Ville, en train ».
– **Les bus urbains :** à déconseiller car les bus sont noirs de monde, les arrêts ne sont pas signalés, et il n'existe aucun plan du réseau. On préfère le cyclo-pousse.
– **Station de bus et de minibus :** pour avoir toutes les infos sur les bus à destination du delta du Mékong, Nha Trang, Dalat, Đà Nẵng, Huế et Hanoï, se reporter à la rubrique « Quitter Hô Chi Minh-Ville, en bus ».

– **Location de bicyclettes :** dans le centre-ville, en face de l'hôtel Rex, à Travel Agency 7, 110 A, avenue Nguyễn Huệ, 1er arr. ☎ 22-51-11 (environ 1,5 $ pour une journée). Autres points de location : Eden Tourist Office au 114, av. Nguyễn Huệ, ☎ 29-54-17. Dans le quartier « routard », on peut s'adresser au Prince Hotel, 187, rue Phạm Ngũ Lão, au *Sinh Café* au n° 6 de la même rue et, à côté, à l'agence des chemins de fer du Vietnam (Trade Service Centre), qui a le même numéro que le *Sinh Café*, dans la rue.

– **Location de cyclomoteurs et de motos :** en 1994, 5 $ par jour est un tarif bon marché. Dans le quartier « routard », s'adresser d'abord au *Kim Café* (voir adresse plus haut dans la rubrique « Agences de voyages ») où les prix sont sages et les véhicules en bon état. Tout autour, plusieurs autres loueurs comme le *Café Long Phi* (tenu par Patrick), au 171, rue Phạm Ngũ Lão, ☎ 32-31-24. Au *Long Phi,* vous pouvez demander Douze, un Vietnamien adorable parlant couramment le français et qui pourra vous piloter dans Saigon. Autres points de location : à la pension « Rooms Lê Lê », juste en face du *Kim Café*, sur le trottoir opposé, ainsi qu'à l'agence Fiditourist, 195, rue Phạm Ngũ Lão, à côté du *Saigon Café*. Dans le centre-ville et autour des grands hôtels, les prix de location sont sensiblement plus élevés. On vous conseille Travel Agency 7, voir adresse plus haut.

– **Location de voitures** (avec chauffeur) : évitez Saigon Tourist où les prix sont plus chers qu'ailleurs. On vous recommande *Cam On Tour, Kim Café* et le *Sinh Café* dont vous trouverez les adresses dans la rubrique « Agence de voyages, guides ». Le prix moyen en 94 d'une voiture à 4 places est de 17 $ par jour. Aucun intérêt de louer une voiture pour circuler dans Hô Chi Minh-Ville, en revanche, c'est une formule intéressante et relativement peu onéreuse à plusieurs dès lors que l'on sort de la ville pour un ou deux jours pour visiter Tây Ninh, les tunnels de Củ Chi, Mỹ Tho et Vĩnh Long dans le delta du Mékong. Plus la durée de la location est longue, plus les tarifs deviennent avantageux.

– **Taxis :** il y a une station de taxis sur l'avenue Lê Lợi, en face de l'hôtel *Rex,* et une autre sur la bande centrale de la rue Hàm Nghi, à la hauteur du n° 54. On peut aussi appeler Vinataxi, ☎ 22-29-90. Toutes leurs voitures sont jaunes, de marque sud-coréenne ou japonaise. Vinataxi est plus cher que les taxis indépendants, mais chaque véhicule dispose d'un compteur.

Francophonie, culture, loisirs

– **Journaux et magazines français et internationaux :** librairie Lao Động, av. Nguyễn Huệ, juste en face de l'hôtel Rex. On y trouve Libé, Le Monde, Le Figaro, Paris Match, L'Express, Le Point, Le Nouvel Obs, tous récupérés après le passage des avions d'Air France... et repassés !

– **Vieux livres d'occasion :** librairie, 20, rue Hồ Huấn Nghiệp, à la hauteur du n° 26, rue Đồng Khởi, donc à deux pas du Saigon Floating Hotel et de la rivière. Une antre de sorcier intellectuel, bourrée de bouquins patinés par l'âge, la guerre et la révolution. Nombreux livres sur l'Indochine, en français et en anglais. On y vend aussi des livres récents en langue étrangère et tous photocopiés (dont le Routard !).

– **IDECAF** (Institut d'échanges culturels avec la France) : 28, rue Lê Thánh Tôn, 1er arr. ☎ 29-14-24 ou 29-54-51. Le centre actif de la francophonie au Vietnam. Grand bâtiment situé près de l'hôpital Nhi Đồng II (ex-Grall), à l'angle de la rue Đồn Đất. Cours de français (médical ou affaires) pour les Vietnamiens et cours de vietnamien pour les Français. Bibliothèque de 60 000 volumes ouverte de 8 h à 17 h. Projection de films français en version originale tous les mercredis soirs. Salle de télévision avec Canal France International, tous les jours sauf dimanche, de 13 h à 17 h. Concerts, expositions, conférences, spectacles, et même défilés de mode franco-vietnamienne avec de ravissants mannequins. On y court !

– *Photos :* nombreuses boutiques et kiosques sur l'avenue Nguyễn Huệ où l'on peut acheter des pellicules Fuji ou Kodak et les faire développer dans un minimum de temps, et à des prix défiant toute concurrence (4 $ en moyenne pour 36 photos couleur en petit format). Vous pouvez essayer le minilab du kiosque au n° 33, Nguyễn Huệ (demandez Tuyết). Pour les fans de Kodak : 70 D, av. Nguyễn Huệ. ☎ 22-47-74.

– *Piscines :* aussi curieux que cela puisse paraître, rares sont les hôtels avec piscine et, surtout, avec piscine propre ! On recommande celle de l'hôtel Rex, au dernier étage en plein air. Agréable malgré ses petites dimensions. Entrée payante (2,5 $). Celle de l'hôtel Palace est nettement moins propre et moins agréable mais de la terrasse, on jouit d'une belle vue sur Saigon. La piscine du Saigon Floating Hotel est spacieuse, mais plus chère (5 $). Le week-end, elle est réservée exclusivement aux résidents fortunés. Enfin, la plus nostalgique, qui date de l'époque coloniale, la piscine du Cercle sportif, rue Huyền Trân Công Chúa, 1er arr. Dans un grand parc, situé derrière celui du Palais de la Réunification. L'entrée du Cercle sportif se trouve au milieu de la rue, sur la gauche quand on vient de la rue Nguyễn Du. Il s'agit d'une grande piscine en plein air, fréquentée essentiellement par les Saigonnais qui y viennent en famille ou entre copains-copines. Y venir de préférence à l'heure de la sieste, au milieu de l'après-midi et en semaine plutôt que le week-end, pour éviter la foule.

Où dormir dans le centre-ville ?

Bon marché
(de 6 à 15 $ la chambre double)

⚲ *Œcumenical Guesthouse :* 15, rue Tú Xương, 3e arr. Dans un quartier assez agréable et résidentiel. Ambiance sympa et petit jardin. Chambres propres avec douche, lavabo et climatisation. Celles sans clim sont moins chères. Possibilité de prendre le petit déjeuner et le dîner, mais le demander dès votre arrivée. Adresse qui se donne souvent de bouche-à-oreille. Résultat : c'est souvent complet.

⚲ *Architecture University Guesthouse :* 134, rue Nguyễn Đình Chiểu, 3e arr. ☎ 22-55-83. A une centaine de mètres du carrefour avec la rue Phạm Ngọc Thạch, en face de l'Université. Plein de villas d'époque coloniale aux alentours. Chambres très propres avec air conditionné, douche-w.-c. à l'intérieur. Il y a un petit patio avec quelques plantes vertes et une piscine (pas toujours très propre hélas). On peut ranger sa mob dans la cour d'entrée qui est fermée le soir. On a quelques bons copains à nous qui y séjournent une partie de l'année. Si vous rencontrez Raphaël, dites-lui bonjour de notre part. Il connaît Saigon comme sa poche. Téléphoner avant pour savoir s'il reste de la place.

⚲ *Phạm Thị Lợi Rooming House :* 178/20, rue Cô Giang, 1er arr. ☎ 35-29-73. Au sud-ouest du 1er arrondissement. Suivre le bd Trần Hưng Đạo en direction de Cholon. La rue Cô Giang est une petite rue parallèle à la rue Bến Chương qui longe l'arroyo Rạch Bến Nghé. A la hauteur du 178, Cô Giang, prendre une petite rue qui relie la rue Cô Bắc. La guesthouse est située sur la droite. Bonne petite adresse très propre, à l'écart, mais non loin (5 mn à pied) de la rue Phạm Ngũ Lão. Chambres avec ventilos.

⚲ *Villa du Docteur Ngọc Hoa :* 20/5, rue Kỳ Đông, 3e arr. ☎ 44-41-75. Dans le quartier populaire derrière la gare (Ga Saigon). La 5e maison d'une ruelle perpendiculaire à la rue Kỳ Đông (à la hauteur du n° 20 de celle-ci). 5 chambres spacieuses et climatisées avec douche et w.-c. à l'intérieur. C'est propre, bien tenu, et l'accueil est charmant. A l'arrivée, on a le droit à un petit bouquet de fleurs et à une citronnade. Agréable petit jardin avec des bassins, des orchidées et des bonzaïs. Le seul inconvénient : on ne parle ni l'anglais, ni le français. Sauf quand la fille aînée est présente (elle est étudiante et baragouine quelques mots d'anglais). Pour réserver, faites téléphoner par un Vietnamien pour savoir s'il reste de la place.

Prix modérés
(de 15 à 25 $ la chambre double)

▸ *Guesthouse Quatre Roses* (Tứ Hồng) : 790/5, rue Nguyễn Đình Chiểu, 1er arr., ou 145/38 B, rue Nguyễn Thiện Thuật. ☎ 32-58-95. En venant de la rue Nguyễn Đình Chiểu, il y a un poste de police (Công An) à l'angle de la ruelle. La 4e maison à gauche est un petit nid douillet, caché derrière un mur, enfoui au fond d'un jardin où poussent des bougainvillées et des roses. Un îlot de calme et de verdure tenu par l'adorable Mme Nguyễn Thị Hồng Phước. Son prénom est Rose, et ses trois filles s'appellent aussi Rose ! Accueil attentif et charmant, en français, en anglais ou en chinois mandarin. 3 chambres seulement, impeccablement tenues avec air conditionné, téléphone, douche et w.-c. On peut laver son linge, prendre un petit déjeuner (1 $) copieux, et le dîner du soir (à la demande, 3 $).

▸ *New Phung Mai Hotel* : 411/3, rue Nguyễn Đình Chiểu, 3e arr. ☎ 33-26-16 ou 33-44-01. Immeuble privé de 5 étages situé dans une rue calme du centre-ville. Bon accueil. Le patron parle quelques mots de français et d'anglais. Déco un peu kitsch mais propreté et netteté dans toutes les chambres. Les moins chères sont les nos 41, 42 et 50. La 50 est notre préférée : elle a 3 fenêtres, elle est donc très claire, spacieuse, aérée. Les chambres à 20 $ ont douche, w.-c., télé, téléphone, réfrigérateur, eau chaude et air conditionné. Téléphone gratuit pour Saigon. N'oubliez pas d'aller lézarder sur la terrasse du 5e d'où l'on a une vue très chouette sur les toits de la ville. Le propriétaire a inauguré à l'angle de la même rue un hôtel un peu plus cher (de 20 à 40 $) mais de bon rapport qualité-prix.

▸ *Chez Marguerite et Albert* : 146/15 A, rue Võ Thi Sáu, 3e arr. ☎ 24-33-85. Elle est vietnamienne, il est français. Ils louent 2 chambres dans une maison au fond d'une cour, calme et sûre, à 20 mn à pied du centre et du marché Bến Thành. Douche ou salle de bains, climatisation, propreté irréprochable. En outre, on peut y prendre le petit déjeuner et les autres repas sur place. Grande terrasse agréable. S'il n'y a plus de places, Marguerite et Albert trouveront dans le quartier d'autres hébergements, à prix sages. Ils louent aussi des motos russes et des voitures avec chauffeur. Bonne adresse tenue par des gens sympathiques.

▸ *Hôtel-restaurant 69* : 69, rue Hai Bà Trưng, 1er arr. ☎ 29-66-04 ou 29-15-13. Très bien situé, en plein centre-ville, au début de la rue, entre le Saigon Floating Hotel sur la rivière et le Théâtre municipal. Un des rares hôtels à petits prix dans ce secteur de plus en plus cher. A partir de 18 $ la chambre pour deux avec douche et eau froide. La vue la plus dépaysante est incontestablement celle que l'on a de la chambre 405 : celle-ci ouvre sur la mosquée indienne de Saigon. Pratique si l'on a oublié son réveil : le chant du muezzin vous sort du lit dès l'aube... Hôtel simple et propre. Cuisine vietnamienne et chinoise.

▸ *Villa Hồng Giao* : 611/6, rue Điện Biên Phủ, 3e arr. ☎ 39-50-47. En fait, assez loin du centre-ville, après le quartier « routard ». En venant du bd Lý Thái Tổ, passer la place Ngã 7, prendre Điên Biên Phủ, puis la première ruelle à droite. Villa des années 70 tenue par un réalisateur de cinéma. Chambres propres avec douche, w.-c., eau chaude, et parfois la vidéo. Bonne adresse pour célibataires motorisés ayant rencontré une petite copine en ville.

▸ *Mini-hôtel Nhị Lan* : 167, rue Pasteur, 3e arr. ☎ 22-58-47. A l'angle de Pasteur et de la rue Võ Thị Sáu. Grande maison genre villa coloniale ayant une certaine allure extérieurement mais dont l'intérieur est d'une banalité consternante. Chambres à partir de 18 $ avec climatisation, douche-w.-c., eau chaude. Elles donnent côté rue, donc prévoir du bruit à l'aube. Beaucoup de Français et de Suisses y logent. Il y a un parking fermé pour ranger votre moto.

▸ *Guesthouse Tú Xương* : 59, rue Tú Xương, 3e arr. ☎ 22-30-94. Fax : 44-14-21. Aucun charme, ni caractère, mais assez bon rapport qualité-prixpropreté. Chambres avec air conditionné, douche et w.-c., eau chaude. En dépannage, si jamais les autres adresses affichent complet.

☛ *Mini-hôtel Craven « A » :* 157, rue Võ Văn Tân, 3ᵉ arr. ☎ 29-60-60 ou 23-04-17. Fax : 23-08-16. Appartient à une manufacture de tabac et cigarettes, d'où son nom. Pas de cachet particulier, mais là aussi plutôt bon rapport qualité-prix-calme. 14 chambres calmes avec douche, w.-c., eau chaude. Cour pour garer les motos et les cyclomoteurs.

☛ *Mini-hôtel Hồng Hà :* 221 A, rue Trần Huy Liệu, 3ᵉ arr. ☎ 44-39-61. Bonne adresse mais très loin du centre-ville. Pour y aller, prendre la rue Nam Kỳ Khởi Nghĩã, puis la rue Nguyễn Văn Trỗi en direction de l'aéroport. A 700 m environ après la pagode Vĩnh Nghiêm, on trouve sur la droite cette rue Trăn Huy Liệu. M. Hùng, le propriétaire, parle un très bon français et ses chambres sont bien tenues. Moins de 20 $ la double.

☛ *Mini-hôtel Le Canari (Hoàng Yến) :* 83 A, rue Bùi Thị Xuân, 1ᵉʳ arr. ☎ 39-13-48. A deux pas du quartier « routard ».

Prix moyens
(de 25 à 40 $ la chambre double)

☛ *Villa-hôtel 39 :* 39 A, rue Phạm Ngọc Thạch, 3ᵉ arr. ☎ 23-04-97. Fax : 24-26-08. Au nord du centre-ville, dans un coin sympa et résidentiel, donc très calme. Il s'agit d'une maison particulière située à droite au fond de l'impasse (à la hauteur du n° 39 Phạm Ngọc Thạch). Tenu par Phan thị Ngọc Thu, une charmante Vietnamienne qui parle couramment le français (elle était élève au lycée Marie-Curie). 6 chambres spacieuses et impeccables donnant sur des jardins fleuris ou sur la paisible impasse. Air conditionné, douche et w.-c. Petit déjeuner compris avec du pain et de la confiture. On peut envoyer et recevoir des fax, donc très pratique pour routards en voyage d'affaires installés pour un certain temps à Saigon. Petite cour intérieure fermée la nuit pour les motos. Notre coup de cœur dans cette catégorie de prix.

☛ *Saigon Hotel :* 45-47 rue Đông Du, 1ᵉʳ arr. ☎ 23-02-31, 23-02-32, 24-10-78. Fax : 29-14-66. A ne pas confondre avec le Saigon Star Hotel, très cher. Très central, dans une petite rue reliant la rue Đồng Khởi à la rue Hai Bà Trưng, il fait face à la mosquée indienne. Les chambres de la 3ᵉ et de la 2ᵉ catégories offrent des tarifs assez intéressants : à partir de 28 $ la double avec ventilo et douche. Évitez les chambres côté rue très bruyantes (on est réveillé par le chant du muezzin à l'aube) et demandez-en une sur l'arrière.

☛ *Rose Hotel* (Bông Hồng Hotel) : 28-34, rue Pasteur, 1ᵉʳ arr. ☎ 29-59-47, 29-89-94. Fax : 29-59-13. C'est probablement un des hôtels du centre-ville offrant le meilleur rapport qualité-prix. Très bien situé, légèrement à l'écart de l'animation, l'immeuble de 8 étages possède une terrasse sur le toit où l'on peut faire quelques brasses dans une petite piscine, siroter un verre à la cafétéria, et admirer la vue sur la rivière de Saigon, le port, les toits. Bon accueil. Les hôtesses parlent l'anglais, le chinois et un peu de français. Chambres très propres avec douche ou salle de bains, climatisation, télévision. Demandez plutôt à dormir dans les étages du haut, c'est plus calme et plus ensoleillé. Fait aussi resto : cuisine européenne et asiatique. Accepte la carte VISA. L'équivalent d'un 2 étoiles en France.

Plus chic à très très chic
(à partir de 40 $)

🛏 *Hôtel Quê Hương* (Liberty) : 167, rue Hai Bà Trưng, 3ᵉ arr. ☎ 29-42-27. Fax : 29-09-19. Au nord du centre ville, au carrefour avec la rue Nguyễn Thị Minh-Khai, et à 2 pâtés de maison du consulat de France (où l'on ne vend pas de pâtés !). Grand hôtel des années 70 où les chambres doubles coûtent de 55 à 130 $ la nuit. Préférer celles en hauteur à cause du bruit éventuel de la rue. Tout le confort évidemment. Au rez-de-chaussée, on trouve une discothèque fréquentée essentiellement par les Saigonnais (peu d'Européens) et un des meilleurs salons de massage (avec sauna) de la ville (les jeunes filles ne manquent pas de charme ni d'humour).

🛏 *Hôtel Palace :* 56-64, avenue Nguyễn Huệ, 1ᵉʳ arr. ☎ 29-28-60. Fax : 29-98-72. Pendant longtemps, il fut le plus haut immeuble de la ville avec 15 étages. Très bien situé, donnant sur l'avenue principale de Saigon, il abrite 130 chambres dont les prix oscillent entre 58 et 140 $ la chambre double, et 43 et 120 $ la chambre simple. Le prix comprend le petit déjeuner copieux : plats vietnamiens et européens, croissants, toasts, œufs, fruits, servis sur un buffet. De la terrasse au 15ᵉ étage, vue superbe sur la ville. Petite piscine au 16ᵉ étage (moins belle que celle du Rex).

🛏 *Hôtel Caravelle* (Độc Lập) : 19-23 square Lam Sơn, 1ᵉʳ arr., à l'angle de la rue Đồng Khởi et de la place où trône le Théâtre municipal. ☎ 29-37-04 ou 29-37-05. Fax : 29-99-02. Un emplacement rêvé pour cet hôtel au pied duquel sont installés les bureaux d'Air France. Une institution qui date de l'époque française (il a gardé son nom d'avant 1975). A considérablement augmenté ses prix depuis l'ouverture du pays. Chambres doubles de 57 à 150 $. Donc rien à moins de 350 F la nuit. Pour vieux habitués, nostalgiques de la guerre, touristes au budget confortable et hommes d'affaires. Possède deux restaurants, une discothèque au 10ᵉ étage, un salon de massage (pour remettre en place vos petites vertèbres) et une terrasse très chouette d'où le général Abrams, alors chef des troupes américaines avait dit en contemplant la ville de son regard d'aigle, qu'il ne pouvait pas laisser « tout ça » aux communistes...

🛏 *Hôtel Majestic (Cửu Long) :* 1, rue Đồng Khởi, 1ᵉʳ arr. ☎ 29-55-15 ou 29-55-17. Fax : 29-14-70. Le 2ᵉ plus vieux palace d'époque coloniale avec le Continental. Admirablement situé le long du quai et de la rivière de Saigon. Cet hôtel presque mythique en tout cas grand témoin du passé de Saïgon est en rénovation pour un moment. Devrait réouvrir en 1996 flambant neuf.

🛏 *Hôtel Rex* (ou Bến Thành) : 141, av. Nguyễn Huệ, 1ᵉʳ arr. ☎ 29-60-46 ou 29-60-44. Fax : 29-14-69. Aucune chambre double à moins de 70 $ la nuit (60 $ pour personne seule) dans ce 4 étoiles situé au cœur même de Saigon, au carrefour des avenues Nguyễn Huệ et Lê Lợi (autrement dit les Champs-Élysées de Hô Chi Minh-Ville). Pendant la guerre, c'était le QG des officiers américains célibataires et les abords de l'hôtel étaient sévèrement gardés par des soldats armés jusqu'aux dents derrière les murailles de sacs de sable... Aujourd'hui, le

Rex a fait peau neuve et on y trouve vraiment tout ce qu'on peut souhaiter dans un hôtel haut de gamme : ordinateurs et hôtesses trilingues à l'accueil, fax, photocopieuse, un très bon restaurant, une discothèque immense avec de longues tables où l'on est assis face à face pour admirer les danseuses les plus délicieusement rétro de la ville. Mais le clou du Rex, c'est incontestablement sa merveilleuse et énorme terrasse en plein air, au 5e étage. Un lieu incontournable, charmant, aéré dès que le jour décline, avec des arbustes sculptés en forme d'animaux bizarres, des oiseaux siffleurs, une piscine (un régal) et un salon de massage (très bien aussi). Y venir prendre une bonne bière BGI en début de soirée. Beaucoup de monde et une vue superbe sur la ville. Enfin, les chambres : mieux vaut réserver à l'avance, notamment pour les moins luxueuses, souvent très demandées.

☛ **Hôtel Continental :** 132, rue Catinat, pardon rue Đồng Khởi, 1er arr. ☎ 29-92-01. Fax : 29-09-36. Juste à côté du Théâtre municipal. Anti-routard par excellence, on le cite plus comme monument historique et littéraire que comme hébergement. Dans cette auberge de jeunesse pour cadres sup' et hommes d'affaires enrichis, les chambres oscillent entre 70 et 160 $ la nuit. Bon, parlons des années 30, époque où le Continental était vraiment le palace le plus chic d'Asie avec le *Raffles* de Singapour et l'*Oriental* de Bangkok. André Malraux y descendit. Il en parle dans ses « Antimémoires ». Graham Greene y situe plusieurs scènes de son roman « Un Américain bien tranquille ». Le grand reporter Lucien Bodard y avait aussi ses habitudes, parmi les ribambelles de journalistes et correspondants de guerre qui s'y retrouvaient en soirée pour échanger les dernières infos venues du front. L'esprit des lieux n'est plus là. L'argent l'a remplacé. Ce n'est plus la même maison. Les murs ont été repeints, la terrasse a été coupée de la vie de la rue par des vitres fumées et un resto italien habite même la demeure. Le Continental aurait-il vendu son âme au diable de la modernité ? Triste métamorphose !

Où dormir dans le quartier « routard » ?

Nous avons ainsi surnommé ce coin populaire de Saigon en raison du nombre croissant de voyageurs à petit et moyen budget que l'on y rencontre. Dans ce secteur en ébullition, les routards viennent chercher des hébergements bon marché : petits hôtels simples et propres, pensions récemment ouvertes, chambres chez l'habitant modestes, mais correctes pour le prix. L'avantage de loger ici, c'est que les terrasses des cafés et des restos constituent le meilleur bain d'informations touristiques que l'on puisse imaginer. Point de départ et d'arrivée de tous ceux qui louent des motos, des minibus ou des voitures (avec chauffeur) pour découvrir le delta du Mékong et, plus au nord, la côte de Nha Trang à Huế, on y échange tuyaux et conseils, impressions et opinions sur les choses à voir, à faire ou à ne pas faire. A défaut d'y dormir, il faut au moins y venir passer une soirée, en début de voyage, histoire de « prendre la température » et de recueillir les dernières nouvelles, pratiques et concrètes, des voyageurs ayant traversé le Vietnam ou revenant du Cambdoge. La rue Phạm Ngũ Lão : une étape quasi obligée au cours de votre séjour à Saigon.

Très bon marché
(jusqu'à 6 $ la chambre)

☛ **Saigon Café :** 195, rue Phạm Ngũ Lão, 1er arr. A l'angle de la rue Đề Thám, près de l'agence Fiditourist. 3 chambres seulement, au confort sommaire (pour ce prix-là !) avec ventilo, eau froide et un fond sonore (la rue) qui pourra agacer vos longues oreilles sensibles, notamment à l'aurore... On peut y laver son linge, se faire confectionner des chemises ou des pantalons (petit atelier familial à l'étage), et surtout rencontrer Alexandre, guide vietnamien francophone, qui passe tous les jours au café vers 17 h-19 h (voir notre rubrique « Adresses utiles »).

Bon marché
(de 6 à 15 $ la chambre double)

☙ *Hôtel Viễn Đông :* 275 A, rue Phạm Ngũ Lão, 1er arr. ☎ 39-30-01, 39-29-41, 35-30-10. Fax : 33-28-12. Cet hôtel est un cas presque unique en son genre. Il propose une variété de chambres et un éventail de prix très large : on trouve aussi bien des chambres économiques à 12 $ la nuit (c'est pour cela qu'il est cité ici) que des suites pour hommes d'affaires à 70 $. Derrière sa haute façade crème et sa luxueuse entrée, toutes les catégories de voyageurs se croisent dans le hall, du sac à dos à l'attaché-case. Très rare au Vietnam ! A la réception, demander M. Kim Hải qui parle bien le français. Il y a un grand hall climatisé avec un bar, un resto assez chic avec des serveurs en nœud pap, un service de fax, des téléphones. L'hôtel se divise en 2 parties : l'immeuble rénové côté rue abritant de belles chambres (de 32 à 70 $), et un bâtiment plus ancien à l'arrière avec les chambres économiques, accessibles par des coursives entourant un patio intérieur très calme (où médite une blanche femme nue en plâtre). Chambres à 12 $ très propres avec ventilo, douche, lavabo mais eau froide seulement. Souvent complet. Mieux vaut réserver. Le dancing et le karaoké sont chers.

☙ *Pension Coco Loco :* 351, rue Phạm Ngũ Lão, 1er arr. ☎ 32-21-86. Située au bout de la rue, sur le même trottoir que l'hôtel Viễn Đông, en allant vers la rue Nguyễn Trãi. Une de nos meilleures adresses dans le quartier. Petite maison particulière très bien restaurée, tenue par un couple de Vietnamiens vraiment gentils qui sont aux petits soins avec leurs hôtes. La maîtresse de maison s'appelle Vi. Ancienne élève du lycée Yersin de Dalat, elle parle couramment le français, et toujours avec le sourire. Dommage qu'il n'y ait pas plus de chambres car elles sont d'un excellent rapport qualité-prix (douche, lavabo, petit ventilo), propres, calmes.

☙ *Pension Linh Thu :* 72, rue Bùi Viện, 1er arr. ☎ 33-03-21. A 200 m du carrefour formé par les rues Phạm Ngũ Lão et Đề Thám. En fait, la rue Bùi Viện est parallèle avec Phạm Ngũ Lão. Encore une bonne petite adresse, familiale, propre et à prix doux. Au rez-de-chaussée, il y a un petit atelier de confection très amusant mais pas bruyant, rassurez-vous. Chambres sur 3 étages, à 10 et 12 $, avec ventilo, douche et w.-c. sur le palier. En choisir une donnant sur l'arrière, c'est plus calme.

☙ *Pension Phương Lan :* 70, rue Bùi Viện, 1er arr. ☎ 33-05-69. A côté de la précédente guesthouse. On enlève ses chaussures pour monter aux chambres : de prime abord, un bon signe. Accueil plutôt aimable. 7 chambres seulement, dont 2 donnant sur l'arrière de la maison. Ventilo ou air conditionné (un peu plus cher), douche dans la chambre ou sur le palier, mais eau froide. La chambre la plus chère fait 16 $ et elle bénéficie d'une terrasse. Souvent plein hélas.

☙ *Mini-hôtel Mỹ Mãn* (Thái Bình) : 373/20, rue Phạm Ngũ Lão, 1er arr. ☎ 39-65-44. Au bout de la rue, en allant vers le petit marché, quand on vient du Kim Café et de l'hôtel Viễn Đông, il faut tourner à gauche dans une ruelle. C'est un mini-hôtel, discret, calme, propre et assez bien tenu. Avant 1975, il servait de petit bordel, comme en témoignent encore les portes capitonnées des chambres... Compter 14 $ pour une chambre double avec air conditionné.

☙ *Pension Phòng cho Thuê :* 265, rue Đề Thám. ☎ 33-15-12. Juste en face du Kim Café et à deux maisons du Saigon Café qui fait l'angle. Chambres aux tarifs du quartier, donnant sur l'arrière plutôt que sur la rue (très bruyante). Salle de bains impeccable. Motos à louer, excursions en voitures dans le delta du Mékong, billets de bus... La maison est gérée par l'agence Pacific Company, ce qui rend l'ambiance nettement moins sympa et moins conviviale qu'ailleurs.

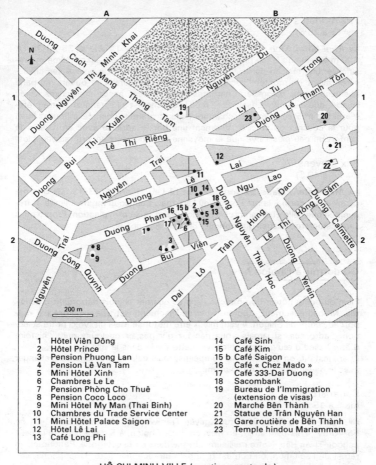

1   Hôtel Viên Dông
2   Hôtel Prince
3   Pension Phuong Lan
4   Pension Lê Van Tam
5   Mini Hôtel Xinh
6   Chambres Le Le
7   Pension Phòng Cho Thuê
8   Pension Coco Loco
9   Mini Hôtel My Man (Thai Binh)
10 Chambres du Trade Service Center
11 Mini Hôtel Palace Saigon
12 Hôtel Lê Lai
13 Café Long Phi
14 Café Sinh
15 Café Kim
15 b Café Saigon
16 Café « Chez Mado »
17 Café 333-Dai Duong
18 Sacombank
19 Bureau de l'Immigration
    (extension de visas)
20 Marché Bên Thành
21 Statue de Trân Nguyên Han
22 Gare routière de Bên Thành
23 Temple hindou Mariammam

HÔ CHI MINH-VILLE (quartier « routard »)

☞ *Chambres du Trade Service Centre :* 6, rue Phạm Ngũ Lão, 1er arr. ☎ 78-36-44. En face du Long Phi Café, l'agence vietnamienne des chemins de fer loue depuis peu une dizaine de chambres avec ventilo ou air conditionné, mais sans eau chaude. Elles sont propres et calmes. Ça peut dépanner.

☞ *Chambres Lê Lê :* 269, rue Đề Thám, 1er arr. ☎ 32-21-10. Juste à gauche du Saigon Café, qui fait l'angle de Phạm Ngũ Lão. Chambres très ordinaires, avec douche et w.-c. sur le palier. Certaines ont un petit balcon donnant sur la rue (gare au bruit) et ne sont séparées entre elles que par une maigre cloison en bois ! Seulement si toutes les adresses précédentes affichent complet.

☞ *Hôtel Prince :* Hoàng Tử en vietnamien. 187, rue Phạm Ngũ Lão, 1er arr. Géré par Saigontourist, sans le sourire, il a le mérite d'avoir beaucoup de chambres à bas prix, avec 2 ou 3 lits. Douche, w.-c., lavabo, ventilo ou air conditionné à l'intérieur. Éviter de dormir côté rue à cause du bruit. Demander une chambre au 5e ou au 6e étage, elles sont plus calmes, plus claires, et ont une vue sur les toits de la ville. Attention à vos affaires, on nous a signalé des vols dans le passé. Une adresse en dépannage donc, seulement si tout est plein dans le quartier.

Prix modérés
(de 15 à 25 $)

🛏 *Mini-hôtel Xinh :* 185/14, rue Phạm Ngũ Lão, 1er arr. ☎ 35-23-39. A 100 m à peine de la rue principale, à droite dans une ruelle assez calme et provinciale, une maison particulière cossue et très propre. On enlève ses chaussures avant de monter l'escalier. Propriétaire chaleureux et ouvert qui parle quelques mots d'anglais. Chambres impeccables, assez spacieuses, avec lavabo, douche et w.-c. (sauf la n° 6 où la douche est à l'extérieur). Notre préférée est la n° 5 au 3e étage : chambre belle et grande, orientée à l'ouest (bien pour le coucher du soleil !). Vraiment une bonne adresse avec un niveau de confort un peu plus élevé que la moyenne pour des prix encore raisonnables.

Prix moyens
(de 24 à 40 $)

🛏 *Mini-hôtel Palace Saigon :* 82, rue Lê Lai, 1er arr. ☎ 33-13 53. Une rue parallèle (au nord) à la rue Phạm Ngũ Lão, mais beaucoup moins animée et fréquentée que celle-ci. Chambres avec douche-w.-c. et climatisation. Propre mais sans caractère. Accueil quelconque. Bien en dépannage.

Où dormir à Cholon ?

Plein de petits hôtels bon marché dans ce quartier chinois débordant d'activités. Malheureusement, Cholon (5e arrondissement) est très excentré par rapport au centre de Saigon. Il vaut mieux être motorisé. Cela dit, voici notre sélection d'adresses, si jamais vous décidez d'y passer quelques nuits, histoire d'être à pied d'œuvre pour découvrir cette « ville dans la ville ».
Pour l'instant, on y voit peu d'Européens, mais cela va probablement changer avec le développement du tourisme.

Bon marché
(de 6 à 15 $)

🛏 *Hôtel Trung Mai :* 785, rue Nguyễn Trãi, ward 11, 5e arr. ☎ 55-21-01 ou 55-40-67. Très bien situé, en plein cœur de Cholon, à 5 mn à pied de la belle pagode Thiên Hậu. Notre meilleure adresse dans cette catégorie. Petit hôtel, en retrait de l'agitation, où l'on est reçu par une réceptionniste francophone. Les chambres, bien que très simples, sont propres, calmes, et équipées d'un ventilateur, d'une douche et d'un w.-c. Et tout cela pour 9 $ la nuit pour 2 personnes ! D'autres chambres avec air conditionné autour de 16 $.

🛏 *Hôtel Song Kim :* 84-86, rue Châu Văn Liêm, ward 11, 5e arr. ☎ 55-97-73. A quelques mètres du précédent hôtel, donc très central aussi, mais les chambres donnant sur la rue sont plus bruyantes que celles de l'arrière (comme d'habitude). Ventilo ou air conditionné, eau chaude.

🛏 *Hôtel Phú Đô II :* 704, Bến Hàm Tư, 5e arr. ☎ 55-66-54. Petit hôtel situé dans la rue qui longe le canal (kinh) Tàu Hũ (sud de Cholon), quartier très populaire et animé (les docks ne sont pas loin). A l'intérieur, un grand patio aux murs bleus avec des chambres calmes disposées autour. Dans chaque chambre, douche ou douche-w.-c., et ventilo (ou air conditionné, mais un peu plus cher). A ne pas confondre avec l'hôtel Phú Đô 1, situé tout près de là, à l'angle de la rue Ngô Quyền. Une adresse et un coin de Saigon vraiment hors des sentiers battus.

🛏 *Hôtel Quốc Thái* (Cathay Hotel) : 41, rue Nguyễn Duy Dương, 5 e arr. ☎ 35-16-57. Petit hôtel appartenant à Saigontourist, situé dans une petite impasse (peu de bruit) et tenu par un Chinois souriant. Chambres propres avec douche. Les draps sont changés tous les jours. Moins de 10 $ la double. Mieux vaut avoir un vélo ou une moto car cette adresse, comme les précédentes d'ailleurs, est excentrée. Un bon plan pour les routards sac à dos fauchés. Un voyageur seul dans une chambre simple paiera une somme équivalente à 25 ou 30 F la nuit !

Plus chic

☛ *Hôtel Arc-en-Ciel* (Thiên Hồng) : 52-66, rue Tản Đà, à l'angle du boulevard Trần Hưng Đạo, 5ᵉ arr. ☎ 55-44-35 ou 55-69-24. Fax : 55-03-32. Une grande bâtisse de 8 étages en plein Cholon. Chambres rénovées impeccables à partir de 44 $ pour 2 personnes. Tout le confort. Vue sur les toits de Cholon. Fréquenté par les hommes d'affaires de Taiwan, de Singapour et de Hong Kong. Le samedi soir au dancing, beaucoup de jeunes frimeurs, de nouveaux riches, chinois et vietnamiens, qui viennent flamber sur la piste de danse, et draguer les filles de Cholon...

Où manger dans le centre-ville

Très bon marché

✗ *Sur les trottoirs de Saigon :* on trouve partout des cuisines ambulantes installées au bord de la rue. On y mange pour 3 fois rien : grand bol de soupe (Phở), assiette de riz agrémentée de quelques morceaux de viande ou de poisson. C'est simple, bon et vraiment pas cher. On y est souvent assis au ras du sol, sur un minuscule tabouret en bois. Aller de préférence autour du marché couvert de Bến Thành ainsi que dans un petit marché installé dans les rues Huỳnh Thúc Kháng et Tôn Thất Đạm, entre l'avenue Nguyễn Huệ et le boulevard Hàm Nghi. Un conseil : prendre toujours des légumes bouillis.

Bon marché

✗ *La rue Thi Sách:* une petite rue parallèle à la rue Hai Bà Trưng. En venant du Saigon Floating Hotel (sur la rivière) et de la place Mê Linh (grande statue en bronze de Trần Hưng Đạo), on trouve plusieurs bons petits restos sur le trottoir de droite (entre la place et la rue Đông Du). Un coin encore peu touristique où l'on mange bien, et pas cher. A l'angle de la rue Thi Sách et Đông Du, le restaurant 333 sert une vraie cuisine vietnamienne, simple et délicieuse.

✗ *Restaurant 13 :* 13, rue Ngô Đức Kế, 1ᵉʳ arr. ☎ 29-14-17. Une toute petite rue parallèle au quai où est amarré le Saigon Floating Hotel, entre la rue Đông Khởi et Hai Bà Trưng. Très, très central. Commence à être de plus en plus connu des expatriés et des Européens (Français surtout). Cela dit, on le cite quand même car il a des bons plats à prix sages : soupe chinoise, soupe au cresson vietnamien, anguille au lait de coco, ou farcie, ou même sautée au piment. Une des spécialités de la maison, c'est le silure à la sauce de soja. Carte variée. A côté, il y a un autre resto concurrent, le « 19 » qui est jaloux du « 13 », et qui cherche par tous les moyens à racoler de nouveaux clients... (mais il est moins bon).

✗ *Restaurant végétarien Tịnh Tâm Trai :* 170 A, rue Võ Thị Sáu, 3ᵉ arr. Populaire et bon marché. Ce traiteur pour noces et banquets concocte de délicieux plats végétariens et des pâtisseries succulentes : gâteaux aux graines de lotus ou à la noix de coco.

✗ *Quán ăn Bình Dân 35 :* 35, rue Nguyễn Thái Bình, 1ᵉʳ arr. Petite rue populaire, la 1ʳᵉ à droite sur la rue Nam Kỳ Khởi Nghĩa, en venant du bd Hàm Nghi. Plusieurs petits restos sino-vietnamiens tout autour. Sa spécialité, c'est le jambonneau de porc braisé. Fermé tard le soir. C'est pour cette raison que l'on y rencontre souvent vers minuit quelques chanteuses très connues à Saigon telle Lệ Thu, une étoile de la nuit, qui vient s'attabler ici, après sa tournée de chants dans les parcs et les discothèques de la ville.

✕ *Bombay Restaurant :* 49, rue Đông Du, 1ᵉʳ arr. Inutile de vous faire un croquis. C'est un petit resto indien, très bien situé, puisqu'il regarde la grande mosquée indienne de Saigon. Gentille cuisine peu onéreuse : mouton, poulet et poisson au curry, plats végétariens (sambar, papadam, patates Masala). Pas de cochon évidemment.

✕ *Bò 7 Món 93 :* 93, rue Nguyễn Cư Trinh, 1ᵉʳ arr. Au sud-ouest du 1ᵉʳ arrondissement, en suivant le bd Trần Hưng Đạo vers Cholon. Non loin du quartier « routard ». Populaire et excellent. Tenu par un professeur qui parle le français. Y aller à plusieurs pour goûter différentes préparations de bœuf, la spécialité de la maison. Bò Lá Lốt Nướng Vì (exquis), et le Mở Chài. Chaque plat à base de bœuf est chauffé devant vous sur un petit fourneau portatif. Tout ceci rappelle la fondue.

✕ *Chả Cá Hanoi :* 27 E, rue Nguyễn Hữu Cảnh, 1ᵉʳ arr. Pas facile à trouver. Mieux vaut être motorisé pour s'y rendre et de préférence le soir (c'est plus sympa). Prendre la rue Hai Bà Trưng vers le nord de la ville. Tourner à droite 3 rues après la rue Võ Thị Sáu, et suivre cette petite rue qui se termine en cul-de-sac dans un méandre boueux de l'arroyo Rạch Thị Nghè. Un plat unique : le Chả Cá. Une spécialité typique de Hanoi. Mélange de poisson grillé servi avec des nouilles de riz et des herbes à l'aneth (Hmmm !). Le tout mijote dans un pot en terre cuite chauffé par des braises.

Prix modérés

✕ *Restaurant 95 :* 95, rue Đinh Tiên Hoàng, 1ᵉʳ arr. Presque à l'angle de la rue Điện Biên Phủ, dans la partie nord-est du 1ᵉʳ arrondissement. Y venir après avoir visité la pagode de l'Empereur de Jade, située dans le même secteur. Comment peut-on servir une aussi délicieuse soupe de crabes dans un bouiboui aussi quelconque donnant sur une rue très bruyante ? Tout est mijoté ici selon la tradition et avec amour : la soupe de crabes, bien sûr, mais aussi les nouilles frites au crabe, les pinces (du même animal) cuites à la vapeur ou servies en beignets. La patronne parle quelques mots de français. La salle est toute petite et les habitués bien informés n'hésitent pas à traverser tout Saigon pour s'attabler au 95.

✕ *Restaurant de l'hôtel Bông Sen :* 117-123, rue Đồng Khởi, 1ᵉʳ arr. ☎ 29-15-16. En plein centre, un des rares restos d'hôtel où l'on vous sert un menu avec quelques plats appétissants comme la bisque de homard, le gratin de fruits de mer, le rosbif saignant. Prix très raisonnables pour la qualité de la cuisine et du service.

✕ *Au Pagolac 2 :* 410 A, rue Nguyễn Thị Minh Khai, 3ᵉ arr. ☎ 39-44-54. Même si le décor ne le montre pas, ce resto existait déjà dans les années 30. Tenu par François Adams, un Vietnamien qui se débrouille assez bien en français. Une grande salle animée avec beaucoup de gens du quartier. Spécialité : le bœuf 7 Món (aux 7 manières).

✕ *Brodart :* 131, rue Đồng Khởi (à l'angle de la rue Nguyễn Thiệp). En plein centre de Saigon. Une institution qui remonte à l'époque des Français, comme son nom et sa carte le prouvent. Crème de volaille, assiette anglaise, cuisses de grenouilles à la provençale (!), choux-fleurs au beurre... Les serveurs portent encore le nœud papillon et parlent toujours le français, comme autrefois. On peut se contenter d'y prendre seulement un verre et un casse-croûte en milieu de journée. Avec ses fenêtres donnant sur deux rues animées, son air conditionné, Brodart est une étape plutôt agréable lorsque l'on traîne dans le quartier à la recherche d'un peu de calme et de fraîcheur.

✕ *Chez Givral :* 169, Đồng Khởi, 1ᵉʳ arr. Au carrefour des rues Đồng Khởi et Lê Lợi, juste en face de l'hôtel Continental et du théâtre de Saigon. On recommande plutôt ses pâtisseries que ses plats européanisés, assez quelconques. Il y a quelques années Givral était désespérément vide. Les serveurs s'y tournaient les pouces en plein service. Maintenant, c'est la folie ! Ils ont presque l'air « stressé », comme chez nous. Ça finit par devenir comique et agaçant. On cite Givral parce que pendant la guerre du Vietnam, ce bistrot aux allures de pâtisserie de sous-préfecture française était l'agence France-Presse officieuse où tout se savait, tout était connu et déjà commenté par les reporters avant même que les dépêches ne soient envoyées dans le monde entier.

✗ *Restaurant Tri Kỳ* : 82, rue Trần Huy Liệu, quartier de Phú Nhuận, au nord de la ville, en allant vers l'aéroport. ☎ 44-09-68. A la hauteur du n° 5, rue Nguyễn Văn Trỗi. Pour ceux qui recherchent l'exostime pur et dur. On y mange de la chauve-souris et du cobra, y compris le cœur battant mariné dans de l'alcool de riz. Pour estomacs robustes. Assez loin du centre, donc mieux vaut avoir une bicyclette ou une moto.

✗ *Restaurant flottant Siren* (Siren Floating Restaurant) : 1, quai Bến Bạch Đằng, 1er arr. ☎ 22-54-02. Fax : 29-37-42. Un bateau-resto amarré au quai, à la hauteur du croisement avec l'avenue Nguyễn Huệ. Le meilleur resto pour profiter de la fraîcheur du soir. Cuisine vietnamienne classique. Le dépaysement sur la rivière de Saigon.

Plus chic

✗ *La bibliothèque de Madame Dại :* 84 A, rue Nguyễn Du, 1er arr. ☎ 23-14-38. A 200 m de la place de la cathédrale, en face d'un immeuble de bureaux tout neuf qui s'appelle Han Nam Oficetel. Aucune enseigne extérieure n'indique cette petite maison discrète, à l'écart du tumulte de la ville. On dîne dans une petite pièce aux murs couverts de livres de droit dont la plupart en français. Mme Dại, de son vrai nom Nguyễn Phưởc Dại (ses intimes l'appellent Suzanne ou Suzy !) était une célèbre avocate de l'ancien régime (avant 1975). Depuis la chute de Saigon, pour survivre, elle a transformé sa bibliothèque en restaurant. « Je préfère la restauration gastronomique à la restaurantion politique », dit-elle. Agée, toujours souriante, elle parle un français impeccable qu'elle a appris à Montpellier (elle a toujours une nièce près de Limoux). Elle viendra sûrement faire un brin de causette avec vous. Un endroit étonnant, patiné par le temps, où l'on sert un menu comportant des plats vietnamiens et français (omelette et soupes gratinées par exemple). Noter la photo de Suzanne avec Mitterrand : celui-ci est venu y dîner lors de sa visite officielle au Vietnam. Et pourtant les prix restent très raisonnables (environ 70 F pour un repas). Le samedi soir et le dimanche soir, à 21 h, juste après le dîner, on peut assister à un spectacle de danses vietnamiennes au 1er étage. Pour être sûr d'avoir de la place, même en semaine, mieux vaut réserver. Une adresse obligatoire à Saigon.

✗ *Vietnam House :* 93-95, rue Đồng Khởi, 1er arr. ☎ 29-16-23. Une vieille maison coloniale de l'époque française, très bien retapée, qui abrite aujourd'hui

--- PRAGUE ---

Débridée par la révolution de Velours mais préservée du béton par l'ancien rideau de fer, Prague dévoile ses trésors ! La « Ville aux cent clochers » se visite à pied (ou en tramway) tant ses beautés abondent... Suivez les traces de Kafka, découvrez les décors d'Amadeus, dînez dans la cantine de Vaclav Havel, videz une pinte dans une taverne du XVe siècle et parcourez les ruelles en escaliers de la plus romantique des villes de l'Est, cette « capitale magique d'Europe » (André Breton) à laquelle le Routard consacre désormais un guide entier.

un resto chic et cher, sans être exorbitant. Mieux vaut y venir bien habillé et laisser son short et ses sandales (même si elles ont fait la piste Hồ Chi' Minh !) dans sa chambre d'hôtel. Cela dit, la cravate n'est pas du tout obligatoire et la plupart des clients sont en chemise à manches courtes. Bref, on y mange bien et en musique grâce à un petit orchestre traditionnel. Accueil excellent dès le rez-de-chaussée (le resto est au premier) où l'on est reçu par de charmantes Saigonnaises vêtues du *áo dài* traditionnel. Y venir plutôt dîner en amoureux le soir car au déjeuner la salle est pleine d'hommes d'affaires, affairés...

✕ *Restaurant de l'hôtel Rex :* 141, avenue Nguyễn Huệ (à l'angle du boulevard Lê Lợi), 1ᵉʳ arr. ☎ 29-31-15. Situé au 5ᵉ étage, une bonne table où l'on sert la cuisine vietnamienne classique ainsi que des plats européens. Prix raisonnables pour la qualité.

✕ *Maxim's :* 13-17, rue Đồng Khởi, 1ᵉʳ arr. ☎ 29-66-76. Encore considéré comme le meilleur restaurant de Saigon. Une certaine idée du luxe gastronomique vietnamien à des prix pas si élevés que ça : compter entre 30 et 200 F pour un repas pantagruélique ! Une expérience à faire à plusieurs, car seul on peut vite s'y ennuyer. Service attentif, tellement bien organisé qu'un employé pousse le zèle jusqu'à ouvrir la porte des toilettes pour tirer la chasse d'eau après votre passage. Cuisine de haute volée avec 2 menus : un français et un chinois.

✕ *Tex-Mex Saigon :* 24, rue Lê Thanh Ton, 1ᵉʳ arr. ☎ 22-30-17. Tout nouveau, tout beau. Tenu par Christian, un Bordelais, et Thi, une très jolie Vietnamienne (son épouse). On entre par le bar où l'on sert divers alcools et de la tequila. Billard et bientôt jeux de flechettes. Au fond, salle de restaurant, chapeaux méxicains aux murs. Bien pour une soirée exotique dans un pays déjà exotique ! Bonne cuisine mexicaine, avec ou sans épices : salades, chile con carne, T-Bone steaks... Il fait un peu trop chaud dans la salle du fond.

Où manger dans le quartier « routard » ?

✕ *Café Long Phi :* 163, rue Phạm Ngũ Lão, 1ᵉʳ arr. Au début de la rue des « routards », sur la gauche, presque en face du Sinh Café. Il y a un billard dans la salle du fond, un bar derrière lequel Nathalie discute avec un routard de passage, tandis que Patrick, « Le boss », est à Compiègne pour son service jusqu'à l'été. Le soir, entre 17 h et 19 h, des bandes de copains et d'expatriés s'y retrouvent dans une ambiance enfumée pour écluser quelques bonnes BGI (salut Franck et toute la bande !). Les Vietnamiens y viennent avec leurs enfants. C'est convivial. Et on y sert, midi et soir, quelques petits plats, bons et simples comme des macaronis ou des omelettes. Bien aussi d'y prendre son petit déjeuner. Une bonne adresse pour faire des rencontres et échanger des tuyaux. On peut aussi y louer des motos, avec ou sans guide (dans ce cas, demander Douze, un Vietnamien francophone très sympathique qui pourra vous conduire dans Saigon ou dans le delta du Mékong).

✕ *Café Kim :* 270, rue Đề Thám, 1ᵉʳ arr. ☎ 39-81-77. Presque à l'angle de la rue Phạm Ngũ Lão. Encore un des points de chute favoris des routards du quartier (voir la rubrique « Adresses utiles », agences de voyages). Dans ce café-resto-agence de voyages, on peut manger de délicieux pancakes (à la banane, au citron, au chocolat...), des omelettes aux oignons, des macaronis au fromage, des frites (oui !), ainsi que des plats vietnamiens. Adresse bon marché.

✕ *Café Sinh :* 6, rue Phạm Ngũ Lão, 1ᵉʳ arr. ☎ 35-56-01. Plein de voyageurs à la peau blanche venus des quatre coins de l'Europe et d'Amérique, attablés à la terrasse de ce café-resto-agence de voyages tellement réputé qu'il constitue une sorte d'adresse obligatoire dans le quartier. « Good food, cold beer », annonce la carte de visite. Nourriture bonne, en effet, mais on ne peut pas crier merveille. C'est simple et correct. Et ça dépanne bien. Le même genre de carte qu'au Café Kim et les mêmes tarifs.

✕ *Restaurant Quan Bào* : 132, rue Nguyễn Thái Học, 1er arr. La rue perpendi-culaire à Phạm Ngũ Lão, en allant vers le centre de Saigon. Sur la carte, on voit une vache (rouge) qui rit (jaune ?), logo du fromage français le plus populaire au Vietnam. La spécialité de ce resto très bon marché, ce sont les grenouilles gril-lées (avec ou sans beurre), les anguilles, et la soupe mixte de poisson Bông Lâu.

Où boire un verre ?

A Saigon, comme à Paris, pour bien connaître la ville il faut faire la tournée des cafés. Avec l'ouverture du pays, on assiste à une floraison de débits de boisson en tout genre : anciens garages transformés en café-kem avec le rideau de fer en guise de porte, café branché avec musique pop-rock tonitruante, petits bis-trots à la française où l'on sert du vin au verre, pubs genre « british » où il faut toujours laisser une trace de son passage (ici une cravate, là une carte de visite...), troquets enfumés pour prendre l'apéro de 5 à 7, ou au contraire bar de nuit où les branchées de Saigon viennent chercher l'aventure... Il y en a pour tous les goûts et pour toutes les bourses. A chaque heure son café, et à chaque café son style.

Enfin, il faut savoir qu'il existe à Saigon une multitude de petits cafés typiques qui n'ont rien à voir avec la plupart des adresses de type occidental (ici citées). Il s'agit des cafés-kem et des cafés-ôm.

— *Café-kem* : signifie café-glacier, autrement dit c'est un petit troquet à la viet-namienne composé de quelques tables basses et de tabourets (bas aussi), fai-blement éclairé, où l'on peut prendre un thé (souvent gratuit) ou un café, boire un verre et commander une glace, et parfois, quand c'est précisé, déguster un yaourt (souvent glacé).

— *Café-ôm* : une institution saigonnaise et vietnamienne. Il s'agit des cafés avec hôtesses. Interdits depuis la chute de Saigon en 1975, avec l'ouverture du pays et la libéralisation, ils ont tendance à proliférer. A éviter, si vous ne voulez pas vous ruiner et vous sentir très vite piégés par des Vietnamiennes certes mignonnes et tentantes, mais toujours vénales et intéressées par votre argent. C'est très simple : dans un café-ôm, il y a la partie visible, et l'autre partie, cachée le plus souvent par une cloison ou par un paravent. Le client entre, s'assied, commande une bière. Une hôtesse s'occupe aussitôt du nouveau venu, se rapproche de lui, engage la conversation. Si le client est d'accord, le feuilleton peut se poursuivre derrière le paravent, à l'abri des regards indiscrets et dans une relative pénombre. Tout s'arrête au stade du flirt. Ça dure le temps qu'on veut. Pour aller plus loin, le brave pigeon ainsi enlacé doit encore payer. Mais cette fois, s'il veut goûter au fruit défendu, il lui faudra de toute façon (sauf exception très rare) changer d'auberge. Car la prostitution est interdite et très sévèrement réprimée. Bonjour le SIDA.

— *The River Café* : 5-7, rue Hồ Huấn Nghiệp, 1er arr. ☎ 29-37-34. A 200 m de la rivière (d'où son nom) et du Saigon Floating Hotel. Dans l'avant-dernière rue à gauche en descendant la rue Đồng Khởi. Grand bar spacieux aux murs blancs avec des ventilos, des plantes vertes, un billard et un long bar en bambou où se retrouvent les habitués tard le soir. Ambiance plutôt agréable, et pas trop enfu-mée. Bon endroit pour rencontrer des expatriés. Le patron est français. Il s'ap-pelle Jean-Pascal.

— *Q Bar* : 7, square Công trường Lam Sơn, 1er arr. ☎ 29-12-99. Sur le côté droit du Théâtre de Saigon, quand on le regarde de face. Ouvert de 18 h à 2 h. Un des bars les plus branchés de la ville. Tenu par Anh, une « Việt Kiều » reve-nue au pays avec son copain David qu'elle a connu aux États-Unis. Ensemble, ils ont ouvert ce bar à la déco envoûtante et l'ont nommé « Q » (cette lettre en anglais se prononce comme « Kiều » en vietnamien, un clin d'œil de Anh à son aventure passée). Beaucoup de jeunes expatriés serrés les uns contre les autres le long du bar en compagnie de ravissantes Vietnamiennes, dans une ambiance chic et choc.

– *Dragon Inn :* 3, rue Hai Bà Trưng, 1er arr. ☎ 29-21-90. Une minuscule et adorable taverne pour matelots et écrivains-voyageurs perchée au 6e étage d'un immeuble on ne peut mieux situé. Y passer en fin d'après-midi histoire de picoler et de siffler une bonne boisson rafraîchissante, en admirant une des vues les plus chouettes que l'on connaisse sur la rivière et le port de Saigon. Super ! Serveuses en tunique vietnamienne *(áo dài)* mais déco genre « Mariner's Club ». Beaucoup d'Australiens, de Néo-Zélandais, d'Anglais et d'Américains. On peut également y manger. Petite cuisine bonne et pas chère. Assez chic comme endroit.

– *Le P'tit Bistrot de Saigon :* 58, rue Lê Thánh Tôn, 1er arr. ☎ 23-02-19. Un très sympathique et chaleureux bistrot-resto (voir rubrique « Où manger dans le centre ? ») où il faut passer entre 17 h et 19 h prendre un verre accompagné de rillettes de sardines, le délicieux amuse-gueule de la maison.

– *Press Café :* 39, rue Lê Duẩn, 1er arr. Café attenant à la maison abritant l'association des journalistes de Saigon. Endroit idéal pour rencontrer des Saigonnais. Demander Phương ou Nguyên, tous les deux parlent le français. Bonne musique. Délicieux yaourts faits maison. Bien aussi pour le petit déjeuner.

– *Vincent Café :* 74 A2, rue Hai Bà Trưng, 1er arr. ☎ 29-31-98. La patronne, une très souriante Saigonnaise, aime Van Gogh (d'où le nom du café), et les vins français (blancs notamment) qu'elle sert, très frais, dans une jolie coupe. On y déguste aussi des glaces en regardant la vidéo suspendue au-dessus du bar. Un coquet petit bistrot de la nouvelle génération, arrangé avec goût.

– *Apocalypse Now :* 29, rue Mạc Thị Bười, 1er arr. Une adresse incontournable pour ceux qui aiment les bars enfumés où la musique est toujours à plein tube. Un lieu hyper-mode pour les Saigonnais privés de tout pendant 20 ans de tristesse stalinienne, mais très banal pour les zoulous de la nuit parisienne. Y jeter quand même un coup d'œil en passant.

– *Hard Rock Café :* 24, rue Mạc Thị Bười, 1er arr. Même genre que l'Apocalypse Now (juste en face !) mais une foule plus clairsemée. Un grand bar rond au centre et un billard dans un coin. Bonne musique rock-pop. Ferme vers 1 h.

– *Tiger Tavern :* 227, rue Đồng Khởi, 1er arr. ☎ 22-27-38. Ouvert de 11 h à 22 h. La plus anglo-saxonne des tavernes saigonnaises. Une grande baraque d'époque coloniale, aux murs jaunes avec des fenêtres d'auberge anglaise, un grand bar où l'on privilégie la bière Tiger, of course, car la maison appartient au célèbre brasseur singapourien. Il y a une collection de cravates laissées par les clients, suspendues au-dessus du bar... Servez-vous, si vous êtes en manque...

– *Le bar de la terrasse du Rex :* 141, avenue Nguyễn Huệ, 1er arr. Au 5e étage, en plein ciel, la terrasse de l'hôtel Rex reste un des lieux les plus agréables pour boire un coup dans le centre-ville. De préférence en début de soirée, pour y prendre le frais parmi les arbustes sculptés et les oiseaux siffleurs. Et bien sûr, vue superbe sur Saigon. Génial également le matin pour le petit déj. Piscine.

– *Ciao Café :* 72, avenue Nguyễn Huệ, 1er arr. ☎ 25-12-03. Ouvert de 7 h à minuit. Très central, juste à côté de l'hôtel Century. En Europe, on passe devant ce genre de cafétéria sans même y prêter attention. Mais ici, c'est presque un événement. Des glaces (délicieuses), des gâteaux au chocolat (miam !), dans un cadre quelconque et aseptisé (pour être propre, c'est propre !). Heures heureuses entre 17 h et 19 h.

– *The Hammock :* 3e ponton, quai Bạch Đằng, en face de l'hôtel Majestic. Il s'agit d'une ancienne barge à riz, longue de 50 m, transformée depuis peu de temps en pub-restaurant. Le café Bông est situé au 2e étage. Pour ceux qui aiment la rivière de Saigon. Ouvert de 17 h à minuit. Heures heureuses de 17 h à 20 h (20 % de rabais sur toutes les boissons).

Dans le quartier « routard »

– *Long Phi, Kim Café et Sinh Café :* 3 bonnes adresses déjà citées dans la rubrique « Où manger ? ». On peut effectivement boire et manger comme dans tout bon café-restaurant.

– *Café 333* - *Đại Dương :* 217, rue Phạm Ngũ Lão, 1er arr. ☎ 33-12-31. Fax : 35-12-18. Plus connu sous son nom prononcé à la vietnamienne : le « ba-ba-ba ». Un autre rendez-vous cher aux voyageurs. On y glane de précieux renseignements sur la ville et on y rencontre d'autres routards (routardes !).

Où écouter de la musique ?

– *Buffalo Blues* - *Hương Quê* (l'esprit du pays) : 72 A, rue Nguyễn Du, 1er arr. ☎ 22-28-74. Fax : 23-04-64. Le premier club de jazz du Vietnam. A ouvert ses portes récemment, non loin de la cathédrale. Dans cette grande maison de style colonial, très bien restaurée, on découvre un bar au rez-de-chaussée, et au 1er étage, une petite formation de jazz, composée de musiciens vietnamiens. Bonne musique plus proche du jazz-pop que du jazz classique. Même si on n'entend peu les trompettes et les saxophones, ça swingue quand même et on est pris par l'ambiance. Goûter au B 52, un délicieux cocktail nettement moins ravageur que le bombardier américain dont il a emprunté le nom. Ironie de l'Histoire !

– *Café-piano Dương Cầm :* 292, rue Điện Biên Phủ, 3e arr. Piano-bar à la vietnamienne où l'on rencontre beaucoup de Vietnamiens et très peu d'étrangers car l'adresse n'est pas connue. Tous les soirs, de 20 h à 22 h, un petit groupe talentueux (piano, saxo, violon) se produit sous un préau dans un coin du jardin, face à un public jeune d'habitués. Musique électrique. Un endroit que l'on aime bien.

Discothèques et boîtes de nuit

Pour des raisons qui relèvent de leur porte-monnaie et de leur tempérament, les Saigonnais sortent beaucoup plus que leurs lointains cousins de Hanoi. Interdits par les communistes en 1975, les dancings ont quasiment tous rouverts en l'espace de 4 ans. Fréquentés par la nouvelle jeunesse dorée de Saigon, les nouveaux riches et les Việt Kiều de passage, ils sont encore sévèrement contrôlés par le gouvernement qui y voit une source non négligeable de revenus. Beaucoup de discothèques situées dans les hôtels appartiennent d'ailleurs directement à Saigontourist ou à Vietnamtourist.

Le choix se fait assez facilement : il y a grosso-modo deux types de boîtes. Les boîtes vietnamiennes avec orchestre (vrai) vietnamien et public essentiellement vietnamien, et les boîtes pour expatriés et touristes comme le Down Under, le night-club du Saigon Floating Hotel. Évidemment les prix varient selon le luxe du lieu et la provenance de la clientèle. Retenez ceci : plus il y a d'expatriés (Européens surtout) et plus c'est cher. A l'inverse, plus les Saigonnais du cru y vont et plus les prix sont accessibles. Autre originalité : la musique. La règle, c'est l'éclectisme. Des mélodies sentimentales vietnamiennes (pour danser le slow) aux morceaux endiablés de pop-rock américain, en passant par le tango, le cha-chacha et le paso-doble, tous les styles défilent joyeusement. Les discothèques de Saigon jouent avec l'anachronisme et l'avant-garde, pour le plus grand régal de tous !

Autre particularité : les cavalières. Les hommes seuls s'y comptent sur les doigts de la main car, même si ceux-ci arrivent en solo, ils se retrouvent vite en duo (sur tabouret ou sur canapé !) en compagnie d'une jeune et jolie Vietnamienne chargée de tenir compagnie aux clients de sexe masculin le temps d'une soirée. A peine assis dans la pénombre, un serveur se penche vers vous pour prendre votre commande et vous proposer la présence « rapprochée » d'une cavalière. Si c'est oui, il faudra avoir l'élégance de lui offrir une boisson, l'inviter à danser (pratique pour les grands timides) et vous habituer à communiquer avec quelques mots d'anglais. Enfin, sachez que ces « taxis-girls », comme on les appelle communément, ne sont pas gratuites et que leur présence est comptée en heures (entre 30 000 et 50 000 *dông* l'heure). Ajoutez à cela le service, et vous comprendrez aisément que ce que l'on vient de vous expliquer ne constitue en aucun cas un bon plan routard. Vous voilà informé maintenant sur cette coutume nocturne saigonnaise. Bonne soirée !

– **Queen Bee :** 104-106, avenue Nguyễn Huệ, face à l'hôtel Rex. Cette boîte en vogue auprès des yuppies saigonnais existait déjà avant 1975. Puis elle ferma ses portes, comme tous les lieux « bourgeois et décadents » de l'ancienne capitale du Sud-Vietnam. Après des années de silence, les hauts-parleurs du Queen Bee crachent à nouveau leurs décibels. Orchestre tous les soirs, jouant en alternance des mélodies vietnamiennes à l'eau de rose aussi bien que les plus fiévreux rocks made in USA... Toujours plein de monde sur la grande piste circulaire, et autour.

– **Dancing de l'hôtel Rex :** 141, avenue Nguyễn Huệ, 1er arr. Y venir de préférence le samedi soir, car il y a plus de monde et d'ambiance. Immense discothèque, unique en son genre par son atmosphère bon chic-bon genre : de longues tables en bois patiné où l'on est assis, face à face, dans de vieux et confortables sièges d'avant-guerre, une piste de danse où virevolte sans excès une ribambelle de Vietnamiennes en *áo dài* (chaque cavalière est discrètement numérotée !), et les meilleures chanteuses de Saigon. Comme Lệ Thu, par exemple, très populaire au Vietnam. Beaucoup de 40-50 ans se trémoussent allégrement sur de la pop asiatique. C'est rétro et merveilleux à la fois. Y passer une fois par curiosité.

– **Dancing de l'hôtel Quê Hương (Liberty) :** 167, rue Hai Bà Trưng, 3e arr. Une boîte qui semble très appréciée par les Vietnamiens. Très peu d'expatriés.

– **Dancing de l'hôtel Arc-en-Ciel :** 52-56, rue Tản Đà, 5e arr. En plein cœur de Cholon. Était très à la mode autrefois, un peu moins maintenant. Cela dit, pour rencontrer des Chinois et des Chinoises du quartier, et sortir des sentiers battus, c'est encore une bonne adresse.

Boutiques, souvenirs, trucs divers

– **Développement de pellicules photo :** voir la rubrique « Adresses utiles ».

– **Bonzaïs :** Mimosa, kiosque 3, 307/26, rue Nguyễn Văn Trỗi. ☎ 44-38-09. Vend et loue des bonzaïs ainsi que toutes sortes de plantes vertes tropicales et même des arbres fruitiers.

– **Antiquités :** la rue Lê Công Kiều, dans le 1er arrondissement, est la rue des antiquaires de Saigon. Elle se situe en face de la place du marché Bến Thành, entre la rue Phó Đức Chính et la rue Nguyễn Thái Bình, derrière l'hôtel Champagne (Vĩnh Lợi). Nombreux magasins. Attention : les vraies antiquités sont systématiquement confisquées à la douane quand vous sortez du pays.

– **Soie :** Viseri, 183, rue Đồng Khởi, en face de l'hôtel Continental, 1er arr. ☎ 29-26-07. Soie de haute qualité de toutes les couleurs, tableaux brodés, nappes. Dans le centre, une autre boutique : Viet Silk, 27, rue Đồng Khởi. On y vend des chemises en soie, des débardeurs. Bonne qualité mais un peu cher quand même.

– **Pharmacopée traditionnelle chinoise :** 71 A, Hải Thượng Lãn Ông, 5e arr. ☎ 56-29-12. En plein cœur de Cholon. Plantes médicinales, lézards desséchés, serpents marinés dans de l'acool de riz, et plein de choses bizarres et bonnes pour la santé.

– *Vieux livres :* librairie d'occasion, 20, rue Hô Huân Nghiêp, 1er arr. Voir commentaire dans la rubrique « Adresses utiles », plus haut.

– *Cassettes audio et vidéo :* au marché de la rue Huỳnh Thúc Kháng, près de l'avenue Nguyễn Huê. Le royaume de la cassette piratée !

– *Portraits peints :* Ngô An Lacquer Wares, 12, rue Đồng Khởi, 1er arr. Artiste-peintre, Ngô Bích Thủy réalise des portraits à l'huile sur toile à partir d'une simple photo de vous, de votre couple, ou d'un ami, ou de quiconque. Compter une semaine environ et 40 $ pour un simple portrait. Un style réaliste, naïf, merveilleusement kitsch. Un souvenir insolite et amusant.

– *Galeries de peinture :* Gallery Saigon, 57, rue Nguyễn Du, 1er arr. ☎ 22-49-19. Près de la cathédrale. Galerie Lotus, rue Đồng Du, face à la mosquée indienne. Tenue par Mme Phương.

– *Cartes de visite :* Minh Minh In, 130, rue Nguyễn Thị Minh Khai, 3e arr. ☎ 22-41-10. Petite boutique très sérieuse qui réalise des cartes de visite rapidement et à tarifs économiques.

– *Chaussures, bottier :* Lạc Long, 143, rue Lê Thánh Tôn, 1er arr. ☎ 29-33-73. Un magasin assez ordinaire apparemment, tenu par un Sino-Vietnamien parlant quelques mots de français et d'anglais. Chaussures sur mesure en cuir (russe) mais la teinture a tendance à s'en aller avec le temps. Sinon, on y trouve aussi tout un bric-à-brac d'objets hétéroclites : montres, casquettes, jumelles à infrarouges (de l'armée russe), briquets « Zippo » de la guerre du Vietnam.

– *Beurre, œufs, fromage :* on peut acheter ce genre de produits typiquement français au Saigon Market Thực Phẩm, 162, rue Hai Bà Trưng, 1er arr. ☎ 22-36-36. On trouve également du beurre (breton !) et du frometon au n° 62, rue Hàm Nghi, dans le 1er arrondissement.

– *Pain, jambon, pâtés :* Như Lan, 66, rue Hàm Nghi, 1er arr. ☎ 29-29-70. Une des meilleures boulangeries-pâtisseries de Saigon. Adresse très connue et appréciée des Saigonnais. Petits pains, croissants, pains aux raisins, pâtés vietnamiens...

– *Épicerie fine :* Mademoiselle de Paris, 249, rue Lê Thánh Tôn, 1er arr. ☎ 22-28-90. Boutique assez classe où l'on vend des produits importés de France : olives, cornichons, biscuits, confitures, vins. Assez cher. Fermé le lundi. Sama, 35, rue Đồng Du, 1er arr. (face à la mosquée indienne). ☎ 22-48-14. On y trouve notamment des céréales pour le petit déjeuner.

A voir dans le centre-ville

▶ *L'avenue Nguyễn Huê :* « Les Champs-Élysées » de Saigon ! Cette avenue longue de 750 m et large de 70 m relie l'hôtel de ville à la rivière. Ancien canal comblé au début du siècle pour devenir le boulevard Charner à l'époque coloniale, c'est aujourd'hui un des axes principaux de la ville avec la rue Đồng Khởi (moins large mais plus longue). Dans la partie haute, autour de l'hôtel de ville et du croisement avec le boulevard Lê Lợi, l'animation bat son plein : ballet incessant de vélomoteurs, de cyclo-pousse et de voitures, ribambelles de vendeurs ambulants, de promeneurs, de marchands de ballons multicolores. A mesure que l'on descend, la foule se raréfie mais l'effervescence commercial ne décroît pas. Business ! Business ! Sur toute sa longueur, l'avenue est bordée d'une cinquantaine de kiosques en ciment vendant des souvenirs ou abritant des mini-laboratoires photographiques. Remarquer, au n° 8, non loin de la rivière, une tour de verre fumé (à côté de Roussel-Vietnam), symbole éclatant de la fièvre économique qui règne ici depuis l'ouverture du pays. En face, on construit le Harbour View Hotel (200 chambres de luxe) dont l'ouverture est prévue pour 1995. C'est l'avenue la plus convoitée par les investisseurs étrangers... Mais derrière ce luxe nouvellement installé, la pauvreté demeure avec sa cohorte de mendiants, d'estropiés, d'infirmes et de sans-logis...

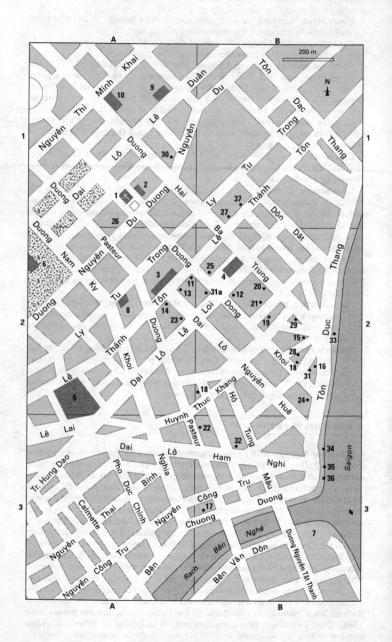

HÔ CHI MINH-VILLE (centre-ville)

Avant et pendant la fête du Têt, l'avenue se transforme en un vaste marché aux fleurs où les Saigonnais viennent en famille acheter les traditionnelles fleurs jaunes de prunier, pour décorer leurs maisons. Y venir à ce moment-là !

▶ **L'hôtel de ville :** il ferme la perspective de l'avenue Nguyễn Huệ au nord. Essayer de l'admirer de la terrasse de l'hôtel Rex, tout proche. Sans doute le monument le plus discuté, le plus critiqué, le plus vilipendé de Saigon. Il a eu le droit à tout : « désastreuse pâtisserie de style néo-Renaissance », « pâtisserie du pur style Fallières », « style chou à la crème », etc. Construit entre 1900 et 1908, décoré par un dénommé Ruffier, qui le chargea de mascarons et de colonnettes corinthiennes (bonjour les Grecs !), il offre une très plaisante façade qui n'est pas vraiment le « gros gâteau kitsch » que l'on dit et que l'on répète (sans avoir pris la peine de bien le regarder). Eh bien, nous, on le préfère cent fois au très austère et très prétentieux hôtel de ville néo-Renaissance (aussi) de Paris ! Et on trouve même que l'hôtel de ville, aujourd'hui siège du Comité populaire, est l'un des plus chouettes monuments de l'époque coloniale à Saigon. Visite impossible à moins d'avoir une autorisation spéciale ou un rendez-vous avec un « représentant du peuple ».

Sur le terre-plein gazonné situé devant l'hôtel de ville, au commencement de l'avenue Nguyễn Huệ, se dresse (face au Rex) une statue de Hồ Chí Minh entourant 3 enfants, œuvre de Điệp Minh Châu.

▶ **La rue Đồng Khởi :** entre la cathédrale Notre-Dame et la rivière, l'ancienne rue Catinat constitue une des artères vitales de la ville. Rectiligne et ombragée. Ses trottoirs défoncés sont encombrés de marchands de cigarettes, de cuisines ambulantes aux effluves d'épices et de soupes, de gosses qui chahutent. A l'époque coloniale, du « temps des Français » comme on dit ici, cette voie s'appelait la rue Catinat, le nom du navire amiral de la flotte française qui accosta là au siècle dernier (le bateau avait été baptisé d'après un maréchal de Louis XIV, originaire de Mauves-sur-Huisne dans l'Orne où il y a encore aujourd'hui une rue Catinat !). Elle était alors l'artère chic, bordée de belles boutiques, d'hôtels et de cafés avec terrasses comme la Rotonde et la Taverne Alsacienne (à l'emplacement de l'hôtel Majestic). « Devant les hôtels », écrit Somerset Maugham en 1923, « des terrasses accueillent à l'heure de l'apéritif un grand nombre de Français. Ils portent la barbe, parlent avec les mains, consomment des vermouths, des cassis, des Byrrh, des quinquinas Dubonnet, ces boissons sucrées et fades que l'on sert en France, et jacassent avec l'accent chantant du Midi... A l'intérieur des magasins, on trouve des robes de Paris venues de Marseille, et des chapeaux de Londres venus de Lille. Des victorias passent à toute allure tirées par deux poneys et des automobilistes klaxonnent. » Déjà des klaxons !

1	Cathédrale Notre-Dame	20	Hôtel 69
2	Poste centrale	21	Mosquée indienne
3	Hôtel de ville	22	Rose Hôtel
4	Théâtre municipal	23	Hôtel Rex
5	Marché Bên Thanh	24	Hôtel Majestic
6	Palais de la Réunification	25	Hôtel Continental
7	Musée Hô Chi Minh	26	La Bibliothèque de madame Dai
8	Musée de la Révolution	27	Le P'tit Bistrot de Saigon
9	Ex-Ambassade des États-Unis	28	River Café
10	Consulat de France	29	Dragon Inn
11	Saigontourist	30	Buffalo Blues
12	Air France	31	Restaurant 13
13	Vietnam Airlines	31a	Café Givral
14	Bus pour Phnom Penh	32	Boulangerie Nhu Lan
15	Banque Française du Commerce Extérieur	33	Saigon Floating Hotel
		34	Restos flottants
16	Crédit Lyonnais	35	Barques motorisées à louer
17	Vietcombank	36	Hydroglisseur pour Vung Tau
18	Hôtel Đông Khoi	37	I.D.E.C.A.F. (Centre culturel franco-vietnamien)
19	Hôtel Saigon		

Après la division du pays en deux parties distinctes, elle devint en 1954 la rue Tự Do, la rue de la Liberté. Puis ce fut la guerre du Vietnam et la présence américaine qui s'incarna dans une série de bars à filles aux noms évocateurs : California, Mimi's bar, Uncle Sam, Play Boy... Les rumeurs et les potins, les vraies et les fausses nouvelles y circulaient. « Radio Catinat » était souvent la source d'informations officieuses la plus efficace de toute la ville. Après la chute de Saigon en avril 1975, on la rebaptisa Đồng Khởi : c'est-à-dire la rue du Soulèvement général.

Aujourd'hui, la rue est bordée de nombreux magasins de souvenirs (laques, soies). En la remontant de la rivière, on trouve quelques vestiges bien conservés de l'époque « des Français » : l'hôtel Majestic (Cửu Long), au n° 1, l'hôtel Đồng Khởi, à l'angle de la rue Ngô Đức Kế, qui appartenait à la mafia corse, le café Brodart, au n° 131, la pâtisserie Chez Givral, au n° 169, le Théâtre municipal, l'hôtel Caravelle (Độc Lập) et l'hôtel Continental, 3 vénérables bâtiments rassemblés autour du carrefour formé par la rue Đồng Khởi et le boulevard Lê Lợi. Ces hauts lieux de la vie saigonnaise font l'objet d'un commentaire spécial dans la rubrique « Où dormir et où manger ? ».

▶ **Le Théâtre municipal :** situé sur la place Lam Sơn, au croisement de la rue Đồng Khởi (voir plus haut) et du boulevard Lê Lợi, entre l'hôtel Continental et le Caravelle (Độc Lập), il fut inauguré en 1900, en plein « Belle Époque » comme le prouve si bien son architecture qui suggère vaguement le Petit Palais parisien. Il servit de théâtre jusqu'en 1955 puis abrita l'Assemblée nationale jusqu'en 1975. Il a retrouvé aujourd'hui sa vocation initiale. Son style « chou blanc à la crème tropicale » nous plaît bien. Une de ses ailes abrite un des bars les plus branchés de Saigon : le Q Bar (voir la rubrique « Où boire un verre ? »).

▶ **La cathédrale Notre-Dame** (Nhà thờ Đức Bà) : située à l'extrémité de la rue Đồng Khởi, sur la place de la Commune de Paris (où se trouve la poste centrale), la cathédrale est un des monuments les plus typiquement « France profonde » de Saigon. Aucune comparaison avec Notre-Dame de Paris. Il s'agit ici d'une bonne grosse église construite de 1877 à 1880 dans un style néoroman, coiffée de deux clochers carrés et de flèches de 40 m de hauteur que l'on voit de toutes les hautes terrasses (d'hôtel notamment) de la ville. Un repère essentiel donc. Sa façade de brique rouge et de pierre cache un intérieur très sobre, à la décoration pauvre. On se croirait dans une église de souspréfecture. Le seul intérêt de la visite, ce sont les chapelles latérales aux vitraux et aux saints « francophones ». Dans le bas-côté de gauche après l'entrée (4ᵉ chapelle), on découvre ainsi deux petits vitraux dédiés à Anne, patronne de la Bretagne, et saint Yves, avocat des pauvres (il y avait beaucoup de Bretons dans la marine et aux missions étrangères). Noter les innombrables ex-voto en marbre ou en plastique bleu, rédigés d'abord en français (« Merci ») puis en vietnamien (« Tạ ơn Đức Thế »). Bien faire attention aux chants liturgiques qui sont un métissage culturel et spirituel entre la tradition judéo-chrétienne et la musique répétitive bouddhiste. Très curieux, et beau.

Si le cœur vous en dit, vous pouvez même assister à la messe, le problème c'est que toutes les paroles du film sont en vietnamien et il n'y a pas de soustitrage. Beaucoup de ferveur chez les fidèles.

Horaires des messes : le dimanche à 5 h 30, 6 h 30, 7 h 30, 9 h 30, 16 h et 17 h. En semaine, 5 h 15, 5 h 40, et 17 h.

▶ **La poste centrale** (Bưu điện Sài Gòn) : 2, Công Xá Paris (place de la Commune de Paris). A droite de la cathédrale en venant de la rivière. Pour le mode d'emploi interne : comment téléphoner ? Où acheter des timbres ? etc., se reporter à la rubrique « Adresses utiles ». Ouverte tous les jours de 7 h 30 à 21 h. Une des perles de l'architecture coloniale française à Saigon. Construite de 1886 à 1891, elle abrite une immense charpente métallique, œuvre de Gustave Eiffel (les Vietnamiens adorent la tour Eiffel qui est représentée en ville un peu partout), et une verrière comme on les faisait à l'époque de l'Expo universelle. Les couleurs vert d'eau-bleu ciel des murs, l'espace, la fraîcheur due aux ventilateurs suspendus à la verrière, en font un endroit délicieusement rétro et agréable. Remarquer le grand tableau de l'oncle Hô dans le fond du bâtiment, et dans l'entrée, juste à droite, au-dessus des boîtes aux lettres, un grand plan de Saigon et de ses environs datant de 1892. Sur le mur opposé, un deuxième plan de 1936 montrant les lignes télégraphiques du Sud-Vietnam et du Cambodge.

▸ **Le palais de la Réunification** (Hội trường Thống Nhất) : 7, avenue Lê Duẩn. L'entrée des visiteurs se trouve au 106, rue Nguyễn Du. Ouvert tous les jours sauf le dimanche après-midi, de 7 h 30 à 10 h 30 et de 12 h 30 à 15 h 30. Ce jeune monument historique est entré vraiment dans l'histoire le 30 avril 1975, à 12 h 15 lorsque le char d'assaut 879 de la 203e brigade de l'armée nord-vietnamienne (communiste) défonça les lourdes grilles de fer forgé du parc : image mondialement connue qui marquait la chute de Saigon, la fin du Sud-Vietnam et de 30 années de guerre impitoyable.

Un petit soldat vert escalada alors la façade du palais présidentiel (c'était son nom à l'époque), arracha le drapeau sud-vietnamien et le remplaça par le drapeau bleu et rouge du GRP (Gouvernement révolutionnaire provisoire). A l'intérieur du palais, dans une salle située au 1er étage, le général Minh, surnommé « Big Minh », attendait les Viêtcong, entouré de son cabinet improvisé. Nommé chef de l'État du Sud-Vietnam moins de 48 h auparavant, décidé à assumer ses pouvoirs jusqu'à la dernière seconde, il accueillit le colonel Bùi Tín, l'officier communiste chargé de recevoir sa capitulation, par cette phrase : « J'attends depuis ce matin pour vous remettre le pouvoir ! » « Il n'en est pas question, répliqua le colonel. Votre pouvoir s'est écroulé. Vous ne pouvez donner ce que vous n'avez pas. » Saigon prise et le Vietnam réunifié en un seul État, les communistes rebaptisèrent le bâtiment « palais de la Réunification ». Ils en firent un musée. Ceci explique son parfait état de conservation mais aussi sa relative tristesse.

Hormis son intérêt historique, la visite de ce monument n'a rien de très exaltant. Construit en 1966 sur les plans de l'architecte vietnamien Ngô Viết Thụ qui fut formé en France (1er Prix de Rome en 1956), le palais de la Réunification s'est d'abord appelé le palais de l'Indépendance puis le palais présidentiel. Les présidents Diệm et Thiệu y demeurèrent. Il occupe l'emplacement de l'ancienne résidence du gouverneur général de l'Indochine, belle et grande bâtisse coloniale de 1868 qui fut bombardée en février 1963.

A l'intérieur, on visite d'immenses salons et des salles de réception. Au 1er étage : le salon rouge du président Thiệu (avec le dragon et les deux ivoires), le salon de réception du vice-président et la salle des ambassadeurs. Au 2e étage : le salon de réception de l'épouse du président Thiệu est une grande pièce vide avec des chaises orange de mauvais goût. Sur le toit, une piste d'atterrissage pour hélicoptères et, au dernier étage, une grande salle de danse avec vue sur les parcs et les toits de la ville. Mais la partie la plus intéressante du palais se trouve au sous-sol. Il s'agit du bunker souterrain. Couloirs et larges murs de béton gris, portes grillées, cartes d'état-major montrant la progression des forces communistes : tout cela évoque bien les derniers jours d'un régime menacé par la grande armée déferlante venue du nord du pays...

▸ **L'ancienne ambassade des États-Unis :** située à l'angle de l'avenue Lê Duẩn et de la rue Mạc Đĩnh Chi, dans le 1er arrondissement. Un des monuments phares de la guerre du Vietnam. Ce fut le centre, le cœur, le moteur de la puissance américaine en Indochine. Occupée aujourd'hui par la société Pétro Vietnam, elle ne se visite pas. Construite dans les années 60, protégée par une façade hideuse en béton armé formant une multitude d'alvéoles, elle est le monument symbole de la fin de la guerre et du départ précipité des forces américaines du Vietnam, après 20 ans de présence militaire dans le pays. Le monde entier se souvient encore de ces images télévisées montrant le va-et-vient incessant des hélicoptères perchés sur le toit de l'ambassade pour évacuer vers les navires de la 7e flotte les 1 373 citoyens américains et 833 réfugiés vietnamiens qui s'agglutinaient dans la cour autour du bâtiment. Il aura fallu 689 sorties dont 160 de nuit aux hélicos d'évacuation pour accomplir cette tâche. Elle sera bientôt restituée aux Américains, selon un accord signé en 1994.

▶ *L'ancien Cercle sportif :* un des hauts lieux du vieux Saigon colonial, le Cercle sportif, aujourd'hui nommé Cercle des Travailleurs, est situé dans un grand parc ombragé derrière le palais de la Réunification. L'entrée se trouve au milieu de la rue Huyền Trân công chúa (facile à trouver, car il n'y a rien d'autre dans cette rue). Intéressant d'y jeter un coup d'œil. A l'intérieur, on peut voir des terrains de tennis, des joueurs de pétanque et de badminton, et une piscine fréquentée aujourd'hui par les enfants des nouveaux riches. A l'époque des Français, le Cercle sportif était le rendez-vous chic et branché de la ville, où se retrouvaient les membres (sportifs ou non) de la communauté française et la bonne bourgeoisie de Saigon. A l'époque des Américains, on pouvait voir régu-lièrement l'ambassadeur Cabot Lodge barboter dans la piscine et MacNamara, secrétaire d'État à la Défense, jouant au tennis avec les dirigeants vietnamiens. Dommage que l'endroit ne soit pas mieux entretenu car, avec quelques idées de rénovation, il pourrait être un des lieux de détente les plus agréables de la ville. Ce fut le bois de Boulogne des Saigonnais. A l'époque coloniale, diverses socié-tés y obtinrent des concessions, toutes séduites par la douceur tropicale de ce vaste parc : cercle cycliste, loge maçonnique, et même la Philharmonique...

▶ *Le jardin botanique et le zoo :* grande tache de verdure située à l'est du 1er arrondissement et dont l'entrée se trouve tout à fait au bout du boulevard Lê Duẩn (près du musée d'Histoire). Créé officiellement en 1864 par le Dr Germain et le botaniste Pierre. Ce dernier a mis 20 ans pour écrire sa « Flore forestière de l'Indochine », le meilleur ouvrage du genre. Mais il est mort en 1905, usé, pauvre et découragé par l'incompréhension générale. Découragé, il le serait encore de nos jours devant les mauvaises conditions de vie et la malnutrition des animaux du zoo. Comme le reste de la ville après 1975, le zoo de Saigon a subi une cure d'amaigrissement longue de 16 ans. Hormis les oiseaux tropi-caux, les pauvres bêtes font pitié à voir. Ne mérite donc pas le détour sauf si vous aimez particulièrement les vieilles cages d'époque coloniale et certains spécimens de la flore locale.

▶ *Les autres monuments de l'époque coloniale :* le palais de justice (1885), à l'angle des rues Lý Tự Trọng et Nam Kỳ Khởi Nghĩa. La manufacture d'opium (une des principales sources de revenus officiels de la colonie à l'époque) au 74, rue Hai Bà Trưng. L'ancien lycée Marie-Curie, rue Nam Kỳ Khởi Nghĩa, l'hôpital Nhi Đồng II (hôpital Grall), rue Lý Tự Trọng (l'entrée se situe à l'angle de la rue Đồng Đất). C'était un des hôpitaux les plus modernes d'Asie dans les années 30.

A l'angle de la rue Xô Viết Nghệ Tĩnh (n° 110) et de la rue Nam Kỳ Khởi Nghĩa, non loin du jardin du palais de la Réunification, le lycée Lê Quý Đôn s'appelait autrefois lycée Chasseloup-Laubat (1882). Marguerite Duras, l'auteur de *L'Amant* (roman devenu un film célèbre de Jean-Jacques Annaud), y fut élève. Une des plus belles maisons coloniales de Saigon reste la villa de l'Évêché, au n° 184, rue Nguyễn Đình Chiểu (à l'angle de la rue Trần Quốc Tao).

Les musées

▶ *Musée d'Histoire du Vietnam :* 2, rue Nguyễn Bình Khiêm. ☎ 29-81-46. Ouvert tous les jours sauf lundi, de 8 h 30 à 11 h 30 et de 13 h 30 à 16 h 30. L'entrée principale du musée se trouve juste après celle du jardin botanique, il faut donc payer pour celui-ci puis pour celui-là. Il y a une autre entrée à 50 m plus loin, sur la rue Nguyễn Bình Khiêm qui permet de ne visiter que le musée sans le jardin botanique.

Musée assez intéressant bien que les explications des œuvres ne soient pas bien faites. Construit en 1929, ce musée s'est d'abord appelé musée Blanchard-de-la-Brosse (jusqu'en 1956). Il comporte aujourd'hui deux parties. L'une consacrée à l'histoire du pays des premiers vestiges humains (environ 300 000 ans) jusqu'à la fondation du parti communiste vietnamien (1930). La deuxième partie rassemble les œuvres les plus belles : culture de Oc Eo, art ancien du delta du Mékong, art du Champa, arts et artisanat des minorités ethniques des hauts plateaux.

Après la visite du musée, on peut assister à un spectacle de marionnettes sur l'eau (water puppets show). Durée : entre 30 et 45 mn. A ne pas manquer. Spectacle vraiment étonnant et merveilleux. Une authentique tradition vietnamienne où les marionnettes en bois peint jaillissent d'un bassin au milieu duquel se trouve un petit pavillon cachant les marionnettistes.

Parmi les nombreuses scènes jouées, remarquer celle de la Danse du dragon, et de la Pêche des poissons.

▶ *Musée de la Révolution* (Bảo Tàng Cách Mạng) : 65, rue Lý Tự Trọng (à l'angle de la rue Nam Kỳ Khởi Nghĩa), dans le 1er arrondissement. Ouvert de 8 h à 11 h 30 et de 14 h à 16 h 30.

Une des plus belles bâtisses d'époque coloniale avec sa grande façade blanche à colonnes, son fronton néo-grec et son hall d'entrée. Étrange destinée que celle de ce monument construit par les Français en 1886 pour être le palais du gouverneur de la Cochinchine, puis la résidence du président Diêm en 1962-1963 (il était alors connu comme le palais Gia Long) avant de devenir le musée de la Révolution (1978). Ce musée retrace toute l'histoire de la résistance vietnamienne aux Français pendant l'époque coloniale, et aux Américains. 7 salles sur une quinzaine au total sont ouvertes au public. Nombreuses photos et documents. De l'époque coloniale on peut voir des photos de la pagode Giác Lâm, la plus vieille de Saigon, le grand canal du boulevard Charner vers 1885, deux grands plans de Saigon en 1795 (avec la citadelle). Un document d'archive rappelle la fondation en 1930 de la première cellule du parti communiste vietnamien. La première secrétaire du PC vietnamien, Mme Nguyễn Thị Minh Khai (une grande rue porte son nom) a été condamnée à mort en 1941. Elle avait 31 ans. On voit un exemplaire du journal Le Peuple, organe des Travailleurs et du Peuple indochinois. Nombreuses photos aussi des militants anticolonialistes exécutés par les Français. Pour la période de la guerre du Vietnam, poignante photo du suicide du bonze Thích Quảng Đức, ce bouddhiste qui s'immola par le feu en signe de protestation contre la politique antibouddhiste du président Diêm.

Au sous-sol du musée, un réseau de tunnels souterrains et de bunkers a été conservé mais on ne le visite pas (sauf sur demande particulière). En 1963, Diêm et Nhu (son frère) s'y cachèrent pendant près de 7 h pour échapper au coup d'État organisé par la CIA. Puis ils s'enfuirent, et gagnèrent Cholon où ils se réfugièrent dans l'église Cha Tâm (église Frère Tâm), quelques heures avant que Diêm, bête traquée, ne soit exécuté dans un char en route vers le centre-ville.

▶ *Musée des Crimes de guerre d'agression au Vietnam :* 28, rue Võ Văn Tân (à l'intersection avec la rue Lê Quí Đôn). ☎ 29-03-25. Ouvert tous les jours sauf lundi, de 8 h à 11 h 30 et de 14 h à 17 h. Le musée qui vous fera détester la guerre. Bien qu'il soit le musée le plus visité de Saigon (notamment par les groupes organisés), on ne peut pas le considérer comme un lieu incontournable ni une étape indispensable, et ceci pour 2 raisons : la partialité du point de vue officiel vietnamien (pas un mot sur les crimes de guerre des Vietcong !), la pauvreté des commentaires accompagnant les objets ou les images. Très franchement, voilà une bonne idée de musée, mais une réalisation pauvre sur le plan informatif et pédagogique. On le sent tout de suite : le gouvernement vietnamien voulait à travers ces atrocités convaincre l'opinion de la barbarie de l'armée américaine. D'ailleurs, au départ, le musée s'appelait « musée des crimes de guerre américains »... Puis on raya le mot « américains » pour ne pas choquer les touristes américains attendus en masse depuis la levée de l'embargo par Bill Clinton en mars 1994.

Dans le jardin autour du musée, on peut voir une sorte de collection en plein air de la quincaillerie de mort utilisée pendant la guerre : un hélicoptère UH-1H, un tank M 48 de 48 tonnes, un bulldozer D 7 de 40 t qui servait à raser les maisons et les jardins, un lance-flammes, ainsi que plusieurs types de bombes (américaines toujours). Pour mémoire, il faut savoir que le Vietnam a reçu pendant la guerre près de 13 millions de tonnes de bombes sur son sol, soit 3 à 4 fois plus que la quantité totale larguée pendant la Seconde Guerre mondiale ! Et puis, au milieu de ce fatras assez sinistre, il faut le dire, apparaît soudain une pièce appartenant au patrimoine carcéral français : une guillotine ! Étrange et curieuse machine à couper les têtes des condamnés à mort, celle-ci fut introduite au début du XXᵉ siècle en Indochine, installée à la prison centrale de Saigon, et servit particulièrement dans le delta du Mékong pour exécuter les opposants au régime de Diệm. A côté de ce redoutable engin, on peut voir le portrait du dernier guillotiné du Vietnam, un rebelle de la région de Tây Ninh.

A l'intérieur du musée, les salles sont classées par thème. Une des salles consacrée aux conséquences du napalm et des défoliants abrite des photos d'un réalisme atroce. Ames sensibles, rebroussez chemin ! Parmi les autres images les plus horribles : le massacre de Mỹ Lai par les soldats américains (505 civils tués le 16 mars 1968), des soldats devant des cadavres de Vietnamiens qu'ils viennent d'abattre, un supplicié attaché par les pieds à un char qui le traîne sur la route jusqu'à la mort, les visages atrocement mutilés des victimes de bombes au phosphore, de bombes « orange », de bombes « goyave », de bombes « fléchettes »... et le largage d'un hélicoptère en plein vol d'un prisonnier vietnamien (sans parachute évidemment...). Certaines de ces photos proviennent d'agences internationales de presse et ont fait plusieurs fois le tour du monde. On les connaît déjà. Le fait de les retrouver ici, dans ce cadre de propagande sans haine apparente, nous les rend encore plus émouvantes et insupportables.

La visite se termine par une salle qui semble être hors sujet. Il s'agit d'une pièce où l'on présente les nombreux opposants armés au régime communiste mis en place en 1975 à Saigon. Cette salle est d'autant plus intéressante que dans nos critères occidentaux et avec le recul de l'histoire ces « bandits contre-révolutionnaires » pourraient être aujourd'hui qualifiés de « combattants de la liberté »...

▶ **Musée Hồ Chí Minh** (appelé aussi musée Nhà Rồng) : 1, Nguyễn Tất Thành, juste après le pont enjambant l'arroyo Bến Nghé, sur la gauche au bord de la rivière de Saigon, lorsque l'on vient des quais ou du boulevard Hàm Nghi. Ouvert tous les jours sauf lundi et vendredi, de 8 h à 11 h 30 et de 14 h à 18 h. Le dimanche, ne ferme qu'à 20 h.

Toutes les explications sont en vietnamien, donc il est préférable d'y venir avec un ami vietnamien ou un guide. Ce musée est installé dans une vieille maison coloniale qui fait partie du paysage de la ville depuis le début du siècle. A l'époque, c'était le siège des Messageries maritimes. Le 5 juin 1911, Hồ Chí Minh, alors âgé de 21 ans, embarqua à bord du paquebot Amiral de Latouche Tréville où il s'était fait engager comme cuisinier et se rendit en France. Il ne revint sur sa terre natale que 30 ans plus tard après être passé par les États-Unis, l'Union soviétique et la Chine. Dommage que ce petit musée, si bien situé, et aéré, ne donne pas plus d'éléments nouveaux sur la vie du « père de la nation vietnamienne ». A l'extérieur du bâtiment, au sud, côté rivière, on peut admirer 2 rickshaw et 2 fiacres du début du siècle (reconstitués à l'ancienne) et offerts en 1991 par la société ayant produit le film « L'Amant » tourné par Jean-Jacques Annaud. Tout près de là, au bord de la rivière, une petite buvette ombragée sert quelques boissons fraîches. Endroit très agréable pour faire une pause. De là, on aperçoit la pointe des Blagueurs (en face), les restos flottants, la rive de Thủ Thiêm avec ses grands panneaux publicitaires. Curieusement, on se sent assez loin de la fournaise et du bruit du centre-ville.

Pagodes et temples

Saigon n'est pas Pagan ni Mandalay (Birmanie) : les pagodes ne sont pas aussi abondantes et ne crèvent pas le ciel de leurs flèches pointues et dorées. Hormis celles de Giác Lâm, de Giác Viên et de Thiên Hâu (à Cholon), on ne vient pas à Saigon pour la splendeur des pagodes mais plutôt pour leur caractère authentique et l'atmosphère de ferveur religieuse qui y règne.

▶ *La pagode de Giác Lâm :* 118, rue Lac Long Quân, dans le quartier de Tân Binh, à l'extrême ouest de la ville, soit à 3 km de Cholon, et à 7 km environ du centre de Saigon. Ouverte tous les jours de 6 h à 21 h. Pour y aller du centre de Saigon : il est préférable de louer un cyclo-pousse pour une demi-journée. Sinon, en vélomoteur, prendre le boulevard Lý Thái Tô (10e arr.) puis le boulevard 3 Tháng 2, tourner à droite et suivre au nord la rue Lê Đai Hành, passer devant l'entrée de l'hippodrome. A 700 m environ après l'entrée de celui-ci, on coupe la rue Lac Long Quân qu'il faut prendre sur la droite sur 200 à 300 m jusqu'au n° 165 théoriquement mais le portail d'entrée de la pagode porte bien le n° 118 (allez comprendre quelque chose à la numérotation vietnamienne !).

Un chemin de terre mène à cette pagode du bout du monde nichée dans les arbres aux confins de la ville construite et des premiers champs de la campagne environnante. Cette solitude et cet éloignement font de Giác Lâm une sorte d'îlot de calme et de sérénité, loin du tohu-bohu de Saigon. Avant même d'arriver, remarquer sur la gauche du chemin une tour de 7 étages récemment construite, symbole du renouveau religieux qui souffle sur le sud du pays depuis son ouverture. Puis on arrive à une sorte de cimetière composé de plusieurs tombes très variées et abondamment sculptées. Avant d'entrer dans la pagode, il faut enlever ses chaussures et admirer la décoration du toit, mosaïque ciselée et ondulante de porcelaine bleue et blanche.

C'est une des plus vieilles pagodes de Saigon. Construite vers 1744, très basse, formée de plusieurs parties accolées, elle a reçu une influence chinoise évidente : les fondateurs eux-mêmes étaient les membres d'une secte du nom de Lâm Tế, venus de Chine à cette époque. Ceci explique la profusion de caractères chinois, et l'omniprésence de la couleur rouge. L'intérieur de la pagode semble s'organiser autour de trois autels centraux précédés de rangées de hallebardes. Sur le plus grand de ces autels (au centre), on peut voir un panneau divisé en 4 carrés. Sur le carré en haut à droite figure Nguyễn Thiêu, le premier bonze de Giác Lâm, vêtu d'une tunique couleur safran. Bien observer les autres moines représentés sur les panneaux : ils portent tous d'étranges robes à damiers noir et blanc (très rare). La partie la plus intéressante de la pagode est située tout à fait au fond à gauche après l'entrée. Là se dresse un grand autel avec A Di Đà, le Bouddha du Passé, en son centre. Remarquer aussi le sapin rouge et or des âmes errantes, composé de 49 lampes et de 49 statuettes de bodhisattva. 49 est un chiffre sacré dans l'arithmétique bouddhiste car il est le produit de la multiplication par lui-même du chiffre 7, symbole de perfection et de plénitude. Les fidèles viennent ici prier pour leurs parents malades en accrochant à l'arbre des morceaux de papier portant leurs noms.

A Giác Lâm, vivent 12 moines aidés d'une dizaine de serviteurs volontaires. Il y a des prières tous les jours de 4 h à 5 h, de 11 h à midi, de 16 h à 17 h et de 19 h à 21 h. En 1995, un petit livre détaillé sur la pagode sera publié en français et vendu à la réception. Se le procurer pour avoir plus de détails sur cette merveilleuse pagode.

▶ *La pagode de Giác Viên :* le mieux est de la visiter après celle de Giác Lâm, qui se situe dans le même secteur plus au nord. S'il y a une pagode vraiment en dehors des sentiers battus, c'est bien celle-ci. Encore plus isolée que Giác Lâm, plus simple, plus rustique. Essayer d'y venir en fin d'après-midi à cause de la beauté de la lumière à ce moment-là.

Ce n'est pas facile de dénicher cette pagode dont la devise pourrait être : « pour vivre heureux, vivons cachés ». Si vous venez de la pagode de Giác Lâm, descendre la rue Lạc Long Quân jusqu'au numéro 247. Faire attention car l'adresse postale de la pagode est différente : 161/35/20, rue Lạc Long Quân (11ᵉ arr.). A la hauteur du n° 247, il faut prendre un petit chemin de terre (les cyclo-pousse passent difficilement en saison des pluies) et traverser un quartier très pauvre (bidonville amélioré). Il faut tourner à gauche au T (à l'angle de la baraque, vous verrez un petit singe enchaîné) puis à la fourche plus loin tourner à droite. La pagode est située au bout du chemin, à environ 400 m de la rue. Elle est ouverte tous les jours de 7 h à 19 h . Construite en 1744, restaurée en 1802, elle offre le même type d'architecture que Giác Lâm. Très basse, intégrée dans le paysage campagnard, elle émergeait naguère sur un îlot entouré d'eau. Selon la tradition, l'empereur Gia Long y serait venu plusieurs fois se recueillir au début du siècle dernier. Ce qui frappe d'emblée en entrant dans la pagode, c'est le nombre d'urnes et de tablettes funéraires disposées le long des murs. La partie la plus intéressante est le grand autel situé au fond à l'ouest. On peut voir A Di Đà, Bouddha du Passé, entouré de ses disciples et de plusieurs bodhi-sattva.

17 moines y vivent selon une règle très stricte dont on rappelle quelques préceptes quotidiens : ne pas tuer d'hommes ni d'animaux, ne pas boire d'alcool, ne pas posséder d'argent, manger à heure fixe et uniquement végétarien, pas de sexe, pas de mensonges (pas de vidéo…). Le dépouillement de l'âme et du corps. Les moines fabriquent des médicaments traditionnels. En saison des pluies, ils cultivent des haricots, des citrouilles et des fruits. Chose rare : ils pratiquent encore le kung-fu, art martial chinois d'origine monastique. Tous les matins, entre 4 h et 5 h, ils perpétuent des mouvements vieux comme la civilisation chinoise, afin de mieux se maîtriser. C'est à cette heure-là qu'il faudrait venir sur la pointe des pieds à Giác Viên.

Des prières sont récitées tous les jours entre 4 h et 5 h , de 8 h à 10 h, de 14 h à 15 h, de 16 h à 17 h et de 19 h à 21 h.

▶ **La pagode de l'Empereur de Jade :** plus connue sous son nom vietnamien Chùa Ngọc Hoàng. On l'appelle aussi la pagode des Tortues. Située au 73, rue Mai Thị Lựu, dans le nord-est du 1ᵉʳ arrondissement, dans le quartier de Đa Cao. Pour s'y rendre : aller jusqu'au 20 de la rue Điện Biên Phủ, puis prendre à gauche l'avant-dernière rue avant le pont enjambant l'arroyo Thị Nghè (la dernière rue est une impasse). La pagode n'est pas indiquée sur le plan officiel de Saigon mais les chauffeurs de cyclo-pousse la connaissent.

Construite en 1909 par une congrégation de Chinois originaires de Canton, c'est sans doute l'intérieur de pagode le plus étrange de tout Saigon, ne serait-ce qu'en raison de l'aspect grandguignolesque des statues en papier mâché. Dans le grand autel, au fond de la salle principale, l'Empereur de Jade, le taoïste Ngọc Hoàng, est drapé dans des parures luxuriantes. Il est entouré de ses quatre gardiens. En face de lui, se tiennent 6 statues de divinités taoïstes. Dans la salle d'à côté, derrière l'autel, se dresse Thánh Hoàng, le chef de l'Enfer, accompagné de son cheval rouge. L'originalité de cette pagode réside dans ce mélange très tolérant de divinités taoïstes et bouddhistes.

▶ **La pagode Vĩnh Nghiêm :** 339, rue Nam Kỳ Khởi Nghĩa, 3ᵉ arr. A 2 km au nord-ouest du centre-ville, à gauche de la rue en allant en direction de l'aéroport. La plus grande pagode de Saigon mais aussi la plus récente. Construite entre 1964 et 1973 par l'association bouddhiste nippo-vietnamienne, elle se distingue par sa haute tour de 7 étages (30 m de haut) dont chaque étage abrite une statue de Bouddha. On ne peut pas dire que c'est une belle pagode mais un lieu populaire, animé par une grande ferveur et très fréquenté par les Vietnamiens (surtout au moment de la fête du Têt). Noter le nombre impressionnant d'urnes funéraires portant la photo, l'identité, les dates de naissance et de mort du défunt. Derrière le sanctuaire, il y a une tour de 3 étages. Il s'agit d'un ossuaire contenant 10 000 autres urnes funéraires. Chaque urne est remplie de cendres provenant de la crémation des morts.

Pagode ouverte de 7 h 30 à 11 h 30 et de 14 h à 18 h.

▶ *La pagode de Xá Lợi* : 89, rue Bà Huyện Thanh Quan, dans le 3ᵉ arrondissement près de la rue Điện Biên Phủ. Ouverte tous les jours de 7 h à 11 h et de 14 h à 17 h.

Entourée d'une grande enceinte avec quelques arbres et une tour de 7 étages, cette pagode construite en 1956 n'a rien de vraiment intéressant et ne mérite un détour que si l'on s'intéresse à l'histoire récente de la ville. Intérieur très dépouillé dominé par une grande statue de Bouddha cuivre et or en position du lotus. Au début des années 60, la pagode de Xá Lợi fut un foyer d'opposition à la politique du président Diệm et à la guerre du Vietnam. Plusieurs bonzes s'y immolèrent par le feu pour protester contre ses mesures anti-bouddhiques. Le plus célèbre et le plus choquant de ses suicides fut celui du bonze Thích Quảng Đức en juin 1963. Il s'arrosa lui-même le corps à l'aide d'un bidon d'essence, y mit le feu, et brûla comme une torche vivante au milieu de la rue. La scène se passa tout près de la pagode de Xá Lợi, à l'angle de la rue Nguyễn Đình Chiểu et de la rue Cách Mạng Tháng Tám. Deux mois plus tard, la pagode fut mise à sac par des hommes armés menés par Nhu, le frère de Diệm. Près de 400 moines et sœurs furent arrêtés. Certains furent même défenestrés du haut de la tour. On a du mal à imaginer aujourd'hui autant de violence dans un lieu aussi paisible.

▶ *Le temple du maréchal Lê Văn Duyệt* : 131, rue Đinh Tiên Hoàng, dans le quartier de Gia Định, à 3 km environ au nord-est du centre de Saigon. Ouvert de 7 h à 17 h.

Général et vice-roi de la Cochinchine, Lê Văn Duyệt (1763-1831) était eunuque, ami des Français et un des fidèles de l'empereur Gia Long. Il lutta contre les Tây Sơn en rébellion favorisant ainsi l'unité du pays. Quand la dynastie des Nguyễn vint au pouvoir en 1802, il fut nommé maréchal par Gia Long. Mais lorsque Minh Mạng, le successeur de Gia Long, ordonna la persécution des missionnaires et des catholiques, le maréchal refusa d'appliquer l'édit impérial en Cochinchine, ce qui provoqua sa disgrâce. A sa mort, en 1831, Minh Mạng engagea un procès posthume contre lui. Le défunt fut condamné, son mausolée détruit et remplacé par un poteau chargé de chaînes. Cette peine de la profanation du tombeau est une des plus ignobles pour les Vietnamiens qui ont le plus grand respect pour les morts. En 1841, 10 ans donc après sa mort, il fut réhabilité par l'empereur Thiệu Trì qui avait succédé à Minh Mạng. Son tombeau fut restauré. Jusqu'en 1975, Lê Văn Duyệt était considéré comme un héros national en particulier dans le sud du Vietnam. Il est en revanche conspué par les autorités communistes en raison du rôle actif qu'il joua dans l'expansion française en Indochine. Dans l'enceinte à l'extérieur du temple, on remarque l'immense tombeau de Lê Văn Duyệt et de sa femme (femme d'un eunuque, cruel destin !) restauré en 1937. Au milieu, se trouvent les deux tombes, côte à côte, en forme de carapace de tortue. Elles sont entourées d'un très long muret en ciment couvert de mousse. Deux lions en pierre gardent l'entrée.

A l'intérieur du temple voisin, on découvre un portrait de Lê Văn Duyệt, des tenues de guerre et d'apparat lui ayant appartenu. Les Vietnamiens y viennent prier et faire des offrandes. Ils s'agenouillent devant le 2ᵉ autel, jettent des pièces de bois portant pile ou face. Puis ils tirent une baguette numérotée avec laquelle ils se rendent à un petit bureau où une personne leur remet alors, selon le numéro tiré, une feuille de chance. Sur celle-ci figurent de nombreux conseils et recommandations : un genre d'horoscope appelé Sâm.

Chaque année, le 1ᵉʳ jour du 8ᵉ mois lunaire (vers septembre) un culte est rendu en l'honneur de Lê Văn Duyệt : des pièces de théâtre en costumes anciens sont jouées dans le temple. C'est à ce moment-là qu'il faudrait y venir.

▶ *Le temple de Trần Hưng Đạo* : 36, rue Võ Thị Sáu, dans le 1ᵉʳ arrondissement. Une rue parallèle (au nord) à la rue Điện Biên Phủ. Temple ouvert tous les jours de 7 h 30 à 11 h 30 et de 13 h 30 à 17 h.

Trần Hưng Đạo ? Allons, vous l'avez déjà croisé dans les rues de la ville. Oui, c'est cette énorme statue au centre de la place qui fait face au Saigon Floating Hotel. Dans le Bottin mondain de 1287 on trouve : Trần Hưng Đạo, guerrier vietnamien ayant repoussé 300 000 envahisseurs mongols et vaincu leur chef Kubilaï Khan. Dans la cour du temple, on peut voir à nouveau une autre grosse statue de ce héros national.

▶ *Le temple hindou de Mariammam :* 45, rue Trương Đình, dans le 1er arrondissement. Du marché Bến Thành, prendre la rue Lê Lai, puis tourner à droite. Ouvert tous les jours de 7 h à 19 h.

Le seul temple hindou de Saigon qui soit encore utilisé pour le culte. Autrefois assez florissante, la communauté indienne a été saignée à blanc par la guerre et la révolution. Il ne reste plus qu'une petite centaine de membres, la plupart d'origine tamoule. Le quartier hindou, à proprement parler, se situait dans la rue T.T. Thiệp (entre l'avenue Nguyễn Huệ et la rue Pasteur). Là se trouvent encore les anciennes maisons des banquiers Chettys et un petit temple (fermé) de style tamoul.

▶ *La mosquée indienne de Saigon :* 66, rue Đông Du, dans le 1er arrondissement. Dans une petite rue reliant la rue Đồng Khởi à la rue Hai Bà Trưng. Curieuse apparition en terre bouddhiste que cette mosquée toute blanche aux 4 élégants minarets pointés dans le ciel de la ville ! Construite en 1935, en pleine époque coloniale, par et pour les Indiens musulmans (du sud de l'Inde), cette mosquée, véritable îlot de calme, est un de nos endroits préférés au cœur du cœur de Saigon. Certes il y a peu de choses à découvrir, hormis un bassin destiné aux ablutions et la salle très dépouillée où sont dites les prières 5 fois par jour. Mais il faut savoir qu'il ne reste plus que quelques milliers de musulmans (5 000 environ), beaucoup ayant fui lors de la chute de Saigon en avril 1975. Il y a une douzaine de mosquées dans l'ensemble de l'agglomération. Les autres se trouvent au 45, rue Nam Kỳ Khởi Nghĩa (Masjidir Rahim). Au 52, rue Nguyễn Văn Trỗi, sur la route de l'aéroport, il y a une autre mosquée et le siège de l'association islamique (☎ 44-40-92). A Cholon, mosquée au 641, rue Nguyễn Trãi. A l'aurore, on entend encore le chant du muezzin qui réveille tous les dormeurs des hôtels voisins (l'hôtel Saigon et les chambres à l'arrière de l'hôtel, 69, rue Hai Bà Trưng). Juste en face de la mosquée, en sortant, il existe un petit resto indien, un des rares à Saigon.

Les marchés

▶ *Le marché Bến Thành :* le plus vieux, le plus grand, le plus animé de tous les marchés. Situé à 700 m environ à l'ouest de l'hôtel Rex, sur une grande place formée par l'intersection du boulevard Lê Lợi, du boulevard Hàm Nghi, de la rue Lê Lai et du boulevard Trần Hưng Đạo.

Aux alentours du marché, dans les ruelles adjacentes, de nombreux petits commerces très actifs donnent au quartier sa couleur et sa vie. Construit en 1914, à l'époque les Français connaissaient cet endroit comme les Halles centrales. Le marché est surmonté d'un vaste dôme de 28 m de diamètre et l'entrée principale se distingue grâce à son beffroi. A l'intérieur, on trouve tout ce dont les Saigonnais peuvent avoir besoin : viande, légumes, épices, vêtements, tissus, quincaillerie, vaisselle… On peut ainsi y acheter comme souvenir du café et du thé vietnamien (au poids), des T-shirts « Tintin in Vietnam », des verres coquins avec des créatures qui se dénudent quand on verse de l'eau à l'intérieur.

Il y a de nombreux petits étals où l'on peut manger et boire pour trois fois rien dans une ambiance authentiquement saigonnaise. Attention à votre sac et à vos poches.

▶ *Le marché de la rue Huỳnh Thúc Kháng :* un marché en plein air avec de nombreux stands disposés à même la chaussée le long de la rue Tôn Thất Đạm et sur une partie de la rue Huỳnh Thúc Kháng. L'entrée de ce marché grouillant se trouve à la hauteur du kiosque 25 sur l'avenue Nguyễn Huệ. Autrefois connu comme le marché aux Voleurs, on y revendait tous les biens et le matériel volé dans les stocks des magasins militaires américains. Aujourd'hui, c'est un incroyable bric-à-brac de biens de consommation importés, illégalement le plus souvent : matériel électroménager, appareils Hi-Fi, cassettes audio et vidéo piratées, disques compacts nombreuses copies chinoises excellentes et très très bon marché (10 CD pour le prix d'un en France). Attention aux bouteilles de whisky qui contiennent du thé ! Bien vérifier avant achat si le bouchon a été trafiqué ou pas.

▶ **Surplus militaire : marché Dân Sinh,** 104, rue Nguyễn Công Trứ, au sud du 1er arrondissement, autour de la pagode Phùng Sơn Tự. Les étals se trouvent derrière la pagode. On y vend du matériel militaire américain et russe.

PETITE BALADE À THỦ THIÊM

On ne songe jamais à s'y rendre. Et pourtant la presqu'île de Thủ Thiêm fait face à Saigon, de l'autre côté de la rivière. Il suffit de prendre le bac ou de louer une barque à moteur, de passer de la rive droite à la rive gauche, de changer de monde. Car Saigon et Thủ Thiêm sont deux univers juxtaposés mais radicalement différents. A 400 m des fax, des ordinateurs et des hauts-parleurs tonitruants de la discothèque du Saigon Floating Hotel, commence une langue de terre basse, noyée dans la végétation tropicale, quadrillée par une multitude de chemins d'eau où des barques d'un autre âge conduites par des femmes en chapeau conique glissent comme au royaume du silence.

Curieuse presqu'île, si proche et si lointaine, dont on peut se demander comment elle a pu faire pour rester à l'état de campagne, tandis que Saigon devenait une métropole bruyante et animée. A Thủ Thiêm, aucun immeuble, aucune maison hormis une myriade de cabanes en bambous couvertes de palmes, aucune route, seulement d'étroits sentiers sur des levées de terre sinuant entre les rizières. Une rive étrange, anachronique, sauvage. Voilà sans doute le Saigon d'avant Saigon, voilà grosso-modo le paysage que découvrirent il y a 2 siècles les premiers aventuriers européens. Autrefois dénommée la « rive obscure », personne ne s'y risquait. Et d'ailleurs, stratégiquement ce n'était pas par Thủ Thiêm que l'on pénétrait l'arrière-pays cochinchinois mais par l'autre rive. Élémentaire ! A la fin des années 60 pourtant, les Américains avaient songé, en pleine guerre du Vietnam, à agrandir la ville en construisant un Saigon II, de toutes pièces, sur la presqu'île. Puis le projet fut abandonné. Thủ Thiêm est resté le royaume des batraciens, des palmes et des prières.

Mais il faut se dépêcher d'y aller car à l'allure où vont les choses, des projets de ponts et d'urbanisation vont certainement sortir des bureaux d'étude, et peut-être se concrétiser plus vite que l'on ne l'imagine...

Comment s'y rendre ?

Très facile. Il existe une navette régulière (toutes les 15 mn) de bacs entre le quai Tôn Đức Thắng et la rive opposée de Thủ Thiêm. L'embarcadère se situe entre l'hôtel Majestic et le Saigon Floating Hotel. L'autre solution consiste à louer une barque à moteur pour 1 ou 2 h. Compter maximum 15 mn de trajet et dites bien au pilote que vous souhaitez visiter la pagode Chùa Thiên Tịnh. On trouve des barques à louer au bout du quai Tôn Đức Thắng, dans le secteur marqué par un grand mât blanc où sont amarrés plusieurs bateaux-restos (à 400 m environ de l'hôtel Majestic).

A voir

▶ On traverse la rivière et on débarque à Thủ Thiêm. Le long de la rive, des cahutes sur pilotis servent désormais de supports à d'énormes panneaux d'affichage publicitaire (décidément le diablo gagne du terrain !). En accostant plus en amont, il faut faire 400 m environ pour découvrir le temple des 5 Mages, où l'on prie les âmes des gens morts de manière accidentelle. Plus loin, un petit sentier sur une diguette de terre mène au milieu des palmes et des rizières jusqu'à la pagode Chùa Thiên Tịnh. Fondée en 1935, son site est plus intéressant que son intérieur. Ne pas déranger pour rien le bonze Bảo Chi, son chef depuis une quinzaine d'années, qui a fui la ville pour être près des pauvres. La devise de ce sage aux pieds nus est un modèle de simplicité : faites le bien et gardez votre âme tranquille. On va essayer !

CHOLON (CHỢ LỚN)

Le ventre et la marmite de Saigon ! Un demi-million de Vietnamiens d'origine chinoise, appelés Hoa, habitent cet immense et fascinant quartier à part, sorte de Chinatown effervescent qui s'est greffé sur la ville dans sa partie ouest, telle une sœur jumelle. Son nom signifie « Grand marché ». On prononce « Tieu-leune ». Un faubourg, marginal à l'origine, devenu le cœur de l'activité commerciale, la « capitale du riz » de l'époque coloniale mais aussi le quartier des plaisirs nocturnes où les colons, les marchands, les baroudeurs et les soldats venaient s'encanailler. On y trouvait autrefois ces lieux de perdition qui ont largement contribué à l'image languissante, vénale et voluptueuse de Saigon : fumeries d'opium, maisons closes, tripots en tout genre, commerces louches et enfumés, autant d'endroits contrôlés par les Chinois, surveillés par la police, et recherchés par les romanciers. En 1948, une romancière de passage y voit « tout un monde entassé, comprimé, grouillant et puant. Travailleur, actif, sobre et économe, le Chinois prospère dans n'importe quelle condition. »

Tout ce que l'on ne trouve pas ailleurs en ville, on le trouve à Cholon, quartier où le commerce est roi. Des ribambelles de boutiques et d'échoppes bordent les boulevards et les rues bondées de monde. Les façades et les murs portent encore des idéogrammes en chinois mais les énormes enseignes lumineuses en chinois qui submergeaient Cholon avant 1975 ne sont plus là. Pour mieux vietnamiser le quartier, le gouvernement communiste a fait le ménage après la chute de Saigon (avril 1975), poussant des milliers et des milliers de commerçants à s'enfuir à l'étranger (beaucoup de boat people). Aujourd'hui, après des années de sommeil et de sclérose, Cholon retrouve petit à petit ses réflexes diurnes et nocturnes. L'animation bat à nouveau son plein. Cholon revit. Dans cette arrière-boutique éclairée par un néon, un bouddha au ventre rebondi sommeille dans la moiteur du jour tandis qu'une meute d'hommes affairés, torse nu, jouent aux cartes sous un nuage de fumée de cigarettes, en criant très fort. Dans la rue, des files de vélomoteurs pétaradent. D'une cuisine toute proche parviennent des senteurs de vermicelle et de poisson frit. A côté, un employé répare des pneus de cyclo-pousse, un autre empile des sacs de riz, un 3e compte des cartons de sèche-cheveux, un 4e, menu et ridé, encaisse l'argent, assis sur ses talons, au sommet d'une chaise branlante. Un monde laborieux, infatigable, toujours en mouvement, puissamment organisé autour de la loi des familles, des clans et de l'argent.

A Cholon, ne jamais juger sur la mine, ni sur le costume ! Les apparences sont trompeuses. On brasse des sommes considérables mais on vit sobrement, simplement. Dans ces ruelles depuis longtemps vouées au profit, s'amoncellent marchandises et mystères. Un parfum de Chine lointaine, et d'Asie immuable, flotte au-dessus de ces maisons que l'on commence à peine à rénover. Cholon la besogneuse, la vénale, la cruelle ! Étrange « Chinatown » fait de sueur, de poussière et d'or, où des lépreux claquemurés dans des masures y mangeraient des feuilles d'or mélangées à de l'eau, pour guérir dit-on... Cholon l'obscure ! Des coutumes insolites s'y perpétuent, en secret. On enfermerait de jeunes singes dans des tonneaux. Seul le sommet du crâne de la bête dépasse. Un homme l'arrache d'un violent coup de sabre. Et les convives se jettent sur le cerveau frais avec leurs baguettes après avoir payé à prix d'or ce festin réputé fortifiant. Obsession des riches de Cholon : la longévité. Évidemment, cet aspect-là de Cholon reste inaccessible au routard de passage. Mais il existe bel et bien, derrière les apparences...

Un peu d'histoire

C'est à partir de 1778 que Cholon prit son essor, sous la poussée des commerçants chinois venus s'y installer. Au siècle suivant, en 1878, une nouvelle colonie de Chinois chassés de Mỹ Tho et de Biên Hoà par l'invasion Tây Sơn s'y installe à son tour. Très vite, le « grand marché » devient le centre nerveux du commerce de Saigon et de toute la Cochinchine. Les Chinois s'organisent en 5 « congrégations régionales » et se partagent alors le gâteau du commerce et de l'économie. Les Chinois cantonais, les plus nombreux, s'accaparent le commerce de détail, l'épicerie et le prêt à intérêt. Ceux du Fujian (face à l'île de Taiwan) monopolisent l'import-export, le transport et le conditionnement du riz, lequel arrive à Cholon par les canaux du delta du Mékong. Le négoce du thé et du poisson est contrôlé par les Teochiew (Chinois originaires de la côte autour de Shantou dans la province du Guandông). Ensuite viennent les Hakka (du Hunan et du Jiangxi) qui possèdent les fabriques de cuir et les ateliers de tissage. Enfin, les Hainanais (île de Hainan) tirent profit des magasins d'alimentation et des restaurants.

Cette division ethnico-économique de Cholon se retrouve dans les pagodes et les temples souvent financés par les uns et par les autres. Cela dit, les clivages, très marqués hier, ont tendance à s'estomper avec le brassage de population. Le quartier compte aussi quelques églises catholiques. De nombreux chrétiens fuyèrent la Chine maoiste en 1949 et trouvèrent refuge à Cholon dans les années 50, et notamment après l'indépendance du Sud-Vietnam (1956).

Orientation

Le quartier de Cholon correspond grosso-modo au 5ᵉ arrondissement de Hô Chi Minh-Ville. Situé à l'ouest de la ville, à 5 km du centre, il s'étend en longueur, limité au sud par l'arroyo Kinh Bến Nghé et de Kinh Tàu Hủ. Le boulevard Trần Hưng Đạo, orienté est-ouest, en constitue l'axe principal. Il suffit de le suivre au départ du marché Bến Thành pour arriver en plein cœur de Cholon et à l'église Cha Tâm (Saint-François-Xavier). Le centre de gravité de Cholon est le carrefour formé par le boulevard Trần Hưng Đạo et la rue Châu Văn Liêm.

Comment s'y rendre ?

– *A bicyclette* : bien mais à condition d'avoir du temps et de ne pas craindre la circulation intense ni la pollution dans les grands boulevards.
– *En cyclo-pousse* : bonne solution en prenant son temps, soit une journée.
– *En vélomoteur* : la formule idéale à notre avis consiste à louer un vélomoteur (avec ou sans pilote) et à découvrir le quartier au fil des ruelles. Pour découvrir en profondeur Cholon, il est conseillé d'être accompagné d'un Vietnamien (ami ou guide).

A voir

▶ *L'église Cha Tâm* : appelée aussi église Saint-François-Xavier, cela donne en vietnamien « Nhà thờ Phanxicô Xaviê ». Situé tout à fait au bout (terminus) du long et interminable boulevard Trần Hưng Đạo, qui s'achève en rue commerçante et animée. C'est le cœur de Cholon. Étrange apparition que cette église aux murs jaune clair et blanc, datant du début du siècle. Ouverte à la visite de

6 h à 22 h. Traverser d'abord la cour intérieure et jeter un coup d'œil à la fausse grotte Notre-Dame de Lourdes, œuvre kitschissime. Au sommet du clocher, il y a une statue de François Xavier Tâm Assou (1855-1934), le fameux frère Tâm d'origine chinoise, qui fut vicaire apostolique de Saigon. On peut voir sa pierre tombale dans le porche d'entrée à gauche. L'intérieur est plus petit et plus chaleureux que celui de la cathédrale de Saigon. Un autel chinois, des meubles, des gongs, des étoiles rouges en plastique aux fenêtres : la simplicité. Des messes en vietnamien et en chinois y sont données tous les jours. Se renseigner sur les horaires au bureau d'accueil situé près du portique à l'entrée de l'enceinte.
Cette église a une histoire. Le président Ngô Đình Diệm et son frère Nhu y trouvèrent refuge le 2 novembre 1963, fuyant un coup d'État fomenté par des militaires rebelles soutenus par la CIA. Diệm l'ultra-catholique accepta de se rendre et on envoya un char le chercher dans sa cachette de Cholon. Avant d'atteindre le centre de Saigon, il fut abattu par un officier qui n'avait pas prémédité son geste, dit-on. Il aurait tué Diệm pour se venger sans délai d'une humiliante gifle que lui aurait balancé son président...

▶ **Le marché Bình Tây :** le grand marché de Cholon. Situé en fait au début du boulevard Hậu Giang, dans le 6ᵉ arrondissement, à 5 mn à pied de l'église Cha Tâm et de la fin du boulevard Trần Hưng Đạo. Un endroit grouillant, populaire, plein d'odeurs (parfois fortes) et de couleurs. Comme au marché Bến Thành, on trouve tout à Bình Tây. On peut aussi y manger sur le pouce dans l'une des nombreuses gargotes qu'abrite cette immense halle couverte.

▶ **Le temple de Thiên Hậu :** ou temple de la Dame Céleste. Située au 710, rue Nguyễn Trãi, près de l'intersection avec la rue Triệu Quang Phúc. Un des temples les plus fréquentés et visités de Cholon. Il est dédié à Thiên Hậu, la déesse protectrice des navigateurs. Fondé en 1835 par des Chinois originaires de Canton, il serait le plus grand sanctuaire chinois du sud du Vietnam. Y venir à l'occasion de la fête du Têt ou lors de la fête annuelle du 23ᵉ jour du 3ᵉ mois lunaire (avril).
Ici pas de Bouddha (c'est un temple, pas une pagode), aucun bonze, beaucoup de fumée. Dans l'entrée, de nombreuses spirales d'encens pendues à la corniche se consument lentement, jour et nuit. Une kirielle de personnages sculptés dans de la céramique décorent le patio central. Le feu couve dans un âtre métallique. Des femmes viennent déposer leurs offrandes devant l'autel de *Long Mẫu*, divinité protectrice des mères et des bébés. Les femmes stériles ou celles qui n'ont que des filles (au Vietnam, on préfère encore les garçons aux filles...) prient devant l'autel de *Bà Mẹ Sanh*, déesse de la Fécondité.
Ouvert de 6 h à 17 h 30.

▶ **Le temple de Tam Sơn Hội :** 118, rue Triêu Quang Phúc, à la hauteur du 370, bd Trần Hưng Đạo. Toute proche du temple de Thiên Hậu, mais plus simple d'apparence. On y retrouve Mẹ Sanh, la déesse de la Fécondité. Édifiée au siècle dernier par les Chinois de la congrégation du Foukien, cette « pagode des Trois Sommets » fut reconstituée en 1900 pour l'Exposition universelle de Paris. Dans la cour intérieure, remarquer la statue de Quan Công, général chinois avec sa longue barbe noire, accompagné de ses deux aides de camp, le mandarin Châu Xương à gauche et le mandarin Quan Binh à droite. Quan Công, guerrier déifié du panthéon chinois, est célébré chaque année lors de la fête du Têt par les gens du quartier qui organisent dans les rues des danses en son honneur. Il est représenté dans plusieurs pagodes de Cholon.

▶ **Le temple de Nghĩa An Hội Quán :** « Temple de la Paix par la Justice », 678, rue Nguyễn Trãi, non loin des deux précédentes pagodes. Ouverte de 4 h à 18 h.
Très beau sanctuaire consacré à Quan Công (Guan le Pourpre pour les intimes) et construit en 1868 par des Chinois venus du Chaozhou. A gauche dans l'entrée, on peut voir le grand cheval rouge de Quan Công et à l'intérieur de la pagode, Quan Công entouré de ses deux acolytes. Beaux reliefs de bois sculptés.

▶ *Le temple de Phước An Hội :* 184, bd Hùng Vương, à l'angle de la rue Thuận Kiều. Construite en 1902 par les membres de la congrégation du Fujian. Il est intéressant pour ses figurines en céramique, et les fines sculptures sur bois des autels. Ce temple est consacré à Quan Công (encore lui !). A gauche de l'entrée, on peut admirer son cheval (pas le vrai bien sûr) qui est l'objet d'un culte. Avant d'entreprendre un voyage, les fidèles y déposent des offrandes pour le bon déroulement de leur périple.

▶ *La rue Hải Thượng Lãn Ông :* parallèle au boulevard Trần Hưng Đạo, entre celui-ci et l'arroyo Kinh Tàu Hủ (limite sud du 5e arr.). On y a découvert plusieurs boutiques de plantes médicinales chinoises et des taxidermistes. Au n° 71 A par exemple un gros ours noir empaillé vous accueille sur des sacs bourrés de produits de la pharmacopée traditionnelle : champignons desséchés, lézards ratatinés, plus loin, des bocaux contenant des serpents marinant dans de l'alcool (le vin de serpent est un puissant aphrodisiaque ainsi que la vésicule d'ours, très rare et très, très chère) et divers produits tonifiants pour les rhumatismes, des fébrifuges...

▶ *Le tombeau de Petrus Ký :* Petrus qui ? J.B. Petrus Trương Vĩnh Ký (1836-1898) fut le plus grand érudit vietnamien du siècle dernier. Professeur de langues orientales, il parlait 17 langues dont le chinois, le français, l'anglais, l'allemand et l'italien, sans oublier plusieurs dialectes asiatiques. Catholique, francophile, il a soutenu ardemment la présence française en Cochinchine et en Annam, ce qui lui a valu d'être voué aux gémonies par le gouvernement communiste. Nous avons retrouvé le tombeau de cet étonnant personnage, encore très controversé, qui vécut à Cholon. Il est enterré au 520, bd Trần Hưng Đạo, à l'angle de la rue Trần Bình Trọng. Un petit édifice aux murs jaunes de forme octogonale, fermé par une grille bleue, sommeille depuis des années au milieu d'une cour très banale. A l'intérieur de cet élégant pavillon en pierre qui rappelle le style du Siècle des lumières, il y a 3 dalles funéraires, celle de Petrus Ký est au centre. L'endroit appartient toujours à ses descendants qui y vivent et auxquels il est préférable de demander l'autorisation de pénétrer. Vous serez sans doute les premiers visiteurs (le tombeau n'est cité dans aucun guide).

▶ *L'hippodrome de Saigon :* « Câu Lạc Bộ TDTT- Phú Thọ ». Situé au 2, rue Lê Đại Hành, dans le 11e arrondissement. En dehors de Cholon, mais à 10 mn à peine en cyclo-pousse. Encore un vestige de l'époque française. Construit en 1900, cet immense hippodrome attira les foules jusqu'en 1975. Après la prise du pouvoir par les communistes, il fut fermé, symbole d'un capitalisme trop voyant. Rouvert en 1989, il connaît aujourd'hui une nouvelle jeunesse. Des courses de chevaux sont organisées tous les jours. Les jockeys ont une moyenne d'âge de 14 ans. Les paris sont de nouveau autorisés et un journal des Courses informe régulièrement le public. Un riche Chinois de Cholon, propriétaire de 17 chevaux, s'est fait connaître comme philanthrope en reversant une partie de ses gains au profit des enfants déshérités de Saigon. Voilà le plus surprenant hippodrome d'Asie du Sud-Est.

▶ *Pour revenir à Saigon :* notre itinéraire préféré consiste à longer l'arroyo Kinh Tàu Hủ et celui de Bến Nghé (qui se jette dans la rivière de Saigon) en empruntant des rues inconnues des touristes. Idéal à vélomoteur ou en cyclo-pousse car on découvre les coulisses de Cholon, les docks à riz, les entrepôts à victuailles, les quais où accostent les bateaux débordant de sacs, de fruits, de bois, de marchandises exotiques. Prenez votre temps pour traverser ces rues grouillantes de vie. Authenticité garantie.
Descendre au sud la rue Châu Văn Liêm, continuer jusqu'au grand pont enjambant l'arroyo, tourner à gauche juste avant le pont, on se retrouve alors dans la rue Trần Văn Kiều qui longe l'arroyo. Continuer toujours tout droit sur 6 km. On enfile ensuite la rue Bến Hàm Tử (toujours dans le 5e arrondissement), la rue Bến Chương Dương (dans le 1er arrondissement) qui débouche sur la rivière de Saigon à la hauteur du musée Hồ Chí Minh, à l'ancienne « pointe des

Blagueurs », site en forme de coude, au bord de la rivière, où les colons venaient prendre le frais en fin de soirée.

Quitter Hô Chi Minh-Ville

En bus

La solution la moins onéreuse mais la plus épuisante ! Les bus surchargés roulent comme des escargots (moyenne 30 km/h). Il y a peu de place pour les jambes (les routards à grandes guibolles souffriront). Ils passent dans des sites superbes sans s'arrêter. On crève de chaud à l'intérieur. Un très mauvais rapport qualité-prix finalement. Si vous pouvez débourser quelques *dông* en plus, n'hésitez pas et choisissez les minibus (voir rubrique suivante). Pour rayonner autour de Saigon, à la journée, le bus est déconseillé car trop lent : préférer la location de voiture avec chauffeur. C'est très pratique et économique. Bien notamment pour aller à Củ chi, Tây Ninh, ou Mỹ Tho, et revenir dormir le soir à Saigon.

On peut aussi faire Saigon-Hanoi en bus (voir plus bas) : le voyage le plus « couleur locale » qui soit, mais bonjour les crampes aux fesses et aux genoux !

Il existe 2 grandes gares routières (une desservant le delta du Mékong, l'autre le centre et le nord du Vietnam) ainsi qu'une petite station de bus pour Tây Ninh et une autre pour le Cambodge.

– *Gare routière de Miên Tây :* située à 15 km du centre de Saigon ! ☎ 75-29-53. Pour y aller, prendre le boulevard Hùng Vương qui traverse Cholon d'est en ouest, continuer toujours tout droit jusqu'au quartier de Bình Chanh. La station est sur la gauche de la route, à la hauteur du 130, rue Quốc Lộ 4. Éviter d'y aller en cyclo, c'est très long et fastidieux. Prendre un vélomoteur-taxi de préférence, en ayant pris soin de le réserver la veille si votre bus part à l'aurore. Sinon, si vous êtes à plusieurs et chargés, prenez un taxi. On peut réserver des minibus (Toyota, Nissan) à l'avance, mais seulement pour les groupes déjà constitués, donc pas très intéressant. Miên Tây dessert 52 destinations dans le delta du Mékong. Les premiers départs sont à 4 h 30, et les derniers à 17 h.

• *Pour Mỹ Tho :* la seule destination qui ne soit pas desservi par Miên Tây mais par la station de bus de Cholon (voir plus loin).

• *Pour Vĩnh Long :* un départ toutes les heures. 136 km. Durée : 4 h 30.

• *Pour Cân Thơ :* un départ toutes les heures. 169 km. Durée : 5 h 30.

• *Pour Sóc Trăng :* un bus par heure. 231 km. Durée : 6 h 30.

• *Pour Sadec :* un bus par heure. 143 km. Durée : 4 h 30 - 5 h.

• *Pour Châu Đốc :* un bus par heure. 285 km. Durée : 9 h.

• *Pour Rach Giá :* un bus par heure. 284 km. Durée : 8 h.

• *Pour Hà Tiên :* prendre un bus pour Rach Giá où il faut changer et en prendre un autre jusqu'à Hà Tiên. Durée : 10-12 h.

Autres villes desservies : Trà Vinh (203 km), Bac Liêu (280 km), Cà Mâu (347 km, durée 13 h), Long Xuyên (231 km).

Attention : pas de réservations à l'avance par téléphone pour les individuels. Acheter les billets le jour même sur place au moins 1 à 2 h avant le départ. Si le bus part à l'aube, y venir la veille (perte de temps et distance très longue du centre-ville).

– *Gare routière de Miên Đông :* 78, Quốc Lộ 13 (route nationale 13), au nord-est de Saigon, dans le quartier de Bình Thạnh. A 4 km environ du centre. Pour y aller, suivre d'abord la rue Xô Viêt Nghệ Tĩnh qui se transforme ensuite en route nationale 13. La station est située sur la gauche. En cyclo-pousse, compter 20 mn environ. Accès plus facile que Miên Tây.

Théoriquement, il est possible de réserver sa place de bus en téléphonant à l'avance au 99-40-56. Mais dans la pratique, on a parfois des surprises... Les bus partent entre 4 h 30 et 16 h. Pour les bus ordinaires, le guichet de vente des billets se trouve au milieu de la station, un bâtiment aux murs jaunes et aux volets bleus. Pour les bus express (plus rapides, et normalement plus confortables), les guichets sont à gauche au fond de la cour après l'entrée principale (murs et volets bleus).

Les bus les moins pourris sont les Hải Âu (32 places) et les Desoto. Dans ces bus express, les voyageurs ont des sièges plus souples. Il y a un peu plus d'espace pour les jambes et c'est plus propre. Donc préférer les bus express au bus locaux, ceci est vrai pour l'ensemble des transports au Vietnam. D'autres bus, comme les Karosa et les Coaster sont équipés de vidéo (celui qui part pour Đà Nẵng à 5 h par exemple) sans que les prix des billets soient plus élevés.

Miền Đông dessert toutes les villes situées au nord de Saigon, le centre, la côte, les hauts plateaux, ainsi que le nord du pays (Hanoi). Ordinairement, les bagages se retrouvent sur le toit du bus (bien fermer votre sac, et gare aux vols). Si vous portez un petit sac à dos, gardez-le sur vos genoux ou à vos pieds. Faire toujours très attention à ses affaires. Dernier conseil : ne pas hésiter à laisser un pourboire au type chargé des bagages pour qu'il surveille votre sac avec attention. Et enfin demander une place à l'avant du bus, on y est moins secoué !

• *Pour Dalat* : prendre d'abord un bus pour Đức Trọng puis changer pour Dalat. Pour Đức Trọng, départs entre 6 h et 9 h. Il vaut mieux y aller en minibus, c'est moins la galère ! Durée totale du trajet : 7 h 30.

• *Pour Phan Thiết* : 5 à 6 départs par jour, entre 5 h 30 et 15 h. 187 km. Durée : 5 à 6 h. Quand il n'y a pas assez de passagers, les bus prennent des clients en route.

• *Pour Nha Trang* : 5 à 6 départs par jour, à partir de 6 h. 438 km. Durée : 12 à 13 h.

• *Pour Ban Mê Thuột* : 8 départs par jour, entre 8 h et 16 h 30. 630 km. Ça commence à faire long ! Durée : 17 à 18 h. Peu de routards font ce trajet en bus sans faire au moins une escale à Nha Trang. Attention, il existe un chemin deux fois plus court mais ce bus ne le prend pas.

• *Pour Pleiku* : sur les hauts plateaux. 825 km de route (et quelle route !). Durée : 24 h. Bon courage. 1 ou 2 départs par jour, vers 10 h ou midi.

• *Pour Đà Nẵng* : 8 ou 9 départs par jour, entre 5 h et 18 h. Bus vidéo. 964 km. Durée : 25 h en moyenne, souvent un peu plus, selon l'état de la route. En période de typhons, rajoutez même quelques heures de plus...

• *Pour Huê* : 1 070 km de route. 30 h de bus. Un départ seulement par jour. Il faut être fou pour faire Saigon-Huê d'une traite en bus !

• *Pour Hanoi* : 2 départs par jour, un à 9 h, un autre à 15 h. 1 750 km de route, assez bonne jusqu'à Huê, mauvaise de Huê à Hanoi. Durée : compter 2 jours et 2 nuits, soit environ 50 h ! Les voyages forment la jeunesse !

– **Gare routière de Cholon :** les bus pour Mỹ Tho partent de cette station située en face du grand marché Bình Tây de Cholon, sur le boulevard Hậu Giang. Une trotte pour y aller. Prendre un cyclo-pousse ou un vélomoteur-taxi, ou même le bus municipal rouge qui part de la station de bus devant le marché Bến Thành (1er arr.) puis remonter le boulevard Trân Hưng Đạo jusqu'au terminus, c'est-à-dire la gare routière de Cholon. Pratique donc. Les arrêts sont bien visibles. Les Vietnamiens y font souvent le queue, accroupis sur leurs talons.

• *Pour Mỹ Tho* : un départ toutes les 30 mn. 72 km. Durée : 1 h 30.

– **Bus pour aller au Cambodge :** départs tous les jours sauf dimanche de la petite station située au 155, avenue Nguyễn Huê, en plein centre-ville (enfin !), près de l'hôtel Rex et du théâtre municipal. Sans conteste le moyen de transport le moins cher pour aller de Saigon à Phnom Penh. Il faut acheter son billet, 1, 2, parfois 3 jours à l'avance, pour être sûr d'avoir de la place. Les bus partent généralement à 6 h. Essayez d'être là une heure avant. Trajet assez court : 246 km. Durée : 8 h, dont 2 à la frontière. N'oubliez pas votre visa.

• *Un conseil :* les bas-côtés des routes cambodgiennes étant souvent minés et les démineurs n'ayant pas encore terminé leur travail titanesque, regardez bien où vous mettez les pieds, surtout au moment d'aller faire pipi dans les fourrés...

En minibus

Un moyen de transport plus rapide et plus confortable que les bus locaux, surchargés et souvent victimes d'ennuis mécaniques. Là aussi, mieux vaut acheter son billet un jour avant. Certains hôtels vendent des billets de minibus. Quand c'est le cas, demander s'il est prévu que celui-ci passe à l'hôtel vous chercher. Les minibus climatisés sont normalement plus chers que les normaux. Voici deux adresses :

– *Station de bus et de minibus express « Tao Dàn »* : 1, rue Huyền Trân Công Chúa, 1er arr. ☎ 29-12-92. Situé dans une rue (sans maisons) coincée entre le parc du palais de la Réunification et le jardin entourant l'ancien Cercle sportif. Des minibus pour Châu Đốc (1 départ par jour seulement, tôt le matin) et pour Rach Giá (à 10 h). Pour Dalat, c'est un grand bus express (4 h).

– *Agence de services touristiques* : « Công Ty Dịch Vụ Du Lịch », 39, bd Nguyễn Huệ, 1er arr. ☎ 29-05-41. Navette de minibus (japonais) entre le centre de Saigon (très pratique) et la station balnéaire de Vũng Tàu (ex-Cap St-Jacques).

• *Pour Vũng Tàu* : 1 départ par heure entre 6 h et 17 h. 20 places à l'intérieur. 2 h de route minimum, souvent plus.

• *Pour Dalat* : 1 départ à l'aurore. 6 à 7 h de route.

• *Pour Nha Trang* : 2 départs par jour, un à l'aube, un autre en fin d'après-midi. 10 h de route.

En vélomoteur ou à moto

Sortir de Saigon en vélomoteur ou à moto n'est pas toujours aisé en raison de la circulation intense, du manque de panneaux de signalisation indiquant les directions. Il faut donc se munir d'un bon plan et ne pas hésiter à demander aux gens si c'est bien la bonne route. Le casque n'est pas obligatoire ni en ville, ni à la campagne. Aucune autorisation spéciale pour circuler.

VENISE

On croit tous connaître Venise par cœur, à cause des milliers de photos vues tous les jours, partout. On s'aperçoit en fait qu'aucune photo ne rendra jamais l'incroyable charme des rues et des places, et surtout la plus incroyable des surprises : toute une ville sans une seule voiture ! Il faut ça pour s'apercevoir que le silence, c'est vraiment un luxe au XXe siècle. Venise provoque une fascination étrange. On se rend vite compte qu'elle est trop grande séductrice pour livrer en une seule visite ses prodigieux trésors. Vous nous avez compris, vous y reviendrez un jour.

En train

Pas de trains pour les localités du delta du Mékong mais seulement pour les villes de la côte, du centre et du nord du Vietnam. A moins de faire toute la traversée du pays, du sud au nord, on peut effectuer certains tronçons en train, comme Saigon-Nha Trang ainsi que Đà Nẵng-Huế (superbes paysages). Quoi qu'il en soit, même si vous ne quittez pas Saigon en train, n'oubliez pas de l'emprunter au moins une fois au Vietnam. Expérience inoubliable !

La gare ferroviaire de Saigon (Ga Sài Gòn) est située au 1, rue Nguyễn Thông, 3e arr. ☎ 23-01-06 ou 44-39-52. Elle est ouverte tous les jours de 7 h 15 à 11 h et de 13 h à 15 h. Pour y accéder, il faut faire 2,5 km de route au nord du marché Bến Thành, en suivant la rue Cách Mạng Tháng Tám. Puis prendre une allée sur la route à la hauteur du numéro 132/9.

• *Conseils :* bien vérifier les horaires et s'assurer de l'heure à laquelle vous débarquerez dans la ville de votre choix. Trouver une chambre d'hôtel à 4 h à Nha Trang ou à Đà Nẵng n'est pas chose aisée. De plus, les gares ferroviaires sont situées généralement assez loin du centre-ville. Il faut donc prévoir un temps de transport en plus du voyage ferroviaire.

Acheter son billet au moins un jour à l'avance pour les courtes destinations, 3 jours minimum pour le trajet Saigon-Hanoi. Les billets doivent être payés en argent liquide (dollars américains).

Si vous logez dans le quartier « routard » de la rue Phạm Ngũ Lão, et que vous souhaitez acheter un billet de train, inutile de vous rendre à la gare centrale de Saigon. La compagnie des chemins de fer vietnamiens a eu en effet la bonne idée d'ouvrir un bureau où l'on peut réserver et acheter son billet à l'avance. Son adresse : Trade Service Centre, 6, rue Phạm Ngũ Lão, 1er arr. ☎ 78-36-44.

• *Pour Nha Trang :* via Muong Man et Tháp Chàm. On peut embarquer dans l'Express de la Réunification qui assure la liaison Saignon-Hanoi et descendre à Nha Trang. Les horaires changent mais en 1994 il y avait un départ de Saignon à 8 h (arrivée à 18 h 40) et un train de nuit (avec couchette) à 18 h qui arrive à Nha Trang à 4 h 17. Sinon, il existe des petits trains interurbains et quotidiens.

• *Pour Đà Nẵng et Huế :* il faut compter 24 h de voyage pour Đà Nẵng, et 28 h pour Huế. Outre les deux Express de la Réunification qui partent quotidiennement, l'un le matin, l'autre le soir, on peut trouver de la place sur la ligne Saigon-Vinh. Un train part vers 17 h de Saigon et arrive à 12 h 45, le lendemain à Đà Nẵng. Il ne dessert que 2 gares, Nha Trang et Diệu Trì, c'est pour cela que la durée du voyage est plus courte.

Le tronçon Đà Nẵng-Huế est un de nos coups de cœur ferroviaire au Vietnam. Si vous partez à 8 h de Saigon vous y passerez le lendemain donc, dans la matinée. Et si vous quittez Saigon, le soir vers 18 h, eh bien, vous admirerez la mer et les montagnes au crépuscule, le lendemain soir.

• *Pour Hanoi :* le voyage en train de Saigon à Hanoi dure, selon la vitesse des trains, de 42 à 48 h, soit 2 jours et 2 nuits. Autrement dit, si vous quittez Saigon à 18 h, vous arriverez à Hanoi le surlendemain vers 16 h. L'Express de la Réunification, c'est son nom, dessert la plupart des grandes villes de la côte, du sud au nord : Nha Trang, Qui Nhơn, Đà Nẵng, Huế, Vinh, Thanh Hoá, Nam Định. Mieux vaut choisir une couchette « rembourrée », même si elle est un peu plus cher (à peine). Cela vous permettra de récupérer car le voyage est passionnant mais assez épuisant.

Comme on vous l'a déjà dit (voir plus haut dans les généralités rubrique « Transports intérieurs »), essayez de réserver une couchette du bas, car vous pourrez ranger votre sac à dos dans le coffre situé sous votre lit-banquette. Dans la journée, demandez à quelqu'un du compartiment de garder vos affaires au cas où vous sortez. Dans tous les cas, se méfier des voleurs. La formule la moins chère sur cette ligne consiste à voyager assis sur sur un siège dur (en bois) et à dormir sur une couchette dure, toujours en bois. Le voyage à la dure porte bien son nom !

En avion

La compagnie Vietnam Airlines assure des liaisons aériennes entre Hô Chi Minh-Ville et la plupart des villes importantes du pays, à des prix relativement raisonnables. Par exemple : en 1994, un billet aller simple pour Dalat coûte 30 $, Da Nang, 85 $, et un Saigon-Hanoi 150 $. Réservations et achats des billets s'effectuent au bureau de Vietnam Airlines : 116, avenue Nguyễn Huệ, 1er arr., juste à côté de l'hôtel de ville. ☎ 29-21-18 ou 23-06-98 ou 29-22-28. La carte VISA est acceptée pour les paiements.

• *Pour Ban Mê Thuột :* 1 vol quotidien sauf le lundi. Durée : 50 mn.
• *Pour Dalat :* 3 vols par semaine, les mardi, jeudi, et samedi. Départ à 7 h ou 10 h. Durée : 40 mn.
• *Pour Dà Nẵng :* au moins 4 vols quotidiens avec départs tôt le matin et d'autres vers midi. Se renseigner sur les horaires qui changent souvent. Durée : 1 h en Tupolev 134, 2 h 30 en Yak 40 avec une escale.
• *Pour Hanoi :* 1 ou 2 vols quotidiens, avec des départs entre 6 h 30 et 8 h. Durée : 2 h. Essayez de prendre le vol de 8 h car l'avion est un Airbus A 320. Il y a maintenant des Boeing 737, et, heureusement, aucun zingue soviétique sur cette ligne.
• *Pour Huế :* 1 vol quotidien vers 10 h. Durée : 1 h 50.
• *Pour Nha Trang :* 1 vol quotidien mais à des heures différentes selon le jour (toujours tôt le matin). Durée : 50 mn.
• *Pour Pleiku :* vols les lundi, mercredi et samedi. Durée : 1 h 15.
• *Pour Phnom Penh* (Cambodge) : 2 vols quotidiens, 6 h 30 et 9 h 45. Durée : 45 mn seulement !
• *Pour Vientiane* (Laos) : un seul vol direct Saigon-Vientiane, théoriquement le dimanche à 8 h, qui arrive à 11 h 55. Sinon, il y a un autre vol en milieu de semaine avec changement à Hanoi.

Pour aller au Cambodge

Pas de train, ni de bateau, seulement le bus (voir plus haut « Quitter Saigon en bus ») ou l'avion (voir cette rubrique). Si vous voyagez par la route, il vous faut demander un visa au consulat du Cambodge à Saigon (voir rubrique « Adresses utiles » au début de ce chapitre). En avion, le visa est délivré en arrivant à l'aéroport de Pochentong (Phnom Penh) contre 20 $ et 2 photos d'identité (à prévoir). On peut passer par de petites agences pour le visa et le billet, comme Travel Agency 7 (bonne adresse, voir nos adresses utiles en début de chapitre).

LES TUNNELS DE CU CHI (ĐỊA ĐẠO CỦ CHI)

Immense réseau de galeries souterraines et d'étroits boyaux, creusés à la main par les Vietcong pour se réfugier et se défendre de la « machine de guerre » américaine, les tunnels de Cu Chi, longtemps fermés au public, constituent aujourd'hui un des sites historiques de la guerre du Vietnam qu'il faut avoir visités. D'abord pour comprendre la ténacité et l'ingéniosité des maquisards vietnamiens qui surent résister avec trois fois rien à une des armées les plus puissantes et les plus sophistiquées du monde. Ensuite, pour découvrir les conditions atrocement difficiles dans lesquelles vécurent les civils et les soldats Vietcong du « maquis » de Cu Chi. Voici sans doute, avec le secteur de « la rue sans joie » près de Quảng Trị (17e parallèle), la région du Vietnam qui a le plus souffert sous les bombes, les défoliants, le napalm. On l'appelle encore le « Triangle de fer » en raison des bombardements intensifs mais aussi à cause de la détermination farouche de ses combattants anti-américains.

Le plus étonnant ici c'est que les tunnels ont tenu bon jusqu'à la fin de la guerre, remplissant leur mission d'encadrement de toute une population de paysans et de riziculteurs gagnés à la guérilla populaire.

Les tunnels que l'on visite à l'aide d'une lampe-torche et sous la conduite d'un guide vietnamien ont été agrandis pour recevoir les touristes. On sort de ce dédale tout courbaturé. Imaginez d'y passer quelques jours enfermé, sous la mitraille... Cu Chi, l'endroit où l'on saisit bien le génie guerrier d'un peuple capable de vaincre un éléphant avec l'énergie d'une fourmi...

Un peu d'histoire

Les premiers tunnels de Cu Chi furent creusés dès les années 40 par des maquisards du Vietminh, en lutte contre les Français, afin de cacher leurs munitions mais de se cacher aussi eux-mêmes en cas d'attaque d'une patrouille ennemie. Une fois à l'abri sous terre, ils pouvaient se déplacer d'un hameau à l'autre, soit pour fuir, soit pour communiquer avec d'autres maquisards. Cu Chi fut choisi pour au moins deux raisons. D'abord à cause de la proximité de Saigon qui était une cible importante sur le plan stratégique. Ensuite à cause de la topographie des lieux. En effet, encadrée à l'est et à l'ouest par une grande boucle de la rivière de Saigon, la terre dure et rouge de Cu Chi, difficile à creuser, reste quand même idéale pour construire un réseau souterrain capable de résister au temps et aux assauts extérieurs. En outre, le niveau de l'eau de la rivière est trop bas pour inonder les galeries souterraines.

Déjà en 1945, le premier réseau était opérationnel, servant même de QG au maquis « D » du Viêtminh. Abandonnés après la guerre d'Indochine et le départ des Français, les tunnels furent repris plus tard par les combattants vietcong qui les réparèrent et les consolidèrent, tout en étendant considérablement le réseau. Celui-ci passa de 17 à 200 km ! Un travail de fourmi réalisé dans l'ombre par des villageois, encadrés secrètement par des officiers communistes infiltrés au sud du Vietnam. La piste Hô Chi Minh, qui traversait le pays du nord au sud, aboutissait non loin de Cu Chi et lui servait en somme de cordon ombilical par lequel arrivaient les armes et les munitions. Au début des années 60, Cu Chi était devenu un vrai fief vietcong. De ce sanctuaire, de nombreuses actions armées et attaques éclair furent menées contre Saigon et les intérêts du régime de Diêm. Un régime détesté et honni par les paysans de la région que le gouvernement du Sud-Vietnam avait voulu fixer dans des « hameaux stratégiques ». Leur dégoût de Diêm ne fit que renforcer leur combativité. C'est à partir de 1965 que l'état-major américain jugea utile de « pacifier » le « Triangle de fer ». Pour le prendre en filet, plusieurs bases furent construites à partir de cette date autour de ce quadrilatère insoumis : à Cu Chi d'abord, où la base reposait sur des tunnels ennemis (sans que les Américains ne le sachent !), à Tây Ninh, à Bên Cát , Dâu Tiêng, Phuôc Vinh, Phú Loi et Hâu Nghia. De là décollaient les avions chargés de déverser des tonnes de défoliants, d'essence, de napalm, sur les rizières et les plantations de Cu Chi afin de transformer le secteur en un désert impossible à vivre. C'est ce que les Américains appelaient la politique « Search and Destroy » (Chercher et Détruire). Une fois la végétation brûlée, ils semaient une herbe diabolique, surnommée l'herbe américaine, qui séchait très vite et brûlait tout sur son passage, s'enflammant aussitôt une bombe tombée au sol. Pour déloger les maquisards Vietcong cachés dans leurs galeries souterraines, des bergers allemands furent lâchés dans les tunnels. Mais leur odorat fut trompé par le poivre et beaucoup sautèrent sur des objets minés. Alors les Américains envoyèrent des soldats qui ne purent progresser dans les boyaux en raison de leur gabarit. On utilisa aussi des engagés mexicains, plus petits et moins américains, mais en vain. Les soldats vietnamiens de l'armée du Sud-Vietnam prirent le relais. Plus petits et plus minces, ils pouvaient se glisser dans les étroits tunnels mais, là aussi, ils se retrouvèrent souvent empalés sur des tiges de bambous empoisonnées, dissimulées sous des trappes invisibles... Les Américains développèrent énormément d'énergie, de soldats et de moyens perfectionnés pour venir à bout de cette incroyable taupinière rebelle capable de résister à toutes les attaques. On envoya alors les bombardiers B 52, véritables forteresses volantes pouvant contenir 120 bombes. 3 bombardiers au minimum participaient à un raid. Quand le bombardement d'un objectif était décidé, on comptait près de 10 raids par jour. A l'époque, le « Triangle de fer » pouvait recevoir jusqu'à 3 600 bombes en 24 h ! Dans ce déluge de feu, les Vietcong perdirent environ 10 000 hommes (on peut voir un grand cimetière vietnamien au bord de la route avant d'arriver au site).

Il ne faut pas oublier non plus les attaques terrestres menées par les chars américains. A la différence des combattants Vietminh, les maquisards Vietcong se servirent des tunnels non seulement pour s'échapper mais aussi pour accéder à des tranchées d'où ils pouvaient se battre (ils ne s'échappaient dans les tunnels qu'en cas d'offensive particulièrement violente ou de bombardements aériens).

Comment y aller de Saigon ?

– *Le site* (ouvert à la visite) se situe à 35 km au nord de Saigon, par la route nationale 22. On passe d'abord par le village de Cu Chi qui est sur la même route que Tây Ninh, puis il faut bifurquer à droite pour atteindre à une dizaine de kilomètres plus loin, près du village de Bến Đình, le site même des tunnels de Cu Chi.

– *En bus :* la galère. On déconseille vraiment, d'autant plus qu'il vous faudra faire les derniers 10 km à pied car le bus ne va pas jusqu'au site.

– *A moto ou en voiture :* la solution idéale. L'accès à Cu Chi est bien fléché grâce à de grands panneaux bleus à lettres blanches (rare au Vietnam). Beaucoup d'agences organisent des visites de Cu Chi et de Tây Ninh dans la même journée, au départ de Saigon. Ceci est un bon plan qui vous permet de revenir dormir le soir à Saigon.

A voir

– *L'entrée du site est payante.* Essayer d'y être le plus tôt possible, soit dès l'ouverture à 8 h afin d'éviter la grosse chaleur et les cars de touristes qui débarquent vers 10 h.

– *Sur place,* on trouve une buvette qui fait aussi resto, sous une paillote, un magasin de souvenirs de guerre et même un stand de tir où pour 1 $ on peut faire des cartons à la Kalachnikov ou au M16… Détail significatif : toutes les femmes, hôtesses, serveuses, guides, sont vêtues du traditionnel pyjama noir que portaient les maquisards Vietcong durant la guerre du Vietnam.

– *Après un petit film,* comportant de belles images d'archives, commence la visite guidée des tunnels. Le guide est théoriquement un ancien soldat en uniforme, qui parle l'anglais mais rarement le français. On ne visite qu'une petite partie du réseau de tunnels. Attention : il fait très chaud dans ces étroits boyaux et on attrape vite des crampes aux jambes à force de marcher recroquevillé. Les photos ne sont pas interdites. N'oubliez pas votre flash, la lampe du guide ne suffit pas.

Ce vaste labyrinthe souterrain commence à 3 m sous le niveau de la terre, ceci pour éviter que le tunnel ne s'effondre. Il devait pouvoir ainsi supporter le passage d'un char de 50 t ou la chute d'une bombe de 100 t. On y accède par des entrées dissimulées sous les feuillages mais il existe de nombreuses trappes invisibles au regard, par où les maquisards pouvaient entrer ou sortir discrètement. Un tunnel moyen mesure de 60 à 70 cm de largeur sur 80-90 cm de hauteur. C'est un boyau obscur et angoissant qui débouche sur une sorte de ville clandestine comportant toutes les installations nécessaires à la survie et à la guérilla Vietcong : salles de réunions, hôpitaux souterrains, chambres où dormaient les commandants, cuisines où le menu quotidien était composé de manioc et de riz enveloppé dans une feuille de banane. Notez l'ingénieux système d'évacuation de la fumée destiné à leurrer les Américains. Il y avait aussi, mais on ne les visite pas, des armureries et des entrepôts de munitions. Extrêmement ingénieux, les Vietnamiens avaient creusés des trous d'aération ainsi que des puits d'eau potable (on en voit un). Les tunnels s'étagent parfois sur plusieurs niveaux, jusqu'à 7 m de profondeur. Certaines branches de tunnel mènent à la rivière de Saïgon permettant aux maquisards de s'enfuir au cas où les « rats de Cu Chi » chargés de les débusquer franchissent les nombreux pièges disposés dans la pénombre du réseau. Comme par exemple ces trappes d'angle cachant des trous profonds hérissés de bambous taillés comme des flèches et dont les extrémités étaient enduites de poison... L'homme qui tombait était souvent mortellement blessé. Au cours de la visite, on voit aussi un cratère de bombe de B 52 (il y en a plein d'autres dans les rizières aux alentours qui servent aujourd'hui de mares en saison des pluies...).

TÂY NINH

A 96 km au nord de Hô Chi Minh-Ville, par la route 22, la ville de Tây Ninh est le Saint-Siège de la religion Cao Daï, une nouvelle religion inventée par un fonctionnaire cochinchinois dans les années 20, tentative de synthèse entre les grandes philosophies religieuses d'Occident et d'Extrême-Orient.
Cet extraordinaire assemblage de spiritualités et de doctrines si différentes est parfaitement illustré par cette cathédrale-temple, située à 4 km à l'est de la ville. Devant ce sommet de l'art kitsch, on ne sait s'il s'agit d'une pagode qui veut ressembler à une église, ou bien une église qui se prend pour une pagode. Là « le Christ et Bouddha contemplent du plafond de la cathédrale une fantasia orientale à la Walt Disney, dragons et serpents en technicolor », écrit Graham Greene dans *Un Américain bien tranquille* (il était si fasciné par cette secte syncrétique qu'il avait songé un moment à se convertir !).
Voilà un des endroits les plus étranges, les plus baroques, les plus insolites, du Vietnam.
Le mot Cao Daï signifie littéralement « Palais Suprême ». Il désigne Dieu.

Comment y aller ?

— Tây Ninh se visite dans la journée au départ de Saïgon. Beaucoup de routards louent une moto ou une voiture avec chauffeur (pas cher) pour visiter les tunnels de Cu Chi le matin (y être à 8 h dès l'ouverture) et assister à la grand-messe caodaïste à midi, puis ils rentrent en fin d'après-midi vers Hô Chi Minh-Ville. Il y a aussi des bus mais on ne vous le conseille pas.

Le berceau de la religion Cao Đài

La religion Cao Đài ou caodaïsme a installé son siège à Tây Ninh en mars 1927. Aujourd'hui, une vingtaine de dignitaires de la secte continuent à habiter autour du temple principal, dans une sorte de vaste monastère (100 ha) entouré de murs, abritant de nombreux bâtiments (maisons, cellules), des jardins, ainsi que des vestiges d'ateliers agricoles et industriels (scierie, briqueterie). Une rizière de 15 ha, toujours exploitée par les fidèles (laïcs), à l'extérieur de l'enceinte, assure le ravitaillement en riz de la communauté. Par ailleurs, aujourd'hui considérablement appauvrie, le Cao Đài survit grâce aux dons et à l'argent des pratiquants. Un des bâtiments du monastère abrite un grand réfectoire où les moines prennent leurs repas, entourés d'une centaine de personnes habitant hors de l'enceinte et qui travaillent bénévolement dans la journée au service du Cao Đài.

● *Une secte militaro-religieuse*

Le caodaïsme est né du choc idéologique de la rencontre entre l'Occident et l'Orient, en pleine période coloniale, dans le contexte de crise morale, spirituelle et économique des années 20. Son fondateur, Ngô Văn Chiêu, n'était ni bonze, ni prêtre, mais un petit fonctionnaire de l'administration de Cochinchine, profondément mystique. Né dans une famille modeste le 28 février 1878 à Binh Tây (ancien Cholon), au sud du Vietnam, il obtint une bourse, fit des études, devint fonctionnaire et délégué administratif de l'île de Phú Quôc en 1919. Ngô était bouddhiste et pratiquait le culte des Ancêtres, comme tous les Vietnamiens. En dehors de son travail, il avait un hobby auquel il s'adonnait avec ferveur : le spiritisme. Ses loisirs étaient occupés par des réunions spirites. En compagnie d'un groupe de fonctionnaires de l'administration des Douanes, des Finances et des Chemins de Fer, il faisait tourner les tables, essayant d'entrer en communication avec les Esprits. Un jour de 1921, il entra en communication avec un Esprit nommé Cao Đài, qui lui apparut sous la forme d'un œil humain grand ouvert : l'Œil de Dieu. Après cette révélation Ngô, qui avait 43 ans, reçut une autre illumination, le 24 décembre 1925, pendant la nuit de Noël. Cette fois, l'Esprit fut plus péremptoire et lui ordonna de créer une nouvelle religion en son nom. Ce qu'il fit sans attendre. Le 7 octobre 1926, le Caodaïsme fut déclaré officiellement à Saigon. Les premières missions de prosélytes furent si efficaces qu'au bout de 2 mois la nouvelle religion comptait plus de 2 000 adeptes. Il y en aurait aujourd'hui moins de 2 millions (chiffre difficile à vérifier), essentiellement dans le delta du Mékong, dans le sud du Vietnam, mais aussi dans le centre.

La nouvelle religion eut une importance considérable sur le plan religieux, spirituel, mais aussi politique, et même militaire. Grâce à son organisation, à sa discipline stricte, et à sa richesse, le Cao Đài parvint à former une armée privée de 25 000 hommes, au service des Japonais durant la Seconde Guerre mondiale. Bref, des collabos purs et durs ! Cette secte « militaro-religieuse » roula ensuite pour les Français, contre le Vietminh, avant de se ranger du côté de l'armée du Sud-Vietnam et des Américains pendant la guerre du Vietnam. Les caodaïstes refusèrent d'apporter leur soutien aux maquisards Vietcong. Après la chute de Saigon en 1975, et l'arrivée des communistes au pouvoir, la secte fut « frappée à la tête » et « coupée à la racine » : leurs terres et près de 400 temples et lieux de culte furent confisqués, 4 responsables furent exécutés en 1979.

● *Le Facteur Cheval des religions*

Le principe de base du caodaïsme, c'est qu'il n'existe qu'un seul Dieu, Être Suprême et créateur de l'univers, commun à toutes les religions et croyances de la planète. « Si tous les hommes sur terre avaient conscience de cela, le monde aurait vécu dans la paix, dans la justice et dans l'amour. » Le caodaïsme semble né d'une exigence morale : unir toutes les philosophies ancestrales de l'Orient et de l'Occident pour créer une sorte de religion universelle, sans distinction de races ou de continents.

C'est un syncrétisme. Le caodaïsme prend ce qu'il y a de meilleur dans toutes les religions : bouddhisme, confucianisme, taoïsme, christianisme, et islam. Ainsi, les croyants vénèrent-ils le Bouddha Çâkyamuni, Confucius, Lao Tseu, Jésus-Christ, Mahomet. Sans oublier l'héritage spirituel propre au Vietnam, c'est-à-dire le culte des Esprits, des saints et des génies. Les caodaïstes vénèrent également des personnages illustres avec lesquels les médiums de la nouvelle religion sont entrés en communication au cours d'une séance spirite. On trouve ainsi Victor Hugo (que l'on voit en tenue d'académicien sur la fresque à l'entrée du temple), Jeanne d'Arc, Descartes, Pasteur, et même Shakespeare et Lénine (ce qui n'a pas empêché la secte de s'armer contre les communistes du Nord).

Du bouddhisme, le caodaïsme a retenu les grands principes moraux ; ne pas tuer, ne pas voler, ne pas commettre d'impureté, ne pas mentir, ne pas boire d'alcool. La règle fondamentale est celle de l'homme bon et juste. A celle-ci, ils ajoutent l'impératif chrétien sur l'amour du prochain et de la charité. Du taoïsme, ils ont gardé le détachement du monde, et du culte des Ancêtres le respect de la famille et la communion entre les vivants et les morts.

L'histoire de l'humanité se divise en trois grandes périodes marquées, selon eux, par trois révélations divines. La première révélation fut celle de Dieu à Lao Tseu. La deuxième révélation s'est faite plus tard à travers les grands messagers, Bouddha, Moïse, Jésus-Christ, Mahomet. Mais les caodaïstes considèrent que leurs messages ont été détournés de leur idéal de départ par la faute des humains. La religion Cao Dài se présente comme une « troisième alliance entre Dieu et l'homme ». Il s'agit pour eux de l'unique et dernière révélation qui, si tout va bien (mais tout ne va pas si bien que ça) ne devrait pas être dévoyée puisque le message divin passe directement de Dieu aux disciples par le biais de la communication avec les Esprits.

● *Les médiums du Cao Dài*

Ce ne sont pas des religieux mais de simples laïcs exerçant une profession et vivant dans leur famille. Ils sont une douzaine à avoir cette charge de recevoir les messages des Esprits. Ils ne pratiquent le spiritisme qu'en présence des dignitaires de la secte.

A l'origine, dans les années 20, les médiums recevaient les messages dans une « corbeille à bec » qu'il tenait par une anse en rotin. Aujourd'hui, ils utilisent des stylos ou des pinceaux de calligraphie chinoise.

● *Le clergé et la hiérarchie*

Le clergé caodaïste est organisé sur le modèle de l'Église catholique. C'est dire combien il est fortement structuré. Au sommet de la hiérarchie, un pape donne les directives, organise, contrôle, assure la continuité du mouvement. Depuis 1937, la secte n'a pas nommé de nouveau pape. Viennent ensuite les 3 cardinaux et les dignitaires. A ce niveau, les femmes sont à égalité avec les hommes. Les dignitaires sont agenouillés au 1er rang, près de l'autel, pendant les cérémonies au temple caodaïste. Ils portent des tuniques de couleurs différentes : le rouge pour les dignitaires de la branche confucianiste, le bleu pour le taoïsme et le jaune pour le bouddhisme. On les remarque à cette espèce de tiare en tissu clair avec deux lanières pendantes, qu'il porte sur la tête. Tout à fait en bas de la hiérarchie, on trouve dans chaque église caodaïste, des Phó Trị Sự, sorte de sous-diacre chargés de guider les fidèles. Cette structure fortement hiérarchisée et organisée fut une des raisons du succès foudroyant de la secte dans les années 20-30.

● *La cérémonie et les rites*

Le temple caodaïste de Tây Ninh (appelé aussi Sainte Mère Cao Dài) célèbrent des offices, comme tous les autres temples d'ailleurs, à heures fixes. Il y a 4 messes quotidiennes : à 6 h, midi, 18 h et minuit.

Le rituel immuable n'a pas varié d'un iota depuis les origines. Les femmes entrent par la gauche, les hommes par la droite. Des musiciens installés dans la tribune au-dessus du porche d'entrée accompagnent les prières des fidèles. Au milieu du temple, tournés vers le maître-autel surmonté du grand globe, se tiennent des dignitaires en rouge à côté de femmes (âgées) vêtues de blanc. Ensuite viennent d'autres dignitaires vêtus de rouge, bleu et blanc. Et enfin la masse bien alignée des fidèles. Des disciples avec un brassard marqué des lettres BT assurent la sécurité. Les visiteurs sont admis à assister aux messes caodaïstes mais ils doivent monter sur un balcon surplombant la grande nef.

Les prières, très proches du bouddhisme, sont des invocations qui commencent par « Nam Mô... ». Elles rendent hommage à Cao Đài, à Lý Thái Bạch, le premier prophète, aux représentants des 3 religions orientales (Bouddhisme, confucianisme et taoïsme), ainsi qu'aux esprits, aux saints, et aux génies.

Il n'y a aucun discours, pas de sermon, ni de commentaire théologique. Les offrandes agréées sont les fleurs, les fruits, le thé, l'alcool, l'eau et l'encens, mais jamais de riz gluant ni de papiers votifs.

● *Leur calendrier religieux*

Les caodaïstes ont deux grandes fêtes religieuses : la fête de Dieu le Père (Cao Đài) le 9 janvier, et de la Mère (la « Dame » bouddhiste) le 15 août. Mais Noël, Pâques, et l'anniversaire de la naissance de Bouddha sont aussi fêtés en grande pompe, preuve encore une fois du syncrétisme entre l'Orient et l'Occident.

● *La cathédrale-temple (ou Sainte Mère Cao Đài)*

C'est un des édifices religieux les plus extravagants, les plus baroques, les plus originaux de toute l'Asie du Sud-Est. Une merveille de l'art kitsch construite entre 1933 et 1955, fruit d'un métissage religieux unique entre l'art chrétien d'Europe et l'art bouddhiste d'Extrême-Orient. L'ensemble mesure près de 107 m de long et relève à la fois de l'église (par sa forme et sa façade) et de la pagode (la décoration intérieure).

Les photos du temple sont autorisées, mais pas celles des fidèles (du moins sans permission de leur part). Enlevez vos chaussures à l'entrée.

– *Le porche d'entrée :* orienté à l'ouest (vers Jérusalem) comme dans les églises chrétiennes. Sur le mur une grande fresque peinte représente les 3 « missionnaires divins envoyés comme guides spirituels de l'humanité pour réaliser la 3ᵉ Alliance. » Victor Hugo en tenue d'académicien écrit avec une plume la devise « Dieu et Humanité » et « Amour et Justice », accompagné du révolutionnaire et homme d'État chinois Sun Yat Sen qui tient un encrier. A leurs côtés se tient un 3ᵉ « saint » du Cao Đài, le poète vietnamien Nguyễn Bính Khiêm (1492-1587).

– *L'intérieur :* les vitraux portent tous le symbole du Cao Đài, un triangle enfermant l'œil divin. Sous la coupole de l'autel, une énorme sphère bleue portant l'œil divin symbolise l'idéal de la religion universelle. Il y a 8 personnages sculptés au-dessus de la coupole : ce sont Bouddha, Confucius, Lao Tseu, Jésus-Christ, ainsi que Lý Thái Bạch, Khương Tử Nha, la déesse Quan Âm, et le génie Quan Công.

Adossées contre le mur d'entrée, 3 statues sont enlacées par 2 boas. L'une d'elles représente Phạm Công Tắc, disciple du fondateur Ngô Văn Chiêu, et qui devint plus tard le 2ᵉ pape du caodaïsme. Il a d'ailleurs largement contribué à la militarisation de la secte et à son alliance avec les Japonais pendant la Seconde Guerre mondiale. Curieusement, sa statue donne l'impression d'un personnage ayant vécu il y a mille ans. C'était hier ou presque...

Où dormir à Tây Ninh ?

⌂ *Hôtel Anh Đào :* boulevard 30/4. ☎ 27306 ou 27399. Bâtisse moderne quelconque abritant des chambres propres mais assez chères : 20 $ la double avec ventilo. En dépannage seulement. Peu de routards dorment à Tây Ninh, sauf ceux qui entreprennent l'ascension du mont Núi Bà Đen.

Aux environs de Tây Ninh

▶ *Le mont Ba Den (Núi Bà Đen) :* le mont de la Dame Noire. Une des collines inspirées du sud du Vietnam, dominant de ses 850 m le paysage infiniment plat et vert des rizières, à la frontière du Vietnam et du Cambodge. Située à une quinzaine de kilomètres au nord-est de Tây Ninh, cette petite montagne sacrée est depuis longtemps un lieu de pèlerinage très fréquenté par la population locale. Isolée dans une belle campagne (qui fut souvent bombardée lors de la guerre), elle a gardé sa sauvagerie naturelle, contrairement au mont Sam près de Châu Dôc (se reporter à cette ville). Ce qui en fait tout son charme et son intérêt.

Un sentier à flanc de montagne conduit jusqu'au temple Thiên Thạch Tự d'où l'on a une vue très étendue sur la plaine et, au loin, le Cambodge. Ce temple est consacré à la Dame Noire, héroïne d'une légende vietnamienne. Un autel encastré sous un énorme rocher noirci porte une petite statue d'une femme enveloppée dans un manteau rouge. Elle représente Bà Đen, la Dame Noire.

Compter 1 h 30 de marche pour faire l'aller-retour. Pour atteindre le sommet du mont, il faut 3 h environ (donc 6 h aller-retour). Mais la montée au temple peut suffire. Hormis quelques passages rocailleux, et glissant par temps de pluie, c'est une promenade facile.

VŨNG TÀU (CAP SAINT-JACQUES)

A 128 km au sud-est de Hô Chi Minh-Ville, à l'extrémité sud d'une péninsule qui s'avance comme une pince dans la mer de Chine, Vũng Tàu, que les Français appelaient le Cap Saint-Jacques, est la station balnéaire la plus fréquentée du sud du pays. C'est le Deauville des Saigonnais, un morceau de littoral synonyme de mer et de soleil, de vacances et de farniente, où ils oublient le temps d'un dimanche la fournaise et le bruit de Saigon.

Entre deux hauts promontoires rocheux, l'un surmonté d'une station radar (ça reste un site stratégique), l'autre d'une statue géante du Christ, s'étend la plage *Bãi Trước,* appelée aussi plage des Cocotiers avec sa ribambelle de kiosques à souvenirs et de petits restaurants en plein air. Derrière, c'est la ville de Vũng Tàu, enrichie par le tourisme et le pétrole, qui a gardé un peu de charme avec ses vieux bâtiments d'époque coloniale et ses avenues ombragées. Mais la vraie plage, celle où tout le monde va, se situe plus loin, à un peu moins de 2 km de là, au nord-est. On l'appelle *Bãi Sau* ou la plage de Derrière (Back Beach), parce qu'elle s'étend sur 8 km derrière la Petite Montagne (Núi nhỏ).

Ce site naturel est encore très beau mais il est malheureusement gâché par un urbanisme anarchique et par une absence cruelle d'arbres, de verdure, d'intimité. En outre, depuis l'ouverture du pays et l'essor du tourisme, toutes sortes de constructions, aussi laides les unes que les autres, sortent de terre, à l'instigation de riches sociétés vietnamiennes et d'investisseurs étrangers.

Ici, tout se passe comme si on voulait oublier au plus vite ces années « honteuses » où les maisons de repos (Nhà nghỉ) étaient pleines de prolétaires sous-payés et déprimés, où les plages servaient de point de ralliement à des milliers de boat people prêts à s'enfuir à l'étranger, où les seuls nababs étaient les experts et les techniciens soviétiques travaillant dans l'exploration du pétrole off-shore. On le sent tout de suite en arrivant : le Cap Saint-Jacques cherche à faire peau neuve dans une euphorie post-communiste qui n'est pas toujours du meilleur goût. La prolifération des salons de massage « vietnamien » ou « thaïlandais », destinés à attirer en masse les touristes taïwanais et singapouriens, et les grands panneaux peints contre le SIDA ne donnent pas une image très saine de la station. Le rêve secret de beaucoup de responsables locaux serait d'en faire une sorte de Pattaya sauce vietnamienne... Monsieur, c'est par où la sortie ?

Un peu d'histoire

Ce sont les marins portugais qui découvrirent au XVe siècle cet ancrage idéal sur la route de la Chine et de Macao, et le baptisèrent Cap Saint-Jacques, du nom de leur saint-patron. Vu de la mer, le site a toujours été un bon repère pour les bateaux, à cause de ces deux hauts promontoires rocheux. A la fin du XIXᵉ siècle, les Français, las de la chaleur moite de Saigon, en firent une station balnéaire chic, le Deauville tropical de la French Riviera cochinchinoise. Hôtels et villas coloniales commencèrent alors à sortir de terre, pour le repos des colons et des soldats, des administrateurs et des voyageurs. Un poste de douane y fut établi pour contrôler les allées et venues des bateaux sur la rivière de Saigon toute proche.

Dans les années 60, Vũng Tàu devint le 2ᵉ endroit après Đà Nẵng, où les soldats et officiers de l'armée américaine venaient se reposer (R and R : Rest and Recreation) des fatigues de la guerre. Puis dans les années 70-80, les experts, les conseillers et les techniciens soviétiques prirent le relais. Vũng Tàu était alors le siège de la Vietsovpetro, une société mixte (soviétique et vietnamienne) qui exploitait une plate-forme pétrolière à 60 km au large.

Aujourd'hui, le pétrole reste la principale source de revenus de la ville où l'OSC (Oil Service Company), puissante société étatique vietnamienne, possède de gros intérêts dans le secteur du tourisme (26 hôtels et résidences lui appartiennent). Toute la péninsule ainsi que les îles de Côn Đảo, à 180 km au sud du Cap Saint-Jacques, forme maintenant la première zone économique spéciale du Vietnam. Plus concrètement, cela signifie que les activités économiques et commerciales peuvent s'y épanouir librement sans les contraintes bureaucratiques très pesantes ailleurs. La zone industrielle et maritime de Vũng Tàu se situe, une chance pour les plages, tout à fait au nord de la péninsule, entre l'aéroport et la Grande Montagne (Núi lớn), face à l'embouchure de la rivière de Saigon. Une raffinerie de pétrole doit y être construite dans les prochaines années... Bonjour les bonnes odeurs !

Comment s'y rendre ?

— *Par la route :* Vũng Tàu est situé à 128 km de Saigon. Compter environ 2 h de route à moto, en voiture ou en minibus. Trajet sans difficultés majeures, grâce à une route en bon état. Une route à 4 voies, construite entre 1958 et 1961 par les Américains, sort de Saigon en direction de Biên Hoà, Dalat, Nha Trang et le nord du Vietnam. On la quitte au bout de 27 km, sur la droite, pour suivre une route secondaire à 2 voies menant directement à Vũng Tàu à travers une région plate et sans grand intérêt.

— *En minibus :* une navette de minibus express relie Saigon à Vũng Tàu, à raison d'un départ toutes les heures, théoriquement, entre 5 h et 18 h. Réservation et vente des billets à l'agence de Sercices touristiques (Công Ty Dịch Vụ Du Lịch) 39, avenue Nguyễn Huệ, 1ᵉʳ arr. ☎ 29-05-41. Ces minibus ont le mérite de partir du centre de Saigon (ce qui n'est pas le cas des bus ordinaires qui partent de la station Miền Đông, excentrée) et arrivent dans le centre de Vũng Tàu, normalement sur la place de l'église, près de l'hôtel Ha Long. Très pratique donc, et moins épuisant que les bus locaux. Même si les billets sont un peu plus chers, c'est quand même une bonne solution.

Adresses utiles

– *Office du tourisme* : on ne peut pas appeler ces bureaux sous-équipés et incompétents des offices du tourisme ! Comme partout ailleurs au Vietnam, il y a peu à attendre de ce genre d'adresses, surtout pour un voyageur individuel. Cela dit, le bureau du Bà Ria-Vũng Tàu Tourism se trouve au 59, bd Trân Hưng Đạo (à l'angle de la rue Lý Tử Trương). ☎ 45-21-38. Sinon, aussi pauvre en informations, le bureau Vũng Tàu Tourism, 18, rue Thúy Vân (sur la plage Bãi Sau). ☎ 45-23-14. On vous conseille plutôt d'aller voir le garçon très sympa qui tient le café-resto-hôtel situé au 29, rue Thúy Vân. Francophone, il pourra vous donner quelques bons plans au Cap Saint-Jacques.

– *Poste centrale* : 27, bd Trần Hưng Đạo. ☎ 45-23-77.

– *Banque* : Vietcombank, 27, bd Trần Hưng Đạo.

– *Immigration* : poste de police dans la rue Trương Công Định, près du croisement avec la rue Lý Thường Kiệt.

– *Gare routière* : 52, rue Nam Kỳ Khởi Nghĩa, à 1,5 km du centre-ville. Pour les bus locaux seulement.

Où dormir ?

Beaucoup d'hôtels de plus en plus chers dans le centre-ville (plage Bãi Trước) ainsi que devant la grande plage de Bãi Sau (la plage de Derrière ou Back Beach). On a réussi malgré tout à dénicher quelques bonnes petites adresses, non sans mal... Sinon, l'endroit le moins cher pour dormir est le secteur de la plage de Bãi Dâu où les prix des pensions sont les plus bas de la station (mais le problème, c'est que la plage est sale).

Attention aux fins de semaine et aux périodes de vacances où de nombreux hôtels et pensions affichent complet. Pensez à réserver votre chambre en téléphonant à l'avance de Saigon.

AU CENTRE-VILLE, QUARTIER DE LA PLAGE BÃI TRƯỚC

Bon marché

☙ *Hôtel Hạ Long* : 45, rue Thống Nhất. ☎ 45-21-75. A l'avantage d'être situé au bord d'une placette ombragée, très provinciale, dominée par une église d'allure française. Ce petit hôtel, très simple et calme, abrite un patio minuscule avec quelques plantes, autour duquel s'ordonnent les chambres. Pas de vue mais draps et sanitaires propres. Doubles avec ventilo, douche et w.-c. Un peu plus cher avec climatiseur. Bon accueil. Une des adresses les moins chères du centre.

☙ *Mini-hôtel Long An* : chemin du Phare. Pas de téléphone mais une vue superbe sur la mer et des prix plus qu'alléchants (entre 10 et 12 $ la chambre double). Pour y aller de la rue Quang Trung, il faut suivre la route de corniche. 200 m après la poste, prendre un chemin sur la gauche, marqué par un grand panneau (Hải Âu Hotel). Mi-bitume, mi-terre, il monte vers le phare perché au sommet de la petite montagne (Núi nhỏ). Après un virage en épingle à cheveux, 300 m plus loin sur la gauche, vous verrez des murs jaunes bordés de blanc avec deux portes en fer bleu rouillé et des restes de barbelés. A pied, compter 10 mn maximum. Si vous êtes perdu, allez au Café Rosa, demandez Rosa qui pourra vous y conduire. Pas de pancarte, pas de nom à l'extérieur. Il s'agit d'une grande villa des années 70 construite à flanc de montagne, parmi les frangipaniers, face à un merveilleux paysage. On domine la mer, le fond de la baie et la plage Bãi Trước avec sa rangée de cocotiers. 6 vastes chambres, très propres, avec douche et w.-c. mais eau froide. Préférer le 1er étage et les chambres avec terrasse. Il y a aussi une grande chambre de 6 lits.

Prix modérés à plus chic

☙ *Hôtel Vũng Tàu :* 4, rue Trần Hưng Đạo. ☎ 45-25-00. A 5 mn à pied de la plage Bãi Trước. L'entrée de l'hôtel donne sur une grande place dominée par une énorme statue en bronze du héros vietnamien Trần Hưng Đạo. Bâtisse quelconque mais très spacieuse, au fond d'une cour non moins spacieuse. Bonne adresse bien située, calme et propre. Les chambres les moins chères sont sur l'arrière avec une vue qui n'est pas désagréable. Pas d'eau chaude, sauf pour les chambres à 40 $ (qui ne les valent pas). Sinon, 20 $ avec ventilo.

☙ *Grand Hôtel :* 26, rue Quang Trung. ☎ 45-24-69 ou 45-21-64. Fax : 45-20-88. Un des plus vieux hôtels de la station : il est déjà cité dans le guide Madrolle sur l'Indochine du Sud, publié chez Hachette en 1927 ! Mais il a été considérablement rénové depuis cette date. Il n'a plus beaucoup de charme et l'accueil est quelconque. Mais on y trouve 3 chambres pas chères à 15 $ la double avec ventilo. Il y a aussi 9 chambres à moins de 20 $. Au-delà, ça devient cher. Accepte la carte VISA, pratique. Un des 26 hôtels appartenant à la puissante compagnie pétrolière vietnamienne OSC.

PRÈS DE LA PLAGE BÃI SAU (PLAGE DE DERRIÈRE OU BACK BEACH)

Bon marché

☙ *Café-restaurant-hôtel :* 29, rue Thúy Vân. Une maisonnette faite de bric et de broc, toute simple, sympathique, située le long de la plage, à droite de la longue rue. Bon accueil de la famille Jonah. On y parle bien le français. Quelques chambres seulement au confort sommaire (eau froide). Moins de 10 $ la double. L'arrière donne directement sur la plage. Le patron connaît très bien la région et donne plein d'informations sur les balades à faire et les coins à visiter.

☙ *Pension Nhà Nghỉ Sông Hương :* 18/7 Thúy Vân. Pas de téléphone. A 50 m à gauche dans un chemin de terre perpendiculaire à la rue Thúy Vân qui longe la grande plage. Une maison particulière assez agréable et calme, souvent pleine hélas. Mieux vaut réserver à l'avance. Mais sans téléphone ce n'est pas très aisé.

☙ *Hôtel Nhà Nghỉ 72 :* 72, rue Thúy Vân. ☎ 45-94-72 ou 45-23-17. Notre hôtel préféré, le long de cette interminable plage. Situé au début de la rue Thúy Vân sur la gauche en venant de Vũng Tàu (ville), juste avant le restaurant Phước Thành, il a le mérite d'avoir le meilleur rapport qualité-prix de la station. De 10 $ la chambre (ventilo et eau froide) à 20 $ avec air conditionné, eau chaude, frigo et télé (ça, on s'en passe volontiers !). Hôtel propre et calme, où l'accueil est au-dessus de la moyenne. Grande cour agréable à l'entrée.

Prix modérés

☙ *Hôtel Nhà Nghỉ Công Ty Thép Miền Nam :* 8, rue Phan Chu Trinh. ☎ 45-93-37 ou 45-25-12. A l'extrême sud de la station. Suivre la rue Thúy Vân comme si vous alliez en direction de la corniche dominée par un Christ géant. Il faut prendre ensuite un chemin sur la droite, presque au pied de la colline. L'hôtel, situé à droite de la rue, n'a aucun caractère particulier. Il s'agit d'une grosse bâtisse des années 40 appartenant à une compagnie vietnamienne s'occupant d'acier et d'aluminium. Naguère, c'était la maison de repos des cadres (fatigués), aujourd'hui, l'hôtel est ouvert à tous, même aux touristes. Chambres très propres, spacieuses, claires et calmes, avec douche, w.-c. et air conditionné. Projet de jardin dans une cour à l'arrière. Bon accueil. Beaucoup de monde le dimanche. Y venir en semaine plutôt.

🛏 *Hôtel Thùy Dương (Weeping Willow) :* au bout de la rue Thúy Vân, sur la gauche, en allant vers la pinède (terminus de la route). ☎ 45-26-35. Rien d'extraordinaire si ce n'est sa situation et ses tarifs raisonnables. Chambres avec air conditionné et eau chaude, mais attention : certaines, à l'arrière, sont très sombres. Fait aussi restaurant. Adresse en dépannage.

Où manger ? Où boire un verre ?

✗ *Café Rosa :* 3A, rue Quang Trung. ☎ 45-23-48. Le dernier kiosque sous les cocotiers de la plage Bãi Trước, à Vũng Tàu (côté ville, et non côté grande plage). L'endroit où l'on vient traîner en fin d'après-midi ou en début de soirée quand la chaleur décroît tandis que la soif augmente. Vous y verrez sans doute la gentille patronne, Rosa, une dame très coquette qui parle l'anglais. Elle peut vous renseigner, ou vous aider.

✗ *Café-restaurant Lê Anh :* 15, rue Quang Trung. Un des nombreux cafés-restos qui longent la plage Bãi Trước. Y venir de préférence le soir. Carte comportant quelques plats français, européens et bien sûr des classiques vietnamiens.

✗ *Plusieurs terrasses* très agréables le soir sous les cocotiers de la plage Bãi Trước.

Les plages

– *Plage Bãi Sau* (plage de Derrière ou Back Beach) : elle est située, comme son nom l'indique, derrière la petite montagne (Núi nhỏ), à 1,8 km au nord-est de la ville de Vũng Tàu. Compter 20 à 25 mn de marche depuis la station de minibus. En cyclo-pousse (la meilleure solution), compter 10 mn maximum. Si vous louez un vélo ou une mob, n'hésitez pas à prendre le plus beau chemin d'accès à cette plage qui est celui de la Petite Corniche (voir plus loin). Du haut de la corniche, on est aussitôt frappé par l'anarchie générale, la laideur des constructions, la prolifération des cabanes pourries, l'absence cruelle d'ombre et d'arbres, ce décor triste et peu soigné qui sert d'entourage à une merveilleuse plage de sable fin, étirée sur 8 km. Impression générale plutôt mauvaise. Pour accéder à la plage il faut emprunter la rue Thúy Vân, sorte de long boulevard bitumé dénué de charme. Puis franchir une barrière interminable de boutiques et de masures. Ouf, enfin la plage. En semaine, tout va bien. Mais le dimanche, celle-ci est envahie par les parasols, les chaises longues, les transats, la foule. Passée cette première impression désagréable, on peut alors admirer la mer et ses reflets bleus, verts, gris. Une brise venue du large amène un peu de fraîcheur et rend supportable la chaleur torride. Les baigneurs portent souvent des maillots démodés. On voit peu de femmes en bikini, sauf les jeunes Saigonnaises branchées. La plupart gardent leurs vêtements ou leurs robes pour aller au bain (ça fait rétro). De nombreux vendeurs ambulants et des femmes portant des palanches sur l'épaule sillonnent à longueur de journée la plage. Il y a des vagues et certains jours des rouleaux qui peuvent être dangereux, mais pas de mines (ouf !).

– *Plage Bãi Dùa :* une petite plage rocheuse, appelée « les Roches noires » à l'époque des Français. Située à 2 km du centre de Vũng Tàu, on y accède en suivant au sud du chemin de la Petite Corniche. Moins de monde. Quelques pensions à flanc de colline, le long de la route. Jolis couchers de soleil.

– *Plage Bãi Trước* (plage de Devant ou Front Beach) : autrefois, les Français l'appelaient la plage des Cocotiers. Située en plein centre-ville, elle est bordée d'une rangée de cocotiers qui rendent ses abords plutôt souriants. Peu de baigneurs. On la déconseille car elle n'est pas propre. Il est question de raser tous les kiosques et les boutiques le long de la plage pour y construire des hôtels : encore un front de mer qui va être prochainement défiguré par le diable de l'immobilier...

– *Plage Bãi Dâu :* une petite plage située au nord-ouest de la station, à 3 km du centre de Vũng Tàu. Naguère surnommée la plage des Amandiers, elle se cache dans une sorte de crique discrète, au pied de la Grande Montagne (Núi lớn). On dit que c'est la meilleure plage, pourtant elle est sale et sans sable. A vous de voir... En bord de plage, de nombreuses petites pensions familiales bon marché (autour de 5 $ la chambre). Toutes ces maisons commencent par le mot vietnamien « Nhà Nghì », qui signifie maison de repos.

A voir, à faire

▶ *La Villa Blanche (Bạch Dinh) :* la plus belle demeure du Cap Saint-Jacques, située sur une colline plantée de frangipaniers et de bougainvillées, face à la mer. Du centre ville et de la plage Bãi Trước, prendre la rue Quang Trung, puis la rue Trân Phú. L'entrée du parc se trouve au n° 12. L'entrée est payante. La Villa Blanche abrite un petit musée ouvert tous les jours de 7 h à 11 h 30 et de 13 h 30 à 17 h.

Ce petit palais couvert de tuiles a été construit vers 1915, dans le style des grandes demeures patriciennes de la riviera française avec des bustes et des mosaïques romaines sur la façade. C'est ici que le gouverneur général de l'Indochine, Paul Doumer, venait passer ses vacances d'été. Il baptisa cette somptueuse villa du nom de sa fille Blanche. Au début du siècle, l'empereur Thanh Thái y fut assigné à résidence avant d'être condamné aux travaux forcés et déporté sur l'île de la Réunion. Plus tard, l'empereur Bảo Đại y séjourna, ainsi que le président Nguyễn Văn Thiệu qui venait y oublier la guerre.

L'intérieur abrite une superbe collection de porcelaines chinoises, de poteries et de bronzes, découverts au fond de la mer dans l'épave d'un navire naufragé au XVIIᵉ siècle au large de l'île de Côn Đảo. Essayez de jeter un coup d'œil au premier étage sur les chambres immenses, décorées lourdement mais jouissant d'une vue époustouflante sur la mer et la colline.

▶ *La pagode de Niết Bàn Tịnh Xá :* située sur le versant ouest de la Petite Montagne (Núi nhỏ), à gauche de la route de la (petite) corniche, à environ 1 km du centre-ville.

Moderne, construite en 1974, elle abrite un énorme Bouddha couché de 12 m de long (les 12 degrés de la sagesse) et une cloche de 3 tonnes. Sur une des terrasses, noter une barque en forme de dragon. Y venir en fin d'après-midi, à cause de la lumière plus belle à ce moment-là.

▶ *Le phare :* Hải Đăng en vietnamien. Juché depuis 1910 au sommet de la Petite Montagne (Núi nhỏ), cet éperon rocheux marquant la pointe sud du Cap Saint-Jacques. C'est au coucher du soleil qu'il faut y monter (197 m d'altitude) pour admirer la vue. Pour y aller, prendre le chemin du phare, 200 m à gauche après la poste (Bưu điện) située au début de la route de la Petite Corniche. C'est aussi le chemin du mini-hôtel Long An (voir cette adresse et son accès). Très chouette balade à faire à bicyclette ou à pied. Compter une bonne heure aller-retour en prenant votre temps.

▶ *La statue du Christ géant :* cette immense statue, haute de 30 m, perchée à l'extrémité de la pointe sud du Cap Saint-Jacques, rappelle de très loin le Christ de Rio, en plus petit. On la voit de partout. Érigée en 1974, un an avant l'arrivée des communistes au pouvoir, elle n'a pas été détruite. On y accède par un chemin partant du sud de la plage Bãi Sau (Back Beach). Autrefois les visiteurs étaient autorisés à voir l'intérieur de la statue jusqu'aux épaules de Jésus (un privilège !) grâce à un escalier spécialement aménagé. Aujourd'hui, les installations en mauvais état ne permettent plus cette ascension insolite.

▶ *Le temple de la Baleine :* Lăng Cá Ông. Situé avenue Hoàng Hoa Thám, ce temple bâti en 1911 est dédié au culte de la baleine. A l'intérieur, des squelettes de baleines échouées sur les plages ont été conservés dans de grandes châsses dont certaines mesurent près de 4 m de long. Les pêcheurs vietnamiens ont une vénération pour les baleines, qui sont extrêmement rares et qu'ils ne peuvent ni pêcher, ni tuer. Pour eux, la baleine est un animal quasiment sacré, protecteur et bénéfique. Chaque année une fête de la Baleine s'y déroule le 16e jour du 8e mois lunaire. Ce culte très ancien se pratique aussi à Đồng Hới (dans la région de Quảng Binh) et sur l'île de Hòn Miễu au large de Nha Trang où se dresse un pagodon dédié au « Poisson-Seigneur » comme on l'appelle au Vietnam.

▶ **Balade de la Petite Corniche :** superbe circuit de 6 km environ, au pied de la Petite Montagne (Núi nhỏ), qui permet de gagner la grande plage du Cap Saint-Jacques (Bãi Sau ou Back Beach) en suivant la rue Ha Long. Départ de la plage des Cocotiers (Bãi Trước), passer devant la poste (Bưu điện), et l'embarcadère pour hydroglisseurs (navette Vũng Tàu-Saignon). Bien que la route soit maintenant un large boulevard sans ombre, la vue sur la mer n'a pas changé. Superbe ! En route, on passe devant la pagode Ngọc Bích adossée à flanc de colline, puis devant la pagode de Niêt Bàn Tinh Xá et la plage de Bãi Dừa. Puis on atteint la pointe extrême du cap d'où l'on aperçoit le temple de Hon Ba, juché sur un îlot rocheux, autrefois connu comme l'île de la Tortue. On peut y monter à pied mais seulement à marée basse. Au-delà, en contrebas du promontoire, s'étend la plage de Bãi Sau. On peut emprunter une route sur la gauche pour rejoindre la ville de Vũng Tàu.

– LE DELTA DU MÉKONG –

Le grenier à riz du Vietnam ! A l'extrémité sud du pays, entre l'agglomération de Hô Chi Minh-Ville, la frontière du Cambodge, la mer de Chine et le golfe du Siam, s'étend une immense et basse plaine, extrêmement fertile, traversée par les neuf bras d'un fleuve éclaté en morceaux (« Cửu Long » en vietnamien, ce qui signifie neuf dragons), qui jette ses flots limoneux et boueux dans l'eau turquoise d'une mer tropicale. A peine sorti du Cambodge voisin, le Mékong se met à flemmarder : il traîne, prend son temps, se disperse dans la luxuriance des tropiques. Victime de sa nonchalance, il éclate en décrivant une gigantesque patte d'oie, sorte de triangle humide et vert où l'eau et la terre sont intimement imbriquées. Le sol le plus fertile du Vietnam n'est qu'un grand terrain formé par les alluvions et les sédiments déposés par le fleuve. C'est un monde mi-terrien, mi-aquatique, quadrillé par une multitude de canaux et d'arroyos verdoyants, de rizières et de jardins fruitiers, d'îles et de villages rythmés par les pulsations du fleuve et de la mer. Ses marées pénètrent une fois par jour dans le delta, apportant des ribambelles de poissons, comme le Cá Chính, sorte de congre redoutable qui naît au large et grandit dans le fleuve.

Dans ce delta naturellement riche et prospère, l'eau et le riz sont l'alpha et l'oméga de l'économie locale. Les neuf provinces qui le composent représentent 12 % de la surface totale du Vietnam mais assurent bon an mal an 40 % de la production alimentaire du pays. Le delta nourrit le sud du Vietnam, et le centre. Avec une meilleure production, il pourrait nourrir aussi le nord... Les rizières décrivent un damier miroitant à l'infini. Les paysans du delta ont été façonnés par les eaux. Ils lui doivent beaucoup. Rien ne se passe sans le fleuve. Les travaux agricoles, la pêche, les transports, les traditions, les plaisirs, la moindre chose dépend du Mékong. Ici on ne marche pas, on vogue. Demandez à un Vietnamien ! Il vous répondra qu'une barque lui est plus utile qu'un vélo pour circuler dans ce labyrinthe étouffant de chemins d'eau envahis par la végétation. L'eau et le riz, le riz et l'eau ! Pour aller chez un parent, au marché, à la pagode, chez le docteur, au comité populaire, partout, on glisse sur l'eau, c'est plus facile et plus rapide que par la terre. Quand une femme se marie, on dit qu'elle traverse le fleuve, qu'elle change de rive (« Sang Sông »). Le marié endimanché va chercher sa future épouse en bateau pour la ramener dans son village où ils seront suivis d'un cortège de barques enguirlandées. Le fleuve gou-

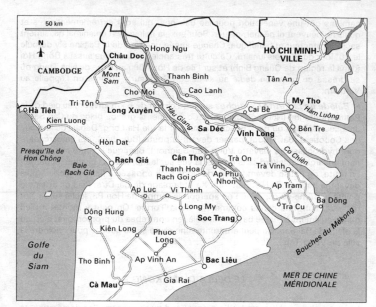

LE DELTA DU MÉKONG

verne la vie des hommes, de la naissance à la mort. Ainsi, même les enterrements et leurs cortèges funèbres utilisent les innombrables canaux du delta. Bref, un monde envoûtant, particulièrement pendant la saison des pluies, où l'eau du ciel rejoint l'eau du fleuve, entre début mai et fin septembre.

Le niveau du fleuve commence à monter dès le début de la saison des pluies mais il sort vraiment de son lit en septembre. C'est la crue. Il inonde les berges, envahit les jardins et les rizières. Il se produit alors un phénomène très étrange : le courant du fleuve change de direction et inverse son cours habituel. Ce « renversement des eaux » est spectaculaire à observer. Il se produit chaque année à la même époque, au plus fort de la crue, soit en septembre. Dans le delta, le trop plein d'eau refuse de se déverser dans la mer, et reflue alors en amont dans le sens contraire du courant.

Un peu d'histoire (d'eau)

Jusqu'au XVIIe siècle, le delta était peuplé en grande partie de Khmers. C'était une province reculée de l'empire d'Angkor, du moins de ce qu'il en restait à l'époque. Aujourd'hui, les quelque 300 000 Cambodgiens qui y vivent encore s'appellent les Khmers Krom (Khmers de l'aval). Au XVIIIe siècle, arrivèrent les Annamites, chassés du nord par les incursions chinoises. A la recherche d'espace vital et de richesses (le riz et la vie sont là) ils se répandirent dans cette partie méridionale de la Cochinchine qu'ils commencèrent à développer, desséchant les zones marécageuses, creusant de multiples canaux, créant et irriguant de nouvelles rizières. A l'époque coloniale, la France, solidement implantée dans le delta, dut affronter la rébellion nationaliste du Sud. Les maquisards du Vietminh se fixèrent d'abord dans la fameuse plaine des Joncs où se cachaient les cerveaux de la guérilla comme Trần Văn Giàu, acteur principal de la révolte anti-française en Cochinchine. Puis pendant la guerre du Vietnam (contre les Américains), le delta devint un foyer actif des maquisards vietcong, qui inventèrent une tactique adaptée à l'environnement et au relief : la guerre des rizières. Les hommes vivaient cachés derrière les haies de bambous et les digues, enfouis dans des mares d'eau.

Le Mékong, dernier monstre sacré

Des neiges du Tibet oriental où il prend sa source, à la mer de Chine, où il vient se jeter, le Mékong parcourt près de 4 200 km et irrigue 6 pays (la Chine, la Birmanie, la Thaïlande, le Laos, le Cambodge et le Vietnam). Il est le 3e plus long fleuve d'Asie, derrière les deux grands cours d'eau chinois, le Yangzi Jiang (fleuve Bleu, 5 500 km) et le Houang-Ho (fleuve Jaune, 4 800 km). Mais il est le 2e par la force de son débit : 15 000 m^3 par seconde en période de basses eaux, 60 000 m^3 pendant la mousson. Tour à tour brutal et majestueux, hostile et bienfaisant, le grand fleuve reste une artère vitale pour l'ex-Indochine, où des millions d'hommes voient en lui la féconde « mère des eaux ». En traversant l'extrême sud de l'ancienne Cochinchine, il assure sa subsistance à une des régions les plus peuplées du Vietnam, avec le delta du fleuve Rouge (au nord du pays).

Voici un des fleuves les plus vivants d'Asie : contrairement à nos fleuves modernes désertés, le Mékong porte sur ses eaux des foules de bateliers et de pêcheurs.

Comment y aller ?

Meilleure époque : la saison sèche commence après la mousson et dure d'octobre à début mai. Mars et avril sont les deux mois les plus chauds. Le ciel est dégagé mais les couleurs du fleuve et des rizières n'éclatent pas autant qu'à la saison des pluies. C'est une des raisons pour préférer cette dernière. Cela dit, on navigue plus difficilement en période des pluies, particulièrement au plus fort de la crue du fleuve, en septembre. Il faut le savoir.

– *En bus :* le moyen le moins onéreux au départ de Hô Chi Minh-Ville (se reporter aux différentes rubriques des villes, à Mỹ Tho, Cần Thơ, Châu Đốc, Vĩnh Long, Sadec, Rach Giá, Hà Tiên...). Il faut prévoir un périple d'au moins 5 jours, sinon c'est la course...

Une semaine nous paraît être un temps plus adapté au delta et à ses longues routes, de plus en plus cahoteuses à mesure que l'on s'approche du terminus, Hà Tiên.

– *En voiture :* une bonne solution, quand on voyage à plusieurs. Certains petits cafés-agences du quartier « routard » de Saigon organisent des excursions en voiture avec chauffeur dans les principales villes du delta. Tarifs intéressants en se regroupant. Durée : de 1 à 5 jours, à la carte, et même plus.

MỸ THO

De toutes les villes du delta du Mékong, Mỹ Tho est la plus proche de Hô Chi Minh-Ville. Il suffit de 1 h 30 pour parcourir les 72 km qui les séparent. C'est pour cette raison que beaucoup de voyageurs, basés à Saigon, n'y passent qu'une demi-journée, faisant l'aller-retour le même jour.

Capitale de la province de Tiên Giang, située sur la rive nord d'un des neuf bras du Mékong, Mỹ Tho reste le premier port fluvial du delta, par où transitent les cargos en route pour le Cambodge. Si la campagne environnante constitue un des plus luxuriants jardins du Vietnam, avec ses aréquiers, ses cocotiers, ses bananiers, ses manguiers, la ville par elle-même n'a aucun intérêt. Inutile donc de s'y attarder. En revanche, prendre quelques heures pour partir en bateau à la découverte des îles voisines, entre terre et mer.

Voilà un port où l'on mange bien et où les femmes avaient la réputation d'être particulièrement belles (la femme de l'empereur Bảo Đại venait d'ici). D'ailleurs, le nom même de Mỹ Tho signifie à la fois « la bonne herbe parfumée » et « la jeune fille parfumée ». Anecdote intéressante pour les nostalgiques : le long des quais, on trouvait encore dans les années 50 d'exotiques pirogues surnommées « barques d'amour ». Elles avaient de petits rideaux aux fenêtres, des lumières tamisées et des matelas à l'intérieur de leurs cabines douillettes. Le visiteur y était servi par de jeunes Indochinoises délicates... Ces sampans du plaisir et du rêve ont aujourd'hui disparu.

Comment s'y rendre ?

– **En bus :** des bus locaux partent de la gare routière de Miền Tây à l'ouest de Hô Chi Minh-Ville (voir rubrique « Quitter Hô Chi Minh-ville, en bus »). Ce ne sont pas des bus Express. Compter entre 1 h 30 et 2 h de voyage, selon l'intensité de la circulation sur la route.
– **En voiture ou à moto :** 72 km seulement, mais environ 1 h 30 de trajet, en raison du temps nécessaire pour sortir de Saigon. Emprunter au sud-ouest la route RN 1 (Quốc Lộ 1) qui passe par Bến Lúc et Tân An. Aucun bac à franchir mais de nombreux ponts en béton construits par les Français et les Américains pendant la guerre.
– **En bateau :** c'est possible mais très long. De Hô Chi Minh-Ville, compter au moins 6 h de voyage à bord d'un rafiot en bois assurant la navette Saigon-Mỹ Tho au départ du quai Tôn Đức Thắng (à la hauteur de l'intersection avec le boulevard Hàm Nghi). Départ de Saigon, normalement en fin de matinée (à vérifier sur place). Superbe balade évidemment, uniquement pour ceux qui ont du temps devant eux. La descente de la rivière de Saigon et la remontée du Mékong de son embouchure constitue la plus belle manière qui soit d'arriver à Mỹ Tho, sur le fleuve.

Circuler dans Mỹ Tho et aux alentours

– **Bicyclettes :** location possible à l'office de tourisme. S'y prendre une demi-journée à l'avance.
– **Vélomoteurs, motos :** aucune possibilité pour l'instant de louer ce genre de véhicules. Mais l'office du tourisme a prévu des locations pour 1995. Cela dit, à Mỹ Tho, les bateaux à moteur semblent plus utiles aux routards que les motos.
– **Bacs, barques et bateaux à moteur :** pour aller sur l'île du Dragon (Tân Long), on peut prendre le bac qui assure régulièrement la navette avec la rive opposée ou louer une petite barque à moteur. L'embarcadère se trouve le long du canal de Bao Dinh, en plein centre, sur la rue Trưng Trắc, à la hauteur de la rue Thiên Hô Dương. Donc à 2 mn à peine de l'office de tourisme. Sinon, pour aller sur les autres îles (celles du Phénix, de la Tortue et de la Licorne) vous trouverez des barques à moteur à louer sur le quai du Mékong, en face de l'office du tourisme et du restaurant Cửu Long. Comme partout ailleurs, toujours discuter du prix et fixer l'itinéraire (ainsi que la durée) avant d'embarquer. Les balades en bateau organisées par l'office du tourisme sont ordinairement réservées aux groupes de touristes et elles sont trop chères.
Choisir une balade à marée haute : on passe plus facilement dans les bras d'eau du fleuve.

Adresses utiles

– **Office du tourisme – Tiên Giang Tourist :** le bureau officiel du tourisme de la province de Tiên Giang. Situé au 65, rue 30 Tháng 4. ☎ 73-184 ou 72-154. Sur le grand quai longeant le fleuve, presque à l'angle avec la rue Lê Lợi.

– **Gare routière de Mỹ Tho :** se dit ici « Bến Xe Khách Tiền Giang ». Située à plusieurs kilomètres à l'ouest de la ville, en remontant la rue Ap Bac direction Hô Chi Minh-Ville (Nationale 1). Prendre un cyclo-pousse.

Où dormir ? Où manger ?

Bon marché

☙ **Hôtel Công Đoàn :** ce « Khách sạn » (hôtel) est situé en plein centre de Mỹ Tho, à l'angle de la rue 30 Tháng 4 et de la rue Lê Lợi. Simple et vraiment pas cher. Chambres sans climatisation avec sanitaires sur le palier. Jolie vue mais gare au bruit côté rue !

☙ **Hôtel Hường Dương :** 33, rue Trưng Trắc. ☎ 72011. Bonne petite adresse à l'angle de la rue Trưng Trắc et de la rue Thiên Hô Dương avec des chambres simples et propres, équipées de ventilo ou de climatiseur. Elles donnent sur une galerie extérieure d'où l'on a une jolie vue sur le canal, les bateaux et, plus loin, le Mékong. Plus calme que la précédente adresse et toujours très central.

– **Restaurants :** plusieurs petits restos sur les quais à des prix très raisonnables. Goûter au poisson pêché dans le Mékong et aux crevettes délicieuses, ainsi qu'à la spécialité de Mỹ Tho, le poisson aux oreilles d'éléphants (Tai tượng).

Ne pas oublier de se régaler de fruits, très abondants dans la région.

A voir

▶ **Peu de choses à voir dans Mỹ Tho.** En revanche, les îles situées sur le Mékong méritent une visite en bateau.

Il y en a 4, qui portent les noms des quatre animaux sacrés du bouddhisme : le dragon, le phénix (oiseau mythique), la tortue et la licorne.

▶ **L'île du Dragon (Tân Long) :** la plus proche de Mỹ Tho. Juste en face, sur la rive opposée du fleuve. Prendre un bac ou une barque à moteur. La traversée ne dure que 5 mn. Habitée par des pêcheurs.

▶ **L'île de la Tortue (Qui) :** située à 40 mn de bateau de Mỹ Tho.

▶ **L'île de la Licorne (Lân) :** la plus éloignée des quatre îles. Il faut compter une bonne heure en bateau pour y aller. Appelée aussi île de Thoi Son, elle est un grand jardin tropical planté d'une multitude d'arbres fruitiers. On y trouve particulièrement beaucoup de pommiers d'Asie, des longaniers et des sapotilliers. Environ 6 000 habitants y vivent. Très chouette balade dans les vergers mais rien de spécial à voir, sauf la vie des gens. On peut ramener des fruits et des noix de coco achetés chez l'habitant.

▶ **L'île du Phénix (Phung) :** à 20-30 mn de bateau de Mỹ Tho. Cette île, moins luxuriante que les autres (peu de vergers), était naguère le siège de la Nouvelle Église bouddhiste-catholique de Đao (Tính Đồ Cư Sĩ en vietnamien), une curieuse secte fondée par Nguyễn Thanh Nam, dit le « Moine aux noix de coco » (Ông Đạo Dừa), qui prétendait s'être nourri exclusivement de ce fruit pendant 3 années. Mélangeant les dogmes chrétiens et bouddhistes, les adeptes vêtus de robes brunes priaient ensemble dans un grand sanctuaire en plein air, sorte de Disneyland asiatique de forme octogonale. Pendant la guerre du Vietnam, cet endroit formait un véritable îlot de paix où quelques correspondants de guerre (dont le photographe Tim Page) venaient se réfugier entre deux batailles. Entouré de colonnes sculptées de dragons, surmonté d'un immense globe de métal, le sanctuaire avait quelque chose d'irréel et de fantastique, avec les flots du Mékong déboulant à ses pieds. Arrêté et emprisonné par les communistes après la chute de Saigon en 1975, le moine a disparu, et sa secte n'existe plus. Restent quelques vestiges du sanctuaire aujourd'hui à l'abandon. Le site est vide, triste, mais toujours aussi beau.

▶ *Le marché flottant :* en allant vers l'île de la Licorne. Seulement à marée haute. On y achète et vend toutes sortes de fruits et de poissons du delta du Mékong.

▶ *La pagode Vĩnh Trang :* située à environ 1 km du centre de Mỹ Tho, au 60 A, rue Nguyễn Trung Trực. Pour y aller, prendre un cyclo-pousse. Suivre la rue Nguyễn Trãi enjambant un bras du fleuve, continuer tout droit. La pagode se trouve au bout d'un chemin sur la droite de la route.

Il s'agit de la plus grande pagode du sud du Vietnam (1907), de plus en plus visitée par les groupes de touristes. Ce n'est pas une raison pour ne pas y jeter un coup d'œil. Ce qui frappe ici, c'est l'architecture extérieure, mélange de styles khmer, hindou, chinois et français. Difficile de trouver ça beau. Disons que le résultat est assez tarabiscoté. Une douzaine de bonzes y vivent. L'intérieur abrite une série de 18 statues dorées représentant d'anciens bandits repentis et devenus moines.

Sur la droite du chemin menant à l'entrée, il y a un bassin d'eau contenant des poissons en forme d'oreilles d'éléphant, les fameux Tai tường, que l'on ne trouve qu'à Mỹ Tho.

Quitter Mỹ Tho

– *Pour Hô Chi Minh-Ville :* bus locaux au départ de la gare routière (voir les adresses utiles). Un départ toutes les 15 mn. Entre 1 h 30 et 2 h de route.
– *Pour Vĩnh Long et Cần Thơ :* compter 2 h pour Vĩnh Long, et 4 h pour Cần Thơ. Un bus toutes les heures. Il y a 2 bacs à passer sur le Mékong, ce qui est assez chouette, mais parfois l'attente est un peu longue (selon la circulation). Faire ce trajet de préférence le matin pour bénéficier d'une certaine fraîcheur et, pour les photographes, profiter d'une plus belle lumière sur les rizières.
– *Pour Châu-Đốc :* 1 bus par jour, dans l'après-midi. Durée : 6 h.
– *Pour Bến Tre :* il existe une navette de bateaux (genre ferry) sur lesquels on embarque les voitures. 15 à 20 mn de traversée seulement. Mais la gare fluviale où l'on achète les billets est située à 3 km du centre-ville. Prendre un cyclo-pousse. Y aller plutôt en fin d'après-midi pour admirer les couleurs du soleil couchant sur le fleuve.

Aux environs de Mỹ Tho

▶ *Bến Tre :* rien à voir de particulier dans cette ville détruite à 45 % pendant la guerre du Vietnam. « Bến Tre, la ville que nous avons détruite pour la sauver », disaient les officiers américains. Après 1975, de nombreux boat people s'enfuirent de cette région. Beaucoup furent capturés par la police et emprisonnés dans des camps de travail comme ceux de *Giồng Trôm* ou de *Giồng Quít.*

VĨNH LONG

C'est le pays des mandarines et des oranges, une terre basse rendue riche par les alluvions et sans cesse ennoyée, baignée, irriguée, maternée par la « Mère des Eaux », le Mékong. En octobre, le fleuve sort de son lit, inonde les berges et les rizières. Vĩnh Long, grosse ville de 150 000 habitants (dont 600 puissantes familles de commerçants) sort de la saison des pluies, comme toutes les autres villes du delta. Voilà l'époque idéale pour venir ici. Cela dit, hormis quelques belles balades en bateau dans les innombrables « rạch » (arroyos) et « mương » (petits arroyos creusés par l'homme), il n'y a presque rien à y faire. Considérer donc Vĩnh Long comme une étape sur la route de Châu Đốc, de Cần Thơ et de Hà Tiên. Une étape quand même agréable, rythmée par les flots du Mékong, où pullulent les barques de pêche, les pirogues aux rames en forme de X à l'arrière, et d'innombrables bateaux chargés de riz, de poissons ou de fruits.

Comment s'y rendre ?

— *En bus :* compter 3 h 30 à 4 h de trajet en bus local de la gare routière de Miền Tây à Hô Chi Minh-Ville. Distances : Vĩnh Long est à 136 km au sud de Saigon, à 98 km de Cần Thơ, à 66 km de Mỹ Tho.
— *En voiture :* emprunter la route nationale 1 au départ de Saigon. On traverse un bras du Mékong sur le bac de Mỹ Thuân. 500 *dông* le billet par personne. 8 000 *dông* pour 1 voiture à 4 places. Attente entre 15 mn et 2 h.

Adresses utiles

— *Office du tourisme – Vĩnh Long tourist :* petit bureau juste en face de l'hôtel Cửu Long, au 1, rue du 1/5 (1er mai). ☎ 22494 et 22357.
— *M. Thái Son Hai :* un chaleureux riziculteur vietnamien et francophone qui aime recevoir des voyageurs, de temps en temps, chez lui, pour « discuter et prendre le thé », en toute simplicité. Titulaire du BEPC, il vous montrera son diplôme, et vous parlera de ses rizières et de la vie dans le delta. Il habite, avec son épouse très accueillante comme lui, au 21, rue Đinh Tiên Hoàng. A 500 m de la gare routière, tout près d'un restaurant. N'allez pas le déranger pour rien et n'entrez pas chez lui sans un petit cadeau de France, noblesse oblige !

Où dormir ? Où manger ?

Il y a peu d'hôtels corrects à prix doux à Vĩnh Long. Pour une ville étape assez importante sur la route du delta du Mékong, le routard a malheureusement peu de choix, pour l'instant du moins. Ça va peut-être changer dans le futur...

Prix modérés

🛏 *Hôtel Cửu Long :* 1, rue du 1/5. ☎ 22494 et 23357. Fax : 23357. Vide encore en 1990, cet hôtel, très bien situé, sur la berge du fleuve, est aujourd'hui souvent plein. Et pourtant il n'est vraiment pas terrible ! Les chambres côté rue sont très bruyantes. Celles du côté Mékong ont une jolie vue sur les eaux chargées d'alluvions mais leur décoration est triste à pleurer. Il y a quand même une douche, des toilettes, un ventilateur et une moustiquaire au-dessus du lit. Accueil quelconque. Le petit déjeuner se prend au resto Phương Thủy à l'aide d'un coupon spécial. Donc mauvais rapport qualité-prix pour ses chambres qui coûtent entre 22 et 40 $, mais on est souvent obligé d'y dormir, faute de choix dans la ville. Pour compenser ces petits inconvénients, essayez de vous lever tôt (vous avez des chances d'être réveillé par le va-et-vient des bateaux) pour observer de la fenêtre de votre chambre la vie des familles de pêcheurs sur le fleuve.
🛏 *Hôtel Vĩnh Trà :* même adresse que le Cửu Long, mais de l'autre côté de la rue longeant le fleuve. ☎ 23656. Hôtel en béton sans charme mais fonctionnel où l'on trouve des chambres de 12 à 35 $. Les moins chères n'ont pas l'eau chaude mais au moins un ventilo. Vue sur la cour, les toits et le tennis. Le dancing peut être bruyant, surtout en fin de semaine.
✕ *Restaurant Phương Thủy :* à 150 m de l'hôtel Cửu Long, le long du fleuve. La meilleure cuisine de Vĩnh Long : soupe de volailles aux champignons, soupe aux anguilles, seiche grillée, langoustines à la vapeur (avec de longues pinces). On déjeune en regardant passer les bateaux, les barques et les pirogues fluviales. De plus en plus fréquenté par les touristes, ce resto reste quand même une bonne adresse.

✖ *Café Hoa Nang :* juste à gauche de l'hôtel Cửu Long, quand on regarde l'entrée. Un petit café au bord du fleuve avec des chaises longues et des tablettes pour rêvasser au crépuscule en sirotant une bonne boisson fraîche.

A voir, à faire

▸ *Le temple Văn Thánh :* le seul et unique temple de la Littérature du sud du Vietnam. Situé à Thiện Đức, à 1 km sur la route de Trà Vinh, il est dédié au mandarin Phan Thanh Giản, « traître » aux yeux des Vietnamiens car il accepta de signer en 1884 l'accord cédant le delta du Mékong aux Français. C'est pour cette raison historique que l'on n'en parle pratiquement jamais. Le temple de la Littérature, à proprement parler, est entouré de 2 pavillons couverts d'une remarquable toiture de tuiles. Il est placé sous la tutelle sacrée de Confucius.

▸ *Promenades en bateaux :* c'est la seule chose intéressante à faire à Vĩnh Long. Un conseil : si l'on ne parle pas le vietnamien ou si l'on n'est pas accompagné par une personne qui le parle (ami ou guide), la balade chez Nguyễn Thành Giao et chez Tâm Hồ perd un peu de son intérêt (bien que le dédale des bras du Mékong soit une errance bien dépaysante).
On trouve des barques à moteur à louer sur la berge du fleuve, en longeant la longue rue de l'hôtel Cửu Long. On peut aussi s'adresser au bureau de Vĩnh Long Tourist, la meilleure solution pour trouver un guide baragouinant quelques mots d'anglais ou de français. Choisir de préférence de partir tôt le matin ou alors en fin d'après-midi, pour profiter d'un peu de fraîcheur et d'une lumière moins crue.

▸ En 45 mn de bateau, on peut aller admirer *une plantation d'orangers* au bord d'un arroyo dont les rives sont envahies par les jacinthes d'eau aux fleurs mauves et aux grandes feuilles vertes. Bien, sans plus.

▸ *La ferme de M. Tâm Hồ :* en 30 mn, au départ de Vĩnh Long. Ce beau vieux paysan du delta à la barbichette blanche est l'heureux propriétaire d'une ferme de 2 ha, baignée par les eaux du fleuve, où il cultive avec soin et amour tout ce que la nature, très généreuse ici, peut lui donner : arbres fruitiers, durians, mangues, pamplemousses, longanes, sapotilles, et même des bonzaïs. Il reçoit ses hôtes (de plus en plus nombreux) dans une maison construite en « bois de fer », offre paisiblement le thé, montre ses vitrines abritant de superbes porcelaines vieilles de 200 à 300 ans. Avec son fils, ingénieur agronome, il vous mènera au fond de son luxuriant jardin. Et là, il ouvrira un énorme pamplemousse, rien que pour vous. Pensez à lui laisser quelques *đồng* en partant. Il envisage d'aménager quelques chambres d'hôte dans le futur. Visite intéressante pour une première découverte du delta.

▸ *Le jardin des bonzaïs :* chez Nguyễn Thành Giao, village de Bình Hoa Phước. 45 mn en bateau. Il n'y a pas de téléphone, pas de télé (ouf !), ni eau, ni électricité dans la maison de ce vieux jardinier à l'œil farceur, passionné par la culture des bonzaïs. Au bord d'un arroyo perdu dans le labyrinthe aquatique du delta, il cultive une bonne centaine de ces plantes mystérieuses, capables de donner de superbes fleurs roses. On arrive chez lui par un petit sentier sous les arbres fruitiers. Dans sa modeste demeure, cet artiste éternellement gai vous sert le thé avec une assiette de pastèque et d'ananas. Avec un peu de chance, il vous offrira un alcool de riz gluant au goût d'anis. Ne manquez pas de voir sa vitrine, pleine de stylos, de médailles, de pièces de monnaie, d'oiseaux en porcelaine, de briquets, un bric-à-brac surréaliste de cadeaux offerts par ses visiteurs. Son horloge date de l'époque française et sonne toujours le carillon de Westminster ! S'il est absent, son épouse vous guidera. En quittant ce nid tropical délicieux, ayez la courtoisie de laisser un modeste souvenir (de ce genre) qui complètera sa collection. Et si vous prenez racine comme les bananiers, eh

bien, Giao pourra vous proposer un hamac ou un simple lit de camp pour passer
la nuit !...

Aux environs de Vĩnh Long

▸ **Trà Vinh :** grosse bourgade sans intérêt, située à 66 km au sud-est de Vĩnh
Long. Par la route, en voiture, compter environ 1 h 30 de trajet. Vaut le détour
seulement pour le site de Ba Om et la pagode khmère de Vat Angkor Icha Borei.

▸ **Le site de Bà Ôm :** pour accéder à ce site assez curieux il faut bifurquer sur la
droite environ 10 km avant Trà Vinh en venant de Vĩnh Long. Suivre alors un
chemin de terre sur 1 km qui mène à un étang artificiel (mais qui semble naturel)
bordé de grands arbres ressemblant à des pins. Au crépuscule, le site de Ba Om
a quelque chose d'étrangement paisible, comme si une énigme se cachait dans
les ombrages. Selon une vieille légende, il s'agit d'un étang « sacré ». Il aurait
été creusé par des hommes et des femmes khmères qui utilisèrent la terre pour
élever une montagne (un phnom). Remarquer les racines des arbres nouées
dans le sol raviné des rives.

▸ **La pagode khmère de Vat Angkor Icha Borei :** appelée aussi par les Vietnamiens Chùa Samrong Ek. Au sud du lac « sacré », nichée dans un îlot de palmiers à sucre (Thốt Nốt), l'arbre fétiche des Cambodgiens, cette pagode,
construite en 1642, est toujours restée une enclave khmère depuis près de
1 000 ans. A l'extérieur, de petits monuments d'angle marquent la limite du pur
et de l'impur. On peut voir de nombreux morceaux de feuilles desséchées de
palmiers à sucre dans des trous d'incinération. Chacune d'elles porte une prière
écrite en khmer que les 20 bonzes vivant là récitent en chœur. A l'intérieur, les
fresques racontent la vie du Bouddha (comme d'habitude), mais le clou, ce sont
ces centaines de statues en bois et en ciment multicolore serrées les unes
contre les autres. Le gardien, Phlong Phiène, parle quelques mots de français,
de même que les moines qui apprennent à la fois la langue de Voltaire et de
Shakespeare. Un musée de la culture khmère devrait ouvrir ses portes prochainement. Le moment le plus intéressant, c'est le Nouvel An khmer (différent
de celui des Vietnamiens) qui se déroule chaque année dans la deuxième quinzaine du mois d'avril. La fête bat alors son plein autour de la pagode.

▸ **Les Cambodgiens du delta :** ils sont près de 300 000 citoyens vietnamiens
d'origine cambodgienne à vivre dans la seule province de Cửu Long où l'on
compte plus de 450 pagodes khmères. Contrairement aux Vietnamiens pure
souche ou aux Chinois qui habitent les bourgs et les berges des arroyos, les
Cambodgiens habitent dans des hameaux isolés et boisés que l'on appelle les
giong. Comme au Cambodge voisin, leurs maisons sont souvent des cases
juchées sur pilotis. Leur présence ici rappelle qu'autrefois, avant l'invasion des
Annamites (l'ancien nom des Vietnamiens) en 1683, le delta du Mékong faisait
partie du vaste Empire khmer dont la cité d'Angkor était la capitale.

▸ **La plage Ba Đông :** enfin un vrai bout du monde sans touristes. Située à
50 km au sud-est de Trà Vinh, au bord de la mer de Chine, cette plage de sable
fin, bordée de cocotiers, peut être une escale en dehors des sentiers battus.
Des petits bungalows devraient être construits en 1995 (rien n'est sûr). Mais,
plus intéressant, des bateaux devraient (rien n'est encore fait) assurer la liaison
avec l'archipel de Côn Đảo, où s'élevait le bagne français de Poulo Condor.
Attention, si ça se fait (il y a des chances), il faudra compter 400 km, soit une
journée de mer pour s'y rendre. Dans ce cas-là, il vaudra mieux partir de Ba
Đông plutôt que de Vũng Tàu (Cap St-Jacques), beaucoup plus éloigné. De
Vĩnh Long par les routes (mauvaises) du delta : compter 2 h 30. Soit 110 km,
jusqu'à Ba Đông. Sinon, vous pouvez aller à Đại An où il y a un embarcadère de
bateaux (en service) pour les îles de Côn Đảo.

SADEC (SA ĐÉC)

« Le jardin de la Cochinchine » c'est ainsi que l'on avait surnommé, à l'époque coloniale, la région de Sadec, réputée depuis toujours pour la qualité de ses terres. Ici poussent des aréquiers et des cocotiers, et toutes sortes de fleurs exotiques. C'est dans ce trou perdu du delta du Mékong que la petite Marguerite Duras a passé son adolescence. Sa mère, Mme Donadieu, y dirigeait l'école des filles. Un jeune Chinois de très bonne famille, fils de mandarin, y vivait aussi. Il deviendra le héros de *L'Amant,* le best-seller adapté à l'écran par Jean-Jacques Annaud. Les maisons où l'un et l'autre vécurent somnolent au bord du fleuve. Ceux qui ont aimé le livre et le film auront un certain plaisir à découvrir Sadec. Les autres, moins « Duramaniaques », pourront traîner dans cette bourgade méconnue, authentique et sans touristes, pour se pénétrer de l'ambiance d'une vraie petite ville du delta. N'y dormiront que les routards en pèlerinage littéraire car il y a peu de choses à faire ici.

Comment y aller ?

– *De Vĩnh Long :* 26 km seulement de route en partie le long du Mékong. On peut donc passer quelques heures à Sadec puis revenir dormir à Vĩnh Long, ou continuer jusqu'à Châu Đôc par Long Xuyên.

Adresse utile

– *Office du tourisme : Đồng Tháp Tourist* est le bureau officiel de la province de Đồng Tháp, situé au 108/5 A, rue Hùng Vương. ☎ 61430. Adresse inutile à vrai dire car impossible d'y obtenir de vraies infos.

Où dormir ?

🛏 *Hôtel Sadec :* 108/5 A, rue Hùng Vương. ☎ 61430. Même adresse que l'office du tourisme. Situé à 400-500 m après la pagode Phước Hưng Tự, sur la gauche de la rue après une sorte de parc d'attraction complètement ringard. Hôtel d'État sans surprises, avec des chambres calmes aux draps propres donnant sur une cour intérieure spacieuse. Eau froide seulement dans celles avec ventilo (10 $), mais eau chaude dans les plus chères dotées de climatiseur. Pas de quoi crier au génie, mais c'est une adresse en dépannage.

A voir

▶ *La maison du mandarin Quách :* à ne pas confondre avec la maison du mandarin Huỳnh Thuận (le Palais Bleu). En plein centre de Sadec, elle fait face au resto Nhà Hàng Phường 2, sorte de gentille guinguette au bord de l'arroyo, à l'extrémité de la rue Trần Hưng Đạo. Construite en 1916, cette remarquable demeure a successivement servi de prison (après 1975) puis de temple, avant d'être rendue par l'État à la famille de son fondateur qui y habite aujourd'hui. Remarquer les motifs bleus sur fond rose des murs extérieurs, les pignons sculptés de la toiture, et la corniche de verre, très originale, cachant une foule de petites sculptures chinoises. L'intérieur malheureusement délabré peut se visiter en demandant l'autorisation au propriétaire. Il y a une grande porte ronde entre une pièce et la cuisine, ce genre de portes typiques de la Chine ancienne dont la particularité était de ne pas avoir de fermeture, ni en bois ni en tissus. On les empruntait librement comme des passages.

▶ *La pagode Phúôc Hung Tu* : 75/4, rue Hùng Vương. A droite de la pagode Bửu Quang (tout en hauteur). Rien de particulier si ce n'est qu'elle est maintenue en état, grâce aux dons d'une bienfaitrice octogénaire, Mme Minh Châu, devenue nonne en tunique jaune parmi les 50 moines qui y officient.

▶ *L'école primaire :* c'était l'école des filles que dirigeait la mère de Marguerite Duras, Mme Donadieu, dans les années 30. Pas facile à trouver. Elle est située de l'autre côté du bras du fleuve qui baigne la ville. Suivre la rue principale Trân Hưng Đạo jusqu'au marché couvert, le traverser, prendre sur le quai une barque avec des rameurs. Une minute plus tard, au débarcadère près d'une fabrique de jarres, prendre un chemin de terre sur la droite de la berge. L'école se trouve à 200 m sur la gauche. Maison d'époque coloniale avec des volets bleus vieillis, des murs incrustés de quelques briques rouges et bleues, et coiffée de tuiles. Une allure bien française en somme. Rien de génial. Pour les mordus de Duras seulement. Marguerite Duras et sa mère vivaient dans une autre maison que l'on n'a pas encore dénichée, quelque part sur le quai Nguyễn Huê, parallèle à la rue Trân Hưng Đạo.

▶ *La maison du mandarin Huỳnh Thuân :* c'est la fameuse maison bleue ou Palais bleu évoqué par Marguerite Duras dans son roman. Là, vécut le héros de L'Amant, le Chinois dont le père était un très riche mandarin de Sadec. Située sur le quai Nguyễn Huê, face au fleuve, elle possède de belles balustrades et un intérieur richement décoré et sculpté. Le metteur en scène Jean-Jacques Annaud avait repéré cette magnifique demeure pour y tourner des scènes du film. Mais, par respect pour la famille, il choisit un autre palais qu'il fit repeindre en bleu, bien sûr. Anecdote intéressante : la famille du Chinois était si émue qu'un film fasse rejaillir le passé, que certains de ses membres supplièrent Annaud pour obtenir de jouer les rôles que leurs parents avaient tenus lors de la vraie cérémonie de mariage « arrangé » entre l'amant et l'épouse que son père lui avait destiné. Aujourd'hui, la maison est toujours là, mais elle ne se visite que sur autorisation.

CÂN THƠ

C'est l'estomac et le cœur du delta du Mékong. Capitale de la province de Hâu Giang, peuplée de 300 000 habitants, Cân Thơ est le centre politique, économique et universitaire le plus important au sud de Hô Chi Minh-Ville. Étalée au bord d'un des neuf grands bras du fleuve, la ville vit essentiellement des activités fluviales et de la riziculture. Rien de très excitant à voir ici, mais une atmosphère plus vraie qu'ailleurs, notamment au marché central, véritable nuée de chapeaux coniques et de petits étals de nourriture.
Le port de Cân Thơ, situé à l'extérieur de l'agglomération, moins important que celui de Mỹ Tho, reçoit de nombreux cargos de Hong Kong, qui échangent des engrais et des produits manufacturés contre des bananes, du riz, des ananas et des crevettes congelées, les richesses d'une région encore très pauvre. Dans Cân Thơ même, les seuls bateaux que l'on voit sont des pirogues, des barques à rames, des petits bateaux de pêche fluviale, ce qui rend l'endroit vivant et sympathique aux voyageurs de passage.
Ici, plus qu'ailleurs, les voies d'eau sont les vraies routes du delta. Et il est plus utile d'avoir une pirogue qu'une bicyclette ! Sauf en ville, où les cyclo-pousse ont la particularité d'être motorisés : il s'agit en fait d'une sorte de poussette traînée par un vélomoteur ! Original !

Comment y aller ?

– *De Saigon :* plusieurs bus locaux au départ de la gare routière de Miền Tây (voir « Quitter Saigon »). 4 à 5 h de trajet, 3 h 30 en bus Express.

Adresses utiles

– *Office du tourisme :* Cần Thơ Tourism, 27, rue Châu Văn Liêm. Sur cette grande artère perpendiculaire au fleuve, où se trouvent les hôtels bon marché de la ville.
– *Banque :* Vietcombank, 2, rue Ngô Gia Tư. ☎ 20445.
– *Gare routière :* située à 1,5 km au nord de la ville, sur la route qui mène au bac sur le Mékong. On y accède par la rue Nguyễn Trãi.

Où dormir ? Où manger ?

Attention : les chambres des hôtels bon marché (ou très bon marché) sont propres, mais souvent sans fenêtres ! On peut vite s'y sentir claquemurés. Demandez-en une avec fenêtre, si possible. Autre inconvénient, les tenanciers n'y parlent presque pas l'anglais, encore moins le français. Expliquez-vous avec quelques mots de vietnamien ou avec vos mains !

De très bon marché à bon marché

☙ *Hôtel Tây Đô :* rue Châu Văn Liêm, presque à l'angle de la rue Điện Biên Phủ. ☎ 35265. Un des moins chers de la ville : 40 000 *đông* la chambre sans fenêtre avec douche et w.-c. sur le palier. Calme et propre, mais vraiment sommaire.

☙ *Hôtel Khải Hoàn :* 83, rue Châu Văn Liêm. ☎ 35261. A un pâté de maison de l'hôtel Tây Đô, sur le même trottoir. Beaucoup de Vietnamiens y descendent. Accepte les étrangers depuis peu. Chambres propres avec eau froide pour un prix un poil plus élevé que le Tây Đô. Gare au bruit de la rue.

☙ *Nhà Khách T 81 :* au bout de la rue Hai Bà Trưng. N'est pas indiqué. Passer un portail bleu et traverser une sorte de parc à voitures. Il s'agit d'une grande maison au confort sommaire où les chambres sont très calmes (c'est rare au Vietnam !). Salle de bains avec douche et w.-c., un peu crados et sinistres. Mais pour moins de 10 $ la nuit, faut pas demander le grand luxe...

Prix modérés à plus chic

☙ *Hôtel Quốc Tế :* 12, rue Hai Bà Trưng, la rue longeant le quai et le fleuve. ☎ 22079. Connu aussi sous son ancien-nouveau nom, l'International Hotel. Le meilleur rapport qualité-prix de la ville, et de loin. Très bien situé, près du marché grouillant de vie et des petits cafés en terrasse sur le quai. Les chambres ont été entièrement refaites avec douche, w.-c., réfrigérateur, air conditionné. Demandez de préférence une chambre au dernier étage à cause de la vue sur le Mékong et pour éviter le bruit, surtout les soirs de fin de semaine. Fait aussi restaurant. Bonne petite cuisine.

☙ *Hôtel Hậu Giang :* 34, rue Nam Kỳ Khởi Nghĩa. ☎ 21851. A peu près le même niveau de confort et de prix que le Quốc Tế, mais sans la vue sur le fleuve. Prendre impérativement une chambre au 5e ou au 6e étage donnant sur l'arrière, car la rue est très bruyante. Chambres avec air conditionné, eau chaude, douche et w.-c., pour 23 $ en moyenne avec le petit déjeuner compris. Dancing ennuyeux pour tuer l'ennui. Le réceptionniste parle l'anglais.

Où manger ?

Comme dans toutes les villes du delta, il faut goûter au riz, aux fruits, et aux poissons pêchés dans le fleuve.

✗ *Vĩnh Lợi :* 42, rue Hai Bà Trưng. Bien situé. Tout simple. Soupe à la tomate sucrée. Sinon, plats vietnamiens du delta.

✕ *Hoa Kỳ :* en face du 12 A, rue Nam Kỳ Khởi Nghĩa. Spécialités de poisson et de fruits de mer.

A voir, à faire

▶ *Le marché central :* occupe une grande partie de la rue Hai Bà Trưng, le long du fleuve. Il commence à 5 pâtés après la grande statue de couleur argentée de l'oncle Hô. Très animé et grouillant de vie, surtout à la tombée de la nuit, quand les lampes à pétrole sont allumées. Le Vietnam authentique avec sa foule de marchandes en chapeaux coniques.

▶ *La pagode khmère de Munirangsyaram :* 36, boulevard Hoà Bình. Construite en 1946, elle sert de centre spirituel à la communauté khmère de Cần Thơ (2 000 personnes). Le sanctuaire se trouve à l'étage.

▶ *Promenades en bateaux sur le Mékong :* comme à Vĩnh Long, c'est le principal intérêt d'une étape à Cần Thơ, ville du delta par excellence. Sur les quais, juste en face de l'hôtel Quốc Tế, des barques à moteur peuvent se louer à l'heure. Une promenade de 3 à 4 h revient environ à 60 000 *dong*. Discuter les prix avant d'embarquer. Sinon, une simple traversée du fleuve à la rame coûte des clopinettes. La location d'une barque avec rameur coûte 10 000 *dong* de l'heure.

▶ *Le village de Xóm Chài :* petit hameau de pêcheurs situé en face de Cần Thơ, de l'autre côté du Mékong. Toute petite balade à la rame pour les routards pressés. Sur la berge du fleuve, de nombreuses cabanes sur pilotis abritent un ingénieux système destiné à nourrir les poissons. Par une trappe ouverte dans le plancher de sa maison, le pêcheur jette de la farine de blé et des liserons d'eau aux poissons. Ils ne seront pêchés que bien plus tard, une fois engraissés. Sur le toit des cases, il y a une sorte de disque noir au bout d'une tige. Quand celui-ci est abaissé, cela signifie que les poissons mangent. Les pêcheurs ne peuvent donc pas approcher. S'il est levé, ils peuvent travailler.

▶ *Le marché flottant de Cái Răng :* à 1 h de bateau à moteur, en aval de Cần Thơ (2 h aller-retour). Une balade très chouette, facile à réaliser, à condition de s'y prendre tôt le matin, sinon grosse chaleur dans la journée. Une myriade de bateaux et de barques chargés de pastèques, de melons, de carottes, de patates douces, de fruits, d'oignons, etc. Remarquer les grands yeux écarquillés peints sur la proue des embarcations. Au Vietnam, ils sont censés protéger les pêcheurs contre les dangers de la mer. Le marché se concentre autour des piliers d'un pont sur lequel passent les voitures.

▶ *Le marché flottant de Phong Điện :* plus villageois et apparemment moins flottant que le marché précédent, mais surtout beaucoup plus loin de Cần Thơ. Compter 4 h aller-retour en barque à moteur (éviter d'y aller en barque à rame, ce serait une folie...). Là, une multitude de bateaux vendent leurs victuailles, le long des berges du fleuve, devant des maisons sur pilotis. A Phong Điện, le Mékong forme une fourche. En continuant toujours à droite ou à gauche, on arrive en mer de Chine.

▶ *Le marché flottant de Phụng Hiệp :* superbe balade qui dure environ 10 h aller-retour. Partir à l'aurore, et revenir au crépuscule à Cần Thơ. Les plus beaux moments étant évidemment le lever et le coucher du soleil. Essayez de vous regrouper pour obtenir un prix de gros auprès du batelier. De toute façon, réservez votre bateau la veille, c'est plus sûr. A 35 km au sud de Cần Thơ, sur la route de Sóc Trăng, Phụng Hiệp est un village du delta dont l'originalité est d'être construit en étoile. Plusieurs canaux et branches du Mékong convergent vers un même point, le marché flottant. Étonnant.

Aux environs de Cần Thơ

▶ **Sóc Trăng :** à 65 km au sud de Cần Thơ par une bonne route presque droite menant à Bac Liêu et à Cà Mau, Sóc Trăng est la 2ᵉ ville de la province de Hậu Giang, avec 200 000 habitants. Un seul endroit digne d'intérêt : la pagode khmère de Ma Toc.

▶ **La pagode khmère de Ma Toc :** une des plus belles de la région. Située aux confins de la ville et de la campagne, elle n'est pas facile à dénicher. De la poste (Bưu điện) de Sóc Trăng, suivre sur 400 m environ la route de Cà Mau qui passe devant un parc sportif (à droite). A sa hauteur, il y a une fourche marquée par une maison coloniale décrépite entre les 2 routes. Prendre la route de gauche. 1 km plus loin, emprunter un chemin de terre sur la droite. Rien n'est signalé. Au pire, demander son chemin aux gens du cru. Mieux vaut y aller avec un Vietnamien.

La pagode se trouve au bout du chemin, à 600 m environ de la route bitumée. Un véritable îlot de calme et de sérénité. D'ailleurs, le nom Ma Toc signifie à juste titre « endroit paisible plein de grandeur ». Les gens du coin l'appellent plus couramment la pagode des Chauves-souris, en raison des nombreuses chauves-souris qui y vivent, pendues aux branches d'un groupe d'arbres situés derrière le petit sanctuaire que l'on trouve à droite en entrant dans l'enceinte. Spectacle assez hallucinant que cette foule de bestioles sinistres accrochées, tels des fantômes, à ces Vú sữa (ou arbres à pomme de lait). Pourchassées à l'extérieur, elles se réfugient ici, et pas ailleurs. Elles ne mangent même pas les fruits des arbres. Si le bonze fait un petit feu, la fumée les effraie et les déloge, les petits vampires s'envolent aussitôt dans le ciel au-dessus de la pagode.

Construite il y a environ 400 ans, la pagode principale (à gauche) est bien révélatrice de l'art bouddhiste khmer. Les jours de fête, elle se remplit des 200 familles cambodgiennes habitant les hameaux aux alentours. Le plus grand jour de liesse populaire reste le Nouvel An khmer les 3ᵉ, 4ᵉ et 5ᵉ jours du 3ᵉ mois lunaire vers la mi-avril.

La fête des Eaux (Or Om Boc), plus originale et spectaculaire, se déroule chaque année, en octobre, les 14ᵉ et 15ᵉ jours du 10ᵉ mois lunaire. Une trentaine de pirogues se rassemblent sur un bras du fleuve à Sóc Trăng pour une compétition étalée sur 2 jours. Chaque pagode amène sa pirogue. Celle de la pagode Ma Toc, très longue, marquée d'une chauve-souris à la proue, est amenée par une centaine de jeunes. Il y a une cinquantaine de rameurs dans chaque embarcation (jamais de bonzes, mais des fidèles). Dommage qu'ils ne portent pas de costumes anciens, cela donnerait encore plus de panache à cette très vieille tradition encore pratiquée au Cambodge, à l'occasion de la fin de la saison des pluies, quand le courant du Mékong se renverse.

Quitter Cần Thơ

– **Pour Vĩnh Long :** 34 km mais environ 1 h de voiture, 1 h 30 en bus. On passe le Mékong sur un bac, situé à 2 km à peine de Cần Thơ.
– **Pour Long Xuyên :** 62 km. Soit environ 1 h 30 en bus local. Un départ toutes les heures à partir de 5 h. Route assez bonne et jolie passant sur plusieurs bras d'eau et canaux.
– **Pour Châu Dôc :** 117 km, soit 4 h de bus. Un départ toutes les heures à partir de 4 h. 3 h en voiture.
– **Pour Saigon :** 168 km. Comptez 4 h de bus, parfois plus, selon le temps passé aux 2 bacs sur le Mékong.
Les bus Express ne mettent que 3 h 30 pour le même trajet, car ils sont prioritaires sur les bacs.
– **Pour Rạch Giá :** 116 km. Comptez 4 h en bus local. 3 h en voiture. (Changement à Rạch Giá pour Hà Tiên.)

– *Pour Cà Mau :* 179 km d'une route droite à travers les rizières surchauffées du sud du delta. Un vrai bout du monde plein de moustiques. Dans la mangrove, au sud de Cà Mau, vivent encore des crocodiles dits « Varanus ».

CHÂU ĐỐC

A l'extrême nord du delta, aux confins du Vietnam et du Cambodge, proche de la frontière, cette ville de 40 000 habitants a l'avantage d'être étendue le long du Bassac, un confluent du Mékong venu de Phnom Penh et se jetant dans le fleuve à une quarantaine de kilomètres au sud. Son site naturel, ses rues animées et commerçantes, la rendent agréable aux voyageurs de passage. Y prévoir donc une nuit au moins, voire deux ou plus, pour avoir le temps de découvrir ses environs, et notamment le mont Sam (Núi Sam), sorte de montagne sacrée où les pèlerins affluent pour rendre hommage à la Reine du pays, une statue en grès richement vêtue. Son culte a des origines hindoues et khmères et rappelle que le delta dépendait autrefois de l'Empire khmer. La région autour de Châu Đốc est encore habitée par des familles cambodgiennes ainsi que par des Cham musulmans.

Comment y aller ?

– *De Saigon :* 6 h de bus minimum. 1 départ toutes les heures de la gare routière de Miền Tây. 285 km de route.
– *De Cần Thơ :* 117 km, soit 4 h de bus ou 3 h de voiture. Route étroite mais pas trop mauvaise.

Où dormir ? Où manger ?

Bon marché

➡ *Hôtel Mỹ Lôc :* 51 B, rue Bảo Hộ Thoại. ☎ 66455 ou 66167. En plein centre-ville, sur la gauche en remontant la rue depuis le fleuve. Petit hôtel sans prétention avec des chambres plus calmes sur l'arrière que sur la rue. Douche, w.-c. et air conditionné. Entre 12 et 15 $ la nuit. Sert le petit déjeuner. La moins nulle des adresses dans cette catégorie de prix.

➡ *Hôtel Châu Đốc :* 17, rue Đốc Phủ Thự. ☎ 66484. Central aussi, mais plus proche du marché de Châu Đốc. De la poste face au fleuve, remonter la rue Bảo Hộ Thoại, deux pâtés de maison plus loin prendre à droite la rue Phan Đình Phùng, la continuer tout droit jusqu'à l'angle formé par la 3ᵉ rue à droite. Hôtel très bon marché, fréquenté par les Vietnamiens. Moins cher que le Mỹ Lộc mais propreté douteuse dans les chambres au confort sommaire. Douche et w.-c. à l'intérieur, mais pas de chasse d'eau. Dans le couloir, il y a une ambiance un peu « squatt ».

➡ *Hôtel Hoà Lan :* 58-60, rue Nguyễn Hữu Cảnh. Dans une rue située en plein centre, parallèle à la grande rue Bảo Hộ Thoại. Alors là, c'est très très moche, et encore moins cher. Comptez 20 000 à 30 000 *dông* pour un gourbi sans toilettes. Multipliez par deux la mise de départ et vous aurez droit à une chambre avec des chiottes à la turque ! Le jour où nous y sommes passés, une vieille 403 Peugeot sommeillait dans la salle de réception ! Adresse pour fauchés extrêmes aimant ce genre de poésie.

Plus chic

➡ *Hôtel Hàng Châu :* situé rue Lê Lợi (pas de numéro), sur la droite en entrant dans Châu Đốc par la RN 10 (en venant de Long Xuyên), juste avant le grand parc du 30 Tháng 4 (du 30 avril). ☎ 66196, 66197, 66198. Grande bâtisse moderne des années 70. Cet hôtel, considéré comme le plus chic de la ville, a le mérite d'abriter quelques chambres à prix doux (15 $ environ) avec air conditionné mais pas d'eau chaude. Les autres chambres sont en moyenne deux fois plus chères. Très belle vue sur le fleuve et l'île de Cồn Tiên. Il y a aussi des cabanons en bois à louer sur la berge, mais gare aux moustiques le soir ! Dancing et salon de massage remplis par la jeunesse locale en fin de semaine. Cela dit, de tous les hôtels de cette catégorie au bord du fleuve, dans le delta du Mékong, le Hàng Châu offre le meilleur rapport qualité-prix.

Où manger ?

Plein de cuisines ambulantes et de petits étals à bouffe au marché central et dans les rues aux alentours.

✕ *Restaurant Lâm Hung Kỳ :* 71, rue Chi Lăng. En plein centre, à côté du marché central. Un des petits restos de quartier les plus réputés de la ville. Les tables sont souvent prises d'assaut par les habitués qui apprécient la cuisine vietnamienne et chinoise de la maison, ainsi que ses prix tout en douceur.

✕ *Restaurant de l'hôtel Hăng Châu :* plus chic, plus cher aussi, mais il sert une bonne cuisine vietnamienne que l'on déguste en regardant le fleuve. Bien pour sortir un peu des gargotes ordinaires (voir l'adresse de l'hôtel, plus haut).

A voir

▶ *Le temple de Châu Phú :* à l'angle des rues Bảo Hộ Thoại et Gia Long (qui longe le fleuve et prolonge la rue Lê Lợi). Juste en face de la poste centrale. Un temple de 1926 consacré au mandarin Thoại Ngọc Hầu (1761-1829) dont le mausolée se trouve au pied du mont Sam.

▶ *L'église Saint-Laurent :* l'église catholique de Châu Đốc est située à la sortie de la ville, sur la gauche, avant l'embarcadère des bacs de Phú Hiêp, à la hauteur du 459, rue Liên Tinh, Lộ 10. Elle n'a rien de spectaculaire mais la ferveur de ses fidèles est étonnante. Sur le parvis de l'église aux murs jaunes délavés, un petit monument est dédié à 2 martyrs (l'histoire du Vietnam en est pleine), Pierre Quí et Emmanuel Phung. Cloche à côté sous un abri. Messes tous les jours à 17 h, et le dimanche à 7 h et 16 h.

Aux environs de Châu Đốc

▶ *La mosquée Jamiul Azhar :* située de l'autre côté du fleuve Bassac, dans la végétation tropicale du district de Châu Giang. Une petite balade très chouette à faire en fin d'après-midi. Comptez 2 h maximum. Pour y aller de Châu Đốc, prendre le bac de Phú Hiêp, après l'église Saint-Laurent. La traversée du Bassac dure entre 5 et 10 mn. Une fois arrivé sur l'autre rive, louer un vélomoteur avec le conducteur ou bien marcher. Prendre sur la droite le chemin qui longe les berges et le suivre sur 400 m environ. De part et d'autre de la piste, on voit de nombreuses maisons en bois sur pilotis appartenant à des musulmans cham dont l'essentiel de la communauté habite dans ce quartier. Certaines façades sont particulièrement bien décorées et des balcons portent les initiales sculptées du nom de leur propriétaire. A l'extérieur de la mosquée, il y a un cimetière et une école coranique (modeste). Noter le minaret qui sert à observer la lune. L'intérieur tout en carrelage frais offre un décor très dépouillé qui contraste avec la profusion d'objets et de statues des pagodes bouddhistes. Des prières en arabe ont lieu 5 fois par jour, réunissant des fidèles dont certains ont fait le pèlerinage à La Mecque (un exploit pour un Cham vietnamien sous régime communiste !).

▶ **La mosquée Moubarak :** à moins de 1 km de la mosquée précédente. Pour y aller, en arrivant au débarcadère de Châu Giang, prendre le chemin sur la gauche (dans la direction opposée à la mosquée Jamiul Azhar), le suivre sur 400 m environ. Des murs blancs et 2 dômes verts lui donnent plus d'allure que la précédente. L'intérieur est aussi plus sympathique avec ses tons vert clair et turquoise. Une peinture sur le mur explique son histoire, de 1750 où ce n'était qu'une hutte en bambous à sa reconstruction en 1922, et son embellissement en 1965 (état actuel).

▶ **Le village de Phú Châu :** situé à 18 km à l'est de Châu Đốc, dans le district de Tân Châu, ce village au bord du Mékong s'est enrichi dans la fabrication et le commerce de la soie, activité aujourd'hui déclinante. Ce coin perdu peut faire l'objet d'une balade d'une demi-journée, à condition d'avoir les reins et les fesses solides car, pour y aller, il faut se taper 45 mn de tape-cul à l'arrière d'une moto, ou dans une carriole tirée par un vélomoteur ! Accès : de Châu Đốc, inutile de prendre le bac de Phú Hiệp, mais le bac qui part en face de la poste de Châu Đốc. Au débarcadère de Châu Giang, sur la rive opposée du Bassac, louer ce genre de véhicule à 2 ou 4 roues pour se rendre à Phú Châu. En contrebas du chemin, des cases sur pilotis somnolent dans des bras d'eau boueux. Des familles cambodgiennes y habitent, reconnaissables à leur foulard traditionnel à petits carreaux (le kramar) que les femmes nouent sur leurs cheveux ou autour du cou. A Phú Châu, on peut jeter un coup d'œil sur le marché plein de produits thaïlandais, arrivés ici par la contrebande. Difficile de trouver de la soie.

LE MONT SAM (NÚI SAM)

Étrange et unique relief dans la platitude du delta, ce gros monticule, haut de 237 m, est une sorte de colline inspirée, une montagne sacrée pour les Vietnamiens qui y viennent régulièrement en pèlerinage. Situé dans la plaine, à 5 km au sud-ouest de la ville, près de la frontière du Cambodge, on y accède en moto-carriole (appelons-les comme cela) ou en bus. Plusieurs temples et pagodes ont été construits au pied du mont mais ses versants sont constellés de petits oratoires creusés dans des rochers. On peut en faire l'ascension à pied par un sentier qui part du mausolée de Thoại Ngọc Hầu. Compter environ 45 mn pour atteindre le sommet d'où l'on a une superbe vue sur les rizières du delta du Mékong et sur le Cambodge. On conseille de faire cette chouette randonnée pédestre de préférence tôt le matin, avant la grosse chaleur. Plusieurs petites buvettes vous attendent là-haut... Courage. Une précision sur le nom du mont : Sam n'a rien à voir avec l'oncle Sam qui a arrosé copieusement la région de ses bombes pendant la guerre. Il s'agit du nom vietnamien d'une sorte de crabe extravagant portant une carapace dont la forme rappelle les contours de la montagne.

▶ **Le temple de la Reine du Pays :** les Vietnamiens l'appellent Miếu Bà Chúa Xứ. Situé au pied du mont Sam, juste sur la droite de la route en venant de Châu Đốc, après la pagode de Tây An, voici un très curieux temple, enfumé, surchargé, envahi par les foules de pèlerins et de dévots, venus là pour faire des offrandes à la reine du pays, une statue en pierre peinte couverte de tissus chamarrés. On dit qu'elle grandirait chaque année de quelques millimètres (on n'a pas vérifié car il est strictement interdit d'y toucher !). Selon une légende, à l'origine cette statue se trouvait au sommet du mont Sam où des hindouistes venus du Cambodge l'auraient abandonnée dans leur fuite précipitée. Découverte, elle fut ensuite portée par 7 ou 9 filles, toutes vierges (mais sûrement très musclées !) jusqu'au pied de la montagne. Comme elle était trop lourde, les jeunes filles l'abandonnèrent à l'endroit même où se dresse aujourd'hui le temple qui lui est dédié.
Particularité de la statue : on peut lui faire des offrandes non végétariennes comme du porc laqué par exemple, alors que les divinités bouddhistes ne

tolèrent que des fruits ou des légumes. A droite de l'autel, à l'intérieur, un linga (large pénis stylisé) et un yoni (sexe féminin encore plus figuratif) sont des symboles de l'hindouisme, religion venue de l'Inde par le Cambodge voisin.

Le grand pèlerinage se déroule en avril-mai, le 22ᵉ jour du 4ᵉ mois lunaire. Comme à Lourdes, le temple est alors envahi par des hordes de pèlerins. Si vous passez à Châu Dôc à ce moment-là, sachez qu'il est difficile de trouver de la place dans les hôtels. Au pire, vous pouvez dormir chez l'habitant, dans les petites maisons situées au pied du mont Sam, ou même sur l'esplanade du temple, parmi les dévots.

▶ *La pagode de Tây An :* c'est le sanctuaire le plus original, celui que l'on remarque immédiatement en arrivant au pied du mont, grâce à son style mélangeant des formes hindouistes et islamiques. 2 éléphants gardent l'entrée de la pagode, celui de droite est blanc et possède 6 ivoires. Explication : la mère du Bouddha fit un songe, un éléphant à 6 ivoires lui apparut, après quoi elle mit au monde Siddharta, le futur Bouddha. Derrière, au-dessus de la porte, il y a 7 serpents rappelant qu'un jour de tempête Bouddha fut sauvé par un serpent. Construite en 1847, cette pagode abrite 200 statues et divinités bouddhistes, et des tombes de bonzes très colorées (à l'extérieur). Grandes cérémonies le 15ᵉ jour du 1ᵉʳ et du 10ᵉ mois lunaire, ainsi que le 12ᵉ jour du 8ᵉ mois lunaire (routard, ne soyez plus dans la lune, mais apprenez à les compter, c'est utile dans ce pays !).

▶ *Le mausolée de Thoại Ngọc Hầu :* ce grand tombeau est situé au pied du mont Sam, au bord de la petite route circulaire, soit à une centaine de mètres après la pagode de Tây An. A l'intérieur, on découvre près d'un autel un énorme buste en cuivre. Il représente Thoại Ngọc Hầu (1761-1829), un mandarin de la cour de Huê. Chargé de gouverner la région, il fit creuser le grand canal Vĩnh Tế (du nom de sa femme) pour marquer la frontière avec le Cambodge voisin et faciliter l'irrigation des rizières. Ce canal long d'une centaine de kilomètres relie encore aujourd'hui Châu Dôc à Hà Tiên. On peut même faire la balade en bateau. Merci, mandarin, d'avoir pensé aux routards !

▶ *La pagode de la Caverne :* appelée aussi *Chùa Hang*. Située sur le versant ouest du mont Sam, à environ 600 m du temple de la Reine du Pays. Juchée au sommet d'un escalier, cette pagode isolée offre une superbe vue sur les rizières du Cambodge. Construite en 1933, elle se compose d'une première pagode attenante à un petit monastère où vivent 12 bonzes et 2 nonnes, et d'un plus petit sanctuaire qui communique avec un oratoire dissimulé au bout d'un boyau creusé dans la roche. Endroit obscur où aurait vécu Diệu Thiện, une ermite qui méditait en compagnie d'un couple de serpents (1 blanc et 1 bleu). Prières à 4 h, 11 h, 16 h, et 19 h.

▶ *Les petits oratoires :* ils constellent les versants du mont Sam, nichés dans des grottes, cachés sous des rochers de granit, petits autels décorés de statuettes où il y a toujours un brûle-parfum. Il arrive d'y trouver un ermite endormi à même le sol, la tête reposant sur un petit oreiller.

Phú Tân et la secte des Hoà Hảo

Phú Tân est le siège de la secte Hoà Hảo (littéralement « La paix dans la bonté ») qui fut fondée en 1939 par un Vietnamien de 20 ans, Huỳnh Phú Sổ (1919-1947), originaire du village de Hoà Hảo. Après avoir suivi les enseignements d'un bonze ermite, il reçut une illumination une nuit d'orage, affirmant qu'il était le continuateur de Bouddha. Il se mit alors à prêcher un bouddhisme rénové, basé sur la foi et la conscience individuelle plus que sur les rites et le culte. Un peu à la façon des premiers protestants écœurés par le faste et l'hypocrisie de l'Église catholique, le « bonze fou », ainsi fut-il surnommé, voulait débarrasser la religion de la superstition, de la sorcellerie, des amulettes, de toutes ces pratiques grotesques qui dénaturent l'esprit du bouddhisme. Les offrandes carnées, les objets votifs, les statues et même les images de Bouddha furent proscrits pour retrouver la simplicité et la pauvreté des origines. Plus radical, presque révolutionnaire, le Hoà Hảo préconisa la prière à domicile, niant le rôle des pagodes et des intermédiaires entre le croyant et son dieu. A l'instar du caodaïsme, il prôna le syncrétisme religieux englobant le culte du Ciel, celui des ancêtres, le bouddhisme, le taoïsme et le confucianisme. Mais il rejeta le Christianisme. Jusque-là, rien de bien méchant, au contraire, le « bonze fou » fit de nombreux adeptes parmi les habitants du delta du Mékong où sa nouvelle religion, plus simple, se répandit très vite.

Après avoir été enfermé dans un asile par les Français, le « bonze fou » devint l'allié des Japonais pendant la Seconde Guerre mondiale. De ces derniers, il reçut des armes, et créa une puissante force militaire et politique qui finit par contrôler toute une partie du delta du Mékong. Anticommuniste acharné, il fut assassiné par le Vietminh le 17 mars 1947. Son corps aurait été jeté dans le Mékong. Après sa mort, les Hoà Hảo tentèrent de prendre le pouvoir et de chasser les catholiques de Ngô Đình Diệm. Mais un des chefs militaires de la secte fut arrêté et décapité en public, en 1956, ce qui mit un terme aux ambitions politiques du mouvement. Repliée sur sa province d'origine, la secte vivota jusqu'en 1975, année où les communistes l'interdirent définitivement. Aujourd'hui au siège de la secte, la maison familiale de Huỳnh Phú Sổ au village de Phú Tân, l'accueil est plus que réservé, les quelques membres présents recherchant la discrétion et le silence plutôt que la communication avec les visiteurs. En réalité, cette balade n'intéressera que les esprits curieux et passionnés par l'histoire du Hoà Hảo.

– *Pour y aller :* à 20 km au sud de Châu Đốc, route de Cần Thơ, prendre le bac à Nàng Gù pour atteindre l'île de Phú Tân (traversée de 10 mn). Puis, louer un vélomoteur avec chauffeur pour faire les 7 km jusqu'à la maison de Huỳnh Phú Sổ.

On peut aussi y aller au départ de Chợ Mới (pour ceux qui viendraient de Sadec). Bac à Chợ Mới, puis trajet de 20 mn environ en moto sur une piste longeant le fleuve, puis prendre un autre bac pour l'île de Phú Tân, puis 10 mn de moto encore. Assez compliqué, surtout si on n'a pas de guide vietnamien. Balade superbe évidemment, sans un seul Européen à des kilomètres à la ronde ! Une immersion complète dans la vie du delta.

A voir

▸ *La maison familiale de Huỳnh Phú Sổ :* sur la gauche de la route, une maison coloniale de taille moyenne où l'on est reçu (froidement) par le petit-fils du fondateur du Hoà Hảo, qui a l'air très méfiant. Il vous montre la pièce principale abritant le grand autel des ancêtres du « bonze fou » : ses parents, ses grands-parents, et sa sœur. On peut voir un portrait de lui : il a l'air très jeune, des traits fins, un regard perçant et inquiétant. On vous montre aussi, à droite de la maison, sous un appentis, la vieille Dodge du « bonze fou », pieusement conservée sous une couverture élimée. Le brave ne roulait pas en cyclo-pousse mais dans une belle voiture américaine... Tiens, tiens, il était question de simplicité et de pauvreté...

Quitter Châu Đốc

– *Gare routière :* à la sortie sud-est de la ville, sur la route de Long Xuyên, à la hauteur du 214, rue Liên Tỉnh Tô.

– *Pour Saigon :* en bus express compter environ 6 h, en bus local 7 h. Les bus locaux partent de la gare routière. Les bus express de l'hôtel Châu Đốc. 2 bus par jour en moyenne.

– *Pour Hà Tiên :* il est impossible d'aller directement en bus de Châu Đốc à Hà Tiên. Il faut passer par Long Xuyên (ville sans intérêt), changer à Rạch Giá, puis prendre un autre bus pour Hà Tiên. Ce qui fait au minimum 9 h de trajet, soit 5 h pour aller jusqu'à Rạch Giá et entre 4 h et 4 h 30 pour atteindre Hà Tiên. Bus direct de Châu Đốc à Rạch Giá avec un départ le matin vers 8 h.

Il existe aussi des bateaux assurant la liaison Châu Đốc-Hà Tiên par le canal frontalier Vĩnh Tế. A négocier avec les bateliers sur les quais du port. Compter une bonne journée. Voyage extraordinaire !

RẠCH GIÁ

Abrité dans le creux d'une baie, au fond du golfe du Siam, Rạch Giá est un des principaux ports de pêche sur la pointe ouest du delta du Mékong. Ce n'est pas une très très belle ville mais un coin suffisamment authentique pour y faire une escale sur la route de Hà Tiên. Le centre-ville se réduit à quelques rues et ruelles groupées sur une île enlacée par deux canaux se jetant dans la mer. Là se trouvent le marché et les quelques hôtels bon marché. Le port vit au rythme de ces ribambelles de bateaux et de chalutiers déchargeant leur poisson sur les quais dans un joyeux brouhaha. Une autre partie du port, tournée vers l'intérieur du pays, vit du commerce et du transport de riz. De lourdes péniches partent de Rạch Giá, et rejoignent ainsi Saigon par le dédale des canaux du delta.

Autrefois, le port servait d'abri pour les jonques venues de Malaisie et d'Indonésie mais l'arrière-pays ressemblait à un vaste marécage qui a cédé la place aujourd'hui à des rizières. Dans ses hautes herbes d'antan vivaient des espèces de pélicans et de marabouts dont les plumes servaient à confectionner des éventails, et notamment ceux de la cour impériale de Huê.

Comment y aller ?

– *De Saigon :* les bus express au départ de la gare routière de Miền Tây mettent environ 7 h pour faire la route, via Cần Thơ ou Long Xuyên. En bus ordinaire, compter 10 h. On peut aussi y aller en minibus au départ de la petite station « Tao Đàn », 1, rue Huyền Trân Công Chúa, dans le 1er arrondissement, à Saigon. Ce minibus part à 10 h.

En voiture, ne comptez pas faire des records de vitesse sur ces routes étroites où les paysans font sécher leur riz sur les bas-côtés de la chaussée. Prévoir environ 7 à 8 h de route. De Long Xuyên à Rạch Giá, la route est toute droite pendant une bonne soixantaine de kilomètres.

Adresses utiles

– *Office du tourisme de Rạch Giá :* 50, rue Nguyễn Hưng Sơn. ☎ 63669. Dans la rue principale sur l'île entre les deux canaux.
– *Gare routière* (Bến Xe Kiên Giang) : au sud de la ville, rue Nguyễn Trung Trực, sur la route de Cần Thơ et de Long Xuyên.
– *Bureaux des bus express :* voir la rubrique « Quitter Rạch Giá ».

Où dormir ? Où manger ?

✒ *Hôtel Bình Minh :* 48, rue Pham Hồng Thái. ☎ 62154. Bien situé, sur la place principale, devant le marché couvert, il a des prix doux. Moins de 10 $ la chambre avec ventilo. Un peu plus cher avec l'air conditionné. Quelques petits plats locaux et des rafraîchissements à la réception.
✗ *Restaurant Hoa Biển :* situé au bout de la rue Nguyễn Hưng Sơn, et les pieds dans l'eau, ce bâtiment en béton abrite aussi un dancing. A la carte :

anguilles, serpents, tortues, crabes, crevettes, et poisson du golfe du Siam évidemment. Si on prend de la tortue, le serveur demande au client de la choisir vivante avant de la tuer et de la préparer. Allô, la société protectrice des tortues !...

A voir

Plusieurs pagodes et temples intéressants à visiter.

▶ *La pagode de Ông Bác Dê :* 14, rue Nguyễn Du. La plus centrale de toutes les pagodes. Construite par les Chinois de la ville, à la fin du XIXe siècle.

▶ *La pagode de Phật Lớn :* rue Quang Trung, au nord-ouest de Rạch Giá. Prendre la rue du 30 Thang 4 (30 avril), puis, sur la gauche, la rue Đông Khoi qui se dirige vers la mer. Tourner dans la 2e rue à droite, la pagode est située plus loin à gauche au bout d'une petite allée. Une très belle pagode khmère, de rite bouddhiste hinayana, entourée d'arbres, et abritant un petit monastère où vivent une quarantaine de bonzes. Fondée au XVIIIe siècle par des Cambodgiens, elle abrite des fresques multicolores racontant la vie de Bouddha ainsi que des scènes d'histoire locale rappelant les conflits entre les Siamois, les Français et les partisans des Nguyên et ceux des Tây Son. Prières tous les jours de 4 h à 6 h et de 17 h à 19 h.

▶ *Le temple de Nguyễn Trung Trực :* 18, rue Nguyễn Công, dans le même quartier que la pagode Phật Lớn. La rue Mạc Đĩnh Chi relie la rue Đồng Khởi à la rue Nguyễn Công Trứ. Près du parc municipal, ce temple est dédié au génie tutélaire de la ville, le héros Nguyễn Trung Trực, qui fut le chef de la résistance vietnamienne contre les Français à partir de 1860. Parmi ses actions-commando il parvint à incendier le navire de guerre L'Espérance. Pour le capturer, les Français usèrent de méthodes dignes du terrorisme contemporain : ils prirent en otage sa mère et des civils, menaçant de les fusiller si le rebelle ne se rendait pas. Il se rendit et fut exécuté le 27 octobre 1868 sur la place du marché de Rạch Giá. A l'intérieur du temple, il y a un portrait du héros sur l'autel et une peinture de l'attaque de l'Espérance. Visite intéressante pour comprendre comment des figures historiques récentes peuvent être sanctifiés et faire l'objet d'un culte.

▶ *La pagode de Phổ Minh :* ne mérite pas le détour.

▶ *La pagode de Tam Bảo :* au sud de la ville, au bout de la rue Thích Thiện An. Fondée au début du XIXe siècle, reconstruite en 1913, elle est entourée d'un jardin enfermant des plantes sculptées. Son bonze supérieur fut arrêté par les Français en 1941 et déporté au bagne de Poulo Condor où il décéda en 1943.

▶ *L'église de Rạch Giá :* face au marché de Vĩnh Thành, sur l'autre rive du canal Cái Lớn. Édifice banal en brique rouge datant de 1918.

▶ *Le marché de Vĩnh Thành :* rue Bạch Đằng, face au canal.

▶ *Le port :* pour y voir des montagnes de poissons séchés, des tonneaux remplis de saumure et une foule de chalutiers revenant de leur campagne de pêche dans le golfe du Siam.

Quitter Rạch Giá

– *Pour Hà Tiên :* des bus express partent d'une station située au 33, rue 30 Tháng 4 (30 avril), à la sortie nord de Rạch Giá, sur la gauche de la route. Un départ très tôt le matin (à vérifier sur place). Sinon, les bus ordinaires (locaux) se prennent à la gare routière au sud de la ville. Il y a des départs toutes les heures. Le trajet dure 4 h 30 environ. Il s'agit d'un chemin (proche de la piste) long de 92 km. Au départ, le paysage est aride : cactus, plantations d'ananas et poussière. On ne découvre la mer qu'au dernier moment, soit environ une demi-heure avant d'arriver à Hà Tiên. Alors les paysages deviennent époustouflants de beauté, de sérénité, d'harmonie. A gauche, la côte déploie son long ruban turquoise ponctué, ici et là, de petits villages de pêcheurs. A droite de la piste, s'étale une vaste plaine, des rizières d'un vert étincelant, quadrillées, ordonnées, troublées seulement par quelques montagnes rocheuses. C'est l'Asie éternelle avec ses buffles, ses bouquets de palmiers et ses paysannes en chapeaux coniques.

– **Pour Saigon :** bus express en pleine nuit (vers 4 h) au départ de la petite station située au 33, rue 30 Tháng 4. Sinon, bus ordinaires tôt le matin au départ de la gare routière de Rạch Giá.

HÀ TIÊN

Après des heures et des heures d'une longue route bosselée, poussiéreuse mais splendide, on arrive à Hà Tiên comme dans un terminus, au bout du monde. Port de pêche de 100 000 habitants, la ville est située à l'extrémité ouest du delta du Mékong dans un recoin du golfe du Siam. La frontière cambodgienne n'est qu'à 8 km. Aux alentours, on peut découvrir les plus beaux paysages du delta : rizières miroitantes de lumière sous le soleil de la mousson, rochers calcaires plongés dans la mer turquoise, plages de sable fin, grottes cachant de petits temples. Voilà un coin où l'on peut rester une semaine sans rien faire de particulier, sans rien visiter de monumental, simplement pour le plaisir des yeux. Construite au débouché du canal Vĩnh Tế (il relie Hà Tiên à Châu Đốc), dans une sorte d'embouchure gardée par deux collines (Pháo Đài et Tô Châu), la ville elle-même se donne de faux airs de station balnéaire avec ses cafés le long du quai du port et la mer à un saut de puce. Hà Tiên a 3 spécialités : le poisson, le poivre noir et les objets fabriqués avec les écailles des tortues marines (on aime moins...).

Un peu d'histoire

A l'origine, c'était le Cambodge, ce qui n'a rien d'étonnant quand on regarde une carte. Débarqué vers 1713, un aventurier chinois originaire de Canton, un dénommé Mạc Cửu, s'empare du secteur pour en faire son fief. Les Cambodgiens spoliés demandent l'aide des Siamois et reprennent la ville en 1715. Mais Mạc Cửu, appuyé par les seigneurs de la dynastie Nguyễn, parvint à reprendre son bien. A sa mort en 1736, son fils, Mac Thiên Tử lui succède. De cette date jusqu'à la fin du XVIIIᵉ siècle, ce ne sont qu'invasions (les Khmers, les Siamois, les Tây Sơn) et pillages. Après ce micmac chez les Mac, toute la région finit par tomber dans les mains des Nguyễn : c'est là son vrai rattachement au Vietnam. Entre 1975 et 1979, les Khmers rouges, nouveaux maîtres impitoyables du Cambodge voisin revendiquèrent avec beaucoup de virulence le delta du Mékong, ancien territoire khmer avant l'arrivée des Annamites au XVIIIᵉ siècle. Les hommes de Pol Pot se heurtèrent à la puissante armée vietnamienne. Ils organisèrent alors de nombreuses incursions dans les villages vietnamiens situés le long de la frontière, entre Hà Tiên et Châu Đốc. Plusieurs massacres de villageois furent perpétrés comme le rappellent la stèle de la Haine érigée près du temple Thạch Động à Hà Tiên ainsi que le mémorial du charnier de Ba Chuc (à mi-chemin entre Hà Tiên et Châu Đốc).

Où dormir ?

Les hôtels de Hà Tiên sont rares et bruyants, mais toujours bon marché. Ne pas s'attendre au grand luxe pour des prix aussi bas...

⌘ *Hôtel Tố Châu :* situé au début de la rue du même nom, en face du pont flottant. 8 chambres plutôt propres avec toilettes sur le palier. Pour se laver, un tonneau dans chaque chambre. Accueil assez sympa. Le pont flottant à côté fait du bruit quand des voitures y passent. Boules Quiès conseillées...

⌘ *Hôtel Đông Hồ :* en face du pont flottant. Chambres simples sans w.-c. ni douche et d'autres avec lavabo et douche, avec balcon et vue sur la rivière et la mer. Plafond haut et murs bleus qui leur donnent un air de vacances. On profite de la musique à plein tube des cafés d'en face. Mais pas de panique, ils coupent la sono vers 22 h.

⌘ *Hôtel Hà Tiên :* a l'air crad.

⌘ *Hôtel Khách Sạn Du Lịch :* rue Mạc Thiện Tích. ☎ 86-44. Un peu excentré hélas, à côté de l'église et des pagodes de Phù Dung et de Tam Bảo. Certaines chambres ont des toilettes avec baignoire, quel luxe ! Ventilateurs. Beaucoup plus calme que les autres mais aucune vue.

Où manger ?

✗ *Restaurant Hương Biền :* tout près de l'hôtel Đông Hồ. Copieux, correct mais rien de fracassant.

✗ *Restaurant Xuân Thanh :* en face du marché, à l'angle de la rue Bến Trần Hậu et Thẩm Tường Sanh, à côté du pont flottant. Propre et bien aéré. Une des meilleures adresses de Hà Tiên.

Comment y aller ?

– *De Saigon :* 338 km d'une route interminable, épuisante en bus, un peu moins en voiture. Compter environ 10 bonnes heures selon la circulation dans le delta du Mékong. Les bus locaux partent de la gare routière de Miền Tây, à l'ouest de Saigon. Il y a un changement de bus à Rạch Giá. On peut y prévoir une escale, si la route vous paraît trop longue.

– *En bateau :* il est possible d'y arriver en bateau, soit de Châu Đốc par le canal Vĩnh Tế, soit de Rạch Giá en suivant les canaux à l'intérieur des terres ou même par la mer. Magnifique voyage dans tous les cas, surtout si vous arrivez à l'aube à Hà Tiên. Ce qui suppose de passer la nuit à bord du bateau. Tout est à négocier soigneusement avec les bateliers sur les quais des ports d'embarquement. Peu de confort mais quel souvenir extraordinaire !

A voir

▶ *La pagode de Tam Bảo :* au carrefour des rues Phương Thành, Mạc Thiện Tích et Chi Lăng, dans la partie ouest de la ville, non loin de l'église. Ouverte de 7 h à 19 h. Prières quotidiennes entre 8 h et 9 h et de 14 h à 15 h. Elle fut fondée en 1730 par le fameux Mạc Cửu, immigré chinois honni des Khmers, devenu maître de la ville au XVIIIᵉ siècle. Une belle allée y conduit, ce qui rend la visite agréable. Sinon, intérieur ordinaire.

▶ *La pagode de Phù Dung :* non loin de la précédente, elle est située à la hauteur du 374, rue Phương Thành. Elle fut construite à la demande de la 2ᵉ femme de Mạc Cửu, toujours le grand play-boy qui régnait sur Hà Tiên à l'époque. Pagode sans grand intérêt.

▶ *Les tombeaux de la famille Mạc :* un peu à l'écart de la ville, sur les rives de l'étang Ao Sen, se dresse la colline de Núi Lăng, la « colline des Tombes » où sont enterrés une dizaine de membres de la famille Mạc dont on vous a déjà raconté succinctement la saga. Il s'agissait ni plus ni moins de la plus puissante famille féodale de la région. Évidemment, ils n'ont pas choisi l'endroit le plus moche ! La plus grande des tombes est celle de Mạc Cửu, le patriarche. C'est l'empereur Gia Long qui ordonna la construction de son tombeau en 1809. Le temple et la sépulture furent alors gardés par 53 serviteurs, un geste généreux en mémoire des bons et loyaux services rendus par Mạc Cửu au trône impérial à l'époque où les Mạc du Sud roulaient pour les Nguyễn du centre.

Les dragons et les phénix qui ornent les tombeaux sont deux bêtes sacrées parmi les quatre animaux vénérés dans la tradition vietnamienne. Le dragon est le symbole de la noblesse et de l'intelligence, un emblème royal. Le phénix, lui, est l'oiseau dont le vol ne laisse pas de trace, il symbolise la paix et la prospérité.

▶ *La pagode Tinh Wangoc Tien :* située le long du canal, en surplomb, au bout d'une petite allée que l'on prend juste à gauche après la gare routière de Hà Tiên, après avoir franchi le pont flottant. Quelques bonzesses y vivent. Vue magnifique. Dans la petite allée, des familles égrènent du poivre fraîchement récolté.

▶ *Le temple de Thach Động :* à 3,5 km du centre ville, sur la route des plages de Mũi Nai, ce temple a la particularité d'être niché dans une grotte creusée dans la roche calcaire d'une falaise. Il existe aux environs de Hà Tiên plusieurs grottes-pagodes de ce genre, mais celle-ci, surnommée la grotte *Dévoreuse de Nuages,* est la plus intéressante à visiter, d'autant que la vue sur le Cambodge au loin est magnifique. Sur un autel, à gauche de l'entrée, une stèle de la Haine commémore le massacre atroce de 130 civils vietnamiens commis par les Khmers rouges de Pol Pot le 14 mars 1979 (donc un geste désespéré de leur part car les troupes vietnamiennes les avaient définitivement chassés du pouvoir en envahissant le pays le 7 janvier 1979...).

Les plages autour de Hà Tiên

— *La plage de Mũi Nai :* à 4 km à l'ouest de la ville en suivant la rue Mạc Tứ Hoàng. A cet endroit, un beau massif rocheux s'avance dans la mer transparente. Au sommet se dresse un phare d'époque française. Le mieux est de louer un vélo pour y aller. Enchanteur ! Le sable a l'aspect un peu grisâtre mais la plage est bordée de cocotiers. Au loin, on aperçoit le Cambodge. Une petite gargote sous deux parachutes récupérés sert de quoi boire et manger. Les jours de fête, elle est vite remplie par des familles vietnamiennes qui ignorent l'usage de la poubelle... le soir, les soldats de la frontière viennent faire trempette et boire un coup. Routardes solitaires, attention à vos jupons !

— Le tour le plus sympa consiste à faire Hà Tiên, la *grotte-pagode de Thạch Động,* puis la plage de Mũi Nai, et retour à Hà Tiên en fin de journée.

— *La plage de Bãi No :* à quelques kilomètres aussi à l'ouest de Hà Tiên. Avec des cocotiers aussi. Le même genre que Mũi Nai en plus désert.

Aux environs de Hà Tiên

LA PRESQU'ILE DE HÒN CHÔNG

Un des sites les plus méconnus et envoûtants du littoral ouest du delta du Mékong. La plage de Dương, nichée dans un recoin de la presqu'île, nous a rappelé quelque chose de Goa dans les années 70, de Ko Samui (Thaïlande) dans les années 80. Pour ceux qui connaissent la Thaïlande, disons que ce serait Ko Samet avant l'arrivée des touristes. Un site intact, merveilleusement préservé, habité par des familles de pêcheurs dont une majorité de Cambodgiens. Ici, Saigon paraît très lointaine, et Hanoi, une autre planète perdue dans son crachin... Un site accessible uniquement aux amoureux, respectueux de la beauté des lieux, les autres n'ont pas le droit d'y venir.

Comment y aller ?

– **De Hà Tiên** : 30 km de route en très mauvais état. Prendre un bus jusqu'au village de Kiên Lương, situé sur la route de Rạch Giá, puis louer une moto avec chauffeur pour aller jusquà la mer. On peut aussi faire la même chose au départ de Hà Tiên en louant la moto et son chauffeur pour la journée. Entre Kiên Lương et la plage de Dương, compter 2 h de trajet. Le paysage est splendide, fantomatique, mais la piste est pourrie. Se faire déposer au village de Bình Anh, tout proche de la plage de Dương.

Où dormir ?

🛏 **Pension Bình Anh** : « guesthouse » en anglais et « nhà nghì » en vietnamien, de toute manière c'est la même maison, au village de Bình Anh. ☎ 62022. Petit hôtel d'État situé à l'entrée du village, à 200 m de la plage. A la réception, on est reçu par des portraits de l'oncle Hô, de Marx et de ses copains. Toutes les chambres donnent sur la mer. Celles du premier étage sont un peu plus chères que les autres. Calme garanti. Mais il y a des coupures d'électricité régulièrement. Sinon possibilité de dormir dans un dortoir à des prix ridiculement bas. A 100 m de l'hôtel, plusieurs maisons de bois au bord de la plage proposent aussi des chambres au confort très sommaire mais suffisant.

Où manger ?

✕ Au village de Bình Anh : des restaurants faisant aussi épiceries-karaoké (beurk !) et vidéo servent des soupes et des petits plats. Quelques gargotes aussi sur la plage de Dương.

✕ Bon petit resto situé sur l'esplanade devant la pagode Hang, à droite en arrivant. Il est tenu par une mère et sa fille. De plus, elles sont gentilles. Très bon poisson grillé. On peut même piquer un petit somme dans un hamac après.

Où se baigner ?

– **La plage de Dương** : située au bout du village de Bình Anh. La route, la piste plutôt, s'arrête sur un semblant de place juste en face d'un temple. Il faut ensuite traverser le petit monastère en prenant soin auparavant d'en demander l'autorisation aux bonzes qui y vivent. Ne pas oublier d'ôter vos chaussures. Après avoir franchi une première salle, on arrive directement dans la grotte de Chùa Hang où se niche la pagode Hang contenant quelques statues de Bouddha. Puis on accède à la plage de Dương. Merveille !
Naguère appelée Bãi Dầu en raison des nombreux arbres à huile qui y poussaient, cette plage est une des plus belles du sud du Vietnam. Longue de 2 km, bordée de cocotiers et de petites gargotes, elle offre une très belle vue sur les îles découpant leurs silhouettes au large sur les eaux du golfe du Siam. Avec son sable fin, et son eau très chaude (hélas un peu vaseuse), c'est un endroit délicieux. A l'autre extrémité de la plage, à l'opposé de la pagode, il y a un petit café abritant des w.-c. à peu près propres. On y trouve des cabines pour se changer et des seaux d'eau pour se rincer après le bain (payant).

Quitter Hà Tiên

– **Pour Rạch Giá** : un bus local toutes les heures, parfois toutes les 30 mn, au départ de la gare routière, située après le pont flottant de Hà Tiên, sur la droite de la route en direction de Rạch Giá. 4 h minimum de trajet (souvent 4 h 30) pour à peine 100 km (voir le commentaire sur cette route dans la rubrique « Quitter Rạch Giá »).

– *Pour Saigon :* une expédition ! Compter environ 10 h de trajet pour un voyage de jour, entre 8 et 9 h pour un voyage de nuit. Les bus partent de la gare routière. Théoriquement (à vérifier car ça change) il y a un départ vers 10 h , un autre vers 13 h et un autre le soir vers 22 ou 23 h. Ce dernier bus vous met à Saigon à l'aurore vers 6 h ou 7 h. Épuisant ! Un conseil : il est préférable de passer par Cần Thơ plutôt que par Long Xuyên où les bus vers Saigon sont beaucoup plus espacés. Deux charmantes lectrices ont ainsi passé 15 h dans les bus locaux pour rentrer de Hà Tiên à Saigon ! De toute manière, sachez que le trajet de nuit est direct alors que dans la journée il faut changer 2 fois en cours de trajet : à Rạch Giá et à Cần Thơ. Là encore, à revérifier sur place car, comme disent les bouddhistes, « rien n'est permanent ici-bas ».

– *LA CÔTE DE HÔ CHÍ MINH-VILLE À NHA TRANG* –

Les plantations d'hévéas de Xuân Lôc, le *nước mắm* de Phan Thiết, la plage de Cà Nã, les tours cham aux alentours de Phan Rang, et la baie stratégique de Cam Ranh : voilà grosso-modo les jalons de cette route de 448 km, entre Saigon et la station balnéaire de Nha Trang. Il s'agit de la très ancienne route Mandarine (aujourd'hui appelée froidement route n° 1) ; que c'est triste un nom numéroté !) qui relie depuis des siècles le Sud et le Nord, Saigon et Hanoi, le chaud et le moins chaud, le Vietnam tropical, effervescent, turbulent, au Vietnam austère, discipliné et mandarinal. Bref, voici le seul vrai axe routier du pays. Quel axe !

En partant de Saigon, on ne commence à apercevoir la mer de Chine qu'à la hauteur de Cà Nã. Puis la route repart dans les terres pour retrouver le bord de mer dans la baie de Cam Ranh. Le plus beau morceau de route côtière n'est pas celui-ci mais plus au nord, le tronçon entre Nha Trang et Qui Nhơn, ainsi que la route Đà Nẵng-Huế.

PHAN THIẾT

A 198 km au nord de Hô Chi Minh-Ville, cette ville de 76 000 habitants n'a pas grand intérêt. Si toutefois vous y faites une escale, ne manquez pas d'aller admirer la plage de Mũi Né, célèbre pour la beauté de ses dunes. Elle est située à 22 km à l'est de Phan Thiết, à l'abri d'une pointe s'avançant dans la mer et se terminant par un village de pêcheurs.

Le journaliste Jean Lacouture a bien résumé Phan Thiết en quelques lignes, dans son bouquin « Vietnam, voyage à travers une victoire » (Seuil, 1976) : « Phan Thiết ne manque pas d'un certain charme. C'est ici qu'un jeune homme nommé Nguyễn Tất Thành, qui allait prendre, pour s'embarquer vers la France, le sobriquet de Ba, avant de s'appeler Hô Chí Minh, fut quelques mois durant instituteur, en 1911. C'est ici aussi que l'on fabrique cette saumure de poisson, qui, sous le nom de *nước mắm*, est devenu mieux qu'un condiment national, le goût même – et l'odeur – du Vietnam. Ce petit port ne paraît tirer nul orgueil de ce passé, de ce présent. Il se contente, presque intact, d'oublier la guerre en disant ″ j'ai vécu… ″. »

– *La gare routière* de Phan Thiết est située rue Từ Văn Tự, à la sortie nord de la ville.

– *Une navette de bus locaux* relie la gare routière à la belle plage de Mũi Né, entre 8 h 30 et 16 h.

🛏 La ville compte 3 hôtels : le *Phan Thiết,* 40, rue Trần Hưng Đạo, en plein centre-ville, l'hôtel *Vĩnh Thúy*, récent et en bord de mer, assez cher. Le plus économique est l'*hôtel du 19-4* (19 avril) au 1, rue Từ Văn Tự, face à la gare routière.

CÀ NÃ

C'est à Cà Nã que les princes et les souverains du Champa venaient au XVIᵉ siècle, pour pêcher et chasser le rhinocéros, l'éléphant et le tigre. Aujourd'hui, ce petit village de pêcheurs au fond de la baie de Padaran, semble vivre en dehors du temps, entre une mer turquoise, une plage paradisiaque de sable blanc et fin, et des marais salants parsemés de tombeaux assez intéressants à voir. Coupé en deux par un bras de mer, très peu fréquenté par les touristes, Cã Nã est habité par des familles de pêcheurs dont la peau est très cuivrée à cause du sel. Pour les motards et les routards, c'est une meilleure étape que Phan Thiết.
– Cà Nã se trouve à 114 km au nord de Phan Thiết et à 32 km au sud de Phan Rang.

Où dormir ?

🛏 Il y a deux hôtels, simples et pas chers. L'un des deux est situé au bord de la route, à 10-15 mn à pied du village. Les chambres coûtent officiellement entre 8 et 15 $ mais on peut aisément marchander les prix. Demandez de préférence une chambre côté mer avec balcon : elles sont plus calmes et plus chouettes que celles donnant sur la route (bruit !). Cet hôtel fait aussi resto et sert une bonne cuisine de la région.

PHAN RANG

Chef-lieu de la province de Ninh Thuận, à 105 km au sud de Nha Trang, la ville de Phan Rang est jumelée avec celle de Tháp Chàm (nom signifiant tour cham !) : c'est un lieu de passage, un carrefour routier, par où l'on passe obligatoirement en allant de Saigon ou de Dalat à Nha Trang. Un endroit quelconque. Hormis les tours cham de Po Klong Garai et la plage de Ninh Chu, il n'y a presque rien à faire ici. Éviter d'y dormir, sauf cas de force majeure. La province, aride et surchauffée, compte de nombreux hameaux encore habités par des Cham, derniers descendants du royaume du Champa naguère très puissant. A l'origine d'ailleurs, le bassin côtier faisait partie du Pays padarang que les chroniqueurs chinois appelaient la « principauté de Pin-T'ong-Long ». Celle-ci relevait du royaume du Champa mais elle jouissait d'une relative autonomie car elle avait même une ambassade auprès de l'empereur de Chine. Après plusieurs violentes révoltes contre les souverains du Champa, le Padarang fut pillé par les marins malais du royaume de Sumatra, puis envahi par les armées khmères, avant d'être annexé par les rois d'Annam qui en firent un protectorat en 1692 à la mort de Pothot, le dernier roi indépendant du Padarang. Dans les années 1930, on dénombrait encore plus de 11 000 Cham dans la région. Musulmans, ils pratiquaient encore leur religion dans les sanctuaires de Po Klong Garai et de Po Ro Me.

Où dormir ?

🛏 *Hôtel Hữu Nghị :* connu aussi sous le nom de Hoà Bình ou Phan rang. 354, rue Thống Nhất, dans la rue principale de la ville, entre la gare de bus locaux (près de la rivière) et la pagode chinoise rose. Bien situé, en plein centre, il affiche des prix raisonnables. Aucun charme.

A voir aux environs

▶ *Plage de Ninh Chu :* à 10 km au nord-est de Phan Rang. Bien pour se rafraîchir les idées, en cours de route.

▶ *Tours cham de Po Klong Garai :* elles se trouvent à 7 km de Phan Rang, au sommet d'une colline plantée de beaux cactus, sur la droite de la route nationale 20 en direction de Dalat. Entrée payante. Les bus ne s'y arrêtent pas. De Phan Rang, le mieux est encore de louer un vélomoteur avec chauffeur.
Encore un très beau vestige de la civilisation cham au Vietnam. 4 tours en brique (dont une en ruine) rappelant la forme d'un épi de maïs (comme à Angkor) ont été érigées à la fin du XIIIe siècle sous le règne du roi cham Jaya Simhavarman III, sur le mont du Bétel (Chok'Hala). Les tours ont été restaurées par une équipe polonaise après 1975. Les briques ont été jointoyées avec de la résine. Il s'agit de temples hindouistes. La tour la plus importante porte au-desus de son entrée une sculpture de Shiva dansant et agitant ses 6 bras : c'est la danse qui fait crouler l'univers lors des destructions périodiques du monde. A l'intérieur du temple, un linga, phallus stylisé, symbolise encore Shiva, mais cette fois sous son aspect créateur et régénérateur. Dans le vestibule, la statue du taureau Nandin, monture favorite du dieu, représente la fertilité agricole. Sur les murs, les inscriptions racontent des histoires de donations de terre et d'esclaves faites par le roi Jaya Simhavarman au dieu Jaya Simhalingecvara.
Du sommet de Po Klong Garai, on a une très belle vue sur la plaine autour de Phan Rang. En contrebas, à 300 m au sud-est de la colline se trouve la gare ferroviaire de Tháp Chàm d'où partaient les trains à crémaillère à destination de Dalat. Cette ligne a fonctionné entre 1930 et 1964, avant d'être fermée en raison des nombreuses embuscades et des dynamitages de la voie par les Vietcong.

▶ *Tours cham de Po Ro Me :* à une quinzaine de kilomètres au sud de Phan Rang, ces temples cham sont perchés au sommet d'une butte rocheuse, assez éloignée de la route n° 1 (environ 5 km). Ne mérite pas le détour. Sauf pour les mordus d'histoire cham. On y voit un sanctuaire et une tour en brique dont l'intérieur est décoré de peintures décoratives. Le site porte le nom de Po Ro Me, qui fut le dernier roi (de 1627 à 1651) du Champa avant son annexion à l'Annam. Po Ro Me n'eut pas de pot : il fut emprisonné par ses ennemis, les Annamites, et mourut enfermé dans une cage !

▶ *Autre tour cham :* à quelques kilomètres au nord de Phan Rang, vers Nha Trang, sur la droite de la nationale 1, à la hauteur d'un camp militaire. On voit deux tours en briques, en très mauvais état. Ce groupe de sanctuaires s'appelle Hoà Lai, et le lieu-dit Barau.

BAIE DE CAM RANH

Tous les stratèges du monde rêvent de cette magnifique baie de Cam Ranh, couronnée de montagnes bleutées, refermée sur elle-même comme un coquillage, à l'abri des regards indiscrets. Ici, pas question de jouer les touristes. La baie abrite une importante base navale encore occupée par la marine russe. Drôle d'histoire que celle de Cam Ranh, pleine de clins d'œil. Ainsi la flotte russe y mouillait déjà en 1905 avant d'aller se faire écraser par les Japonais à Tsoushima. A l'époque coloniale, les amiraux français voulaient y construire une sorte de Toulon asiatique, pour mieux contrôler la zone Asie-Pacifique. Les Français partis, les Américains y installèrent dans les années 60 une énorme base pour réparer leurs navires de guerre. Depuis la fin de la guerre du Vietnam et le changement de régime, ce sont les Soviétiques qui occupent la base de Cam Ranh, trop heureux d'avoir ainsi un œil stratégique et militaire au sud de la Chine, le vieux rival. Avec la chute de l'empire soviétique et la fin de la guerre froide entre les deux blocs, la présence russe à Cam Ranh n'est plus ce qu'elle était. Il est même question que les Russes rentrent définitivement chez eux. Cam Ranh vide, certains Vietnamiens voudraient alors louer de nouveau la base aux Américains. Ironie de l'histoire !

NHA TRANG

Une longue plage de sable fin bordée par des cocotiers, des promontoires rocheux s'avançant dans la mer turquoise, des petites montagnes et une myriade d'îles au large : Nha Trang a été gâtée par dame Nature ! Avec un site comme celui-là, rappelant vaguement (et en miniature) la baie de Rio, on ne pouvait rêver que d'une station balnéaire. C'est ce qu'elle est aujourd'hui. Capitale de la province de Khánh Hoà, cette ville de 200 000 habitants est bien partie pour devenir la première plage du Vietnam.
De par son éloignement du front pendant la guerre du Vietnam, elle a été épargnée par les bombardements. Avec sa grande avenue longeant le front de mer, et sa ligne d'arbres parallèle sur plusieurs kilomètres, la ville a conservé intact son urbanisme hérité de l'époque coloniale. Nha Trang était surnommée la « Nice de l'Indochine française ». A la différence de Vũng Tàu (Cap Saint-Jacques) et de Đà Nẵng où les plages sont éloignées du centre-ville, à Nha Trang il suffit de traverser la rue Trần Phú pour aller faire trempette dans l'eau... Un délice. De nombreux projets de développement de son potentiel touristique sont à l'étude. Espérons que cette merveilleuse station balnéaire, tentée par le diable de l'argent, depuis l'ouverture du pays, n'échange pas son charme contre le béton et les pelleteuses des promoteurs immobiliers...

Un microclimat privilégié

Grâce à son site, Nha Trang est abritée du vent et ne reçoit jamais de typhons, contrairement au littoral du centre du Vietnam frappé chaque année par ce genre de calamités naturelles. Ici, il fait beau 9 mois sur 12. De janvier à la fin du mois d'octobre, c'est le soleil, le ciel bleu, la chaleur toujours supportable en bord de mer. Quand Saigon vit à l'heure de la mousson, entre juin et septembre, ici le beau temps sec persiste. Il pleut en octobre et novembre, mais pas toute la journée. En décembre, il fait un peu moins chaud que le reste de l'année mais il y a de belles vagues propices au surf.

Le docteur Yersin, alias « Monsieur Nam »

Nha Trang fut la ville de cœur d'Alexandre John Emile Yersin (1863-1943). Il y vécut et y mourut à l'âge de 80 ans, après avoir passé la moitié de sa vie en Asie. De tous les Français ayant habité au Vietnam, Yersin est celui qui a laissé la meilleure image au point d'être considéré comme un bienfaiteur et un humaniste par les Vietnamiens. Un signe qui ne trompe pas : toutes les rues du pays ont été rebaptisées (après 1954, puis en 1975) à l'exception de 3 d'entre elles, la rue Calmette, la rue Pasteur et la rue Yersin. Qui est cet inconnu célèbre ?
Né le 22 septembre 1863 à Lavaux près d'Aubonne, dans le canton de Vaud, en Suisse, il passa son enfance à Morges au bord du lac Léman. Étudiant en médecine à Paris, il travailla avec Louis Pasteur dans son laboratoire de la rue d'Ulm. Naturalisé français à 26 ans (1889), attiré par les voyages et les pays

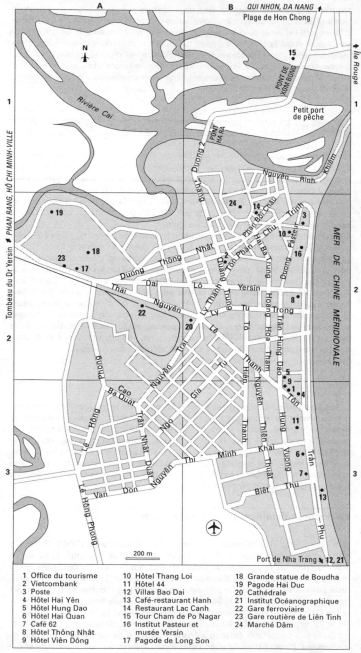

NHA TRANG

1 Office du tourisme
2 Vietcombank
3 Poste
4 Hôtel Hai Yên
5 Hôtel Hung Dao
6 Hôtel Hai Quan
7 Café 62
8 Hôtel Thông Nhât
9 Hôtel Viên Dông
10 Hôtel Thang Loi
11 Hôtel 44
12 Villas Bao Dai
13 Café-restaurant Hanh
14 Restaurant Lac Canh
15 Tour Cham de Po Nagar
16 Institut Pasteur et musée Yersin
17 Pagode de Long Son
18 Grande statue de Boudha
19 Pagode Hai Duc
20 Cathédrale
21 Institut Océanographique
22 Gare ferroviaire
23 Gare routière de Liên Tinh
24 Marché Dâm

lointains, il décida de quitter le monde clos des labos pour s'engager dans les Messageries maritimes. En tant que médecin de bord, pendant 2 ans, il sillonna la mer de Chine entre Saigon, Manille, Haiphong et Nha Trang. Coup de foudre pour Nha Trang où il débarqua le 29 juillet 1891 avec une seule idée en tête : explorer cette contrée inconnue. De 1891 à 1894, il organisa plusieurs expéditions sur les hauts plateaux, au péril de sa vie. C'est en 1893 qu'il fit la première reconnaissance du plateau du Lang Biang sur lequel a été fondée la ville climatique de Dalat. Fin 1893, il réalisa une sorte d'exploit pour l'époque en reliant Nha Trang à Da Nang par les plateaux du Daklak et Kontum. Envoyé par le gouvernement français en 1894 à Hong Kong (dévastée par la peste bubonique transmise par les rats), Yersin y découvrit le microbe responsable de cette épidémie. Une première mondiale, et un tournant dans sa vie ! L'explorateur redevint médecin et s'installa à Nha Trang où il fonda l'Institut Pasteur en 1895. Calmette fondera l'Institut Pasteur de Saigon l'année suivante. Célibataire à l'allure ascétique, ce génie protéiforme fut surnommé « Monsieur Nam » par les Vietnamiens. Il introduisit au Vietnam l'arbre à caoutchouc (ou hévéa) en 1897 et l'arbre à quinquina en 1917. Sur la stèle érigée près de son tombeau à Suối Dầu (se reporter à la rubrique « A voir ») on a gravé la liste de ses titres et de ses décorations.

Yersin est « vénéré du peuple vietnamien ». Son destin exceptionnel et méconnu va bientôt faire l'objet d'un film.

Adresses utiles

– **Office du tourisme de la province Khánh Hoả :** 1, rue Trân Hung Dao (devant l'hôtel Vien Donh). ☎ 22753. Fax : 21912 et 21092. Location de voitures avec chauffeur et infos sur la plongée sous-marine.
– **Office du tourisme de Nha Trang :** à droite de l'entrée de l'hôtel Viễn Đông, 1, rue Trần Hưng Đạo. Ouvert de 7 h à 11 h 30 et de 13 h 30 à 17 h. Une hôtesse parle le français mais ce bureau est sous-informé, et peu efficace. On peut y acheter un plan de la ville (hélas périmé...).
– **Banque :** Vietcombank, 17, rue Quang Trung. ☎ 21054. Guichets ouverts de 7 h à 11 h 30 et de 13 h à 17 h, tous les jours sauf le jeudi après-midi et le dimanche. Change les dollars et les chèques de voyage. Accepte la carte VISA à condition de présenter son passeport au moment de l'opération.
– **Poste centrale :** 2, rue Trần Phú, au tout début de la plage, dans la partie nord de la ville. On peut téléphoner et faxer à l'étranger mais c'est plus cher que de Saigon ou de Hanoi.
– **Location de bicyclettes :** dans la plupart des hôtels de niveau moyen et le long de la plage, dans les petits cafés de la rue Trần Phú.
– **Location de motos :** chez Trần Văn Thành, 8, rue Tôn Dân. Cet ancien avocat parle très bien le français et loue des motos à la journée à prix raisonnables. On peut le trouver dans la rue Trần Phú, le long de la plage.
– **Club Nautique des étudiants Scuba Diving :** à Cầu Đá. Petit bureau sur la droite en allant vers le petit embarcadère pour les îles. ☎ 81-121. Demandez Marc, un jeune et sympathique Français qui vit au Vietnam depuis quelques années. Il a monté ce club nautique en association avec les étudiants de Nha Trang. Il connaît par cœur la ville et la région et pourra vous donner de bonnes idées de balades. Possibilité de louer des planches à voile, de faire du ski nautique et du surf.

Où dormir ?

Bon marché

⚓ **Hôtel Hải Yên :** 40, rue Trần Phú. ☎ 22828 ou 22974. Fax : (58) 21902. Grande bâtisse, très bien située, le long de la grande rue parallèle à la plage. On trouve moins cher mais sans doute pas un meilleur rapport qualité-prix dans cette catégorie. Les chambres à 8 $ avec ventilateur (w.-c. sur le palier) sont situées dans les étages, tant mieux pour la luminosité et la vue. Chambres doubles à 10 $. Pour bénéficier de l'eau chaude, il faut mettre 15 $. Bon accueil. Fait aussi restaurant. L'hôtel communique avec la piscine de l'hôtel Viễn Đông, tout proche, qui forme un îlot de calme et de fraîcheur très agréable. Possibilité de louer des bicyclettes et des motos.

☜ *Hôtel Hưng Đạo :* 3, rue Trần Hưng Đạo. ☎ 22246. Tout près de l'hôtel Viễn Đông, à l'angle d'une petite rue menant à la rue Trần Phú et à la grande plage. Pas cher mais un peu bruyant, le matin notamment quand la rue s'éveille.

☜ *Hôtel Hải Quân :* 58, rue Trần Phú. ☎ 22997. Petite maison aménagée en hôtel depuis peu, le long de la rue principale de la station, en bordure de plage. Attention, la réception se trouve au fond de la cour, à l'angle d'un immeuble bleu décrépi. Entre 6 et 15 $ la chambre. Simple, propre, bien tenu. Un peu bruyant côté rue.

Prix modérés

☜ *Hôtel Thống Nhất :* 18, rue Trần Phú. ☎ 22966 ou 22511. Très bien situé, à un saut de puce de la plage, cet hôtel, hélas souvent plein, est composé de plusieurs petits bâtiments bas, aux murs peints en bleu, qui donnent sur une grande cour intérieure ombragée et fleurie. Pour 12 $, on a une chambre simple et propre avec ventilo et eau chaude. Avec air conditionné, compter le double.

De prix modérés à plus chic

L'éventail des prix de ces hôtels est très varié. On peut y trouver des chambres bon marché, à condition de les demander à la réception. Une solution intéressante qui permet de dormir à prix doux dans un hôtel de catégorie supérieure. Pensez-y !

☜ *Hôtel Viễn Đông :* 1, rue Trần Hưng Đạo. ☎ 21606 ou 21608. Fax : (58) 21912. En plein centre de Nha Trang, un des hôtels les plus connus dans cette catégorie. Offre incontestablement un bon rapport qualité-prix. Les chambres doubles (4e classe) avec ventilo et douche (eau chaude) sont à 10 $. D'autres, plus chères à 16 et 28 $. Propreté impeccable. Beaucoup de facilités comme la piscine, très agréable, le resto en terrasse avec ses spectacles de danse et de musique vietnamienne le soir, le service de réservation de billets de train. Organise des excursions (pas bon marché) en bateau dans les îles au large de Nha Trang et dans l'arrière-pays (en voiture). Accepte la carte VISA. Une bonne adresse pour récupérer des fatigues de la route et se refaire une santé pendant quelques jours de farniente au soleil. La réception de l'hôtel est assez bien fournie en infos touristiques.

☜ *Hôtel Thắng Lợi (La Frégate) :* 4, rue Pasteur. ☎ 22523 ou 22241. Fax : (58) 21905. Construit par un lieutenant bordelais qui avait épousé une Vietnamienne, la Frégate (c'était son nom avant qu'il soit nationalisé en 1978) est une très bonne adresse. Son emplacement, à deux pas de la plage et son accueil en français, en font une bonne étape. Ajoutez à cela des prix raisonnables, de 25 à 38 $, et vous comprendrez pourquoi on l'a retenu dans notre sélection. Il y a même, pour les routards de base, des chambres doubles à 8 $ avec ventilo et sanitaires à l'intérieur. Au restaurant, demandez à parler à

Nguyễn Văn Chính, le vieux maître d'hôtel, qui vous racontera l'histoire de la maison. Fin gourmet, il sera très heureux de discuter de recettes de cuisine française avec ses hôtes. Possibilité de louer des voitures (avec chauffeur) et des bicyclettes. Agréable terrasse ombragée.

▄ *Grand Hôtel* : 44, rue Trần Phú. ☎ 22445. Enfin, un vieux palace d'époque française ! Construit au début du siècle pour être le fleuron de l'hôtellerie sur la côte de l'Annam, cette vieille gloire, face à la mer, servit de quartier général aux forces armées américaines basées à Nha Trang pendant la guerre du Vietnam. Aujourd'hui nationalisé, il abrite des chambres immenses comme cette suite n° 207, vaste comme un hall de gare (130 m², 6 m sous plafond !). On peut y dormir pour 45 $ (seulement) à 2. Sinon, d'autres chambres moins chères, moins spacieuses mais tout aussi lumineuses. Pour les voyageurs moins riches, il y a des chambres à l'arrière, dans une annexe très propre : 14 $ la double avec ventilo, moustiquaire, douche et w.-c. Calme assuré et beaucoup d'espace dans la cour. Que demander de mieux ? Un gros défaut tout de même, l'accueil n'est pas à la hauteur du lieu.

Plus chic

▄ *Villa de Cầu Dá* : sur la pointe, à l'extrême sud de la baie de Nha Trang. ☎ 22449 ou 21124. Elle est située au village de Cầu Đá, à 6 km du centre-ville, sur la route de l'Institut océanographique. Le grand luxe pour moins de 40 $ la nuit. Grandes chambres lumineuses avec une vraie salle de bains et une vue époustouflante sur la mer. Contrairement à la légende, l'empereur Bảo Đại n'y a pas vécu. Il y passa une journée en 1936 pour l'admission de son fils chez les Scouts. On peut aussi y prendre les repas à des prix raisonnables. Adresse idéale pour couple « lune-de-miéleurs » souhaitant admirer le lever de soleil au loin sur la mer... Un des fils Kennedy y fit naguère une escale. Un défaut : le service est très moyen, pour ne pas dire mauvais. Mais enfin, le site fait tout oublier...

Où manger ?

✗ *Banana Split* : au croisement de Yersin, Ly Thanh Tôn et Quang Trung. Rendez-vous des Routards. Pour boire un verre et manger de bonnes glaces. Organisent des excursions à prix routards pour les îles, Dalat, Danang, Hoi An et Saïgon. Location de voiture avec chauffeur.

✗ *Restaurant Lạc Cảnh* : 11, rue Hàng Cá. ☎ 21391. Dans une petite rue populeuse, non loin du marché, dans le centre de Nha Trang. Il ne paie vraiment pas de mine mais sa cuisine est délicieuse : spécialités de poissons grillés ou cuits à la vapeur. De plus, le patron parle le français, ce qui ne gâte rien. Adresse méritant le détour, même si elle est éloignée de la plage. Prix raisonnables.

✗ *Restaurant Hoàn Hải* : 6, rue Phan Chu Trinh. ☎ 23133. Pas très loin du Lạc Cảnh, près d'un carrefour dominé par un énorme pylone rouge et blanc. Poisson et crabes à prix doux. Bonne petite cuisine.

✗ *Restaurant Thanh Lịch* : 8, rue Phan Bội Châu. ☎ 21955. A quelques mètres du Lạc Cảnh, toujours dans le vieux quartier autour du marché. Propre, pas cher et bon.

✗ *Banh Xeo* : 13, rue Nguyễn Thị Minh Khai. Derrière la grande plage, dans une rue perpendiculaire à la rue Trần Phú. Sert des *Bánh xèo*, crêpes de riz à la crevette et au soja avec des herbes.

Où se baigner ?

– *La plage de Nha Trang* : longue de 6 km, bordée de cocotiers, donc bien ombragée, cette grande et belle plage de sable compte parmi les sites balnéaires les mieux préservés du Vietnam. Très propre, elle est nettoyée tous les matins. Les Vietnamiens ont l'habitude d'y venir à bicyclette et de la laisser sur le sable. C'est amusant et ça ne pollue pas. Beaucoup de vendeurs ambulants parcourent la plage de long en large. Grosso-modo, la partie la plus « civilisée » se situe entre l'Institut Pasteur (nord) et le monument aux morts (centre). Ensuite, plus au sud, les baigneurs se font plus discrets, et les abords semblent moins bien entretenus (hélas !). On trouve plein de petits cafés, de buvettes, de stands divers, sur le front de mer. Mais contrairement à Vũng Tàu, le site n'a pas été défiguré par d'hideuses constructions.

– *La plage de Hòn Chồng* : au nord du promontoire rocheux de Hòn Chồng, s'étendent une série de plages enfilées les unes dans les autres, toutes belles et peu fréquentées. Pour y aller, mieux vaut avoir un vélomoteur ou une bicyclette, sinon ça fait un peu loin (5 km environ du centre de Nha Trang). Bien pour ceux qui restent plusieurs jours ici.

A voir, à faire

▶ *Tours cham de Po Nagar* : les ruines des temples de Po Nagar (la Dame de la Cité) composent un des plus beaux témoignages architecturaux de la civilisation cham. Une balade à ne pas manquer. De plus, du site on a une vue superbe sur la côte et le village des pêcheurs établi à l'embouchure de la rivière Cai. Pour y aller : le site se trouve à 2 km au nord du centre-ville. Sortir par la rue Quang Trung, qui devient la rue 2 Tháng 4, traverser le pont de la rivière Xóm Bông (vue admirable sur le port de pêche et ses ribambelles de bateaux bleus). Po Nagar se dresse au sommet d'une butte granitique juste sur la gauche après le pont.

7 à 8 tours furent élevées sur ce perchoir sacré face à la mer, entre le VII° et le XII° siècle de notre ère, mais le site faisait déjà l'objet d'un culte hindou depuis le II° siècle. Il ne reste que 4 tours encore debout, servant de sanctuaires à des foules de bouddhistes, qui ont « squatté » en quelque sorte ces temples naguère voués à une autre religion. La tour la plus imposante, la plus intéressante, est la tour Nord. C'est le seul temple dédié à une femme : l'intérieur très sombre et enfumé abrite la statue de la déesse Uma, dotée de 10 bras. Elle porte un vêtement de couleur jaune. Comme à Châu Đốc, au temple de la Reine du Pays, les fidèles changent chaque année ce vêtement, par superstition. Cette tour Nord, haute de près de 23 m, est un exemple parfait de l'architecture cham, caractérisée par sa forme pyramidale à 4 côtés.

La tour centrale, élevée au XII° siècle, a été construite avec des matériaux récupérés sur le temple primitif du VII° siècle. Son ornementation est moins travaillée que celle de la tour Nord. A l'intérieur, on voit un linga, pierre phallique que les bouddhistes semblent avoir intégré dans leur culte (pourtant le sexe n'est pas vraiment recommandé comme force surnaturelle dans le bouddhisme...). La tour Sud, près de la boutique à l'entrée du site, abrite un linga (encore !) et un yoni, symboles hindouistes qui permettaient autrefois aux fidèles de vénérer à la fois Shiva et son épouse Shakti.

Un petit musée dans le fond de l'esplanade présente l'art cham à travers quelques photos des années 30, époque où les archéologues de l'école française d'Extrême-Orient cherchaient l'énigme de ce peuple. Toutes les explications sont en vietnamien.

L'emblème de Po Nagar est une danseuse aux seins nus entourée de 2 flutistes : c'est, dit-on, le côté négatif de Shiva, qui est d'abord le dieu de la destruction et de la dissolution. Tandis que le temple cham de Po Klaung Garai, près de Phan Rang, serait placé sous la tutelle d'un Shiva bénéfique.

▸ **L'Institut Pasteur :** cette grande bâtisse d'époque coloniale fut construite en 1895 par Alexandre Yersin (1863-1943), disciple de Pasteur, et inventeur du vaccin contre la peste (voir l'introduction à Nha Trang). Sur la droite de l'Institut Pasteur se trouve le musée Yersin (ouvert tous les jours, sauf dimanche, de 7 h 30 à 11 h). Empruntez l'escalier de la bibliothèque (Thư viện) pour y accéder. L'intérieur abrite la bibliothèque et le bureau du célèbre biologiste. Quelques-uns de ses objets personnels, ses instruments astronomiques et une maquette de bateau offert à Yersin par les pêcheurs de la région ont été pieusement conservés.

▸ **La pagode de Long Sơn :** située à la sortie de Nha Trang, sur la route de Saigon, à l'ouest de la ville. Prendre la rue 23 Tháng 10, à 500 m environ après la gare ferroviaire, la pagode est sur la droite de la route, à la hauteur du n° 15 de cette rue. Construite à la fin du siècle dernier, elle est l'une des plus vieilles pagodes de Nha Trang. On entre par de grandes portes à battant de bois, sur les côtés. Intérieur peu chargé, sans statues démesurées. Derrière l'autel, il y a comme une scène de spectacle surélevée et peinte en bleu, avec des colonnes sculptées. De longues lanières multicolores pendent du plafond, représentant les couleurs officielles du bouddhisme : vert, rouge, bleu, jaune et blanc (soit les 5 continents). La pagode s'adosse à une colline surmontée d'un énorme Bouddha blanc assis en position du lotus, et dominant toute la ville. Un escalier de 152 marches y mène. La vue est vraiment superbe, particulièrement en fin d'après-midi. Les faubourgs de Nha Trang disparaissent sous une sorte d'immense cocoteraie que l'on voit très bien d'en haut.
De cette pagode, on peut gagner à pied (10 mn par un sentier à flanc de coteau) une autre pagode, plus petite, nommée Hải Đức, la plus vieille de Nha Trang. Rien de particulier sinon une anecdote historique. Le bonze supérieur s'est fait peindre en compagnie de son fils spirituel, un Américain aux yeux bleus, le jour de leurs retrouvailles le 27 avril 1958 à 16 h... Ce petit tableau est accroché au mur dans la galerie d'entrée. Tous deux prétendent avoir été père et fils dans une vie antérieure.

▸ **La cathédrale de Nha Trang :** située sur une petite butte presque à l'angle de la rue Nguyễn Trãi et de la rue Thái Nguyễn (gare ferroviaire 300 m plus loin). Construite par les Français dans les années 30, avec des blocs de ciment, elle n'a pas grand intérêt. Sur le mur de la rampe d'accès à l'édifice, de nombreuses urnes funéraires portent les noms des défunts. Plus haut sur l'esplanade, il y a une série de statues blanches dont celle de J.-M. Vianney, le fameux curé d'Ars. Messes en semaine à 4 h 45 et à 17 h. Sinon le dimanche à 5 h, 7 h, et 16 h 30.

▸ **L'Institut océanographique :** à 6 km au sud de Nha Trang, à gauche sur la route du port de Cầu Đá. Ouvert tous les jours de 7 h à 11 h 30 et de 13 h 30 à 17 h. Dans une vieille bâtisse coloniale française datant de 1923, il abrite une série d'aquariums moyennement intéressants, car aucune explication n'est donnée. C'est vraiment décevant.

▸ **Les villas de Bảo Đại :** cet ensemble de villas, implantés dans un parc tropical au sommet d'un promontoire face à la mer, constitue un des endroits les plus agréables de la côte. Pour s'y rendre, prendre la route du port de Cầu Đá (d'où l'on embarque pour les îles au large), puis emprunter un chemin sur la gauche, avant l'Institut océanographique. La villa qu'occupait l'empereur Bảo Đại en vacances n'est qu'une des 5 villas, la plus belle, les 4 autres maisons étant les résidences des directeurs de l'Institut voisin. Construite dans les années 20, dans le style colonial-balnéaire en vogue à cette époque, elle a hébergé le président sud-vietnamien Thiệu, ainsi que, depuis 1975, l'élite du parti communiste vietnamien, dont le Premier ministre Phạm Văn Đồng. Ironie

de l'histoire ! Aujourd'hui, elle sert d'hôtel de luxe à prix relativement abordables. On peut y dormir (voir la rubrique « Où dormir ? Plus chic »).
Attention : les Vietnamiens utilisent de préférence la nouvelle appellation « Villas Cầu Đá » et non « villa de Bảo Đại ». Sachez-le en demandant votre chemin. Le camarade-empereur n'a pas encore été réhabilité par le parti, mais il n'est pas non plus maudit, l'oncle Hô l'ayant même nommé conseiller suprême de son gouvernement pendant une courte période...

Aux environs de Nha Trang

▶ *Le promontoire de Hòn Chồng :* cette pointe formée par des blocs de rochers (Hòn Chồng signifie « chaos rocheux » en vietnamien) se situe au nord de Nha Trang, à environ 4 km du centre-ville. Pour y accéder, prendre la route des tours cham de Po Nagar, puis prendre le 6e chemin à droite après le pont Xóm Bóng. Il arrive à une plage bordée de cocotiers (peu de baigneurs). Laissez votre vélomoteur ou votre bicyclette là, puis continuez à pied. A gauche du resto Hòn Chồng, il y a un sentier qui longe la plage et mène à la pointe. Il faut payer une sorte de taxe pour accéder à l'extrémité du promontoire mais elle est dérisoire.
Hòn Chồng, c'est une sorte de morceau de côte bretonne version Vietnam : de gros rochers de granit dont certains couverts de graffiti, les vagues écumantes qui viennent éclater, la mer bleue à l'infinie, et au nord, l'arc de cercle d'une superbe plage dominée par une série de montagnes. L'une d'elles, la plus grande, rappelle le corps d'une femme, d'où son nom : la Déesse. On y devine, vaguement, une tête, de longs cheveux, une poitrine (très abstraite !), des genoux (où ?). La balade de Hòn Chồng vaut le déplacement surtout si l'on a du temps, et si l'on dispose d'un véhicule. Y venir de préférence prendre un bain, puis siroter une boisson fraîche en rêvant face à la mer.

▶ *Le tombeau du docteur Yersin :* situé à 20 km au sud de Nha Trang, en direction de Saigon, au village de Suối Dầu. Sur la droite de la route nationale 1, après la brasserie Vinagen, compter exactement 5,7 km. Le tombeau se trouve en pleine campagne, au sommet d'une petite colline isolée, fermée par une grille. De la route, le tombeau est indiqué par un panneau écrit en français (c'est rarissime au bord d'une route vietnamienne, prenez la photo). Un chemin de terre mène à la grille d'entrée au pied de la colline à 800 m plus loin. Le gardien habite dans une petite maison au début du chemin. Il a les clefs mais ne vous les laissera pas comme ça, il vous accompagnera.
Quelques marches conduisent au sommet du mamelon où se trouve la stèle de Yersin portant sa photo en médaillon ainsi que le résumé de sa vie rédigé en français et en vietnamien. A côté, un petit pagodon renferme des bâtonnets d'encens. Endroit simple et beau. Avec le temps, Yersin est devenu un génie tutélaire, un bienfaiteur vénéré, une sorte de saint laïc. Le terrain appartient toujours à l'Institut Pasteur (sans doute le seul organisme étranger à ne pas avoir été chassé du Vietnam après la prise du pouvoir par les communistes en 1975 !). Il est classé « zone historique protégée ». Mort à 80 ans, ce savant à géométrie variable avait plusieurs cordes à son arc. Parmi ses nombreuses découvertes, il introduisit l'hévéa au Vietnam. C'est dans l'immense plantation de Suối Dầu qu'il récolta les premières gouttes de latex. Il s'empressa de les envoyer à Michelin en 1905, pour inciter cette célèbre société à venir investir en Indochine. Yersin avait demandé à être enterré au milieu de cette campagne qu'il avait aimé, tentant de la développer par d'autres moyens que le colonialisme bête et méchant.

Promenades en bateau sur les îles

Près de 90 îles parsèment les flots bleus de la mer de Chine au large de Nha Trang. Elles sont habitées par des pêcheurs et pour certaines par des chasseurs de nids d'hirondelles. Les îles les plus proches du continent peuvent être visitées, comme l'île de Miễu (Hòn Miễu), ou l'île des Bambous (Hòn Tre). D'autres îles peuvent faire l'objet d'une balade en bateau, à condition d'avoir du temps devant soi (un ou deux jours) : il s'agit de l'île Tam (Hòn Tam), de l'île Yến (Hòn Yến), de l'île Mun et de l'île Môt. Cette promenade en mer est d'autant plus intéressante que les fonds sous-marins sont très poissonneux et superbes à explorer.

— **Comment y aller** : éviter les excursions organisées par l'office du tourisme de Nha Trang ou l'office du tourisme de la province de Khánh Hoà qui s'adressent d'abord à des groupes. Pour les individuels, la meilleure solution consiste à se renseigner à Nha Trang dans les nombreux cafés situés sur la rue Trần Phú, le long de la plage. Autre combine, la moins onéreuse : se rendre au port de Cầu Đá, à 6 km au sud de Nha Trang, où se trouve l'embarcadère pour les îles. Là, il y a un bac qui assure la liaison régulière entre la côte et le village de Trí Nguyên sur l'île Miễu. Il ne part que lorsqu'il est plein. Le problème, c'est qu'il faut revenir avec ce même bateau.
Comme partout ailleurs au Vietnam, l'idéal consiste à négocier une balade pour une journée en vous adressant directement sur les quais auprès des loueurs de bateaux. Le plus pratique consiste à tout « monter » depuis la plage de Nha Trang. Pour une journée de balade à bord d'une barque à moteur de 7 à 8 m de long, compter environ 10 $. Un aller-retour sur l'île de Miễu vous coûtera environ 5 $.

▶ *L'île de Miễu* (Hòn Miễu) : la plus proche de Nha Trang. 15 mn de bateau pour y aller seulement. Avant 1975, il y avait des lépreux sur le site de l'aquarium de Trí Nguyên, point de chute de toutes les visites. Ce grand vivier en bord de mer, non loin de l'embarcadère, renferme des tortues, des raies, ainsi que des poissons exotiques et même quelques petits requins. Entrée payante. Petit café sur pilotis à côté. Plus loin, un sentier conduit en 15-20 mn à une plage au sud où l'on peut lézarder sous des parasols (heureusement car elle est dépourvue d'ombre !). On peut aussi y aller à pied de l'aquarium, chemin sur la droite. Au sud-ouest de l'île, se cache un petit village de pêcheurs accessible par la mer. Un vrai délice que d'y arriver. Escale à demander à votre loueur : vous ne le regretterez pas. Les bateaux s'arrêtent dans une jolie baie contre deux viviers en bois flottants, remplis de langoustes et de petits poissons à la gueule monstrueuses (Cá Mắt Quỷ). Puis une personne, parfois un gamin, montée sur une sorte de radeau tiré par une corde vous conduit jusqu'au rivage où un café vous attend. Il sert des boissons fraîches et de quoi manger mais le prix des crustacés est deux fois plus élevé que sur le continent. Officiellement, il n'y a aucune chambre chez l'habitant, mais en discutant avec les gens du coin, on peut toujours en dénicher une. Le retour se fait souvent à bord d'une nasse ronde en bambou tressé, sorte de grand panier flottant appelé « Thúng Chai » en vietnamien.

▶ *L'île de Tre* (Hòn Tre) : face à la grande plage de Nha Trang, cette grosse île montagneuse avait été surnommée l'île aux Bambous par les Américains qui y avaient installé une base pendant la guerre. Ici, les pêcheurs travaillent de nuit à l'aide de lamparos destinés à attirer les seiches, les raies et les thons peuplant les fonds marins. De nuit, la mer de Chine est constellée par la myriade de lumières des bateaux, une sorte d'étrange ville flottante. Au nord s'étend la plage de Bãi Tru.

▶ *L'île de Yến* (Hòn Yến) : la plus lointaine de toutes les îles, à 17 km de Nha Trang. Compter entre 3 et 4 h de bateau pour l'atteindre. Connue aussi comme l'île aux Salanganes, elle est malheureusement interdite au public et il faut une autorisation de la police et de la douane pour y accéder. Cela dit, les bateaux acceptent quant même d'y aller sans débarquer. Cette île est réputée pour les nids que les salanganes y confectionnent. Ces passereaux d'Asie, de la famille des martinets, possèdent une courte queue mais de longues ailes. Ils ont la particularité de fabriquer leurs nids avec leur propre bave. Une fois desséchée, celle-ci durcit et l'oiseau peut nicher dans une sorte de nid de forme semi-ovale mesurant entre 5 et 10 cm de diamètre. Les chasseurs logent une partie de l'année dans des cabanes agrippées aux falaises. A l'aide de cordes, ils se hissent dans les anfractuosités de la paroi pour y récolter les nids. 1 kilo de cette matière peut coûter 12 000 F. Les nids d'hirondelles sont recherchés pour la cuisine où l'on peut les consommer en soupe mais aussi et surtout comme médicament dans la médecine traditionnelle chinoise. On dit que c'est un puissant aphrodisiaque. On n'a pas vérifié. Mais cette chasse, aussi spectaculaire soit-elle, a quelque chose d'immoral dans la mesure où l'on prive ces braves oiseaux de leur habitat.

Au fil de la balade, on ne voit même pas les salanganes qui déguerpissent à l'aube et ne reviennent dans leurs falaises qu'à la nuit tombée. En revanche, on peut voir les cabanes des chasseurs accrochées sur la paroi rocheuse, au-dessus des flots.

A défaut d'aller jusqu'à l'île de Yên, les bateaux peuvent vous conduire jusqu'à un autre îlot rocheux, moins important mais plus proche de la côte, où travaillent quelques chasseurs de nids d'hirondelles.

Quitter Nha Trang

– **En bus ou en minibus :** les bus locaux (50 places) et certains minibus (12 places) partent de la gare routière de Liên Tính, située au 23, rue du 23 Tháng 10, à environ 2 km du centre-ville, à droite de la route qui sort de Nha Trang en direction du sud et de Saigon. ☎ 22192 et 22397. La gare est ouverte tous les jours y compris le dimanche entre 4 h et 16 h. Prendre un cyclo-pousse pour y aller. Mieux vaut acheter son billet la veille du départ.

La gare routière des bus express (plus rapides) se trouve à côté de l'hôtel Viễn Đông, au 46, rue Lê Thánh Tôn. Ouverte tous les jours sauf dimanche de 6 h à 16 h 30. Là aussi, acheter les billets au moins un jour à l'avance. Le plupart des bus express quittent Nha Trang autour de 5 h (à vérifier sur place).

• *Pour Dalat :* minibus de la gare routière de Liên Tính. Départ à 5 h. Durée : 5 h pour faire 206 km en passant par Phan Rang. Le derniers tiers de la route est vraiment chouette : montagnes couvertes de forêts de pins.

• *Pour Đà Nẵng :* des bus locaux ou des bus express partent à 5 h. Durée : 13 h de route, pour 541 km. Longue route côtière en bon état mais assez monotone, hormis les sites de Đại Lãnh et de Sa Huỳnh. En minibus, voyage plus confortable (le billet coûte environ 15 $ par personne). En période de typhon, prévoir quelques belles intempéries qui rallongent le temps du voyage.

• *Pour Qui Nhơn :* bus locaux (7 h de trajet) ou bus express (6 h) tous les jours au départ des deux gares routières. 238 km de route.

• *Pour Buôn Mê Thuột :* un bus express à 5 h 30 tous les jours, et un local. Durée : 5 à 6 h de trajet pour 205 km. La porte d'entrée des hauts plateaux du centre du Vietnam.

• *Pour Hô Chi Minh-Ville :* un bus local par jour à 17 h. Sinon, 2 bus express, à 5 h et en fin d'après-midi. Durée : de 10 à 12 h, pour faire 448 km. Il y a aussi des minibus (10 $ le billet).

– **En train :** la meilleure solution (qui n'est pas la plus économique mais sans doute la moins épuisante) consiste à prendre le train de nuit entre Nha Trang et Hô Chi Minh-Ville pour ceux qui voyagent dans ce sens et qui en ont marre d'avoir mal aux fesses et aux jambes dans des bus pourris où l'on est entassé comme des sardines !

La gare ferroviaire de Nha Trang se trouve à 1,5 km de la plage, face au n° 26 de la rue Thái Nguyên, sur la gauche après la cathédrale en sortant de la ville, vers Saigon. ☎ 22113. Elle est ouverte tous les jours entre 7 h et 14 h. Les places doivent être réservées au moins un jour avant le départ et les billets payés en *dông* au guichet réservé aux étrangers. Compter environ 27 $ pour un aller Nha Trang-Saigon en couchette molle.

Pour Saigon, il y a un train de nuit à 18 h 33, qui arrive à 5 h 30. Pour Đà Nẵng, compter 13 h de trajet. Il y a théoriquement (à vérifier) un train de nuit qui part à 18 h 40 et qui arrive le lendemain matin à 7 h 53 à Đà Nẵng.

Les deux trains express qui relient quotidiennement et dans les 2 sens Saigon à Hanoi font escale à Nha Trang. Pour les voyages de nuit, mieux vaut mettre quelques dollars de plus et avoir une couchette molle (dans un compartiment de 4 personnes) et choisir celle du bas à cause du coffre situé sous la banquette et dans lequel on peut ranger son sac. Il y a aussi des trains de jour, évidemment.

– **En avion :** l'aéroport se trouve derrière la plage, dans la partie sud de la station. Pour Saigon, un vol quotidien (direct ou avec escale) sauf le lundi. Le vol direct dure 50 mn. Le billet aller vous coûtera autour de 45 $.

Il y a aussi des vols pour Đà Nẵng, deux fois par semaine. Durée : 1 h 40. Pour Hanoi, 4 vols par semaine.

L'agence de Vietnam Airlines est située au 74, rue Trần Phú. ☎ 21147.

– LA CÔTE DE NHA TRANG À ĐÀ NẴNG –

ĐẠI LÃNH

Un village de pêcheurs, des maisons couvertes de tuiles, des bateaux bleus dans la baie, et une immense plage en arc de cercle bordée par un bois de filaos et de cocotiers dévasté par le typhon de novembre 1993 : voilà Đại Lãnh, le plus beau site du littoral entre Nha Trang (83 km) et Qui Nhơn (153 km au nord). Le village se trouve au nord, au pied d'une chaîne de montagnes qui s'achève dans la mer de Chine par un grand promontoire connu à l'époque des Français sous le nom de Cap Varella.

La partie la plus belle de la plage se trouve au sud, le long de la route nationale 1. Rien à faire de particulier à Đại Lãnh sinon se baigner, faire une pause au soleil, ramasser quelques coquillages et observer les trous de crabe dans le sable.

Plusieurs gargotes servent à manger le long de la route. Il y en a une à l'extrême sud de la plage, non loin d'une carcasse d'hôtel inachevé. Les bus s'arrêtent juste à côté. Aucune chambre chez l'habitant officiellement déclarée, mais en cas de pépin on peut toujours trouver un toit en discutant avec les autochtones.

A voir aux environs

▶ **Port Dayot et la péninsule de Hòn Gốm :** au sud de Đại Lãnh, commence la longue péninsule de Hòn Gốm, qui se termine 30 km plus loin par une baie aux eaux turquoises entourée de collines sauvages. Un site naturel, intact, d'une beauté rare, où il faut arriver en bateau au coucher du soleil pour en apprécier l'unique splendeur. On peut y arriver à pied par la terre, à condition d'avoir de l'eau et des victuailles et d'être bien renseigné par les gens du coin. Sinon, c'est l'aventure. Cet endroit merveilleux s'appelait Port Dayot à l'époque coloniale. C'est dans ce coin paradisiaque que le commandant Cousteau a reçu de plein fouet sa vocation pour l'univers de la mer. En 1933, il y fit des relevés scientifiques pour la marine nationale. Il fut stupéfait par la connaissance de la vie sous-marine qu'avaient les gens du pays. Un jour un Vietnamien plongea sous ses yeux pendant 2 mn et, une fois remonté à la surface, il expliqua à Cousteau pourquoi il avait choisi ce moment précis pour plonger : « Je connais l'heure de la sieste des poissons », s'écria-t-il.

Port Dayot s'appelle aujourd'hui Đam Môn. Dans ce minuscule village de 6 cases, on ne trouve ni eau ni électricité. Alors comment font-ils ? Eh bien, les villageois creusent des trous dans le sable, à 2 m de la mer, pour y puiser de l'eau douce dans une nappe phréatique à fleur de sol.

QUI NHƠN

Difficile de tomber amoureux de cette grosse ville de 190 000 habitants, sans charme, bien située certes, mais dont le seul atout est d'être une étape sur la route numéro 1, entre Nha Trang et Đà Nẵng. Rien ne justifie donc un arrêt spécial à Qui Nhơn sauf, bien sûr, la fatigue du voyage ou une passion particulière pour l'architecture cham. Ou le besoin impérieux de faire trempette dans la mer. A vous de voir.

Capitale de la province de Bình Định, située à 677 km au nord de Hô Chi Minh-Villo et à 303 km au sud de Đa Nẵng, la ville se trouve à une dizaine de kilomètres de la route n° 1. Elle s'étale au fond d'une baie, sur une pointe de sable qui ferme le goulet d'une rade intérieure, dominée par un amphithéâtre de montagnes. C'est plutôt un port, et une ambiance portuaire, qu'une vraie station balnéaire (elle ne revendique d'ailleurs pas ce titre...). Dans la journée, mais surtout le soir, de nombreux blessés de guerre, handicapés, clochards et sans-logis errent, mendient, traînent sur la plage municipale et dans les rues adjacentes, tristes fantômes d'une guerre qui dévasta la région de Qui Nhơn. Cela dit, avec le temps, ils se font plus discrets (prudence quand même la nuit).

Un peu d'histoire

A l'origine, c'était le port cham de Çri Vini, relié à Vijaya, la capitale du royaume du Champa, située à 26 km au nord de Qui Nhơn. Tous les envahisseurs qui s'attaquèrent à Vijaya au fil de l'histoire, commencèrent par harceler son port : les flottes mongoles (au XIII° siècle), khmères et annamites (dynastie des Nguyễn) mouillèrent dans ce site stratégique. A la fin du XVIII° siècle, la ville tomba aux mains des rebelles Tây Sơn, ennemis jurés des seigneurs Nguyễn de Cochinchine. C'est à Qui Nhơn en 1801 que l'empereur Gia Long, aidé de Chaigneau et de Vannier, parvint à écraser cette rébellion qui l'empêchait d'étendre son pouvoir sur le sud du pays. Avant l'établissement du protectorat français sur l'Annam au XIX° siècle, la ville avait déjà connu les premiers missionnaires français, comme Alexandre de Rhodes, qui débarqua à Qui Nhơn pour pénétrer à l'intérieur du pays. Dans les années 20, c'était le siège de l'évêché de la Cochinchine orientale et le port était encore fréquenté par des jonques chinoises venues de Singapour et de l'île de Hai Nan.

Pendant la guerre du Vietnam, les Américains avaient une base importante à la sortie de la ville. Toute la région fut énormément bombardée, et arrosée de napalm. Des foules de campagnards vinrent se réfugier à Qui Nhơn.

Adresses utiles

– *Office du tourisme : Bình Định Tourism,* 10, rue Nguyễn Huệ, non loin de l'hôtel Qui Nhơn Tourist. ☎ 22524. Incompétent et mal documenté.
– *Vietcombank :* 148 rue Lê Lợi, à l'angle de la rue Trần Hưng Đạo.
– *Poste :* à l'angle des rues Hai Bà Trưng et Trần Phú, au sud-ouest de la ville.
– *Gare routière :* à la hauteur du 543, rue Trần Hưng Đạo, près du carrefour des rues Lê Hồng Phong et Trần Hưng Đạo. ☎ 22246. Ouverte de 5 h à 16 h.
– *Gare des bus express :* 14, rue Nguyễn Huệ, à 100 m de l'hôtel Qui Nhơn Tourist, le long de la plage municipale. ☎ 22172.
– *Gare ferroviaire de Qui Nhơn :* informations, horaires et billets dans un bureau situé rue Hoàng Hoa Thám, à moins d'une centaine de mètres de la rue

Trần Hưng Đạo. Mais les trains ne viennent pas jusque-là. Il faut aller à la gare de
Diệu Trì, à 10 km à l'ouest de Qui Nhơn pour prendre l'express de la Réunifica-
tion.
– *Vietnam Airlines* : près de l'hôtel Thanh Bình, à la hauteur du 30, rue
Nguyễn Thái Học. ☎ 22953. L'aéroport de Phú Cát se trouve à 36 km au nord
de la ville.

Où dormir ?

Bon marché

☙ *Hôtel Đông Phương :* 39-41, rue Mai Xuân Thương. ☎ 22915. En plein
centre-ville, près de l'intersection avec la rue Lê Hồng Phong, à 5 mn à pied de
la gare routière de la rue Trần Hưng Đạo. Extérieur moche mais accueil plutôt
aimable. On y parle quelques mots d'anglais. 30 chambres simples et correctes, pas trop bruyantes à moins de 10 $ la nuit, avec ventilo et eau froide.
Tarif un peu plus élevé avec l'air conditionné et l'eau chaude. Le moins sinistre
dans cette catégorie bon marché.
☙ *Hôtel Hữu Nghị :* 210, rue Phan Bội Châu. ☎ 22152. En plein centre-ville
sur une rue animée. Un hôtel sans caractère avec des chambres simples et
propres à prix vraiment doux (moins de 8 $ la nuit). Une des adresses les moins
chères de la ville.

De prix modérés à plus chic

☙ *Mini Hôtel Hải Hà :* 1 A, rue Trần Bình Trọng, à l'angle de la rue Hai Bà
Trưng. ☎ 21295. Très bien placé, à 200 m de la plage municipale et de l'office
du tourisme. Notre adresse préférée. Hélas, c'est souvent plein. Il s'agit d'un
petit immeuble calme, aux murs presque bien peints (c'est rare !) et à l'intérieur
clair et fleuri. A la réception, il y a une sorte de petit bar avec quelques alcools
et une personne qui baragouine un vague broken-english. Chambres dans les
étages, propres et pas cafardeuses, avec air conditionné et w.-c. pour 20 $ la
double. Possibilité de prendre des plats très simples en guise de repas.
☙ *Hôtel Qui Nhơn Tourist :* 8, rue Nguyễn Huệ. ☎ 22401. Le long de la plage,
assez loin du centre-ville, mais dans un coin calme, il s'agit d'une grande bâtisse
quelconque, le genre d'endroit où dorment tous les groupes de touristes
accompagnés par des guides officiels. Pas de chambres à moins de 22 $.
☙ *Hôtel Bình Dương :* 493, rue Nguyễn Huệ. ☎ 21267 ou 21355. A 2 km du
centre-ville, sur la route longeant la grande plage. Bonne adresse pour budgets
confortables. Bien pour ceux qui veulent dormir dans une chambre avec vue sur
mer, et se baigner sur une plage propre au pied de l'hôtel. Il abrite aussi un bon
restaurant. Des bateaux peuvent venir vous chercher sur la plage devant l'hôtel
et vous promener au large pendant toute la journée. De l'autre côté de la rue se
trouve l'ancienne base de l'armée américaine occupée aujourd'hui par les Vietnamiens. Chambres à prix raisonnables pour la qualité des lieux : 22 $ en
moyenne. Très bon rapport qualité-prix.

A voir

▶ *La pagode de Long Khánh :* dans le centre-ville, au bout d'une petite allée
située à la hauteur du 62, rue Trần Cao Vân, entre la rue Phan Bội Châu et la rue
Tăng Bạt Hổ. Pagode fondée au début du XVIIIᵉ siècle par un marchand chinois
mais reconstruite en 1946, ce qui ne lui donne pas de charme particulier.
Grande statue de Bouddha au milieu d'une grande mare à nénuphars.

▶ *Tours cham de Tháp Đôi :* à la sortie de la ville, en direction de la route n° 1,
prendre une rue à droite entre les nᵒˢ 900 et 906, rue Trần Hưng Đạo. En mauvais état, ces deux tours datent du XIᵉ siècle, et témoignent d'une influence

khmère visible notamment dans la forme pyramidale des parties hautes. Dédiées à Shiva, un des trois dieux de l'hindouisme, elles étaient naguère ornées de représentations de Garuda, l'oiseau mythique sur lequel se déplace Vishnou.

Aux environs de Qui Nhơn

▶ **Les ruines de la citadelle de Chà Bàn :** à 26 km au nord de Qui Nhơn. A la sortie de la ville de Bình Định, vers Đà Nẵng, 200 m après le pont marquant la fin de la ville, prendre un chemin de terre qui mène à travers les rizières à la tour de Cuivre (Tháp Cảnh Tiên), 1 km plus loin. Elle rappelle les tours du site de Po Klong Garai près de Phan Rang. C'est tout ce qui reste de Vijaya, la glorieuse capitale du royaume du Champa entre l'an 1000 et 1471, année où l'empereur annamite captura le roi cham au terme d'une bataille sanglante qui fit 60 000 morts du côté cham. En continuant à travers les prés derrière la tour, on arrive au mausolée du général Võ Tánh, situé au fond d'un petit jardin gardé par des statues de chiens en pierre. Le général Võ Tánh dirigeait l'armée de Nguyễn Ánh, futur empereur Gia Long qui prit d'assaut en 1799 la citadelle de Chà Bàn occupée par les rebelles Tây Sơn.

Sur les traces des anciennes murailles de la citadelle, des maisonnettes ont été construites ainsi qu'une pagode édifiée avec les briques de 10 anciennes tours cham.

Quitter Qui Nhơn

– **En bus :** on vous conseille les bus express, plus rapides et plus confortables, qui partent de la gare routière située au 14, rue Nguyễn Huệ (voir rubrique « Adresses utiles »). Départs à 5 h ou à 6 h, selon la destination. Acheter son billet la veille.

• Pour Quảng Ngãi : 174 km, le trajet dure 5 h environ (en bus local).
• Pour Pleiku (hauts plateaux) : 186 km, le trajet dure 6 h (bus local).
• Pour Đà Nẵng : 303 km, 8 h (en bus local).
• Pour Nha Trang : 238 km, entre 5 et 6 h de route (bus local).
• Pour Hô Chi Minh-Ville : 677 km, environ 16 h de route (bus local).

– **En train :** la gare ferroviaire est située à Diệu Trì (Dieu fait le tri !), à 10 km de Qui Nhơn. On peut acheter les billets à la gare de Qui Nhơn dont l'adresse est citée dans la rubrique « Adresses utiles ». Des minibus y conduisent de la gare des bus locaux. Pour Đà Nẵng, il y a un départ très tôt le matin (horaires à vérifier). Compter 8 h de voyage. Pour Saigon, compter 16 h.

– **En avion :** 2 vols par semaine pour Đà Nẵng (durée 1 h 10), et 4 vols par semaine pour Saigon. Minibus pour l'aéroport au départ de la gare routière des bus locaux.

Entre Qui Nhơn et Quảng Ngãi

▶ **Sa Huỳnh :** à 60 km au sud de Quảng Ngãi, sur la route n° 1 qui, à cet endroit-là, se rapproche à nouveau du littoral, cette petite ville est réputée pour sa belle et grande plage bordée de cocotiers et entourée de rizières. Elle s'appelle la plage des Anges. On y trouve un petit resto, le **Bãi Tiên,** dans une maison sur pilotis, à droite au début de la plage. Il est bon et pas cher et propose quelques chambres à l'arrière au confort très sommaire mais suffisant pour une courte escale. Autour de Sa Huỳnh, on peut voir de nombreux marais salants toujours en activité, comme à Sông Cầu, au sud de Qui Nhơn.

C'est au sud de Sa Huỳnh, sur la longue plage qui commence après Tam Quan, vers Bồng Sơn, que s'est déroulée la fameuse attaque des hélicoptères américains si bien montrée dans le film *Apocalypse Now* sur fond de musique wagnérienne. Dans la réalité, Coppola n'a pas tourné cette scène spectaculaire ici mais aux Philippines. A l'époque, le général de la division était si persuadé d'être le bon cow-boy contre ces Indiens de Vietcongs qu'il portait pour la circonstance un chapeau texan et se déplaçait à cheval suivi de sa mule, anecdote incroyable racontée dans le livre « First of Cab ».

QUẢNG NGÃI

A 131 km au sud de Nha Trang, cette ville, capitale de la province du Quảng Ngãi, n'a rien d'intéressant. Les bus y passent, s'y arrêtent, puis repartent. Rares sont les routards qui décident d'y dormir, à l'exception de ceux qui veulent visiter le site de Mỹ Lai (à 14 km) où des soldats américains commirent le plus horrible massacre de civils de la guerre du Vietnam.

La campagne et les rizières autour de Quảng Ngãi portent encore les stigmates de la guerre. Les Américains y avaient créé des « zones blanches » de « free killing », littéralement des zones de « tuerie libre » où les soldats pouvaient tirer sans distinction sur tout ce qui bougeait... On peut reconnaître aisément ces « zones » aux maisons neuves que les paysans ont construites après la guerre. Elles sont en pisé, en bambou ou en latanier, mais elles sont neuves. Du moins, elles l'étaient à la fin des années 70, période où la province souffrait beaucoup des séquelles de la guerre (mines, défoliants, bombes non explosées, misère accrue....).

Le village de Bình Sơn (à 24 km au nord de Quảng Ngãi) à la limite de deux provinces, le Quảng Ngãi et le Quảng Nam, fut le théâtre de combats acharnés lors de l'opération Starlight qui visait à pacifier définitivement la région. Les soldats américains opéraient à partir de leur base voisine de Chu Lai (dont il ne reste aujourd'hui que des bâtiments en béton en ruine au milieu de terrains vagues).

Adresses utiles

– *Office du tourisme :* Quảng Ngãi Tourism a ses bureaux à l'hôtel Sông Trà. ☎ 2665 ou 3870.
– *Gare routière :* à la hauteur du 32, rue Nguyễn Nghiêm, à une centaine de mètres de la route principale (Nationale 1) qui devient la rue Quang Trung en traversant la ville.
– *Gare ferroviaire :* elle se trouve à 3 km du centre-ville en suivant la rue Phan Bội Châu (on passe devant la poste et l'église). Prendre un cyclo-pousse.

Où dormir ?

La ville compte 4 hôtels.

🛏 *Hôtel Sông Trà :* situé au bord de la rivière Trà Khúc, à gauche avant le pont, en allant vers Đà Nẵng. Abrite l'office du tourisme. Hélas, ce n'est pas l'adresse la moins chère de Quảng Ngãi. Un autre hôtel, récent, à 5 $ la nuit, a ouvert ses portes non loin du Sông Trà. A vérifier.

Aux environs

▶ *Le site de Mỹ Lai :* le laissez-passer n'est plus nécessaire pour se rendre à Mỹ Lai, hameau situé à 14 km au nord de Quảng Ngãi. Pour y aller : louer un

vélomoteur avec chauffeur depuis le centre-ville. Aucun bus ne fait le détour par
là, évidemment. Sortir donc de Quảng Ngãi par la RN 1 vers Đà Nẵng. Après le
pont de la rivière Trà Khúc, une stèle à droite indique Sơn Mỹ, 12 km. Suivre ce
chemin jusqu'au bout, à travers un beau passage de rizières et de jardins
ombragés.

Le site et le musée de Mỹ Lai sont ouverts tous les jours sauf le lundi. La visite
est assurée par une jeune guide anglophone. Compter environ 1 h. Avant de
partir, on vous demandera de laisser votre carte de visite ou d'inscrire quelques
mots dans le livre d'or. Pensez à laisser un pourboire au guide car l'entrée est
gratuite. Commentaire excellent.

Un mémorial a été érigé dans le parc autour du musée, à l'emplacement même
du hameau martyr de Xóm Láng où fut commis le massacre de civils le plus
meurtrier de toute la guerre du Vietnam. Le 16 mars 1968 à l'aube, trois
compagnies d'infanterie de l'armée américaine attaquèrent le village de Mỹ Lai
et ses 4 hameaux, fief vietcong au cœur d'une zone de « free killings » (tirs à
volonté). Des hélicoptères déposèrent les soldats de la compagnie Charlie dans
les rizières. L'une d'elles, dirigée par le lieutenant William Calley, s'avança vers
le hameau de Xóm Láng, en mitraillant les villageois affolés qui s'enfuyaient. Ils
jetèrent des grenades dans les maisons, mirent le feu aux huttes et aux cases,
tuèrent le bétail, tirant sur tout ce qui bougeait : hommes, femmes, vieillards,
enfants, animaux. Des femmes furent violées et exécutées, un vieillard fut jeté
dans un puits, une famille entière fut liquidée sous les rafales des M 16 dans un
ruisseau, etc. La liste des atrocités commises à Mỹ Lai par les soldats américains est trop longue pour être donnée ici en détails. Ce massacre d'innocents
dura à peine 3 h. Résultat de cette boucherie aveugle : 347 civils tués. Aucun
vrai combattant vietcong ne se trouvait dans le village ce jour-là. Il n'y eut donc
aucune résistance possible de la part de ses habitants.

Il n'y eut aucune victime américaine sauf un soldat blessé après s'être tiré lui-
même une balle dans le pied, pour ne pas participer au massacre. Côté vietnamien, seule une fillette échappa au bain de sang, la petite Võ Thị Liên : elle n'a
pas voulu quitter Mỹ Lai. Témoin unique, elle est aujourd'hui la guide officielle
du site et du musée.

Bien que les soldats reçurent l'ordre de ne rien dire sur cette « bavure », certains
finirent par parler. La presse découvrit l'horreur et l'opinion américaine reçut
avec Mỹ Lai le plus gros choc psychologique de la guerre du Vietnam (quelques
semaines à peine après l'offensive du Têt). Seul le lieutenant Calley fut traduit
en cour martiale et reconnu coupable du meurtre de 22 civils non armés.
Condamné à la prison à vie, il passa trois ans assigné à résidence et fut libéré en
1974. Quelles furent les vraies raisons du massacre ? Ce fut une opération de
représailles destinée à « donner une bonne leçon » aux paysans accusés
d'héberger, de nourrir et de collaborer avec les combattants vietcong. En outre,
on sait que Calley, petit officier, cherchait par tous les moyens à faire du zèle
pour avoir une promotion.... « War is hell, I have been there », « la guerre est un
enfer, j'étais là », cette phrase lapidaire d'un soldat américain inscrite sur le livre
d'or du musée laisse songeur...

– *LES HAUTS PLATEAUX DU CENTRE* –

Entre Đà Nẵng, Đà Lạt et la côte orientale du Vietnam, s'étend la plus vaste portion de territoire du sud du pays : les hauts plateaux du centre. Les frontières du
Cambodge et du Laos marquent la limite occidentale de cette zone enclavée qui
joua un rôle stratégique crucial pendant la guerre. L'armée américaine y détenait
des bases importantes à Ban Mê Thuột, Pleiku et Kontum. Les paysages
portent, à de nombreux endroits, les traces des bombardements : cratères de
bombes envahis par une végétation rase, monts pelés et déboisés victimes des
défoliants, du napalm et du fameux agent orange. Voilà une région à part, plus

fertile dans le Sud, plus montagneuse dans le Nord, où vivent de nombreuses minorités ethniques dont les plus importantes sont les Giarai, les Mnong, les Edé, les Bahnar et les Sedang. Grâce à l'altitude (entre 500 et 800 m en moyenne), le climat reste tempéré avec un air vif et sec toujours supportable. Comme par exemple à Đà Lạt, première ville climatique des hauts plateaux (se reporter à ce chapitre à part).

Seulement 2 millions de personnes y habitent, les Vietnamiens dans les villes, les « Montagnards » (minorités ethniques) dans les campagnes. En raison du manque d'infrastructures hôtelières et touristiques, de la présence encore récente de camps de concentration (officiellement « de rééducation »...), cette région est une des dernières du pays à ouvrir ses portes aux étrangers. Même les touristes américains sont autorisés désormais à y venir. Cela dit, l'accueil et l'organisation des bureaux du tourisme locaux relèvent encore de l'artisanat et du bricolage d'après-guerre. Il faut le savoir pour ne pas avoir de mauvaises surprises. La solution la moins onéreuse et la plus lente consiste à faire la boucle suivante en bus : Nha Trang, Ban Mê Thuột, Pleiku, puis redescente vers Qui Nhơn sur la côte. L'idéal : louer une moto ou une voiture, et compter 3 ou 4 jours pour avoir le temps de musarder dans les villages des minorités.

DALAT (ĐÀ LẠT)

A 1 500 m d'altitude, nichée dans un cirque de collines et de bois de sapins, parsemée d'une kyrielle de villas et de chalets de style français, Dalat, station climatique la plus réputée du Vietnam, n'a pas l'apparence d'une ville asiatique. Bien au contraire, avec ses lacs artificiels, ses jardins fleuris, ses champs de légumes et ses vestiges de couvents, d'instituts et d'écoles, elle ressemblerait plutôt à une ville thermale de province. Dalat c'est Barbotan-les-Thermes en Indochine, Aix-les-Bains dans un bol de riz, Bagnoles-de-l'Orne sous un chapeau conique !

Une ville-paysage, conçue pour et par les Français de Cochinchine, qui étouffaient dans la chaleur tropicale de Saigon, ville moite par excellence. A Dalat, le climat est tellement clément, l'air si vif et salubre, que les arbres donnent des pommes, les jardins des poireaux, les vaches du lait. Tout pousse, tout peut éclore. Et puis il y a l'eau, ou plutôt les eaux qui caracolent du sommet des monts, forment des rivières, se transforment en chutes et en cascades, en lacs naturels ou artificiels. Ici, la nature est dans la ville, et la ville est à la campagne. Tous les routards n'aiment pas Dalat, cette « Petite France », kitsch et provinciale, où l'on respire plus l'Europe que l'Extrême-Orient. Pourtant, même s'il n'y a rien de spectaculaire à voir, il s'en dégage un charme désuet, une ambiance rassurante, un parfum en dehors du temps, presque anachronique : c'est précisément cela qui les captivant. Et puis, on y a découvert des gens chaleureux et ouverts, Vietnamiens qui ne ressemblent pas aux autres Vietnamiens : un restaurateur adorable, une architecte surréaliste dans la pension la plus insolite du pays, ainsi qu'un drôle de guide francophone, le béret vissé sur le crâne, roulant toujours à vélomoteur... A vous de les trouver dans les lignes qui suivent.

Un peu d'histoire

C'est en explorant pour la première fois en 1893 cette région inconnue des Européens qu'Alexandre Yersin (le fameux découvreur du sérum contre la peste) découvrit le plateau du Lang Biang et le site de Dalat, alors habité par la tribu des M'Lats. A l'origine, il y avait une source (Dak) et des Lats : le nom Dalat signifie la source des Lats. Émerveillé par la beauté des lieux et la fraîcheur du climat, le Dr Yersin rédigea un rapport prémonitoire où il suggéra au gouvernement français d'installer une station d'altitude au sein de ces montagnes sans

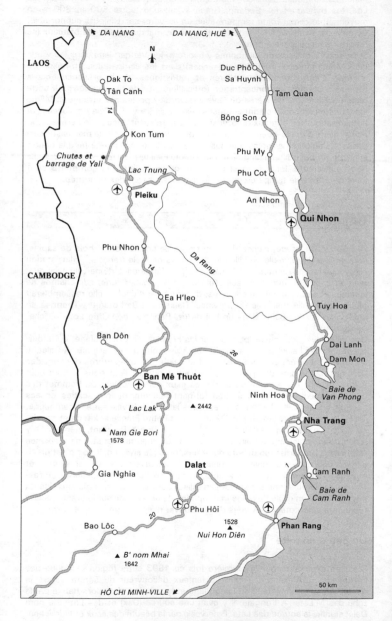

HAUTS PLATEAUX
DU CENTRE ET LITTORAL

moustiques. Aussitôt convaincu par l'idée de Yersin, Paul Doumer, gouverneur général de l'Indochine, envoya en 1897 une première équipe pour imaginer une ville résidentielle qui permettrait aux colons de la Cochinchine de venir se reposer de la chaleur torride et moite des plaines tropicales. La ville est née dans l'insouciance de la Belle Époque ! On creusa des lacs artificiels, on construisit dans les sapins toute une variété de chalets et de villas, des écoles, des églises, des couvents. Le but de l'architecte était d'en faire une cité-jardin, une ville fondue dans le paysage, en respectant les sites et en préservant l'espace. Dans les années 20-30, Dalat était surnommé le « Petit Paris ». Des légumes et des espèces fruitières furent importés de France. Le Dr Yersin y fit ouvrir un quatrième Institut Pasteur en 1936. De luxueux hôtels, des palais, un casino, un golf, furent construits : Dalat devint une des stations d'altitude les plus chic d'Extrême-Orient. L'empereur Bảo Đại y possédait une magnifique résidence, non loin du pavillon de chasse de Theodore Roosevelt. Après la défaite française de Điện Biên Phủ en 1954 et les accords de Genève coupant le Vietnam en deux pays, les Français quittèrent Dalat tandis qu'affluèrent les catholiques du Nord fuyant le communisme.

Pendant la guerre du Vietnam, la ville, enclavée dans ses montagnes, ne fut jamais bombardée et elle est tombée presque sans efforts en 1975. Elle s'est considérablement appauvrie mais elle est restée intacte !

Un climat tempéré

Si l'on en croit sa devise latine – *Qui Dat Aliis Laetitiam Aliis Temperiem* – Dalat est une ville « qui donne aux uns la joie, aux autres la fraîcheur ». Grâce à son altitude, la température y est toujours supportable et la pression atmosphérique modérée. Le ciel est souvent très bleu, d'une luminosité quasi montagnarde. En venant de Saigon, ville tropicale et torride, on a l'impression troublante de débarquer dans une petite station des Alpes, où les citadins portent des blousons, des chandails, des moufles et des bonnets. On change de monde. Ici, l'air est vif et pur. Vos cervelles anéanties par la chaleur du delta du Mékong seront réanimées en arrivant à Dalat.

Son climat comprend 4 saisons de durée inégale : la saison sèche qui dure de début décembre à fin mars. Puis vient la saison des orages de fin mars à la mi-juillet (ils ne surviennent qu'en fin de matinée, beau temps ensoleillé le reste de la journée). De mi-juillet à fin octobre c'est la saison des pluies, avec une période plus pluvieuse au mois de septembre. Le vert éclate partout ! Enfin arrive le mois de novembre, période des grands vents où Dalat reçoit les effets indirects des typhons du centre du pays.

Comment se déplacer à Dalat et autour ?

– *A bicyclette :* on peut louer des vélos au bas de la rue Nguyễn Thị Minh Khai, à côté de la gare routière (minibus). 15 000 *đông* par jour environ. Très bonne formule pour découvrir la ville et ses environs, malgré quelques petites grimpettes sur les collines. Éviter d'aller au lac d'Ankroët, c'est trop loin et la piste est défoncée.

– *A moto :* une bonne solution peu onéreuse pour découvrir la ville qui est étendue (on ne le dirait pas mais elle l'est !), surtout si l'on dispose d'un laps de temps très court.

Première formule : louer une moto sans chauffeur en laissant une caution au loueur (des privés la plupart du temps), et en donnant bien son adresse d'hôtel, histoire de rassurer le gars. C'est possible. Mais la solution la plus fréquente consiste à louer la moto avec le chauffeur.

Ce sont généralement des motos robustes fabriquées en ex-Allemagne de l'Est. Compter entre 5 et 7 $ par jour. On trouve des loueurs devant la gare routière, près de la station-service, au bas de la rue Nguyễn Thị Minh Khai.

Si vous prenez la moto à 9 h, il faut la rendre vers 17 h, en règle générale, mais tout peut se négocier avant de partir. Nous vous recommandons particulièrement un charmant monsieur qui s'appelle Dương Ngọc An, qui habite au 2, rue Thống Nhất (la rue qui monte vers l'ancien lycée Yersin, à 500 m au sud-est du lac par la rue Yersin, tourner à gauche avant la rue Nguyễn Trãi). Sympathique, drôle, cet ancien professeur, toujours coiffé d'un béret, parle un français impeccable. Il pourra, si vous lui demandez, vous accompagner à travers Dalat qu'il connaît bien et dans les environs.

Adresses utiles

– *Office du tourisme Dalat Tourist :* appelé aussi Lâm Đồng Tourist 4, rue Trần Quốc Toản. ☎ 22125. Fax : (84-63) 22661. Ouvert de 7 h à 11 h 30 et de 13 h à 16 h 30. Mieux organisé et plus efficace que la plupart des offices du tourisme au Vietnam. Enfin ! Demandez Phạm Văn Mạnh, le seul guide francophone de ce bureau. Un jeune Vietnamien vif, débrouillard et très professionnel.
– *Change :* possibilité de changer des dollars contre des *dông,* au taux officiel, à l'hôtel Dalat Palace.
– *Guide francophone :* René, à contacter à l'hôtel Phú Hoà. Un guide compétent pour la ville, et pour les villages des minorités.

Où dormir ?

La ville ne manque pas d'hôtels, mais certains d'entre eux sont souvent pris d'assaut par les touristes vietnamiens en vacances. Ça peut poser quelques problèmes, notamment pendant la fête du Têt (avant et après), ainsi qu'en fin de semaine. Ne soyez donc pas surpris si on vous refuse une chambre dans un de ces hôtels.
On trouve plusieurs hôtels bon marché dans le centre-ville. Autour de Dalat, sur les flancs de colline, de nombreuses villats (chalets) tenues par des familles, ou par des sociétés, ont été transformées en villas-hôtels. Calmes, jouissant d'une belle vue dans la plupart des cas, ces belles villas ont des tarifs plus élevés mais leur rapport qualité-prix est nettement meilleur que les hôtels d'État (se reporter à la rubrique « Plus chic »). Enfin, sachez qu'il n'y a pas de climatiseur, seulement des ventilateurs, dans les chambres, ceci à cause du climat tempéré de Dalat.

Bon marché

☙ *Hôtel Mimosa :* 170, rue Phan Đình Phùng. ☎ 22656. Il ne fait pas vraiment l'unanimité chez tous les routards mais c'est quand même une bonne adresse dans cette catégorie, bien qu'un peu éloignée du vrai centre-ville. A partir de 8 $ la double. Eau chaude. Pour y aller : de la place Hoà Binh et du cinéma Rạp 3/4, prendre la rue Trương Công Định comme pour sortir de la ville. L'hôtel est 600 m plus loin sur la droite de la rue.
☙ *Hôtel Phú Hoà :* 16, rue Tăng Bạt Hổ. ☎ 22194. Pas cher et très bien placé, mieux que le Mimosa. En allant du cinéma vers le café Tùng (rendez-vous bien connu), prendre la 1re rue à gauche. Simple et propre. Rien à dire de plus, sinon qu'il faut se méfier du bruit côté rue.
☙ *Hôtel Cẩm Dô :* 81, rue Phan Đình Phùng. Autre hôtel peu onéreux avec des chambres de 6 à 8 $ la nuit. Descendre la rue Trương Công Định, puis tourner à gauche à 200 m au carrefour avec la rue Phan Đình Phùng. L'hôtel se trouve 150 m plus loin sur la droite.

Prix modérés

🏨 **Hôtel Thuỷ Tiên :** 7, rue 3 Tháng 2, à l'angle des rues Duy Tân et Nam Kỳ Khởi Nghĩa. ☎ 22482 et 21731. Très central, à deux pas de la place Hoà Bình, cœur de Dalat. Hôtel sans charme mais chambres propres et bien tenues avec douche et eau chaude. Bruyant dans la journée. Mais on n'y est pas à ce moment-là, sauf pour la sieste...

De prix modérés à plus chic

🏨 **Hôtel Anh Đào :** 50-52, rue Khu Hoà Bình. ☎ 22384. La grande fresque naïve de Tarzan et de Jane, ainsi que le gros ours empaillé dans la salle de réception n'annoncent en fait rien de plus original que cela ! Car il s'agit d'un hôtel pour groupes de touristes essentiellement, donc pratique et suffisamment confortable. Son mérite est d'être très bien situé. Gare aux chambres sans vue, tristes à pleurer. Monter 1 ou 2 étages plus haut, et vous aurez une petite vue sur Dalat, ce qui est quand même plus sympathique ! Rien à moins de 35 $. Bon restaurant fréquenté par les groupes organisés.

🏨 **Villa Trixaco :** 7, rue Nguyễn Thái Học. ☎ 22789. Une grande et belle villa coloniale, aux murs blancs, orientée plein sud, sur la rive du lac, à la hauteur du restaurant Thanh Thúy. On se croirait à Arcachon ou à Mimizan-Plage. Un vieil escalier en bois monte aux chambres, claires, vastes, propres, toutes équipées de bains-w.-c. Notre préférée est la n° 5, inondée de lumière, avec un grand balcon familial donnant sur le lac. Prix raisonnables pour la qualité de la maison, surtout si l'on voyage en couple ou même à 3 : de 25 à 30 $ la chambre. Attention, il y a 14 chambres mais les plus sympa sont au premier étage, et souvent prises.

🏨 **Pension Hằng Nga :** 3, rue Huỳnh Thúc Kháng. ☎ 22070. L'hôtel le plus insolite, le plus délirant du Vietnam, sinon de toute l'Asie du Sud-Est. Un endroit fantastique, à visiter absolument même si vous n'y dormez pas. Sur la route qui monte à travers les collines au palais de Bảo Đại, impossible de rater la pension Hằng Nga, sur la droite. C'est la maison de Mme Đặng Việt Nga, la fille de Trường Chinh, bras droit de Hô Chi Minh, et ancien président de la République du Vietnam. Architecte inspirée par ses rêves, par la forêt et ses légendes merveilleuses, plus que par le dogme politique, cette femme qui se promène avec un bob blanc sur la tête se fait appeler « Reine de la Nuit » ou « Femme de la Lune ». Elle a conçu son jardin comme une sorte de musée imaginaire. A l'entrée, une immense girafe en béton regarde un arbre (en béton aussi) abritant des chambres aux formes tarabiscotées, ornées de sculptures de bêtes et de miroirs. Au sommet de l'arbre, elle ouvrira une buvette avec vue panoramique. Un pavillon abrite la chambre du tigre avec des rideaux roses. A côté, c'est le « chalet du bonheur » pour couple lune-de-miéleur. Le jardin est parsemé de sculptures naïves style Schtroumpf : des nains, des génies, des formes végétales, des champignons gigantesques, une toile d'araignée, une grosse babouchka jaune et noire... On se croirait dans la plus anticonformiste des architectures californiennes. Incroyable pension que l'on découvre comme un musée d'art moderne en plein air ! Pas un seul angle droit (ou presque pas), ici tout n'est que formes arrondies et ondulantes, comme les feuilles des arbres. Seuls les prix sont plus anguleux (légèrement) : à partir de 35 $ la double, 55 $ la chambre pour 4 personnes. Douche et w.-c. partout. Le même endroit en France ferait la une des journaux et sa propriétaire serait une star ! Ici, on ignore cette femme géniale qui a 50 ans d'avance sur son pays ! Mme Nga, on vous aime !

🏨 **Palais d'été de Bảo Đại, Le Palace III :** à 2 km au sud-ouest du centre-ville, au bout de la rue Lê Hồng Phong. Ouvert de 7 h à 11 h et de 13 h 30 à 16 h. Ce monument historique de 1933 se visite. On le décrit dans la rubrique « à voir ». On peut y dormir pour 20 $ la nuit, et dans la chambre du dernier empereur pour 40 $! Un peu excentré certes, mais le trajet peut se faire à moto, à vélo ou même à pied. Possibilité d'y prendre le repas du soir (bon marché et copieux) à condition toutefois de prévenir à l'avance. Les chambres sont spacieuses et très propres. De plus, on a tout le palais et les jardins pour soi le soir... Personnel très serviable. L'adresse ne semble pas prise d'assaut, pour l'instant du moins.

Où manger ?

— Gastronomie : la région de Dalat regorge de fruits et de légumes. Au resto, goûtez aux pommes (bom en vietnamien vient du mot français), aux kakis séchés (très sucrés et délicieux), aux prunes (plantées dans la région de Trai Ham), aux fraises. On trouve d'excellentes confitures de fraise, un peu trop sucrées hélas. Les avocats curieusement se prennent comme dessert avec du sucre ou bien avec du sel et du poivre. Les artichauts sont consommés comme légume ou en infusion (racines, tiges, feuilles séchées).
— Au bas du grand marché, sous une grande halle près de la station de taxi, on trouve une trentaine de petites cuisines tenues par des Vietnamiennes qui mitonnent une bonne petite cuisine à des prix défiant toute concurrence : ragoûts, farcis, soupes, riz, beignets...

Bon marché

✕ **Restaurant de Famille, Maison Long Hoa :** 6, rue Duy Tân. ☎ 22394. En plein cœur de Dalat, un petit restaurant, bon et pas cher, tenu par M. Phan Thái, parfait francophone et ancien élève du lycée Yersin. Professeur avant 1975, il s'est enfermé pendant 14 ans dans son jardin d'hiver parmi ses bonzaïs pour méditer, plutôt que de s'enfuir à l'étranger ou de devenir un communiste pur et dur. Aujourd'hui restaurateur, il reçoit ses hôtes avec la plus grande gentillesse, fidèle à sa devise : « Tout repas est festin lorsque l'amitié le sert. » Bouddhiste érudit, il lit le chinois dans le texte et il applique dans sa vie quotidienne les préceptes philosophiques de cette religion de tolérance et de non-violence. Chez lui, tout se fait en famille, dans la bonne humeur. Une de ses filles ayant épousé un Hollandais éleveur de vaches, il y aura peut-être bientôt du bon lait de vaches vietnamiennes sur les tables... Dans un petit placard, Phan Thái a mis de côté une petite lettre que l'éditeur Larousse lui avait adressé en réponse à une lettre-poème qu'il avait écrite pour dire à cette vénérable maison française combien le Petit Larousse avait été son fidèle compagnon d'infortune au cours de ses années de reclusion volontaire. Demandez-lui de vous parler de l'histoire de Dalat, il connaît sa ville par cœur.

✕ **Restaurant Shanghai :** 8, rue Khu Hoa. Derrière le grand cinéma sur la place centrale. Bonne cuisine vietnamienne, chinoise et quelques plats français à prix doux.

✕ **Restaurant Đỗ Yên :** 7, place Hoà Bình. ☎ 22133. Ouvert tous les jours. Près du resto Shanghai et du café Tùng. Bon marché et nourriture correcte. Rien à voir avec Ledoyen...

✕ **Restaurant Than Than :** à côté de l'hôtel Phú Hoà, au n° 4 de cette rue. Adresse fréquentée par les Dalatois. Service assez classe et cuisine de qualité à prix raisonnables, bien qu'un peu plus cher que les adresses précédentes. Petits déjeuners copieux. A recommander.

✕ Dans la rue du resto Than Than : *d'autres petits restos* bons et pas chers.

Prix modérés à plus chic

✕ **Restaurant Thùy Tạ :** il s'appelait La Grenouillère du temps des Français. Situé sur la rive sud du lac Xuân Hương, ce resto sur pilotis, assez chic, sert une fine cuisine régionale. Jolie vue sur le lac. Vraiment une bonne adresse pour une soirée un peu plus classe. Attention : comme tous les restos de Dalat, il ferme à 21 h.

✕ **Restaurant Thanh Thúy :** sur la rive nord du lac, le long de la rue Nguyễn Thái Học, à 200 m environ de la station de taxis et de la gare routière. Bonne cuisine à prix sages. On y sert du cerf vietnamien, viande tendre et sans cholestérol.

Où boire un verre ?

– **Café Tùng :** 6, rue Khu Hoà Bình. Juste après le cinéma central. On pousse la porte d'entrée en fer forgé (et en verre), on entre alors dans un vieux bar sombre et enfumé, aux murs jaunis, aux boiseries usées, où sont accrochés des vieux 45 tours des années 60 (Richard Antony...). Naguère les intellectuels s'y donnaient rendez-vous ainsi que les officiers sud-vietnamiens qui y retrouvaient leurs petites amies, à l'heure du thé, sur les banquettes en moleskine. Drôle d'endroit, complètement rétro avec ses lumières tamisées et ses tables de poupée. Bonne musique française. Les jeunes branchés y viennent entre 18 h et 19 h siroter une bière ou un café au lait. Ambiance très agréable, presque celle d'un cabaret montagnard.

– **Café Stop and Go :** à droite en montant la rampe qui mène au cinéma Rạp 3/4 (l'ancien marché des années 50). Petit troquet sympa avec peu de tables, disposant d'une baie vitrée surplombant le marché couvert. Le proprio porte une moustache. C'est un gars affable, ancien député de Dalat et aujourd'hui animateur du cercle des poètes de la ville. Il tient aussi un magasin d'antiquités à côté du café. Si le courant passe bien avec lui, il peut même vous offrir un poème dédicacé.

– Plusieurs bars musicaux le long de la rue Nguyễn Chí Thành, après l'hôtel Anh Đào, qui surplombent la place du marché en contrebas. C'est là qu'il faut venir le soir pour faire des rencontres avec les jeunes Dalatois et les Dalatoises à la mode. Il y a même un vidéo-bar qui diffuse des clips de rock and roll, de pop et de folk anglo-saxonne : le *Hương Thúy* (5e à gauche).

A voir, à faire

Les brochures touristiques vantent en priorité les nombreuses cascades et chutes d'eau qui parsèment les collines autour de Dalat. Ces « attractions » attirent en masse les visiteurs vietnamiens, venus là en vacances ou en voyage de noces. A vrai dire, ces sites commerciaux (Cam Ly, vallée d'Amour, lac des Soupirs, chutes de Datanla et de Prenn) n'ont rien de spectaculaire. Ils sont décevants, tellement ils sont fréquentés, exploités par des ribambelles de boutiques de souvenirs, des attractions de mauvais goût, enlevant à ces lieux, sans doute très beaux à l'origine, ce qui leur restait de charme et de beauté sauvage. Il y a deux choses vraiment intéressantes à faire à Dalat et autour. D'abord une longue promenade d'une journée, de l'aube au crépuscule, à pied, à vélo ou à moto, dans les collines boisées autour de la ville. C'est là que l'on comprend le mieux la ville et son urbanisme de ville-à-la-campagne, que l'on découvre son charme désuet et rétro à travers ces innombrables villas et chalets de style français, éparpillés sous des bois de sapins.

La seconde balade à ne pas manquer demande une bonne journée aussi. Il s'agit du village Lat, du lac et des chutes d'Ankroët, et plus loin encore, du lac de Dankia dominé par le mont Lang Biang, sommet de la région.

DANS LE CENTRE DE DALAT

▶ **Le marché central :** au cœur de la ville, au nord de la rue Nguyễn Thị Minh Khai, il s'agit d'une bâtisse en béton gris, assez laide, construite en 1962 à l'emplacement de l'ancien marché incendié dans les années 50. Donne un bon aperçu de la variété de légumes, de fruits et de fleurs que les Vietnamiens cultivent dans la région de Dalat. Ouvert de 6 h à 18 h.

▶ *Le lac Xuân Hương* : on ne voit que lui en arrivant à Dalat par les collines. Ce lac artificiel de 4,5 ha fut construit en 1919 à l'initiative d'un dénommé Cunhac, premier résident français dans la station climatique. Il a vaguement la forme d'un long haricot. La ville « bourgeoise » s'est développée au fil des années sur les pentes vallonnées, au nord et au sud du lac. Son nom pourrait signifier « parfum printanier » en raison des nombreux merisiers roses qui y fleurissent au printemps et embaument l'air de Dalat. A moins qu'il tire son nom de Hồ Xuân Hương, une belle poétesse vietnamienne du XVIIᵉ siècle. On peut en faire le tour, en calèche ou à bicyclette, par une route longue de 5 km, très agréable en fin d'après-midi.

▶ *Le golf de Dalat* : il forme un îlot de verdure de 65 ha (c'est immense !) sur les collines en pente douce de la rive nord du lac. Construit dans les années 20 sur les plans d'un architecte anglais, c'était un des plus beaux terrains de golf de l'Asie du Sud-Est. Abandonné pendant longtemps, il est actuellement en cours de reconstruction et se prépare à accueillir des joueurs sélects.

▶ *L'hôtel Dalat Palace* : perché sur une petite colline au-dessus du lac Xuân Hương, c'est le plus grand palace d'époque coloniale de Dalat. Construit en 1922 dans le style « balnéaire-colonial », cher à cette période, il s'appela d'abord le Lang Biang Palace. Le gouvernement français avait alors l'intention de faire de Dalat la capitale de la Fédération indochinoise, d'où probablement la dimension de ce palais. Le premier réseau clandestin du parti communiste vietnamien fondé en 1930 est né dans les cuisines de cet hôtel de grand luxe. Cuisiniers et serveurs constituèrent là le premier noyau de la révolte anticoloniale. Plusieurs grandes conférences historiques s'y sont déroulées, avant et après 1975. C'est presque un monument historique ! Rénové récemment, il a retrouvé sa vocation de palace et abrite maintenant un hôtel 5 étoiles. Pour routards ayant gagné au Loto !

AU NORD DE LA VILLE

Très belle balade à faire à pied ou à bicyclette, sans se presser.

▶ *Musée Lâm Đồng* : en vietnamien Bảo Tàng Lâm Đồng, 1, rue Lý Tử Trọng. ☎ 22339. Pas d'horaires précis d'ouverture. Frappez, on vous ouvrira ! Il s'agit d'une grande maison coloniale, juchée au sommet de la plus haute colline du centre-ville. A 1 km environ du marché central, on y accède par la rue Phan Bội Châu à l'extrémité de laquelle on trouve ce chemin sinueux, ombragé par des pins, qui s'élève jusqu'au sommet de la colline. Vue superbe d'en haut. Avant 1975, le maire de Dalat y habitait. Aujourd'hui, la maison abrite un petit musée des minorités ethniques de la province de Lâm Đồng. A travers une foule d'objets divers, on découvre la vie quotidienne et l'artisanat des 3 ethnies principales de la région : les Ma (autour de Bảo Lộc), les Churu (autour de Đơn Dương) et les Koho (autour de Di Linh et Lâm Hà). Aucun commentaire ni en français, ni en anglais. La pièce la plus remarquable est, de loin, un grand lytophone, instrument musical long de 2 m fait de pierres volcaniques reliées entre elles par des cordelettes et capables d'émettre des notes que les montagnards considèrent comme des tonalités mystiques.

▶ *Le jardin des fleurs* : appelé aussi jardin horticole, ou Vườn hoa thành phố (jardin des fleurs de la ville). Il est situé au nord-est du terrain de golf, au bout du lac Xuân Hương. Pour y aller, suivre la rue Bà Huyện Thanh Quan qui longe la rive nord du lac. Bien pour connaître en détail les divers types de fleurs des hauts plateaux. Les plus étonnantes sont les orchidées sauvages qui, à Dalat, coûtent 3 fois rien. Et ne manquez pas les roses jaunes appelées encore « Joséphine », les roses tendres connues sous le nom de « Grace de Monaco », ni les roses « B.B. » surnommées ainsi parce que leur couleur s'apparente à la couleur du rouge à lèvres de Brigitte Bardot. Décidément, les Dalatois sont des gens très romantiques et de bon goût !

▸ **La pagode Linh Sơn :** au sommet d'une colline couverte de plantations de thé (le rêve pour un sanctuaire bouddhiste !), à 1 km au nord-ouest de Dalat. Pour y aller, suivre la rue Phan Đình Phùng, puis tourner à droite environ 800 m plus loin, au carrefour avec la station d'essence. La pagode est au 120 rue Nguyễn Văn Trồi. Agréable pagode, construite entre 1936 et 1940 par Võ Đình Dung, l'homme le plus riche de la ville à cette époque. Directeur d'une entreprise de bâtiment, il possédait 70 maisons à louer à Dalat. Il fut le mécène de cette pagode mais fit aussi construire plein de monuments comme le palais Bảo Đại, la gare, etc. Aujourd'hui, une quinzaine de bonzes y vivent.

▸ **Le couvent du domaine de Marie :** au sommet d'une colline au nord-ouest de la ville. Adresse : 6, rue Mai Hắc Đế. Son nom vietnamien : « Nhà Thờ Lãnh Địa Đức Bà ». Avant 1975, on dénombrait à Dalat 29 monastères, abbayes et couvents appartenant à divers ordres religieux catholiques ! Le domaine de Marie, construit entre 1940 et 1942, est une grosse bâtisse, en pierre, en ciment et aux toits couverts de tuiles rouges. Un vestige de l'époque coloniale qui n'a rien de très beau, il est plutôt moche, mais la balade pour y aller offre de jolies perspectives sur la vallée. Ne soyez pas étonné de croiser en route, à l'heure de la sortie des écoles, autant d'écoliers et d'écolières vêtus de chandails en laine bleue, c'est encore un souvenir vestimentaire, assez chic, de la présence française à Dalat.

AU SUD DE LA VILLE

Très chouette promenade à faire à bicyclette sans se presser, aux plus belles heures de la journée en raison de la luminosité qui captivera les photographes. Notre balade commence tout à fait à l'est de la vallée pour se diriger vers l'ouest. Mais on peut, bien entendu, la faire dans n'importe quel sens, à sa guise.

▸ **L'ancien lycée Yersin :** il abrite aujourd'hui l'école normale supérieure. On le repère d'assez loin, grâce à sa haute tourelle coiffée d'ardoise émergeant des arbres d'une colline, au sud du lac Xuân Hương. Le lycée se trouve au bout de la rue Thống Nhất qui donne sur la rue Nguyễn Trãi, à 500 m environ sur la gauche en venant du lac.
Construit en 1935, en l'honneur du découvreur de Dalat (Yersin), il ne se visite pas mais il vaut le coup d'œil car il a vraiment l'allure d'une bâtisse française, disons du sud de la France. Mais il est très délabré maintenant. A ne pas confondre avec son petit frère, le petit lycée Yersin, autre vestige français, beaucoup moins impressionnant par ses dimensions.
Au 2, rue Thống Nhất, habite Dương Ngọc An, un ancien professeur de français qui fut élève au lycée Yersin. Il pourra vous en parler en détails (se reporter aussi à la rubrique « Comment se déplacer à Dalat ? »).

▸ **La gare de Dalat :** s'il y a un monument de style français de l'époque coloniale à ne pas rater à Dalat, c'est bel et bien cette gare ferroviaire surréaliste : on dirait une maquette de joujou pour gamin, qui aurait grandi sur un simple coup de baguette magique ! Même vide et désaffectée, elle mérite une photo. Elle est si merveilleusement rétro qu'on s'attend à y voir surgir à tout moment notre cher M. Hulot, pipe au bec, et l'air ahuri ! Pour y aller : de la rive sud du lac, prendre la rue Nguyễn Trãi, sur 500 m environ, puis tourner à droite. Le premier train arriva à Dalat en 1933, empruntant la ligne Tháp Chàm-Dalat (84 km) ouverte par les Français. En raison des attaques incessantes du Vietcong, celle-ci fut fermée en 1964. Pour amuser les touristes un petit train à crémaillère effectue une boucle de 5 km autour de Dalat. Les Vietnamiens voudraient retaper entièrement cette très belle ligne de montagne et la rouvrir au public. Candidats investisseurs, tentez votre chance !

▸ **Les belles villas et les chalets d'époque coloniale :** les plus imposantes villas se trouvent noyées dans les pinèdes de la rue Trần Hưng Đạo, sur une ligne de crête dominant la rive sud du lac. Il y en a de très mignonnes, parfois insolites, dans les rues Quang Trung et Nguyễn Du, après la gare, sur la route du lac des Soupirs. Dans la rue Lê Hồng Phong qui mène à l'Institut Pasteur et au palais Bảo Đại (Dinh III), plusieurs autres villas entourées de jardins fleuris. Grosso-modo, ces villas reprennent (de loin) le style architectural de 4 régions françaises : la Normandie (avec les pans de bois apparents), la Bretagne (avec ses grosses pierres saillantes et ses ardoises), la Savoie (chalets en bois avec des balcons) et le Pays basque (2 pans de toiture asymétriques descendant très bas et quelques pignons à colombage). Selon le style de la villa, on peut déceler l'origine géographique du Français qui commanda la baraque. Amusant !

▶ *La résidence du gouverneur général :* appelé aussi hôtel Dinh II. A 2 km à l'est du centre de Dalat. ☎ 22093. Au carrefour de la rue Trần Hưng Đạo et de la rue Khởi Nghĩa Bắc Sơn, un chemin monte à cette grande demeure achevée en 1937 qui servit de palais d'été au gouverneur général Jean Decoux jusqu'à la fin de la Seconde Guerre mondiale, puis à Ngô Đình Nhu, frère du président Diệm, plus tard encore au vice-président Nguyễn Cao Kỳ. Qui est Ky ? demanda un jour le général de Gaulle...
Palais ouvert de 7 h à 11 h et de 13 h 30 à 16 h. Possibilité d'y dormir dans des chambres gigantesques pour plus de 30 $ la nuit par personne. S'adresser à Dalat Tourist.

▶ *La cathédrale* (Nhà thờ lớn) : se trouve à gauche après l'hôtel Dalat, sur la rue Trần Phú, presque en face de la poste (Bưu điện). Devant cette grande église en brique rouge, on a la même impression qu'à Saigon devant la cathédrale Notre-Dame : c'est le style religieux des sous-préfectures françaises qui a été exporté jusqu'ici ! Édifiée entre 1931 et 1942, donc très récente, elle a remplacé une église de 1922 devenue aujourd'hui l'école Quang Trung. A l'intérieur, les vitraux en mosaïque viennent de France. Les Dalatois l'ont surnommée l'église du coq à cause de son coq en bronze juché au sommet du clocher. Un des 3 prêtres y officiant parle bien le français. Il a même un frère qui habite à Colombes (région parisienne). Messes à 5 h 30 et 17 h 15 en semaine, et à 5 h 30, 7 h et 16 h le dimanche.

▶ *La pagode de Lâm Tỳ Ni :* connue aussi sous le nom Quan Âm Tự. Située au 2, rue Thiên Mỹ, à 500 m de l'Institut Pasteur. N'est pas indiquée sur le plan de l'office du tourisme. Récente, elle date de 1961. Son principal intérêt, c'est l'unique bonze qu'elle abrite. Il s'appelle Viên Thức, parle couramment le français et l'anglais, sait tout faire ou presque. Les meubles en bois, le jardin japonais, le beau portique d'entrée, sont le fruit de son travail patient et méticuleux.

▶ *L'Institut Pasteur :* on ne peut pas le visiter sans autorisation. Situé près du palais Bảo Đại, à l'angle de la rue Lê Hồng Phong et du morceau de chemin montant au palais, ce grand bâtiment jaune a été fondé par le Dr Yersin en 1936 (même installé à Nha Trang, il n'avait pas oublié le Dalat de sa jeunesse).

▶ *Le palais d'été de Bảo Đại :* appelé aussi Dinh III. L'ancienne résidence estivale du dernier empereur du Vietnam (Bảo Đại régna de 1926 à 1945) se trouve au sommet d'une colline plantée de pins, à 2 km environ au sud-est du centre-ville. On y monte par la rue Trần Phú puis par la rue Lê Hồng Phong, en suivant celle-ci jusqu'au bout.
Visites de 7 h à 11 h et de 13 h 30 à 17 h. On peut aussi y dormir, c'est d'ailleurs une de nos bonnes adresses dans la rubrique « Plus chic ». S'y reporter.
Hormis un tableau de l'oncle Hô, rajouté après 1975 (Bảo Đại fut son conseiller suprême pendant quelques mois), cette grande demeure impériale n'a pas changé d'un pouce depuis les années 30. Construite en 1933, dans le style moderniste lancé par Gropius et Le Corbusier, elle abrite 25 pièces et une foule de souvenirs et d'objets ayant appartenu à la famille impériale : le bureau de Bảo Đại avec deux de ses sceaux, son buste, ses livres français, ses téléphones d'époque, ses portraits en noir et blanc signés Harcourt, le sauna des années 30, la grande table de réunion, le salon familial. A l'étage se trouvent les

chambres de son fils Bảo Long, tout en jaune, la couleur impériale, celle de la princesse Phương Mai et de la reine Nam Phương, épouse de l'empereur, décédée en 1963.

▶ *La pension Hằng Nga :* 3, rue Huỳnh Thúc Kháng. ☎ 22070. 2ᵉ rue sur la gauche après l'Institut Pasteur en descendant la rue Lê Hồng Phong vers Trần Phú. Surtout ne pas manquer cette maison extraordinaire qui abrite la plus surréaliste pension du Vietnam. Pour plus de détails, reportez-vous au commentaire que nous en faisons dans la rubrique « Où dormir plus chic ? ».

▶ *L'ancien petit lycée Yersin :* le petit frère du grand lycée Yersin, en moins spectaculaire et en plus délabré encore ! Situé sur la colline, au 1, rue Hoàng Văn Thụ, en allant vers la cascade (nulle) de Cam Ly. Émouvant vestige de bahut français avec ses préaux lépreux, ses beaux bâtiments désaffectés, envahis par la végétation. On y voit encore les pupitres avec leurs encriers, comme autrefois. Aujourd'hui, c'est un centre culturel avec quelques musiciens et des apprentis-rockers.

▶ *L'ancien couvent des Oiseaux :* dans la série « La Nostalgie n'est plus ce qu'elle était au Vietnam », on ne peut trouver mieux ! Sur la butte au-dessus de l'intersection des rues Hoàng Văn Thụ et Huyền Trân Công Chúa. C'était le pensionnat français le plus chic de Dalat, sinon du Vietnam ! Abrite aujourd'hui l'école des cadres communistes !

▶ *La cascade de Cam Ly* (Thác Cam Ly) : sur la droite, en contrebas de la rue Hoàng Văn Thụ, à l'ouest de la ville. Ne vaut vraiment pas le détour, surtout pas en saison sèche. Spectacle affligeant : boutiques nulles, poussière et couche de mousse blanche sur l'eau, odeurs d'égoût... Il paraît que c'est plus excitant en saison des pluies !

PLUS LOIN

▶ *La vallée de l'Amour :* à 5 km au nord de la ville, par une route en bon état. Sortir par la rue Phù Đổng Thiên Vương. En vietnamien, ce site s'appelle « Thung Lũng Tình Yêu ».
Malgré son nom enchanteur, on déteste cet endroit qui a perdu son âme en la vendant au diable du tourisme bas de gamme. C'est l'exemple même de ce qu'il faut faire pour gâcher un site naturel : un chemin d'accès au belvédère bordé de plus de 40 boutiques de souvenirs, toutes identiques ! Des cow-boys vietnamiens qui proposent aux touristes une photo d'eux sur leur poney. Tout en bas, sur les rives dépourvues de charme d'un grand lac, on peut louer des chevaux, des pédalos, ou des petits rafiots à voile (miniature). Mais c'est cher et assez quelconque. On a le sentiment de perdre son temps.

▶ *Le lac des Soupirs :* ne vaut pas un soupir.

▶ *Les chutes de Datanla :* rien d'extraordinaire. Plein de touristes vietnamiens qui viennent poser pour la photo les pieds dans l'eau de la chute. A 5 km de Dalat, sur la route du col de Prenn.

▶ *La chute de Prenn :* à 13 km au sud de Dalat, sur la route de Phan Rang. Prenn ne vaut pas la peine qu'on y vienne. Site peu spectaculaire gâché par l'exploitation touristique.

QUELQUES BALADES SYMPA AUX ENVIRONS

▶ *La pagode de Thiên Vương :* notre pagode préférée à Dalat. Aussi intéressante pour son site exceptionnel que pour sa décoration intérieure.
Elle se trouve sur la crête d'une colline boisée à 5 km au sud-est de Dalat, par la rue Khe Sanh. Construite par la congrégation chinoise de Chaochou en 1958, elle se compose en fait de 3 parties. Pour accéder à la pagode en tant que telle,

il faut traverser la petite cour. A l'intérieur de ce sanctuaire, on voit les fameux 18 bandits devenus 18 sages après leur conversion à la sagesse bouddhiste. Il y a aussi 3 statues laquées d'or. Chacune pèse 1,5 t. Au centre, on reconnaît Bouddha, à gauche la mère de l'Humanité et à droite la déesse du Bonheur.

A 100 m derrière la pagode, un grand Bouddha blanc en position du lotus trône au sommet d'une colline plantée de pins. De là, on a une vue superbe sur les monts environnants.

▶ *Le village Lat :* à 12 km au nord de Dalat (20 mn de moto environ) au pied du mont Lang Biang.

Pour s'y rendre, il faut demander une autorisation à l'office du tourisme Dalat Tourist (se reporter aux adresses utiles). Compter 5 $ par personne, plus le guide (10 $). Sur place, prévoir une visite d'une heure.

9 hameaux forment ce village dont 5 seulement sont habités par l'ethnie Lat, les autres étant habités par des Chill, des Ma, et des Koho. Les Lat vivent très pauvrement de la culture du riz, des haricots noirs et de la patate douce. Quelques habitants parlent le français et l'anglais. Ils vivent dans des maisons sur pilotis couvertes de toits de chaume. La plupart sont catholiques et certains protestants, c'est pourquoi on trouve au village une église et un temple. Le village et la région furent évangélisés par le père Boutary, qui fit construire l'église des minorités à Cam Ly, s'occupa de l'école franco-koho (fondée en 1948), passa des années ici, avant de se retirer en France.

▶ *Le mont Lang Biang :* ou « mont de la Dame ». Cette grosse et belle montagne est le point culminant (2 163 m) de la province de Lâm Đồng et la montagne sacrée des minorités ethniques. Une très vieille légende s'y rattache, racontant l'histoire d'un amour impossible entre un jeune homme de l'ethnie Chill et une fille de l'ethnie Lat. Tués par un méchant sorcier, leurs corps disparurent dans un grand incendie : celui de la jeune fille devint le mont Lang Biang. On y grimpe assez facilement au départ du village de Lat : compter 3 à 4 h de randonnée sur un chemin ombragé par des sapins dans sa partie la plus haute. Vue superbe du sommet où, par beau temps, on peut voir la mer de Chine au loin. L'office du tourisme organise des randonnées guidées : 20 $ pour la visite du village de Lat et l'ascension du mont Lang Biang.

▶ *Les chutes et le lac d'Ankroët :* dépêchez-vous d'aller musarder dans ce merveilleux coin sauvage des montagnes, au nord de Dalat. Car les Vietnamiens ont l'intention de développer le tourisme (golf, hôtel...) au cœur du plateau du Lang Biang, où se trouvent les chutes et le lac d'Ankroët (on dirait un nom de village breton !). Pour l'instant, la région est encore intacte, grâce à son éloignement et à la piste défoncée qui la rend difficilement accessible. Il n'est pas nécessaire d'avoir une autorisation, ni un guide officiel.

Pour atteindre ce site à 16 km de Dalat, compter 30 à 40 mn en taxi-moto. En route, on traverse de beaux paysages de collines ondulantes couvertes de sapins, des petits vallons avec des jardins maraîchers et des serres pleines de légumes ou de fleurs. Les chutes se trouvent dans un chaos rocheux granitique creusé par des bassins naturels d'eau douce. Tout autour, ce ne sont que des bois de sapins et des rives sauvages où l'on découvre des orchidées « yeux de chat » poussant sur des rochers. Un chemin de terre longe les berges du lac d'Ankroët et son vieux barrage en pierre d'époque coloniale. Il mène de l'autre côté de la colline à une sorte de corniche surplombant le lac Dankia (à 2 km environ).

De là, on bénéficie d'une vue époustouflante sur ce lac, les rives boisées, le barrage hydroélectrique de Đa Nhim. Construit en 1959 par les Français et les Japonais avec les indemnités de guerre versées au Vietnam par le Japon, il est pour l'instant la seule agression moderne dans ce paysage bucolique dominé par le mont Lang Biang.

Quitter Dalat

● *Pour Nha Trang*

– *En bus express :* les bus partent de la gare routière de Dalat située au bas de la rue Nguyễn Thị Minh Khai, à 100 m du lac Xuân Hương, près de la station-service. ☎ 22077. Les guichets ouvrent à 4 h 30 et ferment à 17 h 30. Acheter son billet la veille.

Un bus par jour pour Nha Trang via Phan Rang. Compter 5 h pour un trajet de 205 km.

– *En minibus :* la station des minibus se trouve à 2 km au sud de Dalat sur la route de Phan Rang et de Saigon. Deux départs quotidiens à 5 h et à 7 h. Pour le 1er départ, le minibus peut passer vous chercher à votre hôtel, sinon il faut se rendre à la station en taxi ou à vélomoteur-taxi.

– *En taxi :* bonne formule en se regroupant à 4 voyageurs. Compter entre 30 et 50 $ pour le trajet, quel que soit le nombre de passagers. Les voitures sont des vieilles 203 et 403 Peugeot ainsi que des Volga soviétiques. Les taxis climatisés sont plus chers encore. Gros avantage, on peut s'arrêter en route où l'on veut. Ces taxis se prennent près de la gare routière et de la station-service, au bas de la rue Nguyễn Thị Minh Khai.

● *Pour Hô Chi Minh-Ville (Saigon)*

– *En minibus :* environ un départ toutes les heures au départ de la station de minibus située à 2 km au sud de la ville (comme pour Nha Trang). 6 à 7 h de trajet pour 308 km.

– *En bus locaux :* ces bus partent toutes les heures en moyenne de la gare routière de Dalat (voir adresse plus haut) sauf pour les bus de 5 h et de 7 h qui partent eux de la petite station (Bến xe khách Nội thành) située près du cinéma Rạp 3/4. Dernier départ de Dalat à 15 h. Ce sont des véhicules tchèques ou russes. Si vous portez un gros sac, prévoir d'acheter 2 places plutôt qu'une pour ne pas vous retrouver avec une meute de gens sur les genoux. Le trajet dure 7 à 8 h environ, mais les bus de 5 h mettent moins de temps.

– *En avion :* 3 vols par semaine (mardi, jeudi et dimanche) entre Dalat et Saigon. Durée : 40 mn. L'aéroport de Liên Khang se trouve à 30 km au sud de la ville sur la route de Saigon. Entre Dalat et l'aéroport, dans les 2 sens, il y a une liaison assurée par des bus (3 $ le billet). Sinon, prendre un taxi.

L'agence de Vietnam Airlines est située en face du cinéma Rạp 3/4, en plein centre-ville, au 5, rue Trương Công Định. Réservation et achat des billets se font à ce bureau.

● *La route entre Dalat et Ban Mê Thuột*

Le trajet le plus court entre Dalat et Ban Mê Thuột (environ 200 km) est une longue piste de montagne, poussiéreuse et caillouteuse à souhait, qui traverse les plus beaux paysages des hauts plateaux. Aucune autorisation n'est nécessaire pour faire cette route. Il suffit d'avoir une bonne moto, une Jeep ou un véhicule tout-terrain. De Dalat, il faut prendre le chemin du Lac et des chutes d'Ankroët, contourner le très beau lac Dankia et le mont Lang Biang par l'ouest puis monter jusqu'à la ligne de crêtes. Ensuite, la piste redescend sur l'autre versant, traversant des collines d'herbe drue, des forêts de sapins, et dans la plaine, des bois de bambous. On passe par les villages de Dong Krola, Buon Lac Dong, avant d'arriver au lac Lak (se reporter au chapitre sur Ban Mê Thuột et ses environs). Un conseil : éviter cette piste en saison des pluies en raison des ornières et de la boue. Préférer la saison sèche.

BAN MÊ THUỘT

Loin de tout, enclavée au sud de la région des hauts plateaux, dans un plat paysage de terres rouges mais fertiles, Ban Mê Thuột ou Buôn Mê Thuột, capi-

tale de la province du Đắc Lắc, n'offre rien de particulier aux voyageurs de passage. Inutile donc de s'y attarder et la considérer plutôt comme une étape entre
la côte et la région reculée de Pleiku et Kontum, plus au nord. A moins de vouloir découvrir les minorités ethniques à Bandon ou autour du lac Lak, une nuit
suffit. Les routards qui restent plus longtemps sur place sont très vite confron-
tés à un problème de transports et d'autorisations. En effet, même si le secteur
est officiellement ouvert au tourisme depuis 1993, sur le terrain il faut demander encore des autorisations à la police locale pour visiter en solo (et sans
guide) les sites les plus intéressants. En outre, ces sites ne sont desservis par
aucun bus, ou transports en commun. Reste donc pour un individuel la solution
qui consiste à louer un vélomoteur (une moto de préférence car les pistes sont
mauvaises) et à s'y rendre en compagnie d'un chauffeur-guide, en espérant que
ce dernier parle quelques mots d'anglais ou de français (ce qui se peut).
L'autre solution, c'est de passer par l'office du tourisme où il y a un guide francophone mais, bien sûr, tout y est payant (assez cher même).
La meilleure époque pour y venir est la saison sèche entre novembre et avril. La
ville est réputée pour son poivre et son café. Celui-ci a un léger goût de terre
mais il n'est pas mauvais.

Un peu d'histoire

Au siècle dernier, la ville et la région étaient renommées pour l'abondance du
gros gibier : tigres, cervidés, singes, ours. L'empereur Bảo Đại possédait une
résidence (une de plus !) au bord du lac Lak, à 50 m au sud de Ban Mê Thuột.
Grand amateur de chasse, l'héritier de la dynastie des Nguyễn (aujourd'hui en
exil à Paris) aimait y venir pour chasser et parcourir les forêts à dos d'éléphant.
Certains villageois prétendent qu'un éléphant blanc erre dans la campagne,
quelque part entre le Vietnam et le Cambodge et qu'il serait le dernier éléphant
de Bảo Đại. Les éléphants blancs sont extrêmement rares. Les Vietnamiens,
tout comme les Laotiens, les vénèrent car leur apparition est un très heureux
présage, annonçant une période de renouveau, de bonheur et de prospérité
pour le pays.
Ville stratégique, l'armée américaine y eut une grande base militaire entre 1968
et 1972, pour contrôler la zone des hauts plateaux. Le 10 mars 1975, la ville
tomba aux mains de l'armée communiste du Nord, au terme de combats acharnés. La chute de Ban Mê Thuột provoqua une véritable débâcle des forces du
Vietnam. Ce fut la dernière grande bataille de la guerre du Vietnam avant la
chute de Saigon le 23 avril de la même année.

Adresses utiles

– **Office du tourisme** : Daklak Tourist, 3, rue Phan Chu Trinh. ☎ 52108 ou
52324. Fax : (84) 50-52608. A côté de l'hôtel Thắng Lợi. Ouvert tous les jours
sauf dimanche, de 7 h à 11 h, et de 13 h 30 à 17 h. Organise des visites guidées dans les villages Mnong et Rhadé, ainsi que des randonnées pédestres
(trek) de plusieurs jours autour du lac Lak (minimum 10 personnes) avec promenades à dos d'éléphant et balades en pirogue. Nuits dans des maisons sur pilotis. Tarifs trop élevés : 50 $ par jour et par personne ! Pour une visite guidée
d'une journée dans la région en individuel, vous pouvez demander Khương An,
le seul guide parlant le français. 15 $ le guide à la journée + 5 $ par site ! Ils n'y
vont pas avec le dos de la cuillère !

Où dormir ?

⛵ *Hôtel Thắng Lợ*i : 1, rue Phan Chu Trinh. ☎ 2322. Fax : (84-50) 52865.
Situé sur la place circulaire avec le vieux char soviétique au milieu. L'hôtel le plus

connu de la ville mais pas le meilleur marché. Chambres propres et simples. A partir de 18 $ la nuit.

☙ *Hôtel Hong Kong :* à l'angle des rues Hai Bà Trưng et Quang Trung. Central et bon marché.

☙ *Hôtel Bảo Đại :* à 1 km du centre-ville. Un ancien pavillon français au confort sommaire, avec des chambres spacieuses dotées de ventilateur (20 $) ou de climatiseur.

☙ *Trois autres hôtels à prix doux :* **Hôtel Tây Nguyên, 106, rue Lý Thư**ờng Kiệt, *hôtel Phong Lan* au 83 de la même rue, et un autre hôtel encore situé au 43.

A voir

▸ *Musée des Minorités ethniques :* 1, rue Me Mai. Présente des photos et des objets de la vie quotidienne des 31 minorités ethniques habitant la province de Daklak (30 % de la population totale). Le groupe le plus important en nombre est celui des Edés (200 000 environ). Les M'nong forment une communauté de 60 000 personnes. Mais on trouve aussi des Muong, des Thaïs, des Dao, des Giarai. Les pièces les plus intéressantes du musée concernent les Edés. Une maison traditionnelle sur pilotis, ornée de motifs sculptés, a été reconstituée.

A voir aux environs

▸ *Le lac Lak :* à une cinquantaine de kilomètres au sud de Ban Mê Thuột. On y accède par une longue piste poussiéreuse praticable à moto et en voiture. De loin, le plus beau site naturel de la province. Il s'agit d'un lac de 3 km sur 2, entouré de belles collines boisées, au cœur d'une région volcanique faite de basalte et de terre rouge.

La piste aboutit au village *Jun*, habité par des familles M'nong. Par précaution, mieux vaut passer au comité populaire pour demander l'autorisation de se rendre dans le village. Le bureau s'appelle Ủy ban Nhân dân. 400 M'nong de la famille Rlap habitent dans ce village situé sur la rive sud du lac. La plupart des maisons sont construites sur pilotis avec un toit en roseaux et des murs en bambou étalé et croisé. La toiture est changée chaque année. On voit quelques antennes de télé. Insolite ! Le bois de tek, très résistant, demeure le premier matériau de construction. Quelques crocodiles inoffensifs évoluent dans le lac. Les villageois les pêchent puis les mangent sous forme de steak de croco grillé. Il y a aussi des éléphants débonnaires qui traînent sur les rives, au bord des rizières. Ils servent aux balades organisées. Mais rassurez-vous, l'endroit est loin d'être pourri par le tourisme de masse. Remarquez aussi ces longues barques creusées dans des troncs d'arbre, portant aux extrémités des têtes de serpent sculptées et très stylisées. Selon une légende locale, un serpent géant vivrait au milieu du lac. Voilà pourquoi on le respecte !

Perchée au sommet d'une petite butte au sud du lac, l'ancienne résidence de Bảo Đại, en mauvais état, rappelle cette époque où le souverain venait chasser dans la région.

Sur la rive nord du lac, le village *Mlieng* est moins facile à atteindre mais il a plus de caractère et d'authenticité que celui de *Jun*.

▸ *Les chutes de Drai Sap :* à environ 30 km au sud-ouest de Ban Mê Thuột. Les derniers 10 km sont à faire sur une piste de latérite rouge. Puis il faut marcher 5 mn, descendre et traverser un versant boisé avant d'atteindre cette grande chute, plus longue que haute à vrai dire, sorte d'îlot de fraîcheur en saison sèche.

▸ *Le village de Bản Đôn :* là aussi, même problème que pour le lac Lak et le village de Jun, on ne peut théoriquement pas s'y rendre sans autorisation. De toute manière, sans une personne parlant le vietnamien ou, mieux, le dialecte M'nong, la visite perd une grande partie de son intérêt. Bon, si enfin, vous décidez d'y aller, sachez qu'il faut parcourir 45 km d'un bon chemin de terre rouge et poussiéreuse. Très facile à moto, car la route est droite, le pays plat et aride. Compter environ 1 h 30 de trajet. Il faut sortir de Ban Mê Thuột par la rue Phan Bội Châu et suivre cette piste (aucune indication) bordée de plantations de caféiers et de poivriers durant une vingtaine de kilomètres. En cours de route, mais surtout en approchant de Bản Đôn, sur la droite, on voit un grand cimetière M'nong où des tombes surmontées de 4 poteaux d'angle portent des inscriptions en français.

D'autres tombes Edés, en forme de bateau, se distinguent par leur toiture en bois et la palissade qui les entoure.

Le village de Bản Đôn est habité en majorité par des M'nong du clan Budong, par des Edés, des Laotiens. C'est la « capitale » des éléphants. La capture et l'élevage de ces pachydermes sont depuis toujours la spécialité et la fierté des gens de Bản Đôn. Hormis le jour de la compétition annuelle, on ne les voit pas dans le village, car ils vivent dans les forêts couvrant les collines avoisinantes. Il y en a environ une soixantaine, travaillant à tirer des troncs d'arbres ou servant à traîner des récoltes. Des acheteurs viennent du Cambodge voisin et même de Birmanie pour les acheter.

Rien de particulier à voir ici. En général, les maisons n'ont pas de cachet sauf une, la case en bois sculpté de Sunkhonop Ythu, ancien chef du village, près de la rivière. Le plus vieux chasseur d'éléphant du Vietnam, Y Pui Niê, était originaire de Bản Đôn. Au cours de sa longue vie (il est mort récemment, âgé de 124 ans !) il en aurait capturé plus de 300, paraît-il.

Quitter Ban Mê Thuột

– **En bus :** la gare routière de la ville se trouve à environ 1 km du centre-ville, vers Pleiku, à gauche de la route 14, juste avant l'intersection avec la route 16 qui va vers Nha Trang. Bus tous les jours pour Nha Trang (194 km), Pleiku (197 km), et Saigon (352 km).

– **En avion :** vols directs pour Saigon tous les jours sauf le lundi. Environ 1 h 20 de trajet.
Pour Đà Nẵng, 2 vols par semaine. L'aéroport se trouve à l'est de la ville, sur la route 27 en direction de Dalat.

– **A moto ou en voiture :** contrairement à ce que l'on imagine, les routes des hauts plateaux sont bitumées et en bon état. On peut rouler à 90 km/h de moyenne aisément. Se munir d'une bonne carte. Ne pas hésiter à se faire confirmer la direction par les gens du coin car les panneaux indicateurs sont inexistants. Prévoir les quantités d'essence suffisantes pour la route. Même s'il y a des stations d'essence, elles restent assez rares.

• *Pour Pleiku :* compter environ 2 h 30 de route. La nationale 14 traverse des paysages typiques des hauts plateaux : collines arides défoliées pendant la guerre et replantées depuis 1975 avec des forêts de pins. Par moments, on se croirait en Bretagne, dans les monts d'Arrée (voir le Guide du Routard *Bretagne*). Nombreuses maisons en bois coiffées de tuiles. Bien que la dénivellation entre Ban Mê Thuột et Pleiku soit très faible (on passe de 500 à 785 m), on jouit de superbes perspectives et d'échappées lointaines. Au village de Ea Hleo, à 80 km de Ban Mê Thuột, on trouve une station d'essence.

• *Pour Nha Trang :* peu de villages sur cette route nationale 26, longue de 194 km. Après M'Drak, on traverse une petite chaîne de montagne déboisée à cause des tonnes de napalm et de défoliants jetés par les avions américains pendant la guerre du Vietnam. Seuls quelques maigres bosquets d'arbrisseaux parviennent à survivre ici et là dans les replis plus abrités. Sinon, ce ne sont que des monts arrondis et pelés. En redescendant sur le versant oriental vers la mer, le paysage reprend vie et devient plus verdoyant.

• *Pour Saigon :* 352 km par la route 14, qui longe sur quelques kilomètres la frontière du Cambodge, entre les villages de Đức Minh et Tuy Đức. Compter 5 à 6 h de trajet.

PLEIKU

On a préféré Pleiku à Ban Mê Thuột. La ville, construite en partie sur un flanc de colline, jouit d'un climat plus doux et la température y est plus clémente (23° de moyenne annuelle). Le ciel paraît plus dégagé. On respire mieux. Même si la ville n'a pas beaucoup de charme, elle constitue un excellent point de chute pour découvrir cette région des hauts plateaux peuplée en majorité par les ethnies Bahnar et Jarai.

Situé à 785 m d'altitude, cette ville de 40 000 habitants est aussi un important marché où l'on trouve du thé et du café provenant des plantations environnantes.

Pleiku, comme toute la province de Gialai-Kontum, a été fermée aux étrangers entre 1975 et 1993. Elle commence à peine à s'ouvrir au tourisme. Ne soyez pas étonné de trouver des infrastructures hôtelières aussi pauvres car Pleiku reste un bout du monde, isolé sur la carte du Vietnam. Que dire de Kontum ?

Un peu d'histoire

Ce sont les « Mọi » (sauvages), comme ils étaient appelés à l'époque coloniale par les Français, qui « attirèrent » les premiers missionnaires catholiques dans ce cœur des ténèbres, perdu au milieu de nulle part. Mission : évangéliser. Les religieux firent venir les colons. Mission : coloniser. Les colons firent venir les Annamites. Mission : vietnamiser au maximum cette région rebelle et insoumise, aux mœurs obscures. Ce sont les Vietnamiens qui firent venir les Américains, dans les années 60. L'armée US avait 4 énormes bases aériennes autour de Pleiku, dont le camp Holloway et la base de Pleimê, près de Tapia où l'on peut voir quelques bâtiments à l'abandon. Mission : empêcher le déferlement communiste venu du Nord. L'armée de Hanoi déferla sur Pleiku au printemps 1975 et provoqua la débâcle de l'armée du Sud et le départ des Américains. La vie reprend péniblement.

Adresses utiles

– **Bureau pour les visites guidées :** Travel Guidance Office, à l'hôtel Pleiku, 124, rue Lê Lợi. ☎ 24891. Fax : (59) 24891. Bureau à droite dans le hall de l'hôtel. Ouvert de 7 h à 11 h et de 13 h à 16 h 30. Demander Nguyễn Đức Bảo, guide francophone fort sympathique.

– **Office du tourisme de la province :** Gialai Tourist, 77, rue Trần Phú. ☎ 24271 ou 24645. Face au marché, à un bloc de maisons de l'hôtel Vinh Hoi.

– **Poste :** rue Hùng Vương, au carrefour de la rue Trần Hưng Đạo.

– **Vietnam Airlines :** à l'angle de la rue Trần Hưng Đạo et de la rue Hùng Vương.

– **Gare routière de Pleiku :** à la sortie de la ville, sur la gauche de la route n° 19 (vers Qui Nhơn), à 100 m environ après le carrefour avec la route n° 14. A 10 mn à pied de la poste centrale. La station de minibus se trouve, non loin de celle-ci, de l'autre côté de la route 14 vers Ban Mê Thuột.

Où dormir ?

Bon marché

🛏 *Hôtel :* 86, rue Nguyễn Văn Trỗi. ☎ 24674. Dans une petite rue à l'angle de la rue Phan Bội Châu. De la poste centrale (rue Hùng Vương) remonter la rue Trần Hưng Đạo vers le haut de la ville. Prendre la 1re rue à droite, c'est la rue Nguyễn Văn Trỗi. Un hôtel aux chambres simples et propres, entre 8 et 12 $, avec ventilo.

Prix modérés

🛏 *Hôtel Diện Ảnh :* ou Hôtel Movie Star, 6, rue Võ Thị Sáu. Dans le centre, entre la rue Trần Phú et la rue Hùng Vương. ☎ 24626. Fax : (84-59) 23700. Des vedettes de cinéma à Pleiku ? Malgré son nom alléchant, on n'en a pas croisé une seule dans le hall de cet hôtel propre et fonctionnel. Chambres à partir de 10 $ avec ventilo. Possibilité de réserver ses places d'avion et de bus. Fait aussi resto : cuisine asiatique et européenne. Vidéothèque.

Plus chic

🛏 *Hôtel Pleiku :* 124, rue Lê Lợi. ☎ 24628 ou 23758. A droite en remontant cette rue vers le haut de Pleiku en direction de Kontum. L'adresse où viennent dormir les rares étrangers et touristes de passage dans la région. Grand bloc sans charme abritant un petit bureau touristique pour les visites guidées (voir « Adresses utiles ») et une boutique de souvenirs (animaux empaillés...). Chambres à partir de 27 $, chères pour le niveau de confort proposé.

A voir, à faire

▶ *Musée des Minorités ethniques du Gialai :* 28, rue Quang Trung. ☎ 24520. En plein centre-ville, dans la rue du stade qui aboutit au bas de la rue Lê Lợi. Dans la cour, des hélicoptères, des avions et des chars de l'armée américaine rappellent que la guerre fit rage dans cette province. Intérieur qui pourrait être intéressant s'il y avait plus d'explications en français.

Aux environs de Pleiku

▶ *Le lac de Tnung :* à 8 km au nord de la ville par la route 14 vers Kontum. Prendre une route secondaire sur la droite. Il s'agit d'un lac naturel de 250 ha dans un ancien cratère de volcan aux rives propices à la culture du thé. Jolie vue.

▶ *Les chutes et le barrage de Yali :* à 16 km au nord de Pleiku. A 40 km au nord-ouest de Pleiku. Pour y aller, sortir de la ville en suivant la route 14 vers Kontum. Au bout de 15-16 km, à la hauteur d'un carrefour marqué par un grand panneau de propagande, bifurquer à gauche et suivre une route en bon état et bitumée qui passe devant de jeunes plantations d'hévéas. Filer tout droit jusqu'au site de Yali. A cet endroit-là, la rivière Se San se transforme en chutes vrombissantes de 42 m de dénivelée. Mais dans quelques années ce merveilleux site naturel sera englouti par les eaux d'un énorme barrage actuellement en construction. Il alimentera en électricité tout le sud du pays et l'agglomération saigonnaise (où les coupures de courant sont encore fréquentes dans les quartiers périphériques !). Il faut traverser cet immense chantier poussiéreux envahi par les hommes et les excavatrices pour atteindre un promontoire rocheux surplombant les chutes. On n'est pas déçu car l'endroit est vraiment spectaculaire. Prendre une photo car Yali sera bientôt au fond de l'eau !

▶ *Le village giarai de Pleifun :* c'est un des 7 villages situés autour du site des chutes de Yali. Certains ont des chances d'être déplacés une fois que le barrage fonctionnera. A Pleifun, on ne comprend rien si l'on n'est pas escorté par un guide local. 50 familles y vivent sous l'autorité d'un chef élu à vie. Le plus intéressant ici, ce sont les tombeaux, et notamment celui qui est recouvert de tuiles rouges, le plus grand de tous. Il s'agit de la tombe commune (20 à 30 personnes). Elle est entourée d'une barrière en ciment portant de nombreuses sculptures sur bois. L'une d'elles, dans l'un des 4 angles, représente un officier (français ? américain ?) à l'air méchant, coiffé d'un képi. Chaque colonne en bois sculpté correspond au sacrifice d'un buffle. Après la moisson les Giarai du village se rassemblent pour une grande fête de 3 jours (parfois plus) couronnée par la mort d'un ou de plusieurs buffles. Ils ont sacrifié une fois 14 bêtes en une seule fête ! Si vous êtes accompagné d'un guide, vous aurez peut-être la chance d'être reçu par le chef du village dans sa case où il sert à ses hôtes de l'alcool de riz mélangé avec des plantes médicinales. On boit ce breuvage ethnique avec une tige de bambou plongée dans une jarre.

▶ *Le village bahnar de Dktu :* assez proche de Pleiku. C'est le village que l'on montre en priorité aux touristes. On le cite quand même en raison de la beauté de ses toits de chaume en forme de fer de hache. Un petit sentier mène au cimetière près d'un ruisseau. Une des tombes est particulièrement remarquable. Entourée d'une barrière de bois, elle est hérissée d'une quinzaine de pics de bambou, tous terminés par des chapeaux coniques ou d'insolites sculptures représentant des avions et des hélicoptères en bois, souvenirs poignants et naïfs de la guerre du Vietnam. Le défunt a-t-il été victime d'une bombe américaine ? Cela n'aurait rien d'étonnant quand on sait que le ciel de Pleiku fut perturbé pendant des années par le vacarme de ces engins de mort qui allaient mitrailler et bombarder les Vietcongs cachés dans les montagnes au nord de Kontum.

Quitter Pleiku

– *En bus ou en minibus :* la gare routière des bus locaux se trouve au bas de la ville (voir « Adresses utiles »). Les minibus pour Ban Mê Thuột et Qui Nhơn partent d'une petite station située à 100 m de cette gare routière. Les minibus pour Kontum se prennent, eux, dans une autre station située à 200 m au-dessus de l'hôtel Pleiku.

• *Pour Kontum :* 46 km. Compter un peu plus d'une heure en bus local. Moins d'une heure en minibus. Route en bon état.

• *Pour Ban Mê Thuột :* 4 bus locaux par jour au départ de la gare routière. 2 départs tôt le matin, 2 autres départs en début d'après-midi. 4 h de voyage pour un trajet de 246 km. 3 h en minibus.

• *Pour Qui Nhơn :* 186 km de route.

KONTUM

Capitale de la province de Kontum, cette ville de 40 000 habitants, à 530 m d'altitude, se trouve au cœur de la région nord des hauts plateaux où vivent plusieurs minorités ethniques comme les Bahnar, les Sedang, les Giarai. C'est dans cette région montagneuse que l'on trouve la plus petite minorité du Vietnam, les Romam (moins de 200 personnes). Peu de touristes viennent jusqu'à Kontum où il n'y a rien de très consistant sur le plan de l'hébergement. Il fait moins chaud ici qu'à Ban Mê Thuột. La température moyenne annuelle oscille autour de 22°. Même en avril, mois où l'on étouffe à Saigon, à Kontum on se croirait dans une station d'altitude, tellement l'air y reste agréable.

La saison des pluies dure de mai à octobre, la saison sèche de novembre à avril. Des bus viennent jusqu'ici au départ de Pleiku. Mais il faut reconnaître qu'une fois sur place, le voyageur individuel se sentira un peu coincé s'il n'a pas du temps devant lui et les moyens de louer les services d'un guide pour découvrir les villages de montagnards aux alentours. Quant à la route 14 qui relie Kontum à Đà Nẵng, nous avons pu l'emprunter au volant d'un véhicule tout-terrain. C'est long, épuisant, mais superbe. On vous en parle un peu plus loin...

A Kontum commence enfin le Vietnam en dehors des sentiers battus. C'est pour cette raison qu'on a beaucoup aimé ce bout du monde encore très sauvage !

Un peu d'histoire

Les missionnaires catholiques ont joué dans cette région un rôle plus important que nulle part ailleurs au Vietnam. Ils ont préparé, mieux qu'ailleurs, le terrain aux colonisateurs, demandant l'intervention de l'armée française quand il le fallait. C'est en 1851 que les premiers religieux blancs débarquèrent dans ce trou perdu. Un dénommé père Dourisboure créa des écoles et composa des livres classiques franco-bahnar. Il vécut aussi chez les Giarai, à A Yun Pa, petit village à une centaine de kilomètres au sud de Kontum, près de Ea Hleo, vers Ban Mê Thuột. Là, une petite maison près de l'église lui a été dédiée.

La région de Kontum a été ravagée par les bombardements des B 52 au cours du printemps 1972. Kontum était protégé par la base de Tân Cảnh sur la route 14, à 40 km au nord. Parallèlement à la route, courait à l'ouest une ligne de crêtes et de collines, baptisée Rocket Ridge, terminée par Big Mama, une montagne baptisée ainsi par les Américains. La bataille de Kontum fit rage. Elle est racontée en détails dans « L'Innocence perdue » de Neil Sheean (Seuil, 1990), un des meilleurs livres sur la guerre, écrit par un ancien correspondant américain au Vietnam. Le personnage principal du bouquin, John Paul Vann, se tua en juin 1972 dans un accident d'hélicoptère entre Kontum et Pleiku.

Adresse utile

– *Office du tourisme :* Kontum Tourist, 218, rue Trần Hưng Đạo. ☎ 62222, 62434. Fax : (01-60) 62462. Organise des visites guidées, donc payantes, des champs de bataille autour de Kontum et de Dakto.

Où dormir ?

⚓ *Hôtel Kontum :* l'hôtel pour touristes. Grosse bâtisse située un peu à l'extérieur de la ville, dans le quartier nord. Propre et confortable. Mais assez cher.

A voir

▸ *L'ancienne basilique de Kontum :* construite au siècle dernier.

▸ *La pagode Bác Ái :* sa construction a été financée par l'empereur Bảo Đại.

▸ *La piste Hồ Chí Minh :* elle traversait la région montagneuse à la frontière du Vietnam, du Cambodge et du Laos. Aujourd'hui, sans l'aide d'un guide, il est quasiment impossible de s'aventurer seul dans ces coins difficiles d'accès. Se renseigner à l'office du tourisme de Kontum.

Aux environs de Kontum

▸ *Tân Cảnh :* petit village entouré de montagnes sauvages, « porte du Pays Sedang insoumis » comme l'écrit le guide Madrolle de 1927 (publié par

Hachette !). On a envie de dire : « Ici commence le cœur des ténèbres ! », tellement on se sent loin de tout, face à ces paysages pelés, déboisés, dévastés par les bombes et le napalm. Pour atteindre ce trou perdu à 40 km au nord de Kontum, il faut suivre la route 14 qui, curieusement, est en bon état et recouverte de bitume. Au-delà de Tân Cảnh, ce ne sont que des pistes en mauvais état. Un peu à l'écart, à l'ouest du village, au sommet d'une butte au nord de la route 14, un grand mémorial militaire rappelle que Tân Cảnh fut le cœur de la bataille de Dakto en 1967. Des combats acharnés opposèrent les soldats américains aux forces nord-vietnamiennes autour de la colline 875. Un horrible carnage côté américain : presque 200 morts en l'espace d'une après-midi et d'une nuit (et 200 blessés). Une victime toutes les 3 mn en moyenne ! Côté vietnamien, l'horreur ne fut pas moindre.

On se demande comment les nombreux villages sedang ont survécu au déluge de feu de la guerre ! Aujourd'hui, si vous voulez visiter un village sedang, il faut une autorisation de la police locale. Son bureau se trouve à la sortie de Tân Cả nh, sur la droite, c'est un grand bâtiment jaune marqué « Vì an ninh tổ quốc Công an ». Attention, ici on ne parle que le vietnamien, et parfois le dialecte sedang.

▶ **Kon Jari :** c'est le village sedang le plus proche de Kontum. C'est ici que s'est déroulée l'aventure la plus extraordinaire, la plus insolite, la plus farfelue de toute la période coloniale. Un aventurier français, Marie-David de Mayrena, se fit proclamer roi des Sedang sous le nom de Marie Ier et se tailla un étrange royaume primitif sur lequel il régna pendant 2 ans, de 1888 à 1890. Incroyable histoire que celle de ce fils d'un capitaine du port de Toulon, né vers 1842, qui débarqua en Cochinchine en 1870 comme spahi. Soutenu par les autorités coloniales et aidé par la mission catholique de Kontum, il partit à la conquête des hauts plateaux pour pacifier les tribus puis faire fortune dans les mines d'or d'Attopeu, au Laos. Il rédigea d'abord une constitution de la confédération Bahnar, avant d'être plébiscité par les Sedang qui le reconnurent comme leur « Messie » au cours d'un combat héroïque. Devenu roi, il s'installa à Kon Jari avec Ahnaia, son épouse, une princesse cham, fit flotter l'étendard royal bleu à marguerites, nomma le père Irigoyen grand aumônier du roi, et Mercurol ministre des Affaires étrangères. Il organisa des prises d'armes et des processions de catéchumènes. Comme à l'époque des rois très chrétiens, il assistait à la messe tous les dimanches et prenait ses repas en grand costume devant son peuple. Plus extravagant encore, Mayrena fonda l'Ordre du Mérite Sedang et celui de Sainte-Marguerite, et instaura des titres de noblesse qu'il s'amusa ensuite à vendre à des nouveaux riches européens. Baron de Sedang ou duc de Kontum ! Le gouvernement français, alerté de cette supercherie digne d'un opéra-bouffe, finit par lui interdire l'accès au territoire indochinois. Revenant d'une tournée en Europe, Marie Ier abandonna du jour au lendemain son rêve de royauté primitive et s'exila, tel un souverain déchu, sur l'île de Tioman au large de la Malaisie. Il y vécut pendant 2 ans, seul et désespéré, vivant de la récolte des nids d'hirondelle et de la chasse aux oiseaux de paradis (les fameux phénix !). Il y mourra le 11 novembre 1890 d'une morsure de serpent. A moins qu'il ne s'agisse d'un meurtre ou d'un suicide par injection de poison mortel. Cette épopée unique en son genre, ce rêve mégalomane, ce délire d'un Français sous les tropiques, a tout d'un super-scénario de film d'aventure. D'ailleurs, peu le savent, André Malraux était si fasciné par cette destinée hors du commun qu'il consacra à Mayrena le plus long chapitre (intitulé *La Voie royale*) de ses Antimémoires. Est-ce vraiment un hasard s'il est écrit comme un scénario cinématographique ?

Quitter Kontum

Vous n'avez guère le choix entre revenir à Pleiku, à une quarantaine de kilomètres au sud, ou continuer par une piste infernale jusqu'à Đà Nẵng !

– *Bus pour Pleiku :* théoriquement il y a 4 départs quotidiens de la gare routière.

– *de Kontum à Dà Nẵng par la route 14 :* on pourrait la surnommer la piste du bout du monde ou la route des ténèbres ! Il faut compter environ une bonne douzaine d'heures pour accomplir ce trajet de 240 km à bord d'un véhicule tout-terrain, d'une Jeep ou mieux d'un 4 × 4 haut sur roue. Nous l'avons fait ! Voilà un de nos plus beaux souvenirs des hauts plateaux. Une aventure longue et épuisante à travers des paysages de montagnes et de jungle, de vallées et de rivières. On croise en route de nombreux hameaux et villages habités par des montagnards : les Giés (à Dak Glei et Phước Sơn), ou les Cotus (Katus) vers Giang.

La partie la plus belle du parcours se situe à mi-chemin. La piste s'élève sur les flancs d'une montagne envahie par la jungle, avant d'atteindre un col de 1 500 m, domaine des nuages, des brumes et de la pluie fine. Très rocailleuse à son début, elle devient une sorte de chemin forestier, poussiéreux (boueux même en saison sèche), à mesure qu'elle monte. Une grande ligne électrique à haute tension, toute neuve, traverse cette nature sauvage du nord au sud, servant de repère. Ce n'est pas la piste Hô Chi Minh à proprement parler mais celle-ci passe non loin de la route 14, zigzaguant dans les montagnes entre le Laos et le Vietnam. Refuge et lieu de passage secret de l'armée communiste du Nord-Vietnam pendant la guerre, cette région fut arrosée par le napalm et les bombes des B 52. Dans certains coins reculés de la forêt, on trouverait encore des carcasses d'hélicoptères américains en lambeaux sur les branches des grands arbres... Rien ou presque ne s'est passé depuis la fin des combats en 1975.

Attention : il n'y a aucune station d'essence en route avant le village de Kam Duc, dans la province de Đà Nẵng. A plusieurs endroits, on tombe sur des carrefours sans indications, on peut se tromper de direction, et il faut alors revenir sur ses pas... avant de repartir dans le bon sens. Il faut franchir des dizaines de ponts, la plupart en bon état. Les plus délabrés sont actuellement en reconstruction. Si c'est le cas, les ouvriers vous font passer en contrebas directement dans la rivière. D'où l'intérêt d'avoir un 4 × 4. La piste pourrie continue ainsi jusqu'aux portes de Đà Nẵng. Là, on n'a qu'une envie : prendre deux jours de repos pour oublier les cahots, les douleurs dans les fesses et dans les reins ! Un conseil : la partie centrale de la route 14 est impraticable en saison des pluies entre mai et octobre, donc ne pas s'y aventurer. Enfin ne jamais s'aventurer seul hors de la piste : les « montagnards » n'aiment pas les Blancs qui les ont bombardés copieusement pendant 30 ans. Et surtout, c'est une zone de jungle où le paludisme fait encore des ravages !

LE CENTRE : ĐÀ NẴNG ET HUẾ

Le Trung Bộ, l'ancien empire d'Annam, l'ancien royaume Cham auparavant.
Situé à 657 km de Hanoi et 1 084 de Saigon. Sera l'une de vos plus séduisantes
étapes au Vietnam. Avec Huế, la ville impériale, Đà Nẵng et son musée Cham,
ses pittoresques environs et, enfin, Hội An, à notre avis, peut-être la ville la plus
délicieuse du pays...

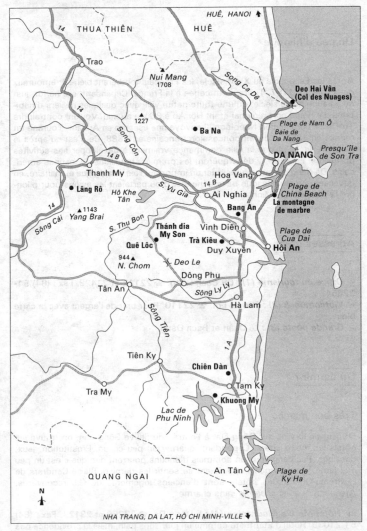

LE CENTRE DU VIETNAM

ĐÀ NẴNG

Porte d'entrée inévitable pour Hội An et Huế (et beaucoup plus de liaisons aériennes de Hanoi et de Hô Chi Minh-Ville). L'ancienne Tourane est une ville moderne et active. Sur le plan économique, 4ᵉ en importance et 3ᵉ port du pays. Peu de choses à voir, cité assez bruyante et pas de charme en soi. Cependant, atmosphère pas déplaisante du tout. Beaucoup de jeunes et centre-ville animé avec ses rues à petits cafés et marchands de glaces. Et puis, il y a le remarquable musée Cham.

Un peu d'histoire

Après les Espagnols au XVIIᵉ siècle, les Français tombèrent bien sûr amoureux de la baie. En 1787, Tourane fut cédée à la France. Cependant, elle ne fut, jusqu'à l'aube de ce siècle, qu'une toute petite ville avec quelques milliers d'habitants. Le grand port régional étant Hội An à 30 km au sud. Voulant contraindre Tự Đức à commercer, Napoléon III envoya une escadre en Annam. Tourane fut reprise en 1858 et devint concession française en 1888. Ce n'est qu'après la partition de 1954 que la ville commença vraiment à développer ses activités portuaires. En 1965, y débarquèrent les premiers bataillons de marines américains. Đà Nẵng devait ensuite jouer un important rôle stratégique et militaire, en devenant une gigantesque base aérienne, d'où partaient les avions pour pilonner la piste Hô Chi Minh.

Adresses utiles

– *Office du tourisme (1)* : 68 Bạch Đằng. ☎ 22112 et 21423. Fax : (84) 51-22854.
– *Vietcombank (2)* : 104 Lê Lợi. ☎ 22110. Pour tirer de l'argent avec la carte bleue.
– *Grande poste (3)* : Lê Duẩn et Bạch Đằng.

Où dormir ?

Très bon marché

En haut de la ville, sur Đống Đa, à l'entrée du fleuve Sông Hàn, on trouve les hôtels les moins chers. Cependant, quartier un peu chaud. Prostitution, jeux, dancings. Pas dangereux en soi, mais d'aucuns pourront dire que c'est un peu mal famé, d'autres qu'ils apprécient se sentir les derniers Blaise Cendrars de l'Extrême-Orient. Ces hôtels sont d'anciens logements de G.I. reconvertis. Architecture donc *cheap* et sans charme.

🛏 *Hôtel Marble Mountains (4)* : 5 Đống Đa. ☎ 23258 et 23122. Fax : (84) 51-21039. Hôtel d'État triste comme un jour sans pain, mais la providence des petits budgets. Chambres à partir de 8 $ pour deux avec ventilo (parfois air conditionné) et salle de bains. On en trouve même à 15 $ dont la peinture ne s'écaille pas trop, avec un salon ainsi qu'une petite cuisine (communs à 2 chambres).

🛏 **Da Nang Hotel (5) :** 3 Đống Đa. ☎ 21986 et 23431. Peut-être un poil mieux que le Marble Mountains. Demander une chambre éloignée du dancing (sinon autant aller y boire un verre et y passer la nuit !). Chambres à 6 $ très rustiques et sans eau chaude. A 8 $, eau chaude et propreté acceptable. A 15 $, salle de bains à peu près correcte. A 24 $, correct avec grand salon attenant et air conditionné.

🛏 **Huu Nghi (6) :** 7 Đống Đa. ☎ 22563. Une constatation : les chambres à 12 $ ici sont moins attrayantes que celles à 9 $ du Marble Mountains. Les chambres à 6 $ sont plus spacieuses que celles à 12 $, allez y comprendre quelque chose ! En tout cas, c'est le moins bien des trois.

🛏 **Thanh Thanh (7) :** 50 Phan Chu Trinh (et Hùng Vương). ☎ 21230 et 22215. Dans le centre-ville. Extérieurement, apparaît peu séduisant, mais globalement bien tenu. Chambres correctes de 6 à 15 $.

Bon marché à prix moyens

🛏 **Hôtel Sông Hàn (8) :** 36 Bạch Đằng. ☎ 22540 et 21487. Fax : (84) 51-21109. Sur l'avenue longeant la rivière. Hôtel d'État tranchant sur beaucoup de ses collègues par la qualité de l'accueil et le bon rapport qualité-prix en général. Chambres à 25, 29 et 46 $. Celles à 29 $ parmi les meilleures de la ville à ce prix. Spacieuses, avec coin salon, air conditionné, baignoire. Petit déjeuner compris. Resto au 3ᵉ étage avec vue sur le fleuve. Nourriture classique et bon marché.

🛏 **Hôtel Minh Tâm II (9) :** 63 Hoàng Diệu. ☎ 24339 et 26687. Mini-hôtel privé, dans un quartier populaire sympa. Dans la journée, peut-être un peu bruyant, mais calme la nuit. Chambres à 15 $ (avec salle de bains et ventilo), à 24 $ (avec air conditionné). Certaines d'entre elles bénéficient d'une terrasse en demi-lune bien agréable.

🛏 **Pacific Hotel (10) :** 92 Phan Chu Trinh. ☎ 22137 et 22837. Fax : (84) 51-22921. Central. Hôtel moderne sans charme particulier, mais très correct. Chambres à 27 $ avec salle de bains. Peu de différence avec celles à 33 $ (à part le grand lit). Quelques « first class » pour quelques *đông* de plus. Resto au 7ᵉ étage avec une vue intéressante.

Prix moyen à plus chic

🛏 **Hoà Bình Hotel (11) :** 3 Trần Quý Cáp. ☎ 23984 et 23161. Au nord de la ville, dans une rue calme. Tout est plaisant dans cet établissement. Direction dynamique. Remarquablement tenu et service impeccable. Du petit luxe pas tapageur et le meilleur rapport qualité-prix dans cette catégorie. Chambres agréables, toutes avec air conditionné. Point de chute favori des hauts fonctionnaires, diplomates étrangers et d'une des princesses de Thaïlande. Chambres de 35 à 58 $. Excellent restaurant.

🛏 **Phương Đông Hotel (12) :** 93 Phan Chu Trinh. ☎ 21266 et 22185. Le charme indiscret des grands halls d'hôtel. Bâtisse sans charme ni grâce, mais chambres confortables à 58 et 68 $ (avec réfrigérateur, télé, radio, air conditionné, etc.).

🛏 **Bạch Đằng Hotel (13) :** 50 Bạch Đằng. ☎ 23649 et 23034. Fax : (84) 51-21659. Grand hôtel en bord de fleuve. Moderne, fonctionnel, pas vraiment hideux. Point de chute des groupes. Chambres à 52, 68 et 81 $. Ces der-

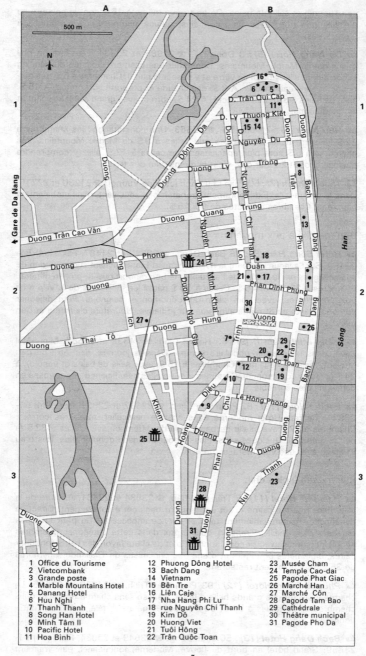

1 Office du Tourisme
2 Vietcombank
3 Grande poste
4 Marble Mountains Hotel
5 Danang Hotel
6 Huu Nghi
7 Thanh Thanh
8 Song Han Hotel
9 Minh Tâm II
10 Pacific Hotel
11 Hoa Binh
12 Phuong Dông Hotel
13 Bach Dang
14 Vietnam
15 Bên Tre
16 Liên Caje
17 Nha Hang Phi Lu
18 rue Nguyên Chi Thanh
19 Kim Dô
20 Huong Viet
21 Tuôi Hông
22 Trân Quôc Toan
23 Musée Cham
24 Temple Cao-dai
25 Pagode Phat Giac
26 Marché Han
27 Marché Côn
28 Pagode Tam Bao
29 Cathédrale
30 Théâtre municipal
31 Pagode Pho Da

ĐÀ NẴNG

nières avec vue sur le fleuve et un petit balcon. Accueil impersonnel et petit déjeuner très banal.

Où manger ?

Bon marché

✗ *Vietnam (14) :* 27 Lý Tử Trọng. ☎ 23845. Dans le nord de la ville. Rue perpendiculaire à Bach Đằng. Pas loin des hôtels pas chers de l'avenue Đồng Đa, du Hoà Bình et du Sông Hàn. L'un des meilleurs restos de la ville. Service jusqu'à 20 h seulement. Les familles viets y banquètent joyeusement, servies par de très jeunes filles qui virevoltent entre les tables. Décor très basique. On vient avant tout ici pour la qualité de la nourriture et la copieusité des plats (on dit comme ça ?). Attention, ici c'est le système à la vietnamienne : un poisson est généralement pour 2 ou 3, voire 4 (moralité, ne commandez pas un poisson chacun !). Ici, on partage les mets comme le veut la tradition. Ça ne vous empêche pas de demander les prix bien sûr, mais addition fort modérée (ça va de soi !). Plats typiques comme l'estomac de porc sauce parfumée, mais c'est un peu dur à mâcher (habituel, c'est dans sa nature paraît-il !). Rabattez-vous plutôt sur le classique : l'excellent poisson à la vapeur, la seiche menthe fraîche, le bœuf aux oignons, le porc aux légumes, les crevettes grillées, le crabe et phở divers.

✗ *Bến Tre (15) :* 31 Lý Tử Trọng. ☎ 24352. Le petit voisin. Même genre, même prix. Pour que les lecteurs se répartissent !

✗ *Liên Café (16) :* Đồng Đa. En face du Marble Mountains Hotel. Peu de choix, mais bon accueil et très bon marché. Le matin, mini-terrasse au soleil pour le petit déjeuner.

✗ *Nhà Hàng Phi Lu (17) :* 249 Nguyễn Chí Thành. ☎ 23772 et 23574. Ouvert jusqu'à minuit. Central. Rue parallèle à Lê Lợi. Fort bien tenu et cadre plaisant. Ce qui se rapproche le plus de nos restos traditionnels. Ce Phi Lu n'en est absolument pas un. Bon accueil et cuisine possédant une excellente réputation. Grand choix à la carte : soupe asperges et crabe, bœuf grillé sauce huîtres, grenouilles ou anguilles à l'ail, poisson entier (pour au moins 5 personnes), tranche de poisson vapeur sauce crabe, etc. Prix tout à fait raisonnables.

– Rue Nguyễn Chí Thành (18) : dans le centre, quelques gargotes qui savent vous mitonner l'un des meilleurs amis de l'homme. Pour les amateurs bien entendu. Voir, entre autres, au *Quán Thịt Cầy*.

✗ *Ngọc Ảnh :* 30 Trần Phú. ☎ 22778. Gentil petit jardin intérieur pour une cuisine très correcte : crabe farci, crevettes et poisson cuits au four. Plats vietnamiens, chinois et européens. Bon accueil et service affable.

Prix moyens à plus chic

✗ *Kim Đô (19) :* 176 Trần Phú. ☎ 21846. Le plus célèbre restaurant de la ville. Ouvert jusqu'à 22 h. 2 grandes salles. Service à l'européenne. Bonne cuisine traditionnelle. Bien se faire préciser les prix de chaque plat au moment de la commande (et les garder en mémoire).

✗ *Hương Việt (20) :* 77 Trần Quốc Toản. Dans le centre. Rue perpendiculaire à Trần Phú. ☎ 25211. Là aussi, une institution. Succession de petites salles de bains couleur verte, dont l'une en rotonde avec arcades. Très longue carte où le bon marché côtoie le cher (notamment les viandes). Curieusement, encore un menu en cyrillique, vestige de « l'occupation » russe. Quelques spécialités : le requin sauce crabe, le « Cá Kỳ Lân » (littéralement « le poisson qui se mue en dragon »). Pour plusieurs personnes, bien sûr. Sinon, anguilles sautées et pimentées à la citronnelle, pigeon désossé sauce crevettes, grenouilles sautées aux foies de volaille, etc.

Où boire un verre ? Où sucer de la glace ?

— *Tuổi Hồng (21)* : 34 Phan Đình Phùng. ☎ 23256. Central. Un des cafés les plus branchés de la ville. Chouette atmosphère et beaucoup de jeunes (ah, bon, y'a un rapport ?).

— *Aux n°s 2, 4, 6, etc., de Trần Quốc Toản (22)* : petits glaciers qui se succèdent et bien connus pour la fraîcheur de leurs produits (ah, bon, y'a encore un jeu de mots ?).

— Comme dans les autres grandes villes du Vietnam, *les petits cafés de trottoir* se sont multipliés dans le centre. Leurs lucioles se balancent sympathiquement le soir au gré de la brise.

A voir

▶ *Le musée Cham (23)* : Bạch Đằng et Trưng Nữ Vương. Ouvert tous les jours de 8 h à 11 h 30 et de 13 h à 16 h 30. Abrité dans un beau bâtiment colonial construit en 1915 par l'école française d'Extrême-Orient. Propose la quintessence de la culture cham. La plupart des œuvres proviennent des quatre coins de l'ancien empire. Présentées dans 10 salles représentant chacune une période importante : Mỹ Sơn, Quảng Trị, Quảng Ngãi, Quảng Nam, Trà Kiêu, Kontum, Đồng Dương, Quảng Bình, Bình Định et Tháp Mâm. Plus de 300 pièces exposées. En voici les plus significatives.

Dans la première salle, surtout des vestiges de la vallée de Mỹ Sơn : frises des musiciens et des danseurs, statue de Ganesh du VIIIe siècle, stèles avec écriture cham, autel dédié à Civa.

— *Dans la salle n° 5* : civilisation Trà Kiêu (IXe siècle). Autel avec frise montrant le mariage de la princesse Sita avec le prince Rama. Danseuses au corps très souple.

— *Salle n° 7* : sanctuaire bouddhique du Xe siècle, où l'on note une influence hindouiste très marquée. Vie de Bouddha sur le grand autel de Đồng Dương. A droite, bon génie sur un buffle dévorant un homme puni d'avoir violé le territoire du roi.

— *Dans la galerie (salle n° 9)* : autel circulaire de Bình Định (XIIe siècle). Noter la ronde des seins évoquant la mère nourricière.

— *Dernière salle (n° 10)* : le roi Sư Tử, avec un corps de lion (la force) et une tête d'éléphant (l'intelligence). Du XIIe et XIVe siècle, déclin de la civilisation Cham et influence khmère. Splendide dragon (rồng) du XIIIe siècle, venant de Bình Định. Dans le jardin, quelques sculptures également.

▶ *Le temple Cao-Đài (24)* : rue Haiphong. En face de l'hôpital. Architecture traditionnelle de la secte. Le temple le plus important après celui de Tây Ninh. A l'intérieur, on y retrouve, bien entendu, l'œil, la pièce du corps la plus précieuse. Panneaux en haut avec représentation du bouddhisme, christianisme, confucianisme, islam et d'un prêtre caodaïste.

▶ *La pagode Phật Giác (25)* : 502, Ong Ich Khiêm. Construite dans les années 30, c'est la plus vaste de la ville, mais pas de charme particulier. A l'entrée, grand vase en bronze sur 3 pieds à tête de licorne. Autel encadré des oriflammes aux couleurs bouddhistes. Toutes les cérémonies de la ville ont lieu ici. A côté, un petit jardin intime et l'école bouddhique.

Pour les « pagodes addicts » et d'autres lieux, *Phố Da* (31), sur Phan Chu Trinh. La plus ancienne (1926) mais ne présentant pas d'attraits particuliers. Au 253, Phan Chu Trinh, la pagode *Tam Bảo* (28), avec son stupa à 5 niveaux. Enfin, la cathédrale néo-gothique sur Trần Phú (29).

▶ *Le musée Hồ Chí Minh* (hors plan) : au sud de la ville, sur Nguyễn Văn Trỗi. Đà Nẵng possède, bien sûr, son musée de l'oncle Hô. Reconstitution de sa demeure à Hanoi et nombreux documents et photos sur sa vie, ainsi qu'une expo de matériel de guerre.

▶ *Les marchés :* celui de Chợ Han (26) dans le centre. Assez pittoresque avec le fleuve pour cadre. Autre grand marché, le Chợ Côn (27) à l'intersection du Hùng Vương et Ong Ich Khiêm. Bâtiment en béton et ses dépendances. Le quartier Hải Châu, à côté, possède aussi son marché de rue. Particulièrement hétéroclite avec trottoirs spécialisés par genre : moteurs, vis, boulons, pièces détachées de toutes sortes. Sur Triệu Nữ Vương, petit marché aux voleurs le matin de bonne heure, mais en vérité peu de choses intéressantes. Y aller pour l'ambiance globale du quartier.

▶ *Balade sur les quais :* le matin de bonne heure, pour l'animation qui y règne. Pêcheurs vérifiant leurs filets sur fond de chaîne de montagnes se découpant capricieusement sur l'azur, pas mal ! Le soir, aussi. Chaleureuse balade, car beaucoup de gens vivent sur les bateaux, au gré des lampes à pétrole qui se balancent doucement...

Quitter Đà Nẵng

– En bus
• *Terminal :* 33, Điện Biên Phủ, à 3 km du centre, sur la route de Huế. Bus pour la province. Pour Huế (101 km), environ 6 départs quotidiens. Pour Tam Kỳ (69 km), toute la journée, pour Hội An (35 km) et Trà My (120 km), nombreux départs.
Un peu plus loin, terminal « grandes lignes » : bus pour Hô Chi Minh-Ville (24 h de trajet), Nha Trang (15 h), Ban Mê Thuột, Dalat, Hanoi, Haiphong, etc.
• *Bus pour Hội An :* à l'intersection de Thông Nhất et Nguyễn Thị Minh Khai. Avec des vieux 1200 Renault blanc et vert. Tous les jours de 7 h à 19 h.

– En train
• *Gare :* à 1,5 km du centre : sur Haiphong (et Hoàng Hoa Thám). Comme à Huế, tous les trains de la transvietnamienne (voir à ce chapitre). Pour Huế en particulier, au minimum 4 h de trajet (6 h avec les trains locaux).

– En avion
• *Aéroport* à 10 mn du centre.
• *Vietnam Airlines :* 35 Trần Phú. ☎ 21130 et 22014.
• *Vols pour Hanoi* (3 départs quotidiens), Hô Chi Minh-Ville (3 à 4 vols), Ban Mê Thuột (mercredi et vendredi), Nha Trang (mardi et jeudi), Pleiku (lundi, mercredi et samedi), Bangkok (2 vols hebdo), Paris, Amsterdam, Melbourne, Hong Kong (1 vol), Kuala Lumpur (3 vols hebdo), Frankfort, etc.

LA MONTAGNE DE MARBRE

A environ 10 km de Đà Nẵng bus pour Ngũ Hành Sơn. On y parvient par l'ancien pont de-Lattre-de-Tassigny, construit par les Français (aujourd'hui, Nguyễn Văn Trỗi). Ensemble de 5 collines calcaires qui furent jadis dans la mer. On y extrait un très beau marbre qui contribua, en partie, à la construction du mausolée de Hô Chi Minh. Nombreuses échoppes vendant une petite production locale. Attention, toutes les statuettes ne sont pas sculptées mais pour beaucoup obtenues par moulage et habilement imitées.
Ces collines portent chacune le nom d'un des éléments ayant contribué à la fabrication de notre planète : de Thủy Sơn (le mont de l'eau) on distingue, en face, le Kim Sơn (le mont du fer), à droite, le Thổ Sơn (le mont de la terre) et le Mộc Sơn (le mont du bois). A gauche, les deux petites collines figurent Hoả Sơn (le mont du feu). Seul, le mont de l'eau se visite. Devenu sanctuaire en 1826, sous le règne de l'empereur Minh Mạng. Conseillé de venir en fin d'après-midi, après les grosses chaleurs. Et aussi, parce que, dans la journée, le paysage, écrasé par le soleil, semble flotter dans des brumes laiteuses. On monte d'un côté, on redescend de l'autre.

Hardi petit, 156 marches à grimper ! Au cas où vous auriez perdu le fil de votre décompte, des gamins et gamines dont la serviabilité est vraiment profondément émouvante et, bien entendu, complètement désintéressée, sauront vous rappeler sans cesse le nombre qu'il vous reste à effectuer...

Du sommet, panorama remarquable. Assis sur le Vọng Giáng Đài (trône de la Reine, gravé d'ex-voto), on jouit d'un moment vraiment délicieux. On embrasse d'un coup tous les monts, la rivière Han , la mer de Chine... Sur le chemin, quelques sites :

▶ **La pagode Tân Thái :** construite au début du XIX⁰ siècle. Disposition traditionnelle des trois Bouddhas : à droite le présent, au milieu le passé, à gauche le futur. Sur les armoires, les 2 génies.

▶ **La grotte de Hoa Nghiêm :** avec un bouddha de béton.

▶ **La grotte de Huyền Không :** on y trouve une statue de Quan Thế Âm. Tout en bas, immense cavité (et bien enfumée par l'encens) avec des puits de lumière. Atmosphère un peu irréelle. Ancien hôpital du Vietcong en 1968. Un de leurs héros y mourut (il avait descendu 19 avions américains, plaque à droite). On y trouve plusieurs statues et quelques autels, consacrés aux cultes bouddhiste, confucianiste et brahmaniste.

▶ Fin de l'itinéraire sur l'autre versant, en passant près de la **grotte du Paradis** (ne se visite pas). Une dernière petite plate-forme avec une sorte de porte en pierre et vue sur la plage, avant de redescendre. En bas, une autre pagode (à droite de l'escalier). A 500 m, route pour la plage de Non Nước.

Aux environs

▶ **China Beach** (Non Nước) : au bord d'une pinède, la grande plage régionale s'étendant sur des kilomètres. Très beau sable fin. Dunes plantées de pins et de filaos donnant de l'ombrage, ce qui est très agréable les jours de canicules ! La première compétition de surf s'est déroulée ici en 1992. La meilleure époque pour se baigner : février-mars-avril car pas de pluies, et pas de typhons, du moins théoriquement. En août, vents secs et brûlants qui ramassent sur la plage le sable aux grains acérés (attention aux yeux et ça cingle la peau). Lieu de détente et de « dé-stressing » pour les G.I. pendant la guerre du Vietnam. Ici débarqua le cinéaste Oliver Stone quand il combattit au Vietnam. A ce propos, Michael Herr a écrit deux pages sur China Beach dans « Putain de Mort » (Albin Michel 1980). Extraits amusants : « Tous les Marines de la première région avaient le droit de passer quelques jours à China Beach une fois au moins au cours de leurs treize mois. C'était un endroit où ils pouvaient nager ou faire du surf, se saouler, se défoncer, baiser, se remettre d'aplomb, traîner dans les bordels civils, faire de la voile ou simplement dormir sur la plage... Certains Marines, ceux qui se battaient mieux que les autres, arrivaient à venir là tous les mois, envoyés par leurs commandants de compagnie qui préféraient ne pas les avoir dans les jambes entre deux opérations... Parfois des hélicos rasaient la plage pour asticoter les Marines, et un jour qu'ils ont vu une fille superbe en bikini, l'un d'entre eux s'est même posé. Mais on y voyait très peu de femmes, guère que des Marines, et certains jours il y en avait des milliers qui pataugeaient dans l'écume en riant et en criant ou qui faisaient rouler des bouées le long de la plage en s'amusant comme des enfants. Il y en a qui restaient dormir à moitié dans l'eau et à moitié sur le sable. Ces images et la guerre n'allaient pas ensemble, tout le monde le savait, et il y avait quelque chose de terrible à les voir ainsi s'abandonner aux vagues... »

Quelques Marines durent bien d'ailleurs s'y noyer. Attention, la mer y est le plus souvent dangereuse... Gros projets de développements immobiliers paraît-il... pas pour demain, mais *who knows* !

Où dormir ?

⚓ **Non Nước Seaside Resort** : en bord de plage. ☎ 36214 et 36216. Fax : 84-51-36335. L'ancien China Hotel s'est rebaptisé pour mieux se situer dans l'ère du nouveau tourisme de masse. Mais il ne pourra faire disparaître sa gangue de béton, héritage de la grande architecture soviétique. Il fut d'ailleurs jusqu'en 1985 réservé prioritairement aux techniciens russes. A l'intérieur, on retrouve la même « poésie Lafarge », mais chambres correctes. De 41 à 58 $ la double. Ces dernières, très confortables et spacieuses avec air conditionné, télé, petit salon. Le resto ne laisse pas un souvenir impérissable. Les visiteurs d'un jour se contenteront d'une Sông Hàn bien fraîche sur la terrasse du bar, face aux rouleaux...

HỘI AN

A 35 km au sud de Đà Nẵng. Pour nous, la plus charmante petite ville du Vietnam. Miraculeusement rescapée des destructions de la guerre américaine. Privilège qu'elle eut sûrement pour avoir été dépossédée au XIXᵉ siècle, par Đà Nẵng, de son rôle de grand port de l'Annam. Depuis, la ville avait sombré dans une bienheureuse léthargie. Son architecture date des XVIIIᵉ et XIXᵉ siècles. On y a décompté plus de 800 édifices de caractère, dont quelques magnifiques demeures de grands bourgeois et commerçants chinois. Centre piéton, ce qui vous permettra d'en découvrir le charme sereinement.

Pour s'y rendre, nombreux minibus, voir au chapitre « Quitter Đà Nẵng ».

Un peu d'histoire

Déjà au Xᵉ siècle, des documents attestent que la ville était une escale importante. Au XVᵉ, elle s'appelait Fai Fo et assurait le débouché maritime de Simhapura (Tra Kieu) quand elle était capitale du royaume cham. Le port reçut des bateaux du monde entier (Portugal, France, Angleterre, Japon, Chine, Inde, Hollande) venus acheter les épices, le thé, la porcelaine, etc. A cause des conditions climatiques (moussons, tempêtes), les bateaux et les négociants étaient souvent contraints d'y rester quelque temps. Ils s'y faisaient donc construire des demeures et des entrepôts. C'est ici également que débarquèrent les premiers missionnaires portugais, puis les jésuites, dont Alexandre de Rhodes (qui créa l'alphabet vietnamien). Lorsque la dynastie Ming fut renversée par les Mandchous, de nombreux mandarins, nobles et commerçants chinois vinrent se réfugier à Hội An et y firent souche. On leur doit les plus attachantes maisons de la ville. Des Japonais s'y joignirent également et un superbe art sino-nippon naquit.

Trop éloigné de la mer, le port s'ensabla progressivement et le trafic partit vers Đà Nẵng. Aujourd'hui, qui s'en plaindrait ! Meilleur moment pour s'y rendre : janvier et février, temps délicieux. En été, il y fait chaud, comme partout. Beaucoup de visiteurs se contentent d'y passer la journée. Dommage, les soirées s'y révèlent si douces et la lumière de l'aube si séduisante...

Où dormir ? Où manger ?

En 1994, c'est encore la préhistoire du tourisme. Un seul hôtel et un mini-hôtel balbutiant. Pour être sûr d'avoir une chambre, essayer de réserver (sans illusions !). A notre avis, ça va construire rapidement. Dans les restos, de succulentes spécialités locales.

🛏 *Hội An Hotel :* 6, Trần Hưng Đạo, à l'entrée de la ville. ☎ 61522 et 61373. Grand bâtiment. Pas mal de chambres à tous les prix, mais c'est là où le bât blesse : très difficile d'obtenir les moins chères (en principe, à 12 $ avec bains sur le palier, 15 $ avec salle de bains). Hôtel d'État en position de monopole, le *staff* vous impose le prix fort (à partir de 23 $ par personne), parfois en mini-dortoir, même s'il y a des chambres libres ou si vous aviez préalablement réservé. Le tourisme nul et bureaucratique dans toute son horreur ! Bon, cela dit, que cela ne gâche pas votre plaisir d'être à Hội An...

🛏 *Guesthouse 92 :* 92, Trần Phú. ☎ 61331. Dans la rue principale. Mini-hôtel bien tenu. Pas beaucoup de chambres. Doubles à 15 $ (salle de bains à l'extérieur). Petit déjeuner compris. Petite terrasse au 1er étage pour admirer la forêt des toits. Resto.

✗ *Fai Fo Restaurant :* 104, Trần Phú. ☎ 61548. Sympathique resto de quartier offrant une délicieuse et copieuse cuisine locale. A la carte. Mieux, prendre la « formule spéciale » à prix fort modérés qui vous permettra de goûter à toutes les bonnes spécialités. Notamment le *Bánh Bao Bánh Vạc* (petites pâtes de manioc avec porc, crevettes cuites à la vapeur), le *Hoành Thánh* (farine de blé, œufs et crevettes), *Tôm nướng miá* (crevettes grillées à la canne à sucre), le *Cao Lâu*, les succulents gros *nem* maison. Le tout, arrosé d'un jus d'ananas frais. En prime, le chaleureux accueil de la famille.

✗ *Lý Cafeteria :* 22, Nguyễn Huệ. Là aussi, bonne nourriture pas chère. Spécialité de *Cao Lâu*.

✗ *Hàn Huyên :* bar-resto flottant sur la rivière. Cuisine réputée, mais plus chère. On n'a pas pu tester. En tout cas, chouette pour y prendre un verre en fin d'après-midi.

✗ *Le Café des Amis :* 52, rue Bạch Đằng. ☎ 61360. Des amis du monde entier, Nguyễn Mạnh Kim en a par centaines, inscrits dans son livre d'or, louant sa gentillesse, son ouverture d'esprit, son humour pétillant et vif. Dans le modeste café qu'il tient face à la rivière de Hội An, on se laisse bercer par des chansons de Brel et de Brassens, ses chanteurs préférés, en rêvassant devant le ballet aquatique des bateaux. On resterait assis pendant des heures, tellement on y est bien, à l'écouter raconter sa vie, pleine de rebondissements, dans un français impeccable. Cet ancien champion du Vietnam de saut en hauteur (1,85 m franchi dans les années 60) fut entraîneur de l'équipe de foot de l'armée, avant de se reconvertir dans la cuisine, sport qu'il pratique comme un art, avec simplicité et raffinement. Comme ce n'est pas officiellement un resto, il ne sert qu'à dîner et uniquement sur réservation (la veille ou le matin pour le soir). On a craqué pour les roses blanches qui sont de délicieux raviolis fourrés d'une terrine de crevette, pour les crabes farcis et, pour les succulents pancakes, les meilleurs du pays, selon lui. Kim concocte aussi une dizaine de sauces onctueuses et peut servir 4 plats différents à base de requin. Pour boire un verre, faire une pause ou dîner, le Café des Amis est une adresse en or !

A voir

▶ D'abord, balade, le nez en l'air, le long de Trần Phú, Nguyễn Thái Học et Bạch Đằng, les trois rues parallèles à la rivière. Pour s'imprégner du vieux charme de cette architecture domestique unique au Vietnam. Maisons basses frappées d'alignement. Façades colorées, balcons en bois. Les demeures des notables et des riches commerçants présentent à peu près le même plan. Édifiées sur 2 niveaux, tout en longueur, entre 2 rues. Sur l'une des étroites façades, l'échoppe ; sur l'autre, l'entrée de l'entrepôt. Au milieu, le logement donnant sur une petite cour intérieure. Au rez-de-chaussée, le sallon-salle à manger, la cuisine. Au 1er étage, les chambres s'ouvrant en général sur une véranda. Souvent, au-dessus de la porte, 2 yeux pour surveiller et éloigner les mauvais esprits. Comme au 131, Trần Phú. Aux 37, 121 et 140 de la même rue, autres maisons pittoresques.

▶ *La maison Phung Hung :* 4, rue Nguyễn Thi Minh Khai. Rue qui prolonge Trần Phú (après le pont japonais). Elle fut construite en 1780 et connut 8 générations de la même famille. Repose sur 80 piliers en bois de fer sur base de granit (pour lutter contre les termites). L'architecture se révèle un harmonieux syncrétisme des arts vietnamiens, chinois et japonais (les 3 cultures de Hội An). Les Chinois donnèrent l'atrium avec véranda intérieure et les Japonais, le toit à 4 pans avec tuiles « terre et ciel ». Noter, au 1er étage, la trappe qui permettait de hisser la marchandise en cas d'inondation. Élégant ameublement et beaux objets. Noter l'autel des génies protecteurs en bois sculpté suspendu au plafond, tel un petit lit clos breton !

▶ *La maison Tân Kỳ :* 101, Nguyễn Thái Học. Petite contribution financière. Là aussi, nette influence sino-vietnamienne. Dans la pièce principale, on utilisa des bois précieux (acajou et jaquier) pour les poutres sculptées. Pied de colonnes en marbre. Toute la charpente fut assemblée uniquement avec des chevilles. Puits dans l'atrium. Noter les consoles sculptées mi-carpe, mi-dragon. Sur le côté, représentation des pêches, symbole de la prospérité. Belle cloison noire ciselée. Côté mur, dessins en céramique. Nombreux objets d'art ancien de la famille. Admirer le panneau en incrustation de nacre (des poèmes), dont les lettres sont… des oiseaux en vol. Ravissant !
Au 80 de la rue, une autre demeure à visiter. Beaux meubles et antiquités.

▶ *Le pont japonais :* au bout de Trần Phú. Construit en 1593. Beaucoup de charme. Il permettait l'accès entre le quartier japonais et le quartier chinois. En dos d'âne, de près de 20 m de long. A l'intérieur, un pagodon et, à chaque extrémité, un couple de singes et des chiens (la construction aurait commencé l'année du singe pour se terminer à celle du chien).

▶ *La pagode de Quảng Dông :* 176, Trần Phú. Édifiée à la fin du XVIIIe siècle. Consacrée à Quảng Đông, un général symbolisant l'honnêteté. Superbe dragon en mosaïque de céramique dans un bassin avec tortues. Au milieu, le général ; à gauche, la déesse de la Mer qui protège les pêcheurs. A droite, le dieu de la Fortune. Belles peintures en relief.

▶ *La pagode Phú Kiên :* 35 Trần Phú. Construite à la fin du XVIIIe siècle, c'est un temple classique, c'est-à-dire représentant une communauté villageoise dont une partie vint s'installer à Hội An. Magnifique portique avec 2 licornes (les gardiens de la pagode). Dédiée à Thiên Hâu, la déesse de la Mer. Sur l'autel, jolis brûle-parfum et chandeliers. Dans une vitrine au fond, deux autres représentations de la déesse. A droite, curieuse maquette de bateau (du XVIIe ou XVIIIe siècle). Sur le côté, salles des tablettes funéraires (notamment les premiers constructeurs de la pagode). Bas-relief polychrome figurant les quatre saisons.
Dans la cour du fond, dragon en mosaïque et petit temple. A droite, les douze sages-femmes. Les gens y déposent un papier jaune, sur lequel sont exprimés des vœux pour avoir un enfant (surtout un garçon). Au milieu, 6 mandarins, les ancêtres du village, symboles de la force et de l'honnêteté. A gauche, la représentation de la fortune.

▶ *Le temple de Quan Công et le musée historique :* 24, Trần Phú (et Nguyễn Huệ). Tout près du marché. Construit au XVIIe siècle. Joli atrium avec bassin. De part et d'autre, les montures de Quan Công. Impressionnante statue du héros (du XVIIe siècle), entouré de ses gardes du corps. Sur les murs latéraux, les noms gravés de bienfaiteurs et généreux donateurs qui édifièrent et rénovèrent la pagode. L'empereur Minh Mạng offrit 300 lingots d'or pour sa restauration. Tout au fond, le musée : installé dans une ancienne pagode. Beaux bas-reliefs de portes, brûle-parfum de 1804, photos anciennes, cartes, gravures. Antiques ancres en bois, pierres tombales japonaises, vestiges de céramiques et terres cuites, cloche de bronze, etc.

▶ **Balade sur les quais :** si le gros trafic portuaire a disparu, en revanche, il y a toujours de l'animation sur la rivière Thu Bồn. Longues barques avec un œil peint sur la coque pour surveiller les requins, mauvais esprits et autres dangers menaçant les pêcheurs.

Sur le quai Bạch Đằng, on retrouve les petits métiers traditionnels, notamment les chaudronniers, les forgerons qui fabriquent les ancres. Gargotes et petits cafés toujours pleins. Possibilité de louer une barque pour une délicieuse promenade sur la rivière.

▶ Pour ceux qui possèdent du temps, possibilité (à pied, à vélo) d'aller à la découverte de deux pagodes, à la périphérie de la ville. Elles ne possèdent pas un grand intérêt en soi, mais demeurent un prétexte à une balade sympa dans une paisible campagne.

▶ Pour la **pagode Nam Thanh,** suivre Nguyễn Trường Tộ. Arrivé à l'ancien stade (bientôt un théâtre) qu'on longe à gauche. Chemin de terre étroit avant de parvenir à la pagode. Jardin d'agrément et joli portique. Intéressante façade. Statue de la déesse sur sa montagne de rocaille. Dans le jardin, deux stupas. Pour **Phước Lâm,** continuer à gauche. A 500 m, nouveau cimetière bouddhiste. Pagode s'élevant là-aussi dans un grand jardin.

LES SITES CHAM

Un peu d'histoire

Le royaume du Champa dura du IIe au XVe siècle et s'étendit de Hué au cap Saint-Jacques. En bordure des pays sous tutelle chinoise, au sud du 18e parallèle, cohabitaient divers groupes malayo-polynésiens (en plusieurs entités ou régions autonomes). Le premier roi connu fut Sri Mara, au IIe siècle. Face à la menace chinoise, plusieurs de ces régions s'unifièrent pour y faire face. C'était des peuples de marins, de pêcheurs et de pirates. Au IVe siècle, apparut le terme Champa pour désigner cette longue région échappant à l'hégémonie chinoise. Son véritable unificateur fut le roi Bhadravarman Ier en l'an 400. Au Ve siècle, la capitale Cham s'installa à Simhapura (Tra Kieu), au sud-ouest de Đà Nẵng. Au VIIIe siècle, elle déménagea à Po Nagar (Nha Trang), pour revenir un siècle après à Indrapura (l'actuelle Dông Duong), à une soixantaine de kilomètres de Đà Nẵng. Durant 200 ans, cette nouvelle capitale brilla d'un grand éclat (construction d'un grand monastère). Depuis le VIIIe siècle, d'ailleurs, après avoir embrassé l'hindouisme, le Champa était devenu bouddhiste. Au XIe siècle, la capitale fut définitivement transférée à Vijaya, au sud (près de Qui Nhơn).

Du IVe au XIIIe siècle, se développa en même temps la splendeur de Mỹ Sơn, le principal centre religieux cham. Pendant toute cette période, le royaume cham eut peu de choses à craindre de la part du royaume viet au nord, lui-même préoccupé de se défendre contre l'expansionnisme chinois. Face aux attaques du royaume khmer d'Angkor, le Champa résista également bien (à part une courte occupation du début du XIIIe siècle). L'âge d'or du Champa se situa au XIe siècle. Le pays était riche. Beaucoup d'or et de minerais. Il se couvrit de temples et sanctuaires. Ce n'est qu'en 1471 que le roi viet Lê Thái Tổ arriva à vaincre les troupes cham. Le royaume fut d'abord divisé en 4 régions. Il disparut définitivement au XVIe siècle, suite aux attaques conjuguées des Viet et des Khmers. Le royaume cham ne se réduisit plus alors qu'à une poignée de villages perdus au fin fond du pays. Le dernier roi cham mourut en 1697 dans une prison à Hué.

Au XIXe siècle, il subsistait encore une petite principauté cham vassalisée, mais l'empereur Minh Mạng y mit un terme. Aujourd'hui, il reste moins de

100 000 Cham, circonscrits dans la région de Phan Thiết et Phan Rang au sud.
A noter qu'ils parlent encore leur langue et conservent une grande partie de
leurs coutumes et mode de vie ancestraux.

Culture, civilisation et art cham

On connaît beaucoup moins de choses sur la société cham que sur celle des
Viet. Elle était inspirée de la société indienne et il existait un système de castes.
Le calendrier était hindou. Monarchie de droit absolu, le roi (réincarnation de
Shiva) possédait toutes les terres du pays. Elles étaient redistribuées aux fonctionnaires royaux. Comme ils ne percevaient pas de traitement, les paysans travaillant sur ces terres leur garantissaient un fermage. Des terres étaient également données aux temples et aux prêtres, à qui les paysans livraient une partie
de la récolte. Le roi vivait dans un faste inouï et possédait un immense harem.
Marco Polo, en voyage dans la région (sans le GDR, c'était courageux !) en
1285, nota « qu'aucune jeune fille du royaume n'avait l'autorisation de se marier
avant que le roi ne l'ait vue ». Les temples menaient aussi grand train de vie.
Quant à l'art cham, sans atteindre la magnificence et le monumental de celui des
Khmers, ni de Borobodur ou Pagan, il présente cependant une grâce, une élégance, une poésie en tout point séduisantes. Sanctuaires plus discrets, plus
ramassés. On ne trouve pas de monuments antérieurs au VIIIe siècle car ils
étaient construits en bois et disparurent dans les tourmentes. L'art cham fut,
bien sûr, fortement influencé par l'art indien. On y retrouve une tour carrée à
plusieurs étages, appelée « Khan », ressemblant à la sikhara indienne. Consacrée aussi au lingayoni. Le Kalan symbolisait le centre de l'univers et son toit le
mont Méru, domicile des dieux. Caractéristiques principales : une seule porte
vers l'est (symbole du début du mouvement universel) et précédée d'un porche
de forme ogivale. Sur les 3 autres côtés, des fausses portes imitant la 4e. En
hauteur, le Kalan se compose de 3 parties : le *bhurloka* (les fondations) qui
représente le monde terrestre, le *bhurvaloka* (le corps de la tour), le monde spirituel, et en haut, le *svarloka*, le monde sacré. Entièrement construite en brique
avec de rares éléments de grès ou de granit (principalement les piliers, linteaux
et pierres angulaires). Les briques étaient peu cuites, de façon à pouvoir être
travaillées et sculptées. Les Cham n'utilisaient pas de mortier, mais une sorte
de résine mélangée à des moules, escargots et briques concassées. Étrange
mixture, mais elle fit ses preuves à travers les siècles et d'ailleurs cette technique est encore utilisée par certains pêcheurs pour l'étanchéité des bateaux.
Les sculpteurs n'entraient en action qu'à la fin de la construction. Œuvres
souvent superbes, foisonnantes, utilisant largement des motifs végétaux,
fleurs, animaux, etc.
Autres édifices importants : à l'opposé du Kalan, le *gopura* (tour d'entrée) et,
entre les deux, un *mandapa* qui servait de vestibule pour se purifier et prier
avant d'entrer dans le Kalan. A droite de ce dernier, le *Kose grha*, petit sanctuaire, avec un toit en forme de bateau, pour déposer les offrandes.
Les sites cham se classent par périodes dont voici les principales : Mỹ Sơn E1
(VIIIe siècle), Hoalai (VIIIe et IXe siècles), Đồng Dương (IXe siècle), Mỹ Sơn A1
(Xe siècle), Po Nagar ou Nha Trang (XIe et XIIe siècles), Bình Định (XII et XIIIe
siècles), Po Klong Garai (XIVe au XVIe siècle).

MỸ SƠN

Situé à environ 70 km au sud-ouest de Đà Nẵng. Découvert par l'archéologue
Parmentier à la fin du XIXe siècle, c'est le site le plus important. Lieu saint créé
par l'empereur Bhadravarman, à la fin du IVe siècle. Édifiés en dur, les premiers
sanctuaires brûlèrent tous. Ce n'est qu'à partir du VIIe siècle qu'on commença à
construire en dur. Chaque roi, par la suite, fit édifier de nouveaux monuments. Il

entretenait et restaurait également les anciens. C'est là que les cendres des souverains étaient conservées après la crémation. On élevait ces temples en l'honneur des dieux hindous, de Shiva surtout ou en signe de reconnaissance pour un grand événement (couronnement, victoire militaire, etc.). Le site, assez difficile d'accès, fut choisi en cas d'attaque sur Tra Kieu, la capitale du Champa. Il y eut jusqu'à 78 édifices. Les intempéries, mais surtout les guerres, détruisirent la plupart d'entre eux. La dernière, avec les Américains, fut particulièrement destructrice. Sanctuaire vietcong, Mỹ Sơn fut énormément bombardé par les B 52 (sans compter les dégâts des mines). Aujourd'hui, il y a à peine une dizaine de tours debout, mais le site reste intéressant. Certains sont parfois déçus, surtout à cause de la difficulté d'accès. Attention à ne pas s'éloigner des sentiers battus (pour une fois, c'est nous qui disons cela !) à cause des nombreuses mines encore en place. Quelques vaches paient régulièrement leur ignorance…

Quand et comment y aller ?

— Le meilleur moment pour visiter se situe pendant la saison sèche de mars à août. Fortes pluies en septembre-octobre avec des records en novembre-décembre. Accès très difficile à cause des chemins boueux (et risque d'annulation de l'excursion). A partir de janvier, les pluies diminuent notablement. En février, c'est relativement accessible.
— La meilleure solution consiste à prendre un tour ou à louer une voiture avec chauffeur. Route goudronnée sur 40 km jusqu'au carrefour de la N1 et de la route de Mỹ Sơn (au passage, dans le village de Baren, petit marché aux cochons le matin). Après le carrefour, 10 km de route empierrée, puis 20 km de franchement mauvaise. Arrivée à une petite rivière qu'on franchit en barque. Puis 4 km à pied aller et retour pour le site. Avoir de bonnes chaussures. Parfois, des jeunes proposent de vous conduire à moto.
— Possibilité d'y aller en bus, mais plus aléatoire et ça demande du temps (horaires peu pratiques). Certains bus vont jusqu'au terminus du village le plus proche du site. Après, 5 km à pied jusqu'à la rivière.
— On visite surtout les temples des groupes B, C et D, les plus accessibles et les moins endommagés.

Visite du site

● *Le groupe B :* considéré comme le centre du site. On y retrouve d'importantes influences indiennes et indonésiennes. Kalan B1 date de 1074 et possède toujours son linga. B3 date du Xᵉ siècle, dédié à Skanda. Riche décor sur les portes et les pilastres. B4, du IXᵉ siècle, est dédiée à Ganesh, l'autre fils de Shiva.
Superbe B5, sanctuaire pour déposer les offrandes (reconnaissable à son toit en forme de coque de bateau). Remarquable ornementation florale sculptée.
● *Le groupe C :* séparé du groupe B par un mur. Plan à peu près identique mais sanctuaire central plus petit. Dédié à Shiva (statue au musée de Dà Nẵng). Toit rappelant aussi la forme d'un bateau. C7, derrière à droite, date du début du IXᵉ siècle. Colonnes dans un coin, supportant une voûte en bois au-dessus de l'autel.
● *Le groupe D :* groupe un peu disparate et endommagé, situé entre les groupes B et C et la rivière. D1 dans l'axe de B2 et B1 est en fait le mandapa du groupe B. C'est un long édifice avec quelques beaux restes d'ornementation du Xᵉ siècle. Entre D1 et D2, s'étend la cour des stèles avec quelques statues, stèles et tables d'offrandes.
● *Les autres groupes :* A en face du groupe D, puis G, sur une petite colline, puis E et F sont considérablement en ruine. Pour spécialistes uniquement.

LES AUTRES SITES CHAM

Voici quelques autres sites pour ceux ne disposant pas de suffisamment de temps pour aller à Mỹ Sơn ou, tout simplement, qui ne veulent rater aucun site cham.

Bang An

A 30 km au sud de Đà Nẵng, dans le village de Diên Hồng. Facile d'accès. Suivre la N1 jusqu'à Vĩnh Diên. Au nord du pont, tourner à gauche. A 3 km, vous remarquerez cette unique tour au milieu d'un champ. Demander la clé à la 2e maison à droite. Pas spectaculaire en soi, mais c'est une tour octogonale et la seule de cette forme subsistant de tous les sites cham. Fort peu de décoration. On y retrouve la traditionnelle entrée à l'est et son vestibule. Construite au XIIe siècle.

Chiên Đàn

A 60 km au sud de Đà Nẵng et 10 km au nord de Tam Ky. Très proche de la N1. On aime bien ce site dans son cadre champêtre. Quelques vaches broutent autour. Demander au paysan d'ouvrir la porte du site.

Là, il s'agit d'un groupe de 3 Kalans serrés les uns contre les autres et entourés d'arbres. Construits au XIe siècle, avec ouverture à l'est. Bel ensemble dont on a dégagé récemment les pierres de fondation, intéressants blocs de grès sculptés. Kalans particulièrement élevés. Celui du milieu est le mieux préservé. A côté, ravissante frise de danseuses et musiciens ; sur l'autre Kalan, représentation d'éléphants environnés de fleurs de lotus. Gît encore par terre, le socle du linga qui était placé tout en haut.

Khương Mỹ

Situé près de Tam Ky, 70 km au sud de Đà Nẵng, sur la N1. A la sortie sud de la bourgade, tourner à droite. C'est à environ 800 m. Là aussi, groupe de 3 Kalans assez serrés dans un petit village. En bon état. Considéré comme l'un des chefs-d'œuvre de la sculpture cham et représentatif de l'âge d'or de cette civilisation. La plupart des statues du site sont au musée cham de Đà Nẵng. Les façades des Kalans présentent ici un extraordinaire travail de ciselage dans la brique. Notamment, les fausses portes avec leur remarquable système d'arcatures et les pilastres très décorés. La tour du milieu propose également une sculpture d'une richesse et d'un foisonnement sans pareil.

🛏 Possibilité de dormir à Khương Mỹ. Petit hôtel simple au centre du village.

Đồng Dương

A environ 68 km de Đà Nẵng. Suivre la N1 jusqu'à Hà Lâm, puis 15 km sur la route 19. Đồng Dương brilla de mille feux aux IXe et Xe siècles. Ce fut un grand centre bouddhiste, quand le bouddhisme remplaça l'hindouisme. On y trouvait un grand monastère mahayaniste dont il ne reste aujourd'hui que les fondations. Site tout en longueur où subsistent quelques Kalans et des vestiges de petites tours.

LA ROUTE DE ĐÀ NẴNG À HUÉ

Environ 108 km d'une magnifique route de montagne. Préférer le bus, car le train suit uniquement le bord de mer (paysage intéressant quand même). La meilleure solution, si l'on est plusieurs, étant de louer une voiture avec chauffeur (on peut s'arrêter quand on veut). La route est parfois belle à pleurer (comme dirait Astrid, une bonne copine à nous). Une curiosité : en bas de certaines vertigineuses descentes, à l'amorce de virages importants, on a fabriqué un petit tronçon de route de 50 m de long, remontant la colline. Devinez pourquoi c'est fait ?... pour les véhicules dont les freins lâchent ! Pas bête, non ? Autre chose : sur le parcours, plusieurs chutes d'eau ont été détournées pour le plus grand plaisir de ceux qui veulent se doucher ou se rafraîchir. Fin de la rubrique « y'a encore des routes à caractère humain... ».

Juste après Đà Nẵng, traversée d'un village spécialisé dans la fabrique des pétards. Devant les boutiques, on voit souvent sécher les feuilles teintes en rose (pour envelopper les pétards).

Puis on commence à grimper vers le célèbre col des Nuages (à environ 25 km de Đà Nẵng). Route sinueuse avec de remarquables points de vue sur la baie entrecoupée de promontoires. Ce col, très souvent dans les nuages, marquant une sorte de frontière climatique entre le Nord et le Sud, surplombe la mer de près de 500 m. La province de Đà Nẵng, au climat plus chaud, se heurtant à la fraîcheur de la montagne, le col se trouve souvent dans un brouillard plus ou moins épais. Quand le soleil se met de la partie, effets garantis ! Quelques vestiges de fortins chinois, français et américains. Ensuite, c'est une arrivée superbe sur le village de pêcheurs de Lăng Cô, au bord d'une lagune. Si possible en fin d'après-midi ou le matin de bonne heure, car dans la journée le soleil écrase couleurs et contrastes. La petite église apparaît au milieu des cocotiers tandis que les grands carrelets se mirent dans l'eau. Noter les traditionnelles petites barques toutes rondes. Longue plage de sable fin.

Où dormir ? Où manger à Lăng Cô ?

🚩 **Lăng Cô Hotel :** dans la rue principale. De l'autre côté du grand pont (venant de Đà Nẵng). Simple, rustique même, mais propreté acceptable. Environ 12 $ pour deux.

🚩 **Sao Biển :** 61, rue Diên Thoai (rue principale), au début du village sur la gauche en venant de Đà Nẵng. ☎ 74435. L'un des meilleurs restos du village. Fort bien tenu par une famille accueillante. Réputé pour la fraîcheur de ses fruits de mer dont c'est la grande spécialité. Repas typique comprenant : crabes « à taches blanches » vapeur, grosses crevettes grillées et coques. Riz délicieux. Copieux. Prix fort modérés.

HUḖ

Classée patrimoine mondial de l'humanité par l'Unesco, Hué possède un puissant pouvoir d'évocation et de rêve. On est loin de l'image austère de Hanoi ou de la fiévreuse Saigon. Hué symbolise plutôt l'histoire, la poésie, la littérature, une brillante vie culturelle. Malgré les terribles destructions de la guerre américaine, malgré sa faiblesse économique, la ville continue de faire fantasmer. Où trouver ailleurs un rythme si paisible, une rivière des Parfums aussi romantique, des tombeaux royaux aussi impressionnants ? De plus, ne dit-on pas qu'on y rencontre les jeunes filles les plus ravissantes du pays... ?

Hué, capitale du chapeau conique

Deux quartiers de Hué sont spécialisés dans la fabrication des chapeaux coniques. Dans celui de Phuoc Vinh, plus de 400 familles et 300 dans celui de Vĩnh Lợi. Cette tradition familiale remonte à plus de 4 siècles. Chaque personne fabrique de 2 à 3 chapeaux quotidiennement. Le quartier est organisé : certaines familles fournissent les cerceaux en bambou, d'autres les feuilles de latanier, enfin, il y a celles qui confectionnent les chapeaux. Sur un cadre en bois de forme conique, on dispose les cerceaux en bambou (17 exactement), puis les feuilles de latanier. Puis, on coud le tout au fil nylon. Il y a beaucoup de modèles.

Le « standard » comprend 3 couches de feuilles. On peut insérer, entre les couches, du papier découpé selon des motifs choisis ou, parfois, de courts poèmes. Ainsi, en dirigeant le chapeau vers le soleil, peut-on découvrir des paysages, des scènes... Certains chapeaux sont vernis avec de la sève de sapin pour les protéger de la pluie. Quelques modèles, plus luxueux, sont brodés à l'intérieur. Tous ces chapeaux sont vendus au marché de Đông Ba.

Un peu d'histoire

La région fut d'abord occupée par les Chinois à partir du IIIe siècle avant J.-C. jusqu'au IIIe siècle après J.-C. Ces derniers laissant ensuite leur place au peuple cham. Le coin de Hué prit le nom de Kiusu et devint la frontière nord du royaume cham. Quelques siècles plus tard, Kiusu devint Kandarpapura. En 1306, cependant, la ville et ses environs passèrent dans le giron du royaume viet lorsque la princesse Huyền Trân, sœur du roi viet Trần Anh Tông, épousa le roi du Champa. Au XVe siècle, le royaume cham tomba, Kandarpapura prit alors le nom de Thuận Hoa sous le règne des seigneurs Nguyễn. La ville et les terres qui en dépendaient n'acquièrent vraiment de l'importance qu'à la fin du XVIIe siècle, lorsqu'un seigneur Nguyễn en fit sa capitale. Nouveau changement de nom en Phú Xuân. Le pays fut alors agité par une longue guerre civile qui s'acheva en 1777 par la prise de pouvoir de Nguyễn Huệ. Dix ans plus tard, celui-ci chassa les Mandchous. Son successeur fut le célèbre Gia Long, qui vint au pouvoir avec l'aide des Français et qui confirma Phú Xuân comme capitale du Vietnam en 1802. Il y entama de pharaoniques travaux. Des dizaines de milliers d'ouvriers et les artistes les plus prestigieux édifièrent palais, enceintes fortifiées, luxueux mausolées. De nombreux palais de Hanoi furent démantelés pour fournir pierres et matériaux. A la fin des travaux, en 1833, Phú Xuân prit définitivement le nom de Hué. A signaler que la ville, comme Hanoi précédemment, fut édifiée suivant les principes rigoureux de la géomancie : pagodes, palais, citadelles s'élevèrent à des endroits précis, articulant astrologie, légendes, traditions religieuses, orientations géographiques particulièrement étudiées. Résultat : un remarquable mariage harmonieux avec la nature. La citadelle fut construite selon un axe sud-nord, perpendiculaire au fleuve, face à une colline sacrée (mont de l'Écran royal), protégeant le site des mauvais génies venant du sud. La vallée, elle-même, est entourée de 5 monts symbolisant les 5 éléments.

Hué resta une capitale très symbolique du Vietnam (voire d'opérette). Ce sont les Français, bien sûr, qui dirigeaient le pays. Formellement, 13 empereurs régnèrent de 1802 à 1945. Les plus marquants furent Gia Long (de 1802 à 1819), Minh Mạng (de 1820 à 1840), Thiệu Trì (de 1841 à 1847), Tự Đức (de 1848 à 1883)... Khải Định (de 1916 à 1925) et, enfin, Bảo Đại (de 1925 à 1945).

Pour finir, Hué eut la malencontreuse idée de se situer sous le 17e parallèle. La ville souffrit énormément de la guerre américaine. Notamment, lors de l'offensive du Têt, en janvier-février 1968. Le Vietcong tint plusieurs semaines la citadelle, malgré de très violents bombardements qui la détruisirent en grande partie.

Avec 268 000 habitants, Hué remonte la pente. Après 1975, c'était devenu une petite ville en proie à une dramatique hémorragie d'habitants. Aujourd'hui, c'est redevenu un pôle intellectuel et touristique important, même si beaucoup d'agences ne la programment pas encore ou y font un séjour trop rapide.

Adresses utiles

— *Office du tourisme (6)* : 9, Ngô Quyền. ☎ 3288 et 3502. Fax : (84) 54-3424.
— *Centre for Tourist Management (22)* : 30, Lê Lợi. ☎ 2369 et 3513.

N

1 Maisons d'hôtes
2 Maisons d'hôtes
3 Dông Da Hotel
4 Tourist Villa
5 Ngô Quyên Hotel
6 Office du tourisme
7 Mini Hôtel 18
8 Hôtel Morin
9 A Dông Hotel
10 Lê Loi Huê Hotel
11 Hoa Hông Hotel
12 Thuân Hoa
13 Century Riverside Inn
14 Huong Giang Hotel
15 Lac Thiên
16 Huyên Anh
17 Ngoc Anh
18 resto
19 Sông Huong

20 Ong Tao
21 Centre français
22 Centre for
   Tourist Management
23 Cafés sympa
24 Cafés sympa
25 Cavalier du Roi
26 Porte du Midi
27 Palais du Trône
28 Cité Pourpre interdite
29 Belvédère de la Lecture
30 Thê Miêu et urnes
31 Porte de la Vertu
32 Porte de l'Humanité
33 Palais de la Reine-Mère
34 Musée Hô-Chi-Minh
35 Grand marché et
   terminal de Dông Ba
36 Gare
37 Terminal de An Cuu
38 Terminal de
   Bên Xe An Hoa
39 Lac du Cœur Serein
40 Bastion Mang Ca

CITADELLE

PONT AN HOA

PONT DA VIEN

Pagode de Thiên Mu

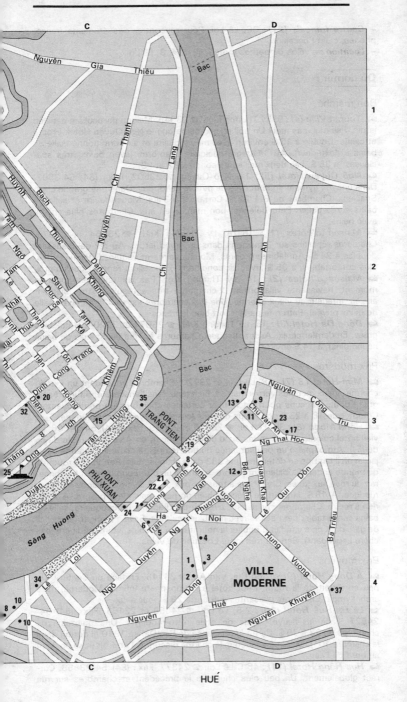

HUÉ

– *Centre français (21)* : 36, Lê Lợi. Pour rencontrer des étudiants franco-phones, c'est l'occasion.

– *Location* de vélos ou petites motos, au café, 3, Lê Lợi.

Où dormir ?

Bon marché

☙ *Tourist Villa (4)* : 5, Lý Thường Kiêt. ☎ 23945. Maison particulière dans un jardin. Pas mal, pas mal ! Un poil mieux même que le Ngô Quyên Hotel. Propre et calme. Double à 12 $ environ avec moustiquaire et air conditionné (salle de bains à l'extérieur). Au 1er étage, quelques chambres (avec bains) très spacieuses, à 35 $. Les deux meilleures sont les P2 et P3.

☙ *Ngô Quyên Hotel (5)* : 11, Ngô Quyên. ☎ 23502. Fax : (84) 54-3502. Dans une rue sympathique bordée de petites échoppes. Dans une grande cour. Spacieux. Chambres de 8 à 29 $. Certaines à 3 lits. Moustiquaire et salle de bains sur le palier. Petit déjeuner bon marché en sus. Chambres plus chères avec bains.

☙ *Maison d'hôtes (1)* : 16-18, Lý Thường Kiệt. ☎ 23964 et 23679. Chambres réparties sur 3 maisons dans un grand jardin. Au rez-de-chaussée, doubles à 24 $. Agréables, propres. Moustiquaires et ventilo. Quelques-unes, plus confortables, à 35 $ (avec air conditionné). Excellent rapport qualité-prix.

☙ *Maison d'hôtes (2)* : 14, Lý Thường Kiệt. Pas de téléphone pour le moment. Ravissante villa offrant 2 chambres très agréables. Ameublement ancien. Intérieur au vieux charme. Une des chambres est très large (avec salle de bains privée). Patronne parlant fort bien le français.

☙ *Dống Da Hotel (3)* : 15, Lý Thường Kiệt. ☎ 23071 et 23204. Hôtel sans grâce. En dernier choix. Assez rustique. Chambres à 3 lits (avec salle de bains néanmoins), à 14 $ environ.

Prix modérés

☙ *Mini-Hôtel 18 (7)* : 18, Lê Lợi. ☎ 23720. Chambres possédant un certain charme. Vieux meubles vernis marron. Bien tenu dans l'ensemble. Situé près du grand pont, d'aucuns pourront trouver certaines chambres un peu bruyantes. Compter de 18 à 23 $ pour deux ou trois (certaines avec air conditionné).

☙ *Hôtel Morin (8)* : 30, Lê Lợi. ☎ 23526 et 23039. Fax : (84) 54-24806. Le vieil hôtel colonial tel qu'on les aime (heureusement, en Asie, il en reste de-ci, de-là !). Atmosphère un peu surannée du bon temps de l'Annam. Grande cour-jardin où il fait bon se détendre, une 333 dans chaque main. Rendo des routards du monde entier. Globalement propre, même si un p'tit coup de neuf lui donne-rait du rose aux joues. Chambres à tous les prix. A 12 $, c'est, disons-le, assez rustique. A 18 $, la peinture s'écaille bien un peu, mais c'est propre. A 23 $, rien à redire. Chambres spacieuses avec air conditionné, moustiquaire, salle de bains confortable, petit salon avec meubles sculptés. Salle à manger genre hall de gare dont on a vite fait d'oublier la nourriture très banale, voire médiocre (pas chère cependant). Service très long. Location de vélos.

Prix moyens

☙ *Á Dông Hotel (9)* : 1, bd Chu Văn An. ☎ 24148. En face du Century. Un peu en retrait de la route. Petit hôtel à l'atmosphère intime. Moderne, mais archi-sympa. Chambres plaisantes autour de 29 $ pour deux.

☙ *Lê Lợi-Huê Hotel (10)* : 2-5, Lê Lợi. ☎ 24668 et 22153. Fax : (84) 54-24527. Face au fleuve. Villas de style rétro-moderne. Une quinzaine de chambres de 23 à 70 $. Ce fut la résidence de Bảo Đại en 1940 (il dormit dans la chambre 101). On aime beaucoup le charme discret de l'endroit et sa position au bord de l'eau.

☙ *Hoa Hồng Hotel (11)* : 46 C Lê Lợi. ☎ 24377. Fax : (84) 54-23858. Cor-rect globalement. Un peu plus cher que le précédent et chambres sur rue

bruyantes. Quelques-unes à 3 lits assez grandes à 47 $ (petit déjeuner en plus).
☕ **Thuận Hoá (12) :** 7, Nguyễn Tri Phương. ☎ 22553 et 23370.
Fax : (84) 54-22470. Hôtel moderne typiquement vietnamienne. Propre.
Atmosphère plutôt tristounette. Une trentaine de chambres autour de 39 $ la
double.

Plus chic

☕ **Century Riverside Inn (13) :** 49, Lê Lợi. ☎ 23390 et 23391. Fax : 23399.
C'est l'ancien « Grand Hôtel Huê », repris par une grande chaîne. Visiblement,
l'architecte ne connaissait pas l'œuvre de Frank Lloyd Wright. C'est du béton
massif dont, miracle, la rivière des Parfums ne renvoie pas l'image. A part ça,
chambres fonctionnelles, sans charme particulier, de 58 à 97 $ la double. Petit
déjeuner consistant, mais il y a toujours les groupes (dont c'est le point de
chute) qui se bousculent et râlent sans cesse !
☕ **Hương Giang Hotel (14) :** 51, Lê Lợi. ☎ 3958 et 2122. Fax : (84) 543424.
Juste à côté du Century. Plus petit et décor intérieur plus raffiné. Reçoit aussi
des groupes, mais ça fait moins usine. Très agréable salle à manger au dernier
étage avec belle vue sur la rivière des Parfums. Chambres confortables à 70 $
et suite à 135 $.

Où manger ?

Très bon marché

✗ **Lac Thiên (15) :** 6, Đinh Tiên Hoàng. Sur la rive gauche (au nord). Dans la rue
menant à l'une des portes de la citadelle. Ferme tard. Excellent accueil. Tenu par
la même famille. Très sympathique gargote spécialisée dans le *bánk khoai,* suc-
culente crêpe maison. Toujours pittoresque de voir la patronne s'activer aux
fourneaux et faire frire les galettes bourrées de viande, crevette et soja. Elles y
gagnent un beau jaune vif et craquent agréablement sous la dent. Accompagnées de salade et de *Nước tương,* une grosse sauce marron faite de graines
de sésame, cacahuètes, épices diverses. Autres spécialités, le *bún thịt nướng*
(pâtes au bœuf et porc grillés accompagnées de légumes), la *vegetarian
noodles soup,* la seiche grillée. Bière chinoise bien fraîche.
✗ **Huyền Anh (16) :** 207, Kim Long. C'est sur la gauche en allant vers la
pagode Thiên Mụ. Grand resto populaire. Tables hautes. On mange avec vue
sur un jardin et les sampans se balançant sur l'eau. Bon et copieux *bún thịt
nướng,* pas cher du tout.

Bon marché à prix moyens

✗ **Ngọc Anh (17) :** 29, Nguyễn Thái Học. ☎ 22617. Dans une petite rue qui
part en face du Hương Giang Hotel. Clientèle locale dominante (jusqu'à parution
de ce guide). Possibilité de manger en terrasse ou à l'intérieur. Nappes
blanches, murs vert salle de bains, plantes en plastique et le sourire des filles
des calendriers en prime. Excellente cuisine à prix raisonnables. Carte en anglais
assez étendue. Spécialité de crabe farci, de canard Kinh Đô, pigeon, cuisses de
grenouilles, bœuf sauté à l'ananas et oignons, « beef chateaubriand », grand
choix de poulets à toutes les sauces, anguille grillée à l'ail, etc.
✗ **Resto sympa (18) :** 3, Lê Lợi. On y parle l'anglais. Bons plats à base de riz et
délicieux *milk shake* aux fruits.
✗ **Sông Hương (19) :** 1, Trương Đình. Resto flottant à 500 m du Century
Hotel. ☎ 23738. Assez touristique, mais accueil souriant. Cuisine correcte et à
prix raisonnables. Bon choix à la carte : grenouilles au citron, anguilles aux
champignons, bœuf mariné aux herbes grillées, bon poisson à la vapeur, grillé
de crevettes... Sauf les crabes à la vapeur, minuscules et horriblement chers.
✗ **Ông Táo (20) :** dans la citadelle. ☎ 23031. Accès par la porte Hiền Nhơn.
Superbement situé dans un jardin, avec de grands arbres, en face d'un vieux

temple de 1804. Calme et romantique. Par beau temps, on se restaure dans une lumière dorée. Ouvert tous les jours et service jusqu'à 22 h (dernière commande 20 h 30). Carte bien fournie : soupe de crabe, steaks et poulets, crevettes à l'ail, anguilles, grenouilles, etc. Un poil plus cher que les autres, tout en restant raisonnable. Autre établissement en ville, au 134, Ngô Đức Kế.
– A éviter : **Âm Phủ** (Aux Enfers)... Situé dans la même rue que Ngoc Anh. Nom presque prédestiné, car des lecteurs ont trouvé qu'ils n'avaient quand même pas assez péché sur terre pour s'y retrouver !

Plus chic
– **Restaurant de l'hôtel Hương Giang (14)** *:* 51, Lê Lợi. ☎ 22122 et 23958. Une salle au rez-de-chaussée et une au 3ᵉ étage. Bonne réputation et à peine plus cher que les autres. Superbe panorama au 3ᵉ sur la rivière des Parfums, mais on y trouve les groupes. Si vous voulez rigoler, essayez d'assister à un « dîner impérial ». Les clients sont déguisés et la cuisine est... impériale. Ringard à souhait. En bas, plus tranquille. Même carte pour les deux.

Où boire un verre ?

– **« Thảo Vy » et « Label 16 » (23)** *:* Nguyễn Thái Học. Dans la rue partant du Á Đông Hotel (face au Century). Tables dans le jardin, musique funky-house, lumières tamisées. Beaucoup de jeunes, ça va de soi !
– Cafés sur Lê Lợi, rive droite (24) : en particulier en face du tennis, de part et d'autre d'une école. Au bout de Lê Lợi, à droite avant le pont. A 100 m environ, prendre un chemin, on arrive à un café en bord de rivière, dans un jardin. Pas mal d'étudiants et très agréable.

A voir

▶ **La ville impériale et la citadelle** *:* c'est la seule ville impériale existant encore aujourd'hui (Cổ Loa, Hoa Lư et Thăng Long se réduisent à de maigres vestiges). Construite de 1805 à 1832 sur un périmètre de 10 km, sur le modèle des palais impériaux chinois. Jusqu'à 80 000 habitants de la région participèrent à son édification. La ville comprend 3 enceintes autour du même axe sud-nord. Celle de la ville impériale, celle de la cité royale et enfin, la cité pourpre interdite. Des Français contribuèrent à l'architecture, ce qui explique son aspect à la Vauban. Les murs de la 1ʳᵉ enceinte atteignent parfois 20 m de large, remblai de terre entre 2 couches de briques, percé d'une dizaine de portes. Tout autour, un canal appelé Hồ Thành Hà (le canal de Défense du rempart). Mur d'enceinte sud de forme convexe, car épousant le contour de la rivière des Parfums. Environ 60 000 personnes vivent à l'intérieur de la citadelle.
La cité royale, de forme quasiment carrée (622 × 606 m) est également entourée de douves.

▶ **Le Cavalier du Roi (25)** *:* (Kỳ Đài) : accès par la porte principale sud (la plus proche du pont Phú Xuân). Imposant bastion construit par Gia Long en 1809. Le drapeau vietcong y flotta lors de l'offensive du Têt en 1968 (l'image fit le tour du monde grâce aux télés américaines). Sur le côté, 9 grands canons de bronze, appelés « canons génies », de 10 t chacun et symbolisant les cinq éléments (eau, bois, métal, feu et air) et les quatre saisons. Devant, une grande esplanade gazonnée où se déroulaient, jadis, les parades militaires.

▶ **La porte du Midi (26) (Ngọ môn)** *:* entrée principale de la cité royale. Était réservée au roi. Percée de 5 portes. Tout autour du portail central, traces d'impacts de balles de 1968. C'est une belle et solide construction à laquelle on accède par un escalier sur le côté. On notera l'exquise charpente du pavillon des Cinq Phénix (Lầu Ngũ Phụng), bâti au-dessus. La cloche et le tambour datent de 1804. Peinture montrant la remise des diplômes aux lettrés. Noter les variations de couleurs des tuiles (jaune pour le roi, vert pour les mandarins). C'est de là qu'ils observaient les parades militaires. Devant la porte, Bảo Đại remit le pouvoir au Vietminh en août 1945.

▶ **Derrière la porte du Midi,** deux grands bassins séparés par le pont de la Voie centrale et l'esplanade des Grands Saluts, menant au palais du Trône (appelé aussi palais de la Suprême Harmonie). Sur chaque côté, 2 griffons surveillaient (symboliquement) les mandarins. De petites stèles marquaient leur place dans la hiérarchie, lors des hommages au roi.

▶ **Le palais du Trône (27) (Diện Thái Hoã) :** regardez-le bien. De tous les grands palais, c'est le seul qui ait échappé aux bombardements de 1968. Émouvant de réaliser que dans les périodes les plus folles de destruction, il y a toujours UN survivant pour témoigner du passé ! Ainsi, peut-on admirer le beau toit de tuiles patinées, la charpente superbement sculptée, l'immense salle aux 80 colonnes, au décor laqué rouge et or. Devant le trône, la table sur laquelle on déposait les requêtes au roi. Une petite partie du palais est consacrée, sur l'arrière, au commerce d'antiquités.

▶ **La cité pourpre interdite (28) :** au nord du palais du Trône, c'est la désolation. On réalise mieux le bilan terrible de la bataille du Têt en 1968 : sur 67 édifices importants, 42 furent totalement détruits. A part deux bâtiments sur le côté (originalement appelés pavillons de l'est et de l'ouest, ou pavillon des banquets), il ne reste rien de la cité interdite, carré de 330 m × 324 m, entouré d'une enceinte. Sur cet immense terrain vague et herbu, difficile d'imaginer le somptueux palais des audiences intérieures (Cận Châu), les appartements privés du roi, les harems, le palais de Khải Định, etc. Restent deux grandes urnes en bronze, fondus avec des canons pris à l'ennemi, gardiennes dérisoires des cendres de la cité interdite...

▶ **Le belvédère de la Lecture (29) :** cependant tout n'est pas désespéré. A droite, s'élève le belvédère de la Lecture (ou pavillon des archives), superbement restauré par l'Unesco. Un peu avant, l'ancien théâtre royal.

▶ **Le musée :** en rénovation, devrait rouvrir bientôt. Accès par le belvédère de la Lecture. Présentation de très beaux objets comme le *Kim chi Ngọc diệp* (avec ses branches en or et ses feuilles en jade), les plateaux en argent et ivoire, les boîtes de noix d'arec et de bétel, les vêtements des rois, des reines, artisanat en cuivre, armes anciennes, chaise à porteur, lit royal, tables d'écriture, objets incrustés de nacre, collection de pièces de monnaie, etc.

▶ **Dans l'axe ouest-est de la grande porte Dorée,** deux portes splendides : à l'est, la porte de l'Humanité (32), à l'ouest, celle de la Vertu (31). Du côté de cette dernière, vous trouverez la partie la moins touchée par la guerre. Peu avant la porte de la Vertu, petite entrée donnant accès à des jardins sauvages et à un certain nombre d'édifices pas encore restaurés. Ça se dégrade doucement, mais rien de dramatique. Ça permet même de dégager une atmosphère paisible, une douceur romantique. Venir tôt le matin, à la fraîche, pour découvrir 100 détails architecturaux insolites : des bouts de murs, des portes qui ne mènent nulle part, des vénérables statues couvertes de lichens. Quelques habitations sont squattées par des familles paysannes cultivant des primeurs. A gauche, dans un cadre hors du temps, le temple de la Résurrection. Un peu plus loin, le temple Thế Miểu.

▶ **Le temple du cultes des rois Nguyễn (30) (Thế Miểu) :** construit en 1821 par Minh Mạng en l'honneur de Gia Long. Là aussi, intéressante architecture. A l'intérieur, 10 autels célébrant chaque roi de la dynastie des Nguyễn. Genre de panthéon. Au milieu, celui de Gia Long. Derrière, on trouve les tables d'offrande et, au fond, sous les dais, leurs tablettes funéraires.

▶ **Les urnes dynastiques (30) :** fondues entre 1835 et 1839, au nombre de 9, elles sont dédiées chacune à un roi et pèsent environ 2 tonnes. Souvent

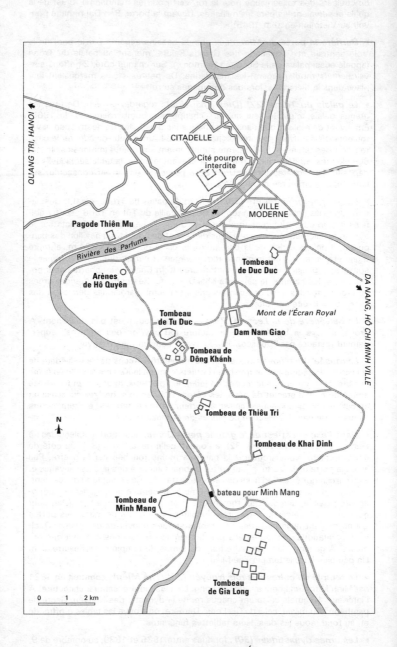

CITADELLE

Cité pourpre
interdite

QUANG TRI, HANOI ↑

VILLE
MODERNE

Pagode Thiên Mu

Rivière des Parfums

Tombeau
de Duc Duc

Arènes
de Hô Quyên

DA NANG, HÔ CHI MINH VILLE ↗

Tombeau
de Tu Duc

Mont de l'Écran Royal

Dam Nam Giao

Tombeau de
Dông Khánh

Tombeau de Thiêu Tri

Tombeau de Khai Dinh

N
↑

bateau pour Minh Mang

Tombeau de
Minh Mang

Tombeau
de Gia Long

0   1   2 km

LES ENVIRONS DE HUÉ

illustrées d'animaux, fleurs ou paysage. De chaque côté, 2 griffons de bronze. Enfin, devant s'élève le « pavillon de l'éclatante bienveillance venue d'en haut » (Hiên Lâm Các). Bel édifice à 3 étages, le plus élevé de la citadelle.

▶ Si l'on a encore du temps, ressortir à nouveau au niveau de la porte de la Vertu (31) (fort belle, mais on l'a déjà dit !) et continuer vers le nord. Dans le même axe que le Thế Miếu, on rencontrera successivement *le palais de la Reine-Mère (33)* (Trương Ninh Điện). Devant, le pavillon nautique et sur son flanc ouest, la pagode privée de la reine-mère. Plus au nord, *le palais de la Longue Sécurité et celui de la Longévité.* Sinon, poursuivre la découverte de la citadelle elle-même, en particulier *le lac du Cœur Serein (39)* et *le bastion Máng Cá*, au nord-est (40).

▶ *La rivière des Parfums (Sông Hương) :* elle tient son nom des nombreuses herbes médicinales qui pousssaient sur ses rives. Si vous pouvez choisir votre horaire de promenade, partez tôt le matin pour l'éclatante luminosité qui la baigne et son animation (ou au soleil couchant). Dans la journée, par beau temps, les couleurs sont complètement écrasées (et il fait chaud). Nombreux villages de sampans avec leurs petits autels et les offrandes sur le toit, à l'intention des génies de l'eau. Vous croiserez des sampans lourdement chargés de sable. C'est l'une des activités les plus importantes du fleuve. Pour une poignée de *dông,* de nombreuses familles plongent dans l'eau avec des paniers et, inlassablement, remplissent leurs bateaux. Travail épuisant et peu rémunérateur, mais qui permet à beaucoup de survivre ! 3 ponts franchissent la rivière. L'ancien pont Clemenceau (Tràng Tiền aujourd'hui) réservé aux cyclistes et piétons, le « pont des Américains » (Phú Xuân, celui des voitures), construit en 1968. Enfin, le vénérable pont Eiffel (Bạch Hổ, pont du Tigre Blanc) qui supporte le train. Noter qu'il possède toujours, autour des piles, ses grillages antimines flottantes. Paysages sereins de douces collines et travaux champêtres...

▶ *La pagode de Thiên Mụ :* c'est la carte postale la plus connue de Huế. A environ 5 km de la ville. Appelée aussi « pagode de la Vieille Dame céleste ». Fondée en 1601 et construite avec les briques d'un temple cham. L'essentiel de l'édifice et la tour datent en revanche de 1841. Structure octogonale de 7 étages consacrés au 7 Bouddhas. Dans les oculus, les divers symboles du bonheur (fleur de lotus, svastika, etc.) A droite, sur une énorme tortue en granit, stèle racontant l'histoire de la pagode. Joli travail de sculpture. A gauche, grosse cloche de 1710 dont la portée était au moins de 15 km. Une fois par jour, elle sonnait 108 coups. Les 108 illusions de la vie, paraît-il ! On plaint les voisins...

Long portique marquant l'entrée de la pagode. Trois portes symbolisent les Bouddhas du passé, présent et futur. Plus les deux inévitables génies du Bien et du Mal. Dans le jardin derrière, trois généraux de chaque côté. Leur visage évoquerait le caractère humain (rouge la colère, noir... la méchanceté, jaune... la sagesse, blanc... le flegme).

Temple avec Bouddha rigolard en bronze doré. Dans le sanctuaire, la classique statuaire : au milieu, le Sakyamuni. Au fond, les trois bouddhas (passé, présent et futur) encadrés de traditionnels drapeaux aux 5 couleurs. Gros grelot en forme de carpe, symbolisant le réveil permanent de l'esprit des bonzes (car la carpe ne dort jamais).

Dans le jardin, nombreuses essences et fleurs. La ixora (qui fleurit en février), la lantana (toute l'année), le cicas (genre de petit palmier), la rose de Noël (février et mars), les nénuphars blancs, le jardin des bonzaïs, le carambolier qui dévore les briques avec ses racines !

▶ *Les tombeaux royaux :* rompant avec la simplicité des Lê postérieurs, la dynastie des Nguyễn se fit construire de somptueux mausolées, comme les empereurs chinois. Les travaux étaient entrepris de leur vivant, ce qui leur permettait de superviser les travaux. Ils présentent en général 4 ou 5 éléments architecturaux communs, mais chaque tombeau possède sa personnalité, sa

façon propre de s'insérer dans le paysage. Commun donc à tous les tombeaux, on trouve une vaste esplanade avec les statues des mandarins et leurs montures (éléphants et chevaux), le pavillon de la stèle racontant l'histoire du roi, le temple qui lui est dédié et, pour finir, l'enclos du tombeau proprement dit. Ces édifices peuvent être construits sur le même axes (Minh Mạng et Khải Định) ou 2 axes différents (Gia Long, Tự Đức, Thiệu Trị). En outre, de nombreuses pièces d'eau, riches essences d'arbres et beaux bâtiments annexes les agrémentent. Chaque tombeau exprime un charme très personnel, surprend par des détails insolites. Aucune monotonie, aucune répétition bien au contraire. Aussi, pensez à prévoir du temps à Huế pour au moins visiter les sites de Minh Mạng, Tự Đức, Khải Định et, en prime, celui de Gia Long.
A signaler que cette mégalo funéraire toucha nombre de princes et mandarins et qu'il fallut réglementer sérieusement la construction des tombeaux, sous peine de voir toutes les fortunes et énergies du pays dilapidées (et puis qu'est-ce que c'était que ces prétentieux, prétendant rivaliser avec leurs maîtres ?). Ainsi, princes, princesses et mandarins de haut rang se virent imposer un périmètre maximum de 250 m (celui-ci décroissant bien entendu suivant l'importance hiérarchique).

▶ **Le tombeau de Minh Mạng :** accès par la rivière des Parfums, après la visite de la pagode de Thiên Mụ. Situé rive nord, à une dizaine de kilomètres de Huế, au confluent de la rivière avec d'autres petits affluents. Accessible en voiture et vélo également. Pour cela, se rendre à Ban Viet, puis prendre un bac depuis le village. Après le débarcadère, un chemin mène au tombeau. Quelques petits stands de nourriture et boisson sur l'itinéraire annoncent le tourisme de masse (dépêchez-vous !).
Minh Mạng, quatrième fils de Gia Long, régna de 1820 à 1840. C'est le seul tombeau édifié après la mort du souverain (bien qu'il en eût dessiné les plans). N'ayant eu qu'une trentaine de femmes, 300 concubines dit-on et 142 enfants, peut-être n'eût-il pas le temps de s'en occuper. Construit sur un même axe, de 700 m de long, au milieu de douces collines, c'est un modèle d'harmonie avec la nature. D'immenses pièces d'eau creusées par l'homme l'environnent superbement.
• *Le portique d'entrée à 3 portes.* Sur l'esplanade, les traditionnels mandarins civils et militaires, l'éléphant et le cheval. Au milieu, le pavillon de la stèle. Rampes de dragons le long de l'escalier. Le texte gravé sur marbre noir fut composé par Thiệu Trị. Sol en carreaux de terre cuite vernissée verte. Ensuite, 3 niveaux pour atteindre l'édifice suivant. A propos, noter la hauteur des marches (qu'on retrouve en maints édifices impériaux). Très hautes pour que les gens aient le temps de réfléchir à ce qu'ils allaient dire au roi !
• *La porte de la Vertu éclairée :* elle donne accès à la 2ᵉ esplanade d'honneur, avec un belvédère pour que le roi puisse admirer le paysage. Autour, les temples du culte des mandarins civils et militaires et les logements des servantes et concubines.
• *Le temple du culte du roi* (temple de la grâce immense) : construit sur le modèle de Tự Đức. Sur le toit, frise de peintures émaillées d'origine. Charpente et piliers en laque rouge. Natures mortes peintes sur verre (à l'envers). Dragons divers et textes confucéens. Deux beaux griffons en bronze (symbole de la force). Derrière le temple, petite cour précédant une remarquable perspective : dans l'encadrement de la porte apparaissent les 3 ponts franchissant le lac de la Pure Clarté. Au milieu, le Trung Đạo (réservé à l'empereur) et, de part et d'autre, ceux réservés aux mandarins.
• *Le pavillon de la lumière (Minh Lâu) :* par 3 terrasses, accès au pavillon de détente de l'empereur. De là, dans la brise fraîche, il aurait pu également jouir de la beauté du paysage ou méditer sur le dur métier d'empereur (s'il l'avait construit avant sa mort, bien sûr !).
• *Enfin, le pont de l'Intelligence,* franchissant le « lac de la nouvelle lune », sépare le monde des vivants de celui des morts. A l'entrée, un portique de bronze. Tout au fond, derrière l'enceinte circulaire sacrée, le tombeau (inaccessible aux manants).

▶ *Le tombeau de Tự Đức* : situé à 7 km de Hué. Tự Đức eut le plus long règne (de 1848 à 1883), à une époque particulièrement charnière, puisqu'il connut les cruciales étapes de la colonisation française (prise de Tourane et de Saigon en 1859 et de Hanoi en 1873 et 1883). Son règne fut également sanglant puisqu'il n'hésita pas à faire tuer son frère et toute sa famille en 1848 (celui-ci avait osé se révolter contre son éviction du trône). Quant aux chrétiens, accusés d'avoir participé à la révolte, ils furent cruellement persécutés. Le régime ne se révéla pas triste non plus. Des sommes faramineuses furent englouties dans la construction du tombeau (au moins 3 000 personnes y œuvraient). Conditions de travail sur le chantier particulièrement dures qui provoquèrent de violentes révoltes. Durement réprimées, ça va de soi ! En 1866, la révolte des « Bâtisseurs de nécropoles » était dirigée par des intellos de Hué, fondateurs du cercle « des Amoureux de l'Alcool et de la Poésie ». S'ils avaient été au courant, Baudelaire et Verlaine auraient probablement envoyé un télégramme de soutien et Miller, le psy de service de Libé, trouvé une explication rationnelle à la méchanceté de Tự Đức. Par exemple, qu'il était frustré de ne pas avoir d'enfants. Malgré plus de 100 épouses et concubines, il n'avait pas l'ombre du quart du tiers d'héritier. Victime semble-t-il, d'une vilaine variole infantile qui le laissa stérile. En tout cas, de son vivant, Tự Đức put jouir pleinement de l'édification de son tombeau. On y accède aisément par route (belle balade à vélo). En bateau également. C'est à gauche en remontant la rivière, peu après la visite de la pagode Thiên Mụ. Petit sentier y menant rapidement. Le tombeau de Tự Đức, contrairement à celui de Minh Mạng, est construit sur deux axes. Sur le premier, le parc, le palais, les temples et les édifices de loisirs ; sur l'autre, le tombeau proprement dit. Cela lui donne un côté plus désordonné, plus romantique. Pour le découvrir hors des foules et l'apprécier, venir tôt.

Parc parsemé de belles essences : frangipanier, jaquier, longanier, litchi, etc., autour d'un lac artificiel couvert de nénuphars. Pavillon de pêche et pavillon des banquets (Xung Khiem) sur pilotis. Tự Đức adorait y déclamer des poèmes de sa composition. Il en aurait écrit 1 600, mais peu sont restés dans l'Histoire, à part peut-être, celui que lui inspira l'édification du tombeau : « Quelle sorte d'éternité est cette éternité ? Ses murs sont construits d'os de soldats... ses fossés sont remplis du sang du peuple. »

Curieusement, peu de décorum. Son lit de repos est toujours en place et c'était le seul meuble. Colonnes en bois de fer.

• Trois escaliers pour accéder à la première esplanade. Celui du milieu pour le roi, les deux autres pour les mandarins civils et militaires. Cour d'honneur avec 2 rangées de mandarins et les animaux habituels, chevaux et éléphants. D'aucuns auront noté que les statues sont petites. Eh bien, le roi qui, dit-on, n'était pas très haut, n'aurait pas supporté des statues qui accentuent son handicap ! Pavillon protégeant la stèle (Nhà bia) vantant les mérites du roi (4 935 mots sur les deux faces). Elle pèse 20 tonnes et a été tirée par des éléphants depuis le Nord. En outre, c'est lui qui aurait écrit le texte. Remarquable encadrement ciselé (dragons dans les nuages). Sur les colonnes, d'autres dragons s'enroulent, ornés de morceaux de bols cassés (beaucoup volés par les touristes apparemment). Deux pylônes symbolisent la puissance du roi.

• *Lac*, soi-disant en forme de croissant de lune, mais ça ressemble plutôt à un gros haricot. Entouré de litchis. Pour le dernier bain de l'âme des rois.

• *Accès au tombeau* : grande arche en terre cuite vernissée et portes de bronze. Paravent traditionnel pour que les mauvais esprits s'y cognent. Au milieu, le symbole du bonheur. Le tombeau se révèle d'une étonnante sobriété eu égard à tout le reste. Devant, un brûle-parfum ciselé. En fait, le roi ne serait pas en dessous, mais ailleurs. Les fossoyeurs furent tués pour qu'ils n'en révèlent pas l'emplacement (mais qui liquida les soldats qui liquidèrent... ?).

• *Retour à l'étang* : devant, un autre escalier menant au temple du roi. Cour intérieure encadrée de pavillons d'offrandes. Noter les tuiles rondes qui ondoient et traduisent l'influence de l'architecture chinoise.

• *Temple secondaire* dédié à la mère de Tự Đức (Luong Kiem). Paravent et intéressant cheval à tête de dragon. Ce fut l'appartement du roi avant sa mort.

Noter les peintures sur verre d'origine, réalisées à l'envers. Chandelier offert par Napoléon III. Armoire avec objets familiers. Superbe pot à bétel incrusté de nacre. Miroir ouvragé. Dans l'armoire de gauche, noter les rares vases antiques et les chaussures de la reine.

▶ *Le tombeau de Khải Định (père de Bảo Đại) :* à une dizaine de kilomètres de Hué. A ne pas rater. Rien à voir avec les tombeaux précédents. D'abord, ce fut le dernier à être construit. Il rompt ensuite délibérément avec le style des autres. Pas de parc paysager. Construit par paliers sur une colline. Large utilisation du béton. En outre, pétri de culture européenne, l'antépénultien empereur mélangea allégrement les influences artistiques. Ce qui donna dans son genre un chef-d'œuvre de l'art kitsh. Édifié de 1920 à 1931, Khải Định ne le vit donc pas achevé, puisqu'il mourut en 1925 à l'âge de 40 ans. Pas très aimé du peuple, il faut avouer. Mégalo à l'image des dragons de l'escalier monumental. Marionnette authentique dans les mains des Français, il se distinguait, en outre, par son sens de la frime et de l'ostentation. Bagues à chaque doigt et tenues vestimentaires particulièrement extravagantes.
• *Cour d'honneur :* avec les traditionnelles statues de mandarins, les chevaux, les éléphants et une rangée de guerriers en prime. Pavillon de la stèle de forme octogonale et assez original, puisqu'on y relève des arches avec galbe Renaissance, coexistant avec des colonnes enroulées de dragons. Les ardoises du toit viennent d'Angers. Autres matériaux utilisés : fer de France, céramique de Chine, cristal du Japon, granit de Thanh Hoá (400 km au nord de Hué). Le texte de la stèle aurait été écrit par Bảo Đại. Dominant l'ensemble, deux pylônes grandiloquents. Noter le dragon de l'escalier. Il semble « parler » devant une boule de jade. Métaphore aisée : le jade est précieux, la parole l'est également. Sur le palier derrière la stèle, clôture avec fleur de lys.
• Sur la dernière terrasse, à 127 marches de la base, *le tombeau du roi* adossé à la colline. Vu le côté kitsh et exubérant de la façade, à croire que l'architecte connaissait le Facteur Cheval. Arcades de style Renaissance, sculpture du fronton foisonnante, clochettes pour chasser les mauvais esprits. A droite, sous la fenêtre, objets familiers du roi sculptés (brûle-parfum, miroir, plume, théière, etc.). A propos de cette terrasse, bien regarder le paysage. Quasiment créé par un géomancien, semble-t-il. Les collines dessinent un dragon à gauche et, à droite, un tigre aplati semble boire dans une mare (non, nous n'avions pas pris de peyolt ce jour-là, mais seulement un bon guide !). Noter comme l'ensemble se révèle vraiment harmonieux...
• *L'intérieur :* extraordinaire décor, étalage sublime de kitsch polychrome. Matériaux insolites comme les morceaux d'assiettes, de bols, tessons de bouteilles, etc. On raconte que les artistes cassèrent des pièces de grande valeur. Impossible de tout décrire, mais relevons quand même les quatre panneaux montrant les saisons : l'abricotier symbolise le printemps, le lotus l'été, le chrysanthème l'automne et le cyprès, l'hiver. Au milieu, l'autel. Superbe mosaïque. Brûle-parfum en bronze. A gauche, les symboles de la royauté : l'épée (la force), la plume (les lettres), l'éventail (l'esthétique), le sceptre (le pouvoir).
• *La pièce du tombeau :* là, c'est le délire ! Festival de mosaïque. Statue du roi coulée à Marseille et offerte par la France (bien avant le trône de Bokassa donc !). Derrière, le soleil couchant qui symboliserait la disparition du souverain. Baldaquin en béton... d'une tonne. Sur le pourtour, couronnes mortuaires en métal, hommage des autorités françaises.

▶ *Le tombeau de Gia Long :* le plus éloigné de tous, à 15 km de Hué. Construit de 1814 à 1820. Situé comme Minh Mạng, sur la rive gauche de la rivière des Parfums. Accès par bateau ou en voiture (plus bac). Bien que le coin ait beaucoup souffert de la guerre américaine, le cadre est sauvage à souhait. Balade d'environ 4 km aller et retour. Beaucoup de collines et d'étangs sur près de 3 000 ha, c'est la nécropole la plus vaste. Disposition différente du tombeau de Minh Mạng. Ici, le pavillon de la stèle et celui du culte sont situés sur un axe transversal. Tombeaux de Gia Long et de son épouse élevés sur 6 terrasses. Plus délabré, plus patiné, avec une végétation envahissante, l'ensemble dégage une forte impression.

▶ Pour ceux qui se révèlent « tombocoolics », possibilité encore de visiter celui de *Thiệu Trị* (réduction de celui de Minh Mạng), situé entre Tự Đức et Khải Định. Celui de *Đồng Khánh*, est situé juste derrière Tự Đức. Prétexte là encore à une balade bucolique. Ce dernier reçoit peu de visiteurs. Moins bien entretenu que celui de Tự Đức, il s'en dégage une poésie bien entendu plus rustique.

A voir encore

▶ *La fondation d'Art contemporain Diem Phung Thi,* 1 rue Phan Bir Chau. ☎ 23257. Une belle maison des années 30, qui abrite les sculptures de Diem Phung Thi, une des plus grandes artistes vietnamiennes de ce siècle. ▶ *Sur la rive droite (ou sud),* quelques vestiges de la présence coloniale française. Comme la maison de l'ex-président français de l'Annam (face au pont Tràng Tiền) et l'hôtel Morin (voir Où dormir ?). En face du pont de Phú Xuân, au 10, Lê Lợi, le collège Quốc Học. Ce fut l'une des premières écoles françaises du pays (1896). Hồ Chí Minh (en 1908), Giáp et Ngô Đình Diệm y étudièrent. Au nᵒ 7, Lê Lợi, on retrouve le musée Hồ Chí Minh (34).

▶ *Le grand marché (35) rive gauche (ou nord) :* dans la partie la plus commerçante de la ville. Hideuse structure de béton, mais l'un des plus animés et pittoresques que l'on connaisse. Surtout dans sa partie extérieure où fruits exotiques et épices s'étalent sur le sol dans un tourbillon de teintes éclatantes.

▶ Enfin, pour ceux qui disposent de temps, voir encore *les arènes royales* construites vers 1830, à quelques kilomètres à l'ouest de la ville (à l'intersection de la route du fleuve et de celle de Tự-Đức). On y donna jusqu'en 1904 des combats de tigres contre les éléphants. Derrière la gare, s'élève la jolie *pagode de Bào Quốc.* Voir aussi les temples chinois de la rue Chi Lăng, notamment celui de *Chùa Ông.*

▶ *La plage de Thuận An :* à une quinzaine de kilomètres, dans l'estuaire de la rivière des Parfums. Possibilité d'y aller en bateau. C'est ici qu'en août 1883 le contre-amiral Courbet fit débarquer le corps expéditionnaire français. A la suite de cette attaque, l'empereur signa à Huế le traité de protectorat.

Achats

– Nombreuses boutiques rive sud, en face des hôtels Century et Hương Giang. Notamment antiquités et photo (diapos).
– Magasins d'antiquités de la citadelle (27) : dans le palais du Trône (voir chapitre « A voir »). Choix intéressant, superbes broderies, notamment des tangkas de mandarins et décors d'autels vieux d'un ou deux siècles. Beaux brûle-parfums en bronze. En général assez cher. Possibilités de marchandage limitées. Se faire établir une facture pour les cas de litige à la douane.
– *La rue Trần Hưng Đạo (35) :* la plus commerçante. Ne pas oublier que Huế est la capitale du chapeau conique. Nombreux magasins de photos. On y trouve aussi le grand marché.

Où donner des médicaments ?

– *Mầm Non Phaolồ :* 36, Kim Long (sur le chemin de la pagode Thiên Mụ). ☎ 22344. Les religieuses de Huế recueillent beaucoup d'orphelins. Elles ont grand besoin de médicaments (antibiotiques, sirop pour la toux, collyre, anti-diarrhéiques, etc.). Ne les remportez pas chez vous, laissez-les ici. Mieux, si par chance vous lisez ce texte avant de partir de France ou ailleurs, apportez-en un peu plus. Demander sœur Chantal. Elle parle le français.

Quitter Hué

— *En train :* gare au 2, Bùi Thị Xuân (36) (sur Lê Lợi, à l'extrême ouest de la rue). ☎ 22175. Pour Hanoi (à 690 km), environ 20 h de trajet. 6 places en « couchettes dures » (hard sleeping) et pas de porte. Les « couchettes molles » possèdent une porte (moins de bruit et de musique).

• *Pour Đà Nẵng,* très long : entre 5 et 6 h de trajet.

• *Pour Saigon :* un train quotidien, plus un les mercredi, vendredi et dimanche.

• *Pour Nha Trang :* achat du billet la veille. Le train prévu pour 7 h arrive souvent vers 9 h. Changement à Đà Nẵng. L'arrivée annoncée pour 23 h pout se révéler plus proche de 5 h le lendemain. Autre départ à la mi-journée.

— *En bus :*

• *Terminal de An Cựu (37)* (vers le sud) : Hùng Vương et Bà Triệu. Bus pour Hô Chí Minh-Ville, Ban Mê Thuột, Đà Nẵng, Nha Trang, Pleiku, etc. La plupart des départs ont lieu le matin de très bonne heure.

• *Terminal de Bến Xe An Hoà (38)* (vers le nord) : Lê Duẩn et Tăng Bạt Hổ. A l'angle nord-ouest de la citadelle. Bus pour Hanoi, Khe Sanh, Vinh, etc.

• *Terminal de Đống Ba (35) :* entre le pont de Tràng Tiền et le grand marché. Pour les liaisons provinciales.

— *En avion :* aéroport à une quinzaine de kilomètres. 5 vols hebdo pour Hanoi (en principe les lundi, mardi, mercredi, vendredi et samedi) et 7 pour Hô Chí Minh-Ville. Pour Dalat, vols jeudi et dimanche. Pour acheter les billets : 12, Hanoi. ☎ 23249.

LE NORD DU VIETNAM

Bien différent du Sud, où l'américanisation laissa de profondes traces. Ici, dans le Nord, l'ancien Tonkin (aujourd'hui le Bắc Bộ), on est communiste depuis 1954. Hanoi ne connut donc pas « l'opulence » d'une économie de guerre à l'occidentale avec ses redoutables conséquences sur la vie sociale et culturelle, l'architecture et le trafic urbains. On est pourtant surpris que le communisme n'ait pas pour autant liquidé, voire érodé, les traditions. C'est qu'ici, au nord, le conflit dura 30 ans. Et 20 ans, depuis le cessez-le-feu, n'ont pas suffi pour relever une économie exangüe. Résultat : dans les campagnes peu de choses ont changé, on rencontre des « scènes quasi bibliques ». Agriculture très peu mécanisée. Pas de pompes pour inonder les rizières, tout se fait encore à la main. Toujours le rythme lent ancestral, les chapeaux coniques, les rustiques charrues tirées par de placides buffles. On se balade dans de vieilles estampes. Dans les montagnes aussi, de Hanoi à Điện Biên Phủ et plus au nord, vers la frontière chinoise, on traverse des paysages d'une sérénité absolue à laquelle le chatoiement coloré des minorités ethniques apporte une touche superbe. Le summum sera atteint avec la baie d'Along, maritime et terrestre, septième et demie ou huitième merveille du monde... Sans oublier Hanoi, cette extraordinaire carte postale jaunie, une ville étonnante !

HANOI

... Une ville musée de l'architecture coloniale, une Venise miraculée de l'Empire colonial français, le somptueux conservatoire d'un siècle englouti...

Jean-Claude Guillebaud,
« La Colline des anges ».

Au contraire de Saigon (la fébrile, la bruyante, la dynamique), Hanoi semble vous replonger 50 ans en arrière, au bon temps des colonies. La ville a curieusement fort peu évolué. Plutôt horizontale, aérée, plantée d'arbres, parsemée de lacs. Adossée à la rive occidentale du fleuve Rouge, elle hérita d'ailleurs de son nom à cause de lui : nội (en deçà) et Hà (fleuve). Quant à savoir s'il faut commencer par Hanoi ou Saigon, vous entendrez les affirmations assez tranchées des partisans de chaque métropole.

Nous, on pencherait plutôt pour Hanoi. Son côté passéiste, son charme rétro un peu décadent vous permettront de respecter la chronologie de l'Histoire. Du passé à la modernité en quelque sorte... encore que le flot de vélos et cyclo-pousse tend aujourd'hui à céder la place progressivement aux mobs et petites motos japonaises (avant de succomber dans quelques courtes années au flot rugissant et polluant des automobiles). Bref, Hanoi la coloniale, l'intemporelle, figée dans son architecture française rongée d'humidité, vit probablement ses derniers moments. Une autre ville va surgir. Avec la levée de l'embargo américain et la fièvre spéculative sur l'immobilier qui monte inexorablement, un visage plus moderne ne tardera pas à s'y substituer. Ne traînez donc pas pour visiter Hanoi. Telle qu'elle est aujourd'hui, une ville drôlement attachante !

Un peu d'histoire

La ville possède en fait une implantation très ancienne. On a retrouvé beaucoup de vestiges de la période du bronze. La pointe du delta fut naturellement élue

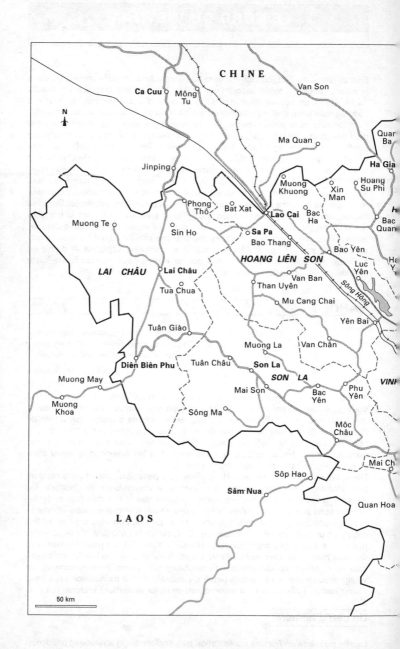

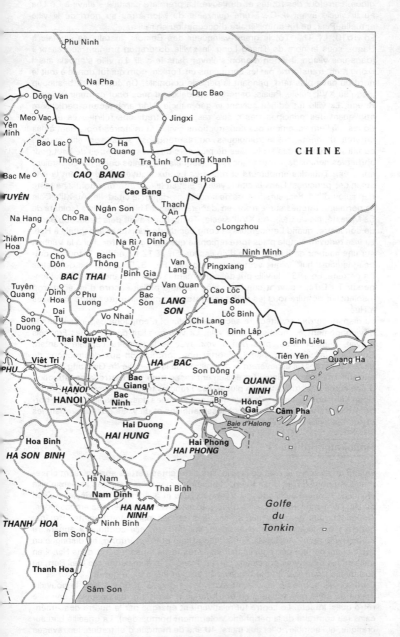

LE NORD DU VIETNAM

pour abriter les différentes capitales du Nord, en raison de sa position stratégique, carrefour des routes et du fleuve. La première capitale s'éleva à Cổ Loa au IIIe siècle avant J.-C., à une quinzaine de kilomètres au nord de la ville actuelle. Puis, ce fut un millénaire d'occupation chinoise.

En 1010, Lý Thái Tổ, le grand vainqueur des Chinois, installa sa capitale à Hanoi, sous le nom de Thăng Long, la « ville du dragon prenant son essor » (dans une vision, il vit un dragon s'élever dans le ciel). La ville s'appela aussi Đông Kinh, transformé par les Européens en Tonkin, nom qui fut donné à tout le nord du pays plus tard, pendant la période coloniale. On construisit beaucoup jusqu'au XVIIe siècle. Palais, pagodes, citadelles, digues pour contenir le fleuve Rouge. La ville fut édifiée suivant la géomancie. Une architecture particulière appliquant des principes très précis respectant traditions religieuses et politiques, où l'emplacement des constructions civiles et militaires répondent à des critères d'orientation astrologiques ou ésotériques. Ainsi, on alla jusqu'à construire des collines artificielles de plusieurs dizaines de mètres de haut pour abriter les génies de la montagne (sans lesquels les génies des eaux se seraient ennuiés). Tous les empereurs et rois, des Lý aux Nguyễn, façonnèrent la ville selon ces principes. Dans la cité royale, s'élevait la cité interdite dont il ne reste rien aujourd'hui. Plusieurs milliers de soldats gardaient la citadelle. Au XIIe siècle ils portaient, tatoués sur le front, en idéogrammes « Thiên tự quân » (soldats de Sa Majesté, fils du Ciel). Au XVIIIe siècle, Thăng Long avait déjà beaucoup perdu de son lustre, quand l'empereur Gia Long décida de transférer la capitale à Huế. La ville redevint simple place forte régionale que Gia Long fit fortifier à la Vauban sur une hauteur de 5 m et 15 m d'épaisseur. En 1812 fut édifiée la tour du drapeau (aujourd'hui, unique vestige de l'époque). En 1820, une partie des palais fut détruite. En 1831, la ville prit définitivement le nom de Hanoi. En 1848, l'empereur Tự Đức, trouvant que l'ancienne capitale brillait encore d'un éclat trop insolent, fit détruire tous les palais restants et transférer toutes leurs richesses à Huế.

La disparition de l'architecture séculaire de Hanoi n'empêcha cependant pas le développement économique de la ville. La ville qu'allait découvrir les Français n'avait, bien entendu, plus rien à voir avec la légendaire capitale d'antan. Comme il fallait quand même apporter une contribution aux destructions du passé, les Français achevèrent la démolition de la citadelle de Gia Long. La plus ancienne pagode de Hanoi fut également rasée pour permettre la construction d'une cathédrale (très laide en plus !). Les Français tracèrent aussi au sud du lac Hoàn Kiếm une nouvelle ville avec de larges avenues dessinées au cordeau, bordées de bâtiments administratifs haussmanniens et de villas cossues, alliant les styles Deauville et Neuilly.

Hanoi aujourd'hui !

Quand on observe le plan de la ville, ses différentes parties apparaissent clairement. Au nord du lac Hoàn Kiếm, l'enchevêtrement des rues de l'ancienne ville chinoise, héritière de la cité des trente-six rues et guildes du XVe siècle. Au sud du lac, l'ancienne ville coloniale française, aujourd'hui quartier des ambassades. A l'ouest, des quartiers aérés, des lacs et des parcs verdoyants. Un truc curieux : la citadelle a été rasée mais, sur un plan, elle continue à apparaître comme une tache indélébile. Entre Phùng Hưng et Hùng Vương, on distingue un carré quasi parfait, peu entaillé de rues. Très facile de se repérer dans Hanoi en utilisant les deux axes principaux : la rue Tràng Tiền (l'ancienne rue Paul Bert, au sud du lac Hoàn Kiếm) et le boulevard Lê Duẩn (celui de la gare).

Cette physionomie de la ville n'évolua guère depuis 1954. A part la nouvelle mairie de style néo-stalinien au bord du lac Hoàn Kiếm, on découvre une ville rétro quasi intacte. Le centre fut relativement épargné par la guerre des Américains (au contraire de la périphérie violemment bombardée). La grisaille bureaucratique, qui semble coller aux murs, 40 ans de manque d'entretien, les ravages de l'humidité, ont produit un petit côté fané et patiné et créé cent variétés d'ocres délavées qui lui donnent un surcroît de charme (suranné, ça va de soi !). Bref, une ville à taille humaine, profondément humaine, qui plaira aux trekkeurs urbains. Avec un spectacle de rue qui change à chaque heure de la journée. A la frénésie des mobs et cyclo-pousse diurnes succède un calme morne de ville provinciale (comme en France au fond !). La nuit, seuls quelques carrefours avec leur *food stalls*, certains bouts de rues alignant quelques cafés restent animés. Mais Hanoi bouge. Plus vite qu'elle ne le souhaiterait. La spéculation immobilière bat son plein. Dans l'attente de la fin de l'embargo américain, de nombreuses locations commerciales furent gelées pour permettre l'application de loyers au niveau quasi européen. Heureusement, plusieurs centaines de villas sont classées. Certaines, sièges de sociétés, y ont gagné de pimpantes couleurs. Les mini-hôtels poussent comme des champignons dans la vieille ville. Les façades de marbre nouveaux riches couvrent de plus en plus les anciens stucs. La rue, elle-même, change. La France finance l'amélioration de l'éclairage public et du téléphone, la Finlande celle de la distribution d'eau, les Japonais l'un des hôpitaux de la ville, etc. Les galeries de peinture éclosent dans le centre et proposent nombre d'œuvres modernes qui auraient valu l'opprobre des bureaucrates il y a à peine quelques années. La jeunesse elle-même bouge, mais façon « fureur de vivre ». Des James Dean aux petits pieds, souvent rejetons de la nomenklatura, enfourchent des motos aux freins neutralisés, bandeau blanc (signe de deuil) autour du front, pour des courses effrénées dans certaines rues du centre. Elles attirent de plus en plus de jeunes spectateurs, qui de plus parient, tradition extrêmement vivace du Vietnam. La police a dû intervenir à plusieurs reprises pour arrêter ces courses et disperser les jeunes, sans grand succès d'ailleurs. Dans les cafés, dans les familles, le karaoké fait des ravages et se révèle l'un des dangereux chevaux de Troie de l'idéologie occidentale. Bref, avant peu, à la carte postale jaunie de Hanoi ne va pas tarder à se substituer une autre ville. Certes, les contours sont encore imprécis. Rien ne pourra plus arrêter les aspirations de liberté, d'espace, s'engouffrant dans l'appel d'air de la libéralisation économique. Mais on en est presque à souhaiter que le freinage des quatre fers des plus conservateurs du PC vietnamien s'avère finalement suffisamment efficace pour que le capitalisme sauvage ne bousille pas trop vite le petit charme rétro et émouvant de Hanoi. Autour du lac Hoàn Kiếm, les édifices de plus de 6 étages sont déjà opportunément interdits, mais cela suffira-t-il ?

Arrivée à l'aéroport

– *L'aéroport international de Nội Bài* se trouve à 45 km de Hanoi. On débarque au terminal international. Il ressemble plus à un vieil aéroport de province qu'à autre chose. Première surprise !
– *Formalités d'entrée :* on fait la queue devant l'un des desks de la police. Formalités plus ou moins longues suivant la « personnalité » du fonctionnaire. A vous, intuitivement, de choisir la bonne queue. Attention aux « passe-droit ». Certains Vietnamiens, attendus par des « connaissances » ou de la famille (souvent fonctionnaires de l'aéroport), vous passeront devant. Quand c'est une personne âgée ou une maman avec un bébé, c'est acceptable. Quand c'est visiblement un privilège bureaucratique, ça l'est évidemment moins ! C'est là que vous commencerez à tester votre patience et votre bonne humeur, dont vous ne vous départirez plus de tout votre voyage...
– *Réception des bagages* dans un petit hall où règne le plus souvent une belle pagaille (mais, promesse de modernisation dans l'avenir).
En revanche, fouille des bagages par la douane plutôt cool. Bien conserver le récépissé de déclaration de douane qui vous sera demandé au retour.
– Au cas où le bureau de change serait fermé, prévoir des dollars en petites coupures pour payer votre transport.

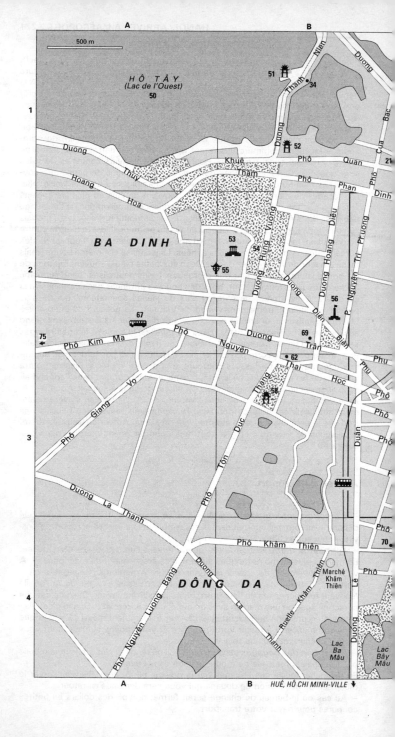

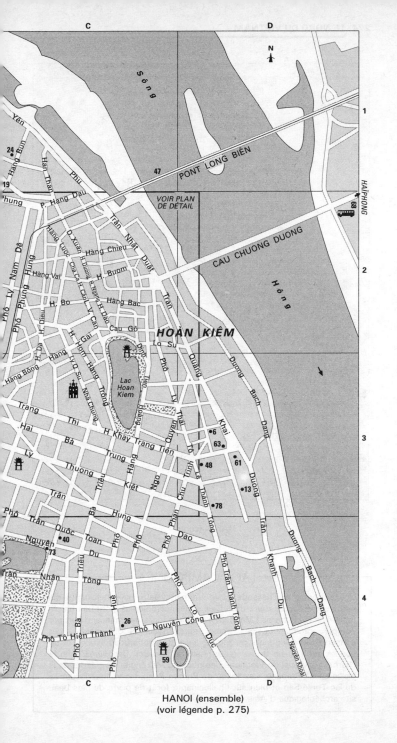

HANOI (ensemble)
(voir légende p. 275)

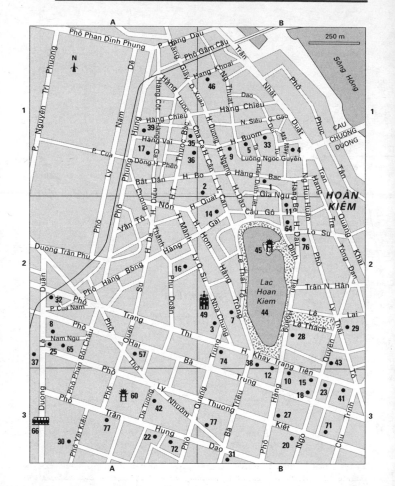

HANOI (centre)

LAOS-CAMBODGE

Coincés entre la Thaïlande et le Vietnam, deux pays fascinants qui s'ouvrent enfin aux routards... Ces anciennes colonies n'ont pas fini de faire rêver les Français ! Malmenés par l'impérialisme américain, puis par l'utopie communiste, ces deux petits royaumes ont malgré tout conservé les splendeurs du passé, leurs traditions bouddhiques et un sourire que l'on ne trouve qu'en Asie du Sud-Est. Découvrez enfin le charme provincial de Vientiane, les rives du Mékong et les trésors de la vieille Luang Prabang. Les folies de Phnom Penh, les villages lacustres du lac Tonlé Sap et bien sûr l'hallucinante forêt de pierre du plus beau site archéologique d'Asie : Angkor !

Sites, musées et monuments

44 Lac de Hoàn Kiêm
45 Temple Ngoc Son
46 Grand marché
47 Pont Paul-Doumer
48 L'Opéra
49 Cathédrale Saint-Joseph
50 Lac de l'Ouest (Hô Tây)
51 Pagode Trân Quôc
52 Pagode Quan Thanh
53 Mausolée de Hô Chi Minh
54 Maison de Hô Chi Minh
55 Musée Hô Chi Minh et pagode
   du Pilier unique
56 Tour du Drapeau et musée de
   la Guerre
57 « Hanoi Hilton »
58 Temple de la Littérature
59 Temple des Deux Sœurs
60 Pagode des Ambassadeurs
61 Musée d'Histoire
62 Musée des Beaux-Arts
63 Musée de la Révolution
64 Marionnettes sur l'eau
75 Vers l'ambassade de Belgique,
   Birmanie et Malaisie
77 Palais culturel
78 Université

Hôtels et guest houses

1 Queen Café
2 Darling Café
3 Green Bamboo
4 Guest house Má Mây
5 Ta Hiên
6 Guest house Tong Dan
7 Phu Gia
8 Thông Nhât
9 My Kinh
10 Bodega I
11 Mai Phuong
12 Sophia
13 Guest house ministère des armées
14 Especen
15 Trang Tiên
16 Tom
17 Thanh An
18 Bac Nam
19 Friendship
20 Hoa Binh
21 Flower
22 Gia Long
23 Dân Chu
24 Gia Long II
25 Dong Loi
73 Boss

Adresses utiles

26 Office du tourisme (Toserco)
27 Vietnam Tourism (Ly Thuong Kiêt)
28 Grande Poste
29 Banque centrale (carte Visa)
30 Alliance Française
31 Ambassade de France
38 Air France
66 Gare
67 Station de bus B.X. Kim Má
68 Bus pour Haiphong
69 Ambassade de Chine populaire
70 Ambassade du Laos
71 Hanoi Tourisme
72 Ambassade du Cambodge
74 Vietnam Airlines
   (lignes internationales)

Restaurants

17 Châu Thành
18 Bac Nam
23 Dân Chu
33 Truong et Thinh Vuong
34 Bành Tôm Hô Tây
35 Cha Cà La Vong
36 22 Restaurant
38 Resto du CTSC
39 Hoang Nam et Piano Bar
40 Restaurant 75
41 Hô Guom
42 A Little Italian
43 Le Beaulieu (Metropole Hotel)
65 Restos de rue
76 Restos de rue

– En principe, *bus de Vietnam Airlines* (avec de la chance, car il y en a peu), à droite de la sortie. Sinon, *taxi*. Négocier férocement. La course est normalement de 10-20 $. Ça peut monter jusqu'à 30 et plus. Prévoir de se grouper avec d'autres passagers. En revanche, Hanoi Taxis (☎ 265-252) ont un compteur qui fonctionne. Autre solution pour les débrouillards, se faire adopter par le car ou le mini-bus d'un groupe ou de voyageurs « à la carte ».

Adresses utiles

– *Office du tourisme « Toserco » (26)* : 8, Tô Hiên Thành. ☎ 252-937. Fax : 226-055. Peu de matériel touristique.
– *Vietnam Tourism (27)* : 30 A, Lý Thường Kiệt. ☎ 264-319. Fax : (84) 4-257-583. La plus importante agence touristique d'État : organisation de circuits, location de 4 × 4 avec chauffeur et guide, etc.
– *Grande Poste (28) :* Đinh Tiên Hoàng. Dans le bâtiment attenant, le téléphone international. En 94, la poste restante se réduisait à une grande boîte en carton sur le comptoir, où tout le monde pouvait se servir.

– *Hanoi Tourism (71)* : 18, Lý Thường Kiệt. ☎ 261-626.
– *Ngân hàng Ngoại thương (29)* : Lê Lai et Lý Thái Tổ. Immense bâtiment.
C'est la banque centrale pour le change et le retrait de l'argent avec la carte
VISA (opération assez rapide). Ouvert de 8 h à 12 h et de 13 h à 16 h. Fermé
samedi après-midi et dimanche.
– *Bureaux de change* : 10, Lê Lai et 81, Đinh Tiên Hoàng.
– *Vietnam Airlines (74)* : 1, Quang Trung. ☎ 269-294, 255-284, 253-842 et
254-440. Réservation et achat des billets vols internationaux.
– *Vietnam Airlines (73)* : (lignes intérieures) : 60, Nguyễn Du. A côté de Viet-
nam Tourism. ☎ 255-194 et 253-577.
– *Air France (38)* : 1, Bà Triêu. ☎ 253-484. Également à l'aéroport inter-
national. ☎ 267-164.
– *Alliance française (30)* : 42, Yết Kiêu. On peut y suivre Canal France Inter-
national et tous les jours, entre 12 h 30 et 13 h 30, les journaux télévisés de
TF1 et France 2.
– *Ambassade de France (31)* : 49, Bà Triệu. ☎ 252-719 et 254-367.
– *Ambassade du Canada* : 39, Nguyễn Đình Chiểu. ☎ 265-840 et 265-845.
– *Ambassade de Belgique* : D1 Văn Phúc Quarter, pièce 105-108 (hors plan).
Situé à l'ouest, quartier de l'UNFPA, qu'on atteint par la rue Kim Mã (67).
☎ 252-263 et 232-841. Fax : (84) 4-257-165.
– *Ambassade de Suisse (75)* : 77 B, Kim Mã. ☎ 232-019.
– *Ambassade de Chine* : 46, Hoàng Diệu (69). ☎ 253-736, 253-954 et 254-
737.
– *Ambassade du Laos* : 22, Trần Bình Trọng (70). ☎ 254-576.
– *Ambassade du Cambodge* : 71, Trần Hưng Đạo (72). ☎ 253-789.
– *Ambassade de Birmanie* (Myanmar) : Văn Phúc (hors plan). ☎ 253-369. A
l'ouest de la ville, dans le quartier de l'UNFPA, qu'on atteint par la rue Kim
Ma (67).
– *Bureau pour la prolongation des visas* : 40, Hàng Bài.
– *Hôpital pour les étrangers* : 40, Tràng Thi. ☎ 252-204.
– *Livres français (15)* : 23, Tràng Tiền.

Transports à Hanoi

– *Cyclo-pousse* : le moyen de transport le plus populaire. Prix à mi-94 : en
moyenne 8 000 à 10 000 *dông* la course (environ 1 $). Les autochtones, bien
sûr, paient moins, mais ne pas espérer avoir les mêmes prix. Plus intéressant,
négocier le cyclo-pousse à l'heure (tarif officiel, mi-94 : 12 à 15 000 *dông* de
l'heure). Une règle : se mettre d'accord sur le prix de la course avant. Toujours
raisonner en *dông*, pas en dollars (moins de risques d'arnaque et c'est plus correct sur un plan éthique). Si vous le pouvez, inscrivez votre destination sur un
bout de papier. Ce n'est pas évident qu'on vous comprenne et ça évite de partir
dans l'autre sens (surtout de nuit).
– *Le vélo* : bien sûr, le moyen privilégié de visiter Hanoi au vrai rythme de la
ville. Nombreuses agences de location (Darling Café and C° (2), au 42, Hàng
Bạc (1), au 59 B Bà Triệu, etc.).
– *La moto* : location à l'Orchid Café, 18, Hàng Bạc (1), ainsi qu'au 42, Hàng
Bạc. ☎ 260-493.
– *Taxi* : Hanoi Taxi, nouvelle compagnie. ☎ 265-252. Des Toyota toutes
neuves avec compteur, 2 $ de prise en charge.
– *A pied* : le grand pied !

Où dormir ?

Bon marché

⛵ *Queen Café (1)* : 65 Hàng Bạc Street (et Đinh Liệt). ☎ 260-860. Dans la
vieille ville, pas loin du lac Hoàn Kiếm. Bien situé. Au rez-de-chaussée, le café-
resto. A l'étage, quelques petits dortoirs où l'on s'entasse joyeusement. L'un

des lits les moins chers de Hanoi. C'est relativement propre. Atmosphère très *early seventies* qui plaira aux *néo-fellow travellers* (que de franglais, on va se faire engueuler par Jacques !). Petit bureau de tourisme et organisation de balades à Sapa et à la baie d'Along. Nourriture classique, snacks pas chers, omelette, noodle soup, porc grillé, bière chinoise bien fraîche.

☛ *Darling Café (2) :* 33 Hàng Quạt. Donne dans Lương Văn Can. A deux doigts du lac Hoàn Kiếm. C'est la rue des oriflammes écarlates et des petits autels votifs. ☎ 269-386. Fax : 256-562. Même genre que le Queen Café en un peu plus pagaille. Clientèle aussi très routarde. Petits dortoirs et chambres doubles un brin rustique, mais propreté acceptable. Comme le précédent, possède son petit bureau de tourisme, mini-agence de voyages, etc. On nous demande de préciser qu'il n'a rien à voir avec l'autre Darling Café (au n° 4), avec qui il est en concurrence féroce.

☛ *The Green Bamboo (3) :* 42, Nhà Chung. Donne dans Tràng Thi. ☎ 264-949. Fax : même numéro. Central là aussi. A l'ouest du lac Hoàn Kiếm, pas loin de la cathédrale. La guesthouse qui monte en ce moment. Sur rue, la cafétéria (à traverser seulement, car nourriture très médiocre). Au fond, chambres proprettes de plain-pied (d'autres en construction pour arriver à une vingtaine). La plupart de 2 à 3 lits avec douche froide. Rendo de routards du monde entier. Quelques dollars à peine de plus que les adresses précédentes, mais beaucoup mieux tenu ! Bar au 1er étage, ouvert tous les jours jusqu'à 2 h. Agence de voyages liée au Darling Café (celui du 4). Bon switchboard pour les infos.

☛ *Nhà Khách (4) guesthouse :* 73 Mã Mây. ☎ 255-171. Dans la vieille ville, trois rues au-dessus du lac. Quartier très sympa (pas loin du Queen Café). Chambres avec salle de bains assez spacieuses et impeccables. Jusqu'à présent, à la réception, on n'y parle aucune des langues bizarres à l'ouest du Mékong, mais c'est l'un des meilleurs rapports qualité-prix (environ 20 $ pour deux).

☛ *Tạ Hiền Hotel (5) :* 22, rue Tạ Hiền. Dans la vieille ville. Quartier très sympa. ☎ 255-888. Vieil hôtel d'État. Traverser d'abord un vénérable café pour y parvenir. Les chambres les moins chères (environ 12 $ pour deux), au rez-de-chaussée, sont assez humides et sentent quelque peu le renfermé.

☛ *Guesthouse (6) :* 17 Tông Đản. ☎ 265-328. Trois rues à l'est du lac. Immeuble récent offrant de vastes chambres fort bien tenues. Boulangerie au rez-de-chaussée. Compter 15 et 30 $ pour deux.

☛ *Bình Minh Hotel :* 50 Hàng Bè (et Cầu Gỗ). ☎ 267-356. A deux rues, au nord-est du lac. Chambres très correctes. Salle de bains sans reproche. Location de vélos.

☛ *Hôtel Phú Gia (7) :* 136 Hàng Trống. ☎ 255-493. Fax : 259-207. Fort bien situé. Dans une rue donnant à l'ouest du lac. Hôtel d'État très connu proposant une cinquantaine de chambres à tous les prix. A 18 $, elles offrent un vieux fond d'humidité et la peinture s'écaille pas mal, mais elles restent valables pour les petits budgets. A 35 et 40 $, très correctes, même avec fenêtres sur couloir. Les plus chères sont spacieuses, colorées et confortables. Resto convenable.

☛ *Thống Nhất Hotel (8) :* 31 Nam Ngư. ☎ 269-142. Petite rue donnant sur Lê Duẩn. Pas loin de la gare. Mini-hôtel privé. Chambres pas trop grandes, mais proprettes. Excellent rapport qualité-prix. Doubles à 25 $.

☛ *Mỹ Kinh Hotel (9) :* 72 Hàng Buồm. ☎ 255-726 et 269-159. Donne dans Hàng Ngang, l'une des rues principales de la vieille ville. Hôtel d'État de construction récente. Dans l'ensemble, bien tenu. 22 chambres à partir de 12 $ (au rez-de-chaussée, assez bruyantes). Celles à 23 $ présentent un bon rapport qualité-prix.

☛ *Bodega Hotel (10) :* 57 Tràng Tiền. ☎ 267-784 et 252-241. Fax : 267-787. Dans l'une des rues les plus commerçantes de Hanoi (celle allant du lac Hoàn Kiếm à l'opéra). Les chambres parmi les meilleur marché du centre. 4 à 20 $ pour 2 (au 2e étage globalement correctes) et d'autres plus chères. Resto très quelconque et pâtisserie au rez-de-chaussée à l'atmosphère un peu glauque. Si c'est plein, il y a mieux : le Bodega II, la succursale proposée sur Hàng Bài !

⚓ *Mai Phương Hotel (11)* : 32 Hàng Bè. ☎ 265-341. Rue populaire à deux pas à l'est du lac. Chambres assez spacieuses et propres pour 2 ou 3 personnes de 15 à 25 $. Celles sur rues possèdent de beaux balcons.

⚓ *Sophia Hotel (12)* : 6 Hàng Bài. ☎ 266-848. A deux doigts, au sud du lac Hoàn Kiếm. Hôtel d'État malgré tout assez bien tenu. Sur cour, chambres autour de 20 $ acceptables (malgré la peinture qui s'écaille). La plupart avec salle de bains. Restaurant.

⚓ *Minh Long* : 15 C Phố Bà Triệu. ☎ 268-079. Fax : 222-280. Près du parc Lénine. Rue au calme. Mini-hôtel privé proposant 6 chambres correctes à prix modérés.

Prix moyens

⚓ *Especen Hotel (14)* : 23 Hàng Quạt. ☎ 251-301. L'un de nombreux petits hôtels de cette chaîne. Grandes chambres et petites fenêtres. Particulièrement bien tenu. De 25 à 40 $ pour deux.

⚓ *Hôtel Tràng Tiền (15)* : 35 Phố Tràng Tiền. ☎ 256-115. Fax : 251-416. L'un des rendos favoris des routards à budget moyen. Chambres à 25 $ acceptables, mais pour quelques dollars de plus, ça devient tout à fait bien. Chambres sur cour calmes, ça va de soi !

⚓ *Tom Hotel (16)* : 13 Lý Quốc Sư. ☎ 260-348. Fax : 267-704. Deux blocs à l'ouest du lac, dans la rue de la cathédrale. Petit hôtel privé fort bien situé. Décor plaisant. Chambres beaucoup plus chères que les autres.

⚓ *Thanh An Hotel (17)* : 46 Hàng Ga. ☎ 267-191. Fax : 269-720. Dans la vieille ville. Un bloc à l'est de Phùng Hưng. Petite structure familiale. Chambres sur cour correctes. De 29 à 47 $ pour deux.

⚓ *Bắc Nam (18)* : 20 Ngô Quyền. ☎ 257-067 et 267-877. Fax : 268-998. Central. Dans le quartier français, juste en dessous de la rue Tràng Tiền. Pas de charme particulier. Chambres de 29 à 48 $ tout à fait correctes. En prime, un excellent restaurant au 1er étage.

⚓ *Friendship Hotel (19)* (Hữu nghị) : 23 Quán Thánh. ☎ 253-182 et 254-967. Fax : 259-272. Au nord de la vieille ville. Quartier assez intéressant (à michemin du grand lac et du Hoàn Kiếm). Architecture moderne point trop totalitaire. Une quarantaine de chambres avec air conditionné. Propre. Chambres doubles très classiques à 48 $. Quelques suites et singles (ces dernières petites). Chambres derrière donnant sur les toits et au calme. Accueil un peu routinier.

⚓ *Hoà Bình Hotel (20)* : 27 Lý Thường Kiệt. ☎ 253-315 et 253-692. Fax : 269-818. Situé à l'angle de Ngô Quyền, trois rues au sud du lac. Vieil hôtel colonial en rénovation depuis de nombreuses années. A notre avis, un peu surfait, mais il possède ses partisans. Pourtant, chambres sans caractère ni charme particulier. Seule la cage d'escalier (artistiquement photographiée par Depardon dans « La Colline des anges ») possède quelque intérêt (mais on n'y dort pas !) et l'ascenseur (tout neuf, lui !) ne monte que jusqu'au 3e ! Consigne à bagages chère. La plupart des chambres sont situées dans un bâtiment moderne très moche derrière. Ses avantages (parce qu'il y en a bien quelques-uns) : son animation dans le hall d'entrée, sa cage d'escalier *(bis repetita)*, son resto (correct mais sans génie, petit déjeuner médiocre et ils font payer le « refill » de café), son petit bureau de change (service rapide et ils acceptent les chèques de voyage sans problème). Il faut cependant reconnaître que les chambres les plus chères sont assez spacieuses et quelques-unes possèdent quand même un certain charme. Enfin, tous les prix, à partir de 43 $ pour deux. On trouve quelques singles aux 4e et 5e étages (où l'on va à pied à partir du 3e).

Prix moyens à plus chic

⚓ *Flower Hotel (21)* : 97 Nguyễn Trường Tộ. ☎ 237-025 et 237-173. Fax : 236-906. Rue donnant sur le lac Trúc Bạch, au nord de la vieille ville. Petit hôtel à la sympathique architecture et décor de bon goût (marbre, plantes vertes). Chambres spacieuses (et délicatement parfumées) de 47 à 81 $ (petit déjeuner compris). *Staff* parlant l'anglais. Excellent rapport qualité-prix.

☛ *Gia Long Hotel (22)* : 10 B Ha Hoi. Ruelle donnant sur Trần Hưng Đạo et Quang Trung. ☎ 261-188 et 227-005. Fax : 226-746, Rue tranquille. Établissement agréable. Réception parlant l'anglais. Chambres spacieuses et très propres de 40 à 70 $.

Plus chic

☛ *Dân Chủ* Hotel (23) : 29 Tràng Tiền. ☎ 254-937 et 269-772. Fax : 266-786. A deux pas du théâtre. Un des hôtels de luxe les plus abordables. Chambres sur cour au calme. Grandes chambres souvent meublées en style local. Standard à 87 $, supérieures à 97 $, etc. Restaurant au rez-de-chaussée en revanche pas cher du tout.

☛ *Gia Long Hotel II (24)* : 34 Nguyễn Trường Tộ. ☎ 236-995. Fax : 236-996. Au nord de la vieille ville. Quartier tranquille. Hôtel assez plaisant. Chambres à 50 $ pour deux.

☛ *Hôtel Đồng Lợi (25):* 94 Lý Thường Kiệt. ☎ 255-721 et 267-957. Fax : 267-999. A l'angle avec Lê Duẩn. Pas loin de la gare, dans le quartier « français ». Grand hôtel colonial rénové. Chambres sans charme particulier et très modestes vu le prix, à 52 et 77 $ (plus taxes). Bon resto (cuisine vietnamienne et européenne).

☛ *Guesthouse du ministère de la Défense (13)* : 33 A Phạm Ngũ Lão. ☎ 265-540. Fax : 265-539. Au sud du musée d'Histoire. Quartier très (trop) tranquille. Ça a le goût d'une caserne, mais ça n'en est pas une. Atmosphère cependant peu animée (euphémisme !). Chambres correctes à partir de 80 $. Une bonne alternative. Si tout est plein ailleurs.

Où manger ?

Hanoi n'est pas encore une grande métropole gastronomique, mais ça va venir ! Possibilité en maints endroits de grignoter sur le pouce de bonnes soupes vietnamiennes (phở) pour une poignée de *dông*. La grosse difficulté, en fait, est qu'il n'existe pas encore beaucoup de restos intermédiaires entre le petit stand de bouffe de rue et l'établissement *clean*, un peu chic et cher (en regard du niveau de vie local, bien entendu entre 6 et 10 $ par personne). Enfin, attention aux horaires, on mange tôt à Hanoi. Beaucoup de restos ferment déjà vers 21 h.

Très bon marché

✗ *Petits restos* sympa et bien tenus dans la rue Nam Ngư (8). C'est une petite rue tranquille qui donne dans Lê Duẩn, à deux pas de la gare.

– A l'angle de Lò Sũ et Nguyễn Hữu Huân (76), tout près du lac (coin nord-est de Hoàn Kiếm), *restos de trottoir* toujours animés de jour comme de nuit. Avec plusieurs dizaines de mobs garées devant et une jeunesse branchouillée et tapageuse.

✗ *Les gargotes :* autour du grand marché Đồng Xuân (46).

Bon marché

✗ *Trương Tho (33) :* 11 Tạ Hiền. Ruelle de la vieille ville, perpendiculaire à Hàng Buồm. Vrai petit restaurant de quartier avec des vraies tables hautes. Bien tenu. Air conditionné et discrète musique de fond. Accueil sympathique. Carte en français assez étendue avec anguille farcie, poisson au gratin, grenouilles en beignet, bœuf sauté, poulet, pigeon, crevettes, seiche, etc. En revanche, le ragoût de tortue, cher, ne laisse pas un souvenir impérissable. Prix dans l'ensemble modérés.

✕ *Thịnh Vượng (33)* : 13 Tạ Hiền. ☎ 251-838. Le p'tit voisin. Choix limité, mais copieuse cuisine familiale à prix d'avant-guerre (la nôtre même !). Bon accueil.

✕ *Bánh Tôm Hồ Tây (34)* : 1 Thanh Niên. ☎ 257-839. Ouvert tous les jours midi et soir jusqu'à 22 h, sauf jours fériés. Situé sur le petit lac Trúc Bạch, en face de la pagode Trần Quốc. L'un des restos les plus agréables et populaires de la ville. Terrasse superbement située pour observer canoéistes et pédaleurs. Attention le dimanche, pris d'assaut par les familles. Service parfois un peu lent pour commander, mais l'atmosphère reste toujours bon enfant. Carte offrant un bon choix. Spécialité de « steamed schrimp cakes » (beignets de crevettes d'eau douce), soupe à l'anguille (eel soup), escargots à la vapeur et à l'ail (steamed snail), nouilles frites au cœur et foie, poisson cuit à la bière... C'est pas le tout, mais on y retourne.

✕ En revanche, même si la vue semble plus panoramique, cuisine particulièrement médiocre au *Nhã Hội Hồ Tây,* restaurant flottant situé de l'autre côté, sur le grand lac.

✕ *Chả Cá Lã Vọng (35)* : 14 Chả Cá. ☎ 253-929. Ouvert le soir jusqu'à 22 h. Situé dans la vieille ville. Restaurant de poisson, dans la rue des... Poissonniers, précisément. Dans le temps, il y en eut beaucoup d'autres, mais c'est le dernier survivant. Ne soyez donc point étonné de la foule qui s'y presse, pour la plupart des locaux. Presque toujours plein, et les touristes, nombreux à venir à cause de son excellente réputation, ont parfois du mal à trouver de la place. Le mieux étant de réserver pour une heure précise. Au premier étage, une combine si vous acceptez de manger rapidement : précisez que vous êtes capable de boucler votre repas en moins d'une demi-heure et on vous trouvera peut-être une table entre le départ et l'arrivée de deux joyeuses familles d'autochtones. Pourtant, pourtant, comment expliquer le succès de Chả Cá, la carte se réduisant finalement à un unique plat : du poisson frit accompagné de riz, pâtes, salade, oignons, cacahuètes, etc. C'est un plat unique, certes peu sophistiqué, mais profondément ancré dans la tradition. De plus, en prime, une atmosphère très particulière, authentiquement hanoïen et qui (malgré l'afflux des visages pâles) n'arrive pas à être pervertie. Cela en fait l'une des plus attachantes adresses de la ville.

✕ *Châu Thành (17)* : 48 Hàng Gà. ☎ 232-461. Dans la vieille ville. Resto traditionnel prodiguant une cuisine classique. Salle à manger sur deux étages. Propre. A la carte : canard à l'orange, steak, chateaubriand, pigeon rôti ou aux graines de lotus, nouilles frites avec bœuf ou porc. Prix tout à fait modérés. Deux petites chambres simples à louer.

✕ *22 Restaurant (36)* : 22 Hàng Cân. ☎ 267-160. Rue prolongeant Chả Cá. Ouvert jusqu'à 22 h. Fermé les jours fériés. Au 1er étage après le couloir. Fut longtemps le rendo des routards qui cherchaient un p'tit resto sympa un peu en dehors des sentiers battus. Le succès venant, d'autres salles, d'autres étages ont été ouverts à la restauration avec cependant toujours le même personnel familial et les mêmes moyens matériels en cuisine (assez rustique, il faut bien le dire). Résultat : l'intendance a du mal à suivre, temps pour prendre les commandes et servir les plats désespérément long, qualité de la nourriture en baisse. Pourtant, c'est une famille bien gentille, mais hélas aujourd'hui complètement dépassée. Allez, on leur donne une dernière chance de se rattraper, parce que leur poisson à la vapeur est quand même souvent bon, ainsi que les grenouilles au curry, la soupe d'anguilles ou le BBQ beef...

De bon marché à prix moyens

✗ *Resto du CTSC (38) :* 1 Bà Triệu. ☎ 265-244. Fax : (84) 4-256-418. Situé juste au-dessus d'Air France, dans un immeuble de bureaux. Quelques grandes tables. Cuisine correcte et pas mal de choix. Prix très raisonnables. Au hasard de la carte : langoustines sauce piquante, steak-frites, brochette de porc, poisson frit au citron, spaghettis à l'italienne, entrecôte marchand de vin, etc. Bref, quelques plats exotiques à l'ouest du Mékong.

✗ *Dân Chù Hotel (23) :* 29 Tràng Tiền. ☎ 254-344 et 253-323. Hôtel un peu rétro de la fin du XIXᵉ siècle. Au fond, après le grand hall, une salle à manger paisible pour une petite nourriture vietnamienne très traditionnelle. C'est *clean*, sans sophistication et étonnamment pas cher si l'on compare avec le prix des chambres (on s'en tire pour 25-30 F maxi !).

✗ *Bắc Nam (18) :* 20 Ngô Quyền. ☎ 257-067 et 267-877. Dans l'hôtel du même nom. Considéré comme l'un des restos offrant la qualité la plus constante, à prix fort raisonnables. Service sans reproche. Attention, cependant, ferme de bonne heure le soir (20 h-21 h maxi).

Prix moyens à plus chic

✗ *Hoàng Nam (39) :* 46 Hàng Vải. ☎ 232-436. En haut de la vieille ville, rue donnant dans Hàng Cân. A deux doigts de Phùng Hưng. Ouvert jusqu'à 22 h. Grande salle aux style et atmosphère plaisants. Resto tranchant quelque peu avec ses confrères par l'originalité de sa cuisine. Petits plats avec un brin d'imagination et de sophistication, alliant parfois harmonieusement réminiscences européennes et effluves vietnamiens. En clair, un syncrétisme réussi ! Clientèle d'expatriés et de locaux gourmets (rescapés du Piano Bar pour certains). Belle carte d'où nous avons extrait le BBQ eel (anguille grillée) à la citronnelle et chili, les escargots à la vapeur et feuilles de gingembre, les cuisses de grenouilles à l'ananas, la seiche farcie, la tortue au poulet sauce à la bière, le poisson vapeur à la bière, les crevettes « en croûton », etc. Service efficace. Bien sûr, cher pour Hanoi (compter de 10 à 14 $ par personne).

✗ *Le Piano Bar (39) :* 50 Hàng Vải. ☎ 232-423. Son voisin hyper connu nous a beaucoup déçus. Ce fut l'un des premiers restaurants fréquentés par les coopérants occidentaux et les hommes d'affaires. Probablement excellent au début, ce qui explique sa flatteuse réputation auprès des visiteurs. Aujourd'hui, le succès semble lui avoir quelque peu tourné la tête. Les groupes sont privilégiés et, bien sûr, les individuels négligés. Désinvolture dans l'accueil également. En outre, temps interminable pour commander et se faire servir. Bien entendu, la qualité de la nourriture s'en ressent souvent, même si on y trouve encore les meilleures cuisses de grenouilles à l'ail de la vieille ville et que c'est un des rares restaurants à servir tard le soir. A surveiller au cas où il redressait la barre !

✗ *Restaurant 75 (40) :* 75 Trần Quốc Toản. ☎ 265-619. Ouvert midi et soir jusqu'à 22 h. Installé dans une ancienne maison coloniale. Salle à manger plaisante agrémentée de quelques colonnes ioniennes ! Bon accueil. Clientèle mixte, Occidentaux et Việt Kiều. Carte en anglais. Quelques spécialités : crabe à la vapeur, nouilles frites aux crevettes, steak de seiche, escargots aux feuilles de gingembre, poisson à la bière et à la vapeur, etc. Un peu cher quand même !

✗ *Chez Gustave (41) :* 17 Tràng Tiền. ☎ 250-625. A deux pas du grand théâtre. Ouvert tous les jours jusqu'à 23 h. Au 1ᵉʳ étage. Salle *clean* haute de plafond. Service impeccable. Bon choix à la carte. Cuisine européenne et vietnamienne. Le midi menu unique à 4 $. Au rez-de-chaussée, bar à l'élégante déco ouvert jusqu'à 2 h.

Plus chic

✗ *A Little Italian (42)* : 81 Thọ Nhuộm. ☎ 258-167. Ouvert midi et soir jusqu'à 23 h (vendredi, samedi jusqu'à minuit). Installé dans une très grande demeure particulière. Intérieur sobre et élégant tout à la fois. Possibilité de se restaurer en terrasse. Pourtant carte sans chichi, que des choses simples. Une quinzaine de pizzas (qu'on commande en 3 tailles) et une demi-douzaine de variétés de spaghetti. Quelques plats : poulet au miel ou sauce vin rouge, ail et champignons. Relativement assez cher pour le Vietnam. Compter de 6 à 11 $ pizzas et plats. Vin au verre ou en bouteille à prix encore abordables. Bons cocktails.

✗ *Le Beaulieu (43)* : 15 Ngô Quyền. ☎ 266-919. C'est le restaurant du Métropole, l'hôtel le plus luxueux d'Hanoi. Si les chambres sont très chères, en revanche le restaurant reste abordable pour des bourses européennes (29 à 39 $ le repas).

A voir

▶ *Le lac de Hoàn Kiếm (44)* : c'est le cœur du Hanoi colonial. Hoàn Kiếm veut dire « lac de l'Épée restituée ». En effet, d'après une légende du XVᵉ siècle, un pauvre pêcheur du nom de Lê Lợi s'était vu confier, par la tortue sacrée du lac, une épée magique pour défendre le royaume contre les envahisseurs Ming. Il souleva alors le peuple vietnamien, remportant de nombreuses victoires et, pendant une dizaine d'années, l'épée fut d'une efficacité exemplaire puisqu'elle sut contenir les Chinois. Cependant, un jour que le souverain se promenait sur les bords du lac, savourant ses succès militaires, l'épée quitta son fourreau, et au moment de tomber à l'eau, fut interceptée par la tortue qui l'entraîna au fond. Une façon, peut-être, de signifier que tout a une fin, qu'il faut savoir rendre les choses et qu'il convenait de revenir, maintenant que tout danger était écarté, à une attitude plus modeste, moins triomphaliste... Curieusement, on repêcha dans le lac, il y a quelques années, une énorme carapace de tortue blessée. De là à penser qu'elle le fut par l'épée. La légende continuait...
Tout autour, de beaux flamboyants. C'est l'une des promenades préférées des jeunes amoureux, la nuit. Au milieu du lac, l'îlot de la Tortue avec un stupa de forme carrée. En face de la porte, petit pagodon. C'est le dernier vestige d'une des plus anciennes pagodes de Hanoi rayée de la carte pour construire un bâtiment administratif au XIXᵉ siècle (auquel la grande poste succéda).

▶ *Le temple Dền Ngọc Sơn* (Montagne de Jade) (45) : situé sur la rive nord du lac Hoàn Kiếm, adorable petit temple qu'on atteint par un romantique pont en bois tout rouge (appelé « pont du soleil levant »). L'édifice date du XIIIᵉ siècle, mais subit des transformations jusqu'au XIXᵉ siècle. On y célèbre Trần Hưng Đạo, grand vainqueur des Mongols au XIIIᵉ siècle, le génie des lettres Văn Xương et le précurseur de la médecine Lã Tổ. A l'entrée, la tour du Pinceau et le portique de l'Écritoire, hommage à la littérature. Dans ce qui semble être un genre de narthex, à gauche, on trouve une tortue géante qui daterait du XVᵉ siècle et serait celle qui reprit l'épée. Mesurant 2,10 m de long, elle pesait 250 kilos.
Tout au fond, autel dédié à Trần Hưng Đạo, avec sa statue. Nombreux présents. Riche décor. Devant, urne à encens entourée de grues, debout sur des tortues. Dans la salle de devant, statue du maître de littérature avec deux mandarins lettrés. Cheval de cérémonie sur roues et gong en bronze. En conclusion, fort beau

site où l'on peut méditer ce petit quatrain : «Reflétant l'âme sacrée de la patrie, l'épée miroite comme les ondes du rivage. Communiant avec ciel et terre, les lettres persistent avec l'âge des montagnes... »

▶ *Le vieux quartier des corporations et le grand marché :* au nord du lac s'étend l'un des plus fascinants quartiers de Hanoi, vieux quartier historique, coincé entre le fleuve et la citadelle. Constitué à partir du XVe siècle, c'est un treillis de rues à l'urbanisme touffu, contrastant avec les avenues au cordeau du reste de la ville. Chaque rue prit une spécialité professionnelle, représentant un seul métier ou corporation, souvent celle d'un village entier du delta. On a souvent dit que le quartier ressemblait aux nervures d'une feuille dont la tige serait Hàng Đào, la «rue de la soie». Si certaines rues continuent de se spécialiser majoritairement dans un seul produit, en revanche, d'autres se sont ouvertes à d'autres commerces, d'autres artisanats. D'abord, parce que certains métiers disparaissent, inéluctablement, sous le coup du modernisme, mais surtout, l'ouverture économique a engendré un boom sans précédent de toutes sortes de petits commerces. Le quartier n'en reste pas moins extraordinairement vivant et attachant.

▶ Intéressante également, l'*architecture locale* : demeures peu élevées (2 à 3 étages maximum), façades très étroites (une règle imposait en effet 3 m de large maximum), souvent ornementées (et aujourd'hui noircies par l'humidité et parfois cachées par de vilaines enseignes en plastique). C'est également une architecture «en tube», tout en longueur, particulièrement originale : en façade, une boutique ou un atelier, prolongé de petites cours intérieures et de nombreux logements avec d'interminables couloirs (parfois sur plus de 100 m). Densité humaine incroyable. La boutique sert aussi de salon ou pièce de réception et s'ouvre sans problème aux regards de la rue. Cette plongée dans l'intimité familiale se révèle plutôt amusante. Le soir, on y rentre les mobs et les motos et certains privilégiés possédant une façade exceptionnellement plus large y garent leur voiture, entre le meuble télé et le canapé !

Voici maintenant quelques rues de guildes ou corporations parmi les plus populaires : Hãng Đào, mais on n'y vend plus guère de soie (plutôt des montres). Très vivante et très animée. Chả Cá, la rue des poissons grillés. Là, ils ont carrément disparu (seul subsiste un restaurant perpétuant cette tradition hanoïenne) Hãng Bạc (les autels votifs et bannières religieuses), bien connue des routards pour ses guesthouses. Hàng Giầy (la chaussure), Hàng Bồ (la mercerie), Hàng Cân (le carton, la ficelle, les balances), Hàng Mâm et Hàng Bạc (les stèles funéraires), Hàng Đường (la rue du sucre), Hàng Mã (les objets votifs en papier), Thuốc Bạc (ancien travail de l'argent, puis outils et clous), Lãn Ông (herbes et graines). Et encore, Hàng Bún (rue des vermicelles), Hàng Gai (le chanvre), la rue des Voiles, du coton, etc.

Au bout de Hàng Chiếu (la rue des nattes), la dernière vieille porte de ville. Quelques vénérables pagodes à découvrir au fil des ruelles, comme celle de «Da Xếp Hàng», à l'angle de Hàng Buồm et Hàng Giầy. Pittoresque toit aux tuiles patinées avec sa frise de dragons.

Le grand marché (46) a brûlé en juillet 94, en attendant sa rénovation les vendeurs sont installés dans toutes les rues adjacentes (Hang Vai et Phung Hung). Il avait hérité d'un très vilain étage en béton, mais heureusement conservé ses façades de style colonial. Dire que le quartier autour et à l'intérieur est animé se révèle un euphémisme. C'est le Hanoi éternel, immuable. Un spectacle étonnant. Tous les commerces à découvrir. A l'intuition, au hasard. Comme le secteur où l'on vend les animaux : singes, oiseaux, pythons et serpents divers utilisés dans la pharmacopée traditionnelle.

▶ *Le pont Paul-Doumer (Cầu Long Biên) (47) :* à deux pas, au nord-est du grand marché, l'une des cartes postales caractéristiques du paysage hanoïen. Pont construit par les Français en 1902 et inauguré par Paul Doumer, alors gouverneur général de l'Indochine. Unique pont, permettant de traverser le fleuve Rouge jusqu'aux années 80, il fut, bien entendu, la cible des bombardements américains dès 1967. Pas moins de 175 attaques en un an. Puis à nouveau en 1971. Il y perdit plusieurs de ses piles et beaucoup de solidité, ce qui nécessita la construction, il y a une dizaine d'années, du pont Chương Dương en parallèle. C'est celui-ci qu'on emprunte lorsqu'on arrive de l'aéroport.

▶ **L'opéra (48) :** au bout de Tràng Tiền (qui fut en son temps la rue Paul Bert). Construit en 1911 et largement inspiré du Palais Garnier. Près de 900 places, c'est aujourd'hui le plus important théâtre de Hanoi.

▶ **La cathédrale Saint-Joseph (49) :** Lý Quốc Su. Bâtisse de style néogothique vraiment laide, réalisée par un sous-Abadie (celui du Sacré-Cœur !). Plus grave, elle fut construite à l'emplacement d'une des plus vénérables pagodes (Bảo Thiện) de la ville, démolie pour lui laisser la place... Les autorités coloniales de l'époque n'avaient rien à envier à Ceaucescu ou au fanatisme destructeur des extrémistes hindouistes dans l'affaire de la mosquée de Bodaya en Inde ! Pour se consoler et oublier sa façade aux longues coulées noires d'humidité (des larmes tardives ?), allez plutôt rendre visite à la petite pagode de Bà Đá située en face. Date du XVᵉ siècle pour sa partie la plus ancienne.

▶ **Le lac de l'Ouest (Hồ Tây) (50) :** au nord-ouest de la ville, c'est le plus étendu. Près de 12 km de tour. Ancien lit du fleuve Rouge. Dans sa partie basse, l'un des lieux de promenade favoris des Hanoiens. Possibilité de canotage et pédalo. Particulièrement animé au moment des fêtes religieuses, car on y trouve les deux plus séduisantes pagodes de Hanoi. De l'autre côté, séparé par une digue (Thanh Niên), le petit lac de la Soie blanche (Hồ Trúc Bạch). Ce nom provient du palais où étaient recluses les odalisques en disgrâce. Elles passaient leur temps à tisser de la fort belle soie blanche. C'est dans ce lac qu'on captura en 1967 le premier pilote américain abattu.

▶ **La pagode Trần Quốc (51) :** Thanh Niên. En face du resto Bánh Tôm. Situé sur une petite presqu'île, c'est la plus ancienne pagode de la capitale. Date du VIᵉ siècle, reconstruite à l'emplacement actuel au XVIIᵉ siècle. Appelée pagode « Défense de la Patrie », elle connaît une énorme vénération populaire. Particulièrement attachante au soleil couchant. Dans la salle principale, pilier en « bois de fer », dur comme du ciment. Disposition traditionnelle avec les Bouddhas étagés derrière l'autel. De part et d'autre, les statues du Bien et du Mal. A gauche de l'entrée, passer par la salle de lecture. Au milieu d'une petite cour, reconstitution d'une montagne avec bonzaïs. Au fond du jardin, les tombes des bonzes et une stèle de 1639 racontant l'histoire de la pagode. Galerie consacrée aux grands bonzes et aux trois mères (mère céleste, mère terrestre, mère des mères).

▶ **La pagode Quán Thánh (52) :** à l'intersection de Thanh Niên et de Hùng Vương. Juste à l'entrée de l'isthme séparant le lac de l'Ouest de celui de Trúc Bạch. L'une de nos pagodes préférées. Date du XIᵉ siècle. Dédiée à Trấn Võ, le génie gardien du Nord. Remarquable statue du génie en bronze noir de 1756 pesant 3 t.
A droite, petit autel honorant l'artiste ayant réalisé la statue. Dans une vitrine, devant l'autel, les bottes du génie. Atmosphère paisible, murs patinés, odeurs d'encens en font une visite pleine d'enchantement. Grande dévotion les jours de fête.

▶ **Le mausolée de Hồ Chí Minh (53) :** place Ba Đình. Ouvert de 8 h à 11 h. Fermé lundi et vendredi. En principe, fermé également deux mois en été ou en début d'automne. C'est ici que fut proclamée, la première fois, le 2 septembre 1945, l'indépendance du pays. C'est là que devait reposer le père fondateur du Vietnam indépendant en toute logique. Cependant, ce n'était pas précisément son vœu. Il avait plutôt exprimé le souhait de se faire incinérer et que ses cendres soient partagées entre les trois grandes régions du Vietnam (le Nord, le Centre, le Sud). La direction du PC vietnamien en décida autrement, estimant que le Sud, pas encore libéré à la mort de Hô (en 1969, avait le droit incontestable de le voir et de lui rendre hommage. Il n'est pas sûr, en tout cas, que le côté massif et imposant du mausolée lui aurait plu. Édifié en 1973, en marbre de Da Nang et en granit. Pour le visiter, nécessité d'aller demander un permis de visite (gratuit) au centre d'accueil (sur Chùa Một Cột). Avoir son passeport (guichet pour les étrangers). Attention à bien se plier à quelques règles simples : tenue correcte (pas de short, bermuda, T-shirt troué ou trop échancré, etc.), bras le long du corps (pas de mains dans les poches), couvre-chef ôté dans le mausolée, pas de sac, ni appareil photo (et bien entendu, interdiction formelle de prendre des photos à l'intérieur), pas de commentaire ni bavardage, etc. Bon, tout ça tombe sous le sens, finalement !

Un certain cérémonial accompagne la visite. Dès l'esplanade à l'extérieur, on est accompagné individuellement tout du long par un soldat de la garde d'honneur (deux par deux s'il y a beaucoup de visiteurs). Une rampe mène ensuite à la dépouille mortelle de l'oncle Hô qui repose dans un cercueil de cristal violemment éclairé. Nul doute que ce sera un moment assez émouvant pour beaucoup de lecteurs, même ceux qui n'ont pas connu la guerre de libération entre les Français et les Américains !

▶ *La maison de Hô Chí Minh (54) :* située dans l'ancien jardin botanique. Belles variétés d'essences. Au bord d'un étang, d'abord la première demeure en pierre où Hô résida de 1954 à 1958 (en effet, il refusa d'habiter l'ancien palais du gouverneur de l'Indochine). De 1958 à sa mort, en 1969, il habita dans cette demeure dont il avait imaginé l'architecture et l'ordonnancement. D'une très grande simplicité et modernité tout à la fois, elle fut bâtie sur pilotis, au milieu des beaux arbres centenaires. Avec uniquement son bureau et sa chambre à coucher. Style sobre et raffiné, témoignant du détachement du grand révolutionnaire pour tout luxe tapageur (on est loin du train de vie d'un Tito en son temps, par exemple !).

En revanche, l'ancien palais du gouverneur (54) ne se visite pas. C'est une grosse pâtisserie de style Renaissance française avec une élégante grille en fer forgé devant. Elle sert aujourd'hui de résidence aux hôtes du pays (le président Mitterrand notamment en 1993).

▶ *Le musée Hô Chí Minh (55) :* à deux pas du mausolée et de sa maison. Ouvert de 8 h à 11 h et de 13 h 30 à 16 h, fermé le lundi. Inauguré en 1990. A notre avis, un édifice à l'architecture bétonnée et au décorum intérieur particulièrement prétentieux. Il n'est pas sûr que l'oncle Hô eût approuvé une telle pompe à la limite de l'obséquiosité insupportable ! En outre, si vous avez visité le musée de la Guerre et celui de l'Indépendance auparavant, il ne vous apportera guère plus. En revanche, nos lecteurs admirateurs du grand leader (et dont nous sommes), ceux effectuant une thèse sur sa vie ou la période coloniale, ceux recherchant le témoignage ou le document unique, y trouveront nombre d'éléments fort intéressants et souvent originaux.

Au 2e étage : au-delà d'un premier hommage ruisselant de grandiloquence, découvrez une reconstitution de sa maison natale (1890-1911).

Intéressante section sur la période française de la lutte anticoloniale. Noter cet édifiant document : un rapport de police sur un tract distribué à Marseille en 1920 (intitulé le droit des peuples). Détails inédits sur le congrès de Tours, nombreux extraits de l'Huma de l'époque, ainsi que du Paria (journal anticolonialiste où écrivait Hô Chí Minh). Lettre insolite où il raconte avoir eu les doigts et le nez gelés à l'enterrement de Lénine, etc. En conclusion, intérêt du musée très lié à son degré de motivation et de recherche !

▶ *La pagode du Pilier unique (Chùa Một cột) (55) :* à deux pas du musée. Adorable pagodon au milieu d'un bassin. Édifié au XIe siècle. Une légende rapporte qu'elle fut construite par le roi Lý Thái Tô en l'honneur de la déesse Quan Âm, pour la remercier. N'ayant pas d'héritier mâle, il vit en rêve la déesse assise sur un lotus et lui tendant un petit garçon. Il épousa alors une belle paysanne rencontrée dans son jardin et eut l'héritier désiré. Le pagodon, construit sur un pilier devait, dans l'esprit de l'architecte, évoquer un lotus. Dommage que le pilier en bois ait été remplacé par un autre en béton. Cependant, avec la petite pagode voisine et le jardin, l'ensemble se révèle bien charmant.

▶ *La tour du Drapeau (Côt Cò) (56) :* 30 Điện Biên Phủ. Unique vestige des fortifications à la Vauban construite à partir de 1805 par l'empereur Gia Long. Bien sûr, les Français les rasèrent avec le même cynisme stupide que les plus belles pagodes de la ville. Reste cette tour à une hauteur de 60 m et de forme hexagonale, reposant sur une base carrée à 3 étages. Se visite en même temps que le musée de l'Armée (voir plus loin au chapitre « Musées »).
En face, trône la statue de Lénine, l'une des dernières du monde encore debout. Ne pas manquer de se faire immortaliser devant.

▶ *Le Hanoi Hilton (57) :* intersection de Quán Sứ et Thọ Nhuộm. Ne se visite qu'à des moments exceptionnels de l'existence. Surnom ironique donné par les aviateurs américains qui y étaient prisonniers. Sinistre prison de forme triangulaire construite par les Français au début du siècle. On y filma à des fins propagandistes les premiers « aveux » des pilotes. Leur présence dans le centre de Hanoi évita probablement le bombardement de la ville.

▶ *Le temple de la Littérature (Văn Miếu) (58) :* quelques blocs au sud du mausolée, à l'intersection de Quốc Tử Giám et de Tôn Đức Thắng. Entrée au sud du monument. Construit en 1070, le seul temple de Hanoi de cette époque à nous parvenir sans trop de modifications. Les Français l'avaient surnommée la « pagode des corbeaux » à cause du grand nombre de volatiles qui y nichaient. C'est aussi l'un des plus grands (70 × 350 m). Un peu d'histoire : consacré au culte de Confucius (Khổng Tử en vietnamien), il accueillit dès le début un collège pour les princes et les enfants des mandarins (en fait, ce fut la première université du Vietnam). On y enseignait pensée et morale confucéennes à partir des quatre livres classiques (la Grande Étude, le Juste et Invariable Milieu, etc.) et les cinq livres canoniques (le Livre de Poésie, le Livre d'Histoire, celui des Mutations, des Rituels, etc.). A partir du XVe siècle, le collège se démocratisa en acceptant les deux meilleurs élèves de chaque province, même s'ils étaient d'origine populaire. Il y avait jusqu'à 300 élèves en internat. Le collège fut transféré à la fin du XVIIIe siècle à Huê.
Construit quasiment sur le même plan que le temple de Confucius à Kiu-Feou Hien, sa ville natale. Il comprend 5 vastes cours, longue succession de portes et de portiques.
Après avoir franchi le monumental portique d'entrée et les deux premières cours, on parvient au *pavillon de la Pléiade* (Khuê Văn Các), édifice carré avec emblèmes du soleil sur les quatre côtés (dédié à la constellation Khuê, symbole de la vie littéraire). C'est là que se tenait le jury qui devait choisir les madarins de chaque dynastie. Les candidats récitaient alors des poèmes.
Au milieu de la 3e cour, le puits céleste. Sur les côtés, 82 stèles soutenues par des tortues de pierre (à l'origine, il y en avait 117). On y trouve les noms gravés des lauréats des concours mandarinaux qui se déroulèrent sous la dynastie Lê. En tout, près de 1 300 lauréats. La plus ancienne date de 1442 et la plus récente de 1775. Dans la 1re colonne, l'année du concours, dans la 2e, le nombre des lauréats et dans la 3e, l'année d'édification de la stèle. Ces concours permettaient de recruter les hauts fonctionnaires.
On traverse ensuite le portique des Bons Résultats pour accéder à la 4e cour et au temple principal. Il repose sur 40 piliers de bois laqué. Au milieu, une tablette votive de Confucius entourée de grues et de tortues, symbolisant la longévité. Enfin, la dernière cour abritait le collège proprement dit.

Les autres temples et pagodes

Pour ceux, celles qui disposent de temps, voici d'autres pagodes à visiter. Elles sont d'un intérêt inégal, mais présentent toujours une petite originalité.

▶ *Le temple des Deux Sœurs (59) (Đền Hai Bà Trưng) :* au sud de la ville, juste au-dessus du lac Thanh Nhàn. Petit, intime. Ce sanctuaire remonterait au XIIe siècle et honorerait deux sœurs (Trưng Trắc et Trưng Nhị) qui luttèrent au

Ier siècle après J.-C. contre les Chinois. Vaincues, elles se jetèrent dans une rivière pour ne pas tomber dans leurs mains. On peut y voir une stèle gravée contenant cette histoire et, à l'entrée, un éléphant de cérémonie.

▶ *La pagode des Ambassadeurs (60)* : 73 Quán Sứ. Pas loin de la gare. Construite en 1930. Elle tient son nom d'une maison d'accueil des ambassadeurs étrangers venant des pays bouddhiques et qui s'élevait là. L'édifice ne présente pas d'intérêt architectural en soi. En revanche, grande ferveur et beaucoup de monde à certaines fêtes religieuses (au moment du Têt notamment et lors du 8e mois lunaire). C'est un centre de formation bouddhique. On peut y voir, à droite, Quan Âm, la déesse aux bras multiples. Le couloir de gauche mène vers le mandarin très connu Trần Quang Khải (qui lutta contre les Mongols au XIIIe siècle). Petit escalier menant à la salle dédiée aux bonzes. Au rez-de-chaussée, l'école.

▶ *Le temple du Mandarin (49)* : 42 Lý Quốc Sư. A côté de la cathédrale Saint-Joseph. Fondée au XIe siècle, mais il ne subsiste guère de choses de cette époque. Quelques statues de bois polychromes.

▶ *La pagode Hưng Kỳ* : 228 Minh Khai (hors plan). Au sud de Hanoi. Pour nos lecteurs souhaitant sortir des sentiers battus, l'occasion de traverser des quartiers populaires fort peu touristiques. Au passage, on suit la Phố Đại La, rue sympa avec de vieilles boutiques. La pagode se situe au fond d'une ruelle, coincée au milieu d'habitations et d'entrepôts. Joli portique donnant accès à une petite cour paisible. Pagode pas très ancienne. Financée par un riche commerçant chinois, elle fut construite en 1932 sur le modèle de vieilles pagodes chinoises. Ce qui, après 60 ans de poussière et de patine, lui donne presque 3 siècles de plus.

Après avoir longé un charmant petit jardin organisé comme un cloître, on accède à la douce pénombre de la salle de culte. Atmosphère vraiment propice au recueillement. Poutres du plafond abondamment sculptées. Au fond, audessus de l'autel, énorme Sakyamuni. Dans le narthex, les deux immenses et inévitables statues polychromes du Bien et du Mal. Enfin, l'originalité de cette pagode réside surtout sur la représentation, sur les côtés, de l'Enfer et du Paradis. Celle de l'Enfer se révèle particulièrement documentée. Noter tous les petits détails, le raffinement des punitions, tortures qui frappent les malheureux pêcheurs.

Les musées

▶ *Musée d'Histoire (Bảo tàng Lịch sử) (61)* : 1 Phạm Ngũ Lão; ☎ 253-518. Ouvert de 8 h à 11 h 45 et de 13 h 15 à 16 h. Installé dans l'ancien bâtiment colonial de l'école française d'Extrême-Orient.
• A partir de la droite, dans la rotonde d'entrée, céramique chinoise des XIXe et XXe siècles, coffrets incrustés de nacre, petits bronzes, etc.
• Grande salle centrale : section sur la préhistoire, bronzes de la période Đông Sơn (2500 avant J.-C.). La pièce la plus célèbre est le tambour de Ngọc Lư, avec d'intéressants reliefs. Armes et poteries, stèles funéraires du VIIe siècle, reliques en terre cuite, bouddha avec socle abondamment orné, objets domestiques et poterie vernissée du XIIe siècle, monnaie en bronze. Tableau de la fameuse bataille de Bạch Đằng (1288 ; avec les pieux de bois qui coulèrent la flotte mongole), pierres sculptées de la pagode de Phật tích, etc.
• Au 1er étage : à gauche, vers la rotonde. Palanquin sculpté et gravé du XVIIIe siècle, ornementation de toits de temple (dragons), sculptures cham du IXe siècle, bas-reliefs en bois, vestiges de pagodes, stupa Bình Sơn (du XIIIe siècle), cloche de bronze de Haiphong très ancienne, stèles funéraires sur tortues, bois gravés, belles terres cuites vernissées.
Quelques dioramas de batailles célèbres, faïences antiques, gong en bronze du XVIIIe siècle (pour rallier les insurgés), ravissante faïence de Huê, remarquable

travail de nacre incrusté. Vitrine sur les fumeries d'opium et la réglementation coloniale du XIXᵉ siècle. Petite section sur Hồ Chí Minh et section étonnamment anémique sur le colonialisme français (à peine quelques photos !).

▶ **Musée des Beaux-Arts (Bảo tàng Mỹ thuật) (62) :** 66 Nguyễn Thái Học. Ouvert de 8 h à 11 h 30 et de 13 h 30 à 16 h (mardi, vendredi, samedi et dimanche le matin seulement). Fermé le lundi. Abrité dans un bel édifice de style colonial vietnamien. Il présente des collections ethnographiques de sculptures, peintures et art populaire (seul regret, vu le pillage du pays, un peu trop de copies section sculpture). La visite commence au 2ᵉ étage.

• *2ᵉ étage :* les arts anciens. Merveilleux costumes des ethnies minoritaires, superbes tambours de bronze, il y eut une grosse production, mais beaucoup furent fondus par le Vietminh pour fabriquer des armes lors de la première guerre d'indépendance. Outils et armes. Noter l'insolite jarre funéraire avec couples faisant l'amour sur le couvercle (symbolisant la vie qui continue), impressionnante figure de tombeau, immense et remarquable Quan Âm du XVIᵉ siècle (la déesse aux mille bras). Décor or et polychrome. Belles portes de pagode en bois sculpté.

• *1ᵉʳ étage :* nombreuses sculptures, enluminures, gravures. Artisanat populaire, vannerie, poterie, incrustations de marbre. deux périodes pour la peinture : avant 1945 et de 1946 à 1954. Beaux fusains et bois gravés sur l'oncle Hô, scènes de la vie paysanne, etc.

Boutique proposant une intéressante sélection d'imitations de poteries, vases et autres objets d'art des époques les plus anciennes. Très correctement reproduites et à prix fort raisonnables (aucune raison de payer ailleurs un Ming 1 000 $... qu'on va peut-être vous confisquer à l'aéroport !).

▶ **Musée de la Révolution (Bảo tàng Cách mạng) (63) :** 25 Tông Đản. Ouvert de 8 h à 11 h 30 et de 13 h 30 à 16 h (mardi, vendredi, samedi et dimanche matin seulement). Fermé le lundi. Situé au fond de la cour. Commencer par le 1ᵉʳ étage. Panorama historique complet de la révolution vietnamienne. Un seul petit reproche : démarche didactique peu évidente et manque de clarté dans la disposition des thèmes (parfois trop fouillis ou trop accumulatif). Reste cependant la visite indispensable à qui veut comprendre comment ce pays a pu résister si héroïquement et vaincre deux super-puissances coloniales. Visite commençant au 1ᵉʳ étage par la salle « Riche, beau et brave Vietnam ». Courte intro à l'histoire. Fresque de la célèbre bataille « des pieux dans l'eau ». Impossible de décrire le contenu de plusieurs dizaines de salles, mais en voici quelques points forts :

• Histoire du mouvement anticolonialiste français, photos saisissantes de bagne, de prisonniers avec leur carcan.

• Précieux documents et journaux sur l'entrée en politique de Hô Chí Minh, tracts, témoignages sur les luttes, les grèves, la création du PC en 1930 et celle du Vietminh.

• L'occasion de voir, pour la première fois, de toucher même une vraie guillotine (brrrr !), photos étonnantes des fabriques artisanales de bombes dans la jungle, les premiers billets de banque émis pendant la guerre contre les Français. Mise en place du double pouvoir Vietminh dans les zones libérées, Điện Biên Phủ, solidarité des travailleurs en France...

• La guerre américaine : naissance du GRP, l'offensive du Têt en 68, mort de Hô Chí Minh, les bombardements au Nord, la victoire de 1975, la réunification, la reconstruction du pays.

▶ **Musée de la Guerre (Bảo tàng Quân đội) (56) :** 30 Điện Biên Phủ. Ouvert de 8 h à 11 h 30 et de 13 h 30 à 16 h. Fermé le lundi. Par certains égards, recoupe souvent le musée de la Révolution, du fait de l'imbrication inévitable entre guerre et révolution (mais nombreux documents et photos inédits). Là aussi, beaucoup de salles, dont voici les éléments les plus marquants :

• *Section solidarité internationale :* souvenirs de la libération du Laos, dont une photo très forte des retrouvailles des armées laotienne et vietnamienne.

• *Séquence sur Nguyễn Văn Trỗi,* héros qui tenta d'assassiner MacNamara et qui fut condamné à mort et exécuté. Signatures des marins des pays de l'Est, manifestations de solidarité dans tous les pays du monde (notamment une assez émouvante pour la libération d'Henri Martin en France), maquette de la libération du Sud (campagne Hồ Chí Minh).

• *Maquette géante de la bataille de Điện Biên Phủ* (avec commentaires en français).

• *Salle* consacrée à la constitution de l'armée du peuple, reconstruction du pays, entraînement, etc. Armes artisanales.

• *La guerre contre les Américains,* méthodes de camouflages, tunnels, drapeaux.

• *Pilotes* faits prisonniers, photos et témoignages. Offensive du printemps 1968.

• *Dernière grande salle :* tous les événements jusqu'à la victoire finale. Char T 54 qui s'empara du palais présidentiel en 1975.

▶ *Musée de l'Aviation :* Trường Chinh, dans le quartier de Đống Đa (hors plan). A environ 5 km du centre, au sud-ouest. Ouvert les lundi, jeudi et samedi de 7 h à 11 h et de 13 h à 17 h. Pour ceux qui ont le temps ou écrivent une thèse. Quelques avions, Mig divers, hélicoptères tout autour d'un immense hangar. Présentation à l'intérieur assez désordonnée, avec encore moins de traductions qu'ailleurs. Cependant, quelques séquences inévitablement émouvantes pour les plus motivés de nos lecteurs. Histoire des bombardements, des attaques aériennes vietnamiennes, ses pilotes, ses héros. La guerre en photos, témoignages, maquettes, armes, lettres, marques de tendresse, mouchoirs brodés, portraits des familles, des combattants, etc. Petite section sur la coopération spatiale. Noter le curieux vase « inter Kosmos ».

Culture

▶ *Les marionnettes sur l'eau de Thăng Long (64) :* 57 Đinh Tiên Hoàng. Au nord du lac Hoàn Kiếm. ☎ 260-553. Fax : (84) 42-60-554. Tous les soirs à 20 h. Petit supplément pour la photo et la caméra vidéo. C'est un art vieux de plusieurs siècles et l'on trouve, bien entendu, le monde paysan à son origine. Intimement attaché à l'eau et aux fêtes liées aux activités agricoles (le printemps, les semences, récoltes, etc.). C'est donc toute l'âme de la rizière vietnamienne qui s'exprime avec ses personnages, traditions, rituels, animaux familiers, dieux et génies divers. L'eau, elle-même, est actrice à part entière et décor tout à la fois, sans compter qu'elle dissimule judicieusement tous les jeux de marionnettes maniées avec une adresse, une virtuosité époustouflantes. En préambule au spectacle, un petit concert avec présentation des instruments traditionnels qui vont rythmer le spectacle. Superbe musique jouée par de remarquables artistes. Le spectacle lui-même est une succession de petits sketches mettant en scène la vie quotidienne des paysans et de leurs familles (chasse aux grenouilles ou au renard, fête de la récolte, courses de chevaux ou de pirogues, visite du roi, légendes, jeux d'enfants, etc.). Spectacle original, typique de la culture vietnamienne, qui enchantera, comme on dit, petits et grands...

Où boire un verre ? Où sortir ?

S'il y a quelque chose qui va très vite évoluer, c'est la vie nocturne. Jusqu'à présent, particulièrement faiblarde et s'éteignant assez tôt, mais déjà, de nombreux petits cafés routards se sont ouverts, en plus des dizaines d'autres plus traditionnels. Il suffit d'ailleurs de mettre quelques tables basses et petits fauteuils dehors.

– *Darling Café (65) :* 4 Hàng Quạt. Ouvert de 7 h jusqu'à 22 h 30. Pour boire un thé avec quelques gâteaux. Voir aussi au n° 33, l'autre Darling Café. Rien à

voir ensemble (plutôt concurrents), mais bonne atmosphère routarde (voir chapitre « Où dormir ? Bon marché »). Pas loin aussi, le Tintin Bar.
– *Queen Café (1) :* 65 Hàng Bạc. Ouvert jusqu'à minuit. Pour boire une bonne et fraîche bière chinoise dans une ambiance très *Fellow travellers* (voir également chapitre « Où dormir ? Bon marché »).
– *Green Bamboo (3) :* 42 Nhà Chung (voir « Où dormir ? »). Bar au 1er étage. Rénové récemment. Gros avantage : ferme à 2 h.
– *Hồ Gươm (41) :* 17 Tràng Tiền (voir chapitre « Où manger ? Prix moyens à plus chic »). Au rez-de-chaussée. Ferme en principe à 1 h 30. Cadre assez cossu, fauteuils confortables. Tranquille pour boire un verre et causer. Atmosphère pas véritablement animée donc.
– *Càje Quynes :* 48 Bát Đàn. donne dans Phùng Hưng, à l'ouest de la vieille ville. Rendo traditionnel des artistes.
– *Dancing Palace (3) :* 42 Nhà Chung. A côté du Green Bamboo. Ferme à 23 h. Dans une espèce de rotonde bétonnée. Musique disco traditionnelle et insipide (zut, encore un pléonasme !). Public jeune et sage (pour combien de temps encore ?).
– *Hoa Phượng (77) :* 23 Quang Trung. ☎ 256-302. Ferme à 22 h. Dancing « jeune ». Atmosphère tamisée gentiment surannée. Musique particulièrement kitsch par des orchestres jouant du rock façon Francis Lopez ou ayant mis à leur répertoire les plus mauvaises chansons d'Elvis (dans ses films les plus débiles).
– *VIP (73) :* 60 Nguyễn Du. ☎ 265-860. La boîte du Boss Hotel. Ouvert jusqu'à 2 h-3 h. Vidéo et karaoké. Beaucoup de jeunes filles. Atmosphère *house music.*

A voir aux environs

VERS LE NORD ET LE NORD-OUEST

▶ *La maison communale de Tya Dang :* à Ba Vì. A 53 km de Hanoi, vers le nord-ouest. Bus jusqu'à Sontai, puis moto-taxi (prix à négocier). Située au cœur du village. Fort peu touristique. Superbe maison communale du XIIIe siècle, remarquablement préservée. Devant, un grand portique. Grand pavillon avec 2 autres en équerre. Fort beau travail de sculpture sur les poutres porteuses. L'ensemble (avec le village et le bassin) possède pas mal de charme.

▶ *Cô-Loa :* à une quinzaine de kilomètres, par la route de l'aéroport. Ce fut la première « capitale » du Tonkin (IIIe siècle avant J.-C.). Vestiges peu spectaculaires, mais la campagne est si jolie autour de Hanoi. Cô-Loa comportait de nombreuses enceintes concentriques. La ville redevint capitale au Xe siècle sous Ngô Quyền. Nos lecteurs, au regard acéré d'archéologues, distingueront effectivement les restes de 3 enceintes en terre battue de forme irrégulière, ce qui put faire penser qu'elles étaient en colimaçon (Cô-Loa = colimaçon). Ces enceintes, d'une hauteur variant de 4 à 12 m, mesuraient jusqu'à 30 m d'épaisseur. Sur la plus grande, restes de 3 tours dont la plus haute fait 6 m. La plus petite enceinte, de forme rectangulaire, aurait pu être la ville royale (dont il ne subsiste aucun vestige). Pour vous consoler de ne pas en admirer plus, faites-vous raconter la belle histoire de My Châu qui trahit son père An Dương. Par amour pour un Chinois, Trọng Thủy, elle livra le royaume de Âu Lạc aux envahisseurs, en lui donnant la griffe magique qui protégeait les Vietnamiens. Prise de remords, elle se poignarda, son sang colorant la mer ; c'est pourquoi aujourd'hui dans les huîtres, on trouve encore des perles roses...

A L'OUEST ET AU SUD-OUEST

▶ *La pagode de Tây Phương :* à environ 45 km à l'ouest de Hanoi. Traversée d'une ravissante campagne. Une digue-route en terre battue, traversant des villages bibliques et surplombant d'immenses rizières, mène à cette pittoresque pagode perchée sur une colline. On y accède par un escalier en latérite rouge (hardi, petit, 250 marches). Pèlerinage très populaire aux périodes de fêtes, notamment lors du Têt. Construite au VIIIᵉ siècle, modifiée de nombreuses fois et composée de 3 salles de culte. Toits remarquables.

A l'intérieur, on découvre Quan Âm, la déesse aux mille bras, ainsi qu'un superbe ensemble de statues polychromes des XVIIᵉ et XVIIIᵉ siècles.

▶ *La pagode de Chùa Thầy (pagode du Maître) :* à Thụy-Khê, à 40 km au sud-ouest de Hanoi. Très pittoresque village au milieu d'une intéressante région. La pagode fut dédiée au moine Từ Đạo Hạnh, créateur de marionnettes sur l'eau et au Bouddha Sakyamuni. Ravissant pagodon au milieu de l'étang.

Pagode édifiée au XIIᵉ siècle, transformée les siècles suivants. Dans le premier édifice, deux phénix en bois sculpté transportant les lettres du roi. Au milieu, l'autel du bonze. A droite, le trône du roi. Derrière, la dépouille du bonze dominée par le Sakyamuni.

Dans le 2ᵉ édifice, énormes statues du Bonheur et du Malheur. Tout au fond les quatre juges. On aime tout particulièrement ce véritable « petit musée » de la sculpture bouddhique.

Ne pas manquer, lors de certaines fêtes religieuses, les insolites représentations de marionnettes sur l'eau.

Petit pont couvert menant au chemin grimpant sur la colline. Escalier aux marches chaotiques, mais montée pas trop dure. De là-haut, beau panorama. En cours de route, petit sanctuaire et source d'eau pure vénérée par les femmes qui veulent un enfant.

VERS LE SUD

▶ *La pagode de Chùa Hương (pagode des Parfums) :* située à 60 km au sud de Hanoi (environ 2 h de route). A Hương Sơn, on embarque sur un bateau pour une splendide balade sur la rivière Yen, au milieu d'un spectaculaire paysage karstique. Au bout, la montagne de l'Empreinte parfumée (Hương Tich). 2 h de montée balisée de sanctuaires répondant aux poétiques noms de « pagode qui mène au ciel », « pagode du Purgatoire », « pagode de l'Empreinte parfumée » (Hương Tich Chu) aménagée dans une large grotte creusée dans un pain de sucre. De grands escaliers y descendent. Entrée envahie de boutiques d'articles religieux et de souvenirs. Tout au fond, la fumée devient parfois difficile à supporter. Visite surtout intéressante au moment des grands pèlerinages de février-mars-avril où la foule fait montre d'une extrême ferveur. Beaucoup de paysans y vont pour garantir le succès des récoltes et les femmes ne pouvant pas avoir d'enfants viennent frotter la tête d'un bouddha.

AU NORD-EST

▶ *La pagode de Bút Tháp :* à environ 30 km de Hanoi, vers le nord-est. Appelée pagode de la Tour du Pinceau, c'est notre préférée. Bizarrement beaucoup moins fréquentée que les autres, mais qui s'en plaindra ! Ensemble monastique d'une grande homogénéité architecturale et proposant de nombreuses richesses. Se compose de 3 édifices en parallèle entourés d'une enceinte. Dans le 1ᵉʳ, faisant office de narthex, on trouve les traditionnelles statues du Bonheur et du Malheur. Relié au 2ᵉ édifice par un passage couvert et de nombreux autels. A l'intérieur, magnifique statuaire. A droite, notamment, remarquable statue de Quan Âm. Sur l'autel principal, au fond, les trois Bouddhas dont le Sakyamuni au centre. A gauche, un Bouddha très émacié (en période de jeûne), plus d'autres disciples. Atmosphère chargée de spiritualité, particulièrement propice au recueillement. Mais le plus fascinant se révèle être la balustrade entourant l'édifice, ainsi que le pont de pierre le reliant au 3ᵉ bâtiment. Très rare dans

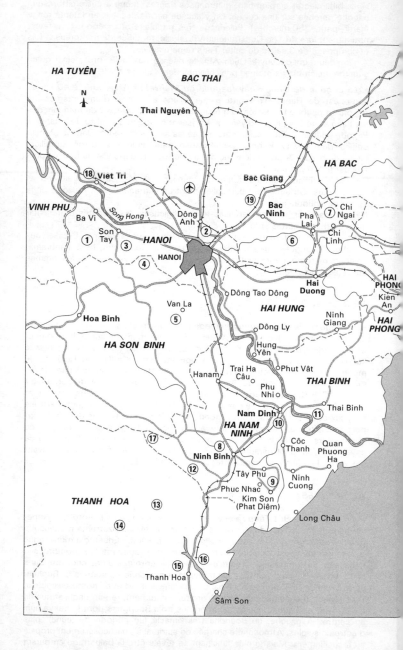

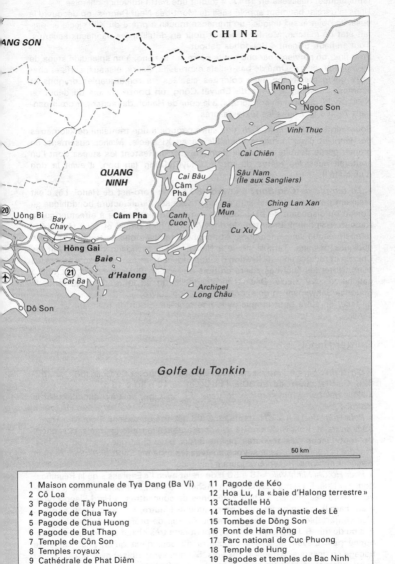

CHINE

ANG SON

Mong Cai

Ngoc Son

Vinh Thuc

Cai Chiên

QUANG
NINH

Cai Bâu

Sâu Nam
(Île aux Sangliers)

Câm
Pha

Ching Lan Xan

Uông Bi

Câm Pha

Ba
Mun

Bay
Chay

Canh
Cuoc

Cu Xu

Hông Gai

Baie

Cat Ba

d'Halong

Archipel
Long Châu

Dô Son

Golfe du Tonkin

50 km

1 Maison communale de Tya Dang (Ba Vi)	11 Pagode de Kéo
2 Cô Loa	12 Hoa Lu, la « baie d'Halong terrestre »
3 Pagode de Tây Phuong	13 Citadelle Hô
4 Pagode de Chua Tay	14 Tombes de la dynastie des Lê
5 Pagode de Chua Huong	15 Tombes de Dông Son
6 Pagode de But Thap	16 Pont de Ham Rông
7 Temple de Côn Son	17 Parc national de Cuc Phuong
8 Temples royaux	18 Temple de Hung
9 Cathédrale de Phat Diêm	19 Pagodes et temples de Bac Ninh
10 Stupa de Pho Minh et pagode de Thiên Truong	20 Pagode de Uông Bi
	21 Parc national de Cat Ba

LE NORD : SITES, PAGODES ET TEMPLES

l'architecture monastique au Tonkin ! Ce petit pont en dos d'âne est illustré de scènes de chasse. Sculptures délicates, biches gracieuses, oiseaux, animaux fantastiques. Réalisées en 1647, il traduit une nette influence chinoise.

Dans le dernier bâtiment appelé salle du Mont des Neuf Degrés, on découvre là aussi un objet assez unique : un immense moulin à prière du XIIIᵉ siècle en parfait état de marche. Monter l'escalier pour en détailler les panneaux sculptés. Tout en haut, trônent 4 Bouddhas debout.

Pour finir, on parvient, par une petite porte sur le flanc, à un splendide stupa de 5 étages en pierre. Orné de bas-reliefs expressifs, fleurs, oiseaux, cerfs et chevaux galopants. Niche avec colonnes ciselées de remarquables dragons et licornes. Ça serait le stupa de Chuyêt Công, un bonze chinois du début du XVIIᵉ siècle, capable en son temps, à la cour de Hanoi, de réciter par cœur pendant 7 jours et 7 nuits les textes sacrés.

Pour finir, signalons *Phật Tích,* une autre pagode à une trentaine de kilomètres de Hanoi et dans le même coin. Élevée au XIᵉ siècle. Malheureusement, en grande partie détruite lors de la dernière guerre. Restent les stupas dont l'un abriterait aussi les restes du moine Chuyêt Công (ah bon, il avait le don d'ubiquité !).

▶ *Le temple de Côn Sơn :* à environ 80 km au nord-est de Hanoi. Là, c'est vraiment pour ceux (celles) écrivant une thèse sur l'architecture bouddhique au Tonkin ou disposant de beaucoup de temps (ou alors visite à effectuer sur la route de Haiphong). Beau temple du XVᵉ siècle bien patiné et qui a traversé le temps presque sans encombre. Atmosphère tamisée que ne troublent pas les quelques pèlerins. Temple dédié à Nguyễn Trãi, mandarin qui combattit les Chinois et rédigea une déclaration d'indépendance, après une victoire contre les Ming. Noter les énormes piliers en bois de jaquier. Beau mandarin, au fond à gauche, du XVᵉ siècle. Déesse au chandelier et au lotus. Tout au fond, le Bouddha Sakyamuni en bois, couleur imitation cuivre.

En face, un autre petit temple avec une représentation du mandarin et de sa famille.

Quitter Hanoi

— *En train :* gare à l'intersection de Trần Hưng Đạo et Lê Duẩn (66). ☎ 252-628. Guichet ouvert de 7 h 30 à 11 h 30 et de 13 h 30 à 15 h.

• *Pour Haiphong :* environ 3 h de trajet. En principe, un train quotidien tôt le matin.

• *Pour Huế :* de 16 h à 20 h de trajet. 2 à 3 départs quotidiens. Pour Nha Trang, 39 h de trajet. Pour Huê, à notre avis, préférable à la route (même si plus cher). De toute façon, les touristes paient 3 fois plus cher que les Vietnamiens. Prendre la meilleure classe si vous en avez les moyens : *soft bed,* dîner et petit déjeuner compris. Réserver 2 jours à l'avance.

• *Pour Hồ Chí Minh-Ville :* 48 à 50 h de trajet avec l'« Express » de la Réunification. Par Huê, Da Nang et Nha Trang. Acheter le billet au moins la veille (l'avant-veille plutôt) au guichet 3. Deux catégories de couchettes : « Hard Sleep » (vraiment hard !). 6 personnes par compartiment. L'autre, les couchettes « soft » : plus confortable et 4 par compartiment. Choisir de préférence la couchette du bas ou du milieu. Dans celle du haut, il peut faire très chaud si le ventilo ne fonctionne pas. L'avantage de la couchette du bas, c'est qu'on peut ranger le bagage en dessous. Attention aux vols. Si vous sympathisez avec quelqu'un du compartiment, demandez-lui de le garder en cas d'absence.

• *Pour Lạng Sơn :* compter 6 h de trajet et pour Lao Cai, environ 10 h.

— *En bus*

• *Terminal de Bến Xe Nam :* Đường Giải, à environ 5 km, vers le sud (hors plan). Pour Hồ Chi Minh-Ville (3 départs par jour), Huê (un à deux bus par jour, au

moins 24 h et route sans grand intérêt), Da Nang (2 bus), Dalat, Nha Trang, Haiphong (un à deux bus), Sầm Sơn (plage de Haiphong), Vinh, Niñh Bình, etc.
• *Terminal de Kim Ma* (67) (Bến Xe Kim Mã) : pour Sơn La, Hoã Bình, Mộc Châu, Thuận Châu, Điện Biên Phủ, etc.
• *Terminal de Long Biên* (68) : sur la rive est du fleuve Rouge. Pour Haiphong et la baie d'Along.

– *En avion*

• *Gialam Airport Vietnam :* ☎ 271-652 et 271-838. Fax : 259-222. Pour se rendre à l'aéroport, bus Vietnam Airlines.
• *Vols Vietnam Airlines* pour Bangkok (un vol quotidien), Guangzhou, Da Nang, Francfort, Hong Kong (un vol quotidien), Huê (quotidien sauf jeudi et dimanche), Melbourne, Nha Trang, Pleiku, Hồ Chí Minh-Ville, Singapour, Moscou, Sydney, Paris, Kuala Lumpur, Taipeh, Vientiane. Depuis juillet 94, vol direct Paris-Hanoi. Adresses Vietnam Airlines au chapitre « Adresses utiles ».
• *Air France :* 1 Bà Triệu. ☎ 253-484. Deux vols hebdomadaires pour Paris.

HAIPHONG (HÀI PHÒNG)

Le plus grand port du Vietnam du Nord et la 3e ville du pays. A environ 110 km de Hanoi. Nombreuses industries (métallurgie, cimenteries, etc.). *A priori,* rien de très séduisant. Pourtant, c'est une ville plaisante, avec un vieux quartier colonial français d'où l'on ne voit ni la fumée, ni les cheminées des usines...

Un peu d'histoire

La ville et ses cours d'eau furent le théâtre de retentissantes batailles contre l'envahisseur chinois. Notamment la victoire, en 938, contre les Han, celle contre les Song en 981 et celle contre les Yuan en 1288. C'est dans la rivière Bạch Đằng, à une dizaine de kilomètres de Haiphong, que Trần Hưng Đạo installa à marée basse les fameux pieux qui coulèrent la flotte mongole. La région de Haiphong fut donnée en 1872 en concession aux Français par l'empereur d'Annam. En 1883, Jules Ferry en fit le premier port d'Indochine. Pendant la Seconde Guerre mondiale, les Japonais l'utilisèrent pour ravitailler leur pays avec les matières premières pillées en Indochine (riz, caoutchouc, etc.). En 1946, un incident douanier servit de prétexte à la marine française pour tirer sur les bateaux Vietminh. La rupture, entre autorités coloniales françaises et révolutionnaires vietnamiens, inévitable après l'échec de la conférence de Fontainebleau, fut alors consommée. Le 23 novembre, pressé d'en découdre, l'amiral Thierry d'Argenlieu ordonna le bombardement de Haiphong. Plusieurs milliers de civils furent tués (6 000 est le chiffre le plus couramment avancé).
En 1965 et 1972, la ville, port de transit pour le matériel de guerre livré par les Soviétiques, fut lourdement bombardée. En 1972, Nixon ordonna le minage et le blocus du port. Aujourd'hui, Haiphong, dont le centre colonial a été préservé, présente un visage tranquille et avenant tout en se préparant, avec l'ouverture économique, à remplir un important rôle dans les années à venir.

Adresses utiles

– *Office du tourisme :* 15 Lê Đại Hành. ☎ 42-989 et 42-957. Bon accueil et un peu de matériel touristique.
– *Poste :* à l'angle de Nguyễn Tri Phương et Hoãng Văn Thụ.

Où dormir ?

Bon marché

⌂ *Nhà Nghi Thương Nghiêp :* Minh Khai. Rue perpendiculaire à Điện Biên Phủ. ☎ 42-443. Petit hôtel situé juste après le grand magasin d'État (qui fait l'angle avec Điện Biên Phủ). Au fond de la cour. Tout nouveau. Propre. Chambres plaisantes autour de 16 $ pour deux.

⌂ *Hoà Bình Hotel :* 104 Lương Khánh Thiện. ☎ 46-907 et 46-909. A 5 blocs au sud de Điện Biên Phủ et à 2 doigts de la gare. Dans une cour, long bâtiment de béton disgracieux. Chambres cependant correctes et surtout les moins chères de la ville. Toutes avec salle de bains, moustiquaire et ventilo. Quelques-unes avec air conditionné. Compter 12 $ pour deux.

✕ Pour se nourrir pas cher, *petits stands* à l'angle de Điện Biên Phủ et Minh Khai, sous les auvents du magasin d'État. Phở et grillades de porc très bon marché.

— *Petits cafés* avec terrasse sur le trottoir sur une portion de Minh Khai. Bonne ambiance le soir. Bougies, atmosphère tamisée, musique internationale (comme on dit !). Rendo des jeunes du coin.

Prix moyens

⌂ *Catbi Hotel :* 30 Trần Phú. ☎ 46-306 et 46-837. Central, moderne, propre. Chambres de 24 à 35 $ pour deux. Avec ventilo et air conditionné pour les plus chères.

⌂ *Bạch Đằng :* 42 Điện Biên Phú. ☎ 42-444. Correcte. Moins de 39 $ pour deux.

✕ *Thái Dương :* 14 Trần Phú. ☎ 45-400. Restaurant qui possède une bonne réputation. Prix raisonnables.

Prix moyens à plus chic

⌂ *Hôtel du Commerce :* 62 Điện Biên Phủ. ☎ 42-706 et 42-790. Fax : (84) 31-42-674. Vieil hôtel de style colonial, possédant toujours, dans ses parties communes, un vieux charme suranné. Chambres, en revanche, plus banales (tout en restant correctes). En moyenne, 48 à 58 $ pour deux. Excellent resto. Pas mal de choix et copieux. Attention, le soir, service finissant tôt (vers 20 h).

A voir

▶ *Le Musée historique :* 66 Điện Biên Phủ. Ouvert de 8 h à 11 h et de 14 h à 16 h. Fermé le lundi. Installé dans un ancien bâtiment colonial tout rose. Présentation hélas pas très claire et fort peu de traductions. Commencer la visite de façon chronologique par la salle de préhistoire, suivi de la colonisation française. Quelques documents intéressants comme cette ordonnance royale vietnamienne donnant à la France, en 1888, le territoire de Hanoi, Haiphong et Tourane (Da Nang). Photos saisissantes (soldat français brandissant une tête). Salle de la lutte de libération : combats contre les Ming et les Mongols, expo sur la vie de Hồ Chí Minh, original du « Procès du colonialisme français » (1946). Section ethnographique avec des objets de bronze, une barque très ancienne, une stèle (biographie d'un écrivain), des « bois armés » de la célèbre bataille de 1288 contre les Mongols, etc. Au 1er étage, expo sur l'histoire de la ville.

▶ *Le quartier commerçant :* grosse animation sur Thủ Cầu Đất, la principale rue commerciale. Elle mène à la vaste place du théâtre municipal. Un ancien canal a été recouvert d'agréables jardins. En face du théâtre, le Đền Nghè, temple datant du début du siècle.

▶ **Le Dình Hàng Kênh** (la maison communale) : au sud de la ville. Balade sympa à vélo. Quand on arrive de Thủ Cầu Đất, prendre à droite Nguyễn Đức Cảnh, puis à gauche vers Hàng Kênh. Situé dans un vieux quartier, ancien village rattaché à Haiphong. Le *dình* date de 1781. Dédiée au fondateur et aux cinq génies du village. Devant, un bassin. Superbe architecture. A l'intérieur, de gros piliers soutenant une charpente aux remarquables sculptures. Tambour très ancien. Cheval et éléphant de cérémonie sur roues qu'on sort lors des fêtes. Beau palanquin de mandarin, en bois sculpté doré.

▶ **La pagode Du Hàng :** là aussi, dans un quartier populaire du sud. Ouvert tous les jours. Au fond d'une impasse. Précédée d'un élégant portique. Édifiée au Xe siècle, modifiée aux XVe, XVIIIe et XXe siècles. Riche ornementation. Statue de Quan Am (la déesse aux mille bras). Nombreuses statues : celles traditionnelles du Bonheur et du Malheur, bouddhas et autres génies. Piliers en « bois de fer » (le jaquier).

▶ **Les plages de Đồ Sơn :** à une vingtaine de kilomètres au sud de Haiphong. Très populaires en été. La plus populaire est la Đồ Sơn Hai. Grande fête le 10e jour du 8e mois lunaire, avec combats de buffles.

Quitter Haiphong

— **En train :** deux gares. Celle du centre ville pour Hanoi (2 trains quotidiens en moyenne, le matin).
— **En bus :** terminal au nord un peu en dehors de la ville, en face du grand « marché de fer ». Bus pour Hồng Gai et Bãi Cháy (la baie d'Along) depuis le quartier de Thủy Nguyên, de l'autre côté de la rivière Cấm.
— **En ferry :** pour la baie d'Along. 3 à 4 h de balade. Pas cher et un avant-goût de la 8e merveille ! Bateau également pour l'île de Cát Bà. Départ très tôt le matin. On y trouve un parc national avec de nombreuses espèces d'oiseaux.

LA BAIE D'ALONG (VỊNH HẠ LONG)

Un des paysages les plus célèbres du monde, grandement popularisé en France par le film « Indochine ». Ceux qui se sont baladés dans la baie de Phang Nga en Thaïlande possèdent déjà en réduction un avant-goût de cette curiosité géologique. Deux mille pains de sucre de toutes formes, toutes tailles émergeant de la mer et s'étendant sur 1 500 km². En quelque sorte, une chaîne de montagnes engloutie dans la mer. Le paysage change sans cesse, l'atmosphère est étrange. Voici ce qu'en disait Pan Ting-Kouei, un voyageur chinois, en 1688 : « Leur apparence déroute notre imagination... parfois, si vous les contemplez, elles vous offrent l'aspect d'animaux sauvages ou de farouches guerriers assis... Parfois, c'est un chaos de cimes, environnés soudain de ces nuages de feu qu'y accumulent les jours d'été... Chaque fois que nous arrivions dans un lieu où les montagnes envahissaient l'espace et où la mer se rétrécissait, je me demandais presque si la route n'allait pas nous être fermée... aussi étais-je près d'oublier, dans ces allées et venues du navire, que nous naviguions en mer ! » Hạ Long signifie « lieu de la descente du Dragon ». D'après la légende, il serait descendu dans la baie pour y domestiquer les courants marins. Avec les violents mouvements de sa queue, il entailla profondément la montagne. Ce faisant, ayant plongé dans la mer, le niveau de l'eau monta brutalement et celle-ci s'engouffra dans les crevasses, ne laissant apparaître que les sommets les plus élevés. Cependant, il est plus que probable qu'il y a quelques dizaines de milliers d'années, Along devait être un immense plateau taraudé par les affluents du fleuve Rouge. D'immenses masses de calcaire durent se désagréger, laissant debout les roches les plus dures, livrées ensuite aux coups de boutoir du vent et de la mer. Ce qui explique les formes déchiquetées, les grottes, cavités et tunnels qui les transpercent.

On trouve 2 villes à Along. D'abord Bãi Cháy, la station balnéaire, ancien lieu de villégiature de la nomenklatura et des techniciens soviétiques. Nombreuses villas s'agglutinant sur les collines au milieu d'une belle végétation. Giáp en possédait une tout en haut de l'une d'elles.

En face de Bãi Cháy, se trouve Hòn Gai, la ville ouvrière, port de pêche et aussi important port minier qu'on atteint par bac. C'est ici qu'on embarque tout le charbon extrait dans les mines à ciel ouvert de la province et à Cẩm Phả (une grande partie de la production nationale). Quand les proprios étaient français, il y eut de grandes révoltes contre les épouvantables conditions de travail qui y régnaient.

Comment y aller ?

– **Train + bateau** : train jusqu'à Haiphong, puis ferry jusqu'à Hòn Gai. L'occasion de passer une nuit à Haiphong, pas déplaisante de tout.
– **En bus** : de Hanoi. Au moins 6 h de trajet. Routes encombrées, nids-de-poules, bacs pour franchir les fleuves, c'est le fun ! (oh, pardon, Jack Aulgoud).
– Par une agence, **en minibus** : un peu plus rapide et confortable. Se renseigner à Hanoi au Queen Café, Darling Café, Green Bamboo, etc. (adresses au chapitre « Où dormir ? »).

Où dormir ?

Le tourisme se développe de façon incroyable. Les Viêt Kiều y investissent énormément. Les mini-hôtels pas chers y poussent comme champignons de rosée. Du coup, de la place dans les hôtels d'État et les « grands » hôtels à prix internationaux paraissent désormais bien chers...

Bon marché

🛏 **Viêt Hoa** : rue Vườn Đào. Dans la rue du Postal Hotel, perpendiculaire au front de mer. ☎ (33) 46-035. Mini-hôtel ouvert récemment. Bon accueil et on y parle l'anglais. 10 $ pour deux.

🛏 **Peace Hotel (Hoà Bình)** : rue Vườn Đào. ☎ 46-009. Même genre que le précédent. Plaisant et accueil sympa. Chambres spacieuses avec salle de bains et moustiquaire. 12 $ pour deux. Réception parlant l'anglais.

🛏 **Hùng Dũng** : de l'autre côté de la rue. ☎ 46-046. 6 chambres simples, mais correctes. Salle de bains sur palier. Affûter son vietnamien.

🛏 **Thu Thủy Mini-hôtel** : rue Vườn Đào. ☎ 46-295. Un des moins chers. Propre. Chambres avec salle de bains.

🛏 **Nhà Nghỉ Xây Dựng** : sur le front de mer. ☎ 46-258. C'est l'hôtel des travailleurs de la construction. Ouvert aux touristes. Sans charme particulier, et mal tenu. Les chambres les moins chères (environ 10 $ pour deux) ont paradoxalement la plus belle vue sur la baie d'Along. Petite terrasse. Mais moins cher que les autres.

Prix moyens

🛏 **Nhà Nghỉ Công Đoàn** : entre le Halong Hotel et le Postal Hotel. Surplombe le front de mer, mais accès par une route sur le côté. ☎ 46-440. « Hôtel des Travailleurs », construit par les Russes et triste comme un jour sans pain. Chambres acceptables à 18 $ pour deux.

🛏 **Postal Hotel** : sur le front de mer (et Vườn Đào). ☎ 46-205. Fax : 46-226. Petit hôtel d'État. Banal, un peu tristounet, mais propre. Chambres à 29 et 39 $.

☙ *Van Hai Hotel :* Bãi Cháy, juste en face du débarcadère pour la baie d'Along. ☎ 46-403. Fax : 46-287. Banal, fonctionnel, mais correct. 76 chambres. 49 $ pour deux. Resto.

☙ *Hôtels Halong II et III :* ah, la poésie des chiffres romains ! Derrière le Halong I. Œuvres des Soviétiques dans les années 60. Béton jusque dans les tartines du petit déjeuner, assez déprimant. Chambres de 30 à 40 $.

Plus chic

☙ *Hôtel Halong I :* sur le font de mer. Ancien hôtel colonial accroché à la colline. Dégage un vieux parfum rétro avec ses vastes chambres donnant sur une large véranda aux tons jaunes. En bas, de l'autre côté de la route, la plus belle plage, il n'y a pas si longtemps, fief des Russes et de la nomenklatura vietnamienne. A propos des Russes, on leur doit aussi l'immense salle à manger au lourd décor et à la poésie stalinienne un peu oppressante (surtout quand on y mange seul). Chambres de 75 à 100 $. Celles donnant sur la baie sont, bien sûr, les plus chères. Il paraît que la 208, occupée par Catherine Deneuve, lors du tournage d'*Indochine,* se paie 120 $. Il est vrai qu'elle fait aujourd'hui l'objet d'un culte insolite et que cartes de visite, mots d'amour et poèmes s'y accumulent...

Où manger ?

✕ *Bình Minh :* sur le front de mer, entre le centre-ville et l'hôtel Halong I. ☎ 46-454. L'un des petits restos face à la baie fermant le plus tard. Résultat : le « hang out » de tous les routards. Atmosphère sympa (ça va de soi) et serveurs adorables. Nourriture peu sophistiquée, mais très correcte.

✕ *Van Song :* front de mer, entre le précédent et Vườn Đào. ☎ 46-084. Bonne réputation. Fruits de mer et poisson au menu, comme les autres, mais plutôt moins chers. Patron sympa parlant le français.

✕ *Ha Long Restaurant :* Ha Long Road. ☎ 46-378. Bon poisson en sauce, spring rolls, fish broth.

Prix moyens à plus chic

✕ *Hồng Minh :* rue Vườn Đào. Derrière le Postal Hotel. ☎ 46-264. A l'étage. Considéré comme l'un des meilleurs de Bãi Cháy. Peut-être, mais il le fait payer cher, le bougre ! Salle à manger à l'étage. Quelques tables sur une étroite terrasse aussi. Grand choix à la carte, mais attention au crabe bouilli ou vapeur et à la crevette grillée (de plus bien seulette dans l'assiette). Hors de prix ! Se cantonner aux plats traditionnels et l'addition saura rester raisonnable. A notre avis, quand d'autres restos s'ouvriront, deviendra inévitablement surfait !

✕ *Hoàng Lan :* rue Vườn Đào. ☎ 46-504. Même genre que le précédent. Crustacés presque aussi chers. Bonne réputation pour le reste. Fait aussi hôtel.

Balade dans la baie

Trois solutions pour la balade en bateau.

– *Bateau officiel :* embarcadère, en face de l'hôtel Bãi Cháy. Prix officiels affichés dans le petit bureau du port. De 7 à 35 $ de l'heure pour le bateau, suivant la taille et la vétusté. On peut y monter de 7 à 8 personnes.

– *Avec un pêcheur :* la meilleure solution, avant que cela ne soit réglementé (ou interdit). En ville ou aux abords de l'embarcadère, vous serez sollicité par des pêcheurs. Autour de 5 $ de l'heure (prix février 94, augmentera sans doute) indépendamment du nombre de passagers.

– *Avec une agence :* voir « Comment aller, baie d'Along ? ». Intéressant forfait voyage, logement, sortie en baie (parfois deux) avec les petites agences de Hanoi (Queen Café, Darling, Green Bamboo et certains hôtels, etc.).

– **Attention :** compter au moins 5 à 6 h de balade pour voir un minimum. En 2-3 h, c'est quand même très limité et assez frustrant.

A voir

▶ On longe d'abord le port minier de **Hòn Gai,** puis le village de pêcheurs au pied de son pain de sucre. Quelques îles avec des statues de Bouddha ou petits autels tout blancs qui protégeaient les marins. Parfois, quelques pêcheurs et leurs sampans à moteur abordent les bateaux des touristes pour vendre des crustacés. Certains habitent de petites grottes aménagées. Des jonques avec de grandes voiles rousses glissent furtivement. Le paysage change sans cesse...

▶ **La grotte du Tunnel :** environnement de petites îles appelées « enfants du dragon ». Excavation au ras de l'eau donnant accès à un beau lac intérieur. Frêles embarcations traditionnelles venant quérir les passagers de gros bateaux (environ 1 $ par personne). Barques toutes rondes faites de lanières végétales tressées sur des montants de bambou et goudronnées. Il faut environ 10 jours pour les fabriquer et elles connaissent une brève existence (1 à 2 ans maximum). Eaux du lac (qu'on appelle aussi « baignoire de fées ») d'un bleu lumineux. Possibilité de faire trempette (ne pas oublier son maillot de bain). Moment vraiment agréable. Tout autour, oiseaux et quelques singes.

▶ **La grotte de la Surprise :** raidillon pour y accéder. Pas trop difficile, mais avoir de bonnes chaussures. Une lampe de poche n'est pas de trop également. Salles en enfilade très larges, auxquelles on accède par d'étroits couloirs. Spectaculaires concrétions et éboulis de roches.
En face, sur l'autre rocher, la grotte du Pélican. Puis balade en zigzag vers le rocher des Deux Coqs (avec un petit phare), la Tête de la Tortue, le fameux rocher-arche (qu'on voit sur toutes les cartes postales !), puis le rocher du Chien et tant d'autres.

▶ **La grotte des Bouts de Bois :** là aussi transbordement sur de petites barques tirées et poussées dans la boue pour parvenir à la grotte (mais bientôt une digue en pierre où les bateaux pourront accéder). Une centaine de marches mène à une immense grotte. On peut voir au fond (avec une certaine imagination) un bouddha, un phénix qui danse et, tout en bas, un lion couché. Le nom de la grotte remonte au XIIIᵉ siècle. C'est ici qu'auraient été stockés les pieux (avec pointes en fer) qui, plantés dans la rivière Bạch Đằng, ont coulé la flotte chinoise en 1288.

▶ Si vous prenez un tour encore plus long ou revenez pour une nouvelle balade, possibilité de rendre visite à d'autres grottes, notamment au tunnel de **Hang Han** ou du **Cẩm Phả,** long de plus d'un kilomètre. Genre de rivière souterraine qu'on suit en barque. Bien préciser au capitaine du bateau que vous voulez effectuer cette excursion (pour des problèmes de marées).

Quitter Along

– **Terminal des bus** (Bến Xe) : près de l'embarcadère et à 2 km de Vườn Đào (la rue des mini-hôtels). Bus toutes les heures pour Hanoi. Bus pour Da Nang et Hồ Chi Minh-Ville également.

HOA LƯ

Dans la province de Ninh Bình, au sud de Hanoi. A environ 2 h de route. Balade à la « baie d'Along terrestre », merveilleux paysage situé à côté de Hoa Lư. Un site totalement exceptionnel (mieux que la baie d'Halong pour beaucoup). On y tourna aussi de belles scènes du film *Indochine*. En outre, la région propose bien d'autres sites, temples et pagodes. Notamment Kéo, Thiên Trương et la cathédrale de Phát Diêm. Prévoir 2 jours bien remplis.

Un peu d'histoire

Hoa Lư fut la capitale du Vietnam indépendant sous les dynasties Dinh (de 968 à 980) et Lê antérieur (de 980 à 1 009), puis de Ly (jusqu'au milieu du XIe siècle). Une citadelle s'élevait dans ce cadre magnifique, mais il n'en reste plus rien. Hoa Lư fut remplacée par Hanoi. Seuls subsistent 2 temples reconstruits au XVIIe siècle. Aujourd'hui, la ville de Hoa Lư, elle-même, ne présente pas d'intérêt. Située sur la route n° 1, elle fut rasée lors de la guerre américaine et reconstruite.

Comment y aller ?

– Avec les *tours organisés* par les hôtels de Hanoi ou les petites agences type Queen ou Darling Café.
– *En louant une voiture* avec un chauffeur.
– *En bus* jusqu'à Hoa Lư, puis en *taxi* jusqu'au petit village où se trouve l'embarcadère pour la baie d'Along terrestre.

Où dormir ?

🛏 *Hoa Lu Hotel :* Trần Hưng Đạo Road. ☎ 71-217. A 4 km de Hoa Lư. Le seul hôtel de la région. Chambres à tous les prix (de 23 à 49 $ pour 2). Situées de plain-pied. Les plus chères offrent un bel ameublement de style vietnamien. Bon restaurant. Téléphone international.

A voir

▶ *La baie d'Along terrestre* (grottes de Tam Cốc) : le bus s'arrête à 4 km du site. En principe, de petites motos assurent le transfert jusqu'à l'embarcadère à Văn Lâm. Tout petit village dont les habitants organisent (en coopérative) la balade sur la rivière. Prix fixes. Compter 3 h aller et retour. Paysage d'une grande sérénité. Immenses pains de sucre tombant de façon abrupte dans la rivière. Roches déchiquetées, taraudées, creusées à la base et épousant des formes bizarres. Sommets couverts d'une dense végétation. On croise des barques à fond plat, qui glissent silencieusement, chargées de foin. Les rameurs (essentiellement des rameuses !) rament de façon traditionnelle, avec leurs pieds. Parfois, rivière et rizières inondées se confondent et donnent l'impression de naviguer sur une véritable mer. De gros troupeaux de canards batifolent. Maisons traditionnelles de pêcheurs collées aux falaises. Tous les passagers en barque ne sont d'ailleurs pas des touristes. C'est le moyen de transport unique des gens qui habitent le coin.
Juste avant d'arriver à la 1re grotte, à droite du « lac » (vers les bananiers), une grande cavité abritait un hôpital vietcong pendant la guerre contre les Américains. On dit aussi que d'autres servirent de prison à des aviateurs capturés. Elles servirent bien sûr de caches vietminh pendant la guerre contre les Français.
La rivière se faufile sous 3 grottes très basses. La 1re fait 127 m de long. On retrouve une certaine notion de temps bienheureuse. Parfois, on croise des slogans vietminh gravés dans la pierre.
Enfin, toujours dans le coin, pour ceux qui ont le temps, visite de la grotte de jade (Bích Động) avec quelques petites pagodes. Accès par un escalier creusé à

l'occasion de la visite du roi Minh Mạng (en 1821). Ne pas oublier sa lampe de poche.

▶ *Le temple Đinh Tiên Hoàng :* à environ 5 km de Hoa Lư. Superbe temple bâti sur les fondations de l'ancien palais royal. Environnement particulièrement harmonieux. A ne louper sous aucun prétexte. Précédé par un beau portique avec murs à décor de céramique verte vernissée. Statues dans les niches. Devant le temple, piédestal du trône royal en pierre. Toits de tuiles traditionnels avec dragon sur le faîte. Sur la façade, gros piliers de jaquier avec traces de polychromie. Intéressants hauts-reliefs sculptés.

A l'intérieur, piliers peints de dragons noirs. Très gros tambour, lances et hallebardes de procession. Au fond du sanctuaire, statue du roi du XIe siècle. A sa droite, son fils aîné, à sa gauche ses deux autres fils. Il connut un sort tragique, empoisonné, ainsi que deux de ses fils par un moine fou. Sa veuve épousa ensuite son général en chef. Bien que 5e concubine, elle manœuvra habilement pour que l'un de ses nouveaux enfants soit désigné comme héritier du trône. Pas de chance, les quatre premières concubines s'unirent pour tous les liquider !

▶ *Le temple Lê Đại Hành :* peu avant le Đinh Tiên Hoàng, s'élève un temple construit sur le même modèle, mais plus petit. A l'entrée, petit pavillon dédié à Confucius et un autre pour les offrandes. A l'intérieur, statue du roi également. A sa droite, la reine et, à sa gauche, son fils aîné.

A voir aux environs

▶ *La cathédrale de Phát Diệm :* située à une trentaine de kilomètres au sud de Ninh Bình. Pour ceux disposant d'un peu de temps, voilà une excursion insolite. Le parcours se révélera aussi intéressant que le monument. Route étroite en surplomb des rizières, puis elle borde une rivière aux sampans lourdement chargés de pierres et matériaux de construction. De nombreuses églises de campagne balisent l'itinéraire. S'il n'y avait pas les rizières, on se croirait dans un bout de campagne française du XIXe siècle. Nous sommes en plein fief papiste. Malgré l'exode de 1954 vers le sud, au moins 30 % de la population du coin sont catholiques (120 000 fidèles, 22 prêtres, 5 séminaires, voilà pour les chiffres !). Curieux : nombreux cimetières de rizières avec des tombeaux sur des îlots.

La cathédrale fut construite en 1891 dans un fascinant style sino-vietnamien, à mi-chemin de la pagode et du palais. Siège du premier évêché du Vietnam. A l'intérieur, on est frappé par les vastes proportions de la nef. 80 m de long, 24 m de large et 16 m de hauteur. Plafond en forme de carène de navire renversée. Décoration alliant le style vietnamien et européen. Retable rococo en bois ciselé, doré, mais arches et arcs-boutants sculptés comme dans les temples. Impressionnantes colonnes en « bois de fer » d'un seul tenant (appelé « lim »). Tour de force qui a consisté à les apporter de Thanh Hoá, Nghệ An et Sơn Tây, provinces du Nord (à plus de 200 km de là). Au-dessus du retable, 6 martyrs vietnamiens canonisés par Jean-Paul II (en 1988). Beaucoup de monde et grande ferveur aux messes du dimanche (à 5 h, 10 h et 16 h).

▶ *La tour de Phổ Minh :* aux alentours de Nam Định s'élève un fort beau stupa de près de 20 m de haut. Construit en 1305 comme tombeau du roi Trần Nhân Tông. Malgré diverses destructions, il réussit à traverser les siècles jusqu'à nous. Le stupa s'élève sur 13 niveaux. On y relève de délicats graphismes qui s'estompent tout doucement (fleurs de lotus, volutes, faces de démons, motifs végétaux). Côté droit, minuscules idéogrammes chinois (peut-être la signature de l'architecte ou du sculpteur).

Stupa précédé de 2 pavillons avec stèles reposant sur de grosses tortues. A l'entrée, deux grands bassins circulaires plantés de lotus. L'ensemble possède pas mal d'unité et de charme.

▶ *La pagode de Thiên Trương :* on y découvre des cartes des plus importantes batailles contre les Mongols, ainsi que 3 des célèbres pieux qui servirent à couler leur flotte. A côté, temple dédié à Trần Hưng Đạo, le grand vainqueur des Mongols.

▶ *La pagode de Kéo :* en pleine campagne, pas facile à trouver (vous nous avez compris, guide obligatoire). L'une des moins connues et pourtant bien séduisante. Située à une dizaine de kilomètres au sud-ouest de Thái Bình. On y trouve le plan traditionnel des pagodes du XVIIe siècle. Élégante architecture. Noter la finesse des sculptures des étais soutenant les toits. Dans le 1er édifice, le narthex est dominé par les deux immenses statues polychromes des génies du Bien et du Mal (ou du Bonheur et du Malheur), entourés de leurs gardes et de prêtres sur le côté. On accède ensuite à la salle des Bouddhas. Atmosphère sombre et mystérieuse, chargée de spiritualité. Noter le bouddha décharné à droite. Au milieu, Quan Âm, la déesse aux mille bras. Devant, un autel avec le metreya et le Bouddha au nirvana (couché, pose alanguie).
Dernière salle : la « chambre à coucher » de la déesse Sakyamuni. Devant, un autel encadré des deux classiques grues (ou aigrettes), debout sur une tortue (grue = supériorité et tortue = longévité). Chariot à la charpente ciselée montée sur roues en pierre. Aux 2 coins, des coiffes très anciennes de mandarins. A droite, bâtons de cérémonie. Piliers en jaquier. Sur les côtés, chapiteaux très ouvragés.
Enfin, l'un des *must* de cette pagode, dominant le mur d'enceinte, tout au fond, un admirable clocher à 3 toits superposés, avec balcons ouvragés. Probablement le plus beau du Nord-Vietnam...

HOÀ BÌNH

Ville moderne, située sur la route de Điện Biên Phủ (à 75 km à l'ouest de Hanoi). Pas de charme en soi et on y découvre le plus grand barrage du Vietnam. Haut de 125 m, large de 600 m et d'une épaisseur de 830 m à la base. Fournit toute l'électricité du Nord. Sa construction nécessita la création d'un lac de retenue de 220 km de long, utilisant le lit de la rivière Sông Đà. A part nos lecteurs, étudiants à Supélec ou amoureux du béton, l'ouvrage provoquera peu de « aarrh, lovely ! »... Les autres s'intéresseront plutôt aux minorités ethniques de la région, surtout les Muong et les Dao.

– *Office du tourisme :* à l'hôtel Hoà Bình.

Les Muong et les Dao

– *Les Muong* sont environ un million au Vietnam et majoritaires dans la région de Hoà Bình. C'est l'une des minorités les plus nombreuses. Ayant toujours demeurés dans les montagnes, ils conservèrent une grande partie de leurs traditions. Au contact des Thaïs ils acquièrent un certain nombre de leurs coutumes. Habitat sur pilotis dont l'architecture est très proche des Thaï notamment. Si les vêtements des hommes ne se démarquent pas de ceux des Vietnamiens des plaines, ceux des femmes se distinguent par une certaine richesse des parures : turban et veste blancs, jupe noire, large ceinture brodée remontant à mi-poitrine. Si quelques Muong pratiquent encore la culture du riz sur brûlis, en revanche une majorité irrigue leurs champs avec des canaux et petits barrages. Hameaux constitués de 6 à 10 maisons. Plusieurs hameaux constituent le village. En plus du riz, les Muong font pousser arbres fruitiers, céréales, cannelle, bambou, chanvre, etc, et élèvent un peu de bétail en semi-liberté.
Au niveau artisanal, la ceinture brodée muong possède un grand renom. Société très patriarcale, plusieurs villages forment un murong à la tête duquel

on trouve un lang Cun (en général, membre d'une famille noble, les Đinh, les Quách, les Bach, Hà, Hoàng, etc.). Des tambours et vasques de bronze marquent leur pouvoir. Ils ont le droit de percevoir un tribut et de répartir les terres communales. Jamais un roturier ne pourrait épouser une femme noble ; en revanche, un noble prendra souvent femme dans le peuple. Les femmes n'ont aucun droit. En cas d'absence d'héritier mâle, les sœurs n'héritent pas et le patrimoine revient au seigneur dans le rang supérieur de la hiérarchie muong. Sur le plan religieux, les Muong entretiennent le culte des génies. D'abord, le génie de la terre, puis celui du murong (en général, un ancêtre à l'origine de la fondation du hameau ou du murong). Culte des Ancêtres pratiqué en famille. Enfin, les Muong furent toujours associés aux Viet dans les grands combats pour défendre la patrie ou les luttes pour l'indépendance.

– **Les Dao** appartiennent au groupe Hmông. On en compte environ 350 000. Beaucoup de villages autour du lac sont Dao. Ils durent abandonner leurs terres noyées par les eaux du barrage et vivent aujourd'hui dans des conditions difficiles, sur des terres moins fertiles. Ils pratiquent la culture sur brûlis et nomadisent de temps à autre. On en trouve également en Chine et au Laos. L'habitat est le plus souvent à même le sol. Vie en petits hameaux ou en gros villages sédentarisés (c'est le cas autour de Hoà Bình). Dans les gros villages autour du lac, on pratique l'autosubsistance, car il n'y a aucune route y menant. Seul le bateau assure la liaison avec la civilisation. L'électricité est fournie avec de minuscules générateurs fonctionnant avec l'eau des ruisseaux. De même, l'eau, par un système simple et ingénieux tout à la fois, fait-elle marcher le pilon pour décortiquer le riz. Greniers typiques montés sur pilotis avec pierres plates anti-rongeurs. Beaucoup ne parlent que le đao. Les femmes tissent de beaux turbans indigo frangés de rouge avec de petites perles bleues, brodés de petits motifs géométriques et enrichis de rondelles de métal.

Où dormir ?

🛌 **Hôtel Hoà Bình :** à 2 km environ, sur la route de Sơn La. ☎ 52-051. L'un des plus agréables du Nord-Vietnam, car construit sur pilotis et dans le style des demeures thaïes de l'ouest du pays. Chambres confortables et spacieuses. Prix raisonnables. Environ de 180 à 250 F pour deux. Chambres moins chères au Hoà Bình II sur la colline en face. Là aussi, bâtiments dans le style de la région. Propre et confortable également. Bon resto. Plats copieux, mais y manger plutôt le soir (le midi, c'est surtout du réchauffé genre « vite fait, mal fait ! »).

A voir

▸ **Le barrage :** voir préambule. Pour nos lecteurs souhaitant être au courant (ouaarh, elle est vraiment usée celle-là !).

▸ **Balade en bateau :** sur le lac du barrage. S'inscrire à l'hôtel Hoà Bình. Gentil et paisible sans plus. 2 à 3 h de balade. On notera que les villages au bord ne possèdent pas encore… l'électricité ! Visite d'un village Dao en cours de route.

▸ **Musée provincial :** en cours de construction début 94. Devrait ouvrir à la fin de l'année ou début 95. Situé à l'intersection de la route pour le barrage et l'hôtel Hoà Bình.

▸ **Giang Mô Binh Khanh :** à une quinzaine de kilomètres, village muong typique.

– DE HOÀ BÌNH À ĐIỆN BIÊN PHỦ –

Un merveilleux itinéraire de montagne que manqueront tous ceux qui iront désormais à Điện Biên Phủ par avion. En fait, l'idéal étant, bien entendu, d'effectuer la moitié du trajet par la route et l'autre par avion. Cela dit, les petits budgets et nos lecteurs les plus baroudeurs continueront à privilégier la voie terrestre. Ils ne le regretteront pas. Larges vallées cultivées en harmonieuses et ingénieuses terrasses, beaux villages thaïs noirs et blancs, cols abrupts livrant de superbes panoramas, ne cessent de se succéder. Cependant les lombalgiques souffriront. Moyenne entre 20 et 30 km/h. Route particulièrement *hard*. Pas vraiment défoncée, mais tellement bosselée (même lorsqu'il y a du goudron) et que c'est le tape-cul assuré sur une majorité du trajet.

Comment y aller ?

– *En 4 x 4* avec chauffeur : 2 jours minimum pour rallier Điện Biên Phủ. En général avec halte pour la nuit à Sơn La (à 308 km de Hanoi).
– *En bus :* compter 3 jours (nuit à Hoà Bình, nuit à Sơn La). En moyenne : 12 h pour effectuer Hoà Bình-Sơn La. Assez crevant et excellente école de contact avec les autochtones.
– *À moto :* tout à fait possible. On a rencontré des gens qui se lançaient dans l'aventure. Mais détail important, surtout des coopérants travaillant à Hanoi, fort peu de touristes jusqu'à présent. Être vraiment sûr de sa bécane et savoir bricoler un peu.
– *En avion :* ligne ouverte depuis avril 94. En principe, 2 vols hebdomadaires.

Thaïs noirs et blancs et Hmong

– *Les Thaïs* représenteront l'ethnie majoritaire de ce voyage. On en compte, comme les Muong, près d'un million. Dispersés dans tout le Nord-Ouest. Implantation très ancienne (IIe millénaire avant J.-C.). Villages se mélangeant sans problème avec ceux des autres ethnies. Les Thaïs noirs sont les plus nombreux. On les trouve aussi au Laos, en Chine méridionale et, bien entendu, en Thaïlande. Ils vivent dans de grandes et solides demeures sur pilotis. Chez les Thaïs blancs, elles s'ornent souvent de larges balcons ou d'une véranda. Toits couverts de palme ou de tuiles « à la bordelaise ». Si les hommes ont depuis longtemps adopté la tenue européenne, les femmes, quant à elles, demeurent fidèles au costume traditionnel. Longue jupe noire, courte veste, presque un justaucorps, très serrée sur la poitrine et se fermant par une série de tout petits boutons. Couleurs généralement chatoyantes : vert jade, orange, bleu azur, rose. Les adolescentes font montre d'une coquetterie exquise. Chignon élaboré que recouvre un turban noir brodé et festonné. Les Thaïs pratiquent la culture du riz depuis des temps immémoriaux. Particulièrement ingénieux dans l'élaboration des rizières en terrasses, la mise en place des canaux d'irrigation, obtenant d'excellents rendements en deux récoltes annuelles. Cueillette et pêche se révèlent également des activités non négligeables. Fort beaux tissages. La tradition veut que la mariée apporte draps et couvertures, non seulement pour son époux, mais aussi pour toute la famille. Peu de marchés en pays thaï. Longtemps, on ne pratiqua que le troc entre ethnies. Le village, appelé Ban, comprend parfois jusqu'à 100 maisons. Les Thaïs possèdent une écriture basée sur le sanskrit et un très riche patrimoine culturel. A signaler que l'ancien système féodal qui régissait la société thaïe est en voie de disparition.
– *Les Hmong :* connus aussi sous le nom de Méo. On en dénombre plus de 400 000. Vivent dans la région de Sơn La, Lai Châu, Cao Bằng, Lang Sơn et dans la région frontalière avec la Chine. On en trouve également en Birmanie, en

Chine, au Laos et en Thaïlande. Parlent le hmong-dao. Émigrèrent de Chine à la fin du XVIII⁵ siècle et habitèrent les zones les plus élevées. Leur habitat est assez rudimentaire, sauf dans les régions où ils vivent en contact avec les Thaïs. Là, ils adoptent le style et la disposition de leurs demeures. Les femmes portent en général au quotidien le costume traditionnel : jupe ample indigo et corsage ouvert sur le devant dont les bords sont ornés d'une bande de tissu de couleur. Manches décorées également de bandes de tissu colorés. Un tablier couvre souvent la jupe et une ceinture fait plusieurs fois le tour de la taille. Les Hmong se sédentarisent de plus en plus et se nourrissent principalement de maïs, le riz ne venant qu'en 2ᵉ position. Ils cultivent aussi le pavot et possèdent une grande réputation pour les cultures fruitières (pêches, pommes). L'élevage représente une activité importante (porcs et volailles surtout). La société hmong fut longtemps de type féodal, ce qui arrangeait les autorités coloniales françaises et permettait de mieux les contrôler. Les habitants d'un village (grao) sont organisés en lignées d'importances diverses. Certains villages n'en ont qu'une. Régime patriarcal où les femmes possèdent très peu de droits. Polygamie fréquemment pratiquée. Il n'y a pas si longtemps, le mariage par rapt se pratiquait couramment et la famille de la jeune fille ne pouvait s'y opposer. Quelques coutumes typiques de Hmong : les femmes accouchent accroupies et le placenta est enterré sous le lit si c'est une fille, sous l'autel des ancêtres si c'est un garçon. Les Hmong pratiquent le culte des esprits, mélangé aux influences du confucianisme, du bouddhisme et du taoïsme. Les missionnaires catholiques n'ont jamais réussi à les évangéliser.

▶ *Mai Châu :* en marge de la route, à une quarantaine de kilomètres de Suoi Rut. Belle vallée et route pittoresque parsemée de villages de thaïs blancs. Certains d'entre eux pratiquent une petite pisciculture, d'autres cherchent de l'or dans les rivières. En particulier, voir Ban Lac et Ban Van.

• De Mộc Châu à Sơn La, superbe route à travers une luxuriante végétation. Parfois les vallées s'élargissent en d'harmonieuses rizières en terrasses, véritables damiers aquatiques et leurs jeunes plants, comme des pions fluos... Nombreux villages. Beaux vêtements traditionnels portés quasiment par toutes les femmes et jeunes filles, même lors des travaux des champs. On dirait des princesses aux pieds nus, leurs lourdes palanches sur l'épaule. La route en lacet suit parfois des vallées assez étroites. Rivière franchie par de pittoresques ponts suspendus reliant les villages thaïs ou hmong aux champs.

SƠN LA

Importante agglomération à 165 km de Điện Biên Phủ. Ancien bagne colonial français. En général, la colonne vertébrale criant grâce et exigeant un repos légitime, vous y passerez probablement la nuit. Ville peu touristique. Pas grand-chose à faire. Faites comme nous, lisez les mémoires de Giáp... Bref, une atmosphère !
— Bus pour Điện Biên Phủ et Hoà Bình.

Où dormir ? Où manger ?

🛏 *Guesthouse de la mairie :* 100 m en contrebas de la rue principale. Chambres d'une grande simplicité, mais bien tenues et pas chères. Quelques-unes avec salle de bains.

✖ *Phúc Cơm Phở* : dans la rue principale, à quelques encablures de la guesthouse. Resto dans une demeure en bois. Accueil très sympa ; c'est propre et service efficace. Normal, on travaille en famille. Bonne nourriture locale : porc et foie grillés aux herbes, phở aux pommes de terre et au *Cải Cúc* (genre d'épinards). Bière bien fraîche et chaises relax. Que demander de plus ?

A voir

▶ *Le pénitentier :* sur la colline dominant la ville. Ouvert tous les jours de 7 h à 11 h 30 et de 13 h 30 à 16 h 30. Récemment restauré. Le bagne colonial dans toute son horreur. De nombreux révolutionnaires vietnamiens y furent prisonniers (notamment Lê Duẩn). Bombardées lors de la guerre américaine, un certain nombre de cellules ont été détruites et n'ont pas été relevées. En revanche, on peut visiter les sinistres cachots en sous-sol. Intéressant petit musée avec diverses photos, témoignages, souvenirs. Comme ce document officiel autorisant la construction de la prison, des notes relatives au transport fluvial des prisonniers, etc.

– DE SƠN LA À ĐIỆN BIÊN PHỦ –

La partie la plus sauvage de l'itinéraire. Quelques portions cailbuteuses, d'autres assez défoncées. Et route de plus en plus étroite. Cols livrant de grandioses panoramas avant de redescendre tranquillement vers Điện Biên Phủ. Marché animé et coloré le matin à Thuận Châu. Derniers 80 km de Tuần Giao particulièrement pittoresques et, pour votre plus grand bonheur, la moyenne horaire la plus basse de l'itinéraire !

ĐIỆN BIÊN PHỦ

La voilà, la mythique cuvette rentrée si violemment et pathétiquement dans l'Histoire. C'est le cœur serré qu'on l'aborde, pour sa charge émotive et historique, par la somme de souffrances pour les deux camps que cela a impliqué ! Pourtant la ville en elle-même n'a pas de charme particulier. Construite après la bataille, c'est en fait une longue « Main Street » (comme dans l'Ouest américain). Succession de baraques en bois et d'immeubles en béton sans grâce... Reste le site de la bataille. Sa capacité d'évocation sera, bien entendu, au niveau des motivations de chaque lecteur. Ces quelques précisions nous semblent indispensables pour ceux, celles qui ne viendront et repartiront qu'en avion. Car, à notre avis, une certaine déception pourrait bien naître chez certains s'ils fantasment trop sur le site. Car Điện Biên Phủ, c'est aussi aujourd'hui, en quelque sorte, « la ruée vers l'Ouest » vietnamienne. C'est l'une des plus fertiles vallées du Vietnam, énorme grenier à riz, sans oublier le café, le maïs, le thé, le coton. Décrété « nouvelle zone économique », ce nouvel eldorado attire des milliers de laissés-pour-compte des autres régions pauvres. La ville a tellement gagné d'importance qu'elle vient de ravir le titre de capitale provinciale à Lai Châu. Démographie galopante. Banques, sièges sociaux et hôtels poussent comme champignons de rosée. Certains susurrent que le trafic d'opium apporte également sa part à cette nouvelle prospérité... Le Laos à moins de 30 km, la Chine à 200 km, Điện Biên Phủ devient l'un des passages obligés du commerce vietnamien !

Un peu d'histoire

Bref résumé de la situation avant la bataille de Điện Biên Phủ. Pendant la campagne Vietminh de 1951-52, de vastes zones montagneuses du Bắc Bộ (ex-Tonkin) ont été libérées (Cao Bằng, Lạng Sơn, Lào Cai, la province de Hoà Bình) ainsi qu'une grande partie du Việt Bắc (Annam). L'armée française ne tient plus que la province de Hải Ninh, le coin de Lai Châu et le camp retranché de Na San !

En été 53, une grande partie du Laos a également été libéré. Le Vietminh a toujours gardé l'offensive. Au contraire, les troupes françaises et leurs alliés « fantoches » sont sur la défensive, leur état-major changeant souvent de commandement dans le même temps : de Lattre, Salan, Navarre... Elles comptent environ 450 000 hommes (120 000 Français légionnaires et troupes africaines, le reste, troupes composées de minorités ethniques, Thaïs, Méo, etc.). Bien que l'aide militaire américaine passa de 12 % en 1951 à 71 % en 1953, la tendance est plutôt au pessimisme, à la lassitude sur fond de dissensions au sein du camp français. L'opinion publique française évolue aussi, traumatisée par les défaites précédentes de la guerre des frontières. En prime, les Américains cherchent en même temps à liquider l'influence française.

● Le général Navarre en chevalier Ajax !

Navarre est nommé chef en 1953. Il élabore un plan qui veut redonner le moral au corps expéditionnaire. Il souhaite également développer les armées nationales (fantoches dans le langage Vietminh) des États associés au sein de l'Union française. La tache numéro un , à ses yeux, est de prévenir les risques d'une offensive au Laos et dans le nord-ouest où la présence militaire française reste faible. En novembre 53, Navarre pense que le Vietminh va lancer une attaque sur le haut Laos. En prévision, il parachute sur la cuvette de Điện Biên Phủ 6 bataillons, puis décide de renforcer le site par un système de défense moderne, un « hérisson fortifié ». Dans son esprit, il faut fixer le gros des troupes Vietminh et réduire les attaques sur le delta. Ainsi, celles-ci, fatiguées, usées, permettraient à Navarre une offensive stratégique vers le sud... Tout cela sur le papier, bien entendu !

● L'édification du camp

Début 54, les positions se précisent. Navarre renforce chaque jour le camp retranché. Giáp commence à amener troupes et matériel. Il est d'ailleurs curieux que peu de gens à l'époque ne relèvent l'incongruité de la situation. Une cuvette de 18 km de long sur 6 à 8 de large, entourée de collines et montagnes dont certaines à plus de 1 000 m. Un camp donc, à une simple portée de canons que le Vietminh pourrait y installer. Justement, l'élite politique et militaire française aveuglée par sa suffisance est convaincue que le Vietminh est incapable de transporter à 500 km de ses bases, un si lourd matériel. Tout le monde se révèle satisfait et jouit d'avance de la bonne leçon que les Viet vont recevoir. Pleven, ministre de la Défense et le chef d'état-major, le général Ely, en visite à Điện Biên Phủ, décrètent que le site est idéal pour contenir la menace communiste. Même opinion du général américain O'Daniel, commandant en chef des forces du Pacifique. Pourtant, lucide, le correspondant du monde, visitant le camp le 14 février 1954, écrit ces lignes de bon sens : « L'image juste serait plutôt celle d'un stade, mais d'un stade immense. Le fond du stade est à nous : les gradins des montagnes tout autour sont au Vietminh.

Le visiteur qui tombe là-dedans du haut du ciel est assailli au premier moment par un désordre d'impressions qui lui coupent le souffle. L'impression d'abord d'être encerclé, encagé, cerné ; celle encore d'être vu de partout, que chacun de ses mouvements doit être aperçu par l'ennemi, qui plonge ses regards d'en haut, tandis que lui-même, derrière le rideau des forêts, ne nous est visible nulle part.

Le visiteur est surpris par surcroît de constater que, au rebours de toute forteresse connue, celle-ci n'a pas choisi de laisser la plaine à l'ennemi pour se placer sur les hauteurs, mais bien le contraire. A nous le creux, le plat ; à l'ennemi tout ce qui domine... »

Après une description du corps expéditionnaire, la conclusion cependant semble moins de bon sens. On ne sait plus s'il interprète la pensée du colonel de Castries ou si c'est sa propre conclusion !

« La surprenante armée ! A Paris ou en France, quand on parle de l'Indochine et de notre armée qui la défend on pense à une armée de Français, une armée d'hommes blancs combattant un adversaire jaune. C'était le cas en 1947 quand je vis cette guerre à ses débuts.

... On est maintenant devant le plus extraordinaire mélange de couleurs et de races : Marocains, Annamites, Algériens, Sénégalais, légionnaires, Méo, Tonkinois, Thaïs, Muong. Si bien que dans cette foule bigarrée, le Français de France finit par faire figure de rareté tant le " jaunissement " du corps expéditionnaire, sa " coloration " par les troupes coloniales, son gonflement par le développement de l'armée vietnamienne, ont noyé les Européens dans les troupes de couleur.

Il ne manque plus qu'une chose dans ce champ de bataille, une chose et une seule : la bataille elle-même. La bataille n'est pas venue au rendez-vous. Il y a deux mois qu'on s'y prépare, qu'on l'attend, qu'on l'espère – mais en vain.

" Faire descendre le Viet dans la cuvette ! " Voilà le rêve du colonel de Castries, commandant en chef à Điện Biên Phủ, et de tout l'état-major. S'il descend, il est à nous. Le choc peut être dur, mais nous l'arrêtons. Et enfin, nous aurons ce qui nous a toujours manqué : un objectif ; un objectif concentré que nous pourrons " matraquer ". Alors, nous pourrons nous vanter de la réussite de notre manœuvre. » Rhétorique subtile ou pensée du journaliste ? Bizarre...

● Au fait, le Vietminh, pourquoi a-t-il tant attendu ?

Giáp, quant à lui, révèle dans ses mémoires qu'il avait pensé à fondre sur le camp, dès décembre 53 (d'ailleurs, ses conseillers militaires chinois l'y poussaient). Mais nourri par l'expérience du siège de la base retranchée de Na San qu'il n'avait pas réussi à prendre (elle provoqua de lourdes pertes dans son armée), il renonça à une attaque prématurée. Il raisonna donc à long terme et appliqua sa nouvelle stratégie : « N'engager le combat que quand on est sûr de vaincre, n'attaquer que pour anéantir l'ennemi. »

Toujours dans ses mémoires, Giáp reconnut que l'opinion de Navarre sur l'excellence de sa position n'était pas dénuée de fondement, mais qu'il eut quand même le tort de n'en avoir reconnu que les points forts et pas... les points faibles. Tirant les leçons de la bataille de Na San (où les avions français avaient pu continuer à atterrir), Giáp et son état-major en conclurent que Điện Biên Phủ, trop éloigné de l'arrière et dépendant totalement du ravitaillement aérien, il fallait que tout soit mis en œuvre pour empêcher son approvisionnement. Navarre, décidant d'engager l'épreuve de force décisive à Điện Biên Phủ, il fallait donc relever le défi et choisir d'y obtenir une décision stratégique, une victoire psychologique tout autant que militaire. C'est-à-dire l'anéantissement total du camp ! Et pour cela, s'en donner les moyens. Réouverture de la route Tuân Giao (celle-là même que prendront les lecteurs) et percement de routes alternatives. Le génie viet fit des miracles, taillant des voies à flancs de montagne et réussissant à les camoufler jusqu'à la fin de l'offensive. Des centaines de camions, mais surtout des dizaines de milliers d'hommes et de femmes (les *dân công*) transportent artillerie en pièces détachées, vivres et munitions, sur leurs vélos (200 kilos en moyenne par personne), le long de véritables tunnels de verdure. L'artillerie et le poste de commandement furent implantés au plus près du camp français, à 3 km, dans de profondes casemates bien dissimulées. Des ouvrages de diversion furent construits. Enfin, des centaines de kilomètres de boyaux furent creusés comme une toile d'araignée autour de Điện Biên Phủ...

La plus grosse erreur des Français fut, non seulement d'avoir sous-estimé les capacités physiques et le courage du Vietminh, mais comme dit Giáp : « L'erreur fondamentale a été de voir les choses dans l'optique de stratèges bourgeois. » Plus grave, c'est d'avoir oublié que patriotisme et nationalisme sont toujours le ciment et la force d'un peuple. Que pendant que politiciens français et ganaches paradaient et péroraient, le Vietminh mettait en place de suite la réforme agraire et mobilisait les paysans dans l'effort de guerre. C'est d'avoir oublié que notre propre nationalisme nous avait, pendant la Révolution française, en 1792 permis de vaincre des armées étrangères beaucoup plus nombreuses et puissantes...

● *La bataille*

La bataille attendue fut déclenchée le 13 mars 1954 à 17 h (pourtant ce n'était pas l'armée anglaise !). Pour Giáp, elle devait répondre à trois phases : 1° anéantissement des positions périphériques ; 2° instauration d'une ceinture de feu autour de l'aérodrome et le dispositif de défense central et 3° assaut général.

Le 13 à 22 h 30, déjà, la colline Béatrice (Him Lam) tombe. Le 14, c'est le tour de Gabrielle (Độc Lập) et le 17, c'est Anne-Marie (Bankéo). De nombreux avions sont détruits, l'aérodrome est déjà inutilisable. Pire : les canons français se révèlent incapables de réduire les positions vietminh. Effondré, le colonel Piroth, commandant de l'artillerie française, se suicide en dégoupillant une grenade.

La deuxième phase de l'offensive répond toujours aux mêmes préoccupations : « attaque sûre, progression sûre ». La seconde quinzaine de mars est consacrée à creuser un nouveau réseau de boyaux autour du camp français. Bigeard et ses parachutistes sont envoyés en renfort.

Le 30 mars, nouvelle offensive pour s'emparer des 5 collines qui verrouillent la défense à l'est du camp. C1 tombe en trois quarts d'heure, puis les autres. Seule Éliane (A1) résiste. Elle est prise, reprise. Le 9 avril, C1 est ré-occupé par les Français. Les lignes adverses ne sont parfois séparées que d'une dizaine de mètres. Tous les points d'appuis défendant l'aérodrome tombent à leur tour. Celui-ci est occupé. Le camp français se réduit désormais à une bande étroite de moins de 2 km de long. Il est, bien sûr, obligé de faire parachuter vivres et munitions, mais les avions n'osant voler à basse altitude à cause de la DCA, la grande majorité des colis tombent du côté Vietminh. Ironie du sort donc : vivres et obus nourrissent l'ennemi et ses canons ! Pourtant, pour réduire les batteries viet, les bombardements des C 119 fournis par les Américains furent intenses. Giáp rapporta que, pour la seule journée du 2 avril, il compta 250 sorties de bombardiers et de chasseurs. Pressentant d'ailleurs la défaite, dès début avril, le haut commandement français demanda l'intervention directe de l'aviation américaine. Ce fut le « plan Vautour » qui ne fut jamais exécuté. L'Amérique hésitait, sortant à peine de la guerre de Corée. De plus, certains milieux aux États-Unis voyaient d'un œil intéressé l'effondrement de l'influence française en Indochine. D'autres avaient bien entendu analysé que cela ne sauverait pas de toute façon Điện Biên Phủ.

● *La fin du camp*

Dans la nuit du 1er mai, commença la dernière phase de la bataille. Les collines les plus proches du PC de Castries tombèrent rapidement. Le 3 mai, les lignes avancées Vietminh étaient à moins de 300 m du PC. Le 6 mai, elles occupaient Éliane (A1), la dernière colline. Le camp français se réduit à un carré de quelques centaines de mètres de côté. Le 7 mai, Giáp note que les Français font sauter leurs stocks de munitions et jettent leurs armes dans la rivière Nam Rom. C'est la fin. L'ordre de l'assaut est donné. Partout, s'élève le même cri : « Di di, di di » (en avant, en avant). A 17 h 30, le PC français est atteint. Le général de Castries et son état-major fait prisonnier (de Castries fut nommé général en pleine bataille, ses étoiles furent parachutées !)...

Désormais, le drapeau rouge à étoile jaune armé de l'inscription « Combattre et vaincre » flotte sur le camp. Pierre Schoendoerffer raconte : « Il y eut soudain un surprenant, un terrible silence. Après 57 jours et 57 nuits de bruit et de fureur, nous eûmes l'impression, tout à coup, que nous étions devenus sourds... » A Paris, Laniel, président du Conseil, s'adresse d'une voix blanche à la Chambre des Députés : « Toute résistance a cessé à Điện Biên Phủ. »

Chiffres terribles : 3 000 morts, 4 000 blessés, 10 000 prisonniers dont un tiers seulement reviendra des camps Vietminh. Opinion publique traumatisée en France, armée démoralisée... A la conférence de Genève, Georges Bidault, le « va-t-en-en-guerre », devait déclarer, à la veille de la négociation : « Je n'ai plus en main que le deux de trèfle et le trois de carreau. » Pourtant, pourtant, opposé jusqu'au bout à toute négociation de paix, il aurait dû y songer avant, s'il avait vraiment voulu arriver à la conférence, avec au moins dans les mains... un full as par les rois !

Où dormir ? Où manger ?

☛ *Guesthouse du district :* au milieu du village. Long bâtiment disgracieux tout jaune et bordant un étang. Hall et chambres au rez-de-chaussée vraiment tristes. Au 1er étage, chambres à 10 et 24 $ (pour deux), à la propreté tout à fait acceptable et bien plus sympathiques.

☛ *Khách Sạn Tú Doanh :* rue principale. Mini-hôtel privé, construit récemment dans un style nouveau riche de mauvais goût (pléonasme ?). ☎ 8122. Au rez-de-chaussée, chambres correctes à 20 $ environ (sanitaires à l'extérieur). A l'étage, chambres à 29 $ avec salle de bains. Possibilité de se restaurer.

☛ *D'autres hôtels* étaient en construction à l'impression de cet ouvrage.

A voir

▶ *Le site de la bataille :* si la cuvette est riche et verdoyante, les environs mêmes de l'aérodrome semblent encore meurtris. 40 ans après, végétation bien maigrichonne. Air chaud et lourd venant du Laos. Quelques carcasses de chars de-ci, de-là ne peuvent pas, bien sûr, rendre l'ampleur de la bataille qui se tint ici. On est franchement étonné du périmètre étriqué du camp lui-même. Les fameuses collines ne sont que de petites buttes qui nous apparaissent encore plus fragiles, plus dérisoires par rapport aux canons du Vietminh. Et si proches de l'aérodrome ! On mesure aujourd'hui avec effarement l'aveuglement démesuré du commandant français.

Visite du PC de Castries reconstitué. Rien de très spectaculaire, les salles sont vides. Dans la 1re, se suicida, dès le 15 mars, le commandant de l'artillerie (voir plus haut). Les autres salles servaient de PC à Raisin, commandant l'aérien, au colonel de Castries et au lieutenant Colline. Sur Éliane, visite d'un autre bunker. Au pied d'Éliane, le cimetière viet, entièrement restauré pour le 40e anniversaire. Le plus beau cimetière militaire du Vietnam, dit-on ici. Les 3 000 morts français n'en ont pas. Enterrés dans l'urgence, de-ci, de-là, pendant la bataille. Un modeste petit mémorial, perdu dans le maïs, rappelle leur existence.

▶ *Le musée :* rénové également à l'occasion du 40e anniversaire. Ouvert les mercredi, vendredi et dimanche de 8 h à 11 h et de 14 h à 16 h (horaires susceptibles de changer si le tourisme local se développe). Au milieu du hall, statue de Hô chi Minh. On y trouve aussi le téléphone de Giáp, les pioches, les pelles qui creusèrent les boyaux et tranchées. Nombreux documents, coupures de presse, photos émouvantes, cartes, plans, lettres, souvenirs sur la bataille bien sûr. Devant, au milieu des fleurs, canons anti-aériens, chars et véhicules, ainsi que le monument aux héros de la guerre. Demander à la réception du musée un guide pour aller visiter les bunkers de Castries et la colline Éliane.

LE NORD-OUEST DU VIETNAM

Pour les adeptes du « hors-piste », possibilité d'un formidable circuit à travers une région très sauvage et pas touristique du tout. Traversée de beaux villages de tribus, gentillesse de l'accueil, sourires et grâce des enfants...

– DE ĐIỆN BIÊN PHỦ À LAI CHÂU –

Environ 4 h de route (très tape-cul), mais superbes paysages de montagne et rencontre de tribus qu'on ne croise pas ailleurs avec des jeunes filles ravissantes aux joues bien rondes et, surtout, avec une chevelure originale, une masse de cheveux gonflés, façon casque.

LAI CHÂU

Comme Điện Biên Phủ, dans une cuvette. Bourgade horizontale séparée par une rivière et une grande prairie et reliée par un pont suspendu en bois. Atmosphère paisible reposante. Cadre très vert. Gens ouverts et communicatifs. Lai Châu fut l'objet, pendant la guerre coloniale française, d'âpres combats. Évacué une première fois en novembre 1950 et définitivement en décembre 1953.
Marché sur le flan de la rivière et près du 2ᵉ pont (vers Sapa). Très animé. Beaucoup de membres des tribus alentour. Vraiment peu de touristes, on a l'impression d'être des extraterrestres. Possibilités de balades dans les collines. Pas mal de villages pittoresques.

Où dormir ? Où manger ?

🛏 *Hôtel d'État :* après avoir traversé le pont (venant de Điện Biên Phủ), tourner à droite, puis remonter un peu la pente à gauche. Petit hôtel en dur, de plain-pied avec 2 cours intérieures. Chambres avec douches et eau chaude à 23 $ (possibilité de marchander). Dortoirs de 4 pas chers du tout. L'ensemble fort bien tenu. Chambres spacieuses avec des petites terrasses devant pour prendre le frais le soir.
✕ *Resto :* à gauche du pont. Reconnaissable à son toit blanc. Un peu en hauteur. Pas de menu. Cuisine familiale. Propre. Patronne sympa et serviable. On mange en terrasse avec le panorama en prime.

– DE LAI CHÂU A SAPA –

Nouvelle traversée du fleuve Rouge par un pont suspendu en fer. Route en terre battue rouge. Paysages escarpés. Villages perchés sur les hauteurs. On rencontre parfois des paysans revenant de la chasse avec leurs drôles de fusils bricolés à crosse courte incrustée d'argent. Environ 8 à 9 h de trajet chaotique. Pentes de plus en plus clairsemées par les cultures sur brûlis. Pas mal de brume le matin. Après 3 h de route, on retrouve quelques villages en bord de route.

Costume traditionnel majoritaire : la chemise blanche et le pantalon pat-d'eph bleu roi. Sac de même couleur avec des pompons.

Puis on retrouve des paysages plus ouverts. Buttes et collinettes plutôt que montagnes. Nouvelle cuvette à Phong Tô. Terre particulièrement déforestrée. La route monte vers Sapa. Splendide paysage qu'on découvre progressivement avec tous ces petits pitons à perte de vue prenant le soir toutes les tonalités de brun, d'ocre et mordoré. Tiens, un bus local !

En chemin, quelques Yao avec turbans rouges, front rasé, veste noire bordée de rouge sur un pagne très brodé.

3 h avant d'arriver à Sapa, végétation de plus en plus maigre, montagnes pelées, paysage quasi minéral, presque plus de villages. Un silence extraordinaire, beauté d'une grande sobriété (les agoraphobes vont souffrir)...

SAPA

A 1 500 m d'altitude, station climatique entièrement fondée par les Français en 1922, dans un beau cirque de montagnes couvert de hameaux. Chaleureux et authentique. Quelques villas coloniales témoignent encore de cette époque. Cruellement touchée par les combats contre les Chinois en 1979 comme en témoignent encore, çà et là, les restes calcinés de bâtiments jamais reconstruits. Pas mal de touristes car c'est une excursion populaire depuis Hanoi.

Pittoresque grand marché installé sur la grand-place et des escaliers. Cocktail de toutes les ethnies du coin. Hmong majoritaires reconnaissables à leurs bandes molletières qui leur font un genre de guêtres et les turbans bleus. Dans les oreilles, de ravissantes boucles d'argent (parfois plusieurs superposées). Les hommes hmong semblent sortis directement du Lotus Bleu avec leur crâne rasé, leur calotte à la chinoise et un air un peu farouche. Quelques Yao avec leurs sacs à pompons rouges. Commerces tenus par les Vietnamiens. Possibilité d'acheter sacs et vêtements brodés par les Hmong, ou un étrange miel en bouteille à la fleur de pavot.

Le meilleur jour pour visiter Sapa est le samedi, jour du « marché aux fiancées ». Prétextant l'achat d'un demi-litre de pétrole ou de quelques ingrédients pour la cuisine, les tribus de la région affluent à Sapa dans l'espoir de rencontrer l'âme sœur. Bien sûr, les étrangers ne percevront guère de différence avec un marché traditionnel. Plein de choses leur échapperont. Pourtant il s'en passe des choses, des jeux de séduction, des regards, de prudentes caresses sur l'épaule, des petits refrains d'amour susurrés. Parfois des nuques, débarrassées de leur opulente chevelure noire, s'offrent aux caresses. C'est alors gagné pour le jeune méo ou hmong...

Intéressantes balades tout autour de Sapa. Il suffit de suivre les paysans retournant dans leurs villages et hameaux. Beaucoup d'entre eux à moins de 3 km. Parfois, ça grimpe sec, mais quel plaisir. Rizières en terrasses qui ondulent.

Comment y aller ?

– *Par le train et bus local* depuis Hanoi. Ça permet, bien sûr, de rester le temps qu'on veut.
– *Par agence,* type Darling ou Queen Café. Les avantages et les inconvénients du sur mesure.

Où dormir ?

🏚 *Hôtel Observatory :* grande maison jaune à côté de l'église. Pas de pancarte qui le signale, mais adresse très populaire chez les routards. Grande chambres (salle de bains à l'extérieur). Excellente ambiance. La proprio concocte des gâteaux (citron-chocolat) qui remportent un franc succès. Environ 12 $ pour deux.

🛏 *Le Forestry :* dans le périmètre de l'église. En surplomb sur la colline. Tout nouveau, tout beau. Vraiment impeccable. Grande terrasse avec vue sur les montagnes. Chambres confortables avec douche chaude. Resto correct. Accueil sympa. Notre meilleure adresse à Sapa.

🛏 *L'hôtel près du marché :* pas terrible du tout. Chambres sales. Une seule salle de bains pour tout l'établissement et toilettes peu ragoûtantes.

Où manger ?

✕ *Resto place du marché* (sans nom) : horaires d'ouverture fantaisistes, mais la nourriture y est excellente. Spécialité de champignons. Copieux et bon marché.

LAO CAI

A 1 h de Sapa. Frontière chinoise. Très abîmé par la guerre de 1979. Peu d'intérêt. Possibilité de passer la frontière à pied si visa chinois (et visa vietnamien, double entrée, si vous voulez revenir).

ROUTARD ASSISTANCE

VOS ASSURANCES TOUS RISQUES VOYAGES

VOTRE ASSISTANCE "MONDE ENTIER"
LA PLUS ETENDUE !

RAPATRIEMENT MEDICAL avec ELVIA A.V. .... **1.000.000 FF.**
(au besoin par avion sanitaire)

VOS DEPENSES : MEDECINE, CHIRURGIE, HOPITAL **2.000.000 FF.**
GARANTIES A 100% DU COUT TOTAL et SANS FRANCHISE

HOSPITALISE ! RIEN A PAYER... (ou entièrement remboursé)

BILLET GRATUIT DE RETOUR DANS VOTRE PAYS : **BILLET GRATUIT**
En cas de décès (ou état de santé alarmant) d'un proche parent (de retour)
père, mère, conjoint, enfants
*BILLET DE VISITE POUR UNE PERSONNE DE VOTRE CHOIX **BILLET GRATUIT**
si vous êtes hospitalisé plus de 5 jours (aller retour)
Rapatriement du corps - Frais réels **Sans limitation**

AVEC CHUBB COMPAGNIE D'ASSURANCES EUROPEENNES

RESPONSABILITE CIVILE "VIE PRIVEE "

Dommages CORPORELS .... garantie totale à 100 % **SANS LIMITATION**
Dommages MATERIELS .... garantie totale à 100 % **5.000.000 FF**
(dommages causés aux tiers) . **(AUCUNE FRANCHISE)**
EXCLUSION RESPONSABILITE CIVILE AUTO : ne sont pas assurés les dommages
causés ou subis par votre véhicule à moteur : ils doivent être couverts par un contrat
spécial : ASSURANCE AUTO OU MOTO.
ASSISTANCE JURIDIQUE (Accident) .... **3.000.000 FF.**
CAUTION PENALE .... **50.000 FF.**
AVANCE DE FONDS en cas de perte ou vol d'argent .... **5.000 FF.**

VOTRE ASSURANCE PERSONNELLE "ACCIDENTS"

Infirmité totale et définitive .... **500.000 FF.**
infirmité partielle · (SANS FRANCHISE) .... **de 1.000 à 495.000 FF.**
Préjudice moral : dommage esthétique .... **100.000 FF.**
Capital DECES .... **20.000 FF.**

VOS BAGAGES ET BIENS PERSONNELS

ASSURANCE TOUS RISQUES DE VOS BAGAGES : **6.000 FF.**
Vêtements, objets personnels pendant toute la durée de votre
voyage à l'étranger : vols, perte, accidents, incendie,
dont APPAREILS PHOTO et objets de valeurs **2.000 FF.**

COMBIEN ÇA COUTE ?

90 F TTC par semaine (jusqu'à 35 ans)
Informations complètes sur
MINITEL **36.15** code **ROUTARD**

VOIR
AU
DOS

ROUTARD ASSISTANCE

MON ASSURANCE TOUS RISQUES *

✂ NOM : M. Mme Melle ⎵⎵⎵⎵⎵⎵⎵⎵⎵⎵⎵⎵⎵⎵⎵⎵⎵⎵

PRENOM ⎵⎵⎵⎵⎵⎵⎵⎵⎵⎵⎵⎵⎵⎵ AGE ⎵⎵

ADRESSE PERSONNELLE ⎵⎵⎵⎵⎵⎵⎵⎵⎵⎵⎵⎵⎵⎵

⎵⎵⎵⎵⎵⎵⎵⎵⎵⎵⎵⎵⎵⎵⎵⎵⎵⎵⎵⎵

⎵⎵⎵⎵⎵⎵⎵⎵⎵⎵⎵⎵⎵⎵⎵⎵⎵⎵⎵⎵

CODE POSTAL ⎵⎵⎵⎵⎵ TEL. ⎵⎵⎵⎵⎵⎵⎵⎵

VILLE ⎵⎵⎵⎵⎵⎵⎵⎵⎵⎵⎵⎵⎵⎵⎵⎵⎵⎵

VOYAGE DU ⎵⎵⎵⎵⎵⎵ AU ⎵⎵⎵⎵⎵⎵ = ⎵⎵
SEMAINES

DESTINATION PRINCIPALE. ....
C.E.E. ou EUROPE ou MONDE ENTIER (à entourer)

Calculez exactement votre tarif en SEMAINES selon la durée de votre voyage :
7 JOURS DU CALENDRIER = 1 SEMAINE (jour de départ et de retour compris).
Informations complètes : MINITEL 36.15 CODE ROUTARD.
☎ (1) 44 63 51 01

> *1994 - 1995 ! CES CONDITIONS ANNULENT*
> *ET REMPLACENT LES PRECEDENTES JUSQU'AU 1/10/95 !*

Pour un Long Voyage (3 mois et plus), demandez le
PLAN MARCO POLO du GRAND ROUTARD

Prix spécial "JEUNES" de 90 F. x ⎵⎵ = ⎵⎵⎵ FF.
SEMAINES
De 35 à 60 ans et jusqu'à 3 ans : **Majoration 50% +** ⎵⎵⎵ FF.

PRIX A PAYER ⎵⎵⎵ FF.

Faites de préférence, un seul chèque pour tous les assurés, à l'ordre de :
ROUTARD ASSISTANCE *A.V.I. International*
90, rue de la Victoire - 75009 PARIS - Tél. 44 63 51 01
METRO : CHAUSSEE D'ANTIN ou RER : AUBER

✂ Je veux recevoir très vite ma *Carte Personnelle d'Assurance.*
Si je n'étais pas **entièrement** satisfait,
je la retournerais pour être remboursé, aussitôt !

JE DECLARE ETRE EN BONNE SANTE, ET SAVOIR
QUE LES MALADIES OU ACCIDENTS ANTERIEURS
A MON INSCRIPTION, NE SONT PAS ASSURES.

SIGNATURE :

Contrats : **ASSISTANCE : ELVIA A.V.**
et **CHUBB** - COMPAGNIE D'**ASSURANCES** EUROPEENNES
souscrits et gérés par *A.V.I. International*

Faites des copies de cette page pour assurer vos compagnons de voyage.

AVEC LES VIDÉO GUIDES HACHETTE, DÉCOUVREZ, VOYAGEZ !

UNE CASSETTE DE 55 MINUTES + UN GUIDE PRATIQUE

*Les Vidéo Guides Hachette sont distribués en librairies, vidéo clubs,
grandes surfaces et par correspondance. Renseignements : tél. (1) 42.26.44.46.*

INDEX

les **Routards** *parlent aux* **Routards**

Faites-nous part de vos expériences, de vos découvertes, de vos tuyaux pour que d'autres routards ne tombent pas dans les mêmes erreurs.

Indiquez-nous les renseignements périmés. Aidez-nous à remettre l'ouvrage à jour. Faites profiter les autres de vos adresses nouvelles, combines géniales... On envoie un exemplaire gratuit de la prochaine édition à ceux dont on retient les suggestions. Quelques conseils cependant :

— N'oubliez pas de préciser sur votre lettre l'ouvrage que vous désirez recevoir. On n'est pas Madame Soleil !

— Vérifiez que vos remarques concernent l'édition en cours et notez les pages du guide concernées par vos observations.

— Quand vous indiquez des hôtels ou des restaurants, pensez à signaler leur adresse précise et, pour les grandes villes, les moyens de transport pour y aller. Si vous le pouvez, joignez la carte de visite de l'hôtel ou du resto décrit.

— N'écrire si possible que d'un côté de la lettre (et non recto-verso).

— Bien sûr, on s'arrache moins les yeux sur les lettres dactylo-graphiées ou correctement écrites !

Le Guide du Routard : 5, rue de l'Arrivée.
92190 Meudon

36 15 *code* **Routard**

Les routards ont enfin leur banque de données sur Minitel : 36-15 code ROUTARD. Vols superdiscount, réduction, nouveautés, fêtes dans le monde entier, dates de parution des G.D.R., rancards insolites et... petites annonces.

Et une nouveauté : le QUIZ du routard ! 30 questions rigolotes pour, éventuellement, tester vos connaissances et, surtout, gagner des cadeaux sympa : des billets d'avion et les indispensables G.D.R. Alors, faites mousser vos petites cellules grises !

Routard assistance

Après des mois d'études et de discussions serrées avec les meilleures sociétés, voici « Routard Assistance », un contrat d'assurance tous risques voyages sans aucune franchise ! Spécialement conçu pour nos lecteurs, les voyageurs indépendants.

Assistance complète avec rapatriement médical illimité. Dépenses de santé, frais d'hôpital, pris en charge directement sans franchise jusqu'à 500 000 F + caution pénale + défense juridique + responsabilité civile + tous risques bagages et photos + assurance personnelle accidents (300 000 F). Très complet ! Et une grande première : vous ne payez que le prix correspondant à la durée réelle de votre voyage. Tableau des garanties et bulletin d'inscription à l'intérieur de ce guide.

Imprimé en France par Hérissey n° 68323
Dépôt légal n° 7035-3-1995
Collection n° 13 — Édition n° 02
24/2241/8
I.S.B.N. 2.01.242241.1
I.S.S.N. 0768.2034